# Nelson Mandela

# *Briefe aus dem Gefängnis*

- - - - - - - -

Herausgegeben von Sahm Venter
Mit einem Vorwort von Zamaswazi Dlamini-Mandela

Aus dem Englischen übersetzt
von Anna Leube und Wolf Heinrich Leube

C.H.Beck

Titel der amerikanischen Ausgabe:
«The Prison Letters of Nelson Mandela»,
erschienen bei Liveright Publishing Corporation, a division of W.W. Norton &
Company, New York/London
© 2018 by the Estate of Nelson Rolihlahla Mandela
© 2018 Nelson Mandela Foundation
Konzept und Design © 2018 Blackwell and Ruth Limited
Book design by Cameron Gibb
Produced and originated by Blackwell and Ruth Limited
405 IronBank, 150 Karangahape Road, Auckland 1010, New Zealand
www.blackwellandruth.com

Mit 41 Schwarzweiß-Abbildungen, 1 Karte (© Peter Palm, Berlin)
und 8 Farbtafeln

NELSON MANDELA
FOUNDATION
*Living the legacy*

www.nelsonmandelafoundation.org

Für die deutsche Ausgabe:

© Verlag C.H.Beck oHG, München 2018
Satz: Janß GmbH, Pfungstadt
Druck und Bindung: CPI – Ebner & Spiegel, Ulm
Umschlagentwurf: Rothfos & Gabler, Hamburg
Printed in Germany
ISBN 978 3 406 71834 2

*www.chbeck.de*

# Inhalt

7 Vorwort von Zamaswazi Dlamini-Mandela
10 Einführung
15 Anmerkung zu den Briefen
18 Nelson Mandelas Häftlingsnummern

21 Zentralgefängnis Pretoria
November 1962–Mai 1963
29 Hochsicherheitsgefängnis Robben Island
Mai 1963–Juni 1963
39 Hochsicherheitsgefängnis Robben Island
Juni 1964–März 1982
539 Hochsicherheitsgefängnis Pollsmoor
März 1982–August 1988
625 Tygerberg Hospital & Constantiaberg MediClinic
August–Dezember 1988
635 Victor-Verster-Gefängnis
Dezember 1988–Februar 1990

700 Anhang A: Personen, Orte, Ereignisse
722 Anhang B: Gefängnischronik
727 Anhang C: Karte von Südafrika
730 Anmerkungen
732 Briefe und Sammlungen
736 Danksagung
739 Abdruckgenehmigungen und Bildnachweise
741 Personenregister

# Vorwort

Als ich zur Welt kam, war mein Großvater schon seit siebzehn Jahren im Gefängnis. In einem Brief, den er kurz nach seinem 62. Geburtstag an meine Großmutter Winnie Madikizela-Mandela schrieb, führt er alle Personen auf, von denen er Telegramme und Postkarten erhielt, darunter auch meine Tante Zindzi, meine Schwester Zaziwe und mich, sowie die Leute, von denen er hofft, Nachrichten zu bekommen. «Von denen, die mir die vielen Freunde von überall auf der Welt geschickt haben, kam noch keine einzige bei mir an», scherzt er. «Dennoch ist es tröstlich zu wissen, dass so viele Freunde nach all den Jahren immer noch an einen denken.» Dies ist eines der vielen Beispiele in diesem Buch, die verdeutlichen, wie sehr ihm die Verbindung zur Außenwelt die ganzen siebenundzwanzig Jahre seiner Gefangenschaft hindurch Mut machte und wie sehr er sich nach diesen Briefen sehnte.

In dieser Zeit schrieb mein Großvater Hunderte von Briefen. Die Auswahl, die in diesem Buch versammelt ist, macht den Leser nicht nur mit Nelson Mandela als politisch Handelndem und Gefangenem, sondern auch als Anwalt, Vater, Ehemann, Onkel und Freund vertraut. Sie veranschaulicht, wie sehr seine schier endlose Gefangenschaft in der Abgeschiedenheit vom Alltagsleben ihn daran hinderte, diese unterschiedlichen Rollen zu erfüllen. Sie bringt uns zurück in eine dunkle Zeit der Geschichte Südafrikas, in der gefangene Gegner des Apartheidregimes, das ein ganzes Volk unterdrückte, entsetzliche Strafen erduldeten. In seinen Briefen belegt er die permanente Verfolgung meiner Großmutter und gewährt Einblick in die Situation, in der sich seine Kinder Thembi, Makgatho, Makaziwe, Zenani und Zindzi befunden haben mussten: Ihr Vater war abwesend, sie konnten kaum mit ihm kommunizieren, und – das fand ich besonders unerträglich – sie durften ihn erst besuchen, als sie sechzehn Jahre alt waren. So sehr er sich auch vom Gefängnis aus um ihre Erziehung bemühte, es war ihm unmöglich.

Als Mutter bewegte es mich besonders, durch die Briefe meines Großvaters mitzuerleben, was meine Mutter und meine Tante Zindzi als Kinder durchmachten. Oft waren sie praktisch verwaist, in den Zeiten, als meine Mutter ebenfalls im Gefängnis war, teils, weil sie sich am Kampf gegen die Apartheid beteiligte, doch oft auch nur, weil sie die Frau eines der bekanntesten politischen Gefangenen Südafrikas war.

Herzzerreißend ist der wehmütige Optimismus, der aus vielen Briefen an meine Großmutter und seine Kinder spricht, in denen er andeutet, dass sie vielleicht eines Tages dies oder jenes tun werden. Dieses «Sie lebten glücklich bis ans Ende ihrer Tage» erfüllte sich für meinen Großvater, meine Mom, meine Onkel und Tanten nie. Am meisten hatten die Kinder zu leiden, und letzten Endes waren die Folgen des Verzichts auf ein geordnetes Familienleben zugunsten seiner politischen Ideale ein Opfer, mit dem sich mein Großvater abfinden musste.

Immer wieder ermahnte uns unsere Großmutter, wir sollten niemals unsere Vergangenheit und unsere Herkunft vergessen. Die demokratische Gesellschaft, für die mein Großvater und seine Mitstreiter kämpften, wurde erst nach vielem Leid und dem Verlust vieler Menschenleben errungen. Diese Briefe erinnern uns daran, dass die Zeit des Hassens noch gar nicht so lange vorbei ist, doch sie zeigen auch, dass persönliche Widerstandsfähigkeit selbst unerträgliche Situationen überwinden kann. Vom ersten Tag seiner Haft an beschloss mein Großvater, nicht zu wanken und zu weichen; er bestand darauf, dass man ihn und seine Kameraden mit Würde behandelte. In einem Brief an meine Großmutter im Jahr 1969 empfiehlt er ihr, Mut zu schöpfen mit dem Bestseller von Vincent Peale *Die Kraft positiven Denkens*. Er schreibt: «Den metaphysischen Aspekten seiner Argumente messe ich keine Bedeutung bei, aber seine Ansichten zu physischen & psychologischen Fragen halte ich für brauchbar. Er geht davon aus, dass nicht so sehr das Gebrechen, an dem man leidet, entscheidend ist, sondern die Einstellung dazu. Wer sagt: Ich werde diese Krankheit besiegen & ein glückliches Leben führen, hat schon halb gewonnen.»

Diese optimistische Einstellung gab meinem Großvater die Kraft, unerschütterlich nach einer Gesellschaft zu streben, in der gleiche Rechte für alle Südafrikaner gewährleistet wären, eine Haltung, die wohl in vielen Herausforderungen des Lebens Anwendung finden kann.

Diese Briefe gaben Antwort auf viele Fragen, die mir rätselhaft erschienen waren: Wie konnte mein Großvater siebenundzwanzig Jahre im Gefängnis überleben? Was ließ ihn so lange durchhalten? In seinen Briefen können wir die Antworten finden.

*Zamaswazi Dlamini-Mandela*

# Einführung

Die Briefe der politischen Gefangenen in Südafrika wurden von kleinlichen Wärtern willkürlich anhand einer Reihe drakonischer Verordnungen mit dem Ziel überwacht, den bedeutsamsten Aspekt ihres Innenlebens zu kontrollieren – den Kontakt mit den ihnen nahestehenden Personen und den Zugang zu Nachrichten von der Außenwelt.[1]

Nach ihrer Verurteilung wurden politische Gefangene meist in das Gefängnis überstellt, in dem sie voraussichtlich ihre Strafe zu verbüßen hatten. Nelson Mandela hingegen kam, nachdem er am 7. November 1962 wegen unerlaubter Ausreise und Anstiftung zum Streik zu fünf Jahren Haft verurteilt worden war, zunächst in das Zentralgefängnis von Pretoria. 1963 wurde er erneut vor Gericht gestellt und wegen Sabotage angeklagt und schließlich am 12. Juni 1964 zu einer lebenslangen Freiheitsstrafe verurteilt. Seine Frau Winnie Mandela besuchte ihn an diesem Tag in Pretoria, und wenige Stunden danach wurde er zusammen mit sechs von sieben seiner Kameraden ohne Vorwarnung in einer Militärmaschine von Pretoria in das berüchtigte Gefängnis auf Robben Island verbracht. An einem bitterkalten Wintermorgen kamen sie am 13. Juni 1964 an. Anders als Insassen, die «gewöhnliche» Verbrechen wie Vergewaltigung, Raub oder Überfälle begangen hatten und bei ihrem Haftantritt in eine Gruppe C oder manchmal auch B eingestuft wurden, ordnete man politische Gefangene der Gruppe D zu, der niedrigsten Stufe mit den wenigsten Rechten. Sie durften nur alle sechs Monate einen Besuch empfangen und einen 500 Wörter langen Brief schreiben beziehungsweise bekommen.

Ein- und Ausgang der Briefe waren so unberechenbar, dass sich Mandela sechs Jahre nach seiner Inhaftierung auf Robben Island mit seinen Anwälten ins Benehmen setzte und Beispiele «unsinnigen und bösartigen Umgangs der Behörden» auflistete. Er beklagte, dass die Beeinträchtigungen seines Briefverkehrs «auf die bewusste Absicht der Behörden verweisen, mich von allen Kontakten nach außen abzuschneiden und zu isolieren, um mich zu entmutigen und zu demoralisieren, mich in die Verzweiflung zu treiben, mir jegliche Hoffnung zu nehmen und am Ende meine Moral zu brechen».[2]

Später, als die Zensoren es leid waren, die Wörter zu zählen, erlaubten sie anderthalbseitige Briefe.[3] Schreiben an Anwälte und die Gefängnisverwaltung waren von dieser Regelung ausgenommen. Samstag und Sonntag waren für Besuche bestimmt, Briefe wurden samstags ausgehändigt. Die Gefangenen konnten im Tausch gegen zwei eingehende Briefe auf einen Besuch verzichten, Besuche wie auch Briefwechsel hatten anfangs ausschließlich mit «Verwandten ersten Grades» zu erfolgen. Den Gefangenen war es verboten, in ihren Briefen Mitgefangene zu erwähnen sowie über die Haftbedingungen und andere Dinge zu schreiben, die von der Gefängnisleitung als «politisch» ausgelegt werden konnten.[4] Alle ein- und ausgehenden Briefe gingen über das Zensurbüro auf Robben Island.[5] Jahrzehnte später erinnerte sich Mandela:

«Sie wollten nicht, dass man irgendetwas anderes als Familienangelegenheiten besprach, besonders wenn sie der Ansicht waren, es sei etwas Politisches. Und deshalb musste man sich auf rein familiäre Themen beschränken. Dazu kam noch ihre Ignoranz in sprachlicher Hinsicht. Schrieb man ein Wort wie ‹Kampf›, ganz gleich in welchem Zusammenhang, hieß es: ‹Weg damit›, denn sie verstanden die Sprache schlecht. Und Kampf ist Kampf, das konnte nichts anderes bedeuten. Schrieb man ‹Kampf der Ideen›, dann war das etwas, was man nicht sagen durfte.»[6]

In seinem Buch über die fünfzehn Jahre, die er als Häftling im selben Trakt wie Mandela auf Robben Island verbracht hatte, schildert

Eddie Daniels die «Frustration» über die willkürliche, inkompetente und «schikanöse» Zensur und das Zurückhalten von Briefen.[7]

Ab 1967 besserte sich die Lage langsam, wohl aufgrund der Intervention von Helen Suzman, einem Mitglied der parlamentarischen Opposition, und des Internationalen Rot-Kreuz-Komitees sowie der Bemühungen der Häftlinge selbst. Nun waren Besuche und Briefe alle drei Monate erlaubt.[8]

Eigentlich sollte ein Gefangener zwei Jahre in einer Kategorie bleiben, das heißt, ein Häftling der Gruppe D sollte nach sechs Jahren in Gruppe A gelangen, die Gruppe mit den meisten Rechten. Mandela blieb jedoch zehn Jahre in Gruppe D. Seinen Briefen, in denen er manchmal seinen Gefangenengrad erwähnt (auch die Häftlinge benutzten diese Einteilung in eine «Gruppe»), entnehmen wir, dass er 1972 der Gruppe B und schließlich 1973 der Gruppe A zugewiesen wurde. Von da an durfte er monatlich sechs Briefe schreiben.[9]

Bevor ein Gefangener höhergestuft wurde, musste seine Führung vom Prison Board bewertet werden, der mit Gefangenen diskutierte, was laut Mandela den Zweck hatte, die politischen Gefangenen zu «provozieren».[10]

Trotz der rigorosen Zensur durch die Gefängnisbürokratie wurde der Gefangene Nelson Mandela zu einem produktiven Briefeschreiber. Von den allermeisten Briefen fertigte er eine Abschrift an und verwahrte sie in einer Kladde mit festem Einband, damit er sie leichter noch einmal schreiben konnte, wenn die Zensoren die Absendung verweigerten, solange er bestimmte Abschnitte nicht entfernte, oder Briefe auf dem Postweg verloren gingen. Auch wollte er festhalten, was er wem geschrieben hatte. Während seiner Gefangenschaft vom 5. August 1962 bis zum 11. Februar 1990 schrieb er Hunderte von Briefen. Doch nicht alle erreichten ihren Adressaten unbeschädigt. Manche wurden von den Zensoren so stark verstümmelt, dass sie nicht mehr zu verstehen waren, andere wurden grundlos eine Zeit lang zurückgehalten, manche erst gar nicht abgeschickt. Einige konnte er mit den Habseligkeiten freigelassener Häftlinge hinausschmuggeln.

Nur selten wurde den Gefangenen mitgeteilt, ob ein Brief nicht abgeschickt wurde, und meistens erfuhren sie es, wenn sich ein Ad-

ressat beschwerte, keinen Brief erhalten zu haben. Wir wissen zum
Beispiel nicht, ob alle seine Briefe an Adelaide Tambo, die er mit
ihren verschiedenen Namen anschrieb, sie je in London erreichten,
wo sie mit ihrem Mann im Exil lebte. Oliver Tambo war Präsident
des Afrikanischen Nationalkongresses (ANC) und Mandelas früherer Partner in ihrer gemeinsamen Anwaltskanzlei. Vermutlich waren
diese Briefe an beide gerichtet. Vom Mithäftling Michael Dingake
wissen wir, dass Mandela «das Recht verlangte, sich mit O. R. Tambo
brieflich über den Freiheitskampf auszutauschen».[11]

Als Mandela ins Gefängnis kam, war er Vater von fünf Kindern –
die beiden Jüngsten durfte er erst sehen, nachdem sie sechzehn
Jahre alt geworden waren. Briefe wurden daher ein wesentliches
Mittel zur Ausübung seiner Vaterschaft.

Im zwölften Jahr seiner Haft schrieb Mandela einen offiziellen
Beschwerdebrief an die Gefängnisverwaltung:

«Manchmal wünschte ich mir, die Wissenschaft könnte Wunder
vollbringen und bewirken, dass meine Tochter ihre Geburtstagskarten tatsächlich bekommt und sich freut, zu wissen, dass ihr
Papa sie liebt, an sie denkt und sich bemüht, mit ihr Kontakt
aufzunehmen, wann immer dies nötig ist. Es ist bezeichnend,
dass wiederholte Versuche von ihr, mit mir in Verbindung zu treten, gescheitert und die Fotos, die sie mir geschickt hat, spurlos
verschwunden sind.»

Die bewegendsten Briefe sind die *Special letters,* die «Sonderbriefe»,
die er zusätzlich zu der erlaubten Quote nach dem Tod seiner geliebten Mutter Nosekeni im Jahr 1968 und dem seines erstgeborenen
Sohnes Thembi ein Jahr danach schrieb. Da er an ihrer Bestattung
nicht teilnehmen durfte, konnte er seine Kinder und andere Familienmitglieder nur über diese qualvolle Zeit hinweg trösten und sich
bei älteren Familienangehörigen dafür bedanken, dass sie ihn vertraten und sichergestellt hatten, dass seine Mutter und sein Sohn
eine angemessene Beerdigungsfeier erhielten.

Mandela, der vor seiner Verhaftung Anwalt gewesen war, pflegte
auf dem Weg schriftlicher Eingaben auf die zuständigen Behörden

Druck auszuüben, damit diese die Menschenrechte einhielten, und mindestens zweimal schrieb er an die Behörden und verlangte seine Freilassung und die seiner Mithäftlinge.

Dingake beschrieb Mandelas Rolle in den frühen sechziger Jahren im Gefängnis angesichts «grauenhafter» Bedingungen als die eines «Rammbocks».[12] Er konnte nicht nur wegen seines Status nicht ignoriert werden, sondern weil er sich «von denen nichts gefallen ließ».[13] Sein beharrlicher Kampf um die Rechte der Gefangenen führte schließlich dazu, dass die Behörden es aufgaben, nur Beschwerden einzelner Häftlinge zuzulassen.[14] Mandela hörte nicht auf, in seinen Briefen an den Commissioner of Prisons «hartnäckig die allgemeinen Haftbedingungen zu schildern», und die übrigen Gefangenen begannen, «bei jeder Gelegenheit» Beschwerden einzureichen. Es war den Bewachern «unmöglich», schreibt Dingake, «alle Beschwerden von über tausend Insassen einzeln» zu registrieren.[15] Die Vorschriften wurden «in der Praxis aufgehoben», und Einzelpersonen oder Gruppen jeder Abteilung durften im Namen aller Häftlinge sprechen.[16]

In seinen Auseinandersetzungen und seinen Briefen an Regierungsbeamte in den späten achtziger Jahren kämpfte Mandela für die Freilassung seiner Kameraden. Beispiele dafür sind die Briefe an den Commissioner of Prisons vom 11. September 1989 (S. 671) und vom 10. Oktober 1989 (S. 683). Schließlich hatten seine Bemühungen Erfolg, als die noch verbliebenen fünf zu lebenslanger Haft verurteilten Mitgefangenen am 15. Oktober 1989 freikamen. (Denis Goldberg kam 1985 frei, Govan Mbeki 1987.) Weniger als vier Monate danach verließ er als freier Mann das Gefängnis.

Nelson Mandela hinterlässt einen umfangreichen Bestand an Briefen, die Zeugnis ablegen von seinen siebenundzwanzig Jahren in Haft, von seinem Zorn, seiner Selbstbeherrschung und der Liebe zu Familie und Heimatland.

# Anmerkung zu den Briefen

Nelson Mandelas Briefe befinden sich nicht zentral unter einem Dach, und Auswahl und Zusammenstellung für diesen Band nahmen beinahe zehn Jahre in Anspruch. Die Briefe stammen aus verschiedenen Sammlungen: den im National Archives and Records Service of South Africa aufbewahrten Unterlagen Mandelas aus der Gefängniszeit, der Himan Bernadt Sammlung, den Sammlungen von Meyer de Waal, von Morabo Morojele, von Fatima Meer, Michael Dingake, Amina Cachalia, Peter Wellman und Ray Carter. Andere stammen aus der Donald-Card-Sammlung, benannt nach dem früheren Sicherheitspolizisten, der 2004 die Kladden zurückgab, in denen Mandela die Abschriften seiner Briefe verwahrte. Sowohl die Himan-Bernadt-Sammlung als auch die Donald-Card-Sammlung liegen bei der Nelson Mandela Foundation. Diese Kladden wurden 1971 aus seiner Zelle entwendet, worüber er sich am 4. April 1971 in einem Brief an die Gefängnisleitung beschwerte. Zur Herkunft der einzelnen Briefe siehe Seite 739 ff.

Die allermeisten Briefe werden im National Archives and Records Service of South Africa aufbewahrt. Neben anderen schriftlichen Unterlagen füllen sie gebündelt etwa 59 Pappkartons. Hier liegen die vom Prisons Department registrierten ein- und ausgehenden Briefe. Manche sind dort im Original verblieben, was beweist, dass sie niemals abgeschickt wurden.

Da die meisten dieser Briefe Kopien der Originale sind, hängt ihre Lesbarkeit ab von der Qualität der Fotokopien, dem verwendeten Papier und davon, wie stark die Tinte mit der Zeit verblasst ist. In einigen Briefen fehlen einzelne Wörter, die von den Gefängnis-

beamten beim Fotokopieren entfernt oder von der Zensur ausgeschnitten worden waren. In manchen Fällen werden wir nie genau
wissen, was Mandela geschrieben hat.

Ein langer, liebevoller Brief an seine Tochter Zindziswa lag immer noch säuberlich gefaltet in seinem weißen Umschlag und
wurde erst neunzehn Jahre nach Mandelas Freilassung in den Ge-
fängnisarchiven aufgefunden. Beigelegt war der Vermerk eines Gefängnisbeamten, dass es Mandela nicht gestattet sei, einen Brief zusammen mit einer Weihnachtskarte zu verschicken. Dieser Brief
vom 9. Dezember 1979 ist der herzzerreißende Versuch, Kontakt
mit seiner Tochter herzustellen. Sie sollte ihn rechtzeitig zu ihrem
neunzehnten Geburtstag von ihrem Vater bekommen, den sie als ein
Jahr altes Baby verloren hatte. So weit ging die willkürliche und
grausame Kontrolle der Korrespondenz.

Bis auf die Fälle, in denen wir im Interesse der Privatsphäre Informationen ausgelassen haben, wurden diese Briefe alle komplett
aufgenommen. Um Wiederholungen zu vermeiden, wurde die Adresse bei fast allen Briefen weggelassen. Der Band ist gegliedert
nach den vier verschiedenen Gefängnissen und den beiden Kran-
kenhäusern, in die Mandela verlegt war.

Abgesehen von der Verbesserung falsch geschriebener Wörter
oder Namen (bezeichnenderweise war das nur selten notwendig)
wurde der Brief jeweils textgetreu wiedergegeben; um der besseren
Lesbarkeit willen haben wir gelegentlich die Zeichensetzung verändert. Die unterschiedlichen Schreibweisen der Daten und die
Abkürzungen haben wir beibehalten. Der Grund für manche dieser
Abkürzungen ist unklar, vielleicht wollte Mandela den vorgeschriebenen Umfang von anderthalb Briefseiten nicht überschreiten,
nachdem die Zensur das Wörterzählen aufgegeben hatte. Abwei-
chend von Mandela, der Buchtitel in Anführungszeichen setzte,
haben wir diese gemäß den üblichen Redaktionsstandards kursiv
gesetzt. Mandela verwendete häufig eckige Klammern anstelle von
runden; um jedoch den Brieftext nicht mit redaktionellen Einschü-
ben zu beschweren, haben wir die eckigen Klammern durch runde
ersetzt, sofern nichts anderes vermerkt ist.

Die Unterstreichungen einzelner Wörter oder Abschnitte in manchen Briefen haben wir beibehalten. Diese wurden zumeist von der Zensur vorgenommen, die darin vorkommende verdächtige Personen oder Ereignisse hervorhob. Gelegentlich unterstrich Mandela selbst einzelne Abschnitte. In Fußnoten wurde vermerkt, von wem die Unterstreichungen jeweils stammten und wo dies unklar ist. Etliche Briefe schrieb Mandela auf Afrikaans oder isiXhosa, der Sprache seiner Kindheit, und es ist jeweils vermerkt, dass sie ins Englische übersetzt wurden. Einige Briefe wurden von Gefängnisbeamten abgetippt, und auch dies ist vermerkt.

Je nach Adressat unterschrieb Mandela seine Briefe unterschiedlich. Bei offiziellen Schreiben unterzeichnet er mit «NRMandela», wobei das «R» für seinen Vornamen Rolihlahla steht. Briefe an seine Frau Winnie Mandela und an bestimmte Familienangehörige enden meist mit dem Namen Dalibunga, der ihm nach seiner Initiation in die Mannbarkeit im Alter von 16 Jahren verliehen wurde. Für andere ist er Nelson oder Nel; diesen Namen gab ihm seine Lehrerin Miss Mdingane in der Grundschule gemäß dem damaligen Brauch, den afrikanischen Kindern einen englischen Namen zu verpassen. Für seine Kinder ist er Tata, was Vater auf isiXhosa bedeutet, für seine Enkel ist er Khulu, Großvater auf isiXhosa.

Nicht alle in den Briefen erwähnten Personen konnten identifiziert werden, doch soweit möglich wurden Personen, Orte und Ereignisse in Fußnoten erläutert. Ein ausführlicher Anhang bietet zusätzliche Informationen über viele Personen und Ereignisse, auf die sich Mandela vielfach bezieht.

# Nelson Mandelas Häftlingsnummern

Die Gefangenen wurden nicht bei ihrem Namen genannt, sondern erhielten Nummern, mit denen sie anfangs angesprochen wurden und die bei jedem Schriftwechsel anzugeben waren. Der erste Teil der Nummer bezog sich auf die Anzahl der im Jahr der Einweisung in ein bestimmtes Gefängnis aufgenommenen Gefangenen; der zweite Teil gab das jeweilige Jahr an. Nelsons bekannteste Häftlingsnummer war 466/64. Jahre nach seiner Freilassung sagte er bei einem Konzert in Kapstadt zugunsten einer Anti-Aids-Kampagne, das diese Nummer anführte: «Man wollte mich auf diese Nummer reduzieren.»[17]

Mandela war zweimal auf Robben Island und bekam dort zwei verschiedene Häftlingsnummern. Nach der Urteilsverkündung war Mandela im Laufe seiner siebenundzwanzig Jahre dauernden Inhaftierung in vier verschiedenen Gefängnissen und hatte sechs verschiedene Häftlingsnummern erhalten:

| | |
|---|---|
| 19476/62 | Zentralgefängnis Pretoria: 7. November 1962 bis 25. Mai 1963 |
| 191/63 | Robben Island: 27. Mai 1963 bis 12. Juni 1963 |
| 11657/63 | Zentralgefängnis Pretoria: 12. Juni 1963 bis 12. Juni 1964 |
| 466/64 | Robben Island: 13. Juni 1964 bis 31. März 1982 |
| 220/82 | Pollsmoor-Gefängnis: 31. März 1982 bis 12. August 1988<br><br>Tygerberg Hospital: 12. August 1988 bis 31. August 1988<br><br>Constantiaberg MediClinic: 31. August 1988 bis 7. Dezember 1988 |
| 1335/88 | Victor-Vester-Gefängnis: 7. Dezember 1988 bis 11. Februar 1990 |

# Zentralgefängnis Pretoria

November 1962 bis Mai 1963

Nur sechs Monate lang, als er auf seiner geheimen Tour durch afrikanische Länder sowie nach London unterwegs war, war Nelson Mandela nicht den Apartheidgesetzen unterworfen und konnte als freier Mann nach Belieben umherreisen. Am Donnerstag, den 11. Januar 1962, verließ er heimlich Südafrika und bereiste mit dem Auto die erst vor kurzem unabhängig gewordenen afrikanischen Staaten. Mandela war von den im Untergrund arbeitenden Gruppen seiner Organisation, dem Afrikanischen Nationalkongress (ANC), aufgefordert worden, auf einer Konferenz afrikanischer Nationen in Äthiopien zu sprechen, den Kontinent zu bereisen und Gelder für den bevorstehenden Kampf zu sammeln. Zwei Jahre zuvor war der ANC verboten worden, und ein Jahr später gelangte er zu der Überzeugung, dass der bewaffnete Kampf unausweichlich war, um gleiche Rechte und Demokratie in Südafrika durchzusetzen. Mitte 1961 hatte der ANC beschlossen, einen bewaffneten Arm aufzustellen: Umkhonto weSizwe (Speer der Nation), auch bekannt als MK. Als Erstes machte MK durch eine Reihe von Sprengstoffanschlägen auf strategische Ziele, die bewusst Verluste von Menschenleben vermieden, auf sich aufmerksam.

Ein Antrag eines so bekannten Gegners des Apartheidregimes wie Mandela auf einen Reisepass wäre natürlich abgelehnt worden. Zudem wurde er polizeilich gesucht, weil er die Untergrundaktivitäten des ANC fortgesetzt unterstützte.

Er reiste unter dem Namen David Motsamayi, den er sich von einem seiner früheren Mandanten geliehen hatte. Er benutzte mindestens einen gefälschten Pass. Einen hatte ihm Äthiopien besorgt und Senegal, so hieß es, einen zweiten.

Die Reise führte ihn in 16 unabhängige afrikanische Staaten; in Marokko und Äthiopien nahm er an einem militärischen Training teil. Zwischendurch war er zehn Tage in London, wo er sich mit alten Freunden und Genossen traf, unter anderen Oliver Tambo und dessen Frau Adelaide. Tambo, der nach dem Tod von Chief Albert Luthuli 1967 Präsident des ANC werden sollte, begleitete Mandela auf einigen seiner Reisen.

Mandelas Freiheit endete an einem Sonntag Nachmittag auf einer Landstraße in Howick, einer kleinen Ortschaft im Osten Südafrikas. Es war der 5. August 1962. Zusammen mit dem Antiapartheidaktivisten und Theaterregisseur Cecil Williams war er im Auto unterwegs nach Johannesburg. Mandela war in dieser Gegend gewesen, um Albert Luthuli und anderen über seine Reise Bericht zu erstatten. Ein gemeinsames Essen mit Freunden am Tag zuvor sollte für drei Jahrzehnte das letzte dieser Art sein.

Mandela verkleidete sich häufig als Chauffeur eines Weißen. An diesem Tag war jedoch Williams am Steuer seines Austin, als ein Ford V-8 sie plötzlich überholte und ihren Wagen anhielt. Es war die Polizei. Mandela, mit Mantel, Mütze und Sonnenbrille, stritt ab, Mandela zu sein, und behauptete, er sei David Motsamayi, doch die Polizisten ließen sich nicht beirren. Einen Moment dachte er daran, wegzurennen, doch er wusste, dass das Spiel aus war. Über dreißig Jahre später meinte er dazu: «Ich war damals körperlich sehr fit und konnte fast jede Wand hochklettern. Und dann schaute ich nach hinten, und im Rückspiegel sah ich, dass zwei Autos hinter uns waren. Da wusste ich, ein Fluchtversuch wäre sinnlos, sie würden schießen. Also hielten wir an.»[18]

Die Männer wurden kurzerhand verhaftet, und die Polizei brachte sie in das neun Meilen entfernte Pietermaritzburg, wo Mandela über Nacht festgehalten wurde. Dort wurde er am nächsten Morgen kurz dem örtlichen Richter vorgeführt. Von hier aus ging es weiter nach Johannesburg, wo er im Old Fort Prison eingesperrt wurde, in dem sich heute ein Museum und das Verfassungsgericht Südafrikas befinden. In den darauffolgenden zehn Tagen wurde Mandela zweimal vor den Johannesburg Magistrates' Court geführt. Sein Verfahren wurde auf den 15. Oktober angesetzt. Am Samstag, den 13. Oktober, wurde ihm mitgeteilt, dass er nach Pretoria verlegt würde, wo er am Montag, den 15. Oktober, in der Alten Synagoge vor Gericht gestellt wurde, die eigens für diesen Prozess in «regionales Sondergericht» umbenannt wurde. Sein Auftritt setzte sowohl das Publikum als auch die Justizbeamten in Erstaunen. Um die breiten Schultern hatte er einen aus vielen Schakalfellen zusammengenähten Kaross. Dazu trug er ein T-Shirt, Khakihose, Sandalen und einen Halsschmuck aus gelben und grünen Perlen. Er wollte als Afrikaner in einer ungleichen Gesellschaft wahrgenommen werden.[19]

Der Anwalt Mandela, der die Zulassungsprüfung zum Rechtsanwalt 1952 abgelegt und jahrelang in seiner eigenen Kanzlei praktiziert hatte, verteidigte sich selbst, beraten von Advokat Bob Hepple, der, Ironie der Geschichte, mit ihm und neun weiteren Angeklagten im Jahr darauf wegen Sabotage vor Gericht stand. Mandelas Taktik war es, von der Anklagebank aus zu sprechen, was ihm ein Kreuzverhör als Zeuge ersparte. In seiner ersten Rede vor Gericht am 22. Oktober 1962 beantragte er die Ablehnung des Richters Mr. W. A. van Helsdingen wegen Befangenheit: Als Schwarzer bekomme er keinen fairen Prozess.[20] Van Helsdingen lehnte den Antrag ab.

Mandela erinnerte sich an den letzten Verhandlungstag, den 7. November 1962, als der Ankläger D. J. Bosch, den er aus seinen Tagen als Anwalt kannte, in die Gefängniszelle kam und sich bei ihm dafür entschuldigte, dass er ihn habe verurteilen müssen. «Er nahm mich in den Arm und küsste mich auf die Wangen und sagte: ‹Ich wollte heute nicht ins Gericht kommen. Es tut mir weh, dass ich das Gericht auffordern muss, Sie ins Gefängnis zu schicken.› Ich dankte ihm für seine Worte.»[21]

Widerstrebend verließ Hepple den Raum während dieser Szene und schrieb später: «Als Bosch nach etwa fünf Minuten aus der Zelle herauskam, sah ich Tränen in seinen Augen. Ich fragte Mandela: ‹Was zum Teufel geht hier vor?› Er antwortete: ‹Du wirst es nicht glauben, aber er hat mich gebeten, ihm zu verzeihen.› Ich rief: ‹Nel, ich hoffe, du hast ihm gesagt, er könne dich mal kreuzweise.› Zu meiner Überraschung antwortete Mandela: ‹Nein, hab ich nicht. Ich sagte zu ihm, ich wüsste, er tue nur seine Arbeit, und dankte ihm für seine guten Wünsche.»[22]

In seiner Urteilsbegründung sagte Van Helsdingen, es stehe fest, dass Mandela der Drahtzieher hinter einem Streik vom Mai 1961 gegen das Vorhaben Südafrikas, aus dem Commonwealth auszutreten und eine Republik zu werden, gewesen sei.[23]

Nachdem er in beiden Anklagepunkten für schuldig befunden worden war, hielt Mandela eine zweite längere Rede von der Anklagebank aus: «Welches Urteil auch immer Sie über mich fällen, Sie können sicher sein, dass nach Verbüßung der Strafe mein Abscheu vor der Rassendiskriminierung nicht geringer sein wird und ich den Kampf gegen Ungerechtigkeiten wieder aufnehmen werde, bis sie ein für allemal abgeschafft sind.»[24]

Van Helsdingen nannte das Verfahren «quälend und schwierig» und erklärte, Mandelas Aktivitäten seien «mit harter Hand zu unterbinden». Es sei klar, behauptete er, dass Mandelas eigentliches Ziel der «Sturz der Regierung» sei.[25]

Am Ende der kurzen Verhandlung, in der er sich außer in seinen beiden Reden nicht zu seiner Verteidigung äußerte, wurde Mandela zu drei Jahren wegen Anstiftung zum Streik und zwei Jahren wegen Verlassens des Landes ohne Pass verurteilt. Er war 44 Jahre alt.

Sofort wechselte sein Status innerhalb des Gefängnisses vom Untersuchungshäftling zum verurteilten Gefangenen. Er wurde mit Robert Mangaliso Sobukwe, einem Hochschullehrer und früheren ANC-Kollegen, der sich vom ANC getrennt und den Pan Africanist Congress (PAC)[26] gegründet hatte, und etlichen weiteren Mitgliedern dieser Organisation zusammengelegt. Sobukwe und seine Kameraden waren zwei Jahre zuvor wegen ihrer Beteiligung an einem Protest gegen die Passgesetze, bei dem 69 unbewaffnete Demonstranten von der Polizei erschossen worden waren, zu zwei Jahren Haft verurteilt worden. Dieser Vorfall ging als Sharpeville-Massaker in die Geschichte ein.

Die *Briefe aus dem Gefängnis* beginnen mit einem Brief, den Mandela einen Tag vor seiner Verurteilung an Louis Blom-Cooper schrieb, einen britischen Anwalt, der von einer Organisation, die damals unter dem Namen Amnesty firmierte, als Prozessbeobachter entsandt worden war. Während der Verhandlung beantragte Mandela ein zweites Mal die Ablehnung des Richters, nachdem ihm Blom-Cooper mitgeteilt hatte, er habe Van Helsdingen vom

Gericht in Begleitung des Ermittlungsbeamten wegfahren sehen. Van Helsdingen wies den Antrag erneut mit der schlichten Aussage zurück, er habe «mit den beiden Beamten nicht gesprochen».[27]

Nach seiner Freilassung beschrieb Mandela Blom-Cooper als «tollen Mann» und sagte in diesem Zusammenhang: «Er benahm sich wie ein typischer Engländer, Sie kennen ja ihr Bedürfnis, alles zu hinterfragen, was nicht einwandfrei aussieht. Während ich den Zeugen der Anklage ins Kreuzverhör nahm, wurde der Richter gesehen, wie er zusammen mit einem Ermittlungsbeamten das Gerichtsgebäude verließ, und Blom-Cooper bereitete sofort eine eidesstattliche Erklärung vor und ging zum Registrar, um sie vor dessen Augen zu unterschreiben. Und damit kam er zu mir und sagte: ‹Hier haben Sie eine eidesstattliche Erklärung.›»[28]

**An den Sekretär von Amnesty**
**London**

6. 11. 62

Sehr geehrter Herr Generalsekretär,
wir sind Ihrer Organisation außerordentlich dankbar, dass sie Mr. L. Blom Cooper zu unserem Prozess entsandt hat.
Seine bloße Anwesenheit sowie sein Beistand waren für uns eine Quelle wunderbarer Inspiration und Ermutigung.
Die Tatsache, dass er zugegen war, lieferte einen weiteren Beweis dafür, dass aufrechte und ehrliche Menschen sowie demokratische Organisationen auf der ganzen zivilisierten Welt uns im Kampf für ein demokratisches Südafrika zur Seite stehen.
Zum Schluss möchte ich Sie bitten, dieses Schreiben als festen, warmen und herzlichen Händedruck meinerseits anzunehmen.

Mit freundlichen Grüßen
Nelson

6/11/62      FOR 19

Nelson Mandela     The Secretary
19476/62       Amnesty.
                LONDON

Dear Sir,

We are most grateful to your organisation for sending Mr L. Blom-Cooper to attend the trial.

His mere presence, as well as the assistance he gave, were source of tremendous inspiration and encouragement to us. The fact that he sat next to us furnished yet another proof

Brief an den Sekretär von Amnesty, geschrieben am Tag vor Mandelas Schuldigsprechung und Verurteilung im November 1962.

# Hochsicherheitsgefängnis
# Robben Island

- - - - - - - - -

Mai 1963 bis Juni 1963

Ende Mai 1963 wurde Mandela zusammen mit drei PAC-Leuten überraschend aus Pretoria abgeholt und auf Robben Island gebracht. Sie wurden hinten in einen Polizeiwagen verfrachtet und kamen nach einer anderthalb Tage dauernden Fahrt in Kapstadt an, von wo aus sie die Fähre bestiegen. Am 27. Mai landeten sie auf der berüchtigten Insel. Es war trostlos und bitterkalt.

Die vier Männer wurden in eine Zelle gesperrt und aufgefordert, sich auszuziehen. Jedes Kleidungsstück wurde von Wachleuten durchsucht und danach auf den nassen Fußboden geworfen. Mandela geriet in eine Auseinandersetzung mit einem der Wärter, der bedrohlich auf ihn zuging. Was Mandela über diesen Zwischenfall erzählte, ist bezeichnend für seinen Umgang mit den Gefängnisbeamten. Er ließ sich nicht einschüchtern: «Und ich sagte: ‹Wenn Sie es wagen, mich anzufassen, bringe ich Sie vor das Oberste Gericht in diesem Land, und wenn ich mit Ihnen fertig bin, sind Sie so arm wie eine Kirchenmaus.› Da blieb er stehen. Ich war nicht … ich hatte Angst; ich war gar nicht mutig, aber man musste so tun als ob, und deshalb blieb er stehen.»[29]

Keine drei Wochen später erhielt Mandela die Anweisung, seine Sachen zu packen, und wurde in das Gefängnis von Pretoria zurückverlegt. Er erhielt nie eine Begründung dafür und nahm später seine Vermutung zurück, dies habe mit dem Rivonia-Prozess zu tun gehabt, weil zwei seiner Mitstreiter – die nach seiner Rückverlegung verhaftet worden waren – am 24. Juni 1963 in Soweto festgenommen wurden, die übrigen am 11. Juli 1963.

### Zurück in Pretoria

Wenige Wochen nach seiner Rückkehr in die Gefängniszelle in Pretoria im Juni 1963 erfuhr Mandela, dass Andrew Mlangeni und

Elias Motsoaledi, Mitstreiter vom MK, bei ihrer Rückkehr von einer
Militärausbildung in China verhaftet worden waren. Eines Morgens
rannte Mandela die Treppe zum Frühstücksraum hoch (in Pretoria
erhielt er das gleiche Essen wie die weißen Häftlinge und sagte, er
habe sich auf das Frühstück gefreut) und sah eine Gruppe Mithäftlinge, die er als Arbeiter auf der Liliesleaf-Farm erkannte, die ihm
und seinen Kameraden als Unterschlupf gedient hatte. «Das ver-
darb mir den ganzen Appetit», erzählte er.[30]

In seiner Autobiografie *Der lange Weg zur Freiheit* beschreibt er die
Begegnung mit Thomas Mashifane, der Vorarbeiter auf der Liliesleaf-Farm gewesen war: «Ich begrüßte ihn herzlich, obwohl mir klar
war, dass man ihn mit Sicherheit zu meinem Korridor gebracht
hatte, um zu sehen, ob ich ihn erkennen oder begrüßen würde. Ich
konnte einfach nicht anders. Seine Anwesenheit hier konnte nur
eines bedeuten: Die Behörden hatten Rivonia entdeckt.»[31]

Aber es sollte noch schlimmer kommen. Als sie annähernd drei
Monate in Einzelhaft verbracht hatten, traf sich Mandela mit ein paar
Kameraden. «Ein oder zwei Tage später wurde ich zum Gefäng-
nisbüro bestellt, wo ich bekannte Gesichter antraf: Walter [Sisulu],
Govan Mbeki, Ahmed Kathrada, Andrew Mlangeni, Bob Hepple,
Raymond Mhlaba, Mitglied des MK-Oberkommandos, der kürzlich
von der Ausbildung in China zurückgekehrt war, Elias Motsoaledi,
ebenfalls Mitglied des MK, Denis Goldberg, Ingenieur und Mitglied
des Congress of Democrats, Rusty Bernstein, Architekt und gleichfalls Mitglied des MK, und Jimmy Kantor, Rechtsanwalt … Wir alle
wurden der Sabotage beschuldigt und sollten am nächsten Tag vor
Gericht erscheinen.»[32]

Während er auf seinen Prozess wartete, hielt Mandela die Korrespondenz mit den Gefängnisbehörden konstant aufrecht – eine Gewohnheit, die seine gesamte Haftzeit prägen sollte.

Mandela und zehn seiner Mitstreiter, unter ihnen Bob Hepple,
standen am 9. Oktober 1963 im Justizpalast in Pretoria vor Gericht.
Mit ihm waren Walter Sisulu, Govan Mbeki, Ahmed Kathrada,
Denis Goldberg, Raymond Mhlaba, Elias Motsoaledi, Andrew
Mlangeni, Rusty Bernstein und James Kantor angeklagt. Die Ver-
handlung wurde auf den 20. Oktober angesetzt, und an diesem Tag

beantragte die Verteidigung, das Verfahren wegen 235 Sabotage-akten einzustellen, die angeblich Teil eines umfassenden Plans zum «gewaltsamen Umsturz»[33] waren. Die Verteidigung war entschlossen, die Klage anzufechten, die sie für «ein schlampiges und unpräzises Schriftstück»[34] hielt, aus dem nicht hervorging, welches die Anklagepunkte waren und wer die Taten begangen haben sollte. Anwalt Joel Joffe schrieb, dass das Verteidigungsteam gewillt sei, «dem Gericht und der Staatsanwaltschaft von Verfahrensbeginn an klarzumachen, dass wir uns nicht von der Hysterie in diesem Land anstecken lassen und auf keinen einzigen gesetzlichen Rechtsanspruch verzichten».[35]

Am 30. Oktober hatte ihr Antrag Erfolg, und alle Angeklagten mit Ausnahme von Bob Hepple (die Anklage gegen ihn war fallengelassen und er auf freien Fuß gesetzt worden) wurden noch im Gerichtssaal sofort wieder verhaftet und wegen Sabotage angeklagt. Hepple hatte dem Staatsanwalt angeboten, als Kronzeuge auszusagen, jedoch nicht gegen Menschen, die er «bewunderte und respektierte».[36] Deshalb flohen er und seine Frau Shirley außer Landes.

Am 12. November wurde erneut Anklage erhoben. Am 25. November waren die 199 Sabotageakte auf 193 reduziert worden, und die Verteidigung beantragte erneut die Einstellung des Verfahrens. Am 26. November wurde ihr Antrag abgelehnt, und am nächsten Gerichtstermin am 3. Dezember plädierten alle zehn Angeklagten auf *nicht schuldig*.

Am 11. Juni 1964 erging das Urteil gegen Mandela und sieben weitere Angeklagte. Bernstein wurde freigesprochen, die Anklage gegen Kantor* war bereits am 4. März zurückgezogen worden.

---

* James Kantors Anwalt John Croaker beantragte Kantors Freispruch, «weil er nicht verpflichtet war, zu antworten» (Joel Joffe, *Der Staat gegen Mandela*, Berlin: Dietz 2006). Richter de Wet sagte, er beabsichtige nicht, eine Begründung für den Freispruch abzugeben. Am Tag der Urteilsverkündung erklärte er: «Ich habe sehr gute Gründe für meine Schlussfolgerungen. Ich beabsichtige nicht, sie zu verlesen.» (Ebd., S. 244.)

*K*urz *vor Beginn des acht Monate dauernden Verfahrens, das als Rivonia-Prozess bekannt wurde, beantragte Mandela bei den Behörden die Erlaubnis, seiner Frau ein Geburtstagstelegramm zu schicken. Er unterschrieb mit «Dalibunga», dem Namen, der ihm nach dem traditionellen Initiationsritual verliehen worden war. Der Name bedeutet «Begründer der Bunga», der führenden Schicht seines Heimatterritoriums Transkei (bis 1994, heute Teil der östlichen Kapprovinz). Für Traditionalisten, schrieb er später in* Der lange Weg zur Freiheit, *sei dieser Name annehmbarer gewesen als sein ursprünglicher Vorname Rolihlahla – «Unruhestifter» – oder auch der Name Nelson, den er in der Schule, wo allen Kindern ein «christlicher Taufname» gegeben wurde, erhielt. »Ich war stolz, meinen neuen Namen ausgesprochen zu hören: Dalibunga.»* *

**An den Commanding Officer**
**Zentralgefängnis Pretoria**
[Übersetzt aus dem Afrikaans]

23. September 1963

Am 26. dieses Monats hat meine Frau Geburtstag.
Würden Sie mir bitte gestatten, ihr das folgende Telegramm zu senden:[a]

«NOBANDLA MANDELA, ORLANDO WEST 8115
JOHANNESBURG
MEIN SCHATZ ALLES GUTE UND LIEBE ZUM GEBURTS-
TAG TAUSEND KÜSSE
DALIBUNGA»

Nelson Mandela, Pretoria

Hochachtungsvoll
[Unterzeichnet NR[b]Mandela]
Häftling Nr. 11657/63

---

a  Der Telegrammtext ist auf Englisch.
b  R steht für seinen Vornamen Rolihlilala.

---

*  Nelson Mandela, *Der lange Weg zur Freiheit*. Autobiographie. Deutsch von Günter Panske. © Nelson Rolihlahla Mandela. © S. Fischer Verlag GmbH, Frankfurt am Main 1994, S. 45.

**An den Commanding Officer**
**Zentralgefängnis Pretoria**

8. Oktober 1963

Zentralgefängnis Pretoria

Würden Sie bitte dafür Sorge tragen, dass meine Augen von einem Spezialisten untersucht werden.

Ich benutze seit 1945 eine Lesebrille, und meine derzeitige Brille ist offenbar unbrauchbar geworden. Meine Augen sind entzündet, und trotz der vom Sanitätsoffizier verordneten Behandlung, der ich mich in den vergangenen drei Wochen unterzog, hat sich der Zustand weiter verschlimmert.

Bislang hat mich der Augenarzt DR. HANDELSMAN[a] aus Johannesburg behandelt, und ich wäre Ihnen dankbar, wenn ich mich erneut von ihm untersuchen lassen könnte. Ich möchte hinzufügen, dass der Optiker, von dem ich die Brille beziehen möchte und der bisher alle meine Brillen anfertigte, DR. BASMAN ist, ebenfalls in Johannesburg. Er würde mir auch einen Preisnachlass gewähren.

Ich bin in der Lage und willens, die Kosten für Untersuchung und Brille aus meinen in Ihrem Besitz befindlichen Geldmitteln zu bestreiten. Erwähnen möchte ich außerdem, dass dieses Gesuch auf Empfehlung des Sanitätsoffiziers erfolgt.

[unterzeichnet NRMandela]
Häftling Nr. 11657/63

------------------------

a   Dr. Gordon Handelsman war ein sehr gesuchter Augenarzt in Johannesburg, der auch den Schah von Persien zu seinen Patienten zählte. Es ist nicht bekannt, ob Mandela ihn aufsuchen durfte.

**An den Commanding Officer**
**Zentralgefängnis Pretoria**

25. Oktober 1963

Ich verweise auf mein Schreiben vom 8. des Monats, in dem ich den Antrag gestellt hatte, meine Augen untersuchen zu lassen.

In genanntem Schreiben wies ich darauf hin, dass dieses Gesuch auf Empfehlung des Sanitätsoffiziers erfolgte. Ich muss hinzufügen, dass sich der Zustand meiner Augen rapide verschlechtert, und muss Sie daher bitten, der Angelegenheit dringend Ihre Aufmerksamkeit zu schenken.

Außerdem muss ich erwähnen, dass ich bei der Vorbereitung meines bevorstehenden Prozesses am 29. des Monats stark gehandikapt bin. Besagte Vorbereitung erfordert die Lektüre zahlreicher Dokumente sowie das Verfassen vieler Schriftstücke. All dies belastet und gefährdet meine Gesundheit.

Abschließend bitte ich um die Erlaubnis, aus Anlass des Erscheinens vor Gericht am 29. des Monats meine eigene Kleidung tragen zu dürfen.

[Unterzeichnet NRMandela]
Häftling Nr. 11657/63


*So wie am Tag vor seiner Verurteilung 1962 schrieb Nelson Mandela am Vorabend seiner Verurteilung wegen Sabotage einen weiteren Dankesbrief. Wieder ging er an einen Vertreter des Auslands, der als Prozessbeobachter fungiert hatte.*

*Er bedankte sich bei Coen Stork, dem niederländischen Botschafter in Südafrika, der beim Rivonia-Prozess anwesend war.*

*Das Todesurteil stand als reale Möglichkeit im Raum, und er und seine Kameraden beschlossen, falls es dazu käme, keine Berufung einzulegen.[37]*

*Wenn er Angst hatte, so ließ er sich das nicht anmerken. Vielmehr fiel es Mandela auf, dass Richter de Wet es war, der nervös zu sein schien, als er sein Urteil verkündete.[38]*

*Nach einem acht Monate dauernden Prozess wurden die acht Männer zu lebenslangen Haftstrafen verurteilt. Mandela war bereits seit sechshundert-achtundsiebzig Tagen im Gefängnis.*

*Damals bedeutete in Südafrika «lebenslang» für politische Gefangene genau das: das ganze Leben. Im Alter von 45 Jahren sollte er den Rest seines Lebens im Gefängnis verbringen.*

*Er kannte das Gefängnis nur dem Namen nach, in das er früh am nächsten Morgen gebracht wurde.*

### An Coen Stork, Botschafter der Niederlande in Südafrika

11.Juni 1964

Lieber Herr Stork,
ich schreibe Ihnen vor Abschluss dieses Verfahrens, denn danach wird mir dies nicht mehr möglich sein.

Meine Kollegen und ich bedanken uns für Ihre wertvolle Unterstützung. Ihre persönliche Anteilnahme an diesem Prozess sowie der Zuspruch aus allen Teilen der niederländischen Bevölkerung verleihen uns Kraft und Mut.

Sie sollen wissen, dass wir Sie als einen unserer besten Freunde betrachten, und wir sind sicher, dass Sie auch künftig unserem Volk in seinem Kampf gegen Rassendiskriminierung zur Seite stehen werden.

UNGADINWA NANGOMSO[a]

Hochachtungsvoll
[Unterzeichnet NRMandela]

------------------------

a «Nangamso» ist ein isiXhosa-Wort, das tiefe Dankbarkeit gegenüber einem Menschen ausdrückt, der mehr als seine Pflicht getan hat. Mandela schreibt auch *Nangomso*.

Pretoria Prison
Republic of South Afr.
11th June, 1964.

Dear Mr Stork,

I am writing to you before the final outcome of this case because, thereafter, it will not be possible for me to do so.

My colleagues and I deeply appreciate the invaluable assistance you have given us. The personal interest you have shown in the case, and the strong support we are receiving from all sections of the Dutch population, give us enormous reserves of strength and courage.

We would like you to know that we regard you as one of our greatest friends, and are sure you will continue to be of assistance to our people in their struggle against racial discrimination.

UNGADINIMA NANGOMSO.

Yours very sincerely
NRMandela

Brief vom 11. Juni 1964 an Coen Stork.

# Hochsicherheitsgefängnis Robben Island

- - - - - - - - - -

Juni 1964 bis März 1982

Wenige Stunden nach der Verurteilung zu lebenslanger Haft wurde Nelson Mandela zusammen mit sechs Kameraden aus seiner Zelle im Gefängnis von Pretoria geholt und in Handschellen in eine nahegelegene Militärbasis verbracht. Frühmorgens am Samstag, den 13. Juni 1964, kamen sie auf Robben Island an. Denis Goldberg, der einzige weiße Mitangeklagte, der mit ihnen verurteilt worden war, verblieb in Pretoria und musste dort seine Strafe verbüßen – gemäß den Apartheidgesetzen durfte er nicht zusammen mit schwarzen Häftlingen eingekerkert werden.

Mandela war jetzt zum zweiten Mal im Hochsicherheitsgefängnis auf Robben Island. Die wenigen Wochen als Häftling dort im Mai 1963 hatten ihn auf die rigorosen Haftbedingungen vorbereitet, und er empfahl seinen Mitgefangenen, darauf zu achten, ihre Würde zu wahren.

Gleich nachdem er mit vier anderen Häftlingen zum ersten Mal in das Hochsicherheitsgefängnis Robben Island gekommen war, bellten ihnen Wärter den Befehl zu, sich paarweise im Laufschritt zu bewegen, und trieben sie an wie Vieh. Als die Gefangenen ihren Schritt nicht beschleunigten, wurden sie von den Wärtern bedroht. Mandela erinnert sich: «Hört zu, Männer, wir werden euch hier umbringen – eure Eltern, eure Leute werden niemals erfahren, was mit euch geschehen ist.» Zusammen mit Steve Tefu, einem Mitgefangenen, der dem PAC angehörte, setzte sich Mandela an die Spitze und ging gemessenen Schrittes weiter. «Ich war entschlossen, vom ersten Tag an klarzumachen, dass wir kämpfen mussten, denn das würde über unsere künftige Behandlung entscheiden. Denn wenn wir am ersten Tag klein beigeben würden, würden sie uns verächtlich behandeln. Deshalb gingen wir nach vorne und schritten noch langsamer aus. Sie konnten nichts machen, und sie machten auch nichts.»[39]

Die Haftbedingungen auf Robben Island waren außerordentlich hart. Erst vierzehn Jahre später, 1978, mussten die Gefangenen keine Zwangsarbeit mehr verrichten. Bis dahin war das Leben auf der Insel eintönig und grausam, allenfalls erleichtert durch ihre aufrechte Haltung und durch Besuche und Briefe von Familienangehörigen.

Anfangs war das Essen kaum genießbar* und aufgrund der Apartheidpolitik unterschiedlich. Das Frühstück für die schwarzen Häftlinge bestand aus etwa 300 Gramm wässrigem Maisbrei und einer Tasse schwarzem Kaffee, sogenannte Farbige und indische Häftlinge bekamen 400 Gramm Maisbrei, dazu Brot und Kaffee.[40] Es gab keinen einzigen weißen Gefangenen auf der Insel.

«Man hielt uns wie Vieh auf Sparration, als müsste man uns für den Markt rank und schlank präsentieren», schreibt der Gefangene Indres Naidoo. «Körper, die gerade so am Leben erhalten werden, nicht Menschen, die Freude am Essen haben.»[41]

Die Wetterverhältnisse auf der Insel sind extrem, «glühend heiß im Sommer, im Winter bitter kalt, Regen oder Geniesel die meiste Zeit», erinnert sich der ehemalige Häftling Mac Maharaj.[42] Anfangs mussten die afrikanischen Häftlinge das ganze Jahr hindurch kurze Hosen und Sandalen tragen, während Inder und farbige Gefangene lange Hosen und Socken erhielten.** Am 25. April wurden dünne Pullover ausgegeben, die am 25. September wieder eingezogen wurden.[43] In den ersten zehn Jahren gab es keine Betten – die Häftlinge schliefen auf dem Betonboden auf einer Sisalmatte und hatten drei «fadenscheinige»[44] Decken zur Verfügung. Im Winter war es so kalt, dass sie in voller Bekleidung schliefen. In den ersten zehn Jahren wuschen sich Mandela und seine Kameraden mit kaltem Wasser.

---

* In einem Memorandum an den Commissioner of Prisons vom Januar 1970 schreibt Mandela: «Seit 1964 haben wir wiederholt betont, dass unsere Ernährung nicht ausreichend sättigend, nicht genügend abwechslungsreich und nicht schmackhaft ist.»

** Im selben Memorandum an den Commissioner of Prisons vom Januar 1970 schreibt Mandela: «Im Mai 1967 wurde uns neue Kleidung ausgegeben, die den in obengenannten Bestimmungen festgelegten Erfordernissen weitgehend entsprach. Doch wir können die Verbesserungen nicht maximal nutzen wegen der bestehenden Verordnungen, die von uns verlangen, im Sommer lange Hose und Pullover abzuliefern, und weil die Verordnungen in schematischer Weise, ungeachtet der jeweiligen Witterung, durchgesetzt werden.»

An den Werktagen mussten sie im Hof arbeiten und mit Hämmern Steine zerkleinern. An den Wochenenden wurden sie täglich dreiundzwanzig Stunden in ihre Zellen gesperrt, ausgenommen sie hatten Besuch. Anfang 1965 wurden Mandela und seine Kollegen zur Arbeit in den Steinbruch* geschickt. Es war eine mörderische Arbeit, und die gleißende Sonne auf dem weißen Kalk versengte die Augen. Der wiederholte Antrag auf Sonnenbrillen wurde drei Jahre lang von der Gefängnisleitung abgewiesen. Als schließlich der Forderung stattgegeben wurde, war die Sehkraft vieler Häftlinge, darunter die Mandelas, irreparabel geschädigt.

Als Mandelas Mutter Nosekeni im Jahr 1968 starb, wurde ihm die Teilnahme an ihrer Beerdigung verweigert. Im Jahr darauf kam Thembi, sein ältester Sohn, bei einem Autounfall ums Leben, und auch diesmal wurde sein Gesuch, bei der Beerdigung anwesend sein zu dürfen, ignoriert. Er musste in der Ferne beiseite stehen, während Freunde und Angehörige an seiner Stelle die Beerdigungsfeierlichkeiten vollzogen. Die Briefe aus dieser Zeit zeugen von seinem tiefen Schmerz über den schweren Verlust.

Um die gleiche Zeit wurde seine geliebte Frau Winnie von der Polizei festgenommen und verbrachte vierzehn Monate in Untersuchungshaft. Seine Briefe an Winnie und andere Briefpartner zeigen deutlich seine Verbitterung darüber, ihr und den Kindern während dieses Albtraums nicht beistehen zu können.

Er unterhielt eine regelmäßige Korrespondenz mit den Gefängnisbehörden, um seine Rechte als Gefangener geltend zu machen, und ging sogar so weit, seine Freilassung und die seiner Mithäftlinge zu fordern oder zu verlangen, dass sie zumindest als politische Kriegsgefangene behandelt würden (vgl. Brief an L. Le Grange, den Minister für Gefängnisse und Polizei, vom 4. September 1979, S. 481–485).

Auf Anregung seiner Kameraden begann er 1975 heimlich mit der Niederschrift seiner Memoiren, assistiert von Walter Sisulu,

------------------------

\* Im selben Memorandum schreibt Mandela: «Wir wurden zu schwerer und stumpfsinniger Arbeit gezwungen, die unsere Kräfte auslaugte und in einigen Fällen sogar unsere Gesundheit untergrub.»

Ahmed Kathrada und zwei weiteren Mithäftlingen, Mac Maharaj und Laloo Chiba. Geplant war eine Veröffentlichung im Ausland, rechtzeitig zu seinem sechzigsten Geburtstag am 18. Juli 1978. Maharaj schmuggelte eine Abschrift des Manuskripts, verborgen zwischen den Deckeln einer Kladde, bei seiner Entlassung aus dem Gefängnis Ende 1976 nach draußen. Als 1977 das in der Nähe des Gefangenenblocks in einer Blechdose vergrabene Original entdeckt wurde, wurde Mandela und seinen Gefährten ab 1978 die Fortsetzung des Studiums untersagt. Das Manuskript gelangte zwar nach London, doch es wurde erst 1994 unter dem Titel *Long Walk to Freedom* (dt. *Der lange Weg zur Freiheit*, Frankfurt am Main: S. Fischer, 1994) veröffentlicht.

**An Frank, Bernadt & Joffe, Anwälte**
[Stempel vom 15. 6. 64 mit dem Vermerk «*Special*» in anderer Schrift und in Afrikaans][a]
**Kapstadt**

Sehr geehrte Herren,

BETR.: DER STAAT GEGEN NELSON MANDELA & ANDERE

bitte teilen Sie unserem Anwalt Mr. Joffe, Johannesburg, mit, dass sich seine Mandanten in diesem Verfahren mit Ausnahme von DE-NIS GOLDBERG jetzt auf Robben Island befinden.

Möglicherweise hält sich Mr. B. FISCHER, der Leiter des Verteidigerteams, urlaubshalber zur Zeit in der Stadt auf, und wir wären Ihnen dankbar, Sie würden ihn über die Sachlage unterrichten, sofern Ihnen sein Aufenthaltsort bekannt ist.

Mit freundlichen Grüßen
[Unterzeichnet NRMandela]
NELSON MANDELA

------------------------

a  *Special letters* waren von der festgelegten Quote der Briefe ausgenommen.

*Bram Fischer war ein Afrikaaner, der Mandela und seine Mitangeklagten im Hochverratsprozess von 1959 bis 1961\* und im Rivonia-Prozess verteidigte. Außerdem war er ein Genosse und ein guter Freund. 1964 besuchte er die Beteiligten im Rivonia-Prozess auf Robben Island zum ersten Mal und bestärkte sie in ihrer früheren Entscheidung, ihr Urteil nicht anzufechten.*

*Mandela und einige seiner Mitgefangenen kannten Fischer und seine Frau Molly gut und verbrachten manche fröhliche Stunde in deren Haus in Johannesburg. Als Mandela sich jedoch bei diesem Besuch im Gefängnis nach Molly erkundigte, drehte sich Fischer um und ging wortlos weg. Nachdem der Anwalt die Insel verlassen hatte, erfuhr Mandela von einem älteren Gefängnisbeamten, dass sie bei einem Unfall, bei dem ihr Wagen von der Straße abgekommen und in einen Fluss gestürzt war, ertrunken war. Der vorgesetzte Beamte gestattete Mandela, Fischer einen Beileidsbrief zu schreiben, der jedoch nie abgeschickt wurde.*

*Der Brief an Bram Fischer ist sehr formal gehalten, wie es sich für das Schreiben eines Häftlings an seinen Anwalt gehört – in diesem Fall eines Häftlings, der zugleich Rechtsanwalt war. Wenn Gefangene an ihren Rechtsbeistand schrieben, war es opportun, nicht den Eindruck zu erwecken, dies sei ein persönlicher Brief, denn ein solcher wäre nicht durch die Zensur gegangen.*

*1965 wurde Fischer verhaftet und im Jahr darauf wegen Unterstützung der Ziele der Kommunistischen Partei\*\* und Verschwörung zum Sturz der Regierung angeklagt und zu lebenslanger Haft verurteilt. Während seiner Haft im Zentralgefängnis Pretoria wurde Krebs bei ihm diagnostiziert, und 1974 verschlimmerte sich sein Zustand. Die Behörden gaben schließlich dem Druck der Öffentlichkeit nach und entließen ihn in das Haus seines Bruders, das er nicht verlassen durfte. Er starb 1975, und die Gefängnisverwaltung ließ ihn einäschern. Der Verbleib seiner Asche wurde nie ermittelt.*

------------------------

\*  Der Hochverratsprozess (1956–1961) war der Versuch des Apartheidregimes, die Macht der Congress Alliance, eines Zusammenschlusses von Antiapartheidorganisationen, zu brechen. Bei Razzien in den frühen Morgenstunden des 5. Dezember 1956 wurden 156 Personen verhaftet und wegen Hochverrats angeklagt. Bis zum Ende des Prozesses im März 1961 wurden in allen Fällen entweder die Anklagen fallengelassen oder die Angeklagten wurden, wie bei den letzten 28 Beschuldigten, zu denen auch Mandela gehörte, freigesprochen.

\*\* Zur Kommunistischen Partei Südafrikas (SACP) siehe «Personen, Orte, Ereignisse».

**An Bram Fischer, Kamerad und Anwalt im Rivonia-Prozess**
**Johannesburg**

2. August 1964

Lieber Herr Fischer,
wie Sie sich bestimmt erinnern werden, besprachen Sie bei Ihrem letzten Besuch hier auf der Insel mit Major Visser die Möglichkeit, das *South African Law Journal* zu beziehen.

Bis heute habe ich die Zeitschrift nicht bekommen und halte es daher für angebracht, Sie daran zu erinnern; vielleicht kamen Sie aus Arbeitsdruck nicht dazu, mit Juta's & Co. eine Abmachung zu treffen.

Auch die Vorlesung von Wolsey Hall, London, und die juristischen Lehrbücher habe ich nicht erhalten, daher wäre ich Ihnen dankbar, wenn Sie sich bei Mr. Joffe[a] danach erkundigen könnten.

Mit freundlichen Grüßen
[unterzeichnet NRMandela]
Häftling Nr. 466/64

------------------------

a   Joel Joffe, Mandelas Anwalt.

*Während seiner gesamten Haftzeit verfolgte Mandela beharrlich sein Jurastudium, das er 1943 als junger Mann mit dem Ziel begonnen hatte, es mit dem LL.B abzuschließen. Obwohl er als Anwalt auch nur mit einem Diplom in Rechtswissenschaft arbeiten durfte, hatte er sich dieses Ziel in den Kopf gesetzt, als er noch ein junger Aktivist und Student an der Witwatersrand-Universität in Johannesburg war. Er begann seine dreijährige Ausbildung in der Kanzlei Witkin, Sidelsky und Eidelman, als er erst seit ein paar Wochen immatrikuliert war. Ein Jahr später trat er dem ANC bei und half bei der Gründung von dessen Jugendliga. 1944 heiratete er seine erste Frau Evelyn Mandela, und bald schon kam Familienzuwachs, was seine mageren Finanzen aufs Äußerste strapazierte. Sein Antrag im Dezember 1949 bei der Universität, die Abschlussprüfungen, bei denen er schon dreimal gescheitert war, wiederholen zu dürfen, wurde abgelehnt.*

*Auch nach dem bestandenen Zulassungsexamen am 8. August 1951
strebe er immer noch den LL.B an. Trotz seiner führenden Rolle in der Missachtungskampagne von 1952\* versuchte er, seine Wiederaufnahme an der
Witwatersrand-Universität zu erreichen, bis ihm an seinem 34. Geburtstag
I. Glyn Thomas von der Universität mitteilte, er sei so lange vom Unterricht
ausgeschlossen, bis er die geschuldeten 27£ bezahlt habe.*

*Während er im Zentralgefängnis Pretoria in Haft war, schrieb er sich
1962 in der London University ein und hatte dabei auf Schritt und Tritt
gegen Widrigkeiten zu kämpfen. Das nächtliche Studium nach fast acht
Stunden Schufterei im Steinbruch war noch nicht einmal das größte Problem. Aus seinen Briefen geht hervor, dass er häufig nicht das entsprechende
Lehrmaterial und auch dieses oft nicht rechtzeitig erhielt. Die Situation, die
er den zuständigen Beamten der Universität von London und später der
Universität von Südafrika schilderte, dauerte viele Jahre an. Am Ende absolvierte er seinen Bachelor-Abschluss im Jahr 1989, wenige Monate vor
seiner Freilassung.*

**An den Commanding Officer
Robben Island**

30. November 1964

DRINGEND

Ich muss heute dem Kulturattaché der Britischen Botschaft, Hill
Street, Pretoria, für die Zulassung zu Teil I des Abschlusses des LL.B
an der University of London 16,00 Rd an Gebühren bezahlen.
Vergangenen Monat bat ich die Universität per Brief um Zusen-

---

\*   Die vom ANC im Dezember 1951 initiierte und gemeinsam mit dem South African Indian
    Congress (SAIC) am 26. Juni 1952 gestartete Kampagne richtete sich gegen sechs Apart-
    heidgesetze. Bei der Missachtungskampagne (Defiance Campaign Against Unjust Laws)
    verstießen Personen gegen rassistische Gesetze, indem sie zum Beispiel für Weiße reser-
    vierte Einrichtungen betraten oder gegen die Ausgangssperre verstießen und damit ihre
    Verhaftung provozierten. Mandela wurde zum nationalen Volunteer-in-Chief ernannt und
    Maulvi Cachalia zu seinem Stellvertreter. Im Verlauf der Missachtungskampagne wurden
    über 8500 Freiwillige wegen ihrer Beteiligung an der Kampagne inhaftiert.

dung der Zulassungsformulare und meine Frau um die dafür erforderlichen Mittel. Am 9. dieses Monats schrieb ich einen weiteren Brief an den Kulturattaché mit der Bitte um die Formulare. In beiden Fällen habe ich weder eine Bestätigung noch eine Rückmeldung erhalten.

Bitte überweisen Sie noch heute dem Kulturattaché telegrafisch 16,00 Rd und veranlassen ihn, mir die entsprechenden Formulare zu schicken. Falls mein Guthaben dafür nicht ausreicht, ist Ahmed Kathrada, Gefangener Nr. 468, bereit, Ihr Einverständnis vorausgesetzt, die Anmeldegebühren und die Kosten für das Telegramm zu übernehmen.

Da die Einschreibfristen für diese Prüfungen heute ablaufen, bitte ich Sie, die Sache mit höchster Dringlichkeit zu behandeln.

Nelson Mandela
[Unterzeichnet NRMandela]
Gefangener Nr. 466/64

[Vermerk auf Englisch in roter Schrift] Habe keinen Einwand gegen die Überweisung von 16,00 Rd, bin jedoch nicht bereit, zuzulassen, dass Häftlinge sich untereinander Geld leihen. [Handzeichen und Datum vom 30.11.]

*Mandela* studierte im Gefängnis Afrikaans, um seine Kenntnisse der Geschichte und Kultur der herrschenden National Party und ihrer Anhänger zu erweitern. Er glaubte, damit seine Kommunikation mit dem politischen Gegner verbessern zu können.

*Dies gelang auch. Es half ihm, Barrieren zwischen sich und den Gefängniswärtern und später mit Regierungsvertretern und schließlich sogar mit dem Präsidenten P.W. Botha\* einzureißen.*

------------------------------

\* P.W. Botha, Präsident von Südafrika von 1978 bis 1984, Staatspräsident von 1984 bis 1989; siehe «Personen, Orte, Ereignisse».

*Im folgenden Brief merkt er an, dass legitime Gesuche häufig ignoriert werden, und er fordert erneut, sich auf seine Examina mittels älterer Arbeiten einer Organisation vorbereiten zu dürfen, die Afrikaans – seit 1925 eine der offiziellen Sprachen Südafrikas – förderte, sowie mittels alter Ausgaben des auf Afrikaans erscheinenden Frauenmagazins* Huisgenoot.

### An Major Visser, Vollzugsbeamter

[Stempel vom 25. 8. 1965]

Major Visser,

während der Inspektion am 14. August 1965 versuchte ich Sie zu sprechen, Sie gaben mir jedoch keine Gelegenheit dazu. Während die Inspektion im Gange war, versprach mir Chief Warder van Tonder, der Sie begleitete, Ihnen mitzuteilen, dass ich einige Anliegen vorzubringen hätte, doch Sie gingen weg, ohne mit mir gesprochen zu haben. Nun schreibe ich Ihnen, weil die Sache dringlich geworden ist.

1. Ich bin dabei, mein für den 29. Oktober 1965 anberaumtes Examen vorzubereiten. Im vergangenen März und Anfang Mai habe ich schriftlich Anträge an die Gefängnisleitung gestellt, mich zu beurlauben, damit ich alte Examensunterlagen der Saamwerk-Unie of Natal einsehen kann, die Teil meiner Vorbereitung auf die anstehende Prüfung sind. Sie haben mir wiederholt versichert, Sie hätten der SWU geschrieben und die fraglichen Papiere angefordert und warteten auf Antwort. Und obwohl die Prüfung schon in zwei Monaten stattfinden wird, habe ich die Papiere immer noch nicht erhalten.

2. Ich schulde der University of South Africa Gebühren von 40 Rand für einen Honours Degree Course, den ich im Februar 1966 zu machen gedachte. Der Vertrag legt fest, dass dieser Betrag vor dem 1. September 1965 zu entrichten ist. Als ich bei unserer letzten Begegnung die Angelegenheit mit Ihnen besprach, teilten Sie mir mit, dass Sie die Universität angeschrieben hätten. Vor ein paar Tagen erhielt ich die Rechnung über diese Summe, und nun geht es mir darum, die Sache rechtzeitig abzuschließen. In diesem Zusammenhang möchte ich darauf hinweisen, dass ich meine Lehrbücher bei Juta's &

Co. bestellt habe. Falls sie die Bücher nicht vorrätig hätten, sollten sie sie bestellen und mich benachrichtigen, wann sie lieferbar wären, damit ich meine Arbeit planen könnte. Ich habe nichts mehr von ihnen gehört und wäre Ihnen sehr verbunden, wenn Sie mir mitteilen würden, ob die Angelegenheit erledigt worden ist.

3. Sie erklärten mir außerdem, Sie hätten die alten Nummern von *Huisgenoot*[a] bestellt, die ich für Studienzwecke benötige, und ich möchte Sie daran erinnern, dass sie bei mir noch immer nicht angekommen sind.

4. Im letzten Jahr beantragte ich mehrfach – und Anfang dieses Jahres erneut –, Bücher aus der Staatsbibliothek entleihen sowie Immatrikulationsformulare erhalten zu dürfen. Bisher habe ich nichts in dieser Angelegenheit gehört.

Ich frage mich ernstlich, ob ich angesichts der obengenannten Schwierigkeiten die anstehende Prüfung ablegen soll, und wäre Ihnen dankbar, wenn Sie mir Gelegenheit geben würden, mit Ihnen das Ganze zu besprechen.

[unterzeichnet NRMandela]

------------------------

a   *Huisgenoot* ist eine afrikaanssprachige Zeitschrift.

## An den Commissioner of Prisons[a]
## PRETORIA

Vielen Dank für Ihr Entgegenkommen vom 13. Oktober 1965, als Sie erklärten, keine Einwände dagegen zu erheben, dass wir unsere Lehrbücher untereinander austauschen. Dies wird die Ausgaben für die benötigten Bücher erheblich senken, denn die meisten von uns können sie sich nicht leisten. Allen Studierenden werden hiermit geeignetere Informations- und Referenzquellen zugänglich.

Wenn das Privileg, studieren zu dürfen, wirklich von Wert sein soll, müssen einige Voraussetzungen unbedingt erfüllt sein. Dies gilt für alle Studenten, aber ganz besonders für diejenigen, die ein Fernstudium machen müssen und denen daher die außerordentlich wichtige unmittelbare Kommunikation zwischen Lehrer und Schüler fehlt. Akademische Förderung in Form von Literaturempfehlungen, Gedankenaustausch und stetiger persönlicher Überprüfung und Kritik sind für Studenten selbstverständlich, die mit ihren Lehrern und Kommilitonen direkt und ungehindert kommunizieren können. Natürlich versuchen Fernkollegs sowie die University of South Africa den offenkundigen Nachteil, unter dem ihre Studenten leiden, dadurch etwas auszugleichen, dass sie Ferienkurse anbieten und deren Bedeutung für die Studenten betonen.

Wenn Häftlingen, die sich auf dieselbe Prüfung vorbereiten wie Studenten, die solche Ferienkurse und andere Formen direkter und uneingeschränkter Kommunikation mit ihren Tutoren, anderen erfahrenen Dozenten und Kommilitonen nutzen können, erlaubt würde, sich gegenseitig zu unterstützen, dann wäre dies eine vertretbare und mit den Gefängnisbestimmungen völlig konforme Maßnahme als Ausgleich für ihren Nachteil als Fernstudenten. Dazu wäre eine freie Diskussion der Häftlinge untereinander und mit denen, die sie unterstützen können, unerlässlich. Dies beträfe insbesondere Häftlinge, die Sprachen, Jura und Geisteswissenschaften studieren. Die Diskussion schärft das Interesse an jedem Thema, regt entsprechend zum Lesen an und korrigiert Irrtümer. All dies zusammen trüge dazu bei, dass das Gelesene leichter und besser behalten wird.

Hinzu kommt, dass die Vorbereitung von Übungen und das Erstellen von Aufsätzen, die andere korrigieren und mit ihren Vorschlägen kommentieren, einen permanenten Stimulus für den Studenten darstellen, der sonst seine Fortschritte nicht richtig einschätzen könnte. In beiderlei Hinsicht sind Häftlinge besonders in diesem Gefängnis enorm im Nachteil, wodurch sie mit Studenten von außerhalb, die entsprechende Möglichkeiten haben, niemals mithalten können. In diesem Zusammenhang möchte ich darauf hinweisen, dass ich 1963 im Gefängnis in Pretoria einen Sprachkurs begonnen habe, wobei mir die dortige interne Gefängnisschule zugute kam. Dies war außerordentlich hilfreich, was die Verbesserung meiner Fehler betraf, und versetzte mich in die Lage, mir die Sprache ziemlich schnell anzueignen.

Würden uns die ungehinderte Diskussion und die obengenannten Formen der gegenseitigen Unterstützung gestattet, wäre dies zusammen mit Ihrem bereits gemachten Entgegenkommen ein großer Schritt zur Lösung unserer derzeitigen Probleme. In dieser Hinsicht möchte ich die Zusicherung wiederholen, die ich am 13. des Monats gegeben habe, nämlich dass wir nach Kräften bemüht sind, die bereits gegebenen Zusagen sowie diejenigen, die Sie uns vielleicht noch machen werden, in keiner Weise zu missbrauchen.

Zum Schluss möchte ich noch auf Ihre Entscheidung verweisen, meinen Antrag vom 14. März 1965 bezüglich der Augenuntersuchung abzulehnen. Es wurden keine Gründe für die Ablehnung genannt, und infolgedessen bin ich außerstande, eine neue Begründung für meinen Antrag zu liefern. Ich möchte Sie dennoch bitten, sich der Angelegenheit erneut anzunehmen und mir die nötige Unterstützung zu gewähren.

[Unterzeichnet NRMandela]

-------------------------

a  Von diesem Brief existieren zwei Fassungen, eine davon maschinenschriftlich, datiert auf den 10. Oktober 1965, die vermutlich an den Commissioner gerichtet war. Das Datum der handschriftlichen, für diese Sammlung fotokopierten Fassung ist abgeschnitten.


*Außer der erlaubten Korrespondenz mit Behördenvertretern und ihren Anwälten durften die Gefangenen anfangs nur an Familienangehörige ersten Grades schreiben. In der ersten Zeit war nur ein Brief mit 500 Wörtern alle sechs Monate gestattet. Dieselben Fristen galten für Familienbesuche. Über zwei Jahre alte Kinder konnten ihren Vater erst mit sechzehn Jahren zum ersten Mal sehen. Bei Mandelas erster Inhaftierung im Jahr 1962 waren seine fünf Kinder – zwei Jungen und drei Mädchen – zwischen dreiundzwanzig Monate und siebzehn Jahre alt. Alle fünf werden im folgenden Brief erwähnt: Thembi, Makgatho (Kgatho), Maki (Makaziwe), Zeni (Zenani) und Zindzi (Zindziswa). Die ersten drei entstammten der ersten Ehe mit Evelyn Mase, die beiden Jüngsten seiner zweiten mit Winnie Madikizela.*

**An Winnie Mandela,**[a] **Ehefrau**
**Johannesburg**
[In anderer Schrift: *Special letter*]

Schreibe oben auf Deinen Antwortbrief «Antwort auf *Special letter*»[b]

NELSON MANDELA Nr. 466/64                    17. Februar 1966

Lieber Schatz,

es wäre sehr schön, wenn Du den Anwälten Hayman & Aronsohn mitteilen würdest, sie sollten ihre Aktion gegen die Gefängnisbehörden nicht fortsetzen.

Am 8. Februar 1966 hatte ich ein Gespräch mit dem Chief Magistrate von Kapstadt, der auf Anweisung des Justizministers hierher gekommen war. Er forderte mich auf, eine eidesstattliche Erklärung zu allen Beschwerden und Einsprüchen abzugeben, die ich bezüglich der Behandlung meiner Person vorzubringen hatte. Diese Erklärung konnte ich nicht abgeben, dafür überreichte ich ihm eine schriftliche Stellungnahme, in der ich betonte, dass es mir darum geht, die Gelegenheit wahrzunehmen, meine Einsprüche höheren Orts vorzubringen. Ich wies allerdings darauf hin, dass ich mich zu diesem Thema mit meinem Anwalt besprechen wollte.

Am 14. Februar hatte ich eine weitere Unterredung, diesmal mit dem Commissioner of Prisons, in deren Verlauf er mir versprach, meine Bitten dem Justizminister vorzulegen. Von Beginn an habe ich mich bemüht, alle verfügbaren Kanäle innerhalb des Ministeriums zu nutzen. Deshalb ergriff ich auch die Gelegenheit, meine Einsprüche direkt beim Minister vorzubringen. Ich bitte Dich daher, Miss Hayman von dieser Abmachung in Kenntnis zu setzen und sie anzuweisen, in der Sache nicht weiter vorzugehen; und lass sie wissen, dass ich ihr sehr dankbar für ihr promptes Eingreifen bin und ihr fest die Hand drücke. Auch Du bist ebenso rasch aktiv geworden, dafür herzlichen Dank!

Ich habe Nikis[c] beide Telegramme erhalten und war bestürzt über die Nachricht von C. K.s[d] Erkrankung, dann aber sehr erleichtert, als ich hörte, dass es ihm besser ging. Schreib ihm und richte ihm bitte aus, dass ich ihm vollständige Genesung und noch viele Jahre bei guter

Gesundheit und Wohlergehen wünsche. Der Commanding Officer hat mir gestattet, einen Brief von Niki anzunehmen, und sag ihr doch bitte, sie solle mir schreiben.

Ich habe die Hoer Afrikaanse Taaleksamens[e] bestanden und bin nun im Afrikaans-Nederlands-Course[f] 1 an der University of South Africa eingeschrieben. Die Gebühren und die Kosten für die Lehrbücher sind unerschwinglich, und meine Mittel sind erschöpft. Sag es G. Bitte bezahl nichts von Deinem Konto.

Deine Weihnachtskarte war unauffindbar, Mhlope.[g] Hoffentlich hast Du meinen Brief vom Januar bekommen. Ich hatte an *Nkosikazi* Luthuli[h] zu Neujahr geschrieben und eine ermutigende Antwort erhalten. Ich werde sie für Dich aufbewahren.

Die Juraexamina beginnen am 13. Juni, einen Tag vor unserem achten Hochzeitstag. Es ist für mich eine schwierige Zeit harten und permanenten Büffelns. Es wird eine große Erleichterung sein, wenn all das endlich vorüber ist. Ich hoffe, Du hast Dein Studium nicht aufgegeben und kannst mir in Deinem nächsten Brief von Deinen Fortschritten berichten.[i]

Liebe Grüße an Niki und Onkel Marsh,[j] Nali,[k] Bantu[l] und Ehemann, Nyanya[m] und alle Verwandten und Freunde. Sag Nali, sie soll meine Grüße an Sefton[n] ausrichten.

Alles Liebe und tausend Küsse, mein Schatz. Sag Thembi, Kgatho, Maki, Zeni und Zindzi,[o] dass ich sie sehr vermisse und sie von ganzem Herzen grüße.

In Liebe
Dalibunga

------------------------

a   Nomzamo Winifred Madikizela Mandela (1936–2018); siehe «Personen, Orte, Ereignisse».
b   *Special letters* und Antworten darauf waren von der festgelegten Quote der Briefe ausgenommen.
c   Niki Xaba (1932–1985), Winnie Mandelas älteste Schwester; siehe «Personen, Orte, Ereignisse».
d   Columbus Kokani Madikizela, Winnies Vater; siehe «Personen, Orte, Ereignisse».
e   Prüfung in Afrikaans.
f   Ein Studiengang in einer eher traditionellen Form des Niederländischen.
g   Einer von Winnies Namen.

h  *Nkosikazi* bedeutet «Frau» auf isiXhosa. Zu Nokhukhanya Luthuli, Frau von Chief Albert
   Luthuli: siehe «Personen, Orte, Ereignisse».
i  Winnie Mandela besaß ein Diplom in Sozialarbeit und studierte Soziologie.
j  Marshall Xaba, Mann von Winnies ältester Schwester Niki Xaba.
k  Nali Nancy Vutela, Winnie Mandelas Schwester.
l  Nobantu Mniki, Winnies Mandelas Schwester.
m  Nonyaniso (Nyanya) Madikizela, Winnies jüngste Schwester.
n  Sefton Vutela, Nalis Ehemann.
o  Mandelas Kinder.

*U*m sich endlich das nötige Studienmaterial zu beschaffen, schreibt Mandela
an den Leiter der Zulassungsbehörde der UNISA persönlich, und zwar auf
Afrikaans, der Muttersprache des Adressaten. Der folgende Brief lässt darauf
schließen, dass Mandela bewusst ist, einen Anspruch auf eine solche Anfrage
zu haben. Er zeigt, dass es ihm gelungen ist, die Würde zu wahren, die ihm das
Gefängnissystem zu nehmen suchte. Es dürfte ihm außerdem klar gewesen
sein, dass dieser Brief der Gefängnisleitung und insbesondere der Zensurstelle
deutlich machen würde, dass er nicht bereit war, seinen Kampf aufzugeben.

**An den Registrar der University of South Africa**
**Pretoria**
[Übersetzt aus dem Afrikaans]

22. August 1966

Betreff Nr. MB072

Sehr geehrter Herr,
ich bitte Sie um die Genehmigung, die Prüfung auf AFRIKAANS-
NEDERLANDS auf das kommende Jahr zu verschieben. Ich bemühe
mich bislang vergeblich um etliche der vorgeschriebenen Bücher, ohne
die mir der Versuch, die Prüfung abzulegen, sehr riskant erscheint.

Mit freundlichen Grüßen
[Unterzeichnet NRMandela]

**An den Geschäftsführer der American Society of International Law**
**Washington DC**

31.8.66

Sehr geehrter Herr,
ich habe die Juli-Ausgabe des *American Journal of International Law* nicht erhalten, vermutlich weil mein Abonnement abgelaufen ist.
Gerne hätte ich diesem Schreiben die jährliche Abonnementgebühr beigefügt, aber leider kenne ich deren Höhe nicht, weil bisher ein Freund sie für mich bezahlt hat.
Ich bereite mich auf die demnächst stattfindende schriftliche Prüfung in Internationalem öffentlichem Recht vor und bitte Sie daher, mir mitzuteilen, ob das Abonnement abgelaufen und wie hoch der zu überweisende Betrag ist.

Mit freundlichen Grüßen
[Unterzeichnet NRMandela]
NELSON MANDELA

**An den Commanding Officer**
**Robben Island**

NELSON MANDELA 466/64                    8. September 1966

Die Gläser meiner Lesebrille sind zerbrochen, und ich wäre Ihnen dankbar, wenn Sie dafür sorgen könnten, dass die Brille an Dr. Sachs, der sie verordnet hat, nach Kapstadt zur Reparatur eingeschickt wird.

Bitte begleichen Sie die Rechnung aus meinem Konto.[a]

[unterzeichnet NRMandela]
NELSON MANDELA

------------------------

a  Bei Haftantritt wurde eine Liste der persönlichen Dinge erstellt, die der Gefangene bei sich hatte. Der Geldbetrag, den er mit sich führte, wurde auf ein Konto auf seinen Namen gut-

geschrieben (hierbei handelte es sich nicht um ein Bankkonto, sondern es diente der internen Buchführung). Alle Geldeingänge für den Häftling wurden auf diesem Konto regist-
riert, alle Ausgaben in seinem Namen getätigt. Bei seiner Entlassung erhielt er das restliche
Guthaben zurück.

*Es ist unklar, ob der folgende Brief nach draußen geschmuggelt wurde, da der
Adressat, Cecil Eprile, kein Angehöriger der Familie Mandelas war, oder ob es
inzwischen erlaubt war, auch an Freunde zu schreiben. Eprile war ein Freund
Mandelas und Herausgeber der* Golden City Post, *einer Johannesburger
Zeitung, deren Zielgruppe schwarze Südafrikaner waren. Epriles Sohn Tony
ist überzeugt, dass sein Vater diesen Brief nie bekommen hat. Er stammt aus
der Zeit, als die Familie Eprile nach London gezogen war, wo Eprile als Chefredakteur beim* Forum World Features *arbeitete. Anfang 1972 ließen sie
sich in den Vereinigten Staaten nieder.*

**Cecil Eprile, Freund und Herausgeber der** *Golden City Post*
**Johannesburg**

466/64                                                    11/2/67

Lieber Cecil,
ich brauche 150,00 Rand für mein Studium; darf ich Dich anpum-
pen? In den letzten vier Jahren habe ich bei Winnie schmarotzt. Sie
ist seit April 65 arbeitslos, und ich bringe es nicht übers Herz, sie
noch länger auszunutzen. Vergangenes Jahr schickte sie mir 100,00
Rand, die alle schon aufgebraucht sind.
Leider muss ich Dich noch mit einem anderen persönlichen Problem
behelligen: Mein Sohn Makgatho wurde offenbar nach einem Schü-
lerstreik von der St Christopher's, Manzini, ausgeschlossen. Zum
Glück gelang es ihm, sich einen *first class pass* für das Junior Certificate zu sichern, und ich glaube, im Moment besucht er eine lokale
Schule. Ich habe die Befürchtung, dass sich dieser plötzliche Wechsel
negativ auf seine Fortschritte und seine Leistung auswirkt. Und
wahrscheinlich fühlt er sich auch einsam und ist unglücklich, weil
seine Geschwister und seine Freunde weit weg sind. Könntest Du

versuchen, ihm dabei zu helfen, wieder in seiner Schule aufgenommen zu werden oder in einem anderen Internat in der Nähe unterzukommen? Er ist ein gescheiter Bursche und sollte eigentlich in der Lage sein, die anderen einzuholen, auch wenn er vielleicht erst später wieder auf seine Schule kommt. Ich glaube, seine Gesundheit hat in letzter Zeit ein bisschen gelitten, und unter diesen Umständen ist es wohl ratsam, ihn nicht allzu weit vom Baragwanath Hospital unterzubringen. Am besten, Du bestellst ihn in Dein Büro, sprichst die Sache mit ihm durch und findest heraus, was er davon hält. Sprich doch auch mit Winnie darüber. Jedenfalls lege ich die Angelegenheit vertrauensvoll in Deine Hände.

Der Tod von Nat[a] hat mich sehr betrübt; das war ein schwerer Schlag, wir brachten ihm ja große Zuneigung entgegen. Er war ein Mann von unumstrittener Kompetenz und eine Bereicherung für uns alle. Beim Lesen seiner Artikel hatte ich oft das Gefühl, dass die Feder tatsächlich mächtiger ist als das Schwert. Ich hoffe, Du hast einen ebenso fähigen Mann als Nachfolger gefunden.

Mit Freude habe ich erfahren, dass das Unternehmen, das Du so geschickt geführt hast, so schnell gewachsen und expandiert ist und dass auch Du erfolgreich bist. Mir ist bewusst, dass all dies für Dich ungelegen kommt. Aber *[folgender Satzteil unleserlich]* ein Trost, dass ich nicht sehen muss, wie Du errötest. Ich für mein Teil fühle mich topfit in mehrerlei Hinsicht. Es geht mir körperlich und geistig gut, und ich freue mich auf den Tag, an dem ich Dich wiedersehen werde und wir wieder einmal so glückliche Augenblicke miteinander verbringen werden wie früher.

Mit ganz herzlichen Grüßen an Dich und Leon und alles Liebe für Deine Frau[b] und Zelda[c]

Dein Nelson

P. S.: Bitte sag Winnie, sie soll für den nächsten Besuch Madiba oder Makgatho anmelden, falls sie nicht selbst kommen kann.

------------------------------

a   Nat Nakasa schrieb für die *Golden City Post* und war auch ein Freund von Eprile. Nakasa verließ Südafrika und ging in die Vereinigten Staaten; er starb am 14. Juli 1965 in New York.

27th February 1967.

The Commanding Officer,
Robben Island.

I am preparing to write an examination on the 10th June 1967. Entries for this examination ought to have been received by the British Embassy by 1st December 1966. I handed in the entry forms early in November 1966 with a request that the forms together with the sum of R8.00 be sent to Pretoria. In spite of several enquiries I made, I am still uncertain whether my entry has now been approved.

In February 1966 I ordered a prescribed text-books from a London bookfirm to prepare for this same examination, and although I had been assured that the money to cover the cost of the books as well as postage had been sent, I never received them. In October last year I placed another order for the same books and I still have not received them, a fact which has seriously handicapped me in preparation for the forthcoming examination.

In September 1966 I had ordered from the same book-firm a number of text books but my letter was posted without the necessary amount for the payment and postage of these books. I subsequently received an account from them after they had sent the books on credit.

I had also written to the Registrar of the University of London and requested that R1.00 be enclosed in my letter. I have received no reply to this letter either.

Finally, in December last year I made written

Brief vom 27. Februar 1967 an den Commanding Officer, Robben Island.

from 2nd Jan. 1965

application for a detailed statement of accounts, and I have not been supplied with this information. I should accordingly be pleased if you would kindly advise me at the earliest opportunity what progress, if any, has been made in regard to five (5) items mentioned above.

NRMandela.
Prison no: 466/64.

The Commanding Officer.

Vermutlich erfuhr Mandela erst einige Zeit danach von Nats Tod, denn den Gefangenen war bis 1980 jeder Zugang zu Nachrichten verboten.

b   Liesl Eprile war vor den Nazis aus Deutschland geflohen und hatte Cecil in Südafrika geheiratet.

c   Leon und Zelda Streets, Freunde und Nachbarn der Epriles, die im selben Wohnblock in Riviera Mansions wohnten. Als Mandela untergetaucht war, bewohnte er ein paar Wochen lang auch das Zimmer ihrer Tochter Laura.

**An den Commanding Officer**
**Robben Island**

27. Februar 1967

Ich bereite mich auf eine schriftliche Prüfung am 10. Juni 1967 vor. Anmeldungen zu dieser Prüfung sollten bis 1. Dezember 1966 bei der Britischen Botschaft eingegangen sein. Ich habe die Anmeldeformulare Anfang November 1966[a] übergeben mit der Bitte, sie zusammen mit dem Betrag von 8.00 Rd nach Pretoria zu schicken. Trotz mehrfacher Nachfrage weiß ich immer noch nicht, ob meine Anmeldung bestätigt ist.

Im Februar 1966 bestellte ich die vorgeschriebenen Lehrbücher bei einer Londoner Buchhandlung, um mich auf das Examen vorzubereiten. Doch obwohl mir versichert wurde, dass der Betrag für die Bücher sowie das Rückporto entrichtet wurde, habe ich diese nie erhalten. Im Oktober letzten Jahres gab ich erneut eine Bestellung für dieselben Bücher auf, und auch diese habe ich bis jetzt nicht erhalten. Dies behindert meine Vorbereitung auf die bevorstehende Prüfung erheblich. Im September 1966 bestellte ich in derselben Buchhandlung eine Reihe Lehrbücher, doch ging mein Schreiben ohne den erforderlichen Betrag zur Post. Daraufhin bekam ich die Bücher auf Rechnung.

Außerdem hatte ich an den Registrar der University of London geschrieben und darum gebeten, meinem Brief 1,00 Rd beizufügen. Auch auf diesen Brief bekam ich keine Antwort.

Schließlich beantragte ich im Dezember letzten Jahres schriftlich eine detaillierte Übersicht über meine Kontoauszüge ab 2. Januar 1965; diese Angaben wurden mir nicht zugestellt. Ich bitte Sie daher zum baldmöglichsten Zeitpunkt um eine Mitteilung über den Stand der Dinge, was die obengenannten fünf [5] Punkte betrifft.

[Unterzeichnet NRMandela]
Häftling Nr. 466/64

------------------------

a  Alle Unterstreichungen in diesem Brief sind von derselben Hand und stammen daher wahrscheinlich von Mandela selbst.

**An Frank, Bernadt & Joffe, seine Anwälte**
**Kapstadt**

Kopie[a]

21. März 1967
Zu Händen von Mr. Brown

Sehr geehrte Herren,
mir wird vorgeworfen, bei meiner Arbeit faul, unachtsam und nachlässig zu sein,[b] und das Verfahren wurde vertagt und eine Anhörung auf den 4. April 1967 angesetzt. In diesem Zusammenhang bitte ich Ihren Mr. Brown, mich als Anwalt zu vertreten.
Zu meiner Verteidigung werde ich ins Feld führen, dass ich unter Bluthochdruck leide, weshalb ich seit dem 14. Juni 1964 hier im Gefängnis behandelt werde, und dass unter diesen Umständen die Arbeit mit Pickel und Schaufel im Steinbruch strapaziös und gesundheitsgefährdend ist.
Als Zeugen schlage ich Dr. Kaplan vor, einen Arzt aus Kapstadt, der mich am 15. April 1966 mittels medizinischer Apparate eingehend untersucht hat. Ich teilte diesen Sachverhalt dem Beamten mit, der mir die Anklageschrift übergab, und wies zugleich darauf hin, dass meine Mittel zur Deckung der Arztkosten nicht ausreichten. Ich beantragte die Übernahme dieser Kosten durch die Gefängnisverwaltung. Dies wurde abgelehnt, und daher bitte ich Sie, die Möglichkeit zu erwägen, einen Dringlichkeitsantrag beim Obersten Gerichtshof zu stellen, der die Gefängnisaufsicht anweist, diese Kosten zu übernehmen, vorausgesetzt, Sie sehen eine reelle Erfolgschance für einen

solchen Antrag. Der Sanitätsoffizier, der mich in der ganzen Zeit freundlich und rücksichtsvoll behandelt hat, prüft regelmäßig meinen Blutdruck und verabreicht mir Medikamente, auch für meine geschwollenen Beine, aber er kann natürlich keine Aussage über die Untersuchung vom 15. April durch den Facharzt machen, die er allenfalls vom Hörensagen kennt.

In Anbetracht der hier im Gefängnis herrschenden Atmosphäre – Details dazu werden Ihnen falls nötig beim Beratungsgespräch geliefert – halte ich es für unvereinbar mit den Interessen der Justiz, dass ich in meinem Prozess von einem Gefängnisbeamten vernommen werde, und bitte Sie darum, einen von einem Magistrat geführten Prozess zu beantragen.

Ihre Honorarkosten werde ich aufbringen[c] können.

Hochachtungsvoll
[unterzeichnet NRMandela] NELSON MANDELA

- - - - - - - - - - - - - - - - - - - - - -

a   «Kopie» in Mandelas Handschrift.
b   Mandela wurde zusammen mit Eddie Daniels, Laloo Chiba und Neville Alexander (siehe zu diesen Personen «Personen, Orte, Ereignisse») wegen einer «extra erfundenen Anklage» vor Gericht gestellt (Nelson Mandela im Gespräch mit Richard Stengel, Dezember 1992, CD 5, Nelson Mandela Foundation, Johannesburg), weil sie als Sprecher der anderen Häftlinge galten. Sie wurden zu dreitägiger Isolationshaft und einer Verpflegung von drei Mal täglich Reiswasser verurteilt (Wasser, in dem Reis gekocht worden war).
c   Während seiner Haft erhielt Mandela finanzielle Unterstützung von Leuten wie dem englischen Zeitungsverleger David Astor (1912–2001) und Lady Eleanor Birley und ihrem Mann Sir Robert Birley (1903–1982), dem früheren Direktor am Eaton College und damals Gastprofessor an der Universität von Witwatersrand.

*Dieser Brief ist der erste in einer langen Auseinandersetzung mit den Staatsbeamten um die Versuche, Mandela mit einem Berufsverbot als Anwalt zu belegen. Im ersten Anlauf beriefen sich die Behörden auf seine Verurteilung aufgrund des Suppression of Communism Act\*, eines 1950 verabschiedeten*

- - - - - - - - - - - - - - - - - - - - - -

\*   Zum Suppression of Communism Act siehe «Personen, Orte, Ereignisse».

*Gesetzes, das die Kommunistische Partei Südafrikas verbot. Zugleich sollte es alle Apartheidgegner zu Kommunisten stempeln und sie dadurch bestrafen und zumindest ausschalten. Am 2. Dezember 1952 wurde Mandela zusammen mit neunzehn weiteren Angeklagten wegen Teilnahme an der Missachtungskampagne verurteilt. Die Initiative lag beim ANC und dem South African Indian Congress und wandte sich gegen sechs Gesetze, die von der National Party nach ihrem Machtantritt 1948 erlassen und in die Apartheidpolitik eingebracht worden waren.*

*In einem Gespräch mit dem amerikanischen Autor Richard Stengel erinnert sich Mandela fünfundzwanzig Jahre später, dass er damals ohne Entgelt von Walter Pollak, dem damaligen Vorsitzenden der Johannesburger Anwaltskammer, verteidigt worden war. Das Gericht lehnte den Antrag der Anwaltskammer ab und «begründete seine Entscheidung damit, dass ein Mann nicht aufgrund seiner politischen Überzeugungen von der Tätigkeit als Anwalt ausgeschlossen werden könne».[45]*

*Der zweite Versuch basierte auf seiner Verurteilung wegen Sabotage, wobei sich die Anwaltskammer im Wesentlichen auf einen Paragrafen des Internal Security Act berief. Bei dieser Gelegenheit beschloss Mandela, seine Verteidigung selbst zu übernehmen, und beantragte die Befreiung von Schwerarbeit, um sein Verfahren vorbereiten zu können. «Ich verlangte Tische, Stühle, richtige Stühle, anständiges Licht, um mich auf den Prozess vorzubereiten. Ich wollte außerdem nach Pretoria gebracht werden, wo der Fall verhandelt werden sollte und wo ich Zugang zur Bibliothek hätte.»[46]*

*Nach einem langen Briefwechsel wurde das Verfahren eingestellt. Die Gefängnisbehörden hatten Mandelas Antrag auf Befreiung von der zermürbenden Arbeit im Steinbruch von 7.30 bis 16.00 Uhr an Werktagen abgelehnt, sie verweigerten ihm auch nahrhafteres Essen zur Verbesserung seiner Konzentrationsfähigkeit, und sie verlegten ihn nicht nach Pretoria für die Dauer des Verfahrens.*

*«Während meiner ganzen Zeit im Gefängnis ruderten sie immer dann zurück, wenn ich drohte, vor Gericht zu gehen. Es machte ihnen nichts aus, wenn ich einen Anwalt einschaltete, es machte ihnen nichts, wenn ich einen Anwalt nahm, der mich vertreten sollte, aber wenn ich sagte, ich will keinen Anwalt, ich vertrete mich selbst vor Gericht, dann wollten sie das nicht und ruderten zurück», sagte er.*

*«Weil sie Angst vor Publicity hatten?», fragte Stengel.*

*«Ja, sie wollten, dass die Menschen mich möglichst vergessen sollten.»[47]*

An Joel Carlson,[a] seinen Anwalt
Johannesburg
[Vermerk in anderer Schrift] 466/64 Nelson Mandela
Brief an Rechtsanwalt[b]

[Stempel v. 1967]

Sehr geehrter Herr Carlson,
am 19. Juni 1967, etwa eine Stunde nach unserer Besprechung, überreichte mir ein Mitglied des Wachpersonals einen vom Zuständigen
für den Suppression of Communism Act (Act Nr. 44 von 1950) un-
terzeichneten Brief, der mich auf ein von Richter Rumpff in der
Rechtsabteilung in Witwatersrand am 2. 12. 1952 gefälltes Urteil aufmerksam machte. Nach Ansicht des zuständigen Beamten waren die
Befunde und das Urteil in diesem Fall entscheidend für meinen Verstoß gegen Abschnitt 11 (b) des oben erwähnten Act. Beigelegt war
eine Kopie des vorgenannten Urteils. Ausgehend von diesem Urteil
schlug er vor, meinen Namen auf die Liste der Amtsträger, Mitglieder oder aktiven Unterstützer der Kommunistischen Partei Südafrikas zu setzen. Zugleich forderte er mich auf, etwaige Einsprüche
binnen 30 Tagen ab Datum des Briefes (d. h. dem 23. 5. 1967) vorzubringen.
Ich möchte Sie beauftragen, diese Angelegenheit in meinem Namen
zu bearbeiten. Eine persönliche Besprechung mit Ihnen wäre mir
natürlich lieber gewesen. Am selben Tag, an dem ich den Brief des
Beamten erhielt, schrieb ich an den Commanding Officer und bat
ihn, er möge Sie dringend auf meine Kosten anrufen und Sie bitten,
noch einmal auf die Insel zu kommen, um die Sache mit mir zu
besprechen. Doch die Erlaubnis, mich mit Ihnen in Verbindung zu
setzen, wurde erst gestern erteilt. Schriftlich kann ich Ihnen keine
genauen Instruktionen geben, daher wäre ich Ihnen sehr verbunden,
wenn Sie eine Unterredung vereinbaren könnten. Vermutlich ist es
Ihnen unmöglich, hierherzukommen, daher möchte ich Sie bitten,
Ihren Partner in Kapstadt, Mr. Brown von der Kanzlei Frank, Bernadt und Joffe, zu beauftragen, mich aufzusuchen. Ferner bitte ich
Sie, sich mit dem zuständigen Beamten in Verbindung zu setzen und
ihm mitzuteilen, dass die Angelegenheit jetzt in Ihren Händen liegt.

Hochachtungsvoll
[unterzeichnet NRMandela]
NELSON MANDELA

P. T. O.

Aufgrund dieses Urteils wurde ich mit 19 anderen wegen der Rolle, die wir in der Missachtungskampagne gegen ungerechte Gesetze gespielt haben, schuldig gesprochen.
[Handzeichen: NRM]

------------------------

a    Joel Carlson (1926–2001); siehe «Personen, Orte, Ereignisse».
b    Dieser Vermerk weist den Brief als *Special letter* aus und wird damit nicht auf sein Briefkontingent angerechnet.


**An den zuständigen Beamten im Justizministerium**
**Pretoria**
[Stempel vom 23. Oktober 1967 von der Postannahmestelle Robben Island Prison]

Sehr geehrter Herr,

Betr.: Kommunistische Partei Südafrikas

Ihren Brief vom 23. Mai 1967 habe ich erhalten. Beigelegt war die Kopie eines von Honourable Justice Rumpff an der örtlichen Witwatersrander Rechtsabteilung des Obersten Gerichtshofs ausgefertigten Urteils. In diesem Verfahren war ich einer der zwanzig Angeklagten.
Sie erklären, dass die Ergebnisse und der Urteilsspruch in diesem Verfahren Ihrer Überzeugung nach konkludent meinen Verstoß gegen Art. 11 (b) des Act Nr. 44 von 1950 gemäß Anklage beweisen.[a]
Abschließend warnen Sie mich davor, weitere Einsprüche in diesem Fall zu erheben.
Zunächst möchte ich die Stellungnahme bekräftigen, die ich in meiner früheren Korrespondenz mit Ihnen dargelegt habe: Ich war zu keiner Zeit Amtsträger, Mitglied oder aktiver Unterstützer der Kom-

munistischen Partei Südafrikas. Ferner verwahre ich mich dagegen, dass meine Verurteilung in vorgenanntem Verfahren Sie dazu berechtigt, meinen Namen auf die Liste der Personen zu setzen, die Mitglieder oder aktive Unterstützer der Kommunistischen Partei sind, und ich werde mich gegen jeden Versuch in dieser Richtung energisch zur Wehr setzen. Ich bin sicher, dass die Behauptung, ich sei Mitglied oder aktiver Unterstützer der Kommunistischen Partei, ein böswilliger Akt und ein Propagandamanöver ist mit dem Ziel, meine politischen Überzeugungen zu diskreditieren und meinen Namen aus der Anwaltskammer zu streichen. Ganz sicher glaubt niemand ernsthaft, ich sei Kommunist. Eine Analyse der einschlägigen Korrespondenz bestätigt meine Auffassung.

In Ihrem Schreiben vom 1. Juli 1966 teilten Sie mir mit, der Justizminister habe Sie bezüglich des Absatzes 10 von Artikel 4 des Act Nr. 44 von 1950 angewiesen, die Liste der Personen, die Funktionäre, Mitglieder oder aktive Unterstützer der Kommunistischen Partei sind oder zu irgendeinem Zeitpunkt gewesen waren, zu vervollständigen; diese Partei war nach Art. 2, Absatz 1 zu einer rechtswidrigen Organisation erklärt worden. In diesem Brief teilten Sie mir außerdem mit, Ihnen lägen Beweise vor, dass ich Mitglied und aktiver Unterstützer der Kommunistischen Partei sei. Sie gaben mir Gelegenheit, gemäß Art. 4 nachzuweisen, dass mein Name nicht auf die vorgenannte Liste gehörte.

In meinem Brief vom 15. Juli 1966 wies ich entschieden die Behauptung zurück, ich sei Mitglied der Kommunistischen Partei, und betonte, dass Sie mir keinerlei nähere Angaben zu dieser Anschuldigung gemacht hatten. Deshalb konnte ich nur ein einfaches Dementi abgeben und forderte Sie auf, mir detaillierte Angaben zu den angeblichen Beweisen vorzulegen. In Ihrer Antwort vom 27. Juli 1966 erklärten Sie ausdrücklich, dass Ihnen eindeutige Beweise für meine Mitgliedschaft in der Kommunistischen Partei seit 1960 vorlägen und dafür, dass ich an deren Aktivitäten, unter anderem an Konferenzen dieser Partei, teilgenommen hätte. In meinem Brief vom ... [sic] August bat ich um die näheren Angaben. Nach einem Schweigen von nahezu vier Monaten erhielt ich Ihren Brief vom 15. Dezember 1966, in dem mir mitgeteilt wurde, dass mein Name zum gegenwärtigen Zeitpunkt nun doch nicht auf die Liste der Funktionäre, Mitglieder oder aktiven Unterstützer der Kommunistischen Partei gesetzt würde. Allerdings fehlte jeglicher Hinweis auf meinen Brief vom … [sic] August 1966 und die näheren Angaben, die ich verlangt hatte.

Fünf Monate danach schrieben Sie mir am 23. Mai 1967 einen Brief und konfrontierten mich mit einer völlig neuen Anschuldigung. Jetzt sollte ich auf die Liste kommen aufgrund meiner Verurteilung im Dezember 1952 wegen Verstoßes gegen Art. 11 (b) der obengenannten Verordnung. Die ursprüngliche Anschuldigung wegen Mitgliedschaft in der Kommunistischen Partei wurde fallengelassen, und ich wurde der Möglichkeit beraubt, meinen Namen durch Widerlegung dieser Behauptung in der Öffentlichkeit reinzuwaschen. Jetzt wurde vorgebracht, ich sei Mitglied dieser Partei seit 1952 gewesen. Wenn ernsthaft behauptet wird, das Urteil von 1952 habe mich zum Mitglied oder aktiven Unterstützer der Kommunistischen Partei erklärt, wozu war es dann nötig, zunächst gegen mich vorzugehen, weil ich angeblich Mitglied seit 1960 gewesen sei?

Ich bin überzeugt, dass die erste Anschuldigung einfach deshalb fallengelassen wurde, weil sie von Anfang an falsch war und die näheren Angaben, nach denen ich gefragt hatte, nicht beigebracht werden konnten. Ich behaupte ferner, dass der Umstand, dass ich erst fünfzehn Jahre nach dem Urteil von 1952 auf diese Liste gesetzt wurde, nahelegt, dass während dieses ganzen Zeitraums das genannte Urteil nicht ausreichte, mich in die Kategorie von Personen einzuordnen, die Mitglieder oder aktive Unterstützer der Kommunistischen Partei waren. Ich möchte klarstellen, dass der Plan, meinen Namen auf die besagte Liste zu setzen, reine Schikane ist und nicht das Geringste mit der Erfüllung der Auflagen in Art. 4 der obengenannten Verordnung zu tun hat.

Dies geht noch deutlicher aus der Kopie des Ihrem Brief vom 23. Mai 1967 beigelegten Urteils hervor, das mich mit 19 weiteren Beschuldigten wegen unserer Beteiligung an der Missachtungskampagne gegen ungerechte Gesetze verurteilte. Diese Kampagne wurde organisiert und geleitet von einem Nationalen Aktionsrat, der aus Vertretern des Afrikanischen Nationalkongresses und des African Indian Congress bestand und auf den Grundsätzen der Gewaltfreiheit beruhte, die von Mahatma Gandhi und Pandit Nehru propagiert wurden. Diese Kampagne war ein Protest gegen eine bestimmte Apartheidgesetzgebung, die wir für menschenverachtend und ungerecht hielten. Die Demonstrationen waren friedlich und geordnet, weswegen der fachkundige Richter die Strafen auf Bewährung aussetzte. Die Kampagne hatte nicht das Geringste mit Kommunismus zu tun. Ihr Ziel war es, die gerechten und legitimen Forderungen der Afrikaner, Inder und Farbigen dieses Landes vorzutragen.

Meines Wissens standen zehn der zwanzig Angeklagten in obengenanntem Verfahren bereits auf der Liste, als sie am 2. Dezember 1952 verurteilt wurden, und alle zehn waren Mitglieder der Kommunistischen Partei, bevor diese 1950 verboten wurde. Soviel ich weiß, wurden bei keinem der übrigen zehn außer mir Schritte unternommen, sie wegen dieses Urteils auf die Liste zu setzen. Ich wurde als Einziger herausgegriffen und anders als meine Mitangeklagten behandelt, von denen einige sogar höhere Positionen innerhalb der politischen Organisation einnahmen als ich. Aus dieser unterschiedlichen Behandlung kann ich nur den einen Schluss ziehen, nämlich dass in meinem Fall das obengenannte Urteil mich zu einem Mitglied oder aktiven Unterstützer der Kommunistischen Partei gemacht hat, wohingegen das gleiche Urteil für die übrigen Angeklagten keine derartigen Folgen hatte.

Selbst in meinem Fall wurde es fünfzehn Jahre lang offenbar nicht für notwendig erachtet, meinen Namen auf die Liste zu setzen. Erst jetzt, da ich zu lebenslanger Haft verurteilt bin, wird dies für zweckmäßig gehalten. Ich muss daraus den Schluss ziehen, dass die ursprüngliche Anschuldigung den Umstand ausnutzte, dass mir als Gefangenem die Hände gebunden waren und ich folglich diese Anschuldigung nicht anfechten konnte. Nach meiner festen Überzeugung erfolgt jetzt der Rückgriff auf die Verurteilung von 1952 einzig und allein, damit die Strafverfolgungsbehörde das Gesicht wahren kann.

Jedenfalls wurde die Kommunistische Partei 1950 kurz nach der Veröffentlichung von Act Nr. 44 von 1950 aufgelöst und erst 1953 neu gegründet. Dies wurde mir von den Herren Govan Mbeki,[b] Raymond Mhlaba[c] und Elias Motsoaledi[d] mitgeteilt; alle drei verbüßen lebenslange Haftstrafen auf Robben Island. Von Mr. Mhlaba weiß ich, dass er bis Juni 1950, als die Kommunistische Partei auf einer Konferenz in Kapstadt aufgelöst wurde, Sekretär des Port-Elizabeth-Distrikts und in dieser Eigenschaft auf dieser Konferenz anwesend war. Mr. Motsoaledi, der zu dieser Zeit Bezirkssekretär in Johannesburg war, bestätigte Mr. Mhlabas Aussage. Mr. Mbeki, der vor seiner Verhaftung im Juli 1963 Mitglied des Port-Elizabeth-Distrikt-Komitees war, teilte mir mit, dass 1953 eine neue Kommunistische Partei unter dem Namen South African Communist Party gegründet wurde. Folglich gab es zwischen Juni 1950 und 1953 keine Kommunistische Partei. Demzufolge konnte ich auch weder Mitglied noch aktiver Unterstützer einer Organisation sein, die gar nicht existierte. Daraus schließe ich, dass das obengenannte Urteil Sie nicht dazu berechtigt, meinen Namen auf die Liste der Personen zu setzen, die Mitglied oder aktiver Unterstützer der Kommunistischen Partei waren.

Der Fall von RV Adams 1959 (1) S.A. 646 (Sondergericht), der allgemein als Hochverratsprozess bezeichnet wird, bei dem ich einer der Angeklagten war, ist von Bedeutung. Der damalige Staatsanwalt unterstellte eine Verschwörung zum gewaltsamen Umsturz des bestehenden Staates und zur Errichtung eines kommunistischen Staates. Soweit ich mich erinnere, bezog sich die Anklage auf die Zeit vom 1. Dezember 1952 bis Dezember 1956 und enthielt eine Anklage nach Act Nr. 44 von 1950. In dieses Verfahren waren der Afrikanische Nationalkongress und der South African Indian Congress involviert, dieselben Organisationen, die 1952 die Missachtungskampagne geführt hatten. Ich war einer der Zeugen der Verteidigung und wurde vom Anwalt der Krone ins Kreuzverhör genommen. Das Urteil erging am 29. März 1961, und alle Angeklagten wurden freigesprochen. Ungefähr einen Monat danach wurde die Urteilsbegründung eingereicht, von der ich weder einen offiziellen noch sonst einen Bericht je zu Gesicht bekam. Aber aus Presseberichten ging hervor, dass ebendieser Richter Rumpff, der mich am 2. Dezember 1952 verurteilte und auf dessen Urteil Sie sich heute berufen, Bemerkungen machte, die offenbar darauf hinwiesen, dass er mich nicht für einen Kommunisten hielt. Trifft dies zu, so stelle ich fest, dass ein solcher Befund schlüssig beweist, dass ich im fraglichen Zeitraum kein Mitglied oder aktiver Unterstützer der Kommunistischen Partei war.

Was meine politischen Überzeugungen betrifft, so habe ich mich selbst in erster Linie als Nationalist verstanden, und während meiner gesamten politischen Laufbahn war ich von der Idee des afrikanischen Nationalismus beeinflusst. Mein ganzes Streben im Leben war und ist es, eine Rolle im Kampf meines Volkes gegen Unterdrückung und Ausbeutung durch die Weißen zu spielen. Ich kämpfe für das Recht des afrikanischen Volkes, sich in seinem eigenen Land selbst zu regieren.

Obwohl ich Nationalist bin, bin ich keineswegs Rassist. Ich stehe voll und ganz hinter dem Grundsatz, der im Bericht des Joint Planning Council des Afrikanischen Nationalkongresses und des South African Indian Congress auf Seite 5 des Urteils, das Ihrem Brief vom 23. Mai 1967 beigefügt ist, angeführt ist: Alle Menschen ungeachtet ihrer ethnischen Zugehörigkeit haben das Recht, ein freies Leben auf der Grundlage völliger Gleichheit zu führen.

Ich habe mich mit marxistischer Literatur vertraut gemacht und bin beeindruckt von der Idee einer klassenlosen Gesellschaft. Ich bin der festen Überzeugung, dass allein der Sozialismus die in unserem Land herrschende Armut sowie Krankheit und Analphabetismus abschaffen kann und dass maximale industrielle Entwicklung das Ergebnis zentraler Planung und der Nationalisierung der Schlüsselindustrien des Landes ist. Aber ich bin deswegen noch kein Marxist. Was Südafrika angeht, so hielt ich die Einführung einer Arbeiterregierung und die Schaffung einer kommunistischen Gesellschaft nicht für die dringendste Aufgabe des unterdrückten Volkes. Die Hauptaufgabe, vor der wir stehen, ist die Überwindung weißer Vorherrschaft mit allen ihren Auswirkungen sowie die Schaffung einer demokratischen Regierung, in der alle Südafrikaner unabhängig von ihrer gesellschaftlichen Position, Hautfarbe oder politischen Überzeugung harmonisch zusammenarbeiten.

Die Organisation, die mir am ehesten in der Lage schien, die Aufgabe der Vereinigung des afrikanischen Volkes zu übernehmen und schließlich unsere Freiheit zurückzugewinnen, war der Afrikanische

Nationalkongress. Ihm trat ich 1944 bei und wurde 1952 zum ANC-Präsidenten für die Provinz Transvaal und zum Nationalpräsidenten gewählt. 1953 wurde ich nach den Bestimmungen der obengenannten Verordnung rechtskräftig aufgefordert, aus dem Afrikanischen Nationalkongress auszutreten und mich nie wieder an dessen Aktivitäten zu beteiligen. Der ANC wurde im Jahr 1912 gegründet, um für die Befreiung des afrikanischen Volkes zu kämpfen. Während seiner ganzen Geschichte war er inspiriert von der Idee des afrikanischen Nationalismus. 1956 verabschiedete er die Freiheits-Charta,[e] ein politisches Manifest, das die Prinzipien enthält, auf deren Grundlage der Afrikanische Nationalkongress ein neues Südafrika schaffen will. Beim Hochverratsprozess behauptete der Kronanwalt, die Charta sei eine Blaupause für einen kommunistischen Staat, und holte ein Gutachten ein, um diese Behauptung zu untermauern. Die Verteidigung dagegen argumentierte, die Charta sei kein kommunistisches Dokument, ihre Forderungen seien vielmehr die einer nationalen Befreiungsbewegung. Einer der Beweise, die die Verteidigung vorbrachte, um die Behauptung der Anklage zu widerlegen, war ein Artikel, den ich für die Ausgabe vom Juni 1956 der Monatszeitschrift *Liberation* verfasst hatte. Darin stellte ich genau diese Frage, nämlich ob die Charta eine Blaupause für einen kommunistischen Staat[f] sei. In diesem Artikel wollte ich zeigen, dass die Charta, abgesehen von Bestimmungen über die Nationalisierung von Bergwerken, Banken und anderen Monopolen, das Prinzip des freien Unternehmertums vertrat und dass bei Verwirklichung ihrer Bestimmungen der Kapitalismus unter Afrikanern mehr denn je aufblühen würde. In den obengenannten Presseberichten wurde erwähnt, dass Richter Rumpff ausdrücklich auf diesen Artikel Bezug genommen hatte und sich teilweise in seiner Auffassung, der Staatsanwalt habe den kommunistischen Charakter der Charta nicht nachweisen können, darauf berief. Der Afrikanische Nationalkongress ist eine nationalistische, keine marxistische Organisation, und anders als die Kommunistische Partei, die den Mitgliedern aller nationalen Gruppen offen steht, ist der ANC ausschließlich Afrikanern vorbehalten.[g]
Obwohl er keine marxistische Organisation ist, arbeitete er oft mit der Kommunistischen Partei bei gemeinsamen Anliegen zusammen;

dies war möglich, weil die Kommunistische Partei den Freiheitskampf des afrikanischen Volkes unterstützte. Beispiele für eine solche
Zusammenarbeit zwischen nationalen Bewegungen und marxisti-
schen Parteien gibt es auf der ganzen Welt, zum Beispiel kooperierte
der All-India National Congress beim Kampf um die nationale Unabhängigkeit Indiens mit der Kommunistischen Partei von Indien.
Kommunisten stand es immer frei, sich dem Afrikanischen Nationalkongress anzuschließen, und viele von ihnen sind Mitglieder, manche arbeiten sogar in National-, Provinz- und Lokalkomitees. Im
Afrikanischen Nationalkongress und bei meiner politischen Arbeit
generell habe ich eng mit Kommunisten zusammengearbeitet, insbesondere mit den Herren Moses Kotane,[h] J. B. Marks[i] und Dan
Tloome.[j] Es ist leicht zu verstehen, warum Kommunisten als Mitglieder im Afrikanischen Nationalkongress zugelassen sind, bedenkt
man, dass diese Organisation keine politische Partei, sondern eine
politische Organisation ist, in der unterschiedliche Strömungen
durchaus zugelassen sind. Er ist ein Parlament des afrikanischen Volkes. So wie es kommunistische Parlamentarier in Frankreich, Italien
und anderen westlichen Ländern gibt, so befinden sich Kommunisten auch unter den Mitgliedern des Afrikanischen Nationalkongresses. Aber die Zusammenarbeit zwischen Kommunisten und mir war
auf solche Bereiche beschränkt, die sich nach meiner Auffassung im
Rahmen der Politik des Afrikanischen Nationalkongresses hielten
oder den Kampf gegen Rassenunterdrückung unterstützten. Doch
übte der Kommunismus weder als Organisation noch in Form von
Personen irgendeine Kontrolle über meine politischen Überzeugungen und Aktivitäten aus, und zu keinem Zeitpunkt unterstützte ich
seine Ziele oder Programme.
Vor meiner Bannung 1953 hatte ich mich auch an den Aktivitäten
des South African Peace Council[k] beteiligt und war einer seiner Vize-
präsidenten. Damals war Reverend D. C. Thompson nationaler Vorsitzender, und es ging ihm um die Erhaltung des Weltfriedens. Der
APC startete spezielle Kampagnen in diesem Sinne, zum Beispiel
eine Kampagne, um die fünf Großmächte zum Abschluss eines Frie-
densabkommens zu bewegen. Das war keine kommunistische Bewegung, aber Kommunisten wie A. Fischer,[l] A. M. Kathrada und Hilda

Watts[m] arbeiteten in den Komitees mit. 1953 ordnete der Justizminister meinen Rücktritt vom APC an.

Im März 1961 war ich Hauptredner der All-in African Conference in Pietermaritzburg. Wir hatten diese Konferenz einberufen, um gegen die Entscheidung der Regierung zu protestieren, eine Republik zu etablieren, ohne die Afrikaner zu berücksichtigen. Zu der Konferenz waren Afrikaner aus den verschiedensten Gesellschaftsschichten gekommen – Sportler, Kleriker und Politiker. Es wurde eine Resolution verabschiedet, in der die Regierung aufgefordert wurde, eine Nationalversammlung aller Südafrikaner, Schwarze wie Weiße, einzuberufen, um eine neue demokratische Verfassung für das Land zu erarbeiten. Die Resolution rief zu Massendemonstrationen für den 29., 30. und 31. Mai auf für den Fall, dass die Regierung die Versammlung nicht einberief. Ich war ehrenamtlicher Sekretär der Konferenz und übernahm die Führung in der Organisation des Generalstreiks am Vorabend der Ausrufung der Republik. Im Jahr darauf wurde ich dafür zu drei Jahren Haft verurteilt und bin seither im Gefängnis. Auf dieser Konferenz war nichts im Geringsten kommunistisch noch kann behauptet werden, die erwähnte Resolution befürworte kommunistische Ziele.

Ich spielte eine führende Rolle bei der Gründung von Umkhonto weSizwe im November 1961, die Sabotageakte plante und durchführte. Die Gründung von Umkhonto war die direkte Antwort auf die Strategie der Regierung, das Land mit Gewalt zu regieren, eine Strategie, die sämtliche Formen rechtsstaatlichen Kampfes unmöglich machte. Die Kommunistische Partei war im National High Command vertreten, dem Führungsausschuss des Umkhonto. Doch ihre Vertreter bildeten eine Minderheit und bestimmten in keiner Weise dessen Politik.

Anfang Januar 1962 ging ich außer Landes, um an der Konferenz des Pan-African Freedom Movement for Central, East and Southern Africa teilzunehmen, die im Februar desselben Jahres in Addis Abeba stattfand. Auf dieser Konferenz waren afrikanische Nationalisten aufgerufen, Probleme zu erörtern und Pläne für die Befreiung der unterdrückten Völker im Bereich der Pafmecsa[n] auszuarbeiten. Nach der Konferenz reiste ich durch Afrika und besuchte England. Ich war in keinem einzigen kommunistischen Land. 1962 wurde ich zu zwei Jahren Haft verurteilt wegen illegaler Ausreise aus Südafrika. Ein Blick auf meinen politischen Hintergrund beweist, dass ich nie Mitglied oder aktiver Unterstützer der Kommunistischen Partei Südafrikas oder ihrer Nachfolgerin, der Südafrikanischen Kommunistischen Partei, gewesen bin. Meine Laufbahn zeigt im Gegenteil, dass ich Nationalist bin. Mein Denken, meine politischen Überzeugungen und Aktionen sind von einem einzigen Bestreben beherrscht, nämlich der Idee, den Mythos von der weißen Überlegenheit zu vernichten und unser Land zurückzugewinnen. Das einzige Organ, das unser Volk in die Lage versetzt hat, unseren Kampf um Freiheit in der Vergangenheit voranzubringen, und das uns in der Zukunft ans Ziel bringen wird, war und ist der Afrikanische Nationalkongress mit seinem lebendigen Glauben an den afrikanischen Nationalismus. Alle meine Bemühungen, diesen Kampf voranzutreiben, sind verbunden mit dem Afrikanischen Nationalkongress. Wenn ich gelegentlich in anderen Organisationen aktiv wurde, dann nur deshalb, weil ich der Ansicht war, sie würden mit ihrer Arbeit dazu beitragen, die Befreiung des afrikanischen Volkes zu beschleunigen.

Abschließend weise ich es zurück, dass meine Verurteilung vom 2. Dezember 1952 Sie berechtigt, meinen Namen auf die Liste der Personen zu setzen, die Mitglied oder aktive Unterstützer der Kommunistischen Partei waren.

Hochachtungsvoll
[Unterzeichnet NRMandela]
N. R. Mandela

------------------------

a   Der Suppression of Communism Act, Art. 11(b) legt fest, dass jede Person bestraft wird, die «ein Ziel anstrebt, vertritt, ermutigt oder durch Unterlassung begünstigt, das darauf angelegt ist, den Kommunismus zu fördern».
b   Govan Mbeki (1910–2001), MK-Aktivist und Angeklagter im Rivonia-Prozess; Mithäftling Mandelas; siehe «Personen, Orte, Ereignisse».
c   Raymond Mhlaba (1920–2005), MK-Aktivist und Angeklagter im Rivonia-Prozess; Mithäftling Mandelas; siehe «Personen, Orte, Ereignisse».
d   Elias Motsoaledi (1924–1994), Gewerkschafter, ANC-Mitglied und Angeklagter im Rivonia-Prozess; Mithäftling Mandelas; siehe «Personen, Orte, Ereignisse».
e   Eine Grundsatzerklärung der Congress Alliance (siehe «Personen, Orte, Ereignisse»), verabschiedet auf dem Congress of the People am 26. Juni 1955 in Kliptown, Soweto. Die

Congress Alliance mobilisierte Tausende Freiwilliger aus ganz Südafrika, um die Forderungen des Volkes zu dokumentieren. Die Freiheits-Charta trat ein für gleiche Rechte aller Südafrikaner unabhängig von ihrer Rasse, für Landreform, verbesserte Arbeits- und Lebensbedingungen, gerechte Verteilung des Wohlstands, für Schulpflicht und gerechtere Gesetze. Sie war ein mächtiges Instrument im Kampf gegen die Apartheid.

f   Mandelas Artikel für diese Veröffentlichung ist überschrieben mit den Worten: «Zu unseren Lebzeiten». Darin heißt es: «Die [Freiheits-]Charta proklamiert weitreichenden demokratischen Wandel und ist in keiner Weise eine Blaupause für einen sozialistischen Staat, vielmehr ein Programm zur Einigung unterschiedlicher Klassen und Gruppierungen des Volkes auf einer demokratischen Grundlage.» *Liberation: A Journal of Democratic Discussion.* Die Zeitschrift kostete einen Shilling.

g   Ab 1969 stand der ANC auch nichtafrikanischen Mitgliedern offen.

h   Moses Kotane (1905–1978), ANC-Mitglied und Generalsekretär der Kommunistischen Partei Südafrikas.

i   J.B.Marks (1903–1972), ANC-Mitglied und führend in der Missachtungskampagne (siehe hierzu «Personen, Orte, Ereignisse»).

j   Dan Tloome (1919–1992), Mitglied des ANC und der Kommunistischen Partei, verbrachte Jahrzehnte im Exil in Sambia, wo er in die Führungskreise des ANC aufstieg und als offizieller Vorsitzender der Kommunistischen Partei Südafrikas fungierte.

k   Der South African Peace Council wurde in den fünfziger Jahren gegründet und setzte sich sowohl für Frieden in Südafrika als auch international ein; er führte Kampagnen gegen die Entwicklung der Atombombe, die Aufrüstung Südafrikas, die deutsche Wiederbewaffnung und den Krieg in Korea und Kenia.

l   Mandelas Anwalt Abram (Bram) Fischer; siehe «Personen, Orte, Ereignisse».

m   Hilda Bernstein, geb. Watts (1915–2006), Autorin, Künstlerin, Antiapartheidaktivistin und Frauenrechtlerin. Sie war Gründungsmitglied des South African Peace Council und der Federation of South African Women. Nach dem Freispruch ihres Mannes Lionel (Rusty) im Rivonia-Prozess flüchteten sie zu Fuß in das benachbarte Botswana.

n   Pan-African Freedom Movement of East, Central and South Africa.

## An die Staatsanwaltschaft am Obersten Gericht
## Pretoria
[maschinenschriftl.]                                                    6. Dezember 1967

Sehr geehrter Herr,

BETR.: JUSTIZMINISTER vs NELSON ROLIHLAHLA MANDELA:
ANTRAG AUF STREICHUNG VON DER LISTE DER ANWÄLTE.
M 1529/1967

Hiermit lege ich Widerspruch gegen obengenannten Antrag ein. Ich beabsichtige, bei der Anhörung anwesend zu sein, um meine Stellungnahme persönlich vorzutragen. Förmliche Einlegung des Widerspruchs erfolgt zu gegebener Zeit.

Wie in § 2 der eidesstattlichen Erklärung des Antragstellers ausgewiesen, verbüße ich derzeit eine lebenslange Freiheitsstrafe auf Robben Island. Die Unterlagen, die ich zur Vorbereitung der entsprechenden Erklärung und Stellungnahme benötige, befinden sich in der Provinz Transvaal, daher sehe ich mich außerstande, den Fall von Robben Island aus vorzubereiten.

Es wird mir gleichfalls nicht möglich sein, bei der Anhörung zugegen zu sein, es sei denn, die Gefängnisbehörden erteilen mir die erforderliche Erlaubnis. Ich habe daher heute an den Commissioner of Prisons mit der Bitte geschrieben, mich unverzüglich nach Pretoria zu verlegen zum Zweck der Vorbereitung der obengenannten eidesstattlichen Erklärung. Ferner habe ich den Commissioner ersucht, Maßnahmen vorzusehen, die mir die persönliche Anwesenheit bei der Anhörung ermöglichen.

Beigelegt sind Kopien von Briefen an den Anwalt des Antragstellers ~~beziehungsweise an den Commissioner~~,[a] damit sich das Gericht bewusst ist, in welch schwieriger Situation ich mich befinde. Insbesondere möchte ich auf den Brief an den Anwalt des Antragstellers hinweisen, in dem ich um eine Fristverlängerung für die Einreichung meiner Erklärung ersuche.

Sollte der Anwalt des Antragstellers mein Ersuchen ablehnen, habe ich keine Alternative, als bei Gericht diese Fristverlängerung[b] zu beantragen.

Hochachtungsvoll
Unterzeichnet Nelson R Mandela

-----------------------

a   Von fremder Hand durchgestrichen und unterschrieben.
b   In seiner Antwort vom 13. Dezember 1967 genehmigte J. H. du Toit die Fristverlängerung bis Ende März 1968, der Termin, an dem Mandela seine eidesstattliche Erklärung einreichen musste. Er fügte hinzu, dass das Gericht dieser Verlängerung noch zustimmen musste. Mandela unterzeichnete diese Antwort und bestätigte, sie am 14. Dezember 1967 erhalten zu haben.

*Aus Mandelas Briefen, die in den Gefängnisdossiers im National Archives and Records Service of South Africa aufbewahrt sind, geht hervor, dass er verschiedentlich an Adelaide Tambo geschrieben hat, die Frau seines früheren Kanzleipartners und ANC-Präsidenten Oliver Tambo, der mit seiner Familie im Londoner Exil lebte und die Organisation vom Ausland aus leitete. Wahrscheinlich erhielt sie die Briefe erst gegen Ende seiner Haftzeit. 1968 schrieb er ihr über die Adresse seiner Frau und benutzte dabei ihren afrikanischen Namen Matlala und den Nachnamen Mandela. Ein Vermerk auf Afrikaans am Ende eines der Briefe beweist, dass die Gefängnisleitung die Identität des wahren Empfängers herausgefunden hatte, denn jemand hatte auf den Brief «A. Tambo» geschrieben. Allein diese Information hatte wohl genügt, ihn zurückzuhalten. Höchstwahrscheinlich stammen alle Unterstreichungen in diesem Brief von den Zensoren, die damit Personen hervorheben, deren Identität entweder bekannt war oder die sie ermitteln wollten.*

**An Adelaide Tambo,[a] Freundin, Antiapartheidaktivistin, Frau seines Freundes Oliver Tambo, ANC-Präsident und Mandelas früherer Kanzleipartner**

5.3.68

*Kgaitsedi yaka,[b]*
ich schicke euch die herzlichsten Grüße. In den vergangenen fünf Jahren habe ich stets an Dich, Reginald,[c] Thembi, Dalindlela[d] und das Baby gedacht, und es ist mir eine große Freude, euch das mitteilen zu können.

Ich hoffe, es geht euch allen gut. Aus Zamis[e] Briefen und ihren gelegentlichen Besuchen hier unten erfahre ich hin und wieder etwas über euch, aber das letzte Mal, dass ich von euch direkt gehört habe, war, als ich Reggies aufmunterndes Telegramm während meiner ersten Verhandlung erhielt. Es hat mich ungemein inspiriert. Es kam praktisch gleichzeitig mit dem des verstorbenen Chief[f] an, und beide Botschaften gaben der Thematik eine neue Dimension.

Nachrichten über die umfassenden Bemühungen unserer Familie[g] in der ersten Hälfte des Jahres 1964 spielten eine ganz ähnliche Rolle. Diese Bemühungen stärkten unseren Mut und machten es uns leichter, diese schlimme Zeit zu ertragen.

Aber nun zu Dir, Matlala.[h] Womit soll ich bloß anfangen? Gewiss nicht mit jenem Tag in den frühen Fünfzigern, als Reggie und ich zu Helping Hand[i] fuhren, wo Du ihm einen schicken Pullover geschenkt hast, den Du extra für diesen Anlass gestrickt hattest. Das liegt viel zu lange zurück. Es genügt, wenn ich sage, Du hast Deine Sache sehr gut gemacht. Auch will ich Dich nicht an Deine treffenden Bemerkungen erinnern, die Du während der zahlreichen Sitzungen gemacht hast, bei denen wir zusammen mit der inzwischen verstorbenen Rita, mit Effie[j] und anderen über Dinge sprachen, die Deine beruflichen Interessen[k] unmittelbar betrafen, auch nicht an das köstliche Essen, das ich bei meinem Besuch bei euch im Osten kurz nach eurer Hochzeit und auch im Juni 62 genießen durfte.[l] Unsere Korrespondenz im Jahr 61 war sehr anregend und wurde damals unter uns ausführlich diskutiert. Diese und viele andere Begebenheiten gingen mir bei so mancher Gelegenheit durch den Kopf, und ich erinnere mich immer wieder gern daran.

Schade, dass Du Dein Studium[m] aufgegeben hast. Im Juli 62 berichtete ich Xamela[n] und anderen davon, und die Nachricht, die sie voll und ganz guthießen, erregte großes Interesse. Tatsächlich überlegten wir erst kürzlich, dass Du entweder den Abschluss gemacht haben müsstest oder zumindest im letzten Semester wärst. Wie dem auch sei, ich bin sicher, Du und Reggie habt die Sache bestimmt sorgfältig abgewogen und gute Gründe gehabt, das Studium zu beenden.

Thembi, Dali und das Baby[o] sind sicherlich groß geworden, und es würde mich freuen, von ihnen zu hören. Ich lasse sie herzlich grüßen. Hoffentlich erinnert sich Thembi noch an den Samstag Morgen, als Du mit ihr das Chancellor House[p] besucht hast. Im Hauptbüro mit all den Besuchern ringsum machte ich ihr Komplimente zu ihrem neuen Kleid, woraufhin sie prompt voller Stolz und zur Erheiterung aller Umstehenden sagte: «i ne stiffening».

Ich denke auch an Malume und an das Schwergewicht aus dem Westen[q] und hoffe, sie finden immer noch Zeit, sich die Haare zu färben. Übrigens machte ich bei unserem Aufenthalt bei Reggie eine Bemerkung über seine ersten grauen Haare, was er mit dem düsteren Kommentar quittierte: «Bitte, sag mir sowas nicht, sag mir bloß sowas nicht.» Mein guter Freund Gcwanini,[r] der die ersten fünf Tage der Woche stets höflich und friedvoll war und sich am Wochenende immer eine Auszeit von diesen Tugenden und ein wenig Krawall gönnte, erinnert sich bestimmt an die Nacht, die wir zu Hause mit Peter verbrachten. Und da gibt es ja noch den Nachtschwärmer Ngwali, der nie müde wurde, uns um Mitternacht aufzuscheuchen, und uns mit zahlreichen Problemen und dem allgegenwärtigen Bakwe[s] lästig fiel. Vermutlich haben die Probleme von acht Kindern die Umtriebe der beiden gebremst. Madiba aus Orlando East, die beiden Gambus, Alfred, Mzwayi, Tom, Dinou, Maindy[t] und Gabula – ich erinnere mich an sie alle. Ich hoffe, Du hast noch Kontakt zu Tough Guy, und hat Hazel etwas Neues nach «The Road to ...» herausgebracht? Gibt es ein neues Buch oder ein Musikstück von Todd und Esme?[u] Hast Du etwas von Cousin, Mlahleni und Mpumi[v] gehört? Bitte grüße sie alle. Unsere Familie hat immer großen Wert auf Erziehung und Fortschritt gelegt, und das weitverbreitete Analphabetentum um uns herum hat uns stets ernste Sorgen bereitet. Die Bemühungen, dieses Problem zu beheben, scheiterten immer am Mangel an Mitteln und entsprechenden Einrichtungen für die theoretische und praktische Ausbildung. Heute werden diese Probleme nach und nach angegangen und auch gelöst: Immer mehr Schulkinder kommen an Internate und Berufsfachschulen. Es macht uns stolz, zu erfahren, dass Schüler, die ihren Abschluss gemacht und einen Posten bekommen haben, so außerordentlich florieren. Herzliche Glückwünsche und liebe Grüße an alle.

Das Wörtchen «Ich» kam häufig in diesem Brief vor, eigentlich wäre mir «Wir» lieber gewesen. Aber ich bin gezwungen, mich an die Terminologie zu halten, die in diesem Etablissement Usus ist, so wenig diese auch zu mir passt. Gewiss verzeiht ihr mir meinen Egoismus.

Noch einmal, ihr sollt wissen, dass Du, Reggie, die Kinder und alle meine Freunde stets in meinen Gedanken sind. Ich weiß, ihr macht euch Sorgen meinetwegen. Doch ich versichere euch, es geht mir gut, ich bin fit und fühle mich blendend, und nichts wünsche ich mir sehnlicher, als bald von euch zu hören.

Bis dahin ganz herzliche Grüße an Dich und alle anderen

Dein Nel
[In anderer Handschrift auf Afrikaans: (Inhalte im Innern des Umschlags)]

------------------------

a  Adelaide Tambo (1929–2007); siehe «Personen, Orte, Ereignisse».

b  «Meine Schwester» sowohl auf Sesotho als auch auf Setswana.

c  Oliver Reginald Tambo (1917–1993), Mandelas Freund, früherer Kanzleipartner und Präsident des ANC; siehe «Personen, Orte, Ereignisse».

d  Tambos Sohn Dali.

e  Zami ist einer von Winnies Namen.

f  Chief Albert Luthuli (1898–1967); siehe «Personen, Orte, Ereignisse».

g  «Unsere Familie»: Tarnbezeichnung für den ANC.

h  Einer der Decknamen von Adelaide Tambo.

i  Sowohl Adelaide Tambo als auch Winnie Mandela wohnten im Helping Hand Hostel in der Hans Street in Jeppestown, als sie nach Johannesburg zogen.

j  Möglicherweise Effie Schultz, Ärztin und Aktivistin.

k  Adelaide Tambo war ausgebildete Krankenschwester.

l  Er bezieht sich auf einen Besuch bei Oliver Tambo in London im Juni 1962 auf seiner geheimen Reise ins Ausland.

m  Adelaide Tambo war erst Kranken-, dann Oberschwester im Krankenhaus, in dem sie arbeitete. Sie hatte einen Masterabschluss in Gerontologie von der Universität Oxford. Von Ärzten ihres Krankenhauses wurde sie ermutigt, sich für das Studium der Medizin zu immatrikulieren. Als sich jedoch herausstellte, dass sie ihre Arbeit nicht aufgeben konnte, da ihre Familie von ihrem Einkommen abhing, unterbrach sie ihr Studium. (Dali Tambo in einer E-Mail an Sahm Venter vom 28. November 2017.)

n  Walter Sisulu (1912–2003), ANC- und MK-Aktivist und Mitangeklagter im Rivonia-Prozess, zusammen mit Mandela im Gefängnis. Mandela nennt ihn mit seinem Clan-Namen Xamela (manchmal auch Xhamela geschrieben), da er nicht über Mitgefangene schreiben darf.

o  Die Kinder der Tambos.

p  Dort hatten Mandela und Oliver Tambo 1952 ihr erstes Anwaltsbüro.

q  Vermutlich Tarnnamen.

r  Duma Nokwe (1927–1978), politischer Aktivist und Anwalt. Wahrscheinlich ist Gcwanini sein Clan-Name; siehe «Personen, Orte, Ereignisse».

s  Bakwe (Joe) Matthews (1920–2010), politischer Aktivist und Sohn von Frieda und Z. K. Matthews; siehe «Personen, Orte, Ereignisse» für diese drei Personen.

t  Maindy Msimang, auch bekannt unter dem Namen Mendi Msimang, erledigte Verwaltungsarbeiten für den ANC in London.

u  Todd Matshikiza (1920–1968), Schriftsteller und Musiker, der die Musik für das international erfolgreiche südafrikanische Musical *King Kong* (1959) schrieb; seine Frau Esme Matshikiza war Sozialarbeiterin.

v  Mlahleni ist Professor Nyisani und Mpumi seine Frau.


## An den Commanding Officer
## Robben Island

29. April 1968


Zu Händen von Capt. Naude

Wie aus dem beiliegenden Brief an den Kulturattaché der Britischen

Botschaft in Pretoria hervorgeht, habe ich beschlossen, meinen Namen von der Liste der Prüfungskandidaten dieses Jahres streichen zu lassen. Nach den Bestimmungen der University of London sollte ich Teil II der Prüfung innerhalb von zwei Jahren nach Ablegung von Teil I absolvieren, den ich erst 1967 abgelegt habe. Dabei hatte ich geplant, Teil II innerhalb eines Jahres nach Teil I in Angriff zu nehmen. Da die Lehrbücher so spät eintrafen, habe ich allerdings beschlossen, die Prüfung auf Juni 1969 zu verschieben.

[Unterzeichnet NRMandela]
NELSON MANDELA 466/64

**An den Kulturattaché an der Britischen Botschaft**
**Pretoria**
[In Mandelas Schrift] Kopie

29. April 1968

Zu Händen von Mrs. S. Goodspeed

Sehr geehrte Frau Goodspeed,
ich sehe mich außerstande, an der University of London die Prüfung zum LL.B-Grad Teil II des Abschlussjahres abzulegen. Am 25. Januar 1968 bestellte ich bei der Londoner Buchhandlung Sweet & Maxwell Limited bestimmte Fachbücher, die ich zur Vorbereitung auf oben erwähnte Prüfung benötigte. Diese Bücher wurden mir erst am 23. April 1968 geliefert, und ich halte es daher nicht für opportun, die Prüfung in Angriff zu nehmen.
Ich möchte mich deshalb für die Prüfung im Juni 1969 anmelden und möchte Sie bitten, meinen Namen von der diesjährigen Kandidatenliste zu streichen.

Hochachtungsvoll
[Unterzeichnet NRMandela]
NELSON MANDELA

**An den Commanding Officer**
**Robben Island**

16. September 1968

<u>Zu Händen von Major Kellerman</u>

Ich wäre Ihnen dankbar, wenn Sie mir gestatten würden, an Brigadier Aucamp[a] in folgender Angelegenheit zu schreiben.

Ich beabsichtige, beim Leiter der Zulassungsstelle der University of South Africa eine Verschiebung der Prüfungen auf Afrikaans I aus Krankheitsgründen vom 15. Oktober auf Februar 1969 zu beantragen. Nach den Vorschriften der Universität muss ein solcher Antrag von einem ärztlichen Attest begleitet sein, das die spezifische Krankheit bescheinigt. <u>Der Sanitätsoffizier ist bereit, dieses Attest auszustellen,</u>[b] aber der Sanitäter, H/W [Head Warden] Embiek,[c] wies darauf hin, dass ein solches Attest nur mit Genehmigung von Capt. Naude ausgestellt werden kann. Wenige Tage später teilte mir H/W Embiek mit, dass Capt. Naude ihn darüber informiert habe, dass für eine Verschiebung meiner Prüfung kein ärztliches Attest nötig sei. Am 30. August 1968 beantragte ich gemäß der Auskunft des obenerwähnten Sanitäters bei Capt. Naude schriftlich, die Ausstellung des Attests zu genehmigen. Am 9. September erhielt ich von Capt. Naude die Mitteilung, die Ausstellung eines Attests sei einzig und allein Sache des Arztes und er habe damit nichts zu tun – eine Erklärung, die das glatte Gegenteil der Auskunft von Sanitäter Embiek darstellte. Am selben Tag suchte ich den Arzt auf und setzte ihn in Kenntnis über Capt. Naudes Standpunkt; H/W Embiek versprach, die Angelegenheit mit Capt. Naude zu besprechen. Seither habe ich nichts mehr davon gehört.

Am 4. September sprach ich darüber mit Brigadier Aucamp, der eine vernünftige und hilfreiche Haltung einnahm. Er betonte bei unserem Gespräch, er habe über solche Anträge mit Pretoria verhandelt, und versprach, die Angelegenheit mit dem Captain aufzugreifen. Vermutlich hat er das vergessen, da er mit anderen Dingen befasst war, und ich wäre Ihnen deshalb sehr verbunden, wenn Sie mir gestatten würden, ihm die Angelegenheit erneut vorzutragen.

[Unterzeichnet NRMandela]
NELSON MANDELA: 466/64

Zu Händen von Major Kellerman
           Commanding Officer
           Robben Island
[Vermerk von Gefängnisbeamten auf Afrikaans]

Major,

Zu Ihrer Kenntnis [gez.] 16.9.68

Lt. Good. Er darf an Brig. Aucamp schreiben. Es ist inoffiziell zu versenden.

[Unterzeichnet] 17.9.68

- - - - - - - - - - - - - - - - - - - - - - -

a   Brigadier Aucamp, Commanding Officer auf Robben Island; siehe «Personen, Orte, Ereignisse».
b   Unterstreichungen offenbar von Gefängnisbeamten.
c   Aus Mandelas Handschrift ist die exakte Schreibung des Namens nicht zu erkennen.


*1968 begann für Nelson Mandela das qualvollste Jahr im Gefängnis. Am 26. September starb seine Mutter Nosekeni, und es wurde ihm verboten, bei ihrer Bestattung anwesend zu sein. Trotz einer maßvoll und nüchtern vorgetragenen Bitte und des Versprechens, nach der Beerdigung wieder ins Gefängnis zurückzukehren, wurde diese abgewiesen. Das Einzige, was er tun konnte, war, an die bei der Feier Anwesenden Briefe zu schreiben und ihnen seine tiefe Dankbarkeit auszudrücken.*

An K. D. Matanzima,[a] Neffe, Thembu Chief und Chief Minister für die Transkei
Umtata[b]
[in anderer Schrift:] 466/64 Nelson Mandela

[Stempel vom 14. 10. 1968]

NACH ERHALT DIESES SCHREIBENS BITTE FOLGENDEN WORTLAUT AUF DEN BRIEFKOPF: «ANTWORT AUF SPECIAL LETTER.»

*Nyana Othandekayo,*[c]
mein Schwager Timothy Mbuzo besuchte mich vor zwei Tagen und berichtete mir, dass Du bei der Beerdigungsfeier meiner Mutter zugegen warst. Dass Du trotz Deiner vielen Verpflichtungen an ihrem Grab gestanden hast, bedeutet mir viel, und Du sollst wissen, dass ich das sehr zu schätzen weiß.
Ich sah meine Mutter zum letzten Mal am 9. September vergangenen Jahres. Nach unserem Gespräch sah ich ihr noch hinterher, wie sie zum Schiff ging, mit dem sie aufs Festland zurückkehrte, und irgendwie ahnte ich, dass ich sie nie wieder zu Gesicht bekommen würde. Ihre Besuche hatten mich immer sehr gefreut, und die Nachricht von ihrem Tod traf mich schwer. Auf einmal fühlte ich mich einsam und leer. Aber meine Freunde hier im Gefängnis, deren Anteilnahme und Zuneigung stets eine Quelle der Kraft waren, halfen mir, meine Trauer zu überwinden, und hellten meine Stimmung wieder auf. Der Bericht über die Beerdigung gab mir neuen Mut. Ich freute mich zu hören, dass meine Verwandten und Freunde zahlreich gekommen waren, um die Verstorbene durch ihre Gegenwart zu ehren, und ich war froh, Dich zu denen zählen zu dürfen, die ihr die letzte Ehre erwiesen. *Nangomso!*[d]
Es drängt mich, Dir zu sagen, dass ich die letzten sechs Jahre über Deine unermüdliche Anteilnahme an meinen Angelegenheiten und denen der Familie stets umfassend auf dem Laufenden gehalten wurde. Bei einem Besuch erzählte mir meine Mutter, dass Du zweimal den ganzen Weg nach Qunu gefahren bist, um sie über meine Verurteilung zu informieren. Wiederholt hat mir Nobandla[e] von Deinen

Besuchen in [meinem] Haus in Johannesburg und Deiner Gastfreund-
lichkeit meiner Familie gegenüber berichtet. Diese Anteilnahme er-
wächst nicht allein aus unserer engen Verwandtschaft, sondern auch
aus einer langen und tiefen Freundschaft, die wir seit unserer Studen-
tenzeit immer gepflegt haben *kuwe la kwa Rarabe*.[f]
Deinem Bruder Jonguhlanga,[g] Oberhaupt des Xumbu-Königshau-
ses, habe ich geschrieben und mich bedankt für seine Bemühungen
bei der Planung und Organisation der Beerdigungsfeier und für die
erheblichen Ausgaben, die er trotz seiner nachlassenden Kräfte und
seiner vielen Verpflichtungen auf sich nahm. Seine liebevolle Sorge
um das Wohlergehen meiner Mutter in den vergangenen sechs Jahren
und seine rührende Hingabe an die Familie haben tiefen Eindruck
auf mich gemacht, und ich bin ihm unendlich zu Dank verpflichtet.
Ich kann nur hoffen, dass sich sein Gesundheitszustand bessert.
An Mr. Guzana[h] schreibe ich ebenfalls.
Dies ist ein *Special letter*, in dem ich mich nur für Deine Anwesenheit
auf der Beerdigung bedanken und keine anderen Dinge ansprechen
darf. Bitte richte Grüße aus an *Amakhosikazi* Nozuko, Nobandla,
No-Gate,[i] Mthetho,[j] Camagwini[k] und Wanda; ebenso an Chief
Mzimvubu,[l] Thembekile, Dalubuhles Nachfolger, Manzezulu, Gwebi-
ndlala und Siyabalala, an die Brüder Wonga, Thembekile, Headman
Mfebe und Mr. Sihle.
Sehr gern hätte ich meinen Schwiegereltern und Ma[m] geschrieben
und mich für ihre Beteiligung an der Feier bedankt, doch leider ist
dies nicht möglich, daher muss ich Dich bitten, es in meinem Namen
zu tun.

Mit herzlichen Grüßen
Dalibunga

------------------------

a   K. D. Matanzima (1915–2003); siehe »Personen, Orte, Ereignisse«.
b   Umtata (heute: Mthatha) war die Hauptstadt der Transkei.
c   «Geliebter Sohn» auf isiXhosa.
d   «Nangamso» ist ein isiXhosa-Wort, das tiefe Dankbarkeit gegenüber einem Menschen aus-
    drückt, der mehr als seine Pflicht getan hat. Mandela schrieb gelegentlich «Nangomso».
e   Nobandla ist einer von Winnie Mandelas Namen.
f   *kuwe* – Dir; *la kwa* – von *Rarabe*. Rarabe ist eine Untergruppierung der Xhosa-Nation,
    Haus von Phalo.

g  König Sabata Jonguhlanga Dalindyebo (1928–1986), Paramount Chief des Transkei-Homelands und Vorsitzender der Democratic Progressive Party, die in Opposition zum Apartheidregime stand; siehe «Personen, Orte, Ereignisse».

h  Knowledge Guzana (geb. 1916), Anwalt und Vorsitzender der New Democratic Party in der Transkei; siehe «Personen, Orte, Ereignisse».

i  Matanzimas Frauen. *Amakhosikazi* bedeutet «verheiratete Frau» im Plural auf isiXhosa und isiZulu.

j  Chief Mthetho Matanzima (gest. 1972), Sohn von Mandelas Neffe K. D. Matanzima und Chief der Noqayti-Region; siehe «Personen, Orte, Ereignisse».

k  K. D. Matanzimas Tochter.

l  George Matanzima, K. D. Matanzimas Bruder.

m  Vermutlich Mandelas Schwiegermutter.


## An Knowledge Guzana, Anwalt und Vorsitzender der Democratic Party der Transkei[a]
## Umtata

[Stempel vom 14. 10. 1968]

NACH KENNTNISNAHME DIESES SCHREIBENS BITTE FOLGENDEN WORTLAUT AUF DEN ANTWORTBRIEF: «ANTWORT AUF SPECIAL LETTER.»

Lieber Dambisa,[b]

mein Schwager Timothy Mbuzo[c] teilte mir mit, dass Du bei der Beerdigung meiner Mutter zugegen warst, und ich möchte Dir für diese taktvolle Geste meinen Dank aussprechen.

Nur ein ausgeprägtes Pflichtgefühl ermöglicht es einem Mann in Deiner Position, auf dessen Schultern gewiss schwere und dringende Aufgaben lasten, Zeit zu finden, um sich dem Gemeinwohl zu widmen, und ich versichere Dir, dass ich Dir zu großem Dank verpflichtet bin. Es ist für niemanden leicht, eine geliebte Mutter zu verlieren. Hinter Gittern aber kann ein solches Unglück eine niederschmetternde Katastrophe sein. Dies hätte es auch für mich sein können, als ich am 26. September von der tragischen Nachricht überrascht wurde, ausgerechnet am Geburtstag meiner Frau. Mein Glück war jedoch, dass meine Freunde hier, die mit Tugenden begabt sind, die alles weit übersteigen, was ich zu besitzen hoffen kann, über ein außerordentliches Einfühlungsvermögen verfügen. Stets habe ich mich ganz auf ihre Kameradschaft und Solidarität verlassen können. Ihre Anteilnahme und ihr Zuspruch halfen mir, diesen tragischen Verlust mit Fassung hinzunehmen.

*Sibali* Mkhuze teilte mir mit, dass meine Verwandten und Freunde wunderbar reagierten und sich am Grab versammelten. Diese großartige Solidaritätsbekundung hat mich aufgerichtet, und Dich unter denjenigen zu wissen, die mir diese Anteilnahme bekundeten, hat mich besonders getröstet.

Ich habe auch Deinem Freund Jonguhlanga, dem Oberhaupt des Königshauses der Tembu,[d] geschrieben und ihm für seine unermüdliche und umsichtige Vorbereitung der Beerdigungsfeier gedankt, die er trotz seiner angeschlagenen Gesundheit und vielfacher Verpflichtungen übernommen hatte. Seine bewegende Zuneigung gegenüber seinen Freunden und Verwandten und den Menschen im Allgemeinen hat weit und breit tiefen Eindruck hinterlassen. Ich hoffe nur, dass er bald wieder ganz gesund wird.

Dies ist ein *Special letter*, der mir nur erlaubt, Dir meinen Dank für Deine Teilnahme an der Beerdigung abzustatten, aber keine anderen Themen aufgreifen darf. Ich kann Dir nur versichern, dass ich mich freue, dass Dein Interesse für öffentliche Angelegenheiten, das Du vor 30 Jahren als Student an der S. A. N. C.[e] bekundet hast, nicht erlahmt ist. Ich hoffe, ich konnte in diesem Schreiben meinen tiefen Dank dafür, dass Du die Beerdigungsfeier mit Deiner Anwesenheit geehrt hast, und zugleich meine Hochachtung für Dich und Deine Familie zum Ausdruck bringen.

*Bulisa elusasheni na ku.*[f] *Nangomso!*[g]

Dein sehr ergebener
Nelson

------------------------

a   Die Democratic Party, gegründet 1963, lehnte die «Unabhängigkeit» schwarzer Homelands (oder Bantustans) ab und war die offizielle Oppositionspartei der Transkei. Guzana führte die Partei von 1966 bis 1976.

b   Knowledge Guzanas Clan-Name.

c   Sibali Timothy Mbuzo, naher Verwandter von Mandelas Schwager Daniel Timakwe und langjähriges Mitglied der ANC-Führung in der Transkei. *Sibali* bedeutet «Schwager» auf isiXhosa.

d    Meist «Thembu» geschrieben. Mandela war Mitglied des Königshauses der Thembu (Thembu Royal House; siehe «Personen, Orte, Ereignisse»). In einem Brief an Fatima Meer vom 14. Juni 1989 schreibt er korrekt «Thembu».
e    South African Native College, anderer Name der Fort Hare Universität.
f    «Grüße an die Familie».
g    Ein isiXhosa-Wort, das tiefe Dankbarkeit gegenüber einem Menschen ausdrückt, der mehr als seine Pflicht getan hat.

## An Mangosuthu Buthelezi,[a] Freund der Familie und Zulu-Prinz Mahlabatini, Zululand

[in anderer Schrift:] 466/64 Nelson Mandela

[Stempel und Unterschrift] Zensurstelle 4. 11. 1968

Mein lieber Chief,

bitte übermitteln Sie der königlichen Familie mein tiefstes Beileid zum Tod von König Cyprian Bhekuzulu.[b] Sein Ableben traf mich völlig überraschend, denn ich hatte nicht die geringste Ahnung von der verhängnisvollen Krankheit des Königs. Zwar hörte ich vor etlichen Jahren, er sei gesundheitlich nicht ganz auf der Höhe, doch später teilte mir ein Freund mit, dass es ihm wieder viel besser gehe. Das schienen auch Fotos zu belegen, die ich immer wieder in verschiedenen Zeitungen sah und auf denen es den Anschein hatte, er sei bei guter Gesundheit. Die unerwartete Nachricht hat mich daher sehr getroffen, und ich bin in Gedanken bei der königlichen Familie in ihrer Trauer vereint.

Sie standen mit dem verstorbenen König in einer engen Beziehung, Sie beide waren in langer und fruchtbarer Freundschaft miteinander verbunden, und sein Tod war gewiss ein schwerer Schlag für Sie. Ich begegnete ihm nur zweimal: einmal bei mir zu Hause in Johannesburg und einmal in meinem Büro – beide Male kam er in Ihrer Begleitung. Es war mir eine große Freude, zu sehen, wie hoch er Ihre Freundschaft schätzte und wie sehr er Ihren Rat würdigte. Bei ihm erkannten wir den Scharfsinn und den Mut wieder, die so viele glanzvolle Taten seiner berühmten Vorfahren hervorgebracht hatten. Indem Sie ihm dienten, führten Sie die Tradition meiner Chiefs Ngqengelele und Mnyamana, Ihrer Vorfahren,

fort, deren großartige Rolle im Dienst an der Nation weithin anerkannt ist.

Die zahlreichen Menschen, die bei der Beisetzung anwesend waren,
die tröstenden Worte, die am Grab gesprochen wurden, sowie die
Beileidsbekundungen seitens Einzelner und von Organisationen aus
dem ganzen Land haben deutlich gezeigt, dass nicht allein die königliche Familie diesen schmerzlichen Verlust für das ganze Land
beklagt.

Der Tod eines Menschen ist stets, welche Position auch immer er zu
Lebzeiten eingenommen hat, ein trauriges Ereignis. Das Hinscheiden einer Person des öffentlichen Lebens erfüllt nicht nur seine Familie und seine Freunde mit Kummer und Trauer, sondern hat oft
noch viel größere Auswirkungen. Es kann überkommenes Verhalten
verändern und neue Maßstäbe setzen, mit all den Unwägbarkeiten,
die den Wechsel einer Person an der Spitze gewöhnlich begleiten.
Ohne Zweifel wird Amazulu zu gegebener Zeit in die königliche
Hauptstadt geladen werden, um über die Lage insgesamt zu beraten
und die nötigen Entscheidungen zu treffen. Ich bin überzeugt, dass
die Staatsmänner und die Ältesten, deren großer Schatz an Weisheit,
Kompetenz und Erfahrung die Geschicke dieses ruhmreichen Hauses in der Vergangenheit gelenkt haben, bei diesem Anlass Lösungen
bieten werden, die von der Überzeugung geleitet sind, dass die Interessen und das Wohl aller unserer Landsleute das erste und oberste
Anliegen sind. In dieser Hinsicht werden Ihr großes Wissen und Ihr
kluger Rat künftig ebenso entscheidend sein wie in der Vergangenheit.

Übrigens schrieb ich im Dezember 1965 einen *Special letter* an Nkosikazi Nokhukhanya[c] und bat sie unter anderem darum, Ihren
inzwischen verstorbenen Cousin und Sie von mir zu grüßen. In
diesem Schreiben deutete ich an, dass ich nach meiner Freilassung
nach Zululand kommen würde, um dem traditionellen Führer meinen Respekt zu bekunden. Ich hoffe, die Nachricht ist angekommen.
Es bleibt bei meinem Entschluss, und obwohl ich nicht mehr das
Privileg habe, dem verstorbenen König persönlich zu huldigen, wird
es mir eine Ehre sein, Nongoma[d] und danach Mahlabatini[e] aufzusuchen.

Seien Sie zum Abschluss versichert, dass ich mich sehr gern an Sie und *Umndlunkulu*[f] erinnere und Ihnen aufrichtig viel Glück und Gesundheit wünsche. Grüßen Sie bitte *Umntwana*,[g] Ihre Mutter und Ihre Schwiegermutter ganz herzlich von mir.

Ihr sehr ergebener

[Unterzeichnet NR Mandela]

NELSON R MANDELA

------------------------

a   Mangosuthu Buthelezi (geb. 1928); siehe «Personen, Orte, Ereignisse».
b   König Cyprian Bhekuzulu kaSolomon, König der Zulu-Nation; siehe «Personen, Orte, Ereignisse».
c   Nokhukhanya Luthuli, Witwe von Chief Albert Luthuli; siehe «Personen, Orte, Ereignisse».
d   Residenz des Zulu-Königs und Sitz der Königsfamilie.
e   Geburtsort und Residenz von Buthelezi.
f   Verweis auf die königliche Herkunft von Mangosuthu Buthelezis Frau Irene Buthelezi; siehe «Personen, Orte, Ereignisse».
g   «Das Kind» auf isiZulu.

## An Zenani und Zindzi Mandela, Mandelas mittlere und seine jüngste Tochter

## Johannesburg

4.2.69

Meine Liebsten,

Zindzis schöner Brief kam wohlbehalten an, und ich freue mich wirklich sehr, dass sie jetzt in der 2. Klasse ist. Als Mummy mich letzten Dezember besuchte, erzählte sie mir, dass Ihr beide Eure Prüfungen bestanden habt und Zeni in der 3. Klasse ist. Ich weiß, dass Kgatho[a] und Maki[b] ebenfalls bestanden haben. Ich bin sehr froh, dass alle meine Kinder so gut in der Schule sind.

Ich hoffe, am Ende des Schuljahrs schneidet Ihr noch besser ab.

Schön, dass Zeni Chips, Reis, Fleisch und vieles andere zubereiten kann. Ich freue mich schon auf den Tag, an dem ich all das genießen darf.

Zindzi schreibt, das Herz tut ihr weh, weil ich nicht zu Hause bin, und möchte wissen, wann ich heimkomme. Ich weiß es nicht, meine Lieben. Ihr werdet Euch erinnern, dass ich Euch in dem Brief von 1966 schrieb, der weiße Richter habe gesagt, ich müsste bis ans Ende meines Lebens im Gefängnis bleiben.

Vielleicht dauert es noch lange, bis ich zurückkomme; vielleicht wird es auch schon bald sein. Niemand kann das sagen, nicht einmal der Richter, der sagte, ich müsste hier für immer bleiben. Aber ich bin sicher, eines Tages komme ich nach Hause und lebe gemeinsam mit Euch glücklich bis ans Ende meiner Tage.

Macht Euch keine Sorgen um mich. Ich bin glücklich, mir geht es gut, ich bin voller Kraft und Hoffnung. Das Einzige, wonach ich mich sehne, seid Ihr, aber immer, wenn ich mich einsam fühle, betrachte ich das Foto von Euch, das immer vor mir steht. Es hat einen weißen Rahmen mit schwarzem Rand. Es ist ein schönes Foto. In den letzten zwei Jahren habe ich Mummy mehrmals gebeten, mir ein Foto zu schicken, auf dem Ihr alle drauf seid, Zindzi, Zeni, Maki, Kgatho, Nomfundo[c] und Kazeka. Aber bisher habe ich es noch nicht bekommen. Ich wäre dann sogar noch glücklicher, als ich jetzt schon bin.

Vielen Dank für Eure wunderbaren Weihnachtskarten. Auch von Kgatho und Mummy habe ich eine bekommen. Hoffentlich habt Ihr noch mehr Post gekriegt.

Mummy besucht mich zwei- oder dreimal im Jahr. Sie richtet es ein, dass auch Kgatho und andere mich besuchen kommen. Pater Long von der römisch-katholischen Kirche St. Patrick in Mowbray, Kapstadt, besucht mich immer noch einmal im Monat. Außerdem darf ich jeden Monat einen Brief schreiben und einen bekommen. All dies hält mich bei guter Laune und macht mir Hoffnung.

Bitte richtet Pater Borelli meine Grüße aus und sagt der Mutter Oberin,[d] dass ich ihr und allen Schwestern außerordentlich dankbar bin für die Hilfe und die Ratschläge, die sie Euch zukommen lassen. Vielleicht kann ich ihnen eines Tages diese Güte ein klein wenig vergelten.

Im Dezember 1965 erhielt ich einen Brief von Zeni, in dem sie mich ebenfalls bat, heimzukommen, genau wie Zindzi in ihrem schrieb. Zenis Englisch ist tadellos und die Schrift sauber. Doch völlig überrascht hat mich der Brief von Zindzi. Auch ihr Englisch ist gut und die Schrift sauber. Ihr macht es gut, meine Lieben. Weiter so!

Alles Liebe und tausend Küsse

Euer

*Tata*[e]

----------------------

a   Makgatho (Kgatho) Mandela (1950–2005), Mandelas zweitgeborener Sohn; siehe «Personen, Orte, Ereignisse».
b   Makaziwe (Maki) Mandela (geb. 1954), Mandelas älteste Tochter; siehe «Personen, Orte, Ereignisse».
c   Olive Nomfundo Mandela, Mandelas Nichte.
d   Zindzi und Zenani besuchten die Catholic School im benachbarten Swasiland.
e   «Vater» auf isiXhosa.

**An Makaziwe Mandela, Mandelas älteste Tochter**

16. 2. 1969

Mein Liebstes,

ich habe mich wirklich sehr gefreut, dass Du, Kgatho, Zeni & Zindzi jeweils eure Prüfungen bestanden habt. Dazu gratuliere ich euch allen herzlich. Euer Erfolg bei den Examina, die ihr bis jetzt abgelegt habt, zeigt, dass ihr alle das Zeug zum Studieren habt, und ich hoffe, dies spornt euch dazu an, dieses Jahr noch eifriger zu arbeiten. Ihr seid jetzt im Abschlussjahr für das Junior Certificate, und ich habe das Gefühl, ihr besteht auch die Prüfungen am Jahresende, vorausgesetzt, ihr arbeitet weiterhin fleißig und stetig gleich von Beginn an. Ich rechne damit, dass ihr mir in eurem Antwortbrief die Themen dieses Schuljahres und die vom Lehrplan vorgesehenen Werke englischer und Xhosa-/Zulu-Literatur mitteilt. Ich würde sie gern lesen. Doch einstweilen sage ich nur: «Bravo!»

Soviel ich weiß, solltet ihr drei, Du, Thembi[a] & Kgatho, nach Umtata gehen und Makhulus[b] Grab aufsuchen, um ihr die letzte Ehre zu erweisen. Wart ihr dort? Die Nachricht von ihrem Tod hat mich sehr traurig gestimmt, denn ich hatte gehofft, mich in ihren letzten Tagen auf Erden um sie kümmern und sie nach ihrem Tod bestatten zu können. Aber Mummy und andere Leute haben mir berichtet, dass Verwandte und Freunde, allen voran Paramount Chief Sabata,[c] zahlreich zugegen waren und die Bestattung zu einem bewegenden Ereignis wurde. Ich weiß, dass Zeni & Zindzi da waren, und wäre froh, wenn ich wüsste, dass auch Du dabei sein konntest.

Hoffentlich habt ihr meine Weihnachtskarte bekommen und hattet ein schönes Weihnachts- und Neujahrsfest. Über Deinen undatierten Brief vom November 1967 habe ich mich sehr gefreut. Sprache und Stil waren gut und die Schrift sauber. Es ist sehr erfreulich, dass es Dir in der Schule gefällt und Englisch Dein Lieblingsfach ist. Mit Freude habe ich auch vernommen, dass Du Ärztin oder Wissenschaftlerin werden willst. Beides sind anspruchsvolle Berufe, und Du musst das Schuljahr hindurch hart und stetig arbeiten und in den Ferien gründlich ausruhen. Du schreibst, Du hättest Angst, eines Tages entführt zu werden, wenn Du ein gefährliches Medikament entdeckt hättest. Mach Dir keine Sorgen wegen Entführern, Liebes. Deren Welt wird immer kleiner, und ihre Freunde werden immer weniger. Eines Tages wird es eine neue Welt geben, in der wir alle glücklich und friedvoll leben werden. Diese Welt wird von Dir und mir geschaffen werden, von Kgatho, Zeni & Zindzi, von unseren Freunden und Landsleuten. Wenn Du Ärztin oder Wissenschaftlerin wirst und Dein Wissen, Deine Erfahrung und Dein Können dazu benutzt, um Menschen zu helfen, die in Armut und Elend leben und keine Chance haben, sich weiterzuentwickeln, dann wirst Du für diese neue Welt kämpfen.

Du schreibst, dass Kgatho im ersten Jahr der Abiturvorbereitungen ist und er in der Schule seine Sache gut macht. Die Berichte, die ich vor und nach Deinem Brief erhielt, bestätigen das. Schön, dass Kgatho so viel Freude am Lernen hat und gute Fortschritte macht. Zum Schluss schreibst Du, dass Thembi arbeitet und ein zwei Jahre altes, süßes molliges Baby hat. Thembi hat Dich in jeder Weise unterstützt, hat Kleider gekauft und alles, was Du sonst noch gebraucht hast. Es freut mich sehr zu hören, dass er Dir eine große Hilfe ist. Alles, was Dir das Leben leichter macht und zu Deinem Glück beiträgt, erfüllt mein Herz mit Freude, und ich bin Thembi wirklich dankbar für alles, was er für Dich tut.

Traurig stimmt mich allerdings, dass er die Schule noch vor dem Abschluss mit dem Junior Certificate abgebrochen hat. 1967 habe ich ihm geschrieben und geraten, zusammen mit seiner Frau wieder zur Schule zu gehen oder ein Fernstudium aufzunehmen. Er hat mir nicht geantwortet, und ich weiß nicht einmal, worin genau seine Arbeit besteht.

Danke für die Mitteilung, dass But' Sitsheketshe[d] geheiratet hat und in Pimville[e] wohnt.

Seit zwei Jahren versuche ich, ein Gruppenfoto von euch allen zu bekommen, mit Kgatho, Zeni, Zindzi, Nomfundo[f] und Chief Mdingis Tochter.[g] Ich wäre Dir dankbar, wenn Du Dich darum kümmern könntest und mir so bald wie möglich die Aufnahme schicken würdest. Bitte besorg mir über Mme Ngakane[h] Informationen über die jeweiligen Abschlüsse, den Beruf beziehungsweise die Tätigkeiten von *Mookamedi*[i] Makgatho, Letanka, Msane und Mabaso. Schick mir bitte diese Angaben in Deinem Antwortbrief.

Die Gefühle, die Du, Liebes, am Ende Deines Briefs zum Ausdruck bringst, haben mir sehr gutgetan und mir Mut und Kraft gegeben. Du bist jetzt 14 Jahre alt, und der Tag ist nicht mehr fern, an dem Du mich besuchen darfst. Man hat mir gesagt, Du seist groß und hübsch geworden, und ich bin gespannt darauf, Dich zu sehen. Bis es so weit ist, sollst Du wissen, dass ich jeden Tag an euch alle, an Dich, Kgatho, Zeni und Zindzi, denke und dass ich stolz auf eure schulischen Fortschritte bin.

Alles Liebe
*Tata*

29.7.69

Diesen Brief habe ich am 16. Februar dieses Jahres geschrieben und zur Post bringen lassen, aber aus irgendeinem Grund ist er nicht abgeschickt worden. Ich habe bereits Deiner Mutter und Kgatho und Zeni und Zindzi geschrieben und ihnen mein tiefes Beileid ausgedrückt, mein Liebes. Meinem Antrag auf Erlaubnis zur Teilnahme an dem Begräbnis wurde nicht stattgegeben, ich hoffe aber, Du und Kgatho konnten dort sein.

Im März erhielt ich das Gruppenfoto, um das ich gebeten hatte; darum musst Du Dich also nicht mehr kümmern. Zuvor wurde mir ein Foto von Thembi und seiner Familie versprochen, und ich werde *Molokozana*[j] dazu schreiben, sobald mir Kgatho die Einzelheiten mitteilt, um die ich gebeten habe.

Ganz herzliche Grüße
*Tata*

-----------------------

a   Mandelas ältester Sohn Thembekile (Thembi, Tembi) (1945–1969).

b   «Großmutter» auf isiXhosa; Mandelas Mutter Nosekeni Mandela, gestorben 1968.

c   König Sabata Jonguhlanga Dalindyebo (1928–1986), Paramount Chief der Transkei und Vorsitzender der Democratic Progressive Party in der Transkei, die in Opposition zum Apartheidregime stand; siehe «Personen, Orte, Ereignisse». Der Begriff «Paramount Chief» stammte von den britischen Siedlern als höchster Titel in einer auf das Chief-System gegründeten Region. Paramount Chief Sabata war in der Tat König, aber die Briten bestanden darauf, dass allein der britische Monarch diesen Titel tragen durfte.

d   Cousin von Mandela.

e   Vorort von Soweto.

f   Olive Nomfundo Mandela, seine Nichte.

g   Chief Mdingi ist ein Verwandter der Mandelas und der Thembu-Chief, der Mandelas jüngsten Töchtern ihre Namen gab: Die ältere der beiden nannte er Zenani, «Was hast Du uns gebracht?»; die Madikizelas (Winnies Familie) nannten sie Nomadabi Nosizwa, «Schlachtfeld der Nation»; Mdingi nannte die jüngste Tochter Mantu Nobutho Zindziswa.

h   Nachbarn der Mandelas.

i   «Präsident» auf Sesotho. Nicht identifizierbar; wahrscheinlich kein wirklicher Präsident.

j   «Schwiegertochter» auf isiXhosa. Hier gemeint: Thoko Mandela, Witwe seines Sohnes Thembi.

*Während er über den Tod seiner Mutter trauerte und sich vergewisserte, dass er auch allen geschrieben hatte, die getröstet werden mussten und denen Dank abzustatten war, ging sein Leben hinter Gittern mit seinen täglichen Kämpfen weiter.*

*Das ewige Gerangel mit der Gefängnisleitung um das Studienmaterial, auf das er Anspruch hatte, kostete ihn eine Menge Zeit. Dieses Problem beschäftigte ihn während seiner gesamten Haft auf Robben Island, und er ließ nicht locker, auf die Einhaltung der Bestimmungen seitens der Behörden zu pochen.*

**An Captain Huisamen, Commanding Officer**
**Robben Island**

28.2.69

<u>Zu Händen von Capt. Huisamen</u>

Am 25. Februar 1969 wurden wir von Gefängniswärter De Jager informiert, aus Pretoria sei die Anweisung ergangen, künftig nur noch vorgeschriebene und keine empfohlenen Lehrbücher mehr zuzulassen.

In diesem Zusammenhang möchten wir darauf hinweisen, dass genau die gleichen Anordnungen gegen Ende 1965 erlassen wurden. Im Februar 1966 erörterte ich in Anwesenheit des damaligen Commanding Officer Major Kellerman mit General Steyn, dem Commissioner of Prisons, die ganze Angelegenheit und bat ihn, seine Entscheidung zu überdenken. Um mein Anliegen zu unterstützen, gab ich ihm zu bedenken, dass ich mich auf den LL.B an der University of London vorbereitete und dass gemäß den Regularien dieser Universität keine Literatur zu diesem Studiengang vorgeschrieben ist und alle von mir zur Prüfungsvorbereitung benötigten Bücher empfohlen und nicht Pflichtlektüre sind. Ich betonte, dass in Hinblick auf die Fortgeschrittenen-Kurse in den Studienbegleitbriefen ausdrücklich davor gewarnt wurde, sich auf die Literaturliste der Studienführer zu beschränken, vielmehr dringend empfohlen wurde, man solle seine Lektüre breit anlegen. Ich wies ferner darauf hin, dass Ausbildung nicht darauf abzielt, Menschen lediglich auf das Ablegen von Prüfungen vorzubereiten, sondern dass ihre Hauptaufgabe darin besteht, sie zu Spezialisten ihres jeweiligen Fachs zu machen, was umfangreiche Lektüre absolut unabdingbar macht. Ich gab dem Commanding Officer zu bedenken, dass wir nach der Freilassung aus der Haft mit Leuten um Stellen konkurrieren würden, die freien und uneingeschränkten Zugang zu sämtlichen Informationsquellen zu einem bestimmten Thema hatten; deshalb würde uns die Durchsetzung der neuen Vorschriften schwerwiegend benachteiligen. Der Commissioner folgte diesen Argumenten und wies Major Kellerman an, die Vergünstigung, empfohlene Bücher zu bestellen, wieder zuzulassen. Daraufhin hatten wir eine Zeit lang keine Probleme irgendwelcher Art in dieser Frage.

Anfang 1967 setzte der damalige für Studien zuständige Beamte diese Vorschriften wieder in Kraft, und wir durften keine empfohlenen Bücher mehr bestellen. Am 15. Februar desselben Jahres besprach ich die Sache erneut mit dem Commissioner, die Vergünstigung wurde wieder gewährt, und seitdem profitieren wir davon.

Vermutlich sind Sie über diese Vorgänge nicht informiert, und wir bitten Sie, die Sache noch einmal zu überdenken.

[Unterzeichnet NRMandela]
NELSON MANDELA: 466/64

[Vermerk in anderer Schrift auf Afrikaans] Lehne die Verantwortung für vorgeschriebene Bücher ab. Bei der Bestellung ist größte Genauigkeit geboten. [gez.] 2. 3. 69

*Offenbar war es Mandela ab Ende der sechziger Jahre gestattet, Briefe auch an andere als nur an Familienangehörige zu schreiben. Doch auch diese Korrespondenz, Rettungsleine für den Gefangenen, unterlag den Beschränkungen, die seine Verbindung mit der Außenwelt kennzeichneten. In der folgenden Reihe von Briefen hatte Mandela seinen ursprünglichen Brief mit dem Originaldatum noch einmal abgeschrieben und dies dem Empfänger in einem Postskript erklärt.*

**An Lilian Ngoyi,[a] Freundin und Weggefährtin**
**Johannesburg**

3. 3. 69

*Kgaitsedi yaka, yaratehang*[b]
ich schrieb Dir vor meiner Verurteilung im November 1962, und Du hast von mir auch danach noch einmal gehört, als ich Dich, als älteste Tochter der Familie, darum bat, die Rolle der Friedensstifterin zu

übernehmen. Seither wollte ich Dir unbedingt schreiben, doch die Hauptschwierigkeit bestand immer darin, dass Du keine Möglichkeit hattest, mir zu antworten.[c] Aber jetzt kannst Du frei mit mir korrespondieren, & Du sollst wissen, dass ich immer gern an Dich, die Old Lady,[d] an Hlatse,[e] Memo[f] & Oupa[g] denke. Ich hoffe, es geht euch allen gut, & freue mich darauf, mir von Dir über jeden von euch berichten zu lassen.

Die Nachricht von Percys[h] Tod hat mich sehr betroffen gemacht, & dies umso mehr, als ich nicht zu seiner Beerdigung kommen konnte. Er war nicht nur Dein Bruder, sondern er war mir auch ein guter Freund, dessen Güte und Charme ich liebgewonnen habe; und es tat mir unendlich leid, zu hören, dass er von uns gegangen war. Auch wenn seither Jahre vergangen sind, bitte ich Dich, der Old Lady mein tiefes Mitgefühl auszurichten.

Es war sehr lieb von Dir, Hlatse zum Rivonia-Prozess zu schicken. Wir wussten es wahrhaftig zu würdigen, was für Unannehmlichkeiten sie auf sich nahm, um die 32 Meilen nach Pretoria zu reisen, & begriffen ihre Anwesenheit im Gericht als einen Akt der Solidarität von Deiner Seite und der Deiner Familie, und das gab uns Mut und war Ansporn zugleich. Bei allen wichtigen Belangen, die wir in Angriff nahmen, standest Du immer an vorderster Front, teiltest mit Deinen Freunden die gemeinsame Bedrängnis & gabst ihnen Mut & Hoffnung. Du hast Deinen Beitrag in der Missachtungskampagne geleistet, im COP,[i] beim Protestmarsch der Frauen auf Pretoria[j] & beim Hochverratsprozess, um nur einiges zu nennen.

Und obwohl Du nicht immer persönlich dabei sein konntest, warst Du doch im Geiste mit uns, als wir diesen denkwürdigen Fall durchstehen mussten, & wir waren wirklich froh, Hlatse unter uns zu wissen. Geht es Sonny[k] gut?

Vielleicht hast Du keine Möglichkeit, Helen[l] herzlich von mir zu grüßen. Es wäre schön, sie wüsste, dass ich auch an sie denke. Ich hatte immer Hochachtung vor ihren hehren Ideen & ihrem grenzenlosen Mut. Während des Hochverratsprozesses fuhren wir beinahe täglich nach Pretoria & zurück & kamen einander sehr nahe. Im Gefängnis von Pretoria arbeiteten wir gemeinsam an der Vorbereitung ihrer Zeugenaussage während des Ausnahmezustands,[m] & ich erlebte, wie sie vom Staatsanwalt mehrere Tage lang gnadenlos in die Mangel genommen wurde.[n] Sie hielt sich in der Tat sehr wacker, & mein Vertrauen in sie wuchs beständig. Ihre Ausbildung zur Sozialarbeiterin & wohl auch ihre Erfahrung als Armeeoffizier machte sie empfänglich für das Wohlergehen ihrer bedürftigen Kollegen, und sie war immer zur Stelle, wenn es um irgendeine materielle Hilfe ging. Hin & wieder bekomme ich Bruchstücke von Informationen, & zu meiner Freude erfahre ich, dass mein Vertrauen in sie nicht enttäuscht wurde. Ich bedaure nur, dass ich ihr Buch über den Hochverratsprozess[o] nicht zu Gesicht bekam, nachdem es veröffentlicht worden war.

Ich hatte das Privileg, das Manuskript zu lesen, & fand es höchst anregend. Gern hätte ich die gedruckte Ausgabe gesehen. Jetzt, da sie quasi im Ruhestand lebt, wird sie vielleicht ihr großes Talent weiterer schriftstellerischer Arbeit widmen.

Herzliche Grüße gehen auch an Ntsiki,[p] Greta,[q] Doreen, Muriel, Joana, Caroline, Catherine, Mrs. Taunyane, Lily Seroke, Virginia,[r] Onica & Dorcas, meine Cousine Nobelungu & Hilda.[s] Sie alle sind tapfere Frauen, & ich betrachte es als besondere Ehre, ihnen in der Vergangenheit nahegestanden zu haben.[t]

Zur Zeit lese ich Texte über die großen afrikanischen Chiefs Sekukuni & Mampuru, Söhne von Sekwati,[u] & ihren Streit um den Bapedi-Thron. Auch nach modernen Maßstäben waren das intelligente & fähige Männer, die ihr Land & ihr Volk liebten. Sekukunis Rolle in der Geschichte des Landes ist ja allgemein bekannt, aber ich habe mich oft gefragt, welchen Verlauf die Geschichte genommen hätte, wenn diese beiden sowie andere Chiefs ihren Streit begraben & versucht hätten, ihre wechselseitigen Probleme mittels gemeinsamer Anstrengungen zu lösen. Ngoana waKgosi Godfrey[v] hat allen Grund, auf die Leistungen seines berühmten Großvaters stolz zu sein. Ich hoffe, ihm und seiner Familie geht es gut. Es ist schon einige Zeit her, seit ich etwas von Motsoala John gehört habe. Hoffentlich erfreut er sich ebenfalls guter Gesundheit & ist so munter, wie wir ihn immer gekannt haben.

Im Januar erhielt ich einen schönen & anregenden Brief von Ma Nokukanya,[w] in dem sie uns mitteilte, dass sie in Gedanken stets bei uns ist. Ihre ermutigenden Worte taten uns ungeheuer gut. Als der

Chief starb, erhielt ich die Erlaubnis, einen Kondolenzbrief zu schreiben, der jedoch nie ankam. Wie ich höre, ist ihr Schwiegersohn im Krankenhaus, & ich würde mich freuen, etwas über seinen Gesundheitszustand zu erfahren. Nochmals: Du sollst wissen, dass ich an Dich & Deine Familie denke und alle ganz herzlich grüße. Nichts würde mich mehr freuen, als bald von Dir zu hören.
Alles Liebe

Dein Nel

29.7.69

Dieser Brief wurde am 3. März dieses Jahres geschrieben & für den Versand übergeben. Heute weiß ich, dass Du ihn nie erhalten hast. Hier also noch einmal mein Schreiben; obgleich sich inzwischen viel ereignet hat, habe ich nichts daran geändert. Ich kann nur hoffen, dass er Dich diesmal erreicht.
Vielen Dank für Deine bewegende Beileidsbekundung, die mir Kraft & Ansporn gab. Ich erhielt die tragische Nachricht am 16. Juli und war ebenso erschüttert wie Du. Ich konnte kaum glauben, dass Thembi uns wirklich verlassen hat. Mein Antrag auf Teilnahme an der Bestattung wurde abgelehnt, genauso wie beim Tod meiner Mutter 10 Monate zuvor. Beide Male wurde mir die Möglichkeit verwehrt, meinen Liebsten die letzte Ehre zu erweisen. Aber alle meine Mitstreiter taten ihr Möglichstes, um meinen Schmerz zu lindern & mich zu trösten. Dein Brief bedeutete mir viel, & die Gefühle, die darin zum Ausdruck kommen, gaben mir richtig Mut. Ich fühle mich wieder ganz in Form und bin bereit, dem, was auch immer das Schicksal mit mir vorhat, die Stirn zu bieten.

Nel

-----------------------

a   Lilian Ngoyi (1911–1980), Politikerin, Antiapartheidaktivistin und Frauenrechtlerin; siehe «Personen, Orte, Ereignisse».
b   «Meine liebe Schwester» auf Sesotho oder Setswana.
c   Sie war erstens keine Familienangehörige und außerdem eine bekannte politische Aktivistin.

d   Annie, Lilian Ngoyis Großmutter.

e   Lilian Ngoyis Tochter.

f   Peletsi «Memory» Mphahlele, Lilian Ngoyis Adoptivtochter.

g   Sohn von Edith und Neffe von Lilian Ngoyi.

h   Lilian Ngoyis Bruder.

i   Am Congress of the People, dem Volkskongress, 25./26. Juni 1955 in Kliptown, Johannesburg, nahmen 3000 Delegierte teil. Der Kongress war der Höhepunkt einer jahrelangen Kampagne, bei der Mitglieder der Congress Alliance Menschen in ganz Südafrika aufsuchten und nach ihren Forderungen für ein freies Südafrika befragten. Die Antworten fanden Eingang in den Text der Freiheits-Charta (siehe «Personen, Orte, Ereignisse»), die am zweiten Tag des Kongresses verabschiedet wurde. Die Freiheits-Charta trat ein für gleiche Rechte aller Südafrikaner unabhängig von ihrer Rasse, für Landreform, verbesserte Arbeits- und Lebensbedingungen, gerechte Verteilung des Wohlstands, für Schulpflicht und gerechtere Gesetze.

j   Am 9. August 1956 marschierten 20 000 Frauen zum Regierungsgebäude von Pretoria, um gegen die Ausweitung der Passgesetze auf Frauen zu protestieren.

k   Ehemann von Edith Ngoyi.

l   Helen Joseph (1905–1992), Lehrerin, Sozialarbeiterin, Antiapartheidaktivistin und Frauenrechtlerin; siehe «Personen, Orte, Ereignisse».

m   Als Reaktion auf das Sharpeville-Massaker wurde am 30. März 1960 der Ausnahmezustand verhängt. Er führte zu Massenverhaftungen und Gefängnisstrafen für die meisten afrikanischen Vorsitzenden. Am 8. April 1960 wurden der ANC und der Pan Africanist Congress nach dem Unlawful Organisations Act verboten.

n   Mit der Erklärung des Ausnahmezustands durch die Regierung wurden die Angeklagten im Hochverratsprozess, die gegen Kaution freigelassen waren, in Untersuchungshaft genommen. Das Verteidigerteam trat unter Protest zurück, und die Angeklagten, die Anwälte waren, unterstützten ihre Kameraden bei der Vorbereitung des Prozesses. Mandela leistete seiner Mitangeklagten Helen Joseph Rechtsbeistand.

o   Helen Joseph, *If This be Treason*, Kapstadt, Kwagga Publishers 1963.

p   Albertina Sisulu (1918–2011), Antiapartheidaktivistin und Frauenrechtlerin, Frau von Mandelas Freund Walter Sisulu; siehe «Personen, Orte, Ereignisse». Ntsiki ist die Kurzform von Nontsikelelo, ihrem afrikanischen Namen.

q   Greta Ncapayi, Aktivistin in der ANC Women's League und Freundin von Albertina Sisulu.

r   Virginia Mngoma, politische Aktivistin.

s   Hilda Bernstein (1915–2006), Autorin, Künstlerin, Antiapartheidaktivistin und Frauenrechtlerin. Sie war Gründungsmitglied des South African Peace Council und der Federation of South African Women. Nach dem Freispruch ihres Mannes Lionel (Rusty) im Rivonia-Prozess flüchtete sie zu Fuß in das benachbarte Botswana.

t   Alle diese Frauen waren Antiapartheidaktivistinnen und wohl mit Mandela befreundet.

u   Sekukuni oder Matsebe Sekhukhune (1814–1882) und Mampuru waren Söhne des Bapedikönigs Sekwati und rivalisierten nach dem Tod ihres Vaters (1861) um den Thron. 1882 tötete Mampuru seinen Bruder Sekhukhune, er selbst wurde im Jahr darauf hingerichtet. Seine sterblichen Überreste wurden nie gefunden.

v   Godfrey Mogaramedi Sekhukhune war Freiheitskämpfer im Umkhonto weSizwe, dem militärischen Flügel des ANC, und zeitweise auf Robben Island in Haft.

w   Nokhukhanya Luthuli, Witwe von Chief Albert Luthuli.

An Gibson Kente,[a] Neffe und berühmter Bühnenautor und Komponist
Johannesburg

3. 3. 69

Für Februar 1969 B.I.P. V.B.[b]

Mein lieber Neffe,[c]
Zami hat mir von meiner Nichte Evelyn,[d] Deiner Frau, erzählt. Leider reicht die Besuchszeit nie aus, um alle solche Familiendinge angemessen zu besprechen, und daher konnte sie mir auch nicht alles über sie erzählen, was ich wissen wollte. Ich hatte noch nicht das Vergnügen, sie kennenzulernen, aber ich bin sicher, sie ist eine begabte und reizende junge Frau, wenn sie Deine Zuneigung gewinnen konnte, & ich wüsste gerne mehr über ihren familiären Hintergrund. Ich freue mich auf den Tag, an dem ich euch beide sehen werde. Bis dahin wünsche ich euch eine gedeihliche Ehe & eine glückliche Zukunft.

Es interessiert mich sehr, ob die Zahl der Mitglieder der Union of South African Artists[e] noch immer stark zunimmt. Wer sind derzeit ihre Vertreter, wie heißt ihr Organ (falls es eines gibt), & was kostet ein Abonnement? Ich sammle Alben mit afrikanischen Liedern[f] – Sotho, Zulu & Xhosa –, aber ich stoße auf Schwierigkeiten. Ich kenne das Album von Mohapeloa,[g] konnte es aber in dem einschlägigen Geschäft in Kapstadt nicht bekommen. Es ist mir gelungen, mir Volkslieder für gemischten Chor von Williams & Maselwa[h] anzuhören, aber ich interessiere mich mehr für Alben mit moderner afrikanischer Musik. Vielleicht kannst Du mir einen Rat geben, wie ich das angehen kann.

Aus verschiedenen Ecken habe ich erfahren, dass Du dieser Tage guten Erfolg auf dem Theater hattest & dass *Sikalo* und *Lifa*[i] ganz schönen Zulauf hatten. Das ist wirklich eine Leistung, zu der ich Dir herzlich gratuliere. Ich wünsche Dir viel Glück bei künftigen Unternehmungen. Sehr gern hätte ich beide Stücke gesehen; vielleicht kann ich wenigstens eines Tages die Textbücher lesen. Aus den Besprechungen wurde nicht ersichtlich, ob Du beide Stücke sowohl verfasst als auch aufgeführt hast & ob die Zuschauer überwiegend Weiße oder Schwarze waren. Ich wüsste gerne, welche Wirkung das Theater ganz generell auf Afrikaner ausübt. Ich glaube, Nongqawuse[j] war ein richtiger Kassenschlager; von wem stammt das Skript? Ist es in Buchform erhältlich?

Ich glaube, Miriam[k] tritt weiterhin erfolgreich im Ausland auf und ist verlobt oder verheiratet mit Carmichael.[l] Sie hat großes Talent bewiesen, & ihre Ansichten zu sozialen Fragen sind anscheinend fortschrittlicher, als ich gedacht hätte. Ich habe gehört, dass auch Dolly[m] in den Staaten ist. Hoffentlich wird sie genauso viel Glück haben wie Miriam und genauso gut ankommen wie sie. In London traf ich Dambuza, Joe & Rufus.[n] Damals planten sie eine Afrikatour, & ich hoffe, das hat geklappt. Leider traf ich Gwigwi[o] nicht an, der auf unsere Kollegen im Ausland ziemlich großen Eindruck machte, & es wäre schön, wenn Du ihn von mir grüßen würdest, wenn er zurück ist. Wir hören kaum etwas über Peggy Phango[p] und Hugh Masekela,[q] hoffentlich geht es ihnen gut. Sie alle sind begabte Künstler, vor denen wir Hochachtung haben, & nichts würde uns mehr freuen als die Gewissheit, dass sie von den Möglichkeiten, die sich ihnen jetzt bieten, ausgiebig Gebrauch machen.

Wer sind die neuen Stars zu Hause, und wie gut sind sie? Wer sind die jeweiligen Sekretäre des B. M. S. C.,[r] des D. O. C. C.[s] & des Moroka Centre? Ich war mehrere Jahre lang im Stiftungsrat & im Vorstand des D. O. C. C. und konnte mir einen Einblick in den Nutzen solcher Institutionen verschaffen, vorausgesetzt, deren Vorstandsvorsitzender ist ein Mann, der etwas wagt.

Hin und wieder erzählt mir Zami Einzelheiten darüber, was für eine große Hilfe Du für sie und die Kinder bist, und ich möchte Dir sagen, wie dankbar ich dafür bin, dass Du weiterhin *Nangomso*[t] zeigst! Ihr seid in Gedanken bei mir, & ich lasse Evelyn, Zami und die Kinder ganz herzlich grüßen.

Euer Onkel Nel

P. S.: Temba (Union Wide) lässt Dich grüßen.

## Mr. Gibson Kente

29.7.69

P.S. Dieser Brief wurde am 3. März dieses Jahres geschrieben & für den Versand übergeben. Heute weiß ich, dass Du ihn nie erhalten hast. Hier also noch einmal mein Schreiben; obgleich sich inzwischen viel ereignet hat, habe ich nichts daran geändert. Ich kann nur hoffen, dass er Dich diesmal erreicht.

Dein Onkel Nel

---

a   Gibson Kente (1932–2004), Bühnenautor, Komponist und Regisseur; siehe «Personen, Orte, Ereignisse».

b   Die Buchstaben sind in Mandelas Handschrift geschrieben; ihre Bedeutung ist unklar.

c   Gibson gehörte wie Mandela zum Madiba-Clan, daher redet er ihn mit «Neffe» an.

d   Nomathemba Evelyn Kasi, Topmodel, war in zweiter Ehe mit Gibson Kente von 1969 bis 1974 verheiratet. Später zog sie in die USA und heiratete den Anwalt Alan Jackman, bekannt als Thembi Jackman. 2008 verschwand sie in Südafrika und wurde 2012 für tot erklärt.

e   Die Union of South African Artists wurde 1952 gegründet und war ab 1958 eine der erfolgreichsten Künstleragenturen Südafrikas.

f   Auf die Frage, ob die Häftlinge auf Robben Island Zugang zu Musik hatten, erinnert sich der ehemalige Mithäftling Mandelas Mac Maharaj (siehe «Personen, Orte, Ereignisse») an Folgendes: «Es gab eine kurze Phase Ende der Sechzigerjahre, als in unserem Trakt ein Lautsprechersystem installiert wurde, über das Musik lief, die vom Kontrollraum aus im Hauptbüro gesteuert wurde. Wenn ich mich recht erinnere, fragten wir, ob wir die Musik auswählen und Platten kaufen dürften, die dann über die Lautsprecher abgespielt werden könnten. Die Platten lagen bei der Gefängnisleitung, und wir äußerten dann unsere Musikwünsche. Die stoppte das Projekt nach wenigen Monaten. Aber bis zu der Zeit, als ich entlassen wurde (1976), durften wir keine Platten kaufen und in unseren Zellen haben» (Mac Maharaj in einer E-Mail an Sahm Venter).

g   Joshua Pulumo Mohapeloa (1908–1982), Texter und Komponist, der bei Gibson Kentes Musikproduktionen mitarbeitete (Sahm Venter in einem Telefongespräch mit Gibsons Nichte Vicky Kente vom 23. Juli 2017).

h   H. C. N. Williams und J. N. Maselwa, *Choral Folk Songs of the Bantu, for Mixed Voices*, New York: G. Schirmer, 1960.

i   Zwei kommerziell erfolgreiche Musicals. *Sikalo* (Klagegesang, 1965), produziert von Gibson Kente, handelt von einem jungen Mann, der versucht, sich aus einer Gang herauszuhalten, aber am Ende im Knast landet. *Lifa* kam 1967 auf die Bühne.

j   Über die legendäre Gestalt Nongqawuse ist viel geschrieben worden. Sie war eine junge Xhosa-Weissagerin, die im Jahr 1856 die Anweisung gab, alles Vieh zu töten und alles Korn zu verbrennen, damit die Toten auferstünden und den Xhosa beistehen würden, sich von der Herrschaft der Europäer zu befreien. Die Folge dieser Anweisung war jedoch eine schwere Hungersnot unter den Xhosa und eine Verschärfung der britischen Kolonialherrschaft. Das erste Stück über die Xhosa, *UNongqause* von Mary Waters, kam 1925 auf die

Bühne. Mandela bezieht sich hier wahrscheinlich auf eine zeitgenössische Fassung der Nongqawuse-Geschichte.

k　Zenzile Miriam Makeba (1932–2008), südafrikanische Sängerin, Schauspielerin, UN-Sonderbotschafterin und Aktivistin. Heirat mit Stokely Carmichael 1968.

l　Stokely Carmichael (1941–1998), geboren auf Trinidad, zog später zu den Eltern nach New York, beteiligte sich an der Bürgerrechtsbewegung und an der panafrikanischen Bewegung, wurde «Ehren-Premierminister» der Schwarzen Panther und später Mitglied der All-African Peoples Revolutionary Party.

m　Dolly Rathebe (1928–2004), südafrikanische Jazzsängerin und Schauspielerin.

n　Nathan «Dambuza» Mdledle (1923–1995), Joe (Kolie) Mogotsi (1924–2011) und Rufus Khoza, drei von vier Mitgliedern der Manhattan Brothers, einer beliebten südafrikanischen Jazzband der vierziger und fünfziger Jahre, die Zulu-Harmonien und afrikanische Chormusik in ihre Musik aufnahmen. Mit «Lovely Lies» hatten sie 1956 als erste südafrikanische Band einen Billboard Top 100-Hit in den Vereinigten Staaten.

o　Gwigwi Mrwebi (1936–1973), Gründer der Union of South African Artists, Saxophonist bei den Jazz Maniacs, den Harlem Swingsters und den Jazz Dazzlers.

p　Peggy Phango (1928–1998), südafrikanische Jazzsängerin und Schauspielerin, hatte die Hauptrolle im Musical *King Kong* in London's West End im Jahr 1961.

q　Hugh Ramopolo Masekela (geb. 1939), südafrikanischer Trompeter, Sänger und Komponist von Antiapartheidliedern wie «Bring Him Back Home», aufgenommen 1986, in dem Mandelas Freilassung gefordert wird. Nach dem Sharpeville-Massaker, bei dem 69 Demonstranten erschossen wurden, ging er 1960 ins Exil und studierte Musik in London und New York.

r　Das Bantu Men's Social Center (BMSC), gegründet 1924 in Sophiatown, Johannesburg, war ein wichtiger kultureller, sozialer und politischer Treffpunkt für schwarze Südafrikaner. Das Zentrum besaß eine Sporthalle und eine Bibliothek, hier fanden Boxkämpfe, politische Versammlungen und Tanzveranstaltungen statt. 1944 gründete dort Mandela zusammen mit vier Gleichgesinnten die ANC-Jugendliga.

s　Das Donaldson Orlando Community Centre (DOCC) war ein Gemeindezentrum in Soweto, in dem Tanzveranstaltungen, Konzerte und Boxkämpfe stattfanden. Das Zentrum wurde vom Donaldson Trust errichtet, 1936 eingeweiht von Lieutenant Colonel James Donaldson D. S. O., zur «Verbesserung der Lage und der Lebensbedingungen und zur Beseitigung der Benachteiligung und allgemein zum Nutzen der afrikanischen Bevölkerung Südafrikas». In den vierziger und fünfziger Jahren boxte dort auch Nelson Mandela und verbrachte so manchen seiner Abende beim Training mit seinem Sohn Thembi.

t　Ein isiXhosa-Wort, das tiefe Dankbarkeit gegenüber einem Menschen ausdrückt, der mehr als seine Pflicht getan hat.

**An Chief Mthetho Matanzima, Verwandter[a]**
**Quamata**
[Vermerk in anderer Schrift auf Afrikaans, rot] *Special letter* an seinen
Neffen [in Mandelas Schrift, ebenfalls in rot:] BEI ANTWORT AUF
DIESES SCHREIBEN BITTE FOLGENDEN WORTLAUT AUF
DEN BRIEFKOPF: «ANTWORT AUF SPECIAL LETTER.»

17.3.69

*Mntan'omhle,*[b]
meine Frau teilt mir mit, dass Du in Dein Amt eingeführt wurdest, &
ich gratuliere Dir hiermit & wünsche Dir eine glückliche & gedeihliche Regentschaft. Die Ältesten, die bei der Feier sprachen, haben
Dir gewiss viele gute Ratschläge mit auf den Weg gegeben, wie Du
die Macht ausüben und Deinem Volk gegenüber Gerechtigkeit walten lassen sollst. Vielleicht haben sie Dich auch daran erinnert, dass
Du in einer weit besseren Position als die meisten Chiefs das Amt
übernehmen kannst, kannst Du doch auf eine juristische Ausbildung & eine solide Erziehung bauen, was Dir erlauben sollte, nach
unabhängigem Denken zu streben & Weitblick zu beweisen. Weiterer
Rat in diesen Dingen wäre gewiss überflüssig. Ich möchte nur hinzufügen, dass ich sehr erfreut darüber war, dass Jonguhlanga[c] den Anlass mit seiner Anwesenheit ehrte & Dich persönlich ins Amt einsetzte. Der verstorbene Chief Jongintaba[d] wurde nie müde, die
Bedeutung guter harmonischer Beziehungen zwischen Jonguhlanga
und Daliwonga[e] zu unterstreichen, & ich bin froh über die Perspektive umfassender Zusammenarbeit zwischen den beiden führenden
Häusern der Mtiraras[f] in den Dingen, die den Stamm betreffen.
Möge sich diese Gemeinsamkeit entwickeln & zu einem immer enger
werdenden Zusammenschluss führen, den ich als festen Bestandteil
der umfasssenderen Einigung betrachte, die wir alle anstreben.
Oft denke ich an den Einfluss, den Dein berühmter Vorfahr Matanzima ausübte, der im Lauf seiner wechselvollen Regierungszeit sowohl Ehre als auch Demütigung, Annehmlichkeiten sowie Mühsal
erfuhr. Er kannte die Freude & die Verantwortung, die respektierte
Verkörperung der Einheit des Stammes, der Mittelpunkt der Loyali-
tät & Zuneigung seiner Leute zu sein.

Er erlebte auch die Sehnsucht & die Einsamkeit eines Mannes, der sich fern seiner Heimat, seiner Familie & Angehörigen & von allem, was ihm am Herzen lag, aufhalten musste. Obgleich er im 19. Jahrhundert lebte und ihm die Bildungsmöglichkeiten der heutigen Generation nicht offen standen, war er ein kluger und begabter Patriot, erfüllt von hehren Ambitionen. Er, Siqungathi,[g] Gungubele & Dalisile[h] gehören zu den zahlreichen traditionellen Anführern in unserem Land, die einen wertvollen Beitrag zu der gewaltigen Aufgabe leisteten, unseren Nationalstolz zu wecken. Sie machten uns stolz auf unsere Geschichte, unsere Kultur & alles, was zu uns gehört. Gerade das Streben und die Leistung von Männern wie ihnen machen die Geschichte & den Anspruch der Tembus zum Bestandteil des Ideenguts und der Hoffnungen der Menschheitsfamilie.

Als König Cyprian starb, schrieb ich einen Beileidsbrief an das Königshaus. Ich erhielt einen interessanten Antwortbrief von einem namhaften Chief in Zululand, zugleich ein enger Freund des verstorbenen Königs. Unter den beiliegenden Dokumenten befand sich eine Karte mit dem königlichen Wappen; da spürte ich einmal mehr etwas vom Geist des Nationalbewusstseins, für den dieses berühmte Haus für immer in Erinnerung bleiben wird.

Übrigens war eine der ersten Bemerkungen Leopold Senghors,[i] als ich ihm 1962 in seiner Hauptstadt begegnete, dass er gerade eifrig die faszinierende Geschichte der Gründer der Zulu-Nation studiere. Unsere Geschichte kennt viele Nationalhelden, & Menschen, die zu einer Karriere im öffentlichen Leben bestimmt sind, haben zahlreiche Vorbilder, an denen sie ihre Einstellung & ihr Denken ausrichten können.

Es bleibt mir jetzt nur, Dir noch einmal eine glückliche & gedeihliche Regentschaft zu wünschen.

Im erwähnten Brief aus dem Königshaus wurde auch mitgeteilt, dass Jonguhlangas Gesundheit Anlass zu ernster Besorgnis bot. Seinen letzten Brief an mich schrieb er in einem Krankenhaus in Durban, & er deutete an, dass sich sein Zustand sehr verbessert habe. Ich hoffe, dass seine Genesung weiterhin Fortschritte macht. Ich brachte meine diesbezügliche Sorge gegenüber Jonguhlanga und Daliwonga in einem Schreiben vom 14. 10. 68 zum Ausdruck in Zusammenhang mit dem

Tod & der Bestattung meiner Mutter. Es ist mir nicht bekannt, ob meine Briefe angekommen sind.

Bitte grüße von mir die Chiefs Daliwonga, Mzimvubu,[j] Dalubuhles Sohn, Thembekile, Vulindlela,[k] Manzezulu, Gwebindlala,[l] Headman Mfebe[m] & Thembekile & *Kulo lonke ikomkhulu*.[n] Allerherzlichste Grüße an die *Amakhosikazi*[o] Nobandla, Nozuko, Nogate & *Nkosazana* Camagwini,[p] die jetzt Lehrerin ist, soviel ich weiß.

Richte Nobandla[q] bitte aus, dass ich nicht vergessen habe, wie hilfreich sie war, als ich das letzte Mal unten war; sie reiste bis nach Ezibeleni.[r] Darin kam ihre Zuneigung & Fürsorge zum Ausdruck, die sie stets für die ihr Nahestehenden bekundet hat. Ich werde immer an sie denken.

*Bayete*[s]
Dalibunga

------------------------

a   Aus einer DIN-A4-Kladde, die einige von Mandelas Briefkopien enthält.

b   «Schönes Kind» in Xhosa.

c   König Sabata Jonguhlanga Dalindyebo (1928–1986); siehe «Personen, Orte, Ereignisse».

d   Chief Jongintaba Dalindyebo (gest. 1942), Chief und Regent des Thembu-Volks. Wurde Mandelas Vormund nach dem Tod von dessen Vater. Siehe «Personen, Orte, Ereignisse».

e   K. D. Matanzima (1915–2003), Neffe von Mandela, ein Thembu-Chief und Chief Minister der Transkei; siehe «Personen, Orte, Ereignisse». Daliwonga ist sein zweiter Name.

f   Mtirara ist eine Königsfamilie des Thembu-Volks. Die verschiedenen Häuser stehen in Zusammenhang mit unterschiedlichen Ehefrauen.

g   Ein Bruder des Königs Ngangelizwe (ca. 1846–1884), versuchte die verschiedenen Thembu-Clans zu einen. Er kämpfte nie gegen die Briten, anders als seine Brüder Siqungathi und Mtirara. K. D. Matanzima war Enkel von Ngangelizwe.

h   Ein Thembu-Chief.

i   Präsident des Senegal von 1960–1980.

j   K. D. Matanzimas Bruder George.

k   Chief Vulindlela Mtirara/Matanzima, ein Thembu-Chief und Verwandter Mandelas.

l   Hochrangiger Thembu-Chief.

m   Ein Thembu-Chief.

n   «Alle im Königshaus» auf isiXhosa.

o   *Amakhosikazi*: isiXhosa- und isiZulu-Pluralform für «Mrs.».

p   Schwester von Chief Mthetho Matanzima. *Nkosazana*: «Miss» oder «Prinzessin» auf isiXhosa.

q   Gemeint ist nicht Mandelas Frau Winnie, die den gleichen Namen trägt wie eine von K. D. Matanzimas fünf Frauen. Nobandla ist ein häufiger Name bei den isiXhosa.

r   Stadt in der Transkei.

s   Traditioneller Gruß für Könige in Zulu.

2. 4. 69.

Darling,

I was taken completely by surprise to learn that you had been very unwell as I did not have even the slightest hint that you suffered from blackouts. I have known of you first bout times of pleurisy attacks. I am however happy to hear that the specialists have diagnosed the particular condition you suffer from, that the blackouts have now disappeared. I should like to be given details of the doctors' diagnosis. I am pleased to know that our family doctor has been wonderful as usual. I wish you speedy recovery & complete recovery Ngutyana & all that is best in life. "The Power of Positive Thinking" & "The Results of Positive Thinking" both written by the American psychologist Dr Norman Vincent Peale, may be rewarding to read. The municipal library should stock them. I attach no importance to the metaphysical aspects of his arguments, but I consider his views on physical & psychological issues valuable. He makes the basic point that it is not so much the disability one suffers from, that matters, but one's attitude to it. The man who says: I will conquer this illness, live a happy life, is already half way through to victory. Of the talents you possess, the one that attracts me most is your courage & determination. This makes you stand head & shoulder above the average & will in the end, bring you the triumph of high achievement. Do consciously keep this constantly in mind.

Last mo. I wrote to Chief Buteleze, cousin of the late King Cyprian & asked him to convey our sympathies to the Royal family. I received an interesting reply plus a letter of condolence for ma's death. The Dec. letters went to Mali & Kgatho; Jan. to Wonga, & in Feb. I wrote to Maki, & zeni & zindzi. Lily & Gibson should by now have received the March letters. Advise me whether they were all received. On 17/3 I wrote a special letter to Mithethor & am glad to note that the family rift has been settled. Sabata has not replied 2 letters I wrote him. The relative to whom funds could be sent, was mentioned in Kgatho's letter. On 8/3 I was due for a visit that did not come off. Who was it? Why did he not come? Funds have run out for me. Have received the American journal. Have you had from Marry Paul about Sweets & Maxwell. I hear that my brother Regie is experiencing difficulties with the kids & that Ntalome is ill. Can you elaborate? Fondest regards to our friends Mxesa & Maud.

Seite aus dem Brief an Winnie Mandela vom 2. April 1969.

An Winnie Mandela
Johannesburg

2.4.69

Mein Schatz,
ich war vollkommen überrascht, als ich hörte, dass es Dir sehr schlecht ging, da ich nicht die leiseste Ahnung hatte, dass Du an zeitweiligen Absencen gelitten hast. Von Deinem Herzleiden & der Rippenfellentzündung wusste ich bereits.

Jedenfalls bin ich froh, dass die Spezialisten eine eindeutige Diagnose gestellt haben & dass die Absencen nun aufgehört haben. Ich möchte unbedingt wissen, was genau die Ärzte diagnostiziert haben.

Froh bin ich auch darüber, dass unser Hausarzt großartig wie immer war, & ich wünsche Dir rasche & vollständige Genesung, Ngutyana,[a] und alles, alles Gute.

Die Bücher *Die Kraft positiven Denkens*[b] & *Die Wirksamkeit positiven Denkens*[c] des amerikanischen Psychologen Dr. Norman Vincent Peale sind wohl eine lohnende Lektüre. Die Stadtbücherei sollte sie anschaffen. Den metaphysischen Aspekten seiner Argumente messe ich keine Bedeutung bei, aber seine Ansichten zu physischen & psychologischen Fragen halte ich für brauchbar.

Er geht davon aus, dass nicht so sehr das Gebrechen, an dem man leidet, entscheidend ist, sondern die Einstellung dazu. Wer sagt: Ich werde diese Krankheit besiegen & ein glückliches Leben führen, hat schon halb gewonnen.

Von Deinen Fähigkeiten beeindrucken mich am meisten Dein Mut und Deine Entschlossenheit. Damit stehst Du turmhoch über dem Durchschnitt, & dadurch wirst Du am Ende siegen. Das darfst Du niemals vergessen.

Letzten November schrieb ich an Chief Butelezi [*sic*], den Cousin des verstorbenen Königs Cyprian, & bat ihn, der Königsfamilie unser Beileid zu übermitteln. Ich erhielt eine informative Antwort und dazu ein Kondolenzschreiben anlässlich von Mamas Tod.

Die Dezemberbriefe gingen an Nali & Kgatho; der vom Januar an Wonga,[d] & im Februar schrieb ich an Maki, Zeni & Zindzi. Lily[e] &

Gibson[f] müssten jetzt die Märzbriefe bekommen haben. Teil mir bitte mit, ob alle angekommen sind.

Sabata[g] hat auf meine beiden Briefe nicht geantwortet.

Die Verwandten, an die Geldmittel gesendet werden können, sind in Kgathos Brief genannt.

Am 8. 3. sollte ich Besuch bekommen, der jedoch nicht erschienen ist. Wer war das? Warum kam er nicht? Mein Geld ist aufgebraucht.

Hast Du die amerikanische Zeitschrift erhalten?

Hast Du von Mary[h] und Paul[i] etwas über Sweet & Maxwell[j] gehört?

Ich habe vernommen, dass mein Bruder Regie[k] [sic] Probleme mit den Kindern hat und *Malome*[l] krank ist. Weißt Du Näheres darüber?

Richte bitte herzliche Grüße an unsere Freunde Moosa und Maud[m] aus.

Endlich ein Familienfoto – «welch ein Meisterwerk»! Kgatho & seine Schwestern sehen großartig aus, & es war mir eine Freude, Mas Foto zu sehen. Dein kleines Bild sorgte beinahe für einen Aufruhr: *«Ayingo Nobandla lo!»*[n] – «Ist das nicht ihre jüngere Schwester?» «Madiba hat zu lange im Gefängnis gesessen, er kennt seine eigene Schwägerin nicht» – solche Kommentare ertönten aus allen Richtungen.

Bei mir löste das Porträt gemischte Gefühle aus. Du siehst irgendwie traurig aus, geistesabwesend, als wärst Du nicht recht gesund, bist aber dennoch schön. Das große Bild ist eine wunderbare Studie, die alles zeigt, was ich an Dir kenne, die umwerfende Schönheit & den Charme, denen auch zehn stürmische Ehejahre nichts anhaben konnten. Ich vermute, Du wolltest mit diesem Bild eine besondere Botschaft übermitteln, die niemals in Worte gefasst werden könnte. Sei versichert, dass ich sie verstanden habe. Alles, was ich im Augenblick sagen möchte, ist: Dein Bild hat all meine zärtlichen Gefühle geweckt & die Trostlosigkeit um mich herum gemildert. Es hat meine Sehnsucht nach Dir & unserem schönen und friedlichen Zuhause verstärkt.

In diesen Tagen wanderten meine Gedanken zurück in die Vergangenheit, in die Hans Street,[o] wo eine Freundin in einen blauen Lieferwagen sprang, sich all der feierlichen Versprechen entledigte, die zwischen einer verlobten Frau und ihrem Zukünftigen üblich sind, und gleich anschließend zu einem Oldsmobile am anderen

Ende des Häuserblocks rannte, um dort gleichermaßen verliebte & beruhigend klingende Versprechungen zu machen; ich erinnerte mich an das Geschick, mit dem sie ihre abendlichen «Studien» im Chancellor House[p] manipulierte, wo es ihr gelang, alte Freunde zu empfangen und zu unterhalten, sobald neue Freunde in eine Boxhalle gegangen waren. Alle diese Erinnerungen kehren immer wieder zurück, wenn ich das Porträt betrachte.[q]

Zum Schluss, Mhlope, sollst Du eines wissen: Wenn meine früheren Briefe nicht leidenschaftlich waren, dann deshalb, weil ich nicht versuchen muss, meine Schuld gegenüber einer Frau zu verringern, die es trotz gewaltiger Schwierigkeiten & mangelnder Erfahrung schafft, den häuslichen Betrieb am Laufen zu halten & auf die kleinsten Bedürfnisse & Wünsche ihres inhaftierten Lebensgefährten zu achten. In Anbetracht all dessen bin ich demütig, weil ich Gegenstand Deiner Liebe & Zuneigung bin. Denk daran, Hoffnung ist eine mächtige Waffe, selbst wenn alles andere verloren ist. Aber Du und ich, wir beide haben über die Jahre viel gewonnen & machen Fortschritte in wichtigen Bereichen. Du bist in meinen Gedanken in jedem Moment meines Lebens. Nichts wird Dir geschehen, mein Schatz. Du wirst bestimmt wieder zu Kräften kommen und wieder aufstehen.

Tausend Küsse & alles, alles Liebe,
Dalibunga

[P. S.] Kgatho wünsche ich viel Glück bei seiner Prüfung, & bitte richte *Mtshana* Nomfundo[r] aus, dass ich froh bin, dass sie sich nicht entmutigen lässt. Erinnere sie daran, dass Beharrlichkeit der Schlüssel zum Erfolg ist. Hoffentlich konntest Du Cecil den Brief übermitteln.

---------------------

a   Einer von Winnies Namen. Sie stammte aus dem amaNgutyana-Clan.

b   Norman Vincent Peale, *The Power of Positive Thinking,* New York: Prentice-Hall, Inc., 1952; deutsch: *Die Kraft positiven Denkens,* Zürich: Oesch, 1960.

c   Norman Vincent Peale, *The Amazing Results of Positive Thinking*, New York: Fawcett Crest, 1959.

d   K. D. Matanzima (1915–2003); siehe «Personen, Orte, Ereignisse». Daliwonga ist sein zweiter Name, abgekürzt Wonga.

e   Lilian Ngoyi (1911–1980); siehe «Personen, Orte, Ereignisse».

f   Gibson Kente (1932–2004); siehe «Personen, Orte, Ereignisse».

g König Sabata Jonguhlanga Dalindyebo (1928–1986); siehe «Personen, Orte, Ereignisse».

h Mary Benson (1919–2000), Freundin, Autorin, Journalistin und Antiapartheidaktivistin; siehe «Personen, Orte, Ereignisse».

i Paul Joseph.

j Londoner Buchhandlung, bei der Mandela Bücher für sein Studium bestellte.

k Oliver Reginald Tambo (1917–1993), Mandelas Freund, früherer Kanzleipartner und Präsident des ANC; siehe «Personen, Orte, Ereignisse». Mandela nannte ihn Reggie oder OR.

l «Onkel» auf isiXhosa.

m Moosa Dinath und seine Frau Maud Katzenellenbogen. Mandela lernte Moosa Dinath als Mitglied des Transvaal Indian Congress und Geschäftsmann in Johannesburg kennen. Sie erneuerten ihre Bekanntschaft 1962 im Gefängnis, als Mandela auf seinen Prozess wartete und Dinath eine Strafe wegen Betrugs absaß. Zusammen mit seiner Frau Maud, die sich mit Winnie befreundete, heckte er einen Plan zur Befreiung Mandelas aus, aber er wurde auf Eis gelegt, nachdem Winnie Verdacht geschöpft hatte.

n «Das ist doch nicht Nobandla!» auf isiXhosa.

o Winnie wohnte im Helping Hand Hostel in der Hans Street, Jeppestown, als sie nach Johannesburg zog; Mandela erinnert sie daran, wie er sie dort immer abholte.

p Winnie und Nelson Mandela lernten sich 1956 kennen, als sie in Mandelas Kanzlei im Chancellor House in den Abendstunden für ihr Studium lernte.

q Nelson und Winnie Mandela hatten ihr erstes Rendezvous am 10. März 1957. Am 14. Juni 1958 heirateten sie in Winnies Wohnort Bizana. In einem Brief an Fatima Meer vom 14. Juni 1989 schrieb er: «Die Hochzeiter brachen am 12. Juni um Mitternacht von Johannesburg nach Bizana auf und kamen am folgenden Nachmittag dort an. Da wir im Haus der Braut in Mbongweni erst gegen Abend erwartet wurden, besuchten wir noch Dr. Gordon Mabuya und seine Frau Nontobeko.»

r *Mtshana* bedeutet «Nichte» oder «Neffe» auf isiXhosa. Er meint hier seine Nichte Olive Nomfundo Mandela.

*M*andela pflegte seine Beziehung zu den Gefängnisbeamten auf der Basis von Respekt, stellte allerdings bei einer Gelegenheit lakonisch fest, dass es an einem ganz gewöhnlichen Wärter lag, ob man im Winter eine zusätzliche Decke bekam oder nicht. Die Grundlage dieser Wechselbeziehung war jedoch die Anerkennung des Gegenübers als Mensch, wobei Mandela stets auf der Wahrung seiner Würde und seiner Rechte bestand.

Die vielen Briefe an die Gefängnisoberen mit Anträgen auf einen Augen- oder Zahnarzttermin oder auf mehr Rechte im Zusammenhang mit seinem Studium waren an sich nicht zwingend nötig. Die Häftlinge hatten jede Woche Gelegenheit, bei einem Beamten Beschwerde einzulegen oder Wünsche zu äußern. Sein Mitgefangener Mac Maharaj berichtet jedoch, dass die Gefangenen zwar mündlich etwas beantragen konnten, jedoch keine Gelegenheit erhielten, ihre Bitte ausführlich zu begründen. Mandela wollte vermutlich alles *schriftlich festhalten und mit jedem Gesuch mögliche Verbesserungen erzielen, von denen auch die anderen Gefangenen profitieren könnten.*[48]

*Er schrieb auch mutige Briefe an höherrangige Beamte und einige Male an den Justizminister persönlich. Kaum fünf Jahre nach seiner Verurteilung zu lebenslanger Haft forderte er seine Freilassung und die seiner Mithäftlinge sowie die Behandlung als politische Gefangene nach den Regeln der Genfer Konvention. Seine Kenntnisse über die Kämpfe zwischen den Afrikaanern und der britischen Kolonialmacht halfen ihm, seiner Argumentation zusätzliches Gewicht zu geben.*

*Durch den Vergleich zwischen seiner Zwangslage und der seiner Mitgefangenen und der Art, wie Afrikaaner-Freiheitskämpfer im Gefängnis behandelt worden waren, konnte Mandela ihre Freilassung stichhaltig begründen. Aber seine Unterdrücker waren nicht die Briten; das Apartheidregime, das mit Gewalt und Repression das Land regierte, befürchtete, mit der Freilassung Mandelas könnte es in den Augen seiner Anhänger Schwäche zeigen.*

**An den Justizminister, c/o Commissioner of Prisons
Kapstadt**
[maschinenschriftl.]

Mit der Bitte um Genehmigung des folgenden Schreibens an den Justizminister

22. 4. 69

Sehr geehrter Herr Minister,
meine Mithäftlinge haben mich gebeten, mich an Sie zu wenden und Sie um unsere Entlassung aus dem Gefängnis zu bitten und darum, dass Sie uns, vorbehaltlich Ihrer Entscheidung in dieser Frage, die Behandlung zuteil werden lassen, die politischen Gefangenen zusteht. Zu Beginn möchten wir festhalten, dass wir mit diesem Antrag nicht um Gnade bitten, sondern die unveräußerlichen Rechte aller Menschen wahrnehmen, die aufgrund ihrer politischen Überzeugung eingesperrt sind.
Die Personen, deren Namen auf der diesem Brief beigelegten Liste A aufgeführt sind, sitzen im Einzelzellentrakt der Haftanstalt Robben

Island und sind von den übrigen Gefangenen der Insel vollständig isoliert. Daher sind wir außerstande, eine vollständige Aufstellung aller Personen auf dieser Insel und in anderen Gefängnissen zu erstellen, in deren Namen dieser Antrag gestellt wird.

Schon vor unserer Verurteilung und Inhaftierung waren wir Mitglieder bekannter politischer Organisationen, die gegen politische und rassische Verfolgung kämpften und umfassende politische Rechte für die afrikanischen, farbigen und indischen Bürger dieses Landes forderten. Wir lehnten alle Formen weißer Vorherrschaft kategorisch ab, insbesondere die Politik der Getrennten Entwicklung, und tun das nach wie vor, und forderten ein demokratisches Südafrika, frei vom Übel der Unterdrückung der Farbigen, ein Land, in dem alle Südafrikaner, unabhängig von Rasse und Religionszugehörigkeit, auf der Grundlage der Gleichberechtigung in Frieden und Eintracht zusammenleben können.

Wir alle wurden ausnahmslos aufgrund politischer Aktivitäten verurteilt, die untrennbar mit dem Kampf für das Recht unseres Volkes auf Selbstbestimmung verbunden waren, ein Recht, das überall in der zivilisierten Welt als unveräußerliches Geburtsrecht aller Menschen anerkannt wird. Diese Aktivitäten gründeten auf dem Bestreben, einer Rassenpolitik und ungerechten Gesetzen entgegenzutreten, die grundlegende Menschen- und Freiheitsrechte verletzen, welche Grundlage jeder demokratischen Regierung sind.

Frühere südafrikanische Regierungen haben Personen, die solcher Vergehen für schuldig befunden wurden, als politische Straftäter behandelt, die in einigen Fällen lange vor Ablauf ihrer Haftzeit entlassen wurden. Wir verweisen in diesem Zusammenhang auf den Fall der Generäle Christiaan De Wet, J. C. G. Kemp und anderer, die nach dem Aufstand von 1914 wegen Hochverrats angeklagt wurden.[a] Ihr Fall war in jeder Hinsicht gravierender als der unsere. Damals griffen 12 000 Aufständische zu den Waffen, und es gab nicht weniger als 322 Tote. Ganze Städte wurden besetzt, Regierungsgebäude erheblich beschädigt, und der Sachschaden an privatem Eigentum belief sich auf 500 000 Rand. Diese Gewalttaten wurden von Weißen verübt, die sich umfassender politischer Rechte erfreuten, zugelassenen politischen Parteien angehörten und über Zeitungen verfügten, in denen ihre Ansichten veröffentlicht werden konnten. Sie konnten sich im ganzen Land frei bewegen, für ihre Sache eintreten und um Unterstützung für ihr Anliegen werben. Es gab keinerlei Rechtfertigung für die Anwendung von Gewalt. De Wet, der Anführer der Oranje-Freistaat-Rebellen, wurde zu sechs Jahren Haft und einer Geldstrafe von 4000 Rand verurteilt. Kemp bekam sieben Jahre und eine Geldstrafe von 2000 Rand. Die anderen kamen mit vergleichsweise milden Strafen davon.

Trotz ihrer schwerwiegenden Vergehen kam De Wet sechs Monate nach seiner Verurteilung wieder frei, die übrigen Rebellen innerhalb eines Jahres. Diese Vorgänge liegen nur wenig mehr als ein halbes Jahrhundert zurück, doch die damalige Regierung zeigte sich im Umgang mit dieser Kategorie von Gefangenen weit weniger unnachgiebig als die heutige Regierung 54 Jahre später offensichtlich gegenüber schwarzen Politikern, die eine noch viel bessere Rechtfertigung für die Anwendung von Gewalt haben als die Rebellen von 1914. Diese Regierung hat unsere Bestrebungen hartnäckig ignoriert, unsere politischen Organisationen unterdrückt und bekannten Aktivisten und Mitarbeitern schwere Einschränkungen auferlegt.

Sie hat, indem sie Hunderte von Personen ins Gefängnis steckte, gegen die außer ihrer politischen Tätigkeit nichts vorlag, Elend und Zerrüttung über viele Familien gebracht. Schließlich hat sie ein Terrorregime errichtet, das in der Geschichte des Landes ohne Beispiel ist und alle Wege der verfassungsrechtlichen Auseinandersetzung blockiert. Für Freiheitskämpfer, denen ihre Überzeugungen Mut verliehen, war die Hinwendung zur Gewalt die unvermeidliche Alternative. Kein integrer und prinzipientreuer Mensch hätte sich anders verhalten können.[b] Tatenlos zuzusehen wäre ein Akt der Unterwerfung unter die Herrschaft einer Minderheit und Verrat an unserer Sache gewesen. Die Weltgeschichte im Allgemeinen und die Geschichte Südafrikas im Besonderen lehrt uns, dass die Anwendung von Gewalt in bestimmten Fällen völlig legitim ist.

Die Regierungen Botha/Smuts erkannten diese entscheidende Tatsache an, als sie die Rebellen schon kurz nach ihrer Verurteilung wieder freiließen. Wir sind der festen Überzeugung, dass unser Fall nicht

anders liegt, und bitten Sie folglich, uns dieses Recht ebenfalls zuzugestehen. Wie bereits oben festgestellt, gab es bei der Rebellion von
1914 322 Tote.

Wir verweisen darauf, dass wir im Gegensatz dazu bei der Ausführung von Sabotageakten streng darauf geachtet haben, den Verlust
von Menschenleben zu vermeiden, ein Umstand, der im Rivonia-
Prozess sowohl vom Vorsitzenden Richter[c] als auch vom Vertreter der
Anklage ausdrücklich anerkannt wurde.[d]

Eine Prüfung der beigefügten Aufstellung zeigt, dass jeder Einzelne
von uns mittlerweile hätte freigelassen werden müssen, wenn der Fall
von De Wet als Maßstab angelegt wird. Von den 23 in dieser Liste
namentlich benannten Personen sind acht zu lebenslanger Haft verurteilt, zehn erhielten Freiheitsstrafen zwischen 10 und 20 Jahren,
weitere fünf zwischen zwei und zehn Jahren.

Von den zu lebenslanger Haft Verurteilten haben sieben bereits vier
Jahre und zehn Monate verbüßt, einer vier Jahre und vier Monate.
Von denjenigen, die zu zehn bis zwanzig Jahren Haft verurteilt wurden, ist Billy Nair[e] derjenige mit der längsten Strafe, und ¼ davon
hat er bereits verbüßt. Joe Gqabi,[f] Samson Fadana und Andrew
Masondo,[g] die in dieser Gruppe als Erste verurteilt worden waren,
haben jeder 6 Jahre ihrer 12 bzw. 8 und 13 Jahre Haft verbüßt. Die
letzten in dieser Gruppe sind Jackson Fuzile[h] und Johannes Dangala,
die zu zwölf beziehungsweise sieben Jahren Haft verurteilt wurden.
Fuzile hat ¼ seiner Haftzeit hinter sich, Dangala wird am 19. Mai
1969 genau die Hälfte verbüßt haben. Jeder, der zu zwei bis zehn
Jahren Haft verurteilt ist, hat mindestens ¼ der Zeit abgebüßt.

Unserer Forderung nach Freilassung wird noch mehr Gewicht verliehen, betrachtet man sie im Zusammenhang mit den Fällen von
Robey Leibrandt,[i] Holm,[j] Pienaar, Strauss[k] und anderen. Leibrandt,
ein Staatsangehöriger der Südafrikanischen Union,[l] kam aus
Deutschland zu einer Zeit, als sich dieses Land mit der Union im
Krieg befand. Er schickte sich an, eine paramilitärische Untergrund-
organisation aufzubauen mit dem Ziel, die Regierung zu stürzen und
an ihrer Stelle ein Regime nach dem Vorbild Nazi-Deutschlands zu
errichten. Er wurde des Hochverrats für schuldig befunden und zum
Tod verurteilt. Seine Strafe wurde später in lebenslange Haft umge-

wandelt. Auch Holm, Pienaar und Strauss waren wegen Hochverrats im Gefängnis, die Anklage hatte auf Kollaboration mit dem Feind gelautet, da sie den Krieg gegen die Union und ihre Verbündeten betrieben hätten. Doch als die gegenwärtige Regierung an die Macht kam, setzte sie diese drei sowie andere wegen Hochverrats und Sabotage verurteilten Gefangenen auf freien Fuß, ungeachtet der Tatsache, dass sie unter Umständen verhaftet worden waren, die sie in den Augen vieler Südafrikaner als Vaterlandsverräter erscheinen ließen. Auch hier weisen wir darauf hin, dass im Gegensatz dazu unsere Aktivitäten zu allen Zeiten von den edelsten Idealen getragen waren, die der Mensch hegen kann, nämlich vom Wunsch, unserem Volk in seinem gerechten Kampf zu dienen, sich von einer auf Ungerechtigkeit und Ungleichheit beruhenden Regierung zu befreien.

Ferner möchten wir Sie daran erinnern, dass Ihr Vorgänger im Jahr 1966 Spike de Keller,[m] Stephanie Kemp,[n] Allan Brooks[o] und Tony Trew[p] freiließ; alle standen sie zusammen mit Edward Joseph Daniels[q] und De Keller vor Gericht und wurden in der Hauptverhandlung am 17. November 1964 schuldig gesprochen und zu fünfzehn bzw. zehn Jahren Haft verurteilt. Kemp, Brooks und Trew wurden ihrerseits für schuldig befunden, und Kemp wurde zu fünf, die beiden anderen zu vier Jahren verurteilt, die teilweise zur Bewährung ausgesetzt wurden. Wir wissen, dass De Keller etwas weniger als zwei Jahre seiner zehnjährigen Haftstrafe abgesessen hat, während Kemp, Brooks und Trew ebenfalls vor Ende ihrer Haftzeit freigelassen wurden.

Wir missgönnen denen, die freigelassen wurden und der Drangsal des Gefängnislebens entkamen, nicht ihr Glück und freuen uns, dass sie jetzt wieder ein normales Leben führen können. Wir verweisen auf diese Fälle nur, um zu zeigen, dass unser Ersuchen recht und billig ist, und auch, um zu unterstreichen, dass von einer Regierung erwartet werden kann, dass sie in ihrer Politik konsequent ist und ihre Bürger gleich behandelt.

Es besteht allerdings ein bedeutsamer Unterschied zwischen unserem Fall und dem von De Wet und Leibrandt. Sie wurden erst freigelassen, nachdem die Rebellion unterdrückt und Deutschland besiegt war. Daher waren sie nach ihrer Freilassung keine Bedrohung mehr für die Sicherheit des Staates. In unserem Fall jedoch mag man geltend machen, unsere Revolution sei für die Zukunft geplant und Sicherheitserwägungen erforderten eine andere Behandlung der Gefangenen. Hinzu kommt, dass sich unsere Überzeugungen nicht geändert haben und unsere Träume die gleichen sind wie vor der Gefangenschaft. All dies scheint die Meinung zu bestärken, dass sich unser Fall von allen früheren unterscheidet. Wir sind uns jedoch sicher, dass dies nicht Ihrer Sichtweise entspricht, denn eine solche Argumentation hätte unheilvolle Konsequenzen. Sie würde bedeuten, dass wir, wenn Sicherheitserwägungen heute unsere dauerhafte Inhaftierung erfordern würden, auch nach Verbüßung unserer Haftstrafe nicht freikämen, wenn die gegenwärtige Lage sich nicht ändern oder sich gar noch verschärfen würde. Die schlichte Wahrheit ist: Der Rassenkonflikt, der heute eine Bedrohung für unser Land darstellt, ist einzig und allein Folge der kurzsichtigen Politik und der von dieser Regierung begangenen Verbrechen.

Die einzige Möglichkeit, die Katastrophe abzuwenden, liegt nicht darin, Unschuldige weiterhin in Haft zu halten, sondern die Provokationen aufzugeben und eine vernünftige und aufgeklärte Politik zu verfolgen. Es liegt ausschließlich in der Hand der Regierung, ob es in diesem Land zu einer erbitterten Auseinandersetzung und Blutvergießen kommen wird oder nicht. Dadurch, dass die Regierung unsere Bestrebungen permanent unterdrückt und sich auf Zwangsherrschaft verlässt, wird unser Volk mehr und mehr in Richtung Gewalt getrieben. Weder Sie noch ich können vorhersagen, welchen Preis das Land am Ende dieses Konflikts zu bezahlen hat. Die naheliegende Lösung ist es, uns freizulassen und eine Konferenz am runden Tisch einzuberufen, bei der über eine einvernehmliche Lösung zu verhandeln sein wird.

Unsere Hauptforderung ist, dass wir freigelassen und bis zu einer endgültigen Entscheidung als politische Gefangene behandelt werden. Das heißt, wir verlangen ordentliche Ernährung, anständige Kleidung, Betten und Matratzen, Zeitungen, Radios und Filmvorführungen sowie besseren und engeren Kontakt mit unseren Familien und Freunden im In- und Ausland. Als politischen Gefangenen stehen uns auch der freie Zugang zu jeder Art nicht verbotener Lektüre und die Möglichkeit, Bücher zu schreiben und zu veröffentlichen, zu. Wir erwarten, nach unseren Wünschen arbeiten und selbst entscheiden zu können, welches Handwerk wir erlernen wollen. In diesem Zusammenhang möchten wir betonen, dass sowohl den Rebellen von 1914 als auch Leibrandt und seinen Gefährten, die alle als politische Gefangene behandelt wurden, diese Vergünstigungen gewährt wurden.

Die Gefängnisbehörden reagieren auf unsere Forderung nach Behandlung als politische Gefangene mit dem Argument, wir seien von den Gerichten wegen Übertretung der Landesgesetze verurteilt worden, seien demnach ganz gewöhnliche Verbrecher und folglich nicht als politische Straftäter einzustufen.

Dies ist ein fadenscheiniges Argument, das den Tatsachen völlig widerspricht. In diesem Sinne waren De Wet, Kemp, Maritz, Leibrandt und die anderen gewöhnliche Kriminelle. Hochverrat, Sabotage, Mitgliedschaft in einer illegalen Organisation waren Straftaten und sind es bis heute. Weshalb wurden sie dann anders behandelt? Wir haben den Eindruck, dass der einzige Unterschied zwischen den beiden Fällen die Hautfarbe ist.

Ernstliche Meinungsverschiedenheiten in einer bestimmten Frage sind auch unter den Weißen aufgetaucht, und diejenigen, die im daraus entstehenden Meinungsstreit unterlagen, fanden sich am Ende hinter Gittern wieder. In allen anderen Fragen, und insbesondere beim Hauptproblem der Hautfarbe, waren sich sowohl Gewinner als auch Unterlegene einig. Nachdem der Konflikt einmal gelöst war, konnte die Regierung eine versöhnliche Haltung einnehmen und den Gefangenen gegenüber jede mögliche Nachsicht walten lassen. Doch ist heute die Lage völlig anders. Diesmal kommt die Herausforderung nicht von den Weißen, sondern hauptsächlich von schwarzen Politikern, die in sämtlichen Belangen anderer Meinung als die Regierung sind. Der Sieg unserer Sache bedeutet das Ende der weißen Herrschaft.

In dieser Situation betrachtet die Regierung das Gefängnis nicht als eine Einrichtung, die der späteren Wiedereingliederung dient, sondern als Instrument der Vergeltung. Man will uns nicht darauf vorbereiten, nach der Entlassung unsere Rolle als wertvolle Mitglieder der Gesellschaft zu übernehmen und ein arbeitsames, mit sozialem Ansehen verbundenes Leben zu führen, sondern uns bestrafen und unsere Moral brechen, sodass wir nie wieder die Kraft und den Mut aufbringen, für unsere Ideale einzutreten. Dies ist unsere Strafe dafür, dass wir unsere Stimme gegen die Tyrannei der Hautfarbe erhoben haben. Dies ist der wahre Grund für die schlechte Behandlung, die wir im Gefängnis erfahren – Arbeit mit Spitzhacke und Schaufel in den letzten fünf Jahren, miserables Essen, die Verweigerung der Grundversorgung mit Kulturgütern und die Abschottung von der Welt jenseits der Gefängnismauern. Das erklärt, warum Vergünstigungen, die normalerweise allen Gefangenen zustehen, auch denjenigen, die wegen Mordes, Vergewaltigung und Betrug verurteilt wurden, den politischen Straftätern verwehrt werden.

Für uns gibt es keinen Straferlass. Während der gewöhnliche Gefangene in Gruppe C eingewiesen wird, wird der politische Straftäter in Gruppe D gesteckt, in der die wenigsten Vergünstigungen gewährt werden. Wer von uns es in Gruppe A geschafft hat, dem werden die Vergünstigungen, die der normale Kriminelle in dieser Kategorie genießt, verweigert. Sie werden zur Arbeit mit Pickel und Schaufel gezwungen, dürfen keine Zeitungen lesen, nicht Radio hören, keinen Film sehen, Kontaktbesuche und sogar mitgebrachte Lebensmittel werden nur widerwillig genehmigt.

Wie bereits oben erwähnt, stelle ich diesen Antrag im Namen aller meiner Mithäftlinge auf der Insel und in anderen Gefängnissen, und ich erwarte, dass jedes Zugeständnis, das vielleicht gewährt wird, ausnahmslos allen zugute kommt.

Der Prisons Act von 1959 gibt Ihnen die notwendigen Befugnisse, die von uns gewünschten Verbesserungen zu gewähren. Nach den Bestimmungen des Prisons Act haben Sie die Vollmacht, uns auf Hafturlaub oder auf Bewährung zu entlassen. De Wet und andere wurden nach dieser Verordnung freigelassen. Abschließend geben wir zu Protokoll, dass die Jahre, die wir auf dieser Insel verbracht haben, schwierig waren.[r] Nahezu jeder von uns hat auf die eine oder andere Art die Entbehrungen, die nichtweiße Gefangene zu gewärtigen haben, in vollem Umfang erfahren. Diese Entbehrungen waren manchmal die Folge amtlicher Gleichgültigkeit gegenüber unseren Problemen, andere Male waren sie das Ergebnis direkter Schikane. Aber in mancher Hinsicht haben sich die Verhältnisse etwas gebessert, und wir hoffen, dass noch bessere Zeiten auf uns zukommen. Eines möchten wir noch hinzufügen: Wir sind überzeugt davon, dass Sie bei der Prüfung dieses Antrags berücksichtigen werden, dass die Ideen, die uns antreiben, und die Überzeugungen, die unserem Tun Form und Richtung geben, die einzige Lösung für die Probleme unseres Landes darstellen und mit den aufgeklärten Auffassungen der Menschheitsfamilie in Einklang stehen.

Hochachtungsvoll
Unterzeichnet N. Mandela

------------------------

a  Im Ersten Weltkrieg rief die britische Regierung ihre Dominions auf, sie gegen Deutschland im benachbarten Deutsch-Südwest-Afrika zu unterstützen. Der Premierminister Louis Botha leistete England Hilfe, etliche seiner Generäle weigerten sich und rebellierten gegen die südafrikanische Regierung.

b  Zu der Zeit, als Mandela verhaftet wurde, hatte Umkhonto weSizwe (MK) (gegründet am 16. Dezember 1961) Sprengsätze angebracht an Büros von Gemeinden, der Post, an Pass- und Umsiedlungsämtern und an einem Transformatorenhäuschen, und zwar nach den Schalterstunden, um Verluste von Menschenleben zu vermeiden. Zu diesem Zeitpunkt gab es keine Toten. Mandela selbst war vom 11. Januar bis zum 24. Juli 1962 außer Landes.

c  «Die Verteidigung überzeugte den Richter, dass MK – und deshalb die Beklagten – nicht für alle Sabotageakte verantwortlich waren», schreibt Kenneth S. Brown in *Saving Nelson Mandela: The Rivonia-Trial and the Fate of South Africa* (Oxford: Oxford University Press, 2012, S. 147). «Diese Tatsache wurde auch vom Gericht im Schlussplädoyer bestätigt und stützte noch einen anderen, vielleicht noch wichtigeren Punkt, der den Richter veranlasste, keine Todesurteile zu fällen. Kein einziger Sabotageakt, der ihnen oder ihrer Organisation angelastet wurde, führte zum Tod eines Menschen, und es gab auch keine Verletzten.» Ebd.

d  Anwalt Joel Joffe schrieb, sein Kollege Arthur Chaskalson habe gezeigt, dass «von den 193 Sabotageakten, die die Anklage nachwies, nur etwa ein Dutzend juristisch einwandfrei nachgewiesen» war und dass «kein einziger ein Menschenleben in Gefahr gebracht» hatte. Joel Joffe, *Der Staat gegen Mandela*, a. a. O.

e  Billy Nair (1929–2008), Antiapartheidaktivist, 1963 wegen Sabotage im Rahmen der MK-Aktionen angeklagt. Er war mit Mandela auf Robben Island in der B-Abteilung eingesperrt und wurde 1984 freigelassen; siehe «Personen, Orte, Ereignisse».

f  Joe Gqabi (1929–1981), wegen Sabotage für den MK zu zehn Jahren Haft auf Robben Island verurteilt.

g  Andrew Masondo (1936–2008), wegen Sabotage für den MK zu 13 Jahren Haft auf Robben Island verurteilt.

h  Mxolisi Jackson Fuzile (1940–2011), wegen Sabotage und Aktivitäten für den ANC zu zwölf Jahren Haft verurteilt.

i  Sidney Robey Leibbrandt (1913–1966), südafrikanischer Boxer und Olympionike deutsch-irischer Abstammung, unterstützte die Nazis und war von den Deutschen militärisch ausgebildet worden. Er wurde zu einer führenden Figur der Operation Weissdorn, eines von Hitler gebilligten Plans zur Ermordung des Generals Jan Smuts, Chef der südafrikanischen Regierung, und zum Staatsstreich in Südafrika. Er war zunächst wegen Hochverrats zum Tod verurteilt, später wurde das Urteil von Smuts in lebenslange Haft umgewandelt. Als die National Party 1948 an die Macht kam, wurde er begnadigt und freigelassen.

j  Eric Holm war beim Sender Zeesen angestellt, der Nazi-Propaganda in Südafrika ausstrahlte.

k  Möglicherweise ist hier Strauss von Moltke gemeint, vormals Vorsitzender der «Grauhemden», einer südafrikanischen faschistischen Organisation, die mit den Nationalsozialisten sympathisierte; er lieferte beim Jewish Board of Deputies gestohlene Dokumente an antisemitische Elemente in der National Party Südafrikas.

l  Die Union of South Africa wurde 1910 von den vier selbstverwalteten britischen Kolonien Cape, Natal, Transvaal und der Orange River Colony gegründet.

m  David «Spike» de Keller, Mitglied des African Resistance Movement und der Liberal Party, verbrachte ein Jahr im Gefängnis.

n  Stephanie Kemp (geb. 1941), Mitglied des African Resistance Movement und der Kommunistischen Partei, verbrachte ein Jahr im Gefängnis.

o  Allan Brooks (1940–2008), Mitglied des African Resistance Movement und der Kommunistischen Partei, verbrachte ein Jahr im Gefängnis.

p  Tony Trew (geb. 1941), Mitglied des African Resistance Movement und der Kommunistischen Partei, verbrachte ein Jahr im Gefängnis.

q  Eddie Daniels (1928–2017), Mitglied des African Resistance Movement, verbrachte fünfzehn Jahre auf Robben Island; siehe «Personen, Orte, Ereignisse».

r  Im Jahr 1969 waren Mandela und die anderen im Rivonia-Prozess Angeklagten bereits fast fünf Jahre auf Robben Island in Haft.

## An P. K. Madikizela, Winnies Stiefmutter[a]
## Bizana, Transkei

[Vermerk] 466/64: Nelson Mandela: Brief anstelle des Aprilbesuchs 1969.

4.5.69

Unsere liebe Mama,
endlich kann ich Dir schreiben! Ich wollte Dir schon Ende vergangenen Jahres schreiben, aber die erschütternde Nachricht von Mas Tod vereitelte das Vorhaben. Zami berichtete mir sofort nach ihrer Heimkehr ausführlich, wie sehr Du und Bawo[b] ihr geholfen habt und was ihr alles im Zusammenhang mit der Beerdigungsfeier getan habt. Am 12. Oktober fuhr *Sibali* Timothy Mbuzo[c] die ganze Strecke von Umtata herunter, um mich zu besuchen. In seinem Bericht betonte er besonders Deine Anwesenheit bei der Feier.

Diese Berichte verschafften mir ein wenig Trost und Seelenfrieden. Ich hätte mir niemals träumen lassen, dass ich einmal nicht in der

Lage sein könnte, Ma zu Grabe zu tragen. Im Gegenteil, ich hatte gehofft, mir würde die Ehre zuteil werden, mich in ihrem Alter um sie kümmern und bei ihr sein zu können, wenn ihre letzte Stunde geschlagen hätte. Zami und ich hatten uns große Mühe gegeben, sie zu überreden, zu uns nach Johannesburg zu ziehen, und ihr gesagt, dann wäre sie dem Baragwanath-Hospital näher, wo eine geregelte & kompetente medizinische Versorgung gewährleistet sei. Auch würde ein Umzug ans Reef<sup>d</sup> es Zami ermöglichen, sich effektiv und in allen Belangen um sie zu kümmern. Ich besprach die Sache mit Ma bei ihrem Besuch am 3. Juni 1966 noch einmal und abermals am 9. September 1967. Aber sie hatte ihr ganzes Leben auf dem Land verbracht und hing an den Ebenen und Hügeln ihrer Heimat, an den guten Menschen und der einfachen Lebensweise. Sie hatte zwar einige Jahre in Johannesburg gelebt, aber es wäre ihr sehr schwergefallen, ihr Zuhause und die Familiengräber im Stich zu lassen. Ich konnte ihre Gedanken und Gefühle voll und ganz verstehen, hoffte aber immer noch, es würde mir schließlich gelingen, sie zum Umzug [nach Johannesburg] zu überreden.

Ihr letzter Besuch löste gemischte Gefühle bei mir aus. Ich hatte mich immer auf diese Besuche gefreut & war wirklich froh, sie wiederzusehen. Aber ihre körperliche Verfassung machte mir Sorgen. Sie hatte stark abgenommen und sah unwohl aus.

Ich schaute ihr noch hinterher, wie sie langsam zum Schiff ging, das sie zum Festland zurückbringen würde, und ich befürchtete, sie zum letzten Mal gesehen zu haben.

Danach schrieb ich ihr und bat sie eindringlich, meinen Vorschlag, ins Rand<sup>e</sup> umzuziehen, zu überdenken. Heiter und charmant versicherte sie mir, es gehe ihr gut, und zerstreute damit meine Befürchtungen. Gerade als ich allmählich den Eindruck hatte, meine Besorgnis sei unbegründet, bekam ich die traurige Nachricht. Aber als ich Zamis und Sibali Timothys Berichte erhielt und erfuhr, dass die Familie und Freunde so zahlreich erschienen waren, war ich doch erleichtert. Dass Du selbst da warst und Dich so gekümmert hast, ist von so großer Bedeutung für mich, dass ich es in Worten nicht auszudrücken vermag. Ich möchte nur sagen, dass ich an Dich und Bawo in inniger Zuneigung denke.

Mit Freude habe ich erfahren, dass Bawo jetzt im Ruhestand ist. Seine anstrengenden öffentlichen Verpflichtungen machten Zami und mir doch Sorgen, und wir waren wirklich erleichtert, als er seine Ämter niederlegte und in den wohlverdienten Ruhestand trat, was hoffentlich zu seiner vollständigen Genesung führen wird. So kannst Du ihn auch pflegen und ihm all die Unterstützung und Aufmerksamkeit schenken, die nötig ist, um die Krankheit unter Kontrolle zu halten. Ich bin zuversichtlich, dass Sibali Mpumelelo & Nyawuza, Niki und Marsh,[f] Nali und Sef,[g] Bantu & Ehemann,[h] Lunga, Nyanya, Msutu und Thanduxolo[i] diese Gefühle teilen. In einem ihrer Briefe schrieb Zami, dass es auch Dir nicht gutgeht. Ich hoffe, Du teilst mir bald mit, dass Du wieder ganz gesund bist.

Im März letzten Jahres schrieb mir Bawo und teilte mit, er beabsichtige einen Besuch, sobald er im Ruhestand sei. Angesichts meiner gegenwärtigen Lage ist ein Besuch und ganz besonders der eines Familienmitglieds etwas, dessen Wert und Bedeutung man nur dann wirklich einschätzen kann, wenn man hinter Gittern sitzt. Am allermeisten würde mich ein Besuch Bawos freuen. Aber ich fürchte, dass eine so anstrengende Reise angesichts seines Gesundheitszustands und seines Alters zu riskant ist. Ich wäre froh, Du würdest das auch so sehen.

Zami teilt mir mit, dass Bawo einen *Special letter* von dieser Abteilung erhielt, in dem er angewiesen wurde, die Berichte, um die ich ihn gebeten hatte, nicht zu schicken. Nach Erhalt dieser Information nahm ich sofort Kontakt mit Major Kellerman auf, zu diesem Zeitpunkt der Commanding Officer, der mir gestattet hatte, das fragliche Material zu bekommen. Er sagte, er wisse darüber nichts, werde aber in Pretoria nachfragen. Leider wurde er wenige Tage danach von seinem Posten abgelöst. Weil ich den neuen C. O. nicht gleich mit der Angelegenheit behelligen wollte, habe ich beschlossen, die Sache nicht weiter zu verfolgen, und schlage vor, sie auf sich beruhen zu lassen. Es tut mir leid, wenn ich Bawo etwaige Kosten und Unannehmlichkeiten verursacht habe. Ich glaube, sowohl Msutu als auch Thanduxolo wurden aus Johannesburg ausgewiesen. Wo befinden sie sich jetzt, und was machen sie? Dies zu hören, hat mich sehr enttäuscht, denn beide haben Zami viel geholfen. Ich muss oft an sie denken, an die leidvollen Erfahrungen und die vielen Probleme, mit denen sie sich aufgrund meiner Abwesenheit herumschlagen muss. Mein Vertrauen in sie und meine Hochachtung vor ihr sind erheblich gestiegen. Ich kann nur hoffen, ihr eines Tages Frieden, Trost und Glück schenken zu können, um sie für die schreckliche Mühsal, die sie durchmachen muss, zu entschädigen.

Trotz des tragischen Anlasses war es doch eine wunderbare Erfahrung für sie, heimzukommen und Dich, Bawo und Mitglieder meiner Familie zu treffen. Alle haben sie und die Kinder ins Herz geschlossen, was ihnen unendlich gutgetan hat.

Ich habe erfahren, dass der Brief, den ich kurz vor Nyawuzas[j] Besuch am 30.12.67 an Mpumelelo schrieb und in dem ich Familien- und Freundschaftsdinge besprach, nie angekommen ist. Auch auf einen anderen, den ich vergangenen Dezember an Dr. Mbekeni[k] in Tsolo schrieb, kam keine Antwort. Vorsichtshalber werde ich diesen hier eingeschrieben schicken, um sicherzustellen, dass Du ihn bekommst. Alles Liebe für Dich, Ma, und bitte richte die herzlichsten Grüße an die Kinder aus. Grüße auch Mpumelelo & Nyawuza, Onkel Silas,[l] Mleni, Headman Madikizela und *Amasogutya Onke*[m] von mir und natürlich, nicht zu vergessen, Bawo.

Dein Sohn
Nelson

------------------------

a   Als ihre Mutter starb, war Winnie Mandela erst zehn Jahre alt. Ihr Vater heiratete neun Jahre danach die Schulleiterin Nophikela Hilda Madikizela.

b   Columbus Kokani Madikizela, Winnie Mandelas Vater; siehe «Personen, Orte, Ereignisse».

c   *Sibali* Timothy Mbuzo, naher Verwandter von Mandelas Schwager Daniel Timakwe und langjähriges Mitglied der ANC-Führung in der Transkei. *Sibali* bedeutet «Schwager» auf isiXhosa.

d   Das Reef in Johannesburg bezieht sich auf den Höhenzug, wo der Australier George Harrison 1896 als Erster Gold fand. Dieser Goldrausch war die Geburtsstunde von Johannesburg, das heute Teil der Provinz Gauteng ist.

e   Abkürzung von Witwatersrand, einem 56 Kilometer langen Höhenzug in der südafrikanischen Provinz Gauteng.

f   Niki Xaba (1932–1985), Winnie Mandelas älteste Schwester (siehe «Personen, Orte, Ereignisse»), und ihr Mann Marshall Xaba.

g   Nancy Vutela, Winnie Mandelas Schwester, und ihr Mann Sefton Vutela.

h   Nobantu Mniki, Winnie Mandelas Schwester, und ihr Mann Earl Mniki.

i   Msutu und Thanduxolo sind Winnie Mandelas Brüder.

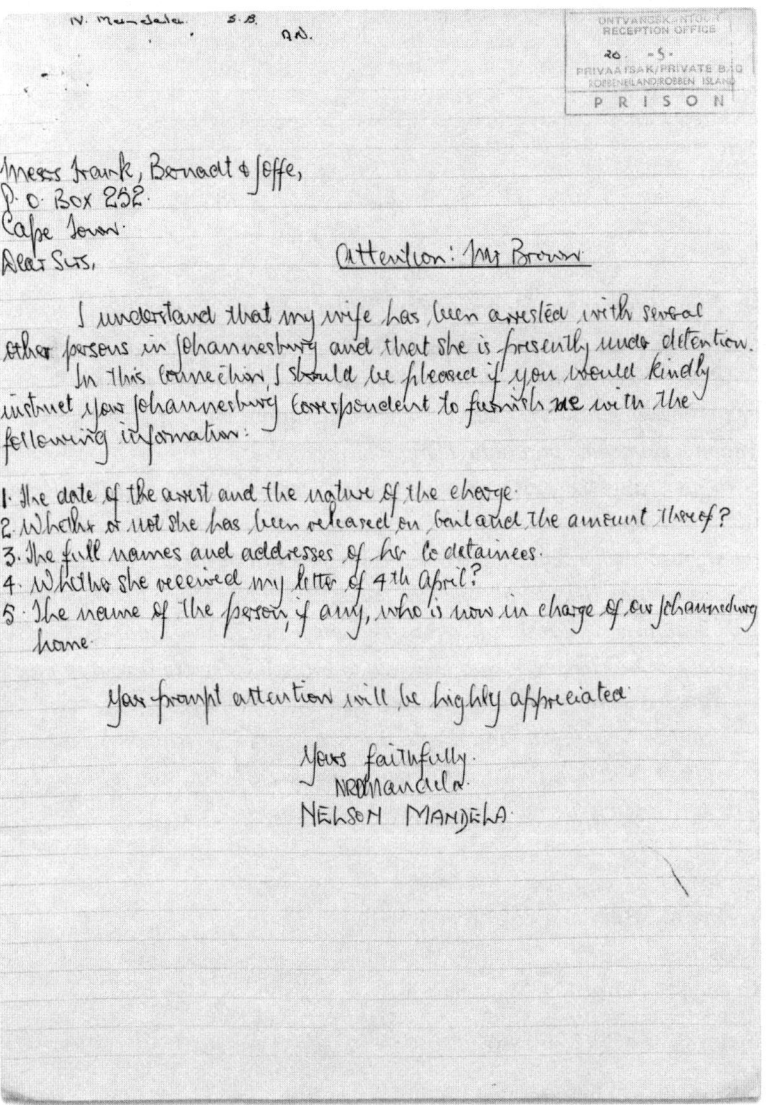

N. Mandela.    S.B.    A.N.

RECEPTION OFFICE

20. -5-

PRIVAATSAK/PRIVATE BAG
ROBBENEILAND/ROBBEN ISLAND

P R I S O N

Messrs Frank, Bernadt & Joffe,
P.O. Box 252.
Cape Town.

Dear Sirs,                    Attention: Mr Brown

I understand that my wife has been arrested with several
other persons in Johannesburg and that she is presently under detention.
In this connection, I should be pleased if you would kindly
instruct your Johannesburg correspondent to furnish me with the
following information:

1. The date of the arrest and the nature of the charge.
2. Whether or not she has been released on bail and the amount thereof?
3. The full names and addresses of her co-detainees.
4. Whether she received my letter of 4th April?
5. The name of the person, if any, who is now in charge of our Johannesburg
home.

Your prompt attention will be highly appreciated.

Yours faithfully.
NRMandela
NELSON MANDELA.

Brief vom 20. Mai 1969 an die Anwälte Frank, Bernadt & Joffe.

j   In der Liste seiner Besuche notierte er Sibali Nyawuzas Besuch an diesem Tag. Er nennt
    ihn versehentlich mit seinem Clan-Namen Manyawuza. *Sibali* bedeutet «Schwager» auf
    isiXhosa.
k   Mandelas Cousin.
l   Winnie Mandelas Onkel.
m   Bezieht sich auf die ganze Familie.

*Im Mai 1969 wurde Mandelas Frau Winnie bei Nacht und Nebel und vor
den Augen ihrer entsetzten kleinen Töchter aus ihrem Haus in Soweto verschleppt. Sie verbrachte die anschließenden vierzehn Monate in Einzelhaft, in
«schrecklicher seelischer Agonie»[49], wie sie es nannte. Im Gefängnis litt sie an
Anämie, Bronchitis und hatte Herzprobleme.*

*In dieser ganzen Zeit wussten die Eltern nicht, wer sich um ihre Kinder
kümmerte und unter welchen Bedingungen sie leben mussten. Mandela
konnte nicht sicher sein, ob die Briefe an seine Frau überhaupt ankamen. Wir
können nur aus Briefen, in denen die Ankunft früherer Briefe bestätigt wurde,
schließen, dass sie auch wirklich angekommen sind. Man kann die Not der
eingekerkerten Eltern ermessen, die sich um ihre Kinder große Sorgen machten, zumal Winnie Mandela Schikanen durch die Polizei ausgesetzt war.*

*Mandela schrieb an seine Frau, die Kinder und verschiedene Familienangehörige in dem verzweifelten Versuch, herauszufinden, was mit den Kindern als Waisen außerhalb des Gefängnisses passierte.*

**An Frank, Bernadt & Joffe, Anwälte**
**Kapstadt**
[In anderer Schrift] N. Mandela S. B.[a]

[Stempel vom 20. Mai 1969]

Sehr geehrte Herren,

Zu Händen von Mr. Brown

ich habe erfahren, dass meine Frau zusammen mit anderen Personen
in Johannesburg verhaftet worden ist und sich gegenwärtig in Polizeigewahrsam befindet.

In diesem Zusammenhang bitte ich Sie, Ihren Partner in Johannesburg zu beauftragen, mir folgende Auskünfte zu erteilen:

1. Datum der Verhaftung und Art der Anklage.
2. Wurde sie auf Kaution freigelassen und wenn ja, wie hoch ist die Summe?
3. Vor- und Zunamen sowie Adressen ihrer Mitinhaftierten.
4. Hat sie meinen Brief vom 4. April erhalten?
5. Gegebenenfalls Name der Person, die jetzt für unser Johannesburger Haus zuständig ist.

Für eine baldige Erledigung wäre ich überaus dankbar.

Hochachtungsvoll
[Unterzeichnet]
NELSON MANDELA

------------------------

a   S. B., abgekürzt für *Special Brief* (Afrikaans).

**An Zenani und Zindzi Mandela**
**Soweto, Johannesburg**

23. 6. 69

Meine Lieben,
wieder einmal ist unsere geliebte Mummy verhaftet worden, und jetzt sind sie und Daddy beide im Gefängnis. Mir blutet das Herz, wenn ich mir vorstelle, wie sie, weit weg von zu Hause, in einer Polizeizelle sitzt, vielleicht ganz allein, ohne einen Menschen, mit dem sie sprechen könnte, und ohne die Möglichkeit, etwas zu lesen. Vierundzwanzig Stunden täglich sehnt sie sich nach ihren Kindern. Es kann viele Monate, vielleicht sogar Jahre dauern, bis Ihr sie wiederseht. Vielleicht müsst Ihr jahrelang als Waisen leben, ohne Euer Zuhause und Eure Eltern, ohne die selbstverständliche Liebe und Zuneigung und ohne den Schutz, den Euch Mummy stets gegeben hat. Jetzt gibt es keine Geburtstags- oder Weihnachtsfeier mehr, keine Geschenke, keine neuen Kleider, Schuhe oder neues Spielzeug. Vorbei sind die Tage, an denen Ihr nach einem warmen Bad am Abend mit Mummy

am Tisch gesessen und ihr gutes und einfaches Essen genossen habt. Fort sind die bequemen Betten, die warmen Decken und frischen Leintücher, mit denen sie Euch versorgt hat. Sie ist nicht mehr da, um für Euch Verabredungen mit Freunden zu treffen, um Euch ins Kino, ins Konzert oder ins Theater mitzunehmen. Sie kann Euch keine Gutenachtgeschichten mehr erzählen, nicht mehr beim Lesen schwieriger Bücher helfen und auch keine der vielen Fragen mehr beantworten, die Ihr gerne stellen würdet. Sie kann Euch nicht mehr die Hilfe und Orientierung geben, die Ihr als Heranwachsende braucht, wenn neue Probleme auftauchen. Vielleicht werden Mummy und Daddy nie mehr mit Euch im Haus Nr. 8115 in Orlando West[a] wohnen, an dem einen Ort auf der Welt, der uns so am Herzen liegt. Es ist nicht das erste Mal, dass Mummy ins Gefängnis kommt. Im Oktober 1958, nur vier Monate nach unserer Hochzeit, wurde sie zusammen mit 2000 anderen Frauen verhaftet, als sie gegen den Passzwang in Johannesburg[b] protestierten, und saß zwei Wochen im Gefängnis. Im vergangenen Jahr war sie vier Tage lang eingesperrt, aber jetzt ist sie wieder dort, und ich kann Euch nicht sagen, wie lange sie diesmal fort sein wird. Ich wünsche mir nur, dass Ihr nie vergesst, dass Ihr eine tapfere und entschlossene Mummy habt, die ihr Volk von ganzem Herzen liebt. Sie verzichtete auf Vergnügungen und Annehmlichkeiten und nahm dafür ein Leben in Not und Entbehrung in Kauf, weil sie ihr Volk und ihr Heimatland so sehr liebt. Wenn Ihr einmal erwachsen seid und gründlich über die widerwärtigen Erfahrungen nachdenkt, die Mummy durchgemacht hat, auch über die Standhaftigkeit, mit der sie an ihren Überzeugungen festgehalten hat, dann werdet Ihr erkennen, wie wichtig der Beitrag war, den sie im Kampf für Wahrheit und Gerechtigkeit geleistet hat, und wie viel sie von ihren eigenen Interessen und ihrem persönlichen Glück geopfert hat.
Mummy stammt aus einer wohlhabenden und angesehenen Familie. Sie ist ausgebildete Sozialarbeiterin, und als wir im Juni 1958 geheiratet haben, hatte sie einen guten und komfortablen Job im Baragwanath-Hospital. Dort arbeitete sie, als sie zum ersten Mal verhaftet wurde, und Ende 1958 verlor sie ihre Stelle. Später arbeitete sie für das Kinderhilfswerk der Stadt, eine Aufgabe, die sie sehr liebte. In

dieser Zeit machte ihr die Regierung zur Auflage, Johannesburg nicht zu verlassen, von abends um sechs bis morgens um sechs im Haus zu bleiben, an keiner Versammlung teilzunehmen, weder Krankenhaus noch Schule, noch Universität, noch Gerichtssaal, weder Wohnheim noch Compound oder irgendeine afrikanische Township außerhalb ihres Wohnorts zu betreten. Diese Verordnung erschwerte ihr die Ausübung ihres Jobs beim Kinderhilfswerk, und so verlor sie auch diese Stelle.

Seit dieser Zeit hat es Mummy schwer gehabt im Leben und musste versuchen, ohne festes Einkommen einen Haushalt zu führen. Und dennoch schaffte sie es irgendwie, Euch Essen und Kleidung zu kaufen, Euer Schulgeld, die Miete für das Haus zu bezahlen und auch mir noch regelmäßig Geld zu schicken.

Im April 1961 ging ich von zu Hause fort, als Zeni zwei Jahre und Zindzi drei Monate alt war. Anfang Januar 1962 reiste ich durch Afrika, hielt mich zehn Tage in London auf und kehrte gegen Ende Juli im selben Jahr zurück. Ich war erschüttert, als ich Mummy wiedersah. Als ich abreiste, war sie ganz gesund, hatte ihr normales Gewicht und sah gut aus. Aber jetzt hatte sie plötzlich abgenommen und war nur noch ein Schatten ihrer selbst. Mir wurde sofort klar, wie belastend meine Abwesenheit für sie gewesen war. Ich freute mich auf eine Zeit, in der ich ihr von meiner Reise berichten konnte, von den Ländern, die ich besucht hatte, den Menschen, denen ich begegnet war. Aber meine Verhaftung am 5. August setzte diesem Traum ein jähes Ende.

Als Mummy 1958 verhaftet wurde, besuchte ich sie täglich und brachte ihr Essen und Obst. Ich war stolz auf sie, besonders weil sie sich aus völlig freien Stücken und ganz unabhängig von mir dafür entschieden hatte, sich den anderen Frauen bei der Demonstration gegen die Passpflicht anzuschließen. Doch ihr Verhalten seit meiner Haft ließ mich Mummy besser und umfassender verstehen. Gleich nach meiner Verhaftung boten ihr unsere hiesigen und ausländischen Freunde Stipendien an, schlugen ihr vor, das Land zu verlassen und im Ausland zu studieren. Ich begrüßte diesen Vorschlag, denn ich hatte das sichere Gefühl, das würde sie von ihren Sorgen ablenken. Als sie mich im Oktober 1962 im Gefängnis in Pretoria besuchte, sprach ich mit ihr darüber. Sie sagte mir, auch wenn sie höchstwahrscheinlich verhaftet und ins Gefängnis gesperrt werden würde, womit jeder Politiker, der für die Freiheit kämpfte, rechnen musste, wollte sie dennoch im Land bleiben und die Leiden ihres Volkes teilen. Seht Ihr jetzt, was für eine tapfere Mummy wir haben? Macht Euch keine Sorgen, Ihr Lieben, wir haben ja viele Freunde; sie werden sich um Euch kümmern, und eines Tages werden Mummy und Daddy wieder nach Hause kommen, und Ihr werdet keine heimatlosen Waisen mehr sein. Dann werden wir wieder friedlich und glücklich wie eine ganz normale Familie leben. Bis dahin müsst Ihr tüchtig lernen und Eure Prüfungen bestehen und Euch wie anständige Mädchen betragen. Mummy und ich werden Euch viele Briefe schreiben. Ich hoffe, Ihr habt die Weihnachtskarte, die ich im Dezember schrieb, und den Brief, den ich an Euch beide am 4. Februar dieses Jahres geschrieben habe, erhalten.

Alles Liebe und tausend Küsse von Eurem Daddy, der Euch liebt.

-----------------------

a     Haus der Familie in Soweto.
b     Mitte der fünfziger Jahre begann die Regierung, schwarzen Frauen Pässe auszugeben, die sie ständig bei sich zu tragen hatten. Dies führte zu einer Reihe von organisierten Protestaktionen, woraufhin Tausende verhaftet wurden. Es wird berichtet, dass Winnie Mandela damals sagte: «Wir müssen Pässe bei uns tragen, die wir verabscheuen, weil wir ohne sie keine Wohnung haben können, ohne sie nicht arbeiten, uns nicht außerhalb der Städte bewegen können, keine Geburten eintragen lassen, ja, ohne sie wohl nicht einmal sterben können.»


## An Winnie Mandela

23. 6. 69

Mein Schatz,
eins meiner kostbarsten Besitztümer, die ich hier bei mir habe, ist der erste Brief, den Du mir am 20. Dezember 1962 kurz nach meiner ersten Verurteilung geschrieben hast. In den vergangenen sechseinhalb Jahren habe ich ihn wieder und wieder gelesen, & die darin ausgedrückten Gefühle sind so wundervoll & frisch wie am Tag, als ich ihn erhielt. Angesichts der Ziele & Überzeugungen, an denen Du festhältst, & der Rolle, die Du in der gegenwärtigen Debatte spielst,

war mir immer klar, dass man Dich früher oder später verhaften würde. Aber in Anbetracht dessen, was ich durchgemacht habe, hatte ich doch insgeheim die Hoffnung, ein solcher Schlag würde vielleicht doch nicht kommen und Dir würden Unglück und Qualen des Gefängnislebens erspart bleiben. Daher überraschte mich am 17. Mai die Nachricht von Deiner Verhaftung mitten in der fieberhaften Vorbereitung auf meine Abschlussprüfungen, für die ich gerade noch 25 Tage Zeit hatte, und mir war kalt & ich fühlte mich einsam. Die Tatsache, dass Du Dich innerhalb bestimmter Grenzen frei bewegen konntest, bedeutete sehr viel für mich. Ich freute mich immer auf Deine Besuche & die von Angehörigen und Freunden, die Du mit dem Dir eigenen Geschick & Eifer gestaltet hast, auf die schönen Karten zum Geburtstag, zum Hochzeitstag und zu Weihnachten, die zu verschicken Du nie versäumt hast, das Geld, das Du trotz aller Schwierigkeiten aufbringen konntest. Noch katastrophaler wurde alles dadurch, dass Du mich zuletzt am 21. Dezember besucht hast & ich eigentlich gehofft hatte, Du kämst im Mai oder im Juni zu mir. Ich wartete außerdem auf Antwort auf meinen Brief vom 2. April, in dem ich über Deine Krankheit sprach und Vorschläge machte.

Nachdem mich die schlimme Nachricht erreicht hatte, war ich mit meinen Kräfte so gut wie am Ende, und ich griff beinahe automatisch zu Deinem Brief, wie ich es auch sonst immer tat, wenn ich schlappmachte oder wenn ich mich von quälenden Problemen ablenken wollte:

«Die meisten Menschen verstehen nicht, dass mir Deine physische Anwesenheit allein nichts bedeutet hätte, wenn die Ideale, denen Du Dein Leben gewidmet hast, nicht verwirklicht werden. In der Hoffnung, auf etwas hin zu leben, ist etwas Wunderbares, finde ich. Unser kurzes gemeinsames Leben, mein Liebster, ist immer voller Erwartung gewesen … In diesen hektischen & stürmischen Jahren ist meine Liebe zu Dir größer denn je geworden … Nichts kann wertvoller sein, als fester Bestandteil dessen zu sein, was die Geschichte eines Landes gestaltet.»

Dies sind ein paar kostbare Perlen aus diesem wunderschönen Brief, und nachdem ich ihn am 17. Mai erneut las, ging es mir wieder gut.

Katastrophen kommen & gehen und lassen ihre Opfer entweder am Boden zerstört zurück oder aber gestählt & abgehärtet & besser gewappnet für kommende Herausforderungen. Genau jetzt solltest Du Dich daran erinnern, dass Hoffnung eine mächtige Waffe ist, die Dir keine Macht der Welt nehmen kann; und nichts kann so wertvoll sein, wie fester Bestandteil dessen zu sein, was die Geschichte eines Landes gestaltet. Beständige Werte im Leben & Denken einer Gesellschaft können nicht von Menschen geschaffen werden, die den wahren Zielen einer Nation gleichgültig oder gar feindselig gegenüberstehen. Zum einen kann, wer keine Seele, keinen Sinn für Nationalstolz & keine Ideale besitzt, die es zu verwirklichen gilt, weder Demütigung noch Niederlage ertragen; der kann kein nationales Erbe bilden, ist von keiner heiligen Mission erfüllt, kann weder Märtyrer noch Nationalheld werden. Eine neue Welt wird nicht von denen geschaffen, die tatenlos beiseite stehen, sondern von denen, die sich in die Arena begeben, deren Kleider vom Sturmwind zerfetzt sind & deren Leiber im Verlauf des Kampfes bleibende Spuren davontragen. Ehre gebührt denen, die niemals die Wahrheit verraten, auch wenn alles düster & trübe scheint, die immer aufs Neue den Versuch wagen & sich niemals durch Beleidigungen, Erniedrigungen, ja nicht einmal durch Niederlagen entmutigen lassen. Seit Menschengedenken ehrt & achtet die Menschheit tapfere & ehrliche Leute, Männer & Frauen wie Dich, mein Schatz – ein einfaches Mädchen aus einem abgelegenen Dorf, das auf den meisten Karten[a] gar nicht verzeichnet ist, eine Frau aus einem Kraal,[b] der auch nach ländlichen Maßstäben höchst bescheiden ist.

Meine Liebe zu Dir lässt es nicht zu, dass ich in der Öffentlichkeit mehr sage, als ich es hier in diesem Brief, der durch viele Hände gehen muss, bereits getan habe. Eines Tages werden wir wieder ein Privatleben haben, in dem wir zärtliche Worte austauschen können, die wir in den vergangenen acht Jahren in unseren Herzen verborgen hielten.

Zu gegebener Zeit wirst Du angeklagt & wahrscheinlich verurteilt werden. Ich rate Dir, Dich sofort nach der Anklage mit Niki zu besprechen & notwendige Vorkehrungen zu treffen, um Geldmittel für Studium, Toilette, Weihnachten, Lebensmittel & andere persönliche Bedürfnisse zu besorgen. Niki soll Dir auch gleich nach Deiner Verurteilung Fotos in passenden Bilderrahmen aus Leder schicken. Aus Erfahrung weiß ich, dass im Gefängnis ein Familienfoto ganz wichtig ist, & Du musst es gleich von Anfang an haben. Von mir wirst Du alle meine monatlich erlaubten Briefe bekommen, mein Schatz. An Nikis Adresse habe ich Zeni & Zindzi einen langen Brief geschrieben und ihnen die Lage erklärt, damit sie auf dem Laufenden sind & ihren Lebensmut nicht verlieren. Ich hoffe nur, dass sie meinen Brief vom 4. Februar bekommen haben. Vergangenen Monat schrieb ich an Mummy[c] in Bizana & an Sidumo.[d] Diesen Monat schreibe ich an Telli[e] [*sic*] & an Onkel Marsh.[f] Ich habe weder von Kgatho noch von Maki, Wonga,[g] Sef,[h] Gibson,[i] Lily,[j] Mthetho[k] oder Amina[l] etwas gehört, denen ich zwischen Dezember & April geschrieben habe.

Diesen Brief zu schreiben wurde durch die freundliche Genehmigung von Brig. Aucamp ermöglicht, & ich bin sicher, er wird sich bemühen, zu helfen, falls Du auf diesen Brief antworten möchtest, solange Du noch in Polizeigewahrsam bist. Wenn es Dir gelingt, bestätige doch bitte, dass Du meinen Brief vom April erhalten hast. Bis dahin sollst Du wissen, dass ich jeden Moment des Tages an Dich denke. Alles Gute, mein Schatz, tausend Küsse & alles erdenklich Liebe

Immer Dein
Dalibunga

--------------------------

a   Winnie Mandelas Heimatdorf ist Mbongweni, Bizana, in der Transkei.

b   *Kraal* ist ein Afrikaans-Wort für eine traditionelle Ansammlung von Hütten, die zur Einhegung von Vieh umzäunt ist.

c   Winnie Mandelas Mutter.

d   Sidumo Mandela, sein Cousin.

e   Telia (Telli oder Tellie) Mtirara, eine Verwandte Mandelas.

f   Ehemann von Niki Xaba, Winnie Mandelas ältester Schwester.

g   K. D. Matanzima (1915–2003), Mandelas Neffe; siehe «Personen, Orte, Ereignisse». Sein zweiter Name ist Daliwonga, abgekürzt Wonga.

h   Sefton Vutela, Mandelas Schwager.

i   Gibson Kente (1932–2004); siehe «Personen, Orte, Ereignisse».

j   Lilian Ngoyi (1911–1980); siehe «Personen, Orte, Ereignisse».

k   Chief Mthetho Matanzima (gest. 1972); siehe «Personen, Orte, Ereignisse».

l   Amina Cachalia (1930–2013), Freundin, Antiapartheidaktivistin und Frauenrechtlerin; siehe «Personen, Orte, Ereignisse».

**An Niki Xaba, Mandelas Schwägerin**
**Johannesburg**

15. 7. 69

Meine liebe Niki,
diesen Brief hatte ich eigentlich an Onkel Marsh schreiben wollen,
aber ich sehe Dich auch als Mutter von Zami & nicht nur als ihre
älteste Schwester, & als ich die Nachricht von der Festnahme Nyanyas[a] erhielt – Zami war ja bereits in Haft –, wurde mir klar, wie sehr
das Ganze Dich bestürzt haben muss. Unter diesen Umständen habe
ich beschlossen, diesen Brief stattdessen an Dich zu schicken.
In meinem Brief vom 4. Mai an Ma[b] in Bizana schrieb ich, dass ich
viel an Zami denke, an die leidvollen Erfahrungen & die vielen Probleme, die sie wegen meiner Abwesenheit zu bewältigen hat. Ich betonte, dass mein Vertrauen in sie & meine Hochachtung vor ihr erheblich gestiegen seien & dass es meine einzige Hoffnung sei, ihr
eines Tages zu Frieden, Trost und Glück verhelfen zu können, um sie
für die schreckliche Not, die sie durchmachen musste, zu entschädigen. Damals wusste ich noch nicht, dass Zami nur acht Tage später
wieder ins Gefängnis eingeliefert würde. Ihre Verhaftung ist wahrlich
eine Katastrophe für die Familie, & ich gestehe, ich mache mir große
Sorgen. Es geht ihr schlecht,[c] & das Gefängnis wird ihren Zustand
wohl noch verschlimmern. Als ich verhaftet wurde, hatte ich das
Glück, dass sie draußen in Freiheit war. Bevor ich verurteilt wurde,
kam sie ausnahmslos an jedem Besuchstag vorbei, brachte mir köstliches Essen & frische Kleidung, schrieb mir liebevolle, bezaubernde
Briefe & versäumte keinen einzigen Tag meiner beiden Verhandlungen, zu denen sie viele Freunde & Angehörige, darunter meine Mutter, mitbrachte. Ich werde nie den Tag der Urteilsverkündung im
Rivonia-Prozess vergessen, denn außer der riesigen Menge Anhänger & Sympathisanten saßen hinter uns Zami, Ma, Nali[d] & Nyanya.
Es war einer jener Momente, wie es sie nur selten im Leben eines
Menschen gibt, und er verstärkte meine Liebe & meine Hochachtung für Zami und brachte mich meinen Angehörigen – Ma, Nali,
Nyanya & euch allen – noch näher. In den fünf Jahren auf der Insel
besuchte mich Zami neunmal & organisierte zehn weitere Besuche,

die mich mit geliebten und geschätzten Verwandten & Freunden zu-
sammenbrachten. Auch wenn sich ihre Schwierigkeiten häuften,
wenn sie ohne Arbeit war und ihre Gesundheit Besorgnis erregte,
dachte sie zuallererst an mich & mein Wohlergehen, & niemals versäumte sie es, mir Geld, wundervolle Briefe und Karten zum Geburtstag & Hochzeitstag zu schicken. All dies war sehr wichtig für
mich. Erst im Gefängnis schätzt man in vollem Umfang den wahren
Wert vieler Dinge, die wir außerhalb der Gefängnismauern für
selbstverständlich halten. Während der beinahe sieben Jahre meiner
Gefangenschaft stand mir Zami getreu zur Seite. Jetzt ist sie an der
Reihe & braucht all meine Liebe & Zuneigung, mein ganzes Mitgefühl & meine Unterstützung, und doch kann ich absolut nichts für
sie tun. Auf nichts kann sie sich freuen, auf keinen Besuch von mir,
der eine willkommene Abwechslung vom trostlosen Gefängnisalltag
wäre, kein wohlschmeckendes Essen, das ihr guttäte, keine liebevollen Briefe, die sie an glückliche Zeiten erinnern würden. Wenn sie am
Ende verurteilt wird, kann ich ihr nicht durch meine Gegenwart
meine Solidarität bekunden, & nichts von alldem, was sie für mich als
Gefangenen tat, werde ich für sie tun können. Die zarten Gesichter
kleiner Kinder, angsterfüllt & schlaftrunken, die zusehen müssen, wie
ihre liebe Mutter mitten in der Nacht abgeführt wird, und nicht begreifen, was vor sich geht – das sind Erinnerungen, die selbst die
unerschrockenste Mutter heimsuchen können. Hinzu kommt, dass
ihre Kinder auf Jahre hinaus wohl als Waisen leben werden und sie
vielleicht keinerlei Möglichkeit hat, ihren Kindern Unterstützung &
Orientierungshilfe zu geben, die sie gerade in den kritischsten Jahren
ihres Lebens brauchen. Ich weiß, dass Zami sich hingebungsvoll um
die Kinder kümmert, & wenn etwas ihre Gesundheit noch weiter un-
tergräbt, dann ist es die Unsicherheit & Ungewissheit, die ihnen nun
droht. Aus diesen Gründen halte ich ihre Verhaftung für eine Katastrophe für die Familie, liebe Niki. Ich bin außerstande, vorherzu-
sagen, wie sie mit der Situation zurechtkommen wird, da wage ich
keine Prognose. Aber ihr bisheriges Verhalten beweist, dass sie eine
außergewöhnlich tapfere Frau ist, die trotz schwerer Prüfungen stets
an ihren Grundsätzen festgehalten hat. Ich kann nur hoffen, dass sie
auch diese trotz ihrer angeschlagenen Gesundheit übersteht. Ge-

nauso stolz bin ich auf Nyanya & habe sie mehr denn je lieben gelernt. Manchmal denke ich, wenn ich die letzten acht Jahre zu Hause
gewesen wäre, hätte sie bestimmt gute Fortschritte sowohl in ihrer
Ausbildung als auch in ihrer Einstellung zum Leben gemacht. In
meinem letzten Brief an Bawo drückte ich meine Sorge darüber aus,
dass sie zu Hause ihre Zeit verbummelte, & schlug vor, sie sollte
wenigstens eine berufliche Ausbildung machen, eine Erfahrung, die
ihr bestimmt nützen würde.

Zu dem Zeitpunkt, als ich an Ma schrieb, erwartete ich eigentlich einen Besuch von Zami, ich hatte sie ja zuletzt im Dezember gesehen
und seither keinen Besuch mehr bekommen. Unser Freund Radebe[e]
sollte mich eigentlich im Februar besuchen, aber aus mir unbekannten
Gründen kam er nicht. Ich hatte mich auf diesen Besuch gefreut, bot
er mir doch die einzige Möglichkeit, etwas über Zami und die Kinder
zu erfahren, denn offensichtlich hatte keiner der monatlichen Briefe,
die ich seit Dezember geschrieben hatte, seinen Adressaten erreicht.
Am 28. Juni tauchte auch Moosa Dinath,[f] ein anderer guter Freund,
nicht auf, obwohl er mit der ausdrücklichen Absicht, die durch Zamis
Inhaftierung entstandenen familiären Probleme zu besprechen, von
Johannesburg herkommen sollte. Und einmal mehr konnte mir die
Gefängnisbehörde keine Erklärung für das mysteriöse Verhalten seitens meiner Besucher geben. Ich weiß jetzt, dass Zami vor dem 12. Mai
eine Besuchserlaubnis für Kgatho für den 24. Mai beantragt hat. Auch
davon kein Wort von den Behörden. Der Kontakt zu meiner Familie &
meinen Freunden wurde also komplett abgeschnitten, und zwar zu
einem Zeitpunkt, als dieser Kontakt absolut unerlässlich gewesen
wäre. Am 23. Juni schrieb ich einen langen Brief an Zeni & Zindzi, den
ich Brig. Aucamp vom Headquarter in Pretoria übersandte mit der
Bitte, ihn an Dich weiterzuleiten. Hoffentlich hat Dich wenigstens dieser Brief erreicht. Im Dezember schrieb ich an Nali, im Februar an
Zeni, Zindzi, Marsh, an meinen Neffen Gibson Kente und an Lilian.[g]
Alle Briefe waren an Orlando West 8115 adressiert. Aufgrund der
Tatsache, dass ich keine Rückmeldung erhielt, muss ich annehmen,
dass die Briefe nicht ankamen, & vielleicht stellt Onkel Marsh Nachforschungen an & berichtet Dir darüber. Auch an Tellie[h] habe ich geschrieben und sie gebeten, etwas über die Briefe an Kgatho und Maki

vom Januar & Februar herauszufinden. Mit großem Bedauern habe ich von Deinem Autounfall gehört, bei dem Du Dir ein Bein gebrochen hast. Hoffentlich bist Du bald wiederhergestellt, und ich warte gespannt auf nähere Einzelheiten in Deinem nächsten Brief. Wie machen sich die Kinder, & wie heißen sie? Wie alt sind sie jetzt? Wie viele Kinder hat Bantu? Bitte richte herzliche Grüße aus an Marsh, Bantu[i] & Ehemann, Tellie, Mfundo und alle anderen.

Herzlich
Nel

--------------------------

a   Winnie Mandelas jüngste Schwester Nonyaniso Madikizela, auch genannt Nyanya.
b   Nophikela Hilda Madikizela, Stiefmutter von Winnie und Niki Xaba.
c   Winnie Mandela hatte ein Herzleiden.
d   Nali Nancy Vutela, Winnie Mandelas Schwester.
e   Alfred Mgulwa (Radebe ist sein Clan-Name), Winnie Mandelas Onkel.
f   Zu Moosa Dinath vgl. Brief vom 2. April 1969, S. 113, Anm. m
g   Lilian Ngoyi (1911–1982); siehe «Personen, Orte, Ereignisse».
h   Telia (Telli oder Tellie) Mtirara, eine Verwandte Mandelas.
i   Nobantu Mniki, eine von Winnies Schwestern.


**An Tellie Mtirara, eine Verwandte**
**Johannesburg**

Brief anstelle des Junibesuchs 1969

15. 7. 69

Meine liebe *Nkosazana*,[a]
es wird wohl kaum jemanden geben, dem Probleme willkommen sind. Das ist verständlich, weil Probleme oft die eigenen Pläne durchkreuzen, Vergnügen & Glück vereiteln. Schlimmer noch, sie bringen meist eine Menge Ungemach & Leid mit sich. Nobandlas Verhaftung hat mich eben deshalb umgetrieben, weil sie genau diese Gefahr in sich birgt, die Gefahr nämlich, dass sie auf Jahre hinaus ohne Verfahren im Gefängnis sitzt. Und wenn sie am Ende angeklagt wird, bekommt sie wahrscheinlich eine hohe Gefängnisstrafe. In beiden Fällen würde das bedeuten, dass sie jahrelang von Kindern, Verwand-

ten & Freunden gezwungenermaßen getrennt wäre, Jahre, in denen sie schuften & schwitzen müsste & ihr die Rechte eines freien Menschen verweigert wären. Das ist ein hoher Preis. Doch obwohl Probleme immer mit Schmerzen & Unannehmlichkeiten verbunden sind, ist doch das Gute daran, dass man sich zuverlässiger und aufopfernder Familienangehöriger erinnert, an die man sich instinktiv wendet, wenn harte Zeiten kommen. Seit dem Tag, an dem ich Dich während des Rivonia-Prozesses im Gerichtssaal sah, & besonders, nachdem Du Nobandla im August 64 nach Kapstadt begleitet hast, wollte ich Dir schreiben und danken für Deine bereitwillige & unermüdliche Hilfe, die Du zu Hause geleistet hast. Aber allein schon aufgrund der Tatsache, dass Du zur Familie gehörst, hielt ich es für selbstverständlich, dass Du stets weißt, dass ich größte Hochachtung vor Dir empfinde & mir der wichtigen Rolle ganz und gar bewusst bin, die Du während meiner Abwesenheit zu Hause erfüllst. Dies wiederum lieferte mir den Vorwand, Dir erst dann zu schreiben, wenn ich mich um die scheinbar dringlicheren Fälle gekümmert hätte. Aber wegen Nobandlas Verhaftung bin ich nun von zu Hause, den Freunden & Verwandten abgeschnitten, sodass ich auf Dich & Niki angewiesen bin. Ihr beide müsst nun meine sowie Nobandlas Besuche organisieren, sobald sie darauf Anspruch hat. An Niki habe ich bereits geschrieben & sie gebeten, nachzuforschen, ob meine Briefe an Zeni & Zindzi, Nali, Gibson & Lilian angekommen sind. Bitte lass mich auch wissen, ob Kgatho, Maki & Mrs. Amina Cachalia ihre Briefe vom Januar bzw. Februar und April bekommen haben. Außerdem brauche ich auch noch folgende Informationen über Kgatho: Wie steht es um seine Gesundheit? Ist seine Beschneidung erfolgt?[b] Hat er die Zusatzprüfungen im März bestanden? Was arbeitet er zur Zeit & welche Pläne hat er für die Zukunft? Vielleicht kann er es einrichten, hierherzukommen, sodass wir diese Dinge besprechen können. Auch möchte ich wissen, ob Nobandla den Wagen & das Telefon noch behalten hat und welche Regelungen bezüglich der Zahlungen vom Konto weg getroffen wurden. Du weißt, wir haben einen Familienanwalt, der sich schon früher um Nobandlas Angelegenheiten gekümmert hat; bitte finde den Namen des Anwalts bzw. der Anwälte heraus, die derzeit ihre Interessen und auch sie selbst vor

Gericht vertreten werden. In meinem Brief an Niki erwähnte ich, dass ich dieses Jahr Besuche von Kgatho, Moosa Dinath[c] & Alfred Mgulwa[d] erwartete, aber dass keiner von ihnen erschienen ist. Ich würde gerne wissen, warum sie nicht gekommen sind. Letzten Dezember schrieb ich Dr. Wonga Mbekeni,[e] Postamt Tsolo, und dankte ihm für seine Teilnahme an Mutters Beerdigung & für seinen Beitrag zu den Kosten der Feierlichkeiten. Ich bekundete ihm auch mein Beileid zum Tod von *Nkosazana* Nozipho[f] & bat ihn um ein paar bestimmte Informationen. Da ich keine Antwort erhielt, vermute ich, dass dieser wichtige Brief ebenfalls nicht ankam. Du musst allerdings auf diesen hier gleich antworten und darfst nicht auf Wongas Antwort warten. Die kannst Du mir später mitteilen, wenn Du von ihm gehört hast.

Weißt Du zufällig, wo Nyanya steckt? Wenn Du Kontakt zu ihr hast, richte ihr bitte aus, dass ich sie herzlich grüße & sehr stolz auf sie bin. Grüße mir bitte auch *Amakhosazana*[g] Nombulelo & Nobatembu & lass mich wissen, ob Nombulelo immer noch in der Daunenfabrik in Selby arbeitet. Nicht zu vergessen *Nkosazana* Nqonqi,[h] die ich sehr bewundere und schätze. Sie war für mich immer ein Fels in der Brandung. Im Jahr 1942 wohnte sie ganz in der Nähe des Elektrizitätswerks in Orlando East. Dann zog sie in die Nähe des Gemeindehauses, später nach Jabavu & schließlich nach Killarney. Ich war oft bei ihr, & sie war immer sehr freundlich, auch zu den anderen Familienmitgliedern. Als ich Nobandla heiratete, wohnte sie bei ihr in Killarney. Mein großer Wunsch ist es, sie möge so lange leben, bis ich freikomme, damit ich ihr für alles danken kann, was sie für mich und Nobandla getan hat. Natürlich wirst Du mir alles über das Kind erzählen, das jetzt bestimmt schon sehr groß geworden ist.

Vergangenes Jahr bekam ich sehr anregende Briefe von Jonguhlanga, Nkosikazi NoEngland[i] & von Chief Vulindlela.[j] Im Lauf der nun beinahe sieben Jahre im Gefängnis habe ich etliche Briefe von Freunden aus verschiedenen Landesteilen bekommen, und ich schätze sie alle sehr. Aber Briefe von der Familie haben für mich eine ganz besondere Bedeutung, besonders wenn sie von Leuten wie den eben erwähnten *Abahlekazi*[k] & *Nkosikazi*[l] sind, die um meinetwillen gewaltige Opfer gebracht haben & die mein vollstes Vertrauen genießen. Und Dir, meine liebe *Nkosazana*, brauche ich ja nur zu sagen, dass wir uns seit den frühen Fünfzigern kennen & dass zu Deinen bewundernswürdigsten Eigenschaften Ehrlichkeit, Liebe zur Familie und Hingabe gehören. Deine freie & offene Art, über Probleme mit mir zu diskutieren, & Deine wertvolle und konstruktive Kritik an mir haben mich tief beeindruckt, was ich bis heute nicht vergessen habe. Mit Menschen wie Dir und Niki in der Nähe habe ich kaum Grund, mir Sorgen zu machen. Ich bin fest davon überzeugt, dass ihr beide euer Bestes gebt, um die Dinge in Ordnung und am Laufen zu halten. Ganz herzliche Grüße an *Nkosazana* Samela[m] & ihren Mann, an Nomfundo & Mtsobise.[n]

Viele liebe Grüße
*Tat'omncinci*[o]

- - - - - - - - - - - - - - - - - - - - - -

a   «Miss» auf isiXhosa.

b   Die Beschneidung war Teil des traditionellen Initiationsrituals. Mandela war bei seiner Beschneidung sechzehn.

c   Zu Moosa Dinath vgl. Brief vom 2. April 1969, S. 113, Anm. m.

d   Winnie Mandelas Onkel.

e   Ein Cousin Mandelas, der mit Winnies Onkel oder einem anderen älteren männlichen Angehörigen ihrer Familie über Winnie Madikizelas Heirat verhandelte; er war zu dieser Zeit Präsident der Ärztekammer der Transkei.

f   *Nkosazana* bedeutet «Miss» auf isiXhosa. Nozipho Mbekeni war Krankenschwester und Schwester von Wonga Mbekeni.

g   *Amakhosazana*: Pluralform von *Nkosazana* («Miss»); Nombulelo Judith Mtirara ist eine Schwester von Sabata Dalindyebo (siehe «Personen, Orte, Ereignisse»); Nobatembu ist die Tochter seines Cousins.

h   Nqonqi Mtirara, Cousine Mandelas.

i   Frau des Chief Jongintaba Dalindyebo, Mandelas Vormund nach dem Tod seines Vaters (siehe «Personen, Orte, Ereignisse»).

j   Chief Vulindlela Mtirara/Matanzima, ein Thembu-Chief und Verwandter Mandelas; siehe «Personen, Orte, Ereignisse».

k   Die «eben erwähnten»: Gemeint sind König Sabata Jonguhlanga Dalindyebo (siehe «Personen, Orte, Ereignisse») und Chief Vulindlela Mtirara.

l   «Mrs.» auf isiXhosa, bezogen auf die Frau eines Regenten.

m   Samela Mtirara, eine Verwandte Mandelas.

n   Olive Nomfundo Mandela, Mandelas Nichte.

o   «Jüngster Onkel» oder «Bruder aus demselben Clan» auf isiXhosa.

*Als ob das Jahr 1969 nicht schon schlimm genug gewesen wäre, kam noch ein Telegramm mit einer verheerenden Nachricht. Mandelas erstes Kind, Madiba Thembekile, genannt «Thembi», kam bei einem Autounfall in Kapstadt ums Leben. Seine Frau Thoko hatte den Unfall überlebt, aber die beiden kleinen Töchter waren nun Halbwaisen. Mandela hatte noch nicht einmal seine Schwiegertochter und die beiden Enkelinnen Nandi und Ndileka zu Gesicht bekommen. Darauf musste er noch warten, bis sie sechzehn wurden.*

*Winnie Mandela war immer noch im Gefängnis, und ihr und Thembis Mutter Evelyn sowie vielen anderen Familienangehörigen schüttete er sein Herz aus. Briefe waren die einzige Möglichkeit, aus der Ferne seinen Vaterpflichten nachzukommen, dabei war ungewiss, ob sie überhaupt in der Welt da draußen ankommen würden. Da es ihm versagt war, irgendjemanden von Angesicht zu Angesicht zu trösten oder bei der Beerdigung seines Sohnes anwesend zu sein, war Mandela auf den Trost seiner Kameraden und seine eigene innere Stärke angewiesen.*

*Nach ihrer Freilassung konnten seine Mitgefangenen von dem Schmerz erzählen, den sie empfanden, als sie ihn in seiner Zelle neben seinem Freund Walter Sisulu\* sitzen sahen, eingewickelt in eine braune Gefängnisdecke.*

**An Winnie Mandela**
**Johannesburg**

*Special letter* an Zami

16.7.69

Mein Schatz,
heute Nachmittag erhielt der Commanding Officer von Rechtsanwalt Mendel Levin[a] folgendes Telegramm:
«Bitte Nelson Mandela mitzuteilen, dass sein Sohn Thembekile bei Autounfall am 13. in Kapstadt verunglückt ist. Der Tod trat an der Unfallstelle ein.»
Es fällt mir schwer, zu glauben, dass ich Thembi nie mehr wieder-

---

\*   Walter Sisulu (1912–2003), ANC- und MK-Aktivist und Mitangeklagter im Rivonia-Prozess; siehe «Personen, Orte, Ereignisse».

sehen werde. Am 23. Februar dieses Jahres wurde er 24. Ich sah ihn Ende Juli 1962, wenige Tage nach meiner Rückkehr von der Auslandsreise. Damals war er ein kräftiger, gesunder Bursche von 17 Jahren, den ich nie mit dem Tod in Verbindung gebracht hätte. Er trug eine meiner Hosen, die ihm ein bisschen zu weit und zu lang war. Das hatte etwas zu bedeuten & machte mich nachdenklich. Er hatte selbst genug anzuziehen, wie Du weißt, er legte Wert auf Kleidung & hatte keinerlei Grund, meine Sachen zu tragen. Ich war zutiefst berührt, denn die emotionalen Gründe, die seinem Verhalten zugrunde lagen, waren allzu offensichtlich. Meine Gedanken und Gefühle kreisten noch Tage danach um die psychischen Belastungen & Spannungen, die meine Abwesenheit den Kindern aufgebürdet hatte. Ich erinnerte mich an einen Vorfall im Dezember 1956, als ich im Johannesburger Fort auf meinen Prozess wartete. Damals war Kgatho 6 und wohnte in Orlando East. Er wusste genau, dass ich im Gefängnis war, ging aber nach Orlando West & sagte zu Ma,[b] er habe Sehnsucht nach mir. In jener Nacht schlief er in meinem Bett.

Aber zurück zu meiner Begegnung mit Thembi. Er war gekommen, um mir auf dem Weg ins Internat Lebewohl zu sagen. Bei seiner Ankunft begrüßte er mich herzlich, drückte mir kräftig die Hand & hielt sie lange fest. Dann setzten wir uns & unterhielten uns. Irgendwie kam das Gespräch auf seine schulische Arbeit; & dann erzählte er etwas, was ich, in Anbetracht seines damaligen Alters, für eine interessante Einschätzung von Shakespeares *Julius Cäsar* hielt und was mir gut gefiel. Seit er in Matatiele zur Schule ging, schrieben wir uns regelmäßig, und auch später noch, als er nach Wodehouse[c] wechselte. Im Dezember 1960 fuhr ich eine längere Strecke, um ihn zu besuchen. In dieser ganzen Zeit betrachtete ich ihn als Kind & ging meist auch entsprechend mit ihm um. Doch unser Gespräch im Juli 1962 brachte mir zu Bewusstsein, dass ich es nicht mehr mit einem Kind zu tun hatte, sondern mit einem, der dabei war, eine eigene Einstellung zum Leben zu entwickeln. Er war auf einmal von einem Kind zu einem Freund geworden. Ich war wirklich ein wenig traurig, als wir uns schließlich verabschiedeten. Ich konnte ihn weder zur Bushaltestelle bringen noch ihn am Bahnhof verabschieden, denn ein Outlaw – und das war ich damals – muss auch bereit sein, selbst auf wichtige elterliche Pflichten zu verzichten. Und so kam es, dass mein Sohn – nein, mein Freund! – allein aus dem Haus ging, um sich in einer Welt, in der ich ihn nur heimlich & ab und zu sehen konnte, allein durchzuschlagen. Ich wusste, dass Du ihm Kleidung gekauft und etwas Geld gegeben hattest, trotzdem leerte ich meine Taschen und gab ihm alle Münzen, die ein armer Flüchtling entbehren konnte. Während des Rivonia-Prozesses saß er eines Tages hinter mir. Ich drehte mich immer wieder nach ihm um, nickte & lächelte ihm zu. In dieser Phase des Prozesses glaubten die meisten, dass wir garantiert die Todesstrafe bekommen würden, und diese Befürchtung stand ihm eindeutig ins Gesicht geschrieben. Er nickte zwar jedes Mal zurück, wenn ich ihm zunickte, aber mein Lächeln erwiderte er kein einziges Mal. Ich hätte mir nicht vorstellen können, ihn niemals wiederzusehen. Das ist jetzt 5 Jahre her.

In der Zwischenzeit bekam ich in Deinen Briefen & bei Deinen Besuchen viele aufschlussreiche Berichte über ihn. Besonders freute ich mich über seine Bindung an die Familie & sein persönliches Interesse an Dingen, die mit der Verwandtschaft zusammenhingen. Dies kommt zum Ausdruck in dem herzlichen Brief, den er Dir im Juni 1967 schrieb. Darin, dass er Dich am Flughafen traf, als Du mich im gleichen Monat besucht hast; dass er sich um Ma[d] in Kapstadt gekümmert & sie zur Anlegestelle aufs Schiff gebracht hat, mit dem sie zu der Insel fuhr; dass er Dich besucht hat, als er vor kurzem mit seiner Familie nach Johannesburg kam, & Zeni & Zindzi ausgeführt hat. Ich weiß nicht, ob es ihm gelungen ist, Mas Grab aufzusuchen. Über Kgatho schickte er mir Mitteilungen und ehrte mich als Vater mit der Aufgabe, seinem Kind einen Namen zu geben. Maki sagte mir auch, sie habe für Kgatho Kleidung & alle anderen notwendigen Sachen gekauft. Ich weiß, was für ein furchtbarer Schlag sein Tod für Dich ist, & Du hast mein tiefstes Mitgefühl. Ntoko[e] habe ich unser Beileid mitgeteilt. Er ist zwar zu früh aus dem Leben gerissen worden, doch er wird in Frieden ruhen, denn er hat seine Pflicht gegenüber den Eltern, den Geschwistern & seinen Verwandten erfüllt. Wir werden ihn alle vermissen. Es ist traurig, dass weder Du noch ich ihm die letzte Ehre erweisen konnten, die Eltern ihrem geliebten Sohn, der von ihnen gegangen ist, schuldig sind. Die Mutter & den Erstgeborenen zu verlieren & den Lebenspartner für ungewisse Zeit eingesperrt zu wissen, und das alles im Zeit-

Special letter.

16. 7. 69

Dear Evelyn,

This afternoon the Commanding Officer informed me of a telegram received from attorney Mendel Levin of Johannesburg in which he reported the death of Thembi in a motor accident in Cape Town on July 13.

I write to give you, Kgatho & Maki my deepest sympathy. I know more than anybody else living, today just how devastating this cruel blow must have been to you for Thembi was your first born & the second child that you have lost. I also am fully conscious of the passionate love that you had for him & the efforts you made to train & prepare him to play his part in a complex modern industrial society. I am also aware of how Kgatho & Maki adored & respected him, the holidays & good time they spent with him in Cape Town. In his letter written in October 1967 Maki told me that Thembi helped you in buying them all they needed. My late Ma gave me details of the warm hospitality she received she received from him when she visited me on the Island. Throughout the last five years up to March this year, Nobandla gave me interesting accounts of his attachment & devotion to the family & the personal interest he took in all his relatives. I last saw him five years ago during the Rivonia trial & I always looked forward to those accounts for they were the main channel through which I was able to hear something of him.

The blow has been equally grievous to me. In addition to the fact that I had not seen him for at least sixty months, I was neither privileged to give him a wedding ceremony nor to lay him to rest when the fatal hour had struck. In 1967 I wrote him a long letter drawing his attention to some matters which I thought it was in his interest to attend to without delay. I looked forward to further correspondence to & to meeting him and his family when I returned. All these expectations have now been completely shattered for he has been taken away at the early age of 24 and we will never again see him. We should all be consoled & comforted by the fact that he had

*Special letter* vom 16. Juli 1969 an Evelyn Mandela.

many good friends who join with us in mourning his
passing away. He fulfilled all his duties to us as parent
and has left us with an inheritance for which every
parent is proud — a charming Molokazana & two lovely babies
Once more I extend to you, Kgatho & Maki my sincere
condolences and trust that you will muster enough
strength and courage to survive this painful tragedy.
Fondest regards to Sam & Khezi, to Nomanage, Lulu,
Phindi, Xosesi, Nscolisi, Mangezi & waza.
Nobandla joins me in this message of sympathy.

Yours very sincerely,
Nelson.

raum von zehn Monaten, ist für einen einzelnen Menschen selbst in normalen Zeiten eine allzu schwere Bürde. Aber ich beklage mich überhaupt nicht, meine Liebste. Du sollst wissen, dass Du mein und der ganzen großen Familie ganzer Stolz bist.

Nie zuvor habe ich mich so sehr nach Dir gesehnt wie gerade jetzt. Es tut gut, sich das bewusst zu machen an diesem Tag der bitteren Schicksalsschläge und der schmerzlichen Niederlagen. Der Schriftsteller P. J. Schoeman erzählt die Geschichte eines afrikanischen Heerführers, der mit seiner Truppe hervorragender schwarzer Krieger auf die Jagd ging. Dabei wurde der Sohn dieses Anführers von einer Löwin getötet, er selbst durch das Tier schwer verletzt. Die Wunde wurde mit einem glühenden Speer sterilisiert, und der Patient wand sich während der Behandlung vor Schmerzen. Schoeman fragte ihn später, wie er sich fühle, und der Verletzte antwortete, die unsichtbare Wunde schmerze weit mehr als die sichtbare. Jetzt weiß ich, was der Mann damit meinte. Ich bin in Gedanken immer bei Dir. Alles erdenklich Liebe & tausend Küsse, meine Mhlope.

Immer Dein
Dalibunga

------------------------

a   Mendel Levin war ein Anwalt, den Maud Katzenellenbogen als Verteidiger von Winnie Mandela vorgeschlagen hatte. Nach Rücksprache mit Mandela verzichtete sie auf ihn und beauftragte schließlich Joel Carlson.
b   Wahrscheinlich meint er seine Mutter, Nosekeni Fanny Mandela, die eine Zeit lang bei ihnen war.
c   Wodehouse Junior Secondary School in Cofimvaba, Transkei.
d   Nelson Mandelas Mutter, Thembis Großmutter, die im September 1968 verstorben war.
e   Evelyn Ntoko Mandela (1922–2004), Mandelas erste Frau und Mutter von Thembi; siehe «Personen, Orte, Ereignisse».

## An Evelyn Mandela

16. 7. 69

*Special letter*

Liebe Evelyn,
heute Nachmittag informierte mich der Commanding Officer, er

habe von Rechtsanwalt Mendel Levin aus Johannesburg telegrafisch mitgeteilt bekommen, dass Thembi bei einem Autounfall in Kapstadt am 13. Juli ums Leben gekommen ist.

Ich schreibe diesen Brief, um Dir, Kgatho & Maki[a] mein tiefstes Mitgefühl auszudrücken. Ich weiß besser als jeder andere, wie furchtbar dieser grausame Schicksalsschlag für Dich sein muss, denn Thembi war Dein Erstgeborener & das zweite Kind, das Du verloren hast.[b] Mir ist auch völlig bewusst, wie leidenschaftlich Du ihn geliebt & wie sehr Du Dich darum bemüht hast, ihn auf das Leben in einer komplexen modernen Industriegesellschaft vorzubereiten. Ich weiß auch, wie sehr Kgatho & Maki ihn verehrt & geachtet haben, weiß auch von den Ferien und den schönen Zeiten, die sie bei ihm in Kapstadt erlebten. Maki schrieb mir in einem Brief vom Oktober 1967, dass Thembi Dir half, all das zu besorgen, was sie brauchten. Meine verstorbene Ma erzählte mir von der herzlichen Gastfreundschaft, die sie bei ihm genoss, wenn sie mich hier auf der Insel besuchte.

Die ganzen letzten fünf Jahre bis zu diesem März berichtete mir Nobandla über seine Verbundenheit mit der Familie & seine persönliche Anteilnahme an allen seinen Verwandten. Zum letzten Mal sah ich ihn vor fünf Jahren beim Rivonia-Prozess, & immer freute ich mich auf diese Berichte, denn durch sie erfuhr ich noch am meisten über ihn.

Der Schlag traf mich genauso hart wie Dich. Nicht nur hatte ich ihn mindestens 60 Monate lang nicht gesehen, ich durfte ihm auch weder die Hochzeit ausrichten noch ihn zur letzten Ruhe betten. 1967 schrieb ich ihm einen langen Brief, in dem ich ihn auf einige Dinge aufmerksam machte, von denen ich annahm, dass es in seinem Interesse lag, sich unverzüglich damit zu befassen. Ich hoffte auf weitere Korrespondenz & auf ein Treffen mit ihm und seiner Familie nach meiner Rückkehr. All diese Hoffnungen sind jetzt ganz und gar zunichte gemacht, denn er wurde uns im jungen Alter von 24 Jahren genommen, und wir werden ihn niemals wiedersehen. Es sollte uns allen ein Trost sein, dass er viele gute Freunde hatte, die gemeinsam mit uns seinen Tod betrauern werden. Er erfüllte seine Pflichten gegenüber uns, seinen Eltern, und hinterließ ein Vermächtnis, auf das alle Eltern stolz sein können – eine reizende *Molokazana*[c] & zwei hübsche Babys.

Ich spreche Dir, Kgatho und Maki nochmals mein aufrichtiges Beileid aus & bin zuversichtlich, dass ihr genug Kraft und Lebensmut habt, um diese schmerzliche Tragödie zu überstehen.

Viele Grüße an Sam & Tshezi,[d] an Nomanage, Lulu, Phindi, Nosisi, Mxolisi, Mongezi & Waza.[e] Nobandla schließt sich mir an.

Ganz herzliche Grüße
Nelson

-----------------------

a   Die überlebenden Kinder, die er mit seiner ersten Frau Evelyn Mandela hatte – Makgatho (Kgatho) Mandela (1950–2005), Mandelas zweiter Sohn, und Makaziwe (Maki) Mandela (geb. 1954), Mandelas zweite Tochter; siehe «Personen, Orte, Ereignisse».
b   Ihre erste Tochter Makaziwe starb im Alter von neun Monaten an einer Krankheit. Danach nannten sie ihre zweite Tochter auch Makaziwe.
c   «Schwiegertochter» auf isiXhosa; gemeint ist Thembis Frau.
d   Evelyn Mandelas Bruder und Schwägerin.
e   Angehörige der Familie von Evelyn Mandela.

**An Colonel Van Aarde, Commanding Officer**
**Robben Island**

22. Juli 1969

Zu Händen von Col. Van Aarde

Mein ältester Sohn Madiba Thembekile starb am 13. Juli 1969 im Alter von 24 Jahren in Kapstadt an den Folgen der Verletzungen, die er bei einem Autounfall erlitt. Ich möchte auf eigene Kosten an der Beisetzung teilnehmen und ihm die letzte Ehre erweisen. Ich weiß noch nicht, an welchem Ort er bestattet werden wird, nehme aber an, entweder in Kapstadt, Johannesburg oder Umtata. Daher bitte ich Sie, mich mit oder ohne Bewachung sofort an den Ort begeben zu dürfen, an dem er zur Ruhe gebettet wird. Sollte er zu dem Zeitpunkt, an dem Sie dieses Gesuch erhalten, bereits beerdigt worden sein, bitte ich um die Erlaubnis, das Grab besuchen zu dürfen, um «den Stein hinterlegen» zu können, also das traditionelle Ritual zu vollziehen, das denen bleibt, die nicht an der Beerdigungsfeier teilnehmen können.

Ich hoffe aufrichtig, dass Sie diesen Antrag mit mehr menschlichem Mitgefühl behandeln können als ein ähnliches Gesuch, das ich erst vor zehn Monaten vortrug, nämlich als ich im September 1968 um Hafturlaub für die Teilnahme an der Beerdigung meiner Mutter bat. Eine Bewilligung dieses Antrags wäre ein Akt der Großzügigkeit Ihrerseits gewesen, der einen tiefen Eindruck auf mich gemacht hätte. Eine solche humane Geste hätte den schweren Schlag und das schmerzliche Unglück, das ein Gefangener erleidet, der seine Mutter verliert, deutlich lindern können und mir die Teilnahme an der Bestattung ermöglicht. Ich möchte hinzufügen, dass ich meinen verstorbenen Sohn vor über fünf Jahren zum letzten Mal gesehen habe, und Sie werden unschwer verstehen, wie wichtig es für mich ist, bei der Beerdigung zugegen zu sein.

Abschließend möchte ich auf Präzedenzfälle verweisen, bei denen Regierungen Gesuche dieser Art positiv beschieden haben.[a]

NELSON MANDELA[b]

----------------------

a  Wahrscheinlich bezieht er sich auf den ersten Premierminister Indiens, Jawaharlal Nehru (1889–1964), und schreibt darüber ausführlicher in einem Brief an Nolusapho Irene Mkwayi vom 29. September 1969 (S. 168–171 mit Anm. c).

b  In seinem Brief an Nolusapho Irene Mkwayi vom 29. September 1969 schreibt er, sein Gesuch, an der Beerdigungsfeier von Thembi teilnehmen zu dürfen, sei «einfach ignoriert» worden.

**An Makgatho Mandela, zweitgeborener Sohn**
**Johannesburg**

28. 7. 69

Mein lieber Kgatho,
mir wurde Dein Telegramm vom 17. Juli vorgelegt, in dem Du mir Thembis Tod bei einem Autounfall mitgeteilt hast. Tags zuvor hatte der Commanding Officer ein ähnlich lautendes Telegramm von Rechtsanwalt Mendel Levin aus Johannesburg erhalten. Ich hoffe, Deine Mutter hat inzwischen meinen Brief vom 16. Juli bekommen, in dem ich ihr, Dir und Maki mein Beileid ausdrückte.

Es ist ein weiser Grundsatz, dass man nicht über vergangene Schicksalsschläge nachgrübeln soll, wie verheerend sie auch erscheinen mögen, und wir sollten uns mit der bitteren Tatsache abfinden, dass Dein geliebter Bruder Thembi nicht mehr unter uns ist und wir ihn nie wiedersehen werden. Dennoch ist sein Ableben ein schwerer Verlust für die Familie und hat eine tiefe und schmerzliche Wunde geschlagen, die wohl erst nach Jahren heilen wird.

Ich denke an Deine Mutter, die gewiss tief betroffen ist, einen Sohn in so jungen Jahren zu verlieren, der ja bereits einen Teil der schweren elterlichen Aufgaben übernehmen musste, die sie jetzt ganz allein zu bewältigen hat. Ich denke aber vor allem auch an Maki und Dich, weil ich genau weiß, was für ein schwerer Schlag Thembis Tod für euch ist. Er liebte euch von Herzen, und ihr wart ihm ebenso zugetan. Er war nicht nur euer Bruder, sondern jemand, an den ihr euch spontan um Rat und Beistand gewendet habt. Er war euer Schutzschild vor Gefahr, und das half euch, Lebensmut und Selbstvertrauen aufzubauen, und das braucht ihr, um die zahlreichen Probleme zu bewältigen, die auf euch zukommen werden, wenn ihr größer werdet. Ihr konntet ihn ins Vertrauen ziehen in vielen Dingen, die Kinder eher ungern ihren Eltern anvertrauen, und jetzt, da er von uns gegangen ist, fühlt ihr euch verlassen, einsam und traurig. Bei ihm in Kapstadt hattet ihr ein Zuhause, in dem ihr fröhliche und spannende Ferien verbringen durftet, neue Freunde kennengelernt und mehr über euer Land und seine Leute erfahren habt. Sein Tod bedeutet, dass ihr all das nicht mehr haben werdet und von nun an eure eigenen Kämpfe ausfechten und gewinnen müsst und ganz auf euch selbst angewiesen seid.

Ich halte es für angebracht, eine besonders herausragende Eigenschaft von ihm hervorzuheben, die tiefen Eindruck auf mich gemacht hat. Seine Liebe zu euch, Maki, Zeni, Zindzi und den Verwandten insgesamt, seine Hingabe an die Familie ließen das Bild eines Mannes entstehen, dem Familienbande wichtig waren und der dazu bestimmt war, eine wichtige Rolle in der Erziehung, Ausbildung und Entwicklung der Kinder zu spielen. Er selbst hatte sich schon eine Position geschaffen, in der er die Liebe, die Bewunderung und Hochachtung seiner Schwestern verdiente und der Stolz der Familie war.

Aus Haus 8115[a] wurde ich ständig über sein nie erlahmendes Interesse an uns allen unterrichtet, und seine Gastfreundschaft wurde bei
seinem letzten Besuch mit seiner Familie in Johannesburg rühmend
erwähnt. Eure verstorbene Großmutter[b] versäumte es nie, etwas
Lobendes über ihn zu äußern, wann immer sie mich im Gefängnis
besuchte. Ich bedaure zutiefst, dass sein Tod ihm die Gelegenheit
versagte, seine glänzenden Gaben im Dienst der Familie voll zu entfalten.

Ich hasse es, Vorträge zu halten, lieber Kgatho, auch meinen Kindern,
lieber diskutiere ich mit jedermann auf der Basis völliger Gleichheit,
wobei ich meine Ansichten als Ratschläge betrachte, die die betref-
fende Person nach Belieben annehmen oder ablehnen kann. Aber ich
würde meine Pflichten verletzen, wenn ich Dir verschweigen würde,
dass Thembis Tod Dir eine schwere Verantwortung auferlegt. Jetzt bist
Du das älteste Kind, und es wird Deine Pflicht sein, die Familie zusammenzuhalten, Deinen Schwestern ein gutes Vorbild zu sein und
Dich so zu verhalten, dass Deine Eltern und alle Verwandten stolz auf
Dich sein können. Das bedeutet, Du musst in der Schule noch eifriger
lernen, Dich von Schwierigkeiten und Rückschlägen niemals entmutigen lassen und darfst selbst in den dunkelsten Stunden den Kampf nie
aufgeben. Vergiss nicht, dass wir in einem neuen Zeitalter wissen-
schaftlicher Errungenschaften leben, und die erstaunlichste war die
Mondlandung vor wenigen Tagen. Dies ist ein sensationelles Ereignis,
das das Wissen der Menschheit über das Universum bereichern und
vielleicht zu einem Wandel oder einer Veränderung vieler grund-
legender Annahmen auf vielen Wissensgebieten führen wird. Die junge
Generation muss lernen und sich vorbereiten, damit sie die weitreichenden Auswirkungen der Entwicklungen im Bereich der Weltraum-
forschung problemlos verstehen kann. Dieses Zeitalter ist geprägt von
intensiver und harter Konkurrenz, und der größte Lohn ist denjenigen
vorbehalten, die sich der gründlichsten Ausbildung unterzogen und in
ihrem jeweiligen Fachbereich die höchste akademische Qualifikation
erreicht haben. Für die Lösung der aktuellen Probleme der Menschheit bedarf es kluger Köpfe, und wer in dieser Hinsicht Defizite aufweist, ist im Nachteil, weil er nicht über das Rüstzeug verfügt, das ihm
im Dienst am eigenen Land und Volk Sieg und Erfolg sichert. Ein ge-

ordnetes und diszipliniertes Leben, Verzicht auf die oberflächlichen Vergnügungen, die den durchschnittlichen jungen Mann verlocken, intensives und systematisches Lernen das ganze Jahr über, all das wird Dir am Ende begehrte Auszeichnungen und persönliches Glück bringen. Es wird Deine Schwestern anspornen, dem Beispiel des geliebten Bruders nachzueifern, und sie werden von Deinen wissenschaftlichen Erkenntnissen, Deiner reichen Erfahrung, Deinem Fleiß und Deinen Leistungen reichlich profitieren. Außerdem suchen die Menschen gerne Kontakt zu einer hart arbeitenden, disziplinierten und erfolgreichen Person, und Du wirst viele Freunde gewinnen, wenn Du diese Eigenschaften sorgfältig pflegst. Vielleicht möchtest Du mit *Sisi* Tellie[c] im Haus 8115 über diese Dinge reden, sie kann Dir eine Genehmigung für einen Besuch[d] bei mir beschaffen, dann können wir Zukunftspläne schmieden, was Deine weitere Ausbildung betrifft.

Vergangenen Januar schrieb ich Dir einen längeren Brief, in dem ich genau dieses Thema und ein paar andere persönliche Dinge ansprach. Maki schrieb ich einen ähnlichen Brief am 16. Februar. Da ich keine Antwort bekam, vermute ich, dass beide Briefe nicht angekommen sind. Ich stellte Nachforschungen an und stellte fest, dass es keinen Nachweis gab, dass sie überhaupt abgeschickt worden waren. Ich war wirklich empört darüber, dass meine Briefe an Dich und andere Angehörige & Freunde ihre Adressaten nicht erreichten, sind sie doch die einzig mögliche Verbindung zu euch. Hoffentlich erreicht Dich wenigstens dieser Brief hier. Bitte gib mir Bescheid über Deine anderen Ergebnisse.

Zum Schluss bedanke ich mich aufrichtig bei Dir dafür, dass Du mich von Thembis Tod benachrichtigt hast. Meine Gedanken in dieser Familientragödie sind bei Dir. Nenne mir bitte den vollständigen Namen von *Molokazana*,[e] ihre derzeitige Adresse sowie die Namen der *Abazukulu*[f].

Herzliche Grüße an alle

In Liebe
*Tata*[g]

---

a    Das Haus der Mandelas in der Vilakazi Street, Orlando West, Soweto.

b  Nelson Mandelas Mutter Nosekeni Fanny Mandela, die 1968 gestorben war; siehe «Personen, Orte, Ereignisse».

c  Telia (Telli oder Tellie) Mtirara, eine Verwandte Mandelas. *Sisi* heißt «Schwester» auf isiXhosa und bezeichnet oft eine Frau aus der gleichen Altersgruppe.

d  Jeder Besuch musste beantragt und genehmigt werden.

e  «Schwiegertochter» auf isiXhosa; gemeint ist Thembis Frau Thoko Mandela: siehe «Personen, Orte, Ereignisse».

f  «Enkel» auf isiXhosa. Gemeint sind die Kinder Ndileka (geb. 1965) und Nandi (geb. 1968) von Thembi und Thoko Mandela; siehe «Personen, Orte, Ereignisse».

g  «Vater» auf isiXhosa.

## An Sefton Vutela, Mann von Nancy (Nali) Vutela, Winnie Mandelas Schwester
## Johannesburg

28.7.69

Mein lieber Sef,

ich war schockiert, als ich feststellte, dass beinahe alle Briefe, die ich seit letzten Dezember an Mitglieder meiner Familie, Verwandte & Freunde geschrieben habe, ihre Adressaten nicht erreicht haben, dabei war auch der Brief an Dich, den ich vor 7 Monaten schrieb. Ich hoffe, dieser hier kommt wohlbehalten bei Dir an & die unsichtbaren Mächte, die das mysteriöse und systematische Verschwinden meiner Korrespondenz zu verantworten haben und damit den Kontakt zu Familie und Freunden vollständig unterbunden haben, fühlen sich bemüßigt, aus Gründen des Fairplay und des Sportsgeistes mich ausnahmsweise einmal zu verschonen & diesen Brief hier durchgehen zu lassen.

Ich stehe in Deiner Schuld und kann mich womöglich gar nicht revanchieren. Am Tag, als meine Mitstreiter und ich im Rivonia-Prozess verurteilt wurden, saßen Nali, Zami, meine inzwischen verstorbene Mutter und Nyanya unter den Zuschauern. Das gleiche Delikt, dessen wir angeklagt waren, hatte tags zuvor zu einem Todesurteil geführt, & viele befürchteten, auch wir würden verurteilt werden und zu den unzähligen Legionen von Toten gehören. Tatsache ist, dass am ersten Verhandlungstag der Rechtsbeistand sich verpflichtet fühlte, uns darüber zu informieren, dass die Staatsanwaltschaft darauf hingewiesen hatte,

sie würde die Höchststrafe fordern, zumindest für einige der Angeklagten. Die Lage war extrem angespannt, und wir waren entsprechend in Alarmbereitschaft und machten uns bereit für das unerbittliche und schmerzliche Ende all unserer Träume. Ich bin weder
tapfer noch verwegen, & schon in meiner Jugend hatte ich diese chronische Schwäche, unbedingt leben zu wollen und Augenzeuge der
radikalen Umwälzungen zu sein, für die meine Landsleute in den vergangenen drei Jahrhunderten so tapfer gekämpft hatten. Als disziplinierte und engagierte Kämpfer für eine würdige Sache sollten wir
die Bereitschaft mitbringen, jede Aufgabe zu übernehmen, die uns die
Geschichte zuweist, wie hoch der Preis dafür auch sein mag. Dies war
das Leitmotiv unserer gesamten politischen Tätigkeit & auch während
der verschiedenen Phasen unseres Prozesses. Ich muss jedoch bekennen, dass die Bedrohung mit dem Tod in mir niemals den Wunsch geweckt hat, den Märtyrer zu spielen. Ich war dazu bereit, wenn es sein
musste. Aber der Wunsch zu leben war immer da. Doch wenn man
sich mit dem Gedanken an den Tod vertraut gemacht hat, verliert
selbst er seinen Schrecken. Die kritische Phase dauerte nur wenige
Stunden, & ich war beklommen und erschöpft, als ich am Ende jenes
Tages zu Bett ging, an dem ich von der Razzia in Rivonia[a] erfuhr.
Doch als ich am Morgen aufstand, war das Schlimmste schon vorüber, & ich hatte genügend Energie und Mut gesammelt, um zu der
Einsicht zu gelangen, dass, wenn ich nichts mehr für die Sache tun
konnte, für die wir uns so leidenschaftlich eingesetzt hatten, dieses
furchtbare Ende, das uns drohte, vielleicht doch in einem größeren
Rahmen einen nützlichen Zweck erfüllen könnte. Dieser Glaube
stärkte meine geringen Kraftreserven bis zum letzten Tag des Verfahrens immer wieder aufs Neue. Er wurde auch bekräftigt durch die
Überzeugung, dass unsere Sache gerecht war, & durch die breite
Unterstützung, die wir auf beiden Seiten der Rassenschranke von einflussreichen Organisationen und Einzelpersonen erhielten. Aber alle
Fanfaren & Lobeshymnen, die von uns und unseren Sympathisanten
im Lauf des Prozesses angestimmt wurden, wären nutzlos gewesen,
hätte uns im entscheidenden Augenblick der Mut verlassen.[b] Die
riesige Menschenmenge, die bei der Urteilsverkündung am 12. Juni
anwesend war, gab uns richtig Auftrieb. Als wir an jenem Morgen den

Gerichtssaal betraten, fiel mein Blick sogleich auf Nyanya, Nali, Ma & Zami. Ma & Zami waren für mich immer ein Fels in der Brandung und spornten mich oft an, weit mehr zuwege zu bringen, als meine begrenzten Talente eigentlich hergaben. In dieser Situation war ich überglücklich, sie zu sehen. Doch Nalis Anwesenheit baute mich richtig auf, sie hatte eine Bedeutung, die irgendwie über die bloße physische Präsenz einer Schwägerin hinausging. Es kam mir vor wie ein Akt der Solidarität von Deiner Seite aus, denn es ging um das Grundprinzip unserer Sache. Diesen Tag werde ich niemals vergessen.

Im Jahr 1967 reiste Nali die 1000 Meilen von Johannesburg nach Kapstadt und kam am 4. Februar auf der Insel an. Ihr Besuch war wirklich ermutigend. Sie sah gut, ja phantastisch aus, & ich freute mich sehr, sie wiederzusehen.

Einige Zeit davor hattest Du mir eigenhändig die Bücher verpackt und geschickt, die ich für mein Studium brauchte. Dein Besitzervermerk in den Büchern bedeutete mir viel. Aber wichtiger als alles andere ist Deine unschätzbare Hilfe für Zami, die sie mir in Briefen & bei ihren Besuchen im Einzelnen wiederholt geschildert hat. Hier scheint mir die Bemerkung angebracht, dass wir im normalen Leben, wenn wir frei & glücklich sind, Elfenbeintürme bauen, in die wir uns zurückziehen & wo wir arrogant und dünkelhaft die Großherzigkeit & die Zuneigung von Freunden mit Gleichgültigkeit und gar mit Geringschätzung abtun. Hinter eisernen Gittern zerbröckeln solche künstlichen Türme schnell, & Gastfreundschaft wird zu einem unschätzbaren Gut. Ich beteure aufrichtig, dass ich für alles, was Du und Nali für mich und Zami getan habt, ganz außerordentlich dankbar bin. Die nördlichen Landesteile sind von eurem Dorf in der Transkei, von den Ebenen & Hügeln, wo ihr eure Jugend verbracht habt, & von all euren Verwandten meilenweit entfernt. Oft habe ich mich einfach hingesetzt & lange und gründlich über Dich und Nali nachgedacht, & mir gingen unendlich viele Gedanken durch den Kopf, doch im Augenblick kann ich nur sagen, dass ich Dir & den Kindern (über die ich etwas hören möchte, wenn Du mir antwortest) Gesundheit, Kraft & viel Glück für die kommenden Tage wünsche.

Zami berichtete mir auch, dass ihr mein zuvorkommender Schwager Cameron[c] viel geholfen hat, & ich bitte Dich, ihm auszurichten, dass seine Hilfe tiefen Eindruck auf mich gemacht hat. Ich hatte nicht das Vergnügen, seiner Frau zu begegnen, & freue mich, sie eines Tages kennenzulernen. Ich denke auch an Kha & an Tami. Ich weiß nicht, ob ich Kha ohne weiteres wiedererkennen würde, ich habe sie ja nur ein- oder zweimal gesehen, aber ich erinnere mich, dass sie ein hübsches Mädchen ist, wie ja alle Frauen der Madikizelas; wie hätten sie es sonst geschafft, Dich, Tami & mich vor den Altar zu schleppen?

Herzliche Grüße an Tshutsha, NKOMO & VUYIZANA Dabane, Mthuthu & seine Joyce.[d] Alles Liebe für Nali

Herzlichen Gruß
Nel

- - - - - - - - - - - - - - - - - - - - - -

a   Polizeirazzia auf der Liliesleaf-Farm am 11. Juli 1963, bei der die meisten im Rivonia-Prozess Mitangeklagten verhaftet wurden.
b   Mandela und seine Mitangeklagten bekamen während des Rivonia-Prozesses viel Unterstützung im In- und Ausland. Der Mut, von dem er hier spricht, bezieht sich darauf, dass sie mit einem Todesurteil rechnen mussten.
c   Ein Bruder von Winnie Mandela.
d   Nothuthuzelo und Joyce Mgudlwa, Verwandte von Winnie Mandela.


**An Zenani und Zindzi Mandela, mittlere und jüngste Tochter Johannesburg**

3. August 1969

Meine lieben Töchter,
am 17. Juli erhielt ich von Kgatho ein Telegramm, in dem er mir mitteilte, dass Euer geliebter *Buti*[a] Thembi bei einem Autounfall ums Leben gekommen ist. Der Unfall ereignete sich am 13. Juli in Touws River in der Nähe von Kapstadt. Außer ihm starben auch zwei Europäer, die erst kürzlich aus Italien in dieses Land gekommen waren. Euer Bruder wird heute in Johannesburg beigesetzt. In dem Telegramm kündigte Kgatho an, mir brieflich alle Einzelheiten darüber zu berichten, wie Thembi umkam. Aber es dauert immer sehr lange, bis Briefe mich erreichen, und während ich Euch schreibe, ist Kga-

thos Brief noch nicht angekommen, und ich bin demnach nicht in der Lage, Euch mehr darüber zu berichten.

Mummy und ich drücken unser tiefstes Mitgefühl mit Euch aus. Wir alle hatten Thembi sehr lieb und waren stolz auf ihn, er seinerseits war uns zugetan, und es ist sehr traurig, dass wir ihn nie wiedersehen werden. Ich weiß genau, wie sehr er Euch geliebt hat. Mummy schrieb mir am 1. März, dass er die Ferien mit seiner Familie in Johannesburg verbrachte und dass er Euch in dieser Zeit mehrmals ausgeführt hat und Ihr viel Spaß miteinander hattet.

Sie hat mir auch erzählt, dass er Euch für die kommenden Dezemberferien zu sich nach Kapstadt eingeladen hatte und Ihr Euch darauf gefreut habt. Dort hättet Ihr das Meer sehen können, Orte wie Muizenberg und den Strand, wo Ihr hättet schwimmen können. Auch Castle hättet Ihr sehen können, eine große steinerne Festung, vollendet um das Jahr 1679. Dort wohnten früher die Gouverneure vom Kap. Hier war auch der berühmte afrikanische König Cetywayo eine Zeit lang eingesperrt nach der Schlacht von Isandhlwana im Januar 1879, als die Armee der Zulus die Engländer besiegte. In Kapstadt hättet Ihr auch den 1087 Meter hohen Tafelberg sehen können. Von seinem Gipfel aus kann man übers Wasser bis Robben Island blicken. Jetzt, da Thembi tot ist, könnt Ihr Eure Ferien im Dezember nicht dort verbringen und könnt nicht all die schönen Orte sehen, die ich oben erwähnt habe. Wir sind alle sehr, sehr traurig, dass unser Thembi für immer von uns gegangen ist. Er hat uns so viel bedeutet, und er wird uns fehlen.

Mummy und ich konnten nicht zu seiner Bestattung kommen. Wir sind ja beide im Gefängnis, und unser Gesuch um Erlaubnis zur Teilnahme an der Beerdigungsfeier wurde abgelehnt. Auch Ihr wart nicht dabei, aber wenn die Schule vorbei ist und Ihr nach Hause kommt, wird Kgatho dafür sorgen, dass Ihr zum Grab gebracht werdet und Abschied von Eurem verstorbenen Bruder nehmen könnt. Vielleicht können auch Mummy und ich eines Tages sein Grab besuchen. Aber nun, da er nicht mehr ist, dürfen wir nicht mehr an seinen Tod denken. Jetzt, meine lieben Kinder, ruht er in Frieden, frei von Beschwerden, Sorgen, Krankheit und Not; er empfindet weder Schmerz noch Hunger. Ihr aber müsst weiter zur

Schule gehen und lernen, Ihr sollt spielen, singen und vergnügt sein.

Dies ist ein sehr trauriger Brief. Am 23. Juni habe ich Euch einen anderen geschrieben, der genauso traurig war, weil es darin um Mummys Verhaftung ging. Dieses Jahr war wahrlich ein schlimmes Jahr für uns, aber es werden auch wieder glückliche Tage kommen, voller Freude und Lachen. Und noch wichtiger ist, dass Mummy und ich heimkommen werden, dann werden wir fröhlich gemeinsam in einem Haus wohnen, gemeinsam am Tisch sitzen und Euch bei den vielen Problemen helfen, die auf Euch zukommen, wenn Ihr größer werdet. Doch bis es so weit ist, werden Mummy und ich Euch regelmäßig schreiben.

Alles, alles Liebe
Euer *Tata*[b]

-----------------------

a   «Bruder» auf isiXhosa und isiZulu.
b   «Vater» auf isiXhosa.


**An Irene Buthelezi,[a] Freundin und Frau von Chief Mangosuthu Buthelezi[b]**
**Mahlathini, Zululand**

3.8.69

Liebe *Mndhlunkulu*,[c]
das Beileidstelegramm, das mir mein Chief Mangosuthu im Namen der Familie zukommen ließ und das ich am 18. Juli (meinem Geburtstag) erhielt, hat mich sehr berührt, & ich möchte, dass er erfährt, wie sehr ich das zu schätzen weiß. Die Jahre 1968 & 1969 waren schwierig & leidvoll. Vor zehn Monaten verlor ich meine Mutter. Am 12. Mai wurde meine Frau nach den Bestimmungen des Terrorist Act auf unbestimmte Zeit inhaftiert, sodass unsere kleinen Kinder praktisch zu Waisen wurden, & jetzt ist mein ältester Sohn für immer von uns gegangen. Der Tod ist immer eine furchtbare Katastrophe, ganz gleich, wodurch und in welchem Alter einer stirbt. Kommt er allmäh-

lich, wie bei einer normalen Krankheit, sind die nächsten Angehörigen zumindest vorgewarnt, & der Schlag trifft einen dann vielleicht weniger hart, wenn es so weit ist. Aber wenn man erfahren muss, dass der Tod einen kräftigen & kerngesunden Menschen in der Blüte seiner Jahre dahingerafft hat, erlebt man am eigenen Leib, wie lähmend das sein kann. So erging es mir am 16. Juli, als ich die Nachricht vom Tod meines Sohnes erhielt. Ich zitterte am ganzen Leib und wusste einen Moment lang nicht, wie ich reagieren sollte. Eigentlich hätte ich besser vorbereitet sein müssen, denn Thembi war nicht das erste Kind, das ich verlor. Schon in den Vierzigerjahren verlor ich ein neun Monate altes Mädchen.[d] Das Kind war im Krankenhaus, & es ging ihm auch schon viel besser, als sich sein Zustand plötzlich rapide verschlechterte; es starb noch in derselben Nacht. Ich war in den entscheidenden Augenblicken dabei, als das Mädchen verzweifelt darum kämpfte, in seinem zarten Körper die letzten Lebensfunken zu erhalten, die am Erlöschen waren. Ich bin mir nicht sicher, ob es nun ein Glück war oder nicht, Zeuge dieser herzzerreißenden Szene gewesen zu sein. Lange danach war ich noch zutiefst aufgewühlt, & auch jetzt noch ruft sie schmerzvolle Erinnerungen wach. Aber das Erlebnis hätte mich eigentlich gegenüber ähnlichen Katastrophen abhärten müssen. Dann kam der 26. September (der Geburtstag meiner Frau), an dem ich vom Tod meiner Mutter erfuhr. Das letzte Mal hatte ich sie im vergangenen September gesehen, als sie mich mit ihren 76 Jahren auf der Insel besuchte,[e] nachdem sie ganz allein von Umtata hierher gereist war. Ihr Aussehen hatte mich sehr beunruhigt. Sie hatte abgenommen und sah müde & krank aus, auch wenn sie sich heiter & liebenswürdig gab. Am Ende ihres Besuchs sah ich ihr nach, wie sie langsam zu dem Schiff ging, das sie aufs Festland zurückbringen sollte, & irgendwie kam mir der Gedanke, dass ich sie zum letzten Mal gesehen hatte. Aber im Lauf der Monate verblasste das Bild, das ich von ihrem letzten Besuch im Kopf hatte, und wurde durch den Hoffnung erweckenden Brief, den sie einige Zeit danach schrieb und in dem sie von ihrem guten Gesundheitszustand berichtete, völlig verdrängt. Daher traf mich die Nachricht von ihrem Tod am 26. Sept. wieder völlig unvorbereitet, und einige Tage lang durchlebte ich in meiner Zelle Momente, an die ich mich nie mehr erinnern möchte.

Aber nichts von dem, was ich Ende der Vierzigerjahre & im September letzten Jahres erlebte, lässt sich mit dem vergleichen, was ich am 16. Juli durchmachte. Die Nachricht erreichte mich nachmittags gegen halb drei. Plötzlich schien mein Herz stillzustehen, & das warme Blut, das in den vergangenen 51 Jahren mühelos durch meine Adern geströmt war, gefror zu Eis. Eine Zeit lang konnte ich weder einen Gedanken fassen noch irgendetwas sagen, & die Kräfte schienen mich zu verlassen. Irgendwann fand ich, mit einer schweren Last auf den Schultern, in meine Zelle zurück, den letzten Ort, an dem ein mit Sorgen beladener Mensch sein sollte. Meine Freunde waren wie immer fürsorglich & hilfsbereit, & sie taten, was sie konnten, um mich aufzumuntern. Am 17. Juli erhielt ich von Kgatho, meinem zweiten Sohn, ein Telegramm, & da ging es mir schon viel besser. Das Telegramm vom Chief hinterließ einen tiefen Eindruck auf mich & trug wesentlich dazu bei, dass ich mich von dem schweren Schlag erholte. Ich möchte ihm versichern, dass ich diese Bekundung seines Mitgefühls nie vergessen werde, ebenso wenig wie jene, die er mir anlässlich des Todes meiner Mutter zukommen ließ. Ich fühle mich stark & bin zuversichtlich aufgrund der vielen guten Wünsche & Solidaritätsbekundungen meiner vertrauten Freunde, zu denen ich Dich & den Chief zählen darf.

Oft kehre ich in Gedanken zurück in die Vierzigerjahre, als ich in Mzilikazi[f] lebte, wo ich Deine Eltern zum ersten Mal traf. Dein Vater, Mzilas Sohn, war ein großartiger alter Herr, den ich aufrichtig bewunderte & verehrte. Er war würdevoll, zuvorkommend & selbstbewusst, & die ganzen vier Jahre meiner Zeit in Mzilikazi verkehrten wir freundschaftlich miteinander. Die Gespräche mit ihm wiesen ihn als einen Mann aus, der stolz auf die Traditionen und Leistungen seines Volkes war, & diese Seite an ihm faszinierte mich mehr als alles andere. Doch obwohl er seine eigene Geschichte & Kultur liebte und wertschätzte, war er empfänglich für moderne, progressive Ideen & fand Bildung besonders wichtig. In diesem Sinn solltet ihr, Du und Dein Bruder, Zeugen sein. In seinem schwarzgoldenen Ornat, geschmückt mit Orden & Bändern, besuchte er häufig das Bantu Men's Social Center;[g] dort spielte er Dame und andere Spiele mit bemerkenswertem Geschick gegen ausgewiesene Sportler dieser Stadt. Ich werde ihn stets in Erinnerung behalten als einen Mann, der mir in schweren Tagen Zuspruch & Beistand gewährte. Nicht vergessen habe ich auch die Old Lady & das freundliche Lächeln, mit dem sie mich immer empfing. Auch schon damals wusste ich es zu schätzen, aber man muss mindestens 7 Jahre hinter Gittern sitzen, um voll und ganz zu würdigen, wie kostbar menschliche Güte sein kann. Es war mir eine große Freude, ihr beizustehen, als der Nachlass von Old Man abgewickelt wurde. Vergiss nicht, wie wertvoll meine Verbindung zu Deiner Familie für mich ist & dass ich größte Hochachtung habe vor dem Chief. Meine herzlichsten Grüße an euch alle & an Dr. Dotwana[h] & Deine Schwägerin.

Dem Chief sei nochmals gedankt für seine aufmunternde Botschaft.

Mit herzlichen Grüßen
Nelson

------------------------

a   Siehe «Personen, Orte, Ereignisse».
b   Chief Mangosuthu Buthelezi (geb. 1928), Zulu-Prinz und Politiker; siehe «Personen, Orte, Ereignisse».
c   Verweis auf die königliche Herkunft (isiXhosa).
d   Makaziwe, Mandelas erste Tochter mit seiner Frau Evelyn, starb im Alter von neun Monaten an einer Krankheit. Danach nannten sie ihre zweite Tochter auch Makaziwe.
e   Seine Mutter besuchte ihn zweimal auf Robben Island, am 6. März 1966 und am 9. September 1967.
f   Er bezieht sich auf eine Siedlung in der Nähe einer Goldmine, wo er als Wachmann angestellt war. Der Name Mzilikazi ist vermutlich ein Scherzname, abgeleitet von Mzila, dem Nachnamen des Verwalters, der Irene Buthelezis Vater war. Mandela kannte sie schon, als sie noch klein war.
g   Zum Bantu Men's Social Center vgl. Brief vom 3. März 1969, S. 105, Anm. r.
h   Dr. Mafu Dotwana: Mann von Mandelas Verwandter Dili Mtirara.


**An Brigadier Aucamp, c/o Commanding Officer Robben Island**

5. August 1969

Zu Händen von Col. Van Aarde
Mit der Bitte um Genehmigung des beiliegenden dringlichen Schreibens an Brig. Aucamp.

[Unterzeichnet] NELSON MANDELA. 466/64

[Vermerk in anderer Schrift] Auf dem Dienstweg an Brig. Aucamp [Unterschrieben und datiert] 5.8.1969

5.August 1969

[Vermerk in anderer Schrift] Nelson Mandela 466/64 Brief an Brig. Aucamp

5.August 1969


An den Commissioner of Prisons
HÖCHSTE DRINGLICHKEIT
Postfach
Pretoria


Zu Händen von Brig. Aucamp
Ich bitte um Genehmigung zum Versand des beigefügten Briefes an meine Frau, in dem es um die wichtige und dringende Frage der gesetzlichen Vertretung geht. Ich bitte um Absprache mit dem Personal [der Sicherheitspolizei], um die Zustellung zum frühestmöglichen Zeitpunkt zu gewährleisten.
Ferner bitte ich um die Genehmigung, um die ich seit 20.Mai gebeten habe, mich mit der Kanzlei Frank, Bernadt und Joffe ins Benehmen setzen zu dürfen. Ich möchte daran erinnern, dass seit der Verhaftung meiner Frau keiner der 12 Briefe, die ich bis vergangenen Juni geschrieben habe, angekommen ist. Vier aufeinanderfolgende Besuche, die für mich in den letzten sechs Monaten vereinbart waren, kamen nicht zustande. Selbst Briefe [an mich] kamen mit unverhältnismäßiger Verspätung an, eine diskriminierende Praxis, die in scharfem Gegensatz zur Behandlung meiner Mithäftlinge steht. Ein Brief, der am 24.April auf der Insel ankam, wurde erst 44 Tage danach am 7.Juni ausgehändigt. Ein anderer, den das Postamt am 17.Juni annahm, wurde mir 39 Tage später am 26.Juli übergeben. Ich füge hinzu, dass ich bis zum heutigen Tag noch keine zuverlässige Information über den Tod meines Sohnes erhalten habe. Mein jüngerer Sohn telegrafierte mir am 17.Juli – vier Tage nach dem tödlichen

Unfall – und kündigte an, mir brieflich nähere Angaben dazu zu machen. Aber angesichts der bisherigen Praxis werde ich ihn wohl noch lange nicht bekommen, obwohl es darin um so wichtige Dinge geht. Demgegenüber verweise ich auf den Brief an einen Mithäftling vom 16. Juni, den er 6 Tage später in Händen hielt. Und ein weiterer Brief, geschrieben am 13. Juli an denselben Mann, war ebenfalls 6 Tage später beim Adressaten. Unter diesen Umständen erscheint es mir angemessen, Ihnen nahezulegen, meinen Antrag ohne weitere Verzögerung zu genehmigen. Es geht nicht an, dass ich im Unklaren gehalten werde in Fragen, die so wichtig sind für mich und meine Familie, und ich appelliere an Sie, die Sache zu beschleunigen. Ich möchte Ihnen auch sagen, wie dankbar ich dafür bin, dass Sie mir Gelegenheit zum Kontakt mit meiner Frau geben. Die Bewilligung des oben gestellten Antrags wird es mir ermöglichen, alle häuslichen Probleme anzugehen, die durch die Verhaftung meiner Frau entstanden sind, und ist eine angemessene und logische Ergänzung für die Hilfe, die Sie mir und meiner Frau bereits gewährt haben.

[Unterzeichnet NRMandela]
Nelson Mandela. 466/64

## An Olive Nomfundo Mandela, Mandelas Nichte
## Johannesburg

8.9.69

Meine liebe *Mtshana*,[a]
ich war wirklich fassungslos, als ich erfuhr, dass Du, ein Mädchen im Teenageralter, in einer so gewalttätigen und gefährlichen Stadt wie Johannesburg die vergangenen vier Monate ganz allein gelebt hast und dort allen möglichen Gefahren ausgesetzt warst; es ist unbegreiflich, dass die Leute, die Deine Tante[b] abführten, nicht das Geringste unternahmen, um dafür zu sorgen, dass Du zumindest in Sicherheit bist und ein Erwachsener sich um Dich und das Haus kümmert.[c] Wie Du Dein Essen bekommst, Kleidung und Seife kaufst, zur Schule und wieder nach Hause gelangst, Schulgeld und Bücher bezahlst, all

die vielen Dinge, die ein Kind Deines Alters braucht, all das scheint diese Leuten nicht zu interessieren. Ich kann mir gut vorstellen, wie schwierig in diesen Tagen alles für Dich ist. Alle häuslichen Arbeiten wie Kochen, Putzen, die Veranda Fegen hast Du nun ganz allein zu bewältigen, und Dir bleibt kaum Zeit für Deine Hausaufgaben. Dazu kommt noch die Belastung durch viele Stunden der Einsamkeit und die Ungewissheit, wie lange die Tante fort bleibt, dazu noch die Angst, nicht zu wissen, was kommt. Vielleicht wachst Du manchmal auf und gehst ohne Frühstück zur Schule, weil kein Geld da ist, um Fleisch, Milch, Eier, Zucker, Brot, Butter, *mealie meal*,[d] Kohle oder Paraffinöl zu kaufen.

Vielleicht hast Du lange dagesessen und Dich gefragt, warum gerade Du so großes Pech hast, hast Dich verglichen mit Deinen fröhlichen und wohlgenährten Schulkameradinnen. Und in Soweto triffst Du Kinder, die bei ihren Eltern wohnen und immer fröhlich sind, Kinder, die nie in ihrem Leben gelitten und nicht die Probleme haben, die Dir jetzt Kopfzerbrechen bereiten. Zuweilen kommen Dir wohl auch Zweifel, ob Du die Tante und auch mich je wiedersehen wirst, und es ist schwer zu verstehen, warum so vielen Menschen in der christlichen Welt des 20. Jahrhunderts so viel Leid widerfährt. Es gab Momente in meinem Leben, da empfand auch ich, trotz meines hohen Alters, diese Zweifel und hatte diese Schwierigkeiten. Meine bescheidene Bildung befähigt mich zwar, mit echtem Interesse den Fortschritt des Menschen im Laufe der Million Jahre seiner Geschichte zu verfolgen, seine Entwicklung vom rückständigen und abergläubischen Wilden zum kultivierten Individuum, das er jetzt angeblich ist. Doch die schlimmen Erfahrungen, die Du und auch andere Angehörige unserer Familie gemacht haben, ihr Leid und ihre Not lassen mich daran zweifeln, ob man wirklich irgendeinen Menschen als christlich und kultiviert bezeichnen kann. Heute lebst Du als Waise den größten Teil des Tages einsam, traurig und in Angst, weil Deine Tante und ich, die wir am Leben und gesund sind und Dir alle Möglichkeiten, die Dir im Leben zustehen, geboten hätten, von anderen Menschen, unseren Landsleuten, die uns als Christen und zivilisierte Menschen eigentlich liebevoll und gütig behandeln müssten, ins Gefängnis geworfen worden sind. Wir wurden verhaftet und eingesperrt, nicht etwa weil wir gemordet, gestohlen oder ein anderes Verbrechen begangen hätten, sondern weil wir für Wahrheit, Gerechtigkeit, Ehre und Gesetz eintreten und niemals akzeptieren werden, dass irgendein Mensch höherstehend sein soll als wir. Falls Tante Nobandla und ich den Rest unseres Lebens hier verbringen und Dich niemals wiedersehen sollten, falls es uns verwehrt ist, Dich auf die Universität zu schicken, wie wir gehofft hatten, falls wir Dir, wenn die Zeit dafür gekommen ist, keine angemessene Hochzeit ausrichten und Dir zu einem eigenen Hausstand verhelfen können, dann, liebe Mtshana, wirst Du wenigstens die wahre Geschichte über uns erfahren. Es ist nicht so, dass wir Dich, Kgatho, Maki, Zeni und Zindzi nicht lieben oder unsere elterlichen Pflichten nicht kennen würden: Vielmehr lieben wir euch so sehr, dass wir nicht tatenlos zusehen konnten, wie euch in eurem eigenen Land die Rechte und Möglichkeiten verwehrt werden, die Menschen anderswo seit Jahrhunderten genießen. Das ist die ganze Wahrheit, die erklärt, warum wir Gefangene sind, warum wir fern von zu Hause leben und warum Du nun allein in Orlando West 8115 sitzen musst.

Wie groß Deine jetzigen Probleme auch sein mögen, liebe Mtshana, lass Dich nicht entmutigen und gib die Schule nicht auf. Auch wenn wir im Gefängnis sind, werden wir alles in unserer Macht Stehende tun, dass Du weiterhin zur Schule und später auf die Uni gehen kannst. Pass auf, dass Du die Klasse bestehst. Auch wenn Du zur Zeit mit echten Schwierigkeiten zu kämpfen hast, verhungern oder vor Einsamkeit sterben wirst Du nicht. *Sisi* Tellie, Onkel Marsh und Tante Niki stehen immer bereit, Dir zu helfen. Außerdem haben wir viele gute und zuverlässige Freunde wie Tante Gladys,[e] an die Du Dich um Rat und Beistand wenden kannst. Eines Tages werden wir wieder nach Hause kommen, und dann wirst Du wie alle anderen Kinder Deiner Schule und in Soweto glücklich mit uns zusammen leben. Dann werden Deine Einsamkeit, Dein mühseliges Leben und die Angst davor, was kommen wird, sowie die Gefahren, denen Du jetzt ausgesetzt bist, ein Ende haben. Du wirst Dich weniger abrackern müssen als jetzt, besseres Essen bekommen und wieder fröhlich lachen können. Bis es soweit ist, sollst Du wissen, dass wir stolz auf unsere tapfere und kluge *Mtshana* sind, und am allermeisten freuen wir uns, wenn wir hören, dass Du Deine Prüfungen bestanden hast.

Meine herzlichen Grüße gehen an Kgatho, Maki, Zeni und Zindzi, Matsobiyane,[f] an *Sisi* Tellie, Onkel Marsh, Tante Niki und Tante Gladys.

Viel Glück!

Alles Liebe für Dich, *Mtshana*.

Dein *Malume*[g]

------------------------

a  «Nichte» oder «Neffe».

b  Winnie Mandela.

c  Olive Nomfundo Mandela, die Tochter von Mandelas Schwester Notancu, lebte eine Zeit lang im Haus der Familie in 8115 Orlando West und blieb allein zurück, als Winnie Mandela verhaftet wurde.

d  Maismehl, das mit heißem Wasser zu einem Brei vermischt wird.

e  Winnie Mandelas Tante.

f  Enkelin von Mandelas Cousin.

g  «Onkel».


**An Nolusapho Irene Mkwayi, Frau des Mithäftlings Wilton Mkwayi[a]**
**Johannesburg**

29.9.69

Liebe Nolusapho,

die Bekundung Ihres Mitgefühls anlässlich des Todes meines ältesten Sohnes Thembi hat mich wirklich sehr getröstet. Sowohl der gedruckte Text auf der Kondolenzkarte als auch die wohltuenden Worte, die Sie dazu geschrieben haben, taten mir besonders gut & machten mir Mut.

Ich erhielt die tragische Nachricht am 16. Juli, & sechs Tage danach beantragte ich beim Commanding Officer Hafturlaub, um an der Beisetzung teilzunehmen, und zwar auf meine Kosten & mit oder ohne Bewachung.[b] Ich fügte hinzu, falls Thembi beerdigt würde, bevor mein Gesuch eingehe, bäte ich um die Erlaubnis, sein Grab zu besuchen, um «den Stein zu legen» (*ukubek'ilitye*) – wie es der Brauch ist für diejenigen, die an der eigentlichen Bestattung nicht teilnehmen können. Zehn Monate zuvor hatte ich ein ähnliches Gesuch eingereicht, als meine Mutter starb, & obwohl die Behörden damals eine harte Linie verfolgten und mir verweigerten, was ich in Anbetracht der Umstände für ein völlig berechtigtes Ansinnen hielt, hatte ich doch die vage Hoffnung, dass der Tod zweier Angehöriger innerhalb so kurzer Zeit die Behörden nun vielleicht dazu bewegen würde, mir die einzige Gelegenheit im Leben zu gewähren, meinem Sohn die letzte Ehre zu erweisen. In meinem Antrag verwies ich ausdrücklich darauf, dass meine Bitte um Hafturlaub aus Anlass der Beisetzung meiner Mutter abgelehnt worden war und dass eine Bewilligung dieses Antrags ein Akt der Großzügigkeit wäre, der einen nachhaltigen Eindruck bei mir hinterlassen würde. Ich betonte, dass ich Thembi vor fünf Jahren zum letzten Mal gesehen hatte, & gab der Hoffnung Ausdruck, sie würden berücksichtigen, wie wichtig mir meine Anwesenheit auf der Beerdigung war.

Natürlich wusste ich, dass die Briten vor 30 Jahren in einer ihrer Kolonien einen berühmten Freiheitskämpfer eingesperrt hatten, der später Premierminister wurde, als sein Land 1947 unabhängig wurde.[c] Er saß im Gefängnis, als es um die Gesundheit seiner Frau immer schlechter bestellt war & es notwendig wurde, dass er sie zur Behandlung nach Europa begleitete.

Der britische Imperialismus brachte weltweit Millionen von Menschen unsägliches Leid und Elend, & als sich die Engländer zurückzogen, hinterließen sie ausgeplünderte Länder und Menschen, die viele Jahre lang zu Armut, Hunger, Krankheit und Analphabetismus verdammt waren. Diese Zeit ist das dunkle Kapitel der britischen Geschichte, & viele Historiker haben Britannien dafür zu Recht verurteilt. Andererseits sind die Engländer bekannt bei Freund & Feind für ihren Weitblick & ihren vernünftigen Umgang mit menschlichen Problemen & ihre Hochachtung vor Menschen, die ihr Leben für ein würdiges Ziel aufs Spiel setzen. Bei politischen Konflikten mit den Führern nationaler Befreiungsbewegungen in ihren ehemaligen Kolonien behandelten sie politische Straftäter oft human & leisteten echte & wirksame Hilfe, wenn sie vonnöten war. So gestatteten sie auch dem oben erwähnten Politiker die Ausreise; leider verstarb die Frau nach ihrer Ankunft in Europa, und der Witwer kehrte in sein Land zurück, um seine restliche Strafe zu verbüßen. Diesen Umgang mit ihren Bürgern kann man von einer aufgeklärten Regierung erwarten, & entsprechend reagierte die britische Regierung aus humanitären Gründen auf das Gesuch politischer Oppositioneller vor etwas mehr als 30 Jahren. Sowohl bei meiner Mutter als auch bei Thembi ging es nicht um Krankheit, sondern um den Tod. Ich bat nicht einmal um die Erlaubnis, ins Ausland zu fahren, sondern nur in einen anderen Teil meines Heimatlandes, das unter der ständigen Überwachung durch starke & erfahrene Sicherheitsstreitkräfte stand. In Thembis Fall wurde mein Antrag einfach ignoriert, & man hielt es nicht einmal für nötig, den Eingang meines Gesuchs zu bestätigen. Ein weiterer Antrag auf Erlaubnis, die Presseberichte über den tödlichen Unfall zu bekommen, wurde abgewiesen, und bis heute habe ich keine zuverlässigen Informationen zu dem Geschehen, das zu Thembis Tod führte. Alle meine Bemühungen, einen Anwalt zu bekommen, der die Frage der Schuld am Unfall, der daraus eventuell entstehenden Schadenersatzansprüche & die Frage nach dem Erbe generell untersuchen sollte, blieben erfolglos. Mir wurde nicht nur die Möglichkeit versagt, meinen ältesten Sohn & Freund, den Stolz meines Herzens, ein letztes Mal zu sehen, sondern ich werde nach wie vor im Ungewissen darüber gelassen, was mit ihm & seinen persönlichen Dingen zu tun hat.

Am 6. Sept. erhielt ich eine Mitteilung, meine häuslichen Angelegenheiten betreffend, die mich in hohem Maße beunruhigte. Meine Nichte Nomfundo,[d] die noch ein Teenager ist, wohnt praktisch allein im Haus [Nr. Orlando West 8115], & die Frau, die seit Zamis Verhaftung dort wohnte, wurde offenbar vertrieben. Diese kaum fassbare Gleichgültigkeit riss die schmerzlichen Wunden weit auf, die der Tod in meinem Herzen geschlagen hatte.

Deine Mitteilung muss vor dem Hintergrund dieser Behinderungen und Enttäuschungen gesehen werden. Zum Glück haben mich meine zahlreichen Freunde, die hier im Gefängnis und die von außerhalb, mit Beileidsbekundungen und Worten des Trostes überhäuft, & das Schlimmste ist jetzt vorüber. Dazu gehört auch Ihr Brief, unterschrieben von Nolusapho, der Amagqunukhwebe[e]-Frau, den Kindern von Khwane,[f] Cungwa, Pato und Kama.[g] Ihre wundervolle Botschaft hat mein Herz erfreut. Und obwohl ich noch nicht die Ehre hatte, Sie kennenzulernen, habe ich das Bild einer Frau vor Augen, die ihr Volk aufrichtig liebt & stets das Wohlergehen und das Glück anderer über das eigene stellt. Dass Sie trotz Krankheit & persönlicher Probleme Gelegenheit gefunden haben, mir diese Botschaft zu senden, sagt mehr über Sie aus, als bloße Worte auszudrücken vermögen. Ich wünsche Ihnen baldige & völlige Genesung.

Vielen Dank für die schönen Weihnachtskarten, die ich von Ihnen & Nomazotsho bekommen habe. Ganz herzliche Grüße an Georgina,[h] Nondyebo,[i] Beauty,[j] Squire[k] & Vuyo.[l]

Alles Gute
Ihr Nelson

---

a   Wilton Mkwayi (1923–2004), Gewerkschafter, politischer Aktivist, politischer Gefangener; siehe «Personen, Orte, Ereignisse».

b   Vgl. den Brief an Colonel Van Aarde vom 22. Juli 1969, S. 150 f.

c   Mandela bezieht sich auf Jawaharlal Nehru. In einem Gespräch mit Richard Stengel im Jahr 1993 erinnerte er sich: «Vor allem musste ich meiner Mutter die letzte Ehre erweisen; sie starb 1968, als ich im Gefängnis war. Ich bat die Gefängnisleitung, mir Hafturlaub zu gewähren, um meine Mutter zu Grabe zu tragen. Ich verwies auf Pandit Nehru, das war noch vor der Unabhängigkeit Indiens, bevor Nehru Premierminister wurde. Seine Frau hatte TB, Nehru saß im Gefängnis, und er bat die Briten um die Erlaubnis, seine Frau nach Deutschland bringen zu dürfen, das anscheinend für seine fortschrittlichen Heilmethoden bei Tuberkulose bekannt war. Die Briten waren einverstanden, er verließ das Gefängnis und brachte seine Frau nach Deutschland. Leider starb die Frau, aber er kehrte ins Gefängnis zurück, und die Briten beschlossen, ihn wegen dieser persönlichen Tragödie freizulassen.» (Im Gespräch mit Richard Stengel am 13. Januar 1993, CD 15, Nelson Mandela Foundation, Johannesburg.)

d   Olive Nomfundo Mandela, Tochter von Mandelas Schwester Notancu.

e   Die Amagqunukhwebe sind eine Untergruppe der Xhosa-Nation.

f   Khwane kaLungane, ein Berater und Krieger des Königs Tshiwo (1670–1702) der amaXhosa, Stammesführer der amaGqunukhwebe und Gründer der Khwane-Dynastie.

g   Nachfolger von König Khwane.

h   Winnie Mandelas Freundin, eine ihrer Brautjungfern.

i   Nondyebo Jane Bam, Krankenschwester und Antiapartheidaktivistin. Sie war die Schwester von Brigalia Bam (geb. 1933), die Präsident Mandela zur Vorsitzenden der Unabhängigen Wahlkommission Südafrikas ernannte. Ihr Bruder Fikile Bam (1937–2011) war von 1964 bis 1975 auf Robben Island in Haft.

j   Nobantu Mniki, eine von Winnie Mandelas Schwestern.

k   Henry Makgothi (1928–2011), Lehrer, entlassen wegen seiner politischen Aktivitäten. 1954 wurde er zum ANC-Präsidenten von Transvaal gewählt und im Hochverratsprozess angeklagt. Bei seinem Versuch, ins Ausland zu fliehen, wurde er festgenommen und zu zehn Jahren Haft verurteilt. Nach seiner Freilassung ging er ins Exil und arbeitete für den ANC.

1990 kehrte er nach Südafrika zurück und diente bis 1999 dem ANC als parlamentarischer
Geschäftsführer im National Council of Provinces.
1   Nomvuyo Nokwe (1928–2008), Frau des Anwalts Duma Nokwe (siehe «Personen, Orte,
Ereignisse»).

**An den External Registrar, University of London**
**London**

1. Oktober 1969

Sehr geehrter Herr,
ich bitte Sie höflich, mir zu bestätigen, dass ich die Examina in Rechtslehre und Rechtstheorie abgelegt habe, und mir zu gestatten, die verbleibenden drei Themenbereiche für Teil II des LL.B-Kurses an zwei
getrennten Terminen zu absolvieren, und zwar möchte ich Internationales Öffentliches Recht im Juni 1970 abschließen und die beiden
übrigen Themen im Juni 1971.
Als Häftling, der zu harter Arbeit gezwungen ist, habe ich erhebliche
Schwierigkeiten, mich auf vier Themen in einer einzigen Prüfung
vorzubereiten, und jedes Zugeständnis in diesem Sinne würde mir
eine faire Chance geben, meine Kompetenz und mein Wissen in jedem dieser Bereiche unter Beweis zu stellen.
Ich möchte hinzufügen, dass eines meiner Hauptprobleme darin bestand, das ich weder die neuesten Ausgaben der empfohlenen Lehrbücher erhalten noch die Nachschlagewerke sowie die Fachzeitschriften einsehen konnte, was mich in die Lage versetzt hätte, mit der
Entwicklung des Rechts in allen Bereichen Schritt zu halten. Die Gesamtkosten für das Studienmaterial zur Vorbereitung aller Prüfungen
übersteigen in meiner derzeitigen Situation meine finanziellen Möglichkeiten bei weitem. Die nötigen Mittel könnte ich nur aufbringen,
wenn der Abschlusskurs im obengenannten Sinne terminlich aufgeteilt wird.

Hochachtungsvoll
[Unterzeichnet NRMandela]
NELSON MANDELA

**An den Commanding Officer**
**Robben Island**

9. Oktober 1969

Zu Händen von Capt. Huisamen
Hiermit teile ich Ihnen mit, dass ich am 21. Mai 1969 mit Brigadier
Aucamp eine Unterredung hatte, in deren Verlauf ich ihn zu überzeugen versuchte, die Entscheidung, das Studium nach Abschluss
der Examina am Jahresende 1969 zu beenden, noch einmal zu überdenken.
Er nannte die Gründe, warum die Regierung diesen Schritt getan
hatte, und bedauerte, uns in dieser Sache nicht helfen zu können.
Allerdings machte er die bedeutsame Einschränkung, dass die genannte Entscheidung nur für diejenigen gelte, die ein Aufbaustudium
an der University of South Africa machten, nicht aber für Studenten
an ausländischen Universitäten. Er betonte, dass die Gefängnisverwaltung mit Unisa[a] Absprachen getroffen habe, um denjenigen, deren
Kurse nach Abschluss der Prüfungen aufgrund der obigen Entscheidung unterbrochen worden waren, die Fortsetzung ihres Studiums
nach dem jeweiligen Ende ihrer Haft zu ermöglichen.
Insofern ich an der Unisa als BA-Student (Fortgeschrittene) der Politischen Wissenschaften immatrikuliert bin, gilt diese Entscheidung
für mich. Aber Brigadier Aucamp hatte außerdem darauf verwiesen,
dass ich mein Jurastudium an der University of London abschließen
könne, und begründete dieses Entgegenkommen. Ich beabsichtige,
die noch ausstehenden Kurse gemäß der Auskunft von Brigadier
Aucamp zu absolvieren, und verlasse mich darauf, dass Sie meine
Korrespondenz an die University of London weiterleiten können.
Aus Erfahrung weiß ich, dass es äußerst strapaziös, ja nahezu unmöglich ist, die Abschlussprüfungen von vier Studienjahren auf einmal abzulegen, und hoffe deshalb, dass ich die ausstehenden Prüfungen auf
zwei Jahre verteilen kann.
Ferner möchte ich Sie darauf hinweisen, dass die Pflichtlektüre um-
fangreich und kostspielig und in Südafrika nicht verfügbar ist. Sie
komplett zu kaufen übersteigt bei weitem meine finanziellen Rück-
lagen, und die einzige Alternative ist die Entlastung, um die ich den

Registrar der Universität bitte, wie aus den beiliegenden Briefen ersichtlich ist.

[Unterzeichnet NRMandela]

------------------------

a University of South Africa.

## An Adelaide Sam Mase, Schwägerin seiner ersten Frau Evelyn Mandela
## Engcobo

3.11.69

Meine liebe Tshezi,[a]
ich danke *Sibali* Sam[b] für sein Beileidsschreiben vom 20. August. Thembis Tod war für uns alle sehr schmerzlich, ganz besonders für mich, wenn man bedenkt, dass ich ihn seit fünf Jahren nicht mehr gesehen hatte und mein Antrag auf Genehmigung zur Teilnahme an der Beerdigung abgelehnt wurde.

Am 6. September, dem Tag, an dem ich auch Mqwatis[c] mitfühlenden Brief erhielt, besuchte mich meine Nichte Tellie hier auf der Insel und berichtete mir von der Beerdigung; es war irgendwie tröstlich, zu wissen, dass die Öffentlichkeit so daran Anteil nahm. Tellies Bericht wurde bestätigt von meiner Schwägerin Mrs. Xaba, die am Flughafen war, als der Leichnam aus Kapstadt eintraf, und die mit am Grab stand. Mit Freude habe ich vernommen, dass Du aus diesem Anlass den ganzen Weg dorthin zum Rand[d] gemacht hast, und auch, dass die Leute aus Engcobo[e] sich so zahlreich beteiligt haben, wofür ich ihnen großen Dank schulde.

Ich las die zeitlosen und aussagekräftigen Seiten der Heiligen Schrift, auf die mich Mqwati[f] freundlicherweise hinwies. Er kennt sich gut aus in Fragen der Religion, daher habe ich Hochachtung vor seinen Ansichten in allen Fragen, die das Evangelium betreffen. Ich möchte hier nur sagen, dass die Bedeutung der von ihm zitierten Passagen darin liegt, dass sie uns von einer Daseinsform berichten, die uns vor vielen Jahrhunderten Frieden und Eintracht hätte bescheren können, hätte die Menschheit getreu die darin enthaltenen Lehren befolgt. Sie führten uns eine neue Welt vor Augen, ohne Krieg, Hunger, Seuchen und Rassismus, eben die Welt, für die ich kämpfe: die Welt, die der Prophet Jesaja schildert, in der Wolf und Lamm nebeneinander wohnen, wo der Leopard und das Zicklein, das Kalb und der junge Löwe und das Masttier alle friedlich beisammen sind.[g] Natürlich waren Mqwati und ich nicht immer einer Meinung darüber, wie eine solche Welt entstehen würde.[h] In den vielen Diskussionen mit ihm versuchte ich beharrlich, einen zentralen Punkt herauszustellen: dass die neue Welt als Ergebnis unserer Mühen, unserer Tränen, unserer Opfer und unseres Ringens entstehen wird. Der Weg, den die Menschheit in den vergangenen 500 000 Jahren von primitiven und einfachen Formen gesellschaftlicher Organisation zu den fortgeschrittenen und komplexen Systemen der heutigen Zeit zurückgelegt hat, insbesondere die ungeheuren Fortschritte der letzten 50 Jahre, zeigt ganz klar, dass in absehbarer Zukunft die Menschheit das vom Propheten Jesaja beschriebene Reich erben wird.

Leben und Taten herausragender frommer Männer zeigen, dass Kämpfer für eine neue Ordnung die Theorie nicht von der Praxis zu trennen brauchen. Moses teilte die Nöte seiner Landsleute in Ägypten und führte sie schließlich tatsächlich aus der Sklaverei in das Gelobte Land. Bei seinen Bemühungen, die christliche Kirche zu gründen, geriet Paulus in Konflikt mit der etablierten Macht und maßgeblichen Interessengruppen. Sein Ankläger soll gesagt haben: «Die Wahrheit ist, wir halten diesen Mann für eine wahre Plage; er stiftet Unruhe unter den Juden in der ganzen Welt und ist Rädelsführer der Nazarener Sekte.»[i] Diese «Nazarener Sekte» sollte sich bis in beinahe jeden Winkel der Erde verbreiten und von vielen Nationen als Staatsreligion anerkannt werden. Und der Mann, der als wahre Plage bezeichnet worden war, wurde später zu einem Heiligen, der von Millionen Christen auf der ganzen Welt geliebt und verehrt wird. Doch Du wirst verstehen, dass Probleme wie diese nicht in einem Brief erschöpfend behandelt werden können; ich will hier nur andeuten, dass die Verbreitung des christlichen Glaubens und die neue Welt, die dieser Glaube schuf, durch die praktische Arbeit der riesigen und furchtlosen Armee des Evangeliums zustande kamen. Ich möchte nur hinzufügen, dass mich Mqwatis einfühlsamer Brief tief bewegt hat, und ich weiß, dass Thembis Tod Dir ebenso nahe gegangen ist wie mir. Vor ein paar Monaten habe ich erfahren, dass Dein Bruder Justice, der für das Department für Öffentlichkeitsarbeit in der Transkei gearbeitet hat, verstorben ist. Wir waren damals in Healdtown[j] eng miteinander befreundet, und sein Tod war ein harter Schlag für mich. Obwohl wir uns seit 20 Jahren nicht mehr gesehen oder geschrieben hatten, habe ich ihn nie vergessen, und es hat mich gefreut, ein wenig über ihn zu hören. Bitte richte seiner Familie mein nachträgliches Beileid aus. Beileid schulde ich auch Temba Mdaka wegen des Todes seiner ersten Frau Nomayeza. Sie waren gleichzeitig in Healdtown wie Justice und ich. Sie war eine warmherzige und kultivierte Lady, und ich war sehr betroffen, als ich von ihrem Tod erfuhr. Chief Dumalisile Mbekeni[k] ist ein Mann, vor dem ich große Hochachtung habe. Ich habe viel Zeit mit ihm zusammen im königlichen Kral im Mqekezweni[l] verbracht und war sehr beeindruckt von seinem enormen Wissen und seiner Beredsamkeit. Richte ihm bitte aus, dass ich ihn nicht vergessen habe. Eines Tages komme ich wieder, und ich freue mich sehr auf ein Wiedersehen mit ihm. Bis dahin grüße ihn und seine Familie und ganz besonders Mgcawezulu[m] bitte recht herzlich von mir. Ich habe meinem Chief, Sakhelas Sohn,[n] noch nicht zu seiner Einsetzung als Chief von Amaqwati gratuliert und wäre Dir dankbar, wenn Du mir seinen vollen Namen und die Adresse sowie *isikhahlelo*[o] mitteilen würdest.

Herzliche Grüße an Mqwati, Gordon, Jani,[p] Sodinga Gcanga[q] und Danile Xundu.[r]

Dein
Nel

-----------------------

a   Adelaide Mandelas Clan-Name.
b   *Sibali* bedeutet «Schwager» auf isiXhosa. Gemeint ist Adelaides Mann Sam Mase.
c   Evelyn Mandelas Clan-Name.
d   Abkürzung von Witwatersrand.
e   Evelyn Mandelas Geburtsort in der Transkei.
f   Mqwati ist der Name von Evelyn Mandelas Clan. Er meint hier vermutlich Sam Mase, Evelyns Bruder.
g   Freie Paraphrase nach Jesaja 11,6.

h   Evelyn Mandela war Zeugin Jehovas.
i   Apostelgeschichte 24,5.
j   Das Wesleyan College in Fort Beaufort, außerhalb der Ciskei, das Mandela als junger Mann
    besuchte; siehe «Personen, Orte, Ereignisse».
k   Cousin Mandelas und Bruder von Dr. Mbekeni.
l   Auch Mqhekezweni geschrieben; der Thembu-Königspalast, in dem Mandela ab seinem
    zwölften Lebensjahr aufwuchs unter der Obhut von Chief Jongintaba Dalindyebo, des
    Nachfolgers seines verstorbenen Vaters.
m   Verwandter von Chief Dumalisile Mbekeni.
n   Verwandter von Evelyn Mandela.
o   Eine Ehrbezeugung auf isiXhosa.
p   Verwandte von Evelyn Mandela.
q   Aktivist in der Missachtungskampagne; siehe «Personen, Orte, Ereignisse».
r   Pfarrer in Port Elizabeth.

## An Winnie Mandela

16.11.69

*Dade Wethu,*[a]

ich glaube, am 21. Dezember wirst Du zusammen mit 21 anderen
vor dem Pretoria Supreme Court wegen Verstoßes gegen den Sabotage Act[b] oder aber wegen Verstoßes gegen den Suppression of Communism Act vor Gericht stehen. Ich bin informiert worden, dass ihr
alle Mr. Joel Carlson beauftragt habt, euch zu vertreten.

Aus den einzelnen Anklagepunkten scheint hervorzugehen, dass Du
mich für eine Zeugenaussage brauchst, & ich hoffe, dass wir uns bald
gemeinsam mit dem Anwalt darüber besprechen können. Ich betrachte es als regelwidrig, ungerecht & den elementaren Grundsätzen
natürlicher Gerechtigkeit widersprechend, Dich zu einem langwieri-
gen Prozess aufgrund einer schwerwiegenden Anklage zu zwingen,
bevor Absprachen darüber getroffen sind, wann und wo wir uns treffen. Wir haben uns seit Dezember letzten Jahres nicht mehr gesehen, & ein Treffen zwischen uns würde die Belastungen der letzten
5 Monate erheblich mildern & Dich in eine bessere körperliche und
geistige Verfassung versetzen. Erst nach einem solchen Treffen wäre
ein halbwegs fairer Prozess möglich, & ich hoffe inständig, es kommt
zustande. Ich will unbedingt mit Dir Deine Verteidigungsstrategie &
die Taktik besprechen, die der Staatsanwalt aller Wahrscheinlichkeit

16. 11. 69

Dade Wethu,

I believe that on Dec.1 you & 21 others will appear in the Pretoria Supreme Court on a charge under the Sabotage Act, alternatively for contravening the provisions of the Suppression of Communism Act. I am informed that you have all instructed me to act in the matter.

From the particulars of the charge it would seem that you would require me to give evidence on your behalf & I look forward to an early consultation with you and Counsel. I would certainly consider it irregular & unjust & contrary to the elementary principles of natural justice to force you to start a long and protracted trial on a serious charge without arrangements having first been made for us to meet. We have not seen each other since Dec. last year & a meeting between us would go a long way towards easing the strains & stresses of the last 5 months & putting you in a better physical condition & frame of mind. Only after such a meeting could you have something approximating a fair trial, & I sincerely hope it will be possible to arrange it. I am also keen to discuss the question of how you should conduct your defence & to anticipate the tactics the State will most certainly use. Since our wedding day in June 1958, you have, under some pretext or other, been dragged 5 times before the Criminal courts & once before a Civil one. The issues involved, at least in part of this litigation, are better forgotten than recalled. They caused us much grief & sorrow. This will be the 5th occasion & I suspect that here there is much that lies beneath the surface, & the proceedings are likely to be the bitterest experience of your life to date. There will be those whose chief interest will be to seek to destroy the image we have built over the last decade. Attempts may be made to do now what they have repeatedly failed to achieve in former cases. I write to warn you in time of what lies ahead to enable you to prepare yourself both physically & spiritually to take the full force of the merciless blows that I feel certain will be directed systematically at you from the beginning to the end of the trial. In fact the trial & the circumstances surrounding it, may so far influence your thoughts & actions that it might well constitute an important landmark in your entire career, compelling you to re-examine very carefully values you once freely cherished & to give up pleasures that once delighted your heart.

Already the months you spent in detention have been a severe test for you & when you come to the end of the case, you will have got a deeper understa—

Brief an Winnie Mandela vom 16. November 1969.

nature of human nature & its frailties & what human beings can do to others once their privileged position is endangered. When this threat emerges all the lofty virtues of western democracy about which we read so much in books are brushed aside. Neither the moral standards of modern civilisation, the teachings of the Christian faith, the universal idea of the common brotherhood of men, nor pure sense of honour will deter the privileged circles from applying the multitudinous pressures at their disposal on those who fight for human dignity. Those who are in the front line should be willing and ready to draw the fire on to themselves in order to inspire their colleagues & make things easier for them. In the battle of ideas the true fighter who strives to free public thinking from the social evils of his age, need not be discouraged if, at one & the same time, he is praised & condemned, honoured & degraded, acclaimed as saint & cursed as an irredeemable sinner. In the course of your short but lively political career you have been the object of all these contradictory labels, but you have not wavered; instead you held firmly to your conviction. Today even a bigger test faces you for a conviction will certainly entail many years of sorrow & suffering behind iron doors. But I have not the slightest doubt whatsoever that you will fight to the bitter end with all the tenacity & earnestness that you have shown on previous occasions, for you know only too well that substantial victories will be won by those who stand on their feet & not by those who crawl on their bellies.

In planning your own case & working out your strategy it will be important to bear in mind that you are engaged in a contest with an adversary who possesses vast resources in wealth & means of propaganda & who will be able to give facts any twist which he considers expedient. In such a situation your best defence, & one no force on earth can ever penetrate, is truth, honesty & courage of conviction. Nothing must be done or said which might imply directly or indirectly a repudiation of your principles & beliefs. The rest I propose discussing with you if & when I see you. That moment may or may not come. I do hope it will. If it doesn't, then I know that you will nevertheless be in good hands & that you will be able to manage even without my help & advice. For the present, I send you my good wishes & fondest regards. I will keep my fist clenched, & will do anything to assist you, Zgutyana. How is our dear Nyanya? Do tell me something about her.

I have just received the tragic news that Camoor in Botswana had a stroke which resulted in paralysis & the amputation of a leg. To be struck down by such a fatal illness far away from your country & people is a disaster that might well make recovery difficult. I think of just how helpful he has been to you in my absence & regret it very much that we are not in a position to assist him. As far as I know, as an awaiting-trial prisoner, you can write as many letters as you please & I suggest that you immediately write to tell him that we wish him speedy recovery. Kepu the visited me on Oct. 25, following upon Nkosazana Jethe who was here on Sept 6. On Nov 8 I received a disturbing letter from he in which she bitterly complains for having been left behind when relatives visited you on Oct. 28. She is very good to us, & is receiving rough treatment from certain quarters. I hope it will be possible for you, to let he know that she means much to us.

I received a stimulating letter from Amina & she paid you flattering compliments. I am sure you will be happy to know that your friends have not forgotten you. I believe Lily has at last got my letter. In July she sent me a warm & moving message of sympathy. I also received an equally inspiring condolence card from Irene. She seems to be a wonderful girl & has built up an impressive image. This month I wrote to Mrs Adelaide Mase, the wife of mamgwati's brother at Engcobo, thanking them for the letter they wrote me in August. mamgwati also wrote in Oct in reply to the message I sent to he on behalf of you all.

The salutation to this letter will not surprise you. In the past I have addressed you in affectionate terms for then I was speaking to Nobandla, wife of Ama-Dlomo. But on this occasion, I can claim no such prerogatives because in the freedom struggle we are all equal & your responsibility is as great as mine. We stand in the relationship not of husband & wife, but of sister & brother. Until you return to 8115, or some other appointed place, This is how I will address you; O.K? Perhaps this arrangement will provide room for the legion of students, medical or otherwise, that have crossed the life of one or other of us.

Finally, Mhlope, I do wish you to know that you are the pride of my heart, & with you on my side, I always feel I am part of an invincible force that is ready to win new worlds. I am confident that however dark & difficult times might seem to be now, one day you will be free & able to see the beautiful birds & lovely fields of our country, bath in its

marvellous sunshine & breathe its sweet air. You will again see the pictur-
esque scenery of the land of Jakw where your childhood was spent, & the
kingdom of Ngubengcuka where the ruins of your own kraal are to
be found.
I miss you briefly! Tons & tons of love & a million kisses

Devotedly,
Dalibunga.

NKosikazi NOBANDLA MANDELA
c/o BRIGADIER AUCAMP.
PRETORIA.

nach verfolgen wird. Seit unserer Hochzeit im Juni 1958 wurdest Du unter verschiedenen Vorwänden 3 Mal vor das Strafgericht und einmal vor das Zivilgericht gezerrt.[c] Die Streitpunkte, um die es ging, sollte man, zumindest was Teile dieses Verfahrens betrifft, lieber vergessen. Sie verursachten viel Kummer & Sorge. Jetzt also kommt der 5. Prozess, und ich habe den Verdacht, dass viel dahinter steckt & die Verhandlungen wahrscheinlich die bittersten Erfahrungen Deines bisherigen Lebens sein werden. Der Anklage wird es vor allem darum gehen, das Bild, das wir im vergangenen Jahrzehnt aufgebaut haben, zu zerstören. Sie wird versuchen, jetzt das zu erreichen, was sie in früheren Verfahren vergeblich angestrebt hat. Ich warne Dich hiermit rechtzeitig vor dem, was Dir bevorsteht, damit Du Dich körperlich & geistig wappnen kannst, um die gnadenlosen Schläge abzuwehren, die mit Sicherheit von Beginn bis Ende des Prozesses systematisch gegen Dich geführt werden. Der Prozess & seine Begleitumstände sind dazu angetan, Dein Denken & Handeln so stark zu beeinflussen, dass sie Dein ganzes Leben prägen können und Dich zwingen, die Werte gewissenhaft zu überprüfen, die Du einmal in voller Überzeugung vertreten hast, & Vergnügungen aufzugeben, die einst Dein Herz erfreuten.

Schon die Monate in Untersuchungshaft waren eine harte Prüfung für Dich, & wenn das Verfahren abgeschlossen ist, wirst Du ein tieferes Verständnis für die Natur des Menschen & seine Schwächen sowie dafür gewonnen haben, was Menschen anderen Menschen antun können, wenn sie ihre privilegierte Position gefährdet sehen. Sobald diese Bedrohung auftaucht, werden all die hochtrabenden Werte der westlichen Demokratie, über die wir so viel in Büchern lesen, über Bord geworfen. Weder moralische Standards moderner Zivilisation noch die christliche Glaubenslehre, noch die weltumspannende Idee der Bruderschaft aller Menschen, noch reines Ehrgefühl wird die privilegierten Kreise davon abhalten, alle ihnen zur Verfügung stehenden Druckmittel gegen diejenigen anzuwenden, die für Menschenwürde kämpfen. Wer in diesem Kampf in vorderster Front steht, sollte willens und bereit sein, das Feuer auf sich zu ziehen, um so seine Mitstreiter anzuspornen & ihnen die Dinge leichter zu machen. Im Wettstreit der Ideen darf sich der wahre Kämpfer, der bestrebt ist, das öffentliche Denken von den sozialen Übeln seiner Zeit zu befreien, niemals entmutigen lassen, wenn er gleichzeitig gepriesen & verdammt, geehrt & herabgewürdigt, als Heiliger gefeiert & als unbekehrbarer Sünder verflucht wird. In Deiner kurzen, aber bewegten politischen Karriere wurden Dir alle diese widersprüchlichen Etiketten angeheftet, doch Du hast niemals geschwankt, sondern bist Deinen Überzeugungen treu geblieben. Heute stehst Du vor einer noch größeren Prüfung, denn eine Verurteilung bedeutet zweifellos Jahre des Kummers & des Leids hinter eisernen Toren. Aber ich habe nicht die geringsten Zweifel, dass Du dank Deiner Beharrlichkeit & Ernsthaftigkeit, die Du schon bei früheren Gelegenheiten bewiesen hast, bis zum bitteren Ende kämpfen wirst, denn Du weißt nur zu gut, dass dauerhafte Siege allein von denen errungen werden, die aufrecht und fest auf ihren Füßen stehen, und nicht von denen, die auf dem Bauch kriechen.

Bei der Planung Deines eigenen Verfahrens und der Ausarbeitung Deiner Verteidigungsstrategie wirst Du Dir darüber im Klaren sein müssen, dass Du es mit einem Gegner zu tun hast, der über beträchtliche Mittel und Möglichkeiten der Propaganda verfügt und Tatsachen so verdrehen kann, wie er es für vorteilhaft hält. In einer solchen Lage ist die beste Verteidigung – der auch keine Macht der Welt etwas anhaben kann – Wahrheit, Aufrichtigkeit & der Mut, zu seiner Überzeugung zu stehen. Du darfst auf keinen Fall etwas sagen oder tun, was direkt oder indirekt Deine Grundsätze & Überzeugungen infrage stellen könnte. Alles Übrige besprechen wir, falls & wenn wir uns sehen. Ob wir uns sehen, ist freilich ungewiss. Natürlich hoffe ich es. Falls nicht, so weiß ich Dich dennoch in guten Händen & weiß auch, dass Du sogar ohne meinen Rat & meine Hilfe zurechtkommen wirst. Vorläufig wünsche ich Dir alles Gute und sende Dir herzliche Grüße. Meine Faust bleibt geballt, & ich verspreche, alles zu tun, um Dir beizustehen, meine liebe Ngutyana.[d] Wie geht es unserer Nyanya? Was gibt es Neues von ihr?

Soeben habe ich aus Botswana die tragische Nachricht von Camerons[e] Schlaganfall erhalten, der Lähmungen und die Amputation eines Beins zur Folge hatte. Von einer so fatalen Krankheit weit weg von der Heimat und den eigenen Leuten betroffen zu sein, ist eine Katastrophe, von der man sich wohl nur schwerlich erholt. Ich denke daran, wie sehr er Dir geholfen hat, als ich nicht bei Dir war, & es tut mir aufrichtig leid, dass wir ihm jetzt nicht beistehen können. Soviel ich weiß, kannst Du als Untersuchungshäftling beliebig viele Briefe schreiben, & ich schlage vor, Du schreibst ihm gleich, dass wir beide ihm baldige Genesung wünschen. Kgatho besuchte mich am 25. Okt., zuvor war *Nkosazana* Tellie am 6. Sept. bei mir. Am 8. Nov. bekam ich einen verstörenden Brief von ihr, in dem sie sich bitter darüber beklagte, dass sie nicht mitdurfte, als Angehörige Dich am 28. Okt. besuchten. Sie ist sehr gut zu uns, & manche Kreise gehen schlecht mit ihr um. Hoffentlich kannst Du ihr mitteilen, dass sie uns viel bedeutet.

Von Amina[f] erhielt ich einen anregenden Brief, darin machte sie Dir schmeichelhafte Komplimente. Bestimmt freust Du Dich, dass Dich unsere Freunde nicht vergessen haben. Lily[g] hat, glaube ich, endlich meinen Brief erhalten. Im Juli bekam ich von ihr ein Schreiben, in dem sie mir ihre herzliche Anteilnahme ausdrückte. Auch von Irene[h] kam eine tröstliche Beileidsbekundung. Offenbar ist sie ein wunderbares Mädchen & macht einen ganz starken Eindruck. In diesem Monat schrieb ich an Mrs. Adelaide Mase,[i] die Frau von Mamqwatis[j] Bruder in Engcobo, und dankte ihnen für ihren Brief vom August. Mamqwati schrieb auch im Okt. als Antwort auf die Botschaft, die ich in Deinem & meinem Namen geschickt hatte.

Die Anrede in diesem Brief wird Dich nicht überraschen. In früheren Briefen redete ich Dich in zärtlichen Worten an, denn damals sprach ich zu Nobandla, der Frau vom Ama-Dlomo.[k] Aber dieses Mal kann ich keine solchen Vorrechte beanspruchen, denn im Freiheitskampf sind wir alle gleich, & Deine Verantwortung ist ebenso groß wie meine. Unsere Beziehung ist nicht die von Eheleuten, sondern von Geschwistern. Bis zu Deiner Rückkehr nach Orlando oder an einen anderen noch zu vereinbarenden Ort werde ich Dich so anreden, einverstanden? Vielleicht schafft diese Regelung Raum für die zahllosen Medizin- oder anderen Studenten, die den Lebensweg des einen oder anderen von uns beiden gekreuzt haben.

Zum Schluss, meine liebe Mhlope, möchte ich Dir sagen, dass Du der Stolz meines Herzens bist & dass ich mich mit Dir an meiner

Seite stets als Teil einer unbesiegbaren Macht fühle, mit der wir neue
Welten erringen werden. Wie dunkel und schwer die Zeiten im Augenblick auch sein mögen, so bin ich doch zuversichtlich, dass Du
eines Tages wieder freikommst, die schönen Vögel & lieblichen Felder
unserer Heimat sehen, ihren herrlichen Sonnenschein genießen &
ihre angenehme Luft atmen wirst. Du wirst die malerische Landschaft von Faku[l] wiedersehen, wo Du Deine Kindheit verbracht
hast, & das Königreich Ngubengcuka,[m] wo sich die Ruinen Deines
eigenen Krals befinden. Ich vermisse Dich schrecklich! Alles erdenklich Liebe und tausend Küsse

Für immer Dein
Dalibunga

-------------------------

a   «Schwester» auf isiXhosa; sonst in einem Wort geschrieben.
b   Nach dem General Law Amendment Act No. 76, auch bekannt als Sabotage Act vom
    1. Mai 1962, konnte jemand 90 Tage lang ohne Anklage in Haft gehalten werden. Mandelas
    Mitangeklagte im Rivonia-Prozess waren nach diesem «90 Tage»-Act in Untersuchungshaft.
    Der Act erweiterte die Definition von Sabotage auf Streiks und erklärte sie zu Kapital-
    verbrechen.
c   Winnie Mandela wurde im Oktober 1958 festgenommen und wegen Beteiligung am Pro-
    test gegen die Ausweitung der Passgesetze auf Frauen zwei Wochen lang inhaftiert. 1963
    wurde sie wegen Teilnahme an einer Versammlung verhaftet, dann aber freigesprochen.
    1967 wurde sie wegen Widerstands gegen die Staatsgewalt angeklagt und ebenfalls frei-
    gesprochen. Daraufhin wurde sie wegen Verstoßes gegen ihre Bannung zu zwölf Monaten
    Haft verurteilt.
d   Einer von Winnies Namen; sie stammte aus dem amaNgutyana-Clan.
e   Einer von Winnie Mandelas Brüdern.
f   Amina Cachalia (1930–2013); siehe «Personen, Orte, Ereignisse».
g   Lilian Ngoyi (1911–1980); siehe «Personen, Orte, Ereignisse».
h   Möglicherweise Irene Buthelezi, eine alte Freundin Mandelas und Frau des Chief Mango-
    suthu Buthelezi, oder Irene Mkwayi, Frau seines Mithäftlings Wilton Mkwayi; siehe «Per-
    sonen, Orte, Ereignisse».
i   Siehe Brief vom 3. November 1969, S. 174–177.
j   Evelyn Ntoko Mandela (1922–2004), Mandelas erste Frau; siehe «Personen, Orte, Ereig-
    nisse». Maqwati war ihr Clan-Name, Mandela schreibt ihn Mamqwati.
k   Mandela gehörte dem AmaDlomo-Clan an.
l   König Faku beherrschte das ganze Pondoland. 1854 schloss er mit den Briten einen Ver-
    trag, der ihm die Oberherrschaft übertrug. Winnie Mandelas Urgroßvater Madikizela war
    der letzte Chief, der mit den Briten einen Vertrag schloss.
m   König Ngubengcuka war der Urgroßvater von Mandelas Vater Nkosi (Chief) Mphaka-
    nyiswa Gadla Hendry (gest. 1927).

**An den Registrar der University of London**
**London**

18. November 1969

Sehr geehrter Herr,
am 1. Oktober 1969 schrieb ich Ihnen folgenden Brief, den Sie unbeantwortet ließen:

«Ich bitte Sie höflich, mir zu bestätigen, dass ich die Examina in Rechtslehre und Rechtstheorie abgelegt habe, und mir zu gestatten, die verbleibenden drei Themenbereiche für Teil II des LL.B-Kurses an zwei getrennten Terminen zu absolvieren, und zwar möchte ich Internationales Öffentliches Recht im Juni 1970 abschließen und die beiden übrigen Themen im Juni 1971.

Als Häftling, der zu harter Arbeit gezwungen ist, habe ich erhebliche Schwierigkeiten, mich auf vier Themen in einer einzigen Prüfung vorzubereiten, und jedes Zugeständnis in diesem Sinne würde mir eine faire Chance geben, meine Kompetenz und mein Wissen in jedem dieser Bereiche unter Beweis zu stellen.

Ich möchte hinzufügen, dass eines meiner Hauptprobleme darin bestand, dass ich weder die neuesten Ausgaben der empfohlenen Lehrbücher noch die Nachschlagewerke sowie die Fachzeitschriften einsehen konnte, was mich in die Lage versetzt hätte, mit der Entwicklung des Rechts in allen Bereichen Schritt zu halten. Die Gesamtkosten für das Studienmaterial zur Vorbereitung aller Prüfungen zur gleichen Zeit übersteigen in meiner derzeitigen Situation meine finanziellen Möglichkeiten bei weitem. Die nötigen Mittel könnte ich nur aufbringen, wenn der Abschlusskurs im obengenannten Sinne terminlich aufgeteilt wird.»

Ich bitte höflich um eine baldmöglichste Antwort und, im Falle der Bewilligung meines Antrags, um eine Bescheinigung über die Zulassung zur Prüfung in Internationalem Öffentlichen Recht im Juni nächsten Jahres.

Hochachtungsvoll
[Unterzeichnet] NRMandela

NELSON MANDELA

[Vermerke auf Afrikaans in anderer Schrift]
1. Colonel (zur Kenntnis)
   Abt. für Stud. Deel Mandela so mee[a]
2. Brig. Aucamp teilte mir am 26. 11. 69 telefonisch persönlich mit, dass
   Mandela seine Prüfungen 1970 abschließen muss. Dieser Bitte kann
   nicht entsprochen werden.
[gez.]
Maj. 27. 11. 69
[in anderer Schrift und datiert auf 9. 1. 70]

-------------------------
a   «Mitteilung an Mandela» auf Afrikaans.


## An Paul Mzaidume,[a] Winnie Mandelas Onkel
## Johannesburg

19. 11. 69

Mein lieber Radebe,[b]
mit Sorge habe ich vernommen, dass mein Sohn Makgatho in Orlando West 8115 im nächsten Jahr nicht nach Fort Hare[c] gehen
möchte. Er hätte sich Anfang dieses Jahres einschreiben sollen,
musste aber im März noch eine weitere Prüfung ablegen & meinte
offenbar, er könne nicht zu einem Studium zugelassen werden. Ein
weiteres Jahr zu verlieren wäre tragisch für ihn, & ich wäre froh, Du
würdest alles in Deiner Macht Stehende tun, dass er im Februar in
jedem Fall aufs College geht.
Am 25. Okt. besuchte er mich & versicherte mir, er habe das amtliche
Antragsformular schon ausgefüllt & an die Immatrikulationsstelle geschickt. Wir sprachen auch über die Gebühren & das Taschengeld für
die Zeit am College, & ich nannte ihm zwei Freunde in Johannesburg, die wohl bereit wären, eine Beihilfe zu leisten. Kgatho kann Dir
ihre Namen & Adressen geben, und ich würde Dir empfehlen, sie
persönlich aufzusuchen & die Sache mit ihnen durchzusprechen.
Du solltest Kgatho zu verstehen geben, dass ich, wenn ich Dich in
dieser Angelegenheit um Unterstützung bitte, ihm in keiner Weise
unterstellen will, er habe mir nicht die Wahrheit gesagt. Ich habe vol-

les Vertrauen in seine Redlichkeit & sein Ehrgefühl & glaube nicht, dass er mich jemals absichtlich bei Fragen bezüglich seiner künftigen Laufbahn hinters Licht führen würde. Ich bin jedoch tausend Meilen weit weg von Johannesburg, & da ist es nur natürlich und verständlich, dass ich mir Sorgen mache, wenn ich etwas erfahre, was danach aussieht, dass er nicht mit der Umsicht und Sorgfalt handelt, die ich von ihm erwarte. Dabei berücksichtige ich auch, dass er möglicherweise persönliche Probleme hat, die er mir angesichts meiner gegenwärtigen Lage nicht anvertrauen möchte. Ich habe mir sogar überlegt, ob er es nicht demütigend oder peinlich findet, mit Leuten, die er nicht kennt, über finanzielle Unterstützung zu reden, & ich möchte Dich bitten, Dich persönlich um die Sache zu kümmern, denn ich glaube, eine Vermittlung durch einen Verwandten, der an seiner Stelle für ihn in dieser heiklen Frage verhandelt, kann ihm zumindest diese Peinlichkeit ersparen.

Momentan hat er einen guten Job & ein regelmäßiges Einkommen, womit er zum Unterhalt der Familie & zur Ausbildung seiner Schwestern beitragen kann. Vielleicht fragt er sich deshalb, ob es klug ist, eine lukrative Stelle einfach aufzugeben, die es ihm ermöglicht, wesentliche familiäre Verantwortung zu übernehmen, nur um ein paar Jahre später wieder bei Null anzufangen. Und er ist ja erst 19. Kein junger Mann in diesem Alter und in seiner Lage wird wohl den glitzernden Versuchungen der Goldenen Stadt ohne weiteres widerstehen. Ich erwähne dies alles, damit Du über die Art Probleme Bescheid weißt, die vielleicht die Richtung seines Denkens & seine Entscheidungen beeinflussen, & damit Du weißt, wie Du mit der Situation umgehen solltest. Jedenfalls lege ich die Sache vertrauensvoll in Deine & in die Hände von *Mzala*[d] Khathi.[e]

Übrigens bekam ich letzten Samstag einen sehr schönen Brief von Maki, meiner ältesten Tochter, die an der Orlando High School für das J. C.[f] lernt. Sie wollte eigentlich Naturwissenschaften studieren, aber der Tod ihres ältesten Bruders Thembi, auf dessen finanzielle Unterstützung sie hoffte, hat ihre Pläne durchkreuzt. Jetzt teilt sie mir mit, dass sie die Absicht, Wissenschaftlerin zu werden, aufgegeben hat, weil das nötige Geld dafür nicht aufzutreiben ist. Als ich im April 61 von zu Hause wegging, hatten wir Vorkehrungen für die Ausbil-

dung aller Kinder getroffen, & bis Ende 1967 ging auch alles sehr
gut. Und auch danach schaffte es Zami, trotz enormer Schwierigkeiten die Dinge einigermaßen am Laufen zu halten. Aber jetzt, da sie
auch noch fehlt, geht alles in die Binsen. Vielleicht erwähnst Du diesen Aspekt auch meinen Freunden gegenüber.
Ich mag meine Gedanken gar nicht lange bei Zeni und Zindzi verweilen lassen. Es war schon schwer genug für sie, dass ich nicht mehr
zu Hause war. Und jetzt fehlt auch noch Zami. Ich bin mir nicht
sicher, ob es nicht ganz erhebliche Auswirkungen auf sie hat, dass die
Familie so auseinandergerissen worden ist. Ich schrieb ihnen im
Juni & Juli, habe aber erfahren, dass keiner der Briefe ankam. Ich
höre sehr wenig über sie, & das verstärkt natürlich meine Angst und
meine Sorgen. Doch es ist mir ein Trost, dass Du, Khathi, Marsh,
Niki und viele andere Freunde sich so liebevoll um sie kümmern.
Wenn etwas zur Verschlimmerung von Zamis Gesundheitszustand
beigetragen hat, dann ist es gerade die augenblickliche Misere der
Kinder, an denen sie so hängt. Aber es freut Dich sicher, zu wissen,
dass sie Dich zu jenen zählt, die alles tun, damit die Kinder vergessen, dass sie eigentlich Waisen sind.
Hin und wieder höre ich von ihr & freue mich, sagen zu können, dass
sie trotz ihrer angeschlagenen Gesundheit guter Dinge ist. Was für
eine Frau! Sie war mutig genug, mich vor den Altar zu schleppen,
aber ich hätte nie gedacht, dass ihr Mut so weit gehen würde. Ich
werde ganz kleinlaut, wenn ich meine bescheidenen Bemühungen
mit den schweren Opfern vergleiche, die sie bringt. Meine einzige
Sorge ist, dass ich nicht weiß, wie C. K.[g] und Niki das Ganze aufgenommen haben. Lieber Radebe, Dein berührender Brief von vor
genau einem Jahr war mir eine große Freude; schön auch, dass ich
etwas über *abazala*[h] & Oma erfahren durfte. Es ist erstaunlich, wie
schnell Kinder groß werden. Ich konnte kaum glauben, dass Khathi
schon auf die Uni geht. Ich hatte fest vor, ihr zu schreiben & etwas
über Fort Hare zu erfahren, aber Kgathos momentane Lage nötigte
mich, zuerst an Dich zu schreiben. Grüße alle ganz herzlich von mir.

Dein
Madiba

24.3.70: Neu geschrieben & eingereicht zum Versand als Einschreiben.
4.4.70: Beleg erhalten von H/W Joubert.[i]

------------------------

a   1958 feierten Mandela und Winnie Madikizela ihre Verlobung im Haus ihrer Tante Phyllis
    und ihres Onkels Paul Mzaidume, bei denen Winnie damals wohnte.
b   Paul Mzaidumes Clan-Name.
c   University College of Fort Hare, Alice in der Ciskei; siehe «Personen, Orte, Ereignisse».
d   «Cousine» auf isiXhosa.
e   Khathi ist Kathazwa, die Tochter von Mandelas Cousin.
f   Junior Certificate.
g   Columbus Kokani Madikizela, Winnie Mandelas Vater; siehe «Personen, Orte, Ereignisse».
h   «Cousins» auf isiXhosa.
i   Vermerkt in Mandelas Handschrift.

**An Thoko Mandela, Mandelas Schwiegertochter und Witwe seines Sohnes Thembi**

29.11.69

Meine liebe Thoko,

ich habe nicht weniger als 7 Briefe anlässlich des Todes von Thembi geschrieben, teils, um Familienmitgliedern mein Beileid zu bekunden, teils um denen zu danken, die mir ihr Mitgefühl zum Ausdruck brachten. In dieser Situation hätte ich gerne sofort nach der traurigen Nachricht Kontakt mit Dir aufgenommen, aber leider hatte ich Deine Anschrift nicht.

Vergangenen Juli bat ich Kgatho schriftlich um die Adresse & weitere wichtige Details, doch er gab mir die Auskünfte erst bei seinem Besuch am 25. Okt. Den Monat davor hatte ich meine Nichte Tellie gebeten, einen Besuchsantrag für Dich zu stellen; damals wollte ich Dir schreiben, nachdem Du bei mir warst. Beryls[a] Brief ließ mich hoffen, dass Du heute kommen würdest. Stattdessen kam Lulu,[b] & obwohl ich damit rechne, Dich im Dezember zu sehen, habe ich das Gefühl, diesen Brief nicht länger hinausschieben zu können.

Seit dem tödlichen Unfall haben Angehörige und Redner am Grab sowie Freunde aus verschiedenen Landesteilen wohl vieles gesagt, um Dich aufzumuntern & Dir in Deiner Trauer ein wenig Trost und Hoffnung zu spenden.

Wer Thembi gut gekannt hat, wird Dich zumeist an seine Begabungen & Verdienste erinnert haben, daran, wie er stets für Dich, die
Kinder & seine Eltern da war. Manche haben wohl hervorgehoben,
dass er erst 24 Jahre alt war, als der Tod ihn dahinraffte, dass er Frau
und zwei kleine Kinder hinterlässt, die jetzt ohne Hilfe, Rückhalt &
Orientierung, die ein fürsorglicher Ehemann & Vater seiner Familie
stets bieten wird, ganz allein unserer harten & komplizierten Welt die
Stirn bieten müssen.

Andere haben vielleicht die unumstößliche Tatsache betont, dass
der Tod zu jeder Familie kommt & ihr heute den geliebten Vater, die
Mutter oder das Kind, morgen den Bruder oder die Schwester ent-
reißt, und dass das Entscheidende nicht unbedingt der Schicksalsschlag ist, der Dich trifft, sondern Deine Haltung dazu. Dies und
Ähnliches wirst Du von klugen & erfahrenen Menschen gehört
haben, & dem ist wohl nichts hinzuzufügen; außer vielleicht, dass
ich mich ganz besonders gefreut habe über die Beteiligung Deiner
Eltern, der Leute aus Kapstadt & aus Johannesburg & der zahlreichen Menschen, die unseren Thembi zur ewigen Ruhe begleitet
haben.

Vielleicht kommt einmal der Tag, an dem ich Deine Eltern aufsuchen & ihnen persönlich danken kann für die Liebe & Hilfe, die sie
ihm zu seinen Lebzeiten zuteil werden ließen, & für die Ehre, die sie
ihm auf seinem letzten Weg erwiesen. Einstweilen möchte ich Dich
bitten, ihnen diese meine Gefühle zu übermitteln.

Ich möchte noch ein anderes Thema mit Dir ansprechen, an das Du
vielleicht auch schon gedacht hast & das Du möglicherweise sogar
schon konkret angegangen bist. Thembi war erst 19, als ich ihn zum
letzten Mal sah, damals ging er noch zur Schule in Swasiland, wo ihr
euch kennengelernt habt, soviel ich weiß. Das ist ein schwieriges Alter für einen jungen Mann, wenn einem alle möglichen Ideen durch
den Kopf gehen. Ich war damals schon fast 2 Jahre lang im Gefängnis & konnte deshalb nicht mit ihm zusammen die vielen Probleme
klären, vor die er sich gestellt sah.

Infolgedessen wusste ich nie, welche Ziele ihr im Leben angestrebt
habt, weder kenne ich eure Vorhaben zum Zeitpunkt seines Todes
noch die Entscheidungen & Zukunftspläne, die ihr vielleicht ge-

schmiedet habt. Aus Makis letztem Brief geht allerdings hervor, dass ihr euch hohe Ziele gesetzt hattet, eine Äußerung, die auch eine ähnliche Aussage von Mom Winnie bestätigt. Ich werde Thembi nie vergessen, und der 13. Juli wird jedes Jahr sein Tag sein. Und übermittle bitte Deinem Bruder meine Anteilnahme am Tod seiner Frau.

Vielleicht ist der beste Weg, an Thembi zu erinnern, die Dinge zu tun, die ihm im Leben am wichtigsten waren, Dinge, die sein Leben erfreulich & bedeutungsvoll machten, & alle eure gemeinsamen Vorhaben zu realisieren, soweit es die Umstände erlauben. In meinem Brief an Thembi von 66 oder 67 empfahl ich euch beiden, eure Ausbildung ja nicht zu vernachlässigen, & falls es euch schwerfallen würde, noch einmal zurück aufs Internat zu gehen, solltet ihr euch zu einem Fernstudium anmelden. Diese Empfehlung möchte ich hier wiederholen und Dich bitten, darüber nachzudenken. Heutzutage studieren Millionen von Menschen in der ganzen Welt von zu Hause aus und machen dabei ausgezeichnete Fortschritte. Indem sie ihr Bildungsniveau verbessern, vergrößern sie ihr Wissen und können ihrem Land & ihrem Volk wertvollere Dienste leisten. Für Dich, liebe *Molokazana*,[c] hätte ein Aufbaustudium gleich einen doppelten Effekt. Du würdest Dich geistig mit etwas wirklich Sinnvollem beschäftigen, was Dir zugleich eine gewisse Sicherheit & Unabhängigkeit garantieren würde. Außerdem könntest Du dadurch Deine Träume leichter verwirklichen.

Aber Du darfst nicht vergessen, dass diesen Brief einer schreibt, der seit über 7 Jahren im Gefängnis sitzt & keinen Kontakt mehr zur Außenwelt hat. Du kannst am Besten beurteilen, was das Richtige ist, und ich überlasse es Dir, klug zu entscheiden. Ob Du meinen Rat annimmst oder nicht, hat keinerlei Einfluss darauf, wie ich zu Dir stehe, das sollst Du nicht vergessen. Du bist meine Schwiegertochter, auf die ich sehr stolz bin. Du bist mir ans Herz gewachsen, & ich freue mich, Dich nächsten Monat zu sehen. Hoffentlich geht es Deinem Arm schon besser, & ich wünsche Dir baldige Genesung & alles Gute.

Die Autofahrt vom Reef bis hinunter zu mir nach Robben Island hat Lulu großen Spaß gemacht. Ich hatte sie seit meiner Verhaftung nicht mehr gesehen, & wir verbrachten 60 wirklich vergnügliche Minuten miteinander. In meiner Lage ist es herzerwärmend, zu wissen, dass die Verwandten an einen denken. Schön war auch, einen Blick auf Beryl beim Hinausgehen zu erhaschen. Zu erfahren, dass sie in dieser traurigen Zeit Deines Lebens bei Dir wohnt, hat mich wirklich beglückt. Von verschiedener Seite bekommen wir erfreuliche Nachrichten über sie. Sie hat offenbar alle guten Eigenschaften ihrer verstorbenen Mutter geerbt, die mir sehr nahestand[d] & deren Freundschaft ich sehr schätzte.

Ganz herzliche Grüße auch an Ndindi, Nandi[e] und Deine Eltern

In Liebe
Dein Daddy

------------------------

a   Beryl Lockman, Walter Sisulus Nichte, die bei Thoko wohnte. Später heiratete sie Thokos Bruder Leonard Simelane.

b   Lulama (Lulu) Mgudlwa war die Nichte seiner ersten Frau Evelyn Mandela.

c   «Schwiegertochter» auf isiXhosa.

d   Rosabella (Barbie) Sisulu, Walters Schwester, verheiratet mit Thomas Lockman.

e   Ndileka (geb. 1965) und Nandi (geb. 1968) Mandela, die Töchter seines verstorbenen Sohnes Thembi (zu Thembi: siehe «Personen, Orte, Ereignisse»).

*Im folgenden Brief an Winnie Mandela, die damals vor Gericht stand, berichtet Mandela von der Besprechung des Buchs eines südafrikanischen Autors, in dem der Prozess gegen Christus geschildert wird. Als Joel Carlson, Winnies Rechtsbeistand, sie und die einundzwanzig Mitangeklagten das erste Mal aufsuchte, hatten sie sich «seit fast zweihundert Tagen»[50] weder waschen noch duschen dürfen. Als Mandela diesen Brief schrieb, hatte ihr Prozess begonnen. Die Anklage lautete auf Verbreitung der Ziele des ANC und Verschwörung zur Sabotage, obwohl ihnen kein Gewaltakt vorgeworfen wurde.*

*Mandela war sich bewusst, dass dieser Prozess die entscheidende Prüfung für seine junge Frau war, und bei seinem Versuch, sie zu ermutigen, bezog er sich auf die Geschichte des ungerechten Prozesses gegen Christus und meinte damit auch den ihren und den der anderen Freiheitskämpfer. Wenn sie dieser Brief tatsächlich erreichte, dürfte er ihr bestimmt Kraft gegeben haben, die von einer Insel am anderen Ende des Landes stammte.*

### An Winnie Mandela

466/64 Nelson Mandela

Dade Wethu,[a]                                                    1. Januar 1970

ein Roman von Langenhoven, *Skaduwees van Nasaret* [Schatten von Nazareth],[b] schildert den Prozess gegen Christus vor Pontius Pilatus zu einer Zeit, als Israel römische Provinz und Pilatus ihr Statthalter war. Ich las diesen Roman 1964 und erzähle jetzt aus dem Gedächtnis. Obwohl das Geschehen ungefähr 2000 Jahre zurückliegt, enthält die Geschichte eine Moral von zeitloser Wahrheit, die heute noch so frisch und bedeutsam ist wie zur Blütezeit des Römischen Imperiums. Nach dem Prozess schreibt Pilatus an einen Freund in Rom und macht ihm ein bemerkenswertes Geständnis. Dies ist, in aller Kürze, seine Geschichte, die ich der Einfachheit halber in der ersten Person erzähle:

Als Statthalter einer römischen Provinz habe ich viele Verfahren gegen alle möglichen Arten von Aufständischen geleitet. Aber den Prozess gegen Christus werde ich niemals vergessen! Eines Tages versammelte sich direkt vor meinem Palast eine riesige, vor Wut und Erregung förmlich zitternde Menge jüdischer Priester mit ihren Anhängern und verlangte, ich solle Christus kreuzigen lassen, weil er behauptet habe, er sei der König der Juden. Dabei deuteten sie auf einen Mann, dessen Arme und Füße in schwere Ketten gelegt waren. Ich sah den Gefangenen an, und unsere Blicke begegneten sich. Inmitten all dieser Erregung und dieses Lärms blieb der Mann vollkommen ruhig, still und zuversichtlich, als hätte er Millionen Menschen hinter sich. Ich sagte den Priestern, der Gefangene habe gegen jüdisches, nicht aber gegen römisches Recht verstoßen, und es sei an ihnen, ihn vor Gericht zu stellen. Doch trotz meiner Erklärung forderten sie hartnäckig seine Kreuzigung, und ich erkannte sofort ihr Dilemma. Christus war in diesem Land eine bedeutende Macht geworden, und die Masse des Volkes stand hinter ihm. In dieser Situation fühlten sich die Priester ohnmächtig und wollten die Verantwortung für seine Verurteilung und Bestrafung nicht übernehmen. Der einzige Ausweg war, die Staatsmacht Rom zu veranlassen, das zu tun, wozu sie selbst außerstande waren.

Zur Zeit des Passahfestes war es immer üblich gewesen, ein paar Gefangene freizulassen, und da das Fest unmittelbar bevorstand, schlug ich vor, diesen Gefangenen auf freien Fuß zu setzen. Die Priester verlangten stattdessen, Barabbas, einen berüchtigten Gefangenen, freizulassen und Christus hinzurichten. Da begab ich mich in den Gerichtssaal und befahl, den Gefangenen vorzuführen. Meine Gattin und die Frauen anderer römischer Beamter setzten sich in die Fensternischen, die für vornehme Gäste reserviert waren. Als der Gefangene eintrat, erhoben sich meine Frau und ihre Gefährtinnen instinktiv und bezeugten so ihre Achtung vor Christus, erkannten aber bald, dass der Mann Jude und Gefangener war, woraufhin sie wieder ihre Plätze einnahmen. Zum ersten Mal in meinem Leben stand ich einem Mann gegenüber, dessen Blick mich zu durchdringen schien, wobei ich nicht ergründen konnte, wen ich vor mir hatte. Auf seinem Gesicht schimmerte ein Hauch von Liebe und Hoffnung, zugleich aber hatte er den Gesichtsausdruck eines Mannes, der tiefen Schmerz wegen der Torheit und des Leidens der ganzen Menschheit empfindet. Er schaute nach oben, und sein Blick schien das Dach zu durchdringen und über die Gestirne hinauszusehen. Es wurde deutlich, dass die Autorität in diesem Gerichtssaal nicht bei mir als Richter lag, sondern dort unten auf der Anklagebank, wo der Gefangene stand.

Meine Frau steckte mir einen Zettel zu, auf dem sie mir mitteilte, sie habe in der Nacht zuvor geträumt, ich hätte einen Unschuldigen verurteilt, dessen einziges Vergehen darin bestand, der Messias seines Volkes zu sein. «Hier, vor dir, Pilatus, steht der Mann aus meinem Traum; lass Gerechtigkeit walten!» Ich wusste, meine Frau hatte Recht, aber die Pflicht verlangte von mir, diesen Mann zu verurteilen, ungeachtet seiner Unschuld. Ich steckte den Zettel ein und setzte die Verhandlung fort. Ich erklärte dem Gefangenen, was ihm zur Last gelegt wurde, und fragte ihn, ob er sich schuldig bekenne oder nicht. Mehrere Male ignorierte er mich vollkommen, und es war offensichtlich, dass er das ganze Verfahren für reines Theater hielt, da ich mich in der Frage des Urteils bereits entschieden hätte. Ich wiederholte meine Frage und versicherte ihm, dass es in meiner Macht stehe, sein Leben zu retten. Das Leuchten in seinem Gesicht löste sich in einem Lächeln auf, und zum ersten Mal ergriff er das Wort. Er gab zu, König zu sein, und mit dieser einfachen Antwort brachte er mich völlig aus der Fassung. Ich hatte erwartet, dass er wie alle Gefangenen die Anschuldigung zurückweisen würde, und dieses Geständnis führte die Entscheidung herbei.

Du weißt, mein lieber Freund: Wenn ein römischer Richter in Rom einen Prozess führt, verlässt er sich nur auf die Anklage, das Gesetz und die dem Gericht vorliegenden Beweise, und seine Entscheidung wird ausschließlich von diesen Tatsachen bestimmt. Aber hier, in den von Rom weit entfernten Provinzen, befinden wir uns im Krieg. Einem Mann auf dem Schlachtfeld geht es allein um das Ergebnis, um Sieg, nicht um Gerechtigkeit, und der Richter steht selbst vor Gericht. Deshalb verlangte die Pflicht von mir, das Todesurteil zu fällen, was ich denn auch tat, wohlwissend, dass der Mann unschuldig war. Ich sah ihn zum letzten Mal, als er sich nach Golgatha hochschleppte, unter Hohngelächter, Beleidigungen und Schlägen und unter der erdrückenden Last des schweren Kreuzes, an dem er sterben sollte. Diesen persönlichen Brief habe ich Dir geschrieben, weil ich glaube, dieses Geständnis vor einem Freund wird zumindest mein banges Gewissen erleichtern.

Dies ist, in aller Kürze, die Geschichte vom Prozess gegen Jesus, und ein Kommentar ist überflüssig. Nur so viel: Langenhoven schrieb die Geschichte in den Zwanzigerjahren (?),[c] um das politische Bewusstsein seines Volkes in einem Südafrika zu wecken, wo in einer Zeit, in der trotz der formalen Unabhängigkeit seiner Landsleute die Organe der Regierung, einschließlich der Justiz, Monopol der Engländer waren. Diese Geschichte mag bei Afrikaanern unerfreuliche Erinnerungen wecken und alte Wunden aufreißen, aber sie gehört einer Zeit an, die überwunden ist. Für Dich und mich wirft sie Themen von heute auf. Ich hoffe, Du findest sie aussagekräftig und nützlich, und vertraue darauf, dass sie Dir ein wenig Glück bereitet. *Molokazana*[d] hat mich diesen Samstag besucht. Sie ist ein reizendes Mädchen, und ich habe mich wirklich gefreut, sie zu sehen. Am 14.1.70 ist sie in Johannesburg bei der «Kulula»-Feier.[e] Ich schreibe an Ntambozenqanawa[f] und an Jongintaba Mdingi,[g] sie möchten ihr dabei behilflich sein. Letzten Monat schrieb ich ihr und Vuyo Masondo, um Letzterer unser Beileid anlässlich des Todes ihres Bruders in Umtata zu übermitteln. Liebe Mhlope, alles Liebe und tausend Küsse. Möge das Glück auf Deiner Seite sein!

Für immer Dein Dalibunga

------------------------

a    «Schwester», übliche Schreibweise *Dadewethu.*

b    C.J.Langenhoven, *Skaduwees van Nasaret,* Nasionale Pers, 1927.

c    Das Fragezeichen ist von Mandela.

d    Vermutlich Thoko Mandela, Witwe seines Sohnes Thembi; siehe «Personen, Orte, Ereignisse».

e    Feier zum Ablegen der Trauerkleidung. Seit Thembis Tod waren achtzehn Monate vergangen.

f    Mandelas Cousin, Chief Ntambozenqanawa Nkosiyane.

g    Bruder des Chief Mdingi, der Zenani und Zindziswa ihre Namen gab.


**An Chief Ntabozenqanawa Nkosiyane, Cousin**[a]
**Johannesburg**
[Übersetzt aus dem isiXhosa]

1.Januar 1970

Abgesandt am 8.1.70

Ah!, Ntambozenqanawa,
ich habe vernommen, dass Du gemeinsam mit den Chiefs Jongintaba und Vulindlela[b] am 3.August die Begräbnisfeier meines ältesten Sohnes geleitet hast. Die Nachricht von seinem Tod hat mich tief ins Herz getroffen – besonders weil ich nicht persönlich anwesend sein konnte, um ihm, wie es Brauch ist, die Augen zu schließen. Zu hören, dass viele unserer Verwandten und Freunde bei der Bestattung zugegen waren, hat mich außerordentlich gefreut. Dir, Zondwa, und auch

Tshawe,[c] danke ich für Dein leidenschaftliches Interesse in allen Belangen und Deinen großen Einsatz bei der Beerdigungsfeier meines Sohnes. Mein aufrichtiger Dank gilt auch Chief Jongintaba sowie allen unseren Angehörigen und Freunden.

Ich bin mir völlig bewusst, dass Du von Deinen eigenen persönlichen Dingen da draußen außerordentlich in Beschlag genommen bist, was es Dir schwer macht, auf Briefe zu antworten. Falls Du aber doch Gelegenheit dazu fändest, würde ich mich sehr freuen, etwas über das Befinden von Balisile zu erfahren. Wie oft hast Du ihn gesehen, und wo hält er sich gegenwärtig auf? Das letzte, was ich hörte, war, dass sein Sohn Abitur machte. Wo ist er jetzt und was macht er derzeit? Was hörst Du von Ntabayitshe? Dieser Mann genießt mein ganzes Vertrauen, verbindet er doch Heldenmut mit einem außerordentlich klaren Verstand. Ich bin sehr stolz auf ihn. Dass er mich nicht besuchen konnte, hat mich sehr enttäuscht. Bitte richte ihm und Zwelidumile meine Grüße aus.

Letzten Monat war die älteste Tochter von Chief Msungulwa Mgudlwa bei mir und teilte mir mit, dass Jonguhlanga dort war. Sehr gerne wüsste ich etwas über sein Befinden. Letzten Samstag besuchte mich meine Schwiegertochter.[d] Am 14. Januar wird sie in Johannesburg sein, um dort ihre Trauerzeit zu beenden. Ich sagte ihr, ich würde Dich und Chief Jongintaba verständigen, damit ihr beide ihr behilflich sein könnt. Meine Exfrau gehört jetzt einer Kirche an, die nicht an Tieropfer glaubt.[e]

Ich lege alles vertrauensvoll in Deine Hände*.

Mit herzlichen Grüßen
Dein sehr ergebener
Dalibunga

* Mein jüngerer Bruder Marshall Xaba, [wohnhaft in] 1086 Mofolo, hat versprochen, mich zu besuchen. Ich habe den innigen Wunsch, ihn zu sehen, und hoffe, dass er die Gelegenheit dazu bekommt; vielleicht kann er mir sagen, ob meine Schwiegermutter, Nobandlas Mutter in Bizana, meinen Brief vom 4. Mai erhalten hat. Ich erhoffe mir auch Nachricht über das Befinden der Kinder und ihre Fortschritte in der Schule.

------------------------

a   Aus dem DIN-A4-Ordner, in dem er einige Kopien seiner Briefe aufbewahrte.
b   Chief Vulindlela Mtirara/Matanzima, ein Thembu-Chief und Verwandter Mandelas.
c   Mandelas Cousins.
d   Thoko Mandela, Thembis Witwe; siehe «Personen, Orte, Ereignisse».
e   Evelyn Mandela war Zeugin Jehovas.

*Wir wissen nicht, ob der folgende Brief 1970 bei Adelaide Tambo ankam, da Mandela ihren richtigen Namen und Adresse verwendet, anders als in seinem Brief an sie im Jahr 1968, als er einen Code-Namen (Matlala Mandela) benutzte und ihn an seine Heimatadresse in Soweto schickte (siehe S. 77–80). 1970 war Oliver Tambo noch immer Staatsfeind Nummer eins, der eine verbotene Organisation leitete und auf den Sturz des Apartheidregimes hinarbeitete.*

**An Adelaide Tambo, Freundin, Antiapartheidaktivistin und Frau seines Freundes, früheren Anwaltskollegen und Präsidenten des ANC im Exil Oliver Tambo**
**London**

31. Januar 1970

[In anderer Schrift auf Afrikaans] 466/64 Nelson Mandela S/Letter[a] an Adelaide Tambo.[b]

*Kgaitsedi yaka yoratehang,*[c]
ich sah Zami zum letzten Mal im Dezember 68, und wahrscheinlich vergehen noch Jahre, bevor wir einander wiedersehen. Sie wurde im vergangenen Mai festgenommen, etwa eine Woche bevor sie zu mir kommen sollte, & als ich im Begriff war, Dir diesen Brief zu schreiben. Ihre Verhaftung hat meine Pläne komplett über den Haufen geworfen, denn ich darf nur einen einzigen Brief pro Monat schreiben und erhalten und musste mit Freunden & Verwandten zahlreiche dringende Familienangelegenheiten diskutieren. Kgatho besuchte mich gestern & kam mit einer «Menge neuer Probleme an, aber ich habe trotzdem beschlossen, den Brief an Dich nicht zu verschieben.

Maki kommt mich im kommenden Juni besuchen. Sie ist jetzt in der 4. Klasse an der Orlando High School. Zeni & Zindzi sind an Our Lady of Sorrows, einem katholischen Internat in Swasiland; ihre Ferien verbringen sie bei unserem gemeinsamen Freund Allan.[d] Leider konnte ich nichts über ihre Prüfungen in Erfahrung bringen.

Es tut mir sehr leid, dass Du Dein Medizinstudium nicht fortsetzen konntest. Mit OR hatte ich dieses Thema während meiner Reise[e] gründlich erörtert, & nach meiner Rückkehr brachte ich es auch mit Xhamela[f] & anderen zur Sprache. Ich wies sie darauf hin, dass ich OR empfohlen hatte, Dir zuzureden, Dich wieder zu immatrikulieren, und sie alle stimmten dem zu. Tatsache ist, dass, nur wenige Tage bevor wir erfuhren, dass Du das Studium aufgegeben hattest, hier Gerüchte im Umlauf waren, Du hättest das Studium bereits abgeschlossen, & obwohl die angeführten Gründe für Deine Entscheidung vollkommen nachvollziehbar waren, tat es uns doch sehr leid, dass Dali & die Schwestern[g] Dir diese Chance genommen haben. Ich würde übrigens gerne etwas wissen über ihre Fortschritte in der Schule und was sie besonders interessiert. Ich hatte gehofft, Du würdest mir ein schlichtes Familienfoto, nicht größer als 6″ auf 8″, schicken. Doch ich weiß ja, dass OR ständig im Ausland lebt, & deshalb ist das vielleicht nicht möglich. Aber ganz bestimmt würden Thembi, Dali & Dudu[h] gerne für mich Modell stehen.

Wir waren wirklich hocherfreut, ein paar Nachrichten über euch alle zu bekommen. Tagelang diskutierten wir immer wieder über die einzelnen Themen, waren aufgeregt & schwelgten in Erinnerungen, manche wurden hie und da etwas beschönigt, andere durch die lange Zwischenzeit auch verfälscht, weil wir ja auch älter werden. Ich erinnere mich sogar noch, wie mir eines Tages Ende der Fünfzigerjahre Zamis Onkel nach der Rückkehr vom Chancellor House[i] eine höchst amüsante Geschichte erzählte. Er war gerade aus einem ländlichen *dorp*[j] im Freistaat gekommen, wo OR einen Fall vertreten hatte. Im Lauf der Auseinandersetzung mit dem vorsitzenden Magistrat, so die Geschichte, traf der Beamte eine Entscheidung, die auf den heftigen Widerstand meines früheren Partners stieß, der mitten in der Rede von Englisch auf Latein umschaltete. Dies, so erzählte der Onkel Zami und mir mit großer Geste, brachte den Justizbeamten völlig aus der Fassung. Muntere Geschichten dieser Art werden auch über Gcwaninis[k] kurze, aber glänzende juristische Laufbahn berichtet. Ich erinnere mich, wie ich eines Morgens dem ausführlichen Bericht über seine Schelmenstücke bei Gericht lauschte, die ein begeisterter & phantasievoller Bewunderer zum Besten gab. Über einen berühmten Richter in Transvaal wird erzählt, er habe gesagt, in seiner langen Laufbahn als Richter sei er noch nie einem Anwalt begegnet und habe auch nie von einem gehört, der es mit Gcwaninis unerbittlichen Art des Kreuzverhörs hätte aufnehmen können. Es gibt eine ganze Liste schöner Geschichten über Dich, Nkunzebomvu, Malome, Mqwati[l] und andere mehr, die vielleicht übertrieben & romantisch verklärt erscheinen mögen, aber auf einem wahren Kern beruhen & den gewaltigen Eindruck ahnen lassen, den ihr bereits in den späten Fünfzigerjahren als Einzelpersonen wie auch im Kollektiv auf die Volksmassen gemacht habt. Wir freuen uns auch, von Bakwe[m] zu hören, von Gambu Bros, Mpandla, Temba, Mzwai[n] (der hoffentlich sein Arabisch verbessert hat), von Mainrad, Raymond,[o] Tough Alfie & [Jerry] Moloi sowie von unseren Amazonen: Maggie,[p] Radi, Long Ruta Jozi & Fiki. Wir denken an Mhlekazi Madiba aus OE,[q] Pulatsheka, Hector, Dinone, Joe & Joseph Sejake,[r] Piccanin Ruta, Florence, Kay, Edith & alle unsere Kollegen ohne Ausnahme. Wie wir hören, steht es mit Malomes & Nkunzebomvus Gesundheit nicht zum Besten, aber ich bin zuversichtlich, dass ihre positive Haltung & ihre fabelhafte Tapferkeit im Lauf der Zeit dazu beitragen werden, das durchzustehen & wieder ganz gesund zu werden.

Ich will unbedingt Dave[s] schreiben, um ihm für alles zu danken, was er für mich getan hat, aber ich bin nicht sicher, ob dies angesichts der Umstände wirklich angebracht ist. Vielleicht gibst Du mir in Deiner Antwort einen diesbezüglichen Rat. Jedenfalls sollte er wissen, dass ich stets an ihn, Mary,[t] Michael, Colin,[u] Thony[v] & Freda[w] denke. Und bitte schicke mir doch die Adresse von Bakwes Ma.[x] Über Zami habe ich ihr eine Nachricht nach Profs[y] Tod zukommen lassen, & ich möchte ihr so bald wie möglich schreiben. Hoffentlich sind Mary Letele,[z] Tristie & Ezme[aa] gesund & ihre Wunden mit der Zeit verheilt. Die von Wamba bei Europa Publications, Bedford Square 18, WC1, London, eingereichten Angaben müssen von OR noch überprüft, berichtigt oder gegebenenfalls ergänzt werden. Besser wäre natürlich gewesen, sie ihm direkt zu schicken, aber Du weißt ja, dass das nicht möglich war. Die Sache liegt nun in seinen Händen. Im Dez. 68 und noch einmal 69 habe ich Dir und der Familie Weihnachtskarten geschickt – hoffentlich habt Ihr sie auch bekommen. Zum ersten Mal seit meiner Verurteilung vor 8 Jahren habe ich von Zami und den Kindern keine Karten und von ihr auch keinen Brief bekommen. Ich hatte das Gefühl, irgendetwas fehlte, als ich den großen Tag *ngombona nama rewu*[ab] «feierte».

Es gab eine Zeit, da wäre es mir sehr schwergefallen, zurechtzukommen, wenn ich Zami auf unbestimmte Zeit nicht hätte sehen können, von ihr keine Briefe bekommen und nichts von ihr und den Kindern gehört hätte. Aber Seele und Körper des Menschen sind unendlich anpassungsfähig, & es ist erstaunlich, wie sehr man abgehärtet werden kann und wie Ansichten, die man einst für ziemlich unwichtig hielt, plötzlich von entscheidender Bedeutung sein können.

Ich hätte mir nie träumen lassen, dass Zeit und Hoffnung einem so wichtig sein können, wie es nun der Fall ist. Eine bedeutende Persönlichkeit äußerte sich anlässlich des Todes von Ma und Thembi & der Inhaftierung von Zami folgendermaßen: Ein Unglück kommt selten allein. Genau so fühlte ich mich zu jener Zeit. Aber die zahlreichen Beileids- & Solidaritätsbekundungen, die uns erreichten, gaben uns Auftrieb, und wir sind wieder in gehobener Stimmung wie eh und je. Hoffnung ist eine mächtige Waffe, selbst wenn sie das Einzige ist, was einem bleibt. Was mich selbst in den düstersten Augenblicken durchhalten ließ, war das Wissen, dass ich einer leidgeprüften & kampferprobten Familie angehöre, die schon mit vielen Schwierigkeiten fertig wurde. In einer so großen & weitverzweigten Familie können die Ansichten in nahezu jeder Frage auseinandergehen, doch wir haben es immer geschafft, die Dinge gemeinsam zu klären & trotz allem voranzukommen. Und dies verleiht mir mächtige Flügel. Herzliche Grüße an alle & alles Liebe für Dich, OR, Thembi, Dali & Dudu

Dein
Nel

------------------------

a   Gekennzeichnet als *Special letter*, der nicht auf das Briefkontingent angerechnet wurde.

b   Offensichtlich erkannten in diesem Fall die Gefängnisbehörden, dass der Brief an Adelaide Tambo gerichtet war, und es scheint, als hätten sie ihn auch abgeschickt.

c   «Meine liebe Schwester» auf Sesotho und Setswana.

d   Dr. Allen Nxumalo, Arzt und langjähriger Freund Mandelas. Vorsitzender der Swaziland Democratic Party, die nach der Unabhängigkeit des Landes 1968 aufgelöst wurde, und erster Gesundheitsminister von Swasiland.

e   Mandela spielt hier wahrscheinlich auf seine geheime Reise durch Afrika und nach England im Jahr 1962 an.

f   Clan-Name seines Mithäftlings Walter Sisulu.

g   Kinder der Tambos.

h   Kinder der Tambos.

i   Chancellor House war das Gebäude, in dem Mandela zusammen mit Oliver Tambo 1952 seine erste Anwaltskanzlei eröffnete.

j   «Stadt» auf Afrikaans.

k   Anwalt Duma Nokwe; siehe «Personen, Orte, Ereignisse».

l   Freunde und Genossen.

m   Bakwe (Joe) Matthews (1929–2010), politischer Aktivist, Sohn von Frieda und Z.K. Matthews; siehe «Personen, Orte, Ereignisse». Ein Freund Mandelas, der im Exil lebte.

n   Möglicherweise Esme Matshikiza, Sozialarbeiterin und Frau von Todd Matshikiza (1920–1968), dem Schriftsteller und Musiker, der die Partitur für das international erfolgreiche Musical *King Kong* (1959) schrieb. Das Paar lebte in London.

o   Raymond Mhlaba (1920–2005), MK-Aktivist, Angeklagter im Rivonia-Prozess, Mithäftling Mandelas; siehe «Personen, Orte, Ereignisse».

p   Frau eines ANC-Aktivisten in London.

q   Orlando East.

r   Freunde aus Lesotho.

s   David Astor (1912–2001), Redakteur einer britischen Zeitung und ANC-Unterstützer.

t   Mary Benson (1919–2000); siehe «Personen, Orte, Ereignisse».

u   Canon Collins (1905–1982), anglikanischer Geistlicher, der 1948 an die St. Paul's Cathedral in London berufen wurde. 1956 brachte er mit seiner Organisation *Christian Action* Gelder für die Verteidigung der 156 Angeklagten im Hochverratsprozess auf. Daraus entstand der Defence and Aid Fund for South Africa.

v   Antony Sampson (1926–2004), Autor, Antiapartheidaktivist und Freund, wohnhaft in London.

w   Freda Levson (1911–2004), südafrikanische Antiapartheidaktivistin, die nach England ins Exil ging. Zusammen mit Mary Benson und Ruth Mompati verwaltete sie den Defence and Aid Fund.

x   Frieda Matthews (1905–1998), eine der ersten schwarzen Frauen in Südafrika mit einem Universitätsdiplom; siehe «Personen, Orte, Ereignisse».

y   Frieda Matthews' Mann, Professor Z.K. Matthews (1901–1968), Dozent, Politiker und Antiapartheidaktivist; siehe «Personen, Orte, Ereignisse».

z   Frau von Dr. Letele, Beteiligte an der Misstrauenskampagne; siehe «Personen, Orte, Ereignisse»).

aa  Vielleicht handelt es sich um Esme Matshikiza, Sozialarbeiterin und Frau von Todd Matshikiza (1920–1968).

ab  Auf isiXhosa: Ein Gericht aus Mais (*ngombona*) und ein nichtalkoholisches Getränk (*rewu*) aus schwach fermentiertem Maismehl. In diesem Zusammenhang bedeutet *nama* «mit».

*Mandela nannte sein Haus Nr. 8115 in Soweto, Ecke Vilakazi/Ngakane Street, Orlando West, Johannesburg, den «Mittelpunkt» seiner Welt[51]. Mit Evelyn, seiner ersten Frau, und dem kleinen Sohn Thembekile war er dort 1946 eingezogen. Hier wuchsen ihre Kinder auf, und hier besuchte sie auch hin und wieder seine Mutter. Die Monatsmiete für die drei Zimmer betrug 17 Shilling 6 Pence (Schwarzen war Grundbesitz verboten). In diesem Haus wurden Nelson und Winnie nach ihrer Hochzeit begrüßt, hier wuchsen auch ihre gemeinsamen Kinder auf. Hierher kehrte er nach seiner Freilassung zurück. In seiner Autobiografie schreibt er: «Das Haus war identisch mit Hunderten anderer, die auf briefmarkengroßen Grundstücken an einer nicht asphaltierten Straße erbaut waren. Es hatte das gleiche genormte Wellblechdach, den gleichen Zementboden, eine enge Küche und eine Außentoilette. Obwohl draußen Straßenlaternen standen, benutzten wir im Innern des Hauses Petroleumlampen, da die Häuser noch keinen elektrischen Strom hatten. Das Schlafzimmer war so klein, dass darin ein Doppelbett kaum Platz hatte.»[52]*

*Im Haus 8115 wurde Winnie Mandela mehrmals in der Zeit, als ihr Mann im Gefängnis saß, verhaftet. Familienangehörige wurden engagiert, sich um das Haus zu kümmern.*

**An Marshall Xaba, Ehemann von Niki Xaba, Mandelas ältester Schwester**
**Johannesburg**

3. Februar 1970

[in roter Tinte] Abgesandt am 18. 2. 70

Einschreiben

Mein lieber Onkel Marsh,
bitte triff keine Regelung bezüglich des Hauses Nr. 8115 Orlando West, die zur Folge hätte, dass Kgatho und seine Schwestern während unserer Abwesenheit kein Zuhause mehr hätten.
Kgatho war letzten Samstag bei mir und schien furchtbar beunruhigt darüber, dass jemand, der nicht zur Familie gehört und für ihn und Tellie nicht akzeptabel ist, für das Haus zuständig sein soll. Ihm wäre meine Nichte Lulu[a] lieber, die mir am 29. November einen Besuch

abgestattet hat. Ich bin für Kgathos Vorschlag, sofern Zami damit einverstanden ist, und ich wäre Dir dankbar, wenn Du ihr meine Meinung dazu mitteilen würdest. Ich muss gestehen, dass mich Kgathos Besorgnis wegen der ganzen Geschichte schon die ganze Zeit umgetrieben hat, seit er am 31. Januar das Thema angeschnitten hat, und ich möchte um keinen Preis, dass er sich irgendwann falsch behandelt und verunsichert fühlt. Er hat mir gesagt, die Angelegenheit würde vielleicht noch in dieser Woche mit der Kommunalbehörde entschieden, und ich hoffe, dieser Brief erreicht Dich noch rechtzeitig und bevor Du selbst eine Entscheidung triffst, die möglicherweise böses Blut verursacht. Ich möchte gerne, dass Du Kgatho diesen Brief zeigst und ihn beruhigst, bevor er nach Fort Hare abreist.

Ich brauche nicht zu beteuern, lieber Onkel Marsh, dass ich genau weiß, dass Du und Niki keine anderweitigen Motive in dieser Sache habt und dass es euch allein um die Wahrung unserer Interessen geht; und jetzt, da ihr meine Ansicht kennt, weiß ich, ihr werdet alles in eurer Macht Stehende tun, um die Sache einvernehmlich und zufriedenstellend zu regeln.

Ich habe Kgatho nur so kurz gesehen, dass ich vergaß, ihn nach Zenis und Zindzis Schulzeugnis und nach ihrem Befinden zu fragen. Bitte informiere mich doch darüber in Deinem Antwortschreiben. In ihrem Septemberbrief erwähnte Niki, dass Du einen Besuchsantrag gestellt hast, und ich freue mich schon darauf, Dich zu sehen. Ich möchte unbedingt wissen, ob Ma in Bizana[b] meinen Brief vom vergangenen Mai erhalten hat. Sag Bantu,[c] dass sie mich gern besuchen kann, ich würde mich sehr freuen, sie zu sehen. Hoffentlich ist mein Brief an Nali[d] vom Juni vergangenen Jahres angekommen.

Meinen lieben Freunden, den Ngakanes,[e] werde ich bei nächster Gelegenheit schreiben und mich zu Deiner Erklärung noch zusätzlich äußern.

Ganz herzliche Grüße an Dich, Niki und Familie

Dein
Nel

---------------------

a   Lulama (Lulu), die Nichte seiner ersten Frau Evelyn Mandela.

b  Nophikela Hilda Madikizela, Winnies Stiefmutter; siehe «Personen, Orte, Ereignisse».
c  Nobantu Mniki, Winnies Schwester.
d  Nali Nancy Vutela, Winnies Schwester.
e  Nachbarn in Soweto.

## An Tellie Mandela, eine Verwandte Mandelas

6. März 1970

Abgesandt am 17.3.70

Meine liebe *Nkosazana*,[a]
Deinen Brief, der am 22. Oktober in Johannesburg abgeschickt wurde und in dem Du mitteilst, dass Joel[b] zugesagt hat, Nobandlas Verteidigung zu übernehmen, habe ich erhalten.
Angekommen ist auch Dein zweiter Brief vom 28. Oktober, in dem Du mir berichtest, dass Joel tatsächlich erschienen ist, als der Fall am selben Tag vertagt wurde. Ich bin Dir sehr dankbar für alle Deine Bemühungen, unsere internen Probleme zu regeln, und ganz speziell dafür, dass Du mitgeholfen hast, Joel als Anwalt zu gewinnen. Wie immer das Verfahren ausgehen wird, in das Nobandla jetzt verwickelt ist, so bin ich doch hochzufrieden, dass ihr Fall und unsere Angelegenheiten in den Händen eines Mannes liegen, der mein vollstes Vertrauen besitzt; und dafür, liebe *Nkosazana*, bin ich Dir sehr zu Dank verpflichtet. Sehr beunruhigt hat mich, dass man Dich nicht zu ihr in die Zelle ließ, als sie und ihre Freunde in Untersuchungshaft waren.[c] Liebe Madiba,[d] in meiner jetzigen Lage sind Probleme, die ich sonst mit Leichtigkeit hätte lösen können, extrem schwierig zu bewältigen. Ihr alle, Du, Onkel Marsh und Niki, steht mir und Nobandla sehr nahe, und ihr tut das Menschenmögliche, um uns zu helfen. Ich bin mir sicher, wenn Nobandla und ich auf freiem Fuß wären, hätten die Differenzen zwischen euch und meinen angeheirateten Verwandten auf gütlichem Wege geregelt werden können. Hoffentlich kann ich bald mit Marsh persönlich alle eure Beschwerden besprechen. Mein Rat wäre, dass ihr drei euch zusammensetzt und versucht, euch zusammenzuraufen und alle strittigen Punkte auszudiskutieren, die eure Beziehungen verschlechtert haben und eine harmonische Zusammenarbeit erschweren.

Wie Du weißt, war Kgatho am 31. Januar bei mir und sprach das Problem an, wer sich um das Haus kümmern sollte, wenn er nach Fort Hare ging; er betonte zugleich, die Sache sei sehr dringend. Ich hatte damit gerechnet, dass der Besuch wie üblich eine Stunde dauern würde, aber es wurden uns nur 30 Minuten gestattet, sodass unsere Unterredung zu Ende war, bevor ich meinen Standpunkt dazu vorbringen konnte. Ich hätte Kgatho und Marsh gern ein Telegramm geschickt und meine Ansicht dargelegt, aber solche Dinge sind hier nicht immer möglich, und trotz der Dringlichkeit dieser Sache musste ich mich mit einem Luftpostbrief an Marsh zufriedengeben, und ich bin nicht einmal sicher, ob er je angekommen ist.

In diesem Brief bat ich Marsh, keine Regelung bezüglich des Hauses zu treffen, die zur Folge hätte, dass Kgatho und seine Schwestern während unserer Abwesenheit kein Zuhause mehr hätten. Ich teilte ihm mit, dass Lulu meiner Meinung nach dafür am besten geeignet wäre, Nobandlas Einverständnis vorausgesetzt. Ich hoffe, die Sache ist inzwischen zufriedenstellend geregelt.

In Deinem Brief vom 28. Oktober hast Du geschrieben, dass die Miete von 34 Rand fällig war und Du dafür gesorgt hast, dass sie bezahlt wurde. Kgatho sagte mir außerdem, Du habest auch Kleidung für Zeni und Zindzi gekauft. Worte können nicht ausdrücken, wie dankbar wir Dir dafür sind. Vielleicht bekommen wir eines Tages die Gelegenheit, uns für Deine große Hilfe zu revanchieren, wie bescheiden unser Dank auch ausfallen mag.

Übrigens möchte ich Dir noch sagen, dass es mich sehr gefreut hat, dass es Dir nach Deinem Besuch bei mir im Oktober letzten Jahres wieder besser gegangen ist, dass sich die dunkle Wolke der Depression über Dir gelichtet hat und Du die Dinge wieder von ihrer positiven Seite siehst. Das ist die richtige Einstellung. Zu Recht hat man gesagt, wenn Du lachst, dann lacht die ganze Welt mit Dir, doch wenn Du weinst, dann weinst Du ganz allein. Vergiss das nicht!

Am 1. Januar schrieb ich an Vulindlela[e] direkt nach Umtata und an Ntambozenqanawa,[f] c/o Kgatho. Am 19. November schrieb ich Nobandlas Onkel, Mr. Paul Mzaidume,[g] in 7012 Orlando West. Ich möchte unbedingt wissen, ob irgendeiner meiner Briefe auch ankommt; bitte überprüfe, ob Ntambozenqanawa und Nobandlas Onkel jeweils den ihren erhalten haben. Zum Abschluss möchte ich Dich noch bitten, Joel auszurichten, dass ich dringend 100 R für Studienzwecke benötige und er den Betrag doch bitte für mich auftreiben möge. Ich kann es nicht anders machen, solange Nobandla nicht da ist.

Ich danke Dir noch einmal für alles, was Du für uns tust, und ganz besonders dafür, dass Du es ermöglicht hast, dass Nobandla von Joel vertreten wird. Ganz herzliche Grüße an alle und einen besonderen Gruß an Dich

Dein
*Buti*[h] Nel

---

a   «Miss» oder «Prinzessin» auf isiXhosa.
b   Joel Carlson, Mandelas Anwalt; siehe «Personen, Orte, Ereignisse».
c   Am 16. Februar 1970 wurde die Anklage gegen Winnie Mandela und ihre einundzwanzig Mitangeklagten überraschend fallengelassen, aber in der kurzen Zeit, in der sie eigentlich «frei» waren, wurden sie noch im Gerichtsgebäude verhaftet. Sie kamen wieder in Polizeigewahrsam, und am 4. August 1970 wurden Winnie Mandela und neunzehn weitere Angeklagte vor Gericht gestellt. Drei der einundzwanzig Mitangeklagten fehlten. Einer hatte einen Nervenzusammenbruch, zwei waren untergetaucht, nachdem sie auf freien Fuß gesetzt worden waren.
d   Madiba ist ein Clan-Name, mit dem jeder aus dem Clan genannt werden kann.
e   Chief Vulindlela Mtirara/Matanzima, Thembu-Chief und Verwandter Mandelas.
f   Chief Ntambozenqanawa Nkosiyane, Mandelas Cousin.
g   Siehe Brief an Paul Mzaidume vom 19. 11. 1969, S. 187–190.
h   «Bruder» auf isiXhosa.

## An Makgatho Mandela, Mandelas zweiter Sohn
## Johannesburg

31. 3. 70

Abgesandt am 2. 4. 70

Mein lieber Kgatho,
in den vergangenen Monaten habe ich viel an Dich gedacht. Obwohl Dein letzter Besuch am 31. Januar stattfand, kommt es mir vor, als

hätte ich Dich zehn Jahre lang nicht gesehen, so sehr vermisse ich Dich. Hoffentlich können wir uns in diesem Jahr noch einmal treffen, um vertrauliche Familienangelegenheiten zu besprechen, die per Brief nicht angemessen behandelt werden können.

Erzwungene Trennung von der Familie war immer schon tragisch & leidvoll, & in den vergangenen 7 Jahren meiner Gefangenschaft ist mir bewusst geworden, wie frustrierend es sein kann, keinerlei Möglichkeit zu haben, seinen Kindern Beistand & Orientierung im Wirrwarr der Probleme zu leisten, die sie gerade als Heranwachsende haben. 1966 wurde mir berichtet, Thembi habe das Interesse an seinem Studium verloren und ein Job als Fahrer sei ihm lieber als eine akademische Laufbahn. Anfang 1967 schrieb ich ihm und legte ihm eindringlich nahe, sein Studium wieder aufzunehmen und entweder wieder in ein Internat zu gehen oder sich für ein Fernstudium einzuschreiben. Ich sicherte ihm zu, dafür zu sorgen, dass er für Studiengebühren und seinen persönlichen Unterhalt nicht selbst aufkommen müsste. Ich wollte ihn auch von einem Verhalten abbringen, das ihm die Chance auf eine würdige & erfolgreiche Karriere verbauen würde, ein Verhalten, durch das er in punkto Allgemeinwissen immer anderen unterlegen bliebe, für immer zum erniedrigenden Status eines Subalternen herabgewürdigt und zum Opfer der Ausbeutung durch andere Menschen würde. Du hast mir zwar im Oktober 1967 eine Botschaft von ihm gebracht, doch er hat nie auf meine Ratschläge reagiert. Dabei war Thembi eigentlich ein vielversprechender & begabter guter Junge. Die verstorbene Oma,[a] Ma Nobandla & andere Angehörige & Freunde berichteten mir bei ihren Besuchen oder in Briefen stets Gutes über Thembi. Ich bin mir ganz sicher, wäre ich 1966 zu Hause gewesen, wäre er nicht der Versuchung erlegen, die ihn dazu verleitete, in diesem kritischen Alter die Schule aufzugeben. Am 28. Juli letzten Jahres schrieb ich Dir einen langen Brief[b] über die schwere Verantwortung für die Familie, die jetzt, da Thembi nicht mehr lebt, auf Deinen Schultern liegt. Ich betonte damals, dass Du von nun an das älteste Kind bist & es Deine Pflicht ist, die Familie zusammenzuhalten & Deinen Schwestern ein gutes Vorbild zu sein. Dein besonderes Augenmerk lenkte ich auf den Umstand, dass die großen Fragen der Menschheit heute geschulte Köpfe verlangen &

dass derjenige, dem diese Schulung fehlt, seinem Land & seinem Volk nicht wirksam dienen kann. Ferner hob ich hervor, dass ein geordnetes & diszipliniertes Leben & der Verzicht auf die oberflächlichen Vergnügungen, die den durchschnittlichen jungen Mann verlocken, sowie intensives und systematisches Lernen das ganze Schuljahr über am Ende begehrte Preise & persönliches Glück im Leben einbringen. Am 25. Oktober hast Du mir mitgeteilt, Du habest Deine Ergänzungsprüfungen abgelegt & Dich zugleich wieder in Fort Hare angemeldet. Ich machte Vorschläge zur Frage der Studiengebühren, & bei Deinem letzten Besuch hast Du behauptet, alles sei geregelt und Du würdest am 14. Februar wieder zur Uni gehen. Jetzt erfahre ich, dass Du weder nach Fort Hare gegangen bist noch Dich an der Unisa[c] eingeschrieben hast. Außerdem kamen mir noch mehr unerfreuliche Gerüchte & Kommentare von Jung und Alt zu Ohren. Natürlich habe ich vollstes Vertrauen in Dich, Kgatho, & ich möchte keine Schlüsse weder in die eine noch in die andere Richtung ziehen, bevor Du mir nicht alles ausführlich erklärt hast.

Dennoch bin ich überzeugt, dass die Hauptursache Deiner gegenwärtigen Probleme in meiner Abwesenheit von zu Hause liegt sowie in dem Umstand, dass mich meine momentane Lage daran hindert, mit Dir engen Kontakt zu halten & mich mit Deinen aktuellen Schwierigkeiten näher zu beschäftigen. Wären wir beieinander, hätten Dir meine Beratung & meine Hilfe vielleicht die 2 wertvollen Jahre erspart, die Du bereits vergeudet hast. Bitte melde Dich, sobald Du diesen Brief bekommen hast, doch bis dahin muss ich Dich davor warnen, ein Leben zu führen, das am Ende Deiner Gesundheit schadet & Deine Karriere zerstört, wie angenehm Dir auch die kurzlebigen Vergnügungen im Augenblick erscheinen mögen. Lieber Kgatho, in Dir schlummert eine große, vielversprechende Begabung, & vor Dir liegt eine helle Zukunft, Du musst Dir nur selber eine Chance geben. Du hast Dein J. C.[d] mit Auszeichnung bestanden; Du gehst taktvoll & einfühlsam mit Problemen um. Jetzt ist nicht die Zeit, die eigenen Talente ungenutzt zu lassen. Die Jugendlichen Deines Alters, manche sind sogar noch deutlich jünger als Du, tun sich hervor auf dem Feld der Bildung, des Sports, der Musik & in anderen wichtigen Bereichen. Diese Leistungen werden ermöglicht

durch ihren persönlichen Stolz, ihren Wunsch, den guten Namen &
das Ansehen ihrer Familie zu mehren, & durch ihre Liebe & Hingabe
an die Sache des Volkes. Und was machst Du? Hast Du etwa keinen
Stolz, kein Gewissen, keinen starken Willen, keinen Wunsch nach
Unabhängigkeit? Jedermann, ob jung oder alt, der Dich von der
Uni & Deinem Studium abhält, ist kein echter Freund, sondern ein
Heuchler & eine Gefahr für Dich. Pass auf: Mach Dir klar, was Du
willst, bevor es zu spät ist! Geh dieses Jahr nach Fort Hare, wenn sie
Dich aufnehmen, & antworte mir postwendend.

Als Du im Januar hier warst, hast Du das Problem mit dem Haus
angesprochen. Ich hatte gehofft, die Besuchszeit wäre wie üblich eine
Stunde, aber wie Du weißt, wurde unser Gespräch nach 30 Minuten
abrupt abgebrochen, & deshalb konnte ich Dir nicht mehr meinen
Standpunkt zu der akuten Frage erläutern, die Du mit mir besprechen wolltest. Am Montag darauf versuchte ich vergeblich, mich mit
Dir vor Deiner Abfahrt aus Kapstadt in Verbindung zu setzen.[e] Am
gleichen Tag versuchte ich auch, Mr. Xaba[f] zu erreichen, um ihm zu
sagen, er solle nichts unternehmen, was zur Folge hätte, dass Du und
Deine Schwestern während unserer Abwesenheit kein Zuhause mehr
hättet.[g] Aber meine Bemühungen waren umsonst, & der eingeschriebene Luftpostbrief, den ich ihm am 3. Februar schrieb, ist offenbar
nie bei ihm angekommen. Sag Lulu, ich versuche in der Zwischenzeit eine Regelung zu finden, dass sie im Haus bleiben kann.

Ich erwarte Maki im Juni.

Ganz herzliche Grüße an euch alle

Dein Dich liebender
*Tata*[h]

---------------------

a   Mandelas Mutter Nosekeni Fanny Mandela (gest. 1968).
b   Vgl. den Brief vom 28. Juli 1969, S. 151–155.
c   University of South Africa.
d   Junior Certificate.
e   In seiner Autobiographie beschreibt Mandela den Besucherraum auf Robben Island als
    «eng und fensterlos. Auf der Seite der Gefangenen gab es eine Reihe von fünf zellenartigen
    Kabinen mit kleinen quadratischen Glasfenstern, die den Blick zu identischen Kabinen auf
    der anderen Seite freigaben. Man saß auf einem Stuhl und sah durch das dicke, verdreckte
    Glas, durch das kleine Löcher gebohrt waren, damit ein Gespräch überhaupt möglich war.

Man musste laut sprechen, um verstanden zu werden. Später installierten die Behörden Mikrophone und Lautsprecher vor dem Glas, eine marginale Verbesserung». Nelson Mandela, *Der lange Weg zur Freiheit*, a. a. O., S. 540.

f Marshall Xaba, Mann von Winnies Schwester Niki Xaba, Onkel von Mandelas Kindern.

g Vgl. den Brief vom 3. Februar 1970, S. 204–206.

h «Vater» auf isiXhosa.

## An den Commanding Officer
## Robben Island

2. April 1970

Zu Händen des Sanitätsoffiziers

Meine Haut trocknet immer mehr aus, und nach jedem Bad bilden sich Risse, ein Leiden, das sich im Winter verschlimmert. 1967 empfahl mir Dr. Kaplan die Anwendung von Pond's Cold Cream, die ich auch vor meiner Verurteilung regelmäßig benutzte. Danach besprach ich mich darüber mit dem örtlichen Sanitätsoffizier, der mir eine Art Vaseline verabreichte. Aber ganz abgesehen davon, dass das Mittel untauglich und unangenehm ist, half es mir in keiner Weise, und ich sah mich leider genötigt, es abzusetzen. Demzufolge möchte ich Sie um die Erlaubnis bitten, die obengenannte Creme auf eigene Kosten und so lange wie voraussichtlich nötig zu bestellen.

[Unterzeichnet NRMandela]
NELSON MANDELA: 466/64

[Mutmaßlich von einem Gefängnisbeamten angefügte Bemerkung]
Meines Wissens wird Ponds Cold Cream auf der Basis von Lanolin hergestellt. Adeps Lanala enthält ebenfalls Lanolin und ist ebenso gut für das Hautproblem des Patienten. 2. 4. 70

[Anmerkung in anderer Schrift auf Afrikaans] Genehmigt wie beantragt 22. 4. 70

Colonel.

Mit mir sprach er auch darüber. Die Empfehlung des Arztes siehe unten.
[unterschrieben und datiert 22. 4. 70]

Hospital,

Zu Ihrer Kenntnis und weiteren Behandlung

**An den Commanding Officer**
**Robben Island**

20. April 1970

Zu Händen von Col. Van Aarde

Ich bin empört über die Art und Weise, wie die Zensurstelle mit meinen Besuchern verfährt, und fordere Sie auf, der Sache baldmöglichst persönlich nachzugehen und den Unregelmäßigkeiten ein Ende zu setzen.

Meine Schwiegertochter Molly de Jager,[a] wohnhaft in «Hillbrow», 7th Avenue, Retreat, Kapstadt, hat seit fast drei Monaten um eine Besuchserlaubnis gekämpft. Ihren ersten Antrag stellte sie Anfang Februar und teilte mir dies in einem Brief mit, der am 12. 2. auf der Zensurstelle einging. Im vergangenen Monat wurde mir von dieser Stelle mitgeteilt, ihr Antrag sei «nicht eingegangen». Anfang April stellte sie erneut einen Antrag, und mir wurde mitgeteilt, ich könnte mit ihrem Besuch am Samstag, den 18. April, rechnen. Sie ist nicht erschienen.

Beryl Lockman hingegen, die ihren Onkel Walter Sisulu vergangenen Samstag besuchte – sie hat die gleiche Adresse wie meine Schwiegertochter –, informierte ihren Onkel darüber, dass sie zusammen mit meiner Schwiegertochter die Besuchserlaubnis für denselben Tag beantragt habe. Sie erhielt ihre Erlaubnis, die jedoch die einzig wichtige Angabe, nämlich das Datum des Besuchs, nicht enthielt. Beryl teilte ihrem Onkel mit, dass meine Schwiegertochter nicht mitkommen konnte, weil ihre Erlaubnis nicht angekommen war. Ich erwarte sie am 25. dieses Monats und fordere Sie auf, sicherzustellen, dass dieser Besuch nicht wieder vereitelt wird.[b]

Ich brauche Ihnen wohl kaum zu versichern, dass dieses Schreiben nicht als Tadel an Lt. Nel aufzufassen ist, den Beamten, der unmittelbar für die Zensurstelle zuständig ist und jeden meiner Anträge wohlwollend behandelt.

[Unterzeichnet NRMandela]

------------------------

a    Thoko Mandela, Witwe seines verstorbenen Sohnes Thembi. Sie nahm den Nachnamen eines Verwandten De Jager an und lebte in Retreat, einem Gebiet für Farbige (‹Honouring Thembekile Madiba›, Nelson Mandela Foundation, 22. Februar 2012, https://www.nelson-mandela.org/news/entry/honouring-thembekile-mandela).

b    Es ist unklar, ob die Unterstreichung von Mandela oder der Gefängnisverwaltung stammt.

## An Makaziwe Mandela, Mandelas älteste Tochter
## Johannesburg

1. Mai 1970

Mein Liebes,

zu meiner Freude habe ich von Kgatho erfahren, dass Du Deine J. C.ᵃ-Prüfungen bestanden hast und nun auf das Abitur zusteuerst. Deine schönen Fortschritte in der Schule zeigen, dass Du eine begabte und eifrige Schülerin bist, die die höchsten Qualifikationen und besten Preise erringen kann, vorausgesetzt natürlich, Du arbeitest fleißig und systematisch von Beginn des Schuljahrs an bis zur Prüfung. Gib mir doch in Deinem nächsten Brief wenn möglich die Noten in Deinen einzelnen Fächern sowie Deinen Gesamtdurchschnitt an. Ich weiß nur zu gut, dass das Leben als Tagesschülerin für ein afrikanisches Kind nicht immer leicht ist.

Die afrikanische Durchschnittsfamilie lebt in Armut, in einem kleinen Haus mit vielen Bewohnern, ohne die Privatsphäre, die ein Schüler braucht, um sich aufs Lernen zu konzentrieren; sie kann sich keine Hausangestellten leisten, die sauber machen, das Essen kochen und abspülen. Alle diese Pflichten ruhen auf den Schultern des Kindes, mit der Folge, dass es abends nie genug ausgeruht ist, wenn die Hausaufgaben zu machen sind. Im Vergleich dazu genießt ein Schüler im Internat viele Vorteile. Dort ist die ganze Umgebung und die

Atmosphäre eine völlig andere. Man hat reichlich Zeit zum Lernen und zur ausführlichen Besprechung von Problemen mit den Mitschülerinnen, man kann sich dort von älteren Schülern Hilfe holen, kann sich meist in der Sprache unterhalten, in der unterrichtet wird, kann sich bei Spiel, Sport und Musik gut erholen und am Ende des Jahres in den Prüfungen hervorragende Resultate erzielen.

Die Schwierigkeiten sind für Tagesschüler, deren Eltern das Glück haben, einen recht hohen Bildungsstand zu genießen und die mit den neueren Entwicklungen auf dem Gebiet der Bildung dank ausgedehnter Lektüre Schritt halten, natürlich weitaus geringer. Sie können ihrem Kind bei Problemen mit Rat und Tat zur Seite stehen. Kgatho wäre zweifellos eine große Hilfe für Dich, wenn ihr zusammen wohnen würdet. Auch ich hätte mein Scherflein dazu beigetragen, wenn ich frei wäre. Du siehst, die Handicaps, die Du beim Lernen hast, kenne ich wohl. Und vor diesem Hintergrund sehe ich auch Deine Prüfungsergebnisse. Ich neige zu der Ansicht, dass Du auf einem Internat wahrscheinlich weit besser abgeschnitten hättest. Aber Du hast es gut gemacht, und dazu gratuliere ich Dir von Herzen!

In Deinem undatierten Brief, der mich am 15. November erreichte, schreibst Du, Du hättest den Plan, Wissenschaftlerin zu werden, aufgegeben, weil die für dieses Studium notwendigen Mittel nicht verfügbar seien. Wir werden darüber ausführlich reden, wenn Du mich im kommenden Juni besuchen kommst und ich konkrete Vorschläge dazu mache. Bis dahin versichere ich Dir, dass ich trotz meiner augenblicklichen Lage alles in meiner Macht Stehende tun werde, die für Dein Studium erforderlichen Mittel zu beschaffen. Ich glaube nicht, dass eines meiner Kinder, das wirklich ernsthaft studieren will, wegen fehlender Geldmittel daran gehindert werden kann, auf die Uni zu gehen. Du darfst nicht vergessen, dass Dein Vater eine lebenslange Freiheitsstrafe verbüßt und Du und Kgatho deshalb praktisch Waisen seid. Bildung ist für euch beide mehr als bloß eine Frage des Status. Es ist eine Frage auf Leben und Tod. Solange Geld für euer Studium vorhanden ist, müsst ihr die Gelegenheit beim Schopf ergreifen. Nur dadurch werdet ihr eine gesicherte und helle Zukunft haben. Nur wenn ihr die besten Voraussetzungen mitbringt, werdet ihr eine gute Stelle bekommen und eure Mutter entlasten können, die schwer an ihrer gegenwärtigen Verantwortung trägt. Auf jeden Fall werden wir die Einzelheiten im kommenden Juni abklären.

Ich habe erfahren, dass Mom Winnie im Gefängnis ist, und ich gebe Dir Recht: Es wird lange dauern, bis sie freikommt. Am 12. dieses Monats jährt es sich, dass sie ins Gefängnis kam. Sie ist guten Mutes. Auch Nyanya[b] hat ihre Sache sehr gut gemacht, und ich bin stolz auf sie beide. Auf die Frage, wer für die Kinder sorgt, kann ich Dir keine klare und eindeutige Antwort geben. Aber du, Kgatho, *Sisi* Tellie,[c] Makazi Niki[d] und zahlreiche Freunde sind da, um sich um sie zu kümmern. Was mich betrifft, so habe ich in den vergangenen 14 Monaten die einzige Möglichkeit, mit ihnen in Verbindung zu bleiben, genutzt – ich schrieb ihnen Briefe. Doch zu meiner größten Enttäuschung ist offenbar keiner meiner Briefe vom 4. Februar, 23. Juni und 3. August bei ihnen angekommen.

Ich habe mich sehr gefreut, dass Du an Omas Grab warst und dass Du bei Paramount Chief Sabata so gastfreundlich aufgenommen wurdest. Er ist ein wunderbarer Mensch, und ich weiß nicht, wie ich ihm für all das, was er für mich getan hat, danken soll. Ich habe irgendwo gelesen, dass Du im vergangenen Januar bei Mthethos[e] Hochzeit warst. Bestimmt war allein schon die Reise zu dem Fest ein aufregendes Erlebnis. Es freut mich sehr, dass Du so engen Kontakt zu unseren Angehörigen hältst. Solche engen Bande können Dir Kraft geben und Ansporn sein. Geht es Chief Mdingi und seiner Frau gut? Wie alt ist ihre Tochter jetzt und was treibt sie? Am 3. November vergangenen Jahres bedankte ich mich bei Ma-Tshezi[f] für das Kondolenzschreiben, das sie und Onkel Sam[g] mir anlässlich von Thembis Tod geschickt haben. Und ich übermittelte Ma-Tshezi mein Beileid zum Tod ihres Bruders Justice. Ich bekam keine Antwort und weiß nicht, ob der Brief sie erreicht hat.

Lulu fragte im März an, ob sie im Haus in Orlando West bleiben dürfe. Ich hatte bereits im Monat davor Onkel Xaba[h] geschrieben und ihn gebeten, keine Regelung zu treffen, die zur Folge hätte, dass Kgatho und seine Schwestern kein Zuhause mehr hätten. Ich teilte ihm mit, dass es mir lieber wäre, wenn Lulu dabliebe, sofern Mom Winnie nichts dagegen habe. Bitte sag Lulu das.

Heute ist der 1. Mai, Dein Geburtstag. Ich wünsche Dir alles Gute und ganz viel Glück, mein Schatz. Hoffentlich hast Du meine Geburtstagskarte bekommen, die ich vergangenen Monat geschickt habe.[i]

Dein dich liebender
*Tata*[j]

--------------------

a  Junior Certificate.
b  Nonyaniso (Nyanya) Madikizela, Winnie Mandelas jüngste Schwester.
c  Telia (Telli oder Tellie) Mtirara, eine Verwandte Mandelas. *Sisi* heißt «Schwester» auf isiXhosa und bezeichnet oft eine Frau aus der gleichen Altersgruppe.
d  Niki Xaba (1932–1985), Winnie Mandelas älteste Schwester; siehe «Personen, Orte, Ereignisse». *Makazi* bedeutet «Schwester deiner Mutter» auf isiXhosa.
e  Chief Mthetho Matanzima (gest. 1972); siehe «Personen, Orte, Ereignisse».
f  Adelaide Mase, Schwägerin von Mandelas erster Frau Evelyn und Makaziwes Tante; siehe seinen Brief S. 174–177.
g  Bruder von Mandelas erster Frau Evelyn Mandela.
h  Marshall Xaba, Ehemann von Niki Xaba, Winnie Mandelas ältester Schwester; siehe seinen Brief vom 3. Februar 1970, S. 204–206.
i  Ab einer bestimmten Zeit war es Mandela gestattet, Glückwunschkarten zu bestellen und zu besonderen Gelegenheiten zu verschicken.
j  «Vater» auf isiXhosa.

**An den Commanding Officer**
**Robben Island**
[Vermerk in anderer Schrift] Mit dem Zensor zu besprechen [Unterzeichnet und datiert 3. 6. 70]

29. Mai 1970

Zu Händen von Col. Van Aarde

Gestern teilte ich Ihnen mit, dass ich am 4. Mai zwei Briefe an Sie gesandt hatte; der eine bezieht sich auf ein Anliegen, um das sich Brigadier Aucamp kümmert, im zweiten ging es um Belange interner Natur, die Sie großenteils bereits zur Kenntnis genommen haben. Allerdings sind zwei der im zweiten Brief vom 4. Mai angesprochenen Probleme noch nicht erledigt.

1. Am 1. Juni erwarte ich meine Tochter Makaziwe, die mich zum ersten Mal in ihrem Leben seit meiner Verhaftung besuchen darf. Ich bitte dringend darum, diesen Besuch für den kommenden Monat zu genehmigen, wenn meine Tochter Ferien hat.

2. Das zweite noch offene Problem ist der *Special letter* an Marshall Xaba,[a] den[b] ich am 3. Februar auf die Post geben ließ mit der Bitte, ihn als Express-Luftpostbrief zu versenden. Offenbar wurde er mit der normalen Post am 18. Februar abgeschickt, ungeachtet seines Inhalts und seiner Dringlichkeit. Sie werden sich erinnern, dass ich Ihnen bei unserem Gespräch am 24. Mai mitteilte, dass der Brief bis zum 10. März seinen Empfänger immer noch nicht erreicht hatte, woraus ich schloss, dass er wahrscheinlich verloren gegangen ist.[c]

[Unterzeichnet NRMandela]
NELSON MANDELA: 466/64

-------------------------

a  Mann von Niki Xaba, Winnies ältester Schwester. Siehe seinen Brief an Adelaide Mase, S. 174–177.
b  Unterstreichung vermutlich durch einen Gefängnisbeamten.
c  Unterstreichung vermutlich durch einen Gefängnisbeamten.


**An Leabie Makhutshwana Piliso,[a] Mandelas jüngste Schwester Mount Frere**

1. Juni 1970

Liebe *Nkosazana*,[b]
Dein Brief vom 9. März 1969 erreichte mich pünktlich, und mit Freude hörte ich, dass Jonguhlanga nach wie vor hilft, die Schwierigkeiten zu beheben, die durch meine Abwesenheit für Dich und die ganze übrige Familie entstanden sind.
Die Nachricht von Deiner Heirat habe ich mit gemischten Gefühlen aufgenommen. Eine glückliche Ehe wünschen sich alle Menschen, und dass Du einen Lebenspartner gefunden hast, ist für mich Grund zu großer Freude. Meine Gefühle und Ansichten habe ich bereits in einem anderen Brief dargelegt, in dem ich Dir und *Sibali*[c] meine Glückwünsche aussprach; dem muss ich nichts mehr hinzufügen. Es genügt zu sagen, dass es für mich eine Quelle echten Stolzes ist, jetzt noch einen Schwager zu haben. Ich bedaure nur, dass wohl viele Jahre vergehen werden, bis ich ihn kennenlernen kann. Obwohl mich die Nachricht von Eurer Heirat sehr gefreut hat, mischten sich in

meine Freude doch auch Bedenken und Sorge, denn ich weiß wohl, wie verunsichert eine Frau mit Nationalstolz sein kann, wenn die Eheschließung nicht von den traditionellen Riten begleitet wurde. Darum war ich sehr erleichtert, als ich hörte, dass Jonguhlanga Dir alle erforderlichen Gegenstände besorgt und Deine Begleitung in den neuen Kral gemäß dem Brauch organisiert hat. Jonguhlanga hat eine weitverzweigte Familie und trägt große Verantwortung, und dass er Dir trotz seiner zahlreichen Verpflichtungen den von Dir beschriebenen Beistand gewähren konnte, zeigt, wie viel wir alle ihm bedeuten.

Im Oktober 1968 schrieb ich ihm einen langen Brief, in dem ich ihm für die Ausrichtung von Mas[d] Begräbnis und die erheblichen Kosten, die er dabei hatte, meinen Dank aussprach. Nobandla schrieb mir einen ausführlichen Bericht über den Ablauf der Feier. Etwa eine Woche bevor ich ihren Brief erhielt, hatte mich *Sibali* Timothy Mbuzo[e] eigens besucht, um mir aus erster Hand über Mas Hinscheiden und die Beerdigungsfeier zu berichten. Es war mir ein großer Trost, zu erfahren, dass so zahlreiche Trauergäste erschienen waren, um ihr am Grab die letzte Ehre zu erweisen. Besonders glücklich war ich darüber, dass Du mit anwesend sein konntest. Ma hing sehr an Dir, und ihr Tod war gewiss überaus schmerzlich für Dich. Hoffentlich hast Du inzwischen Dein Gleichgewicht wieder gefunden. Tellie hat mich im vergangenen Oktober besucht und mir erzählt, dass Du und Baliwe[f] es einrichten konntet, an Thembis Trauerfeier in Johannesburg teilzunehmen. Diese zweite Familientragödie hat mich zutiefst erschüttert. Gern wäre ich bei beiden Feiern zugegen gewesen, doch in meiner gegenwärtigen Lage sind solche Wünsche nicht leicht zu erfüllen. Übrigens schrieb ich anlässlich von Mas Beerdigung auch an Daliwonga,[g] Nkosikazi NoEngland,[h] Vulindlela,[i] Wonga,[j] Thembekile ka Tshunungwa[k] und Guzana[l] und dankte ihnen für ihren Beitrag.

Ich hoffte, die Sache mit dem Kind mit Nobandla bei ihrem für Mai letzten Jahres geplanten Besuch besprechen zu können. Mir war vollkommen klar, dass die Frage, ob wir sie von der Schule in Mount Frere[m] nehmen sollten, von großer Tragweite war, und ich hatte gehofft, mit Nobandla dafür sorgen zu können, sie auf dasselbe Internat wie Zeni und Zindzi zu schicken. Doch wie Du weißt, wurde sie am 12. Mai, knapp vierzehn Tage vor ihrem geplanten Besuch, fest-genommen und befindet sich immer noch in Haft. Seither habe ich beträchtliche Schwierigkeiten, unsere häuslichen Angelegenheiten zu regeln. Fast keiner meiner Briefe erreichte offenbar seinen Adressa-ten. Trotz wiederholter Bemühungen ist es mir nicht gelungen, zu-mindest mit Zeni und Zindzi brieflich Kontakt aufzunehmen. Ich werde weiterhin versuchen, mit einem Freund Verbindung aufzuneh-men, der während Nobandlas Abwesenheit am ehesten geeignet ist, unsere Dinge zu regeln, und werde mich vorrangig um dieses Thema kümmern. Übrigens fühlen sich Zeni und Zindzi bestimmt manch-mal sehr einsam und haben Heimweh, und bestimmt würde es sie aufheitern, wenn sie ein-, zweimal im Jahr einen fröhlichen Brief von Dir bekämen. Du kannst ihnen jederzeit schreiben unter folgender Adresse: c/o Mrs. Iris Niki Xaba, Postfach 23, Jabavu, Johannesburg. Im März schrieb ich an *Sibali*, Mrs. Timothy Mbuzo.[n] Heute geht ein *Special letter* an Mhlekazi Sidumo[o] zur Post. Auf meinen Brief vom Mai 1969 hat er nie reagiert. Vermutlich war es einer der vielen Briefe, die unweigerlich «Irrläufer» sind, speziell nach Nobandlas Verhaf-tung. Vielleicht kannst Du *Sisi* Connie Njongwe[p] anrufen oder ihr schreiben, Station Road, Matatiele, dass ich mich sehr über ihren auf-munternden Brief und die Neuigkeiten aus ihrer Familie gefreut habe. Sag ihr auch, dass ich im August vergangenen Jahres ein Beileids-schreiben von Robbie und Zuki erhalten habe und über die Nachricht bestürzt war, dass Jimmy nach einem Bandscheibenvorfall sich danach auch noch das Bein gebrochen hatte. Connie hatte das in ihrem Brief nicht einmal andeutungsweise erwähnt. Sag ihnen, dass ich weiß, wie zäh und tapfer Jimmy ist und dass ich nicht den leisesten Zweifel habe, dass er immer noch derselbe fröhliche, selbstbewusste und zuversicht-liche Mann ist. Ich werde ihm so bald wie möglich schreiben. Connie soll bitte Robbie mitteilen, dass ich gerade dabei war, auf ihren schö-nen und ermutigenden Brief zu antworten, als die Wetterbedingungen in ihrer Gegend sich verschlechterten. Ich werde ihnen ein paar Zeilen schreiben, sobald das Wetter besser wird.

Ganz herzliche Grüße von Deinem
*Buti*[q] Nel

------------------------

a  Leabie Makhutshwana Piliso (1930–1997).

b  «Miss» oder «Prinzessin» auf isiXhosa.

c  *Sibali* heißt «Schwager» auf isiXhosa.

d  Nosekeni Fanny Mandela, seine Mutter.

e  *Sibali* Timothy Mbuzo, naher Verwandter von Mandelas Schwager Daniel Timakwe und langjähriges Führungsmitglied der Democratic Progressive Party, in der Transkei die Opposition gegen das Apartheidregime.

f  Baliwe, eine von Mandelas Schwestern.

g  K. D. Matanzima (1915–2003); siehe «Personen, Orte, Ereignisse». Sein zweiter Vorname war Daliwonga.

h  Frau des Regenten Jongintaba Dalindyebo, Vormund Nelson Mandelas nach dem Tod seines Vaters.

i  Chief Vulindlela Mtirara/Matanzima, Thembu-Chief und Verwandter Mandelas.

j  Wonga Mbekeni war Student im nahegelegenen Lovedale College zu der Zeit, als Mandela in Fort Hare war.

k  ANC-Aktivist und Mitglied der Thembu-Königsfamilie; Mitangeklagter im Hochverratsprozess.

l  Knowledge Guzana (geb. 1916), Anwalt und Vorsitzender der Democratic Party in der Transkei; siehe «Personen, Orte, Ereignisse».

m  Stadt in der Transkei.

n  Frau von Sibali Timothy Mbuzo.

o  Sidumo Mandela, Mandelas Cousin. *Mhlekazi* bedeutet «Geehrter Herr».

p  Connie Njongwe, Frau von Dr. James «Jimmy» Njongwe (1919–1976), Arzt, Führungsmitglied des ANC, organisierte die Missachtungskampagne (siehe «Personen, Orte, Ereignisse») im Ostkap. *Sisi* bedeutet «Tante» auf isiXhosa.

q  «Bruder» auf Afrikaans.


## An Nkosikazi Nokukhanya Luthuli, Witwe des vormaligen ANC-Präsidenten Chief Albert Luthuli
## Stanger, Natal

8. Juni 1970

Liebe Ma,

im Juli 1967 erhielt ich von Major Kellerman, dem damaligen Commanding Officer des Gefängnisses, die Genehmigung, Ihnen in unser aller Namen eine Beileidsbekundung in einem *Special letter* anlässlich des Ablebens des Chief zu schreiben.

Unter normalen Umständen hätten wir ganz bestimmt an der Trauerfeier teilgenommen, um dem großen Krieger bei seinem Abgang von der Bühne und seinem Eintritt in die Geschichte die letzte Ehre zu erweisen. Er war ein Veteran vieler Feldzüge, innig geliebt von seinem Volk, weit und breit geachtet als vortrefflicher Verteidiger derer, die unter dem Fluch der Armut und der Not leiden, die heimgesucht sind von Krankheit und Unwissenheit und niemals die Aussicht auf einen Aufstieg und ein erfülltes Leben haben. Anderthalb Jahrzehnte lang bestimmte er das öffentliche Leben seines Landes und führte uns umsichtig durch eine der schwierigsten Phasen unseres Kampfes für höhere Ideale und ein besseres Leben. Der Chief war in vielerlei Hinsicht ein außergewöhnlicher Mann, ein wahrer Nationalist, der mit beiden Füßen fest auf seinem heimatlichen Boden stand und viel Kraft und Inspiration aus seiner traditionellen Herkunft bezog, aber dennoch eine fortschrittliche Einstellung ohne die geringste Spur rassistischer Arroganz oder Engstirnigkeit besaß. Seine kraftvolle Persönlichkeit und sein scharfer Verstand waren gepaart mit Demut, Bescheidenheit und rückhaltloser Zustimmung zum Prinzip der kollektiven Führung. Er war zwar stets ruhig und zurückhaltend, doch waren die, die mit ihm in Kontakt kamen, angetan von seiner Herzlichkeit und Freundlichkeit und seiner Bereitschaft, die Talente und die gute Arbeit anderer anzuerkennen. Er war im wahrsten Sinn des Wortes die geborene Führernatur und besonders befähigt, eine breite nationale Bewegung anzuführen. Er war frei von jeder sektiererischen Tendenz, einer furchtbaren Seuche, die machtvolle Bewegungen lahmgelegt und sogar zugrunde gerichtet und in unserer Geschichte verschiedentlich ihr hässliches Haupt erhoben hat. Es war eine Freude, ihn in Aktion zu sehen, wenn er sich an eine öffentliche Versammlung wandte oder am Treffen eines Komitees teilnahm (oder bei seiner denkwürdigen Aussage beim Hochverratsprozess). Seine öffentlichen Reden waren schlicht und freimütig, und er unterließ jeden fanatischen Appell an die Emotionen seiner Zuhörer. Bei Debatten in Komitees konnte er geduldig und aufmerksam zuhören, und wenn er schließlich das Wort ergriff, hob er die Punkte hervor, die ein Höchstmaß an allgemeiner Zustimmung versprachen. Niemals geriet er in Versuchung, sein großes Wissen auszuspielen, so wenig wie er sich seinen Kollegen gegenüber als überlegen darstellen wollte. Trotz seiner Ausbildung zum Lehrer und seiner Position als Stammeshäuptling hatte ich bei ihm niemals das Gefühl, dass er in der Öffentlichkeit allzu vorsichtig und konservativ auftrat. Vielmehr machte er durchweg den Eindruck eines Patrioten, der von radikalem und progressivem Denken angetrieben war und mit den revolutionärsten Geistern der jungen Generation Schritt hielt.

(Sein Tod war ein herber Rückschlag für unsere Bemühungen, ein anständiges und ehrenhaftes Leben zu führen.) Für Sie war dies ein tragischer Verlust, bedeutet er doch viele Jahre Einsamkeit, Mühe und Schweiß, ohne die fachkundige Hilfe und Erfahrung eines Lebensgefährten, der so innig mit Ihnen verbunden war. Auch den Kindern wurde durch seinen Tod die Führung durch einen Vater genommen, der gut gerüstet war, seine elterlichen Pflichten zu erfüllen, stand er doch mitten im öffentlichen Leben und war in hohem Maße empfänglich für fortschrittliche Ideen. Wir trauerten mit Ihnen und der Familie und der ganzen Gemeinschaft und drückten Ihnen unser aufrichtiges Beileid aus. Doch wir waren uns ganz sicher, dass Ihnen die große Tapferkeit, die Sie in der gefährlichsten Phase der öffentlichen Laufbahn des Chief bewiesen haben, helfen würde, diese leidvolle Zeit zu überstehen. Wir drückten auch die Hoffnung aus, dass die Menschenmenge, die an der Trauerfeier teilnehmen würde, sowie die zahlreichen Beileidsbekundungen aus aller Welt vielleicht ein Trost für Ihre verwundete Seele sein könnten.

Unter den gegebenen Umständen war der Brief die einzige Möglichkeit, Ihnen und Ihrer Familie unsere Anteilnahme auszudrücken, und wir hatten nicht den leisesten Verdacht, er könnte nicht ankommen. Unsere Enttäuschung war riesengroß, als wir erfuhren, dass Sie ihn nie bekommen haben! Ungefähr drei Monate nachdem ich ihn auf die Post gegeben hatte, schrieb ich an Alan[a] und übermittelte ihm unser Beileid zum Tod seiner Frau. Wir erklärten, das Schicksal habe ihm wahrlich schlimm mitgespielt, als es ihm die Ehefrau so kurz nach dem Tod seines Freundes, des Chief, nahm. (Wir rühmten den festen Standpunkt, den er in vielen Fragen von öffentlichem Interesse eingenommen hatte, und dankten ihm für seine strafmildernde Aussage im Rivonia-Prozess.[b]) Zum Schluss beteuerten wir unsere Zuversicht, dass weder die Familientragödie noch das fortschreitende Alter ihn dazu bewegen könnte, sich zur Ruhe zu setzen. Inzwischen wissen wir, dass auch dieser Brief nie bei Alan angekommen ist. Wir können nicht glauben, dass irgendjemand den Versand von Kondolenzbriefen blockiert und verhindert, dass die Hinterbliebenen sie bekommen. Jedenfalls werde ich jetzt vorsichtshalber diesen Brief eingeschrieben schicken, damit er sicher ankommt.

In unserer derzeitigen Umgebung bekommen freundliche Worte eine Bedeutung, die einzuschätzen weder leicht noch ratsam ist. Jedenfalls bewirken sie weit mehr als eine bloße Hebung der Moral. Ihre wenigen, aber von Herzen kommenden Worte in Ihrem Schreiben vom Januar 1966 rührten uns über die Maßen. Mit Freude vernahmen wir, dass die Welt, unser Volk und besonders Ihre Ma jeden Tag an uns denken. Auch sollen Sie wissen, dass Ihr Brief zu meinen kostbarsten Besitztümern zählt.

Die herzlichsten Grüße an Norman, Fana, Ntombazana, Kwena, Thandeka und Tulani; an Sibongile und Dr. Ngobese[c] und alle Kinder

Ihr Nelson

----------------------

a  Alan Paton (1903–1988), Begründer und Vorsitzender der gegen die Apartheid gerichteten Liberal Party of South Africa. Im Rivonia-Prozess hielt er ein Plädoyer zugunsten einer Strafmilderung für Mandela und seine Mitangeklagten; siehe «Personen, Orte, Ereignisse».
b  Laut Alan Paton strebten alle Afrikaner nach einem «anständigen Leben» und war Nelson Mandela der rechtmäßige Nachfolger des ANC-Präsidenten Chief Albert Luthuli. Über die Angeklagten sagte er: «Ich hatte nie den geringsten Zweifel an ihrer Aufrichtigkeit, ihrer rückhaltlosen Hingabe an die Sache ihres Volkes und an ihrem Wunsch, Südafrika zu einem Land werden zu lassen, an dem alle Menschen gleichermaßen teilhaben können.» (Joel Joffe, *The State vs. Nelson Mandela: The Trial That Changed South Africa*, a. a. O., S. 249.)
c  Mitstreiter, einschließlich Dr. Helen Ngobese, Freundin und Brautjungfer von Winnie Mandela.


**An Winnie Mandela**
**Gefängnis, Pretoria**

20. Juni 1970

*Dade Wethu,*[a]

es stimmt, «liegt der Leib in Ketten, wachsen dem Geist oft Flügel». So war es, und so wird es bleiben. Shakespeare hat diesen Gedanken in *Wie es euch gefällt*[b] etwas anders ausgedrückt:

«Süß ist die Frucht der Widerwärtigkeit,

Die gleich der Kröte, hässlich und voll Gift,
Ein köstliches Juwel im Haupte trägt.»[c]
Andere haben erklärt, dass «nur große Ziele große Energien frei-
setzen können».

Doch den eigentlichen Gedanken, der hinter diesen schlichten Worten steckt, habe ich in den 26 Jahren meiner stürmischen politischen
Laufbahn nur oberflächlich, unvollkommen und vielleicht ein wenig
zu akademisch aufgefasst. Es gibt eine Zeit im Leben eines jeden
Sozialreformers, da er aufs Podium stürmt, hauptsächlich um die
Brocken unverdauter Informationen loszuwerden, die sich in seinem
Kopf angesammelt haben; er versucht, die Massen zu beeindrucken,
anstatt ruhig und verständlich Grundsätze und Ideen darzulegen,
deren universale Geltung durch persönliche Erfahrung und einge-
hendes Studium offenkundig wird. In dieser Hinsicht bin ich keine
Ausnahme, und ich war nicht nur einmal, sondern hundertmal Opfer
der Schwäche meiner Generation. Ich gebe unumwunden zu, dass
ich, wenn ich auf meine frühen Schriften und Reden zurückblicke,
entsetzt bin über ihre Pedanterie, ihre Geschraubtheit und ihren
Mangel an Originalität. Der Drang, Eindruck zu machen und Reklame für etwas zu betreiben, ist unübersehbar. Wie ganz anders sind
doch Deine Briefe, Mhlope! Ich zögere, Dich mit Lob zu überschüt-
ten, aber Du wirst mir meine Eitelkeit und meinen Dünkel verzeihen,
Ngutyana. Dir ein Kompliment zu machen läuft womöglich auf ein
Eigenlob hinaus, denn Du und ich sind eins. Vielleicht dient diese Art
Eitelkeit in der gegenwärtigen Lage ja auch dazu, unserer Moral einen
kräftigen Schub zu geben.

In den 8 einsamen Jahren, die ich hinter Gittern verbracht habe, habe
ich mir manchmal gewünscht, wir wären zur selben Stunde geboren,
wären zusammen aufgewachsen und hätten jede Minute unseres Lebens miteinander verbracht. Ich bin fest davon überzeugt, wäre es so
gewesen, ich wäre ein kluger Mann geworden. Jeder Deiner Briefe ist
ein kostbarer Besitz, und oft erzeugt er Kräfte, die ich nie in mir ver-
mutet hätte. In Deiner Hand ist die Feder tatsächlich mächtiger als
der Säbel. Deine Worte fließen frei und natürlich, und gewöhnliche
Ausdrücke bekommen eine Bedeutung, die zugleich Herausforderung und Ansporn ist.

Der erste Abschnitt Deines berührenden Briefs, und ganz besonders die erste Zeile, trafen mich wie ein Blitz. Ich spürte förmlich, wie jedes einzelne der Millionen Atome meines Körpers in alle Richtungen stob. Die wunderbaren Gefühle für mich, die Du seit meiner Verhaftung und besonders in den vergangenen 15 Monaten immer wieder zum Ausdruck gebracht hast, entstammen zweifellos aktuellem Erleben und nicht dem Schulwissen. Sie kommen von einer Frau, die ihren Mann seit fast 2 Jahren nicht mehr gesehen hat, die von ihren kleinen Kindern seit über 12 Monaten getrennt ist und unter Einsamkeit, Sehnsucht und Krankheit leidet, und all das unter Bedingungen, die alles andere als förderlich für die Genesung sind, und die zudem die härteste Prüfung ihres Lebens bestehen muss.

Ich verstehe Dich sehr gut, mein Schatz, wenn Du sagst, Du vermisst mich, und einer der wenigen Schläge, die Dich hart getroffen hätten, sei mein Schweigen gewesen. Mir geht es genauso, aber zweifellos hast Du noch weit Schlimmeres erlebt als ich. Ich habe mir allergrößte Mühe gegeben, mit Dir in Verbindung zu treten. Am 16. Nov. schrieb ich Dir einen langen Brief; danach eine Weihnachtskarte; und noch einen Brief am 1. Jan.[d] – alle wurden geschrieben, als Du noch in Untersuchungshaft warst. Nach dem 13. Feb. wurde mir mitgeteilt, dass jede Kommunikation mit Dir verboten sei, und meine dringende Bitte um Lockerung dieser speziellen Restriktionsmaßnahme wurde abgelehnt.

Deine Krankheit hat sich lange hingezogen, und ich hätte eigentlich einen richtigen ärztlichen Bericht von der Gefängnisverwaltung erwartet, der mich beruhigt hätte. Brig. Aucamp gab mir aber nur eine sehr allgemeine Auskunft, die mich zutiefst beunruhigte. Ich war erschrocken über die Nachricht, Du seist ins Krankenhaus gekommen, und sogar an Deiner nachlässigen Handschrift konnte ich erkennen, wie es um Dich stand. Ich glaube Dir aufs Wort, wenn Du sagst, Du seist auf Zenis Größe geschrumpft. Ein bisschen hat mich die Mitteilung erleichtert, dass Du von etlichen Spezialisten untersucht worden bist und dass Bluttests gemacht wurden. Doch ich weiß, liebe *Mntakwethu*,[e] dass jeder Deiner Knochen, jedes Gramm Fleisch und jeder Blutstropfen, dass Dein ganzes Ich aus einem Block Granit gehauen ist und dass aber auch gar nichts, nicht einmal Krankheit, das

Feuer zu löschen imstande ist, das in Dir brennt. Komm wieder auf die Beine! Die Pflicht ruft! Meine Liebe und Hingabe sind Deine Rüstung, der Traum von einem freien Südafrika Dein Banner.

Wenige Tage nach Deiner Verhaftung im Mai letzten Jahres beantragte ich einen *Special letter* an meinen Anwalt[f] wegen folgender dringender Punkte:

1. die Benennung eines Verwalters für das Haus und die Mietzahlungen;
2. die Benennung eines gesetzlichen Betreuers für die Kinder;
3. die Sicherstellung des Unterhalts, der Erziehung und Ausbildung der Kinder;
4. die Bereitstellung der für Deine Ausbildung und Deinen persönlichen Bedarf erforderlichen Geldmittel für den Fall eines Schuldspruchs und anschließender Haft;
5. die Bereitstellung der für meine eigene Ausbildung und meinen persönlichen Bedarf erforderlichen Geldmittel während Deiner Zeit im Gefängnis.

Obwohl ich bei verschiedenen Gelegenheiten wiederholt vorstellig wurde, wurde mein Antrag nicht genehmigt. Jetzt habe ich aber Mr. Brown von der Kanzlei Frank, Bernadt und Joffe[g] in Kapstadt angewiesen, sich unverzüglich mit diesen Dingen zu befassen. Ich bin mit Deinem Vorschlag einverstanden, Pater Leon Rakale und Onkel Mashumi[h] gemeinschaftlich zu Betreuern der Kinder zu bestimmen. Ich würde gerne Onkel Marsh noch dazunehmen. Ich schrieb ihm am 3. Februar einen Brandbrief zum Thema Haus, habe aber meine Zweifel, ob er ihn je bekommen hat. Jedenfalls hat er nie geantwortet. Als Kgatho mich am 31. Jan. besuchte, gab er zu verstehen, er und Tellie seien dafür, dass Lulu (Mxolisis Schwester) mit ins Haus zieht. Das teilte ich Onkel Marsh mit und sagte ihm auch, ich würde mich freuen, wenn Lulu zustimmen würde, vorausgesetzt, Du bist einverstanden.

Mxolisi besuchte mich vergangenen Samstag und sagte, sie hätten von Marsh nichts gehört. Vielleicht möchtest Du die Sache mit ihm und Niki besprechen, wenn sie Dir demnächst einen Besuch abstatten. Ich fürchte, Mashumi hat meinen Brief vom 19. Nov.,[i] den ich am 4. Apr. noch einmal schrieb, nicht erhalten. Ich fragte ihn nach Informationen über Zeni und Zindzi und bat ihn, sich darum zu kümmern, dass Kgatho auf die Uni geht. Auch von Mashumi bekam ich keine Antwort.

Kgatho ist jetzt zu Hause, und ich weiß nicht, warum er nicht nach Fort Hare gegangen ist. Ich traf Regelungen für die Bezahlung der Gebühren und seines Unterhalts, und als er im Jan. zu mir kam, versicherte er, es sei alles geregelt und er gehe am 14. Feb. auf die Uni. Ich glaube, zur Zeit arbeitet er nicht. Mein Brief vom 31. März blieb unbeantwortet.

An Zeni und Zindzi habe ich 3 Briefe geschrieben. Jetzt weiß ich, dass die ersten beiden sie nie erreicht haben. Den 3. habe ich am 1. Juni geschrieben. Seit Deiner Verhaftung habe ich keinerlei Information über die beiden Mädchen, außer was Du mir berichtet hast. Natürlich weiß ich aus Nikis Brief vom 9. Sept., dass es ihnen gut geht.

Ich hoffe jedoch, die ganze Sache bald mit Mr. Brown klären zu können, und werde dafür sorgen, dass Du auf dem Laufenden gehalten wirst.

Ich habe ein weiteres Mal das Thema eines Besuchs bei Dir angeschnitten und kann Dir im Moment nichts anderes sagen, als dass Brig. Aucamp zugesagt hat, die Sache mit dem Commissioner zu besprechen. Offengestanden finde ich, dass der Commissioner ungewöhnlich unnachgiebig war und nicht die Rücksicht und Hilfsbereitschaft bewies, die ich unter solchen Umständen von ihm erwartet hätte.

*Dade Wethu*, ich wünschte, ich könnte Dir etwas sagen, das Dein Herz erfreut und Dich zum Lächeln bringt. Aber wie es aussieht, müssen wir wohl noch lange auf diesen ersehnten Glücksmoment warten. Bis dahin müssen wir «den Kelch der Bitternis bis zur Neige leeren». Vielleicht, nein, ganz bestimmt kommen die guten alten Zeiten wieder, da das Leben unsere Zungen versüßen und unsere Wunden heilen wird. Denk vor allem immer an den 10. März. Dort liegt die Quelle unserer Kraft. Ich werde diesen Tag nie vergessen.

Mhlope, alles Liebe und tausend Küsse
Dein Dalibunga.

-----------------------

a   «Schwester» auf isiXhosa, meist in einem Wort geschrieben.
b   Unterstreichung wahrscheinlich von Mandela.
c   William Shakespeare, *Wie es euch gefällt*, 2. Akt, 1. Szene. (Deutsch von August Wilhelm Schlegel, Berlin 1799.)
d   Vgl. die Briefe vom 16. November 1969 (S. 177–185) und vom 1. Januar 1970 (S. 194–197).
e   Ein Kosename auf isiXhosa.
f   Siehe den Brief an seine Anwälte Frank, Bernadt & Joffe vom 20. Mai 1969, S. 128 f. Nicht alle hier erwähnten Punkte werden in diesem Brief aufgeführt.
g   Mandelas Anwälte.
h   Winnie Mandelas Onkel Paul Mzaidume.
i   Brief vom 19. November 1969 (S. 187–190).

## An Winnie Mandela

1. Juli 1970

*Dade Wethu,*[a]

vergangenen April hat mich Thoko noch einmal besucht. Im Feb. schickte sie mir 10 R als «Taschengeld», wie sie es nannte. Bei diesem zweiten Besuch ging es leichter als beim ersten Mal. Damals war sie immer noch gezeichnet, als wären ihre Energien durch den Tod ihres Mannes erschöpft und ihre Nerven zerrüttet, weil sie viel zu lange über das schreckliche Ereignis gegrübelt hatte, das ihr ganz am Anfang ihrer Ehe zugestoßen war. Obwohl ich ihr zum ersten Mal begegnete, war leicht erkennbar, dass ich nur einen Schatten ihrer selbst vor mir hatte. Als sie mir das Bild von Thembi zeigte, verlor auch ich beinahe die Fassung. Der Schmerz und die Niedergeschlagenheit, die mich bei der schrecklichen Nachricht von seinem Tod überkommen hatten, kehrten wieder und wühlten mich zutiefst auf. Wieder einmal sah ich vor mir die hässliche Realität des Lebens. Hier stand ein unerfahrenes Mädchen von gerade einmal 25 Jahren, das zu mir aufsah in der Hoffnung, ich könnte ihr etwas Tröstliches sagen; etwas, das sie von ihrem Kummer ablenken und ihr ein wenig Hoffnung geben könnte. Dies war einer jener Momente, in denen sich zeigt, wie wenig wir vom wirklichen Leben und seinen Problemen wissen, trotz all der Bücher, die wir gelesen, und der Geschichten, die wir gehört haben.

Im April war es ganz anders. Sie sah prächtig aus und wirkte heiter,

konnte sogar ihren verletzten Arm wieder gebrauchen. Ich genoss
ihren Besuch ungemein. Wenn ich an die Katastrophen denke, die in
den vergangenen 21 Monaten über uns hereingebrochen sind, dann
wundere ich mich oft, was uns die Kraft und den Mut gibt, weiterzu-
machen. Wenn Schicksalsschläge in Tonnen gewogen würden, wären
wir schon längst zermalmt worden oder stünden verkrümmt auf un-
sicheren Beinen, das Gesicht voll Trübsal und nackter Verzweiflung.
Doch noch pulsiert Leben in meinem Körper, und ich bin voller Erwartung. Jeder Tag bringt eine Fülle neuer Erfahrungen und neuer
Träume. Ich kann immer noch stramm geradeaus gehen. Noch wichtiger für mich ist, zu wissen, dass Dich nichts aus der Ruhe bringen
kann und Dein Gang so flink und anmutig ist wie eh und je, dass Du
noch immer ein Mädchen bist, das mit seinem herzlichen Lachen
andere mit seiner Begeisterung ansteckt. Denke stets daran: So sehe
ich Dich immer vor mir.

Ich nehme an, Du bist angeklagt worden und wirst am 3. Aug. wieder
vor Gericht erscheinen. Am 19. Juni hatte ich eine Unterredung mit
Brig. Aucamp, und er machte die Zusage, dass ich den Fall mit Dir
besprechen und Dir die erforderlichen Ratschläge und den nötigen
Beistand geben darf. Bei der ersten Anklage war ich Mitverschwörer,
und ein Anklagepunkt bezog sich auf bestimmte Gespräche, die angeblich während Deiner Besuche stattgefunden hatten. Ganz gleich,
ob ich noch als Mitverschwörer vorgeladen werde oder nicht – ich
bin bereit, für euch alle als Zeuge auszusagen, sofern es der Anwalt
für relevant und notwendig erachtet. Liebend gern will ich Dir und
Deinen furchtlosen Mitstreitern dabei helfen, die Schläge zu versetzen, die ihr schon so lange austeilen wolltet, und den Spieß umzudre-
hen gegen jene, die das viele Unrecht zu verantworten haben, das
euch willkürlich angetan wurde. Die verschiedenen Plädoyers beim
letzten Prozess waren ziemlich treffend, und ich war sehr zufrieden
damit – meine Fäuste sind geballt. Sie zeichneten ein Bild von euch
als entschlossene und selbstsichere Freiheitskämpfer, die sich ihrer
sozialen Verantwortung ganz und gar bewusst sind und sich keinerlei
Illusionen hingeben hinsichtlich der heutigen Rechtsprechung der
Gerichte dieses Landes, sowohl in den unteren als auch den oberen
Instanzen. Der erste Prozess platzte, weil ihr euren Standpunkt un-

missverständlich vertreten und nicht um Gnade gebeten habt. Der bevorstehende Angriff auf euch wird möglicherweise brutaler und stärker von Rachegefühlen geprägt sein als der letzte Prozess, und vermutlich wird man eher darauf abzielen, euch zu verleumden, als auf dem üblichen Weg festzustellen, ob ihr schuldig seid oder nicht. Ihr habt in den vergangenen 13 Monaten außergewöhnliche Wachsamkeit und erstaunliches Stehvermögen an den Tag gelegt, und meine Bemerkungen sind vielleicht allesamt überflüssig. Aber in diesen hektischen Tagen, in denen der Gegner gewieft Ränke spinnt und in alle Richtungen Fallen aufstellt, müssen wir äußerst vorsichtig und auf der Hut sein; und es schadet nicht, wenn man das Augenmerk auf die bevorstehenden Gefahren richtet, auch wenn diese ganz offensichtlich sind, denn wir kämpfen gegen eine der letzten Hochburgen der Reaktion auf dem afrikanischen Kontinent. In solchen Fällen ist klar, was zu tun ist: Zur rechten Zeit müssen wir eindeutig, entschieden und präzise unsere Ziele darlegen und das größere Südafrika aufzeigen, für das wir kämpfen. Unsere Sache ist gerecht. Wir führen einen Kampf für Menschenwürde und ein ehrenhaftes Leben. Nichts darf getan oder gesagt werden, was direkt oder indirekt als Kompromiss aufgefasst werden könnte, nicht einmal dann, wenn euch eine schwererwiegende Anklage und eine strengere Strafe angedroht werden. Seid im Umgang mit Menschen, ob Freund oder Feind, stets höflich und freundlich. Das ist auch bei öffentlichen Debatten wichtig. Wir können freimütig und unverblümt sprechen, ohne dabei rücksichtslos oder beleidigend zu sein, können höflich sein, ohne kriecherisch zu sein, wir können den Rassismus und seine Übel attackieren, ohne feindselige Gefühle zwischen verschiedenen rassischen Gruppen zu fördern.
Diese Dinge sollten wir absolut vertraulich diskutieren, und kein Dritter sollte je etwas davon mitbekommen. Ich würde mich schämen, sollte ich den Eindruck erwecken, ich würde dozieren oder fromme Sprüche von mir geben. Du weißt doch, mein Schatz, dass es mir darum nie zu tun war. Aber wir leben in ungewöhnlichen Zeiten und es geht um viel, daher muss ich dieses Risiko auf mich nehmen. Es sind Männer und Frauen wie Du, Mhlope, die die Geschichte unseres Landes bereichern und ein Vermächtnis begründen, auf das künftige Generationen stolz sein werden. Auch wenn Du am

Morgen des 3. Aug. vielleicht auf Zenis Größe geschrumpft bist und selbst wenn das Leben Deinem Körper zu entweichen droht, wirst Du versuchen, dessen bin ich sicher, die nötige Kraft aufzubringen, um Deinen ausgezehrten Leib in den Gerichtssaal zu schleppen und die Ideale zu verteidigen, für die viele unserer Patrioten in den vergangenen 500 Jahren ihr Leben gelassen haben.

Bezüglich der Kinder habe ich an Brown[b] geschrieben und erwarte ihn demnächst hier. Ist Nyanya drinnen oder draußen?[c] Kann sie mich besuchen?[d] Alles, alles Liebe und tausend Küsse, mein Schatz

Für immer
Dein Dalibunga

------------------------

a    «Schwester» auf isiXhosa, meist in einem Wort geschrieben.
b    Brown war Mandelas Anwalt.
c    Winnie Mandelas jüngste Schwester Nonyaniso war in Johannesburg in Haft, weil sie ohne Pass angetroffen worden war. Mandela fragt, ob sie immer noch im Gefängnis ist.
d    Mandelas Aufzeichnungen der Familienbesuche enthalten einen Vermerk, dass am 26. Dezember 1971 ein Besuch Nyanyas abgelehnt wurde.


**An Winnie Mandela**
**Gefängnis, Pretoria**

1. August 1970

*Dade Wethu,*[a]
kann es sein, dass Du meinen Brief vom 1. Juli nicht bekommen hast? Wie ist Dein merkwürdiges Schweigen zu erklären zu einer Zeit, in der der Kontakt zwischen uns lebensnotwendig geworden ist?

Erst im Juni habe ich erfahren, dass Du 2 Monate lang ans Bett gefesselt warst & dass es Dir so schlecht ging,[b] dass Du nicht mit Deinen Freunden vor dem Untersuchungsrichter erscheinen konntest. Erklärt sich Dein Schweigen mit einer Verschlechterung Deines Gesundheitszustands oder erlitt der Juli-Brief das gleiche Schicksal wie die 39 monatlichen Briefe, die teils anstelle eines Besuchs, teils als *Special letter* seit Deiner Verhaftung am 12. Mai 69 an Dich gingen? Alle bis auf 2 sind offenbar nicht bei Dir angekommen. Nicht einmal

Kgatho, Maki, Zeni, Zindzi, Tellie, Ma aus Bizana,[c] Marsh & Ma-shumi[d] haben geantwortet. Meine Besorgnis wächst von Tag zu Tag. Ich weiß, Du würdest umgehend zurückschreiben, wenn Du von mir hören würdest, & ich befürchte, Du hast entweder nicht geantwortet, weil Du den Brief nicht bekommen hast, oder weil Du nicht fit genug bist, um zu schreiben.

Die schlimmen Schicksalsschläge der letzten 15 Monate werden nicht so leicht zu verkraften sein. Ich fühle mich wie in Galle getaucht, alles an mir, jede Faser meines Körpers, mein Blut, meine Knochen & meine Seele, so verbittert bin ich, weil ich gar keine Möglichkeit habe, Dir in dieser Zeit der qualvollen Heimsuchungen beizustehen. Wenn wir uns nur sehen könnten, um wie viel leichter könnten wir die jetzige Situation ertragen, Du in Deinem angegriffenen gesundheitlichen Zustand und Deiner seelischen Verfassung, ich mit meiner Angst & Anspannung, die ich nicht loswerden kann. Könnte ich doch nur an Deiner Seite sein & Dich drücken, könnte ich doch nur einen Blick auf Deine Silhouette durch den dichten Drahtverhau erhaschen, der uns unweigerlich voneinander trennen würde. Physisches Leiden ist nichts im Vergleich zu dem Zerreißen dieser zarten Bande, die Grundlage der Ehe & der Familie sind und die Mann & Frau vereinen. Dies ist ein schrecklicher Moment in unserem Leben, ein Moment, in dem liebgewonnene Überzeugungen infrage stehen und Entscheidungen auf eine harte Probe gestellt werden.

Aber solange ich noch das Privileg genieße, mit Dir zu kommunizieren, auch wenn es für mich vielleicht auch nur formal besteht, & solange es mir nicht ausdrücklich entzogen wird, werden die Akten bezeugen, dass ich beharrlich und ernsthaft versuchte, Dich mit meinen monatlichen Briefen zu erreichen. Das bin ich Dir schuldig, und nichts wird mich davon abbringen. Vielleicht wird sich dies eines Tages auszahlen. Es wird auf der Welt immer und überall auch gute Menschen geben, sogar hier bei uns. Irgendwann steht uns vielleicht ein aufrechter & ehrlicher Mann zur Seite, der uns standhaft unterstützt, ein Mann, der ein hohes Amt bekleidet und es für unzulässig hält, im Kampf der Ideen, der gegenwärtig in unserem Land ausgefochten wird, sich um die Erfüllung seiner Pflicht zu drücken, auch die Rechte & Privilegien seiner erbitterten Gegner zu schützen; ein Mann, der genug Sinn für Gerechtigkeit & Fairness hat, um uns nicht nur die Rechte & Vergünstigungen zu gewähren, die das Gesetz auch heute schon vorsieht, sondern uns auch für alle die entschädigt, die uns heimlich genommen wurden. Trotz allem, was geschehen ist, lebte ich während der ganzen Irrungen und Wirrungen der vergangenen 15 Monate doch voller Hoffnung und Erwartung. Manchmal glaube ich sogar, dieses Gefühl ist fester Bestandteil meines Ichs. Es scheint fest mit meinem Dasein verwoben. Ich spüre, wie mein Herz mit jedem Pulsschlag Hoffnung in meinen ganzen Körper pumpt, mein Blut erwärmt & meine Stimmung hebt. Ich bin überzeugt, dass selbst wahre Fluten persönlicher Katastrophen einen entschlossenen Revolutionär nicht hinwegschwemmen können, noch kann ihn das ganze Elend, das eine Tragödie mit sich bringt, ersticken. Für einen Freiheitskämpfer ist Hoffnung das, was der Rettungsring für den Schwimmer ist: die Garantie, dass er nicht untergeht und nicht in Gefahr ist. Ich weiß, mein Schatz, Du wärst bestimmt Millionärin, wenn Reichtum nach dem Maß der gewaltigen Hoffnung und des puren Muts gemessen würde, die in Deiner Brust wohnen (diesen Gedanken habe ich von Dir). Vergiss das nie.

Übrigens habe ich neulich von Dir geträumt, wie Du im B. M. S. C.$^{e}$ mit Deinem ganzen Körper in geschmeidigen Bewegungen einen anmutigen hawaiianischen Tanz aufgeführt hast. Ich stand auf der einen Seite der berühmten Halle und streckte Dir die Arme entgegen, um Dich aufzufangen, als Du mir entgegenwirbeltest mit dem bezaubernden Lächeln, das ich so sehr vermisse. Ich weiß nicht, warum die Szene gerade dort spielte. Soweit ich mich erinnere, waren wir nur ein einziges Mal zum Tanzen dort – am Abend von Lindis$^{f}$ Hochzeitsempfang. Das andere Mal war bei dem Konzert, das wir 1957 organisierten, in der Zeit, als ich Dir den Hof machte, oder Du mir. Ich weiß nie genau, ob ich Dich daran erinnern darf, dass damals Du die Initiative ergriffen hast.$^{g}$ Jedenfalls war der Traum ein wunderbarer Moment. Wenn ich träumen muss, dann mach bitte wieder die Hawaiianerin für mich. Ich möchte Dich fröhlich und lebenslustig sehen.

Mit Vergnügen habe ich Fatimas *Portrait of Indian S. Africans*$^{h}$ gelesen – eine anschauliche Schilderung indischen Lebens, schlicht & schön geschrieben. Mit der ihr eigenen Bescheidenheit bezeichnet sie im Vorwort den Titel eigentlich als anmaßend für ein Buch, das nur an der Oberfläche bleibe. Dabei hat sie die Aspekte ihres Themas geschickt und gründlich untersucht. Sie greift ein weitreichendes Thema auf, wenn sie deutlich macht, dass «trennende Unterschiede keine Unterschiede in Gebräuchen, Ritualen & Traditionen sind, sondern Unterschiede im Status, im Lebensstandard, im Zugang zur Macht und zu Macht verschaffenden Techniken. Es sind diese Unterschiede, die zu allen Zeiten das Schicksal von Menschen & Völkern bestimmt haben, und die gleichen Menschen und Kulturen genossen manchmal große Privilegien und dann wieder nicht.» Einige Kapitel des Buchs berühren andere fundamentale Themen, & ich fürchte, dass einige ihrer Betrachtungen über derzeitige Probleme lebhafte Diskussionen auslösen können. Ich begrüße ihre schonungslose Offenheit, doch wenn sie sich einmal dazu entschließt, diese Dinge öffentlich zur Sprache zu bringen, dann darf sie sich nicht nur mit Kommentaren begnügen, sondern muss ihre Landsleute inspirieren, ihnen Hoffnung geben & etwas, wofür es sich zu leben lohnt. Hoffentlich kannst Du das Buch lesen, bevor das Verfahren zu Ende ist. Es ist ein glänzendes Werk, geschrieben von einer glänzenden Wissenschaftlerin. Ich habe es mit Genuss gelesen.

Mr. Brown, unser Anwalt in Kapstadt, hätte eigentlich am 29.Juli hier sein müssen, um die Frage der Betreuung der Kinder zu klären. Es herrschte raue See, & wahrscheinlich war das der Grund, warum er nicht kommen konnte. Ich hoffe dennoch, er kommt bald. Inzwischen schreibe ich unserem Freund Duggie Lukhele[i] und bitte ihn, die Kinder zu besuchen und uns einen ausführlichen Bericht zu übermitteln. Natürlich halte ich Dich über alles Weitere auf dem Laufenden. Reg Dich bitte nicht auf über das Chaos in unseren häuslichen Angelegenheiten & über die Schwierigkeiten, offiziell & offen miteinander zu kommunizieren. Dies ist eine Phase in unserem Leben, die vorbeigeht & uns letztlich nichts anhaben kann, & vielleicht gehen wir sogar gestärkt daraus hervor. Beinahe hätte ich vergessen, Dir zu sagen, dass mein zweiter Antrag auf einen Besuch von Dir rundweg abgelehnt wurde, obwohl ich Deine derzeitige Krankheit als einen Grund für die erneute Antragstellung angeführt hatte. Der Commissioner hielt es nicht einmal für nötig, meine Befürchtungen durch eine Auskunft über Deinen Gesundheitszustand[j] zu zerstreuen. Es gab Zeiten, da machten mich solche Erlebnisse rasend; jetzt nehme ich sie eher gelassen. Ich habe mich eben daran gewöhnt. Bleib gesund, mein Schatz; lass Dich nicht von Krankheit oder der Sehnsucht nach den Kindern unterkriegen. Kämpfe mit all Deiner Kraft. Meine Faust ist fest. Alles, alles Liebe und tausend Küsse

Für immer Dein Dalibunga

------------------------

a    «Schwester» auf isiXhosa, meist in einem Wort geschrieben.
b    Winnie Mandela hatte Herzprobleme.
c    Nophikela Hilda Madikizela, Winnie Mandelas Stiefmutter.
d    Winnie Mandelas Onkel Paul Mzaidume.
e    Bantu Men's Social Center; vgl. dazu den Brief vom 3. März 1969, S. 105, Anm. r.
f    Eine Schwester von Lionel Ngakane.
g    Mandela begegnete Winnie 1956, als sie bei seinem Anwaltskollegen Oliver Tambo vorsprach. Sie hatten ihr erstes Rendezvous am 10. März 1957 und heirateten am 14. Juni 1958.
h    Fatima Meer, *Portrait of Indian South Africans*, Durban: Avon House, 1969.
i    Douglas Lukhele, Harvard-Absolvent und Rechtsanwalt in Swasiland; in den fünfziger Jahren absolvierte er sein Praktikum in der Kanzlei von Mandela und Oliver Tambo. Er wurde Senator und erster Generalstaatsanwalt und später Richter am Obersten Gericht von Swasiland; siehe «Personen, Orte, Ereignisse».
j    Brigadier Aucamp stand auch in Verbindung mit Winnie Mandela, denn er war für die Sicherheit in allen Gefängnissen zuständig, in denen sich politische Gefangene befanden.


**An Senator Douglas Lukhele, Freund und früherer Kollege Lobamba, Swasiland**

1. August 1970

Lieber Duggie,
unsere Kinder Zeni & Zindzi (11 bzw. 10 Jahre alt) sind auf der Schule Our Lady of Sorrows, einem römisch-katholischen Internat in Hluti.[a] Wir machen uns allergrößte Sorgen, weil wir seit Zamis Verhaftung im Mai letzten Jahres überhaupt nichts mehr von ihnen gehört haben. Ich habe nur erfahren, dass sie die Ferien bei Allan verbringen. Am liebsten würde ich ihm & seiner Frau direkt schrei-

ben, um ihnen für ihre Gastfreundschaft zu danken, bin mir aber unsicher, ob ich das in Hinblick auf seine jetzige Stellung tun darf. Sie sollen wissen, dass wir beide, Zami & ich, ihnen von Herzen dankbar sind. Soviel ich weiß, hat Mrs. Birley,[b] die inzwischen an einer britischen Universität lehrt, für die Kinder Stipendien für das kommende Schuljahr in Waterford[c] organisiert. Ich habe ihnen 3 Briefe & einen Geburtstagsgruß geschickt, aber offenbar ist nichts davon angekommen. Bitte geh der Sache nach & berichte mir möglichst bald ausführlich, am besten in einem eingeschriebenen Brief. Meine Briefe erreichen kaum je ihren Adressaten, & mit den Briefen an mich ist es nicht anders. Ich hoffe, die unerbittlichen Parzen, die sich ständig in meinen Briefwechsel einmischen & mich in einem so kritischen Moment von meiner Familie abschneiden, legen ausnahmsweise so viel Ehre & Anstand an den Tag, dass sie diesen Brief hier passieren lassen. Ich weiß, sobald er in Deinen Händen liegt, sind meine Sorgen so gut wie behoben.

Du weißt, dass ich im Grunde ein Mann vom Land bin wie viele meiner Zeitgenossen, geboren & aufgewachsen in einem kleinen Dorf,[d] umgeben von einer weiten, reizvollen Landschaft & reichlich frischer Luft. Obwohl ich vor meiner Verurteilung vor 8 Jahren zwei Jahrzehnte lang als Stadtmensch gelebt habe, konnte ich doch nie meine bäuerliche Herkunft verleugnen, & ab & zu verbrachte ich ein paar Wochen in meinem Heimatdistrikt, um mir die glücklichen Momente meiner Kindheit wieder ins Gedächtnis zu rufen. Während meiner gesamten Haftzeit waren mein Herz & meine Seele ganz woanders, draußen im Veld[e] und im Buschland. Ich lebe hier auf der Insel mit all den Erinnerungen und Erlebnissen, die sich über ein halbes Jahrhundert angesammelt haben – Erinnerungen an die Orte, wo ich Vieh hütete, jagte, spielte & auf traditionelle Weise initiiert wurde.[f] Ich sehe mich noch, wie ich in den frühen Vierzigerjahren ins Reef umzog, wo ich in den Strudel der radikalen Ideen geriet, die die politisch bewussteren Teile der afrikanischen Jugend erfassten. (Übrigens habe ich genau damals Allan kennengelernt, der zu der Zeit Angestellter am Union College war.) Ich erinnere mich an die Zeit, in der ich meine Anwaltslehre machte, Briefmarken anleckte, täglich allerlei Botengänge machte, z.B. Haarshampoo und andere Kosmetikartikel für weiße Ladys einkaufte. Chancellor House![g] Dort wurde die Freundschaft mit OR aus unserer gemeinsamen Schulzeit und in der Jugendliga[h] noch enger. In unserem Umkreis entstanden neue & gedeihliche Freundschaften – mit Maindy,[i] Zubeida Patel & Winnie Mandleni, unseren ersten Schreibkräften;[j] dazu gehörte auch Mary Anne, deren plötzlicher und viel zu früher Tod uns sehr naheging; Ruth,[k] Mavis, Godfrey,[l] Freddy der Boxer & Charlie, der redliche & beliebte Hausmeister & Putzmann, der täglich auf dem Mai-Mai[m] zu finden war. Eine Zeit lang hast Du fast ganz allein gegen gewaltige Schwierigkeiten gekämpft, um die Firma über Wasser zu halten, als OR und ich durch den Hochverratsprozess außer Gefecht gesetzt waren. Ich erinnere mich sogar an den merkwürdigen Vorfall, als Du Zami & mich im Dez. 60 in Orlando West besucht hast. Als Du auf das Gartentor zugingst, schlug ein Blitz mit solchem Getöse ein, dass die damals 10 Monate alte Zeni zu Boden geschleudert wurde, wo sie etliche Sekunden lang regungslos liegenblieb. Was waren wir erleichtert, als sie wieder zu sich kam und zu schreien anfing! Das war gerade noch mal gutgegangen. Deine Haltung auf dem D. O. C. C.[n] bei diesem Anlass ließ Deinen großartigen Auftritt in Winburg[o] in einem neuen, noch helleren Licht erscheinen und gab den Lobeshymnen noch mehr Gewicht und Glanz, mit denen Du seitdem in Erinnerung an den hervorragenden Dienst überhäuft wurdest, den Du den Frauen geleistet hast.

Lenvick! Dort hast Du Dich mit Manci als Deinem Anwaltsgehilfen niedergelassen, & Joe Magame war Dein umgänglicher und tatkräftiger Assistent. Ich habe nicht vergessen, was Du in diesen Tagen für mich persönlich alles getan hast. Ich steckte noch mitten im Hochverratsprozess, und während der Vertagungen hieltst Du mich mit Arbeit auf Trab, & so konnte ich Zami auf die eine oder andere Weise helfen, den häuslichen Betrieb am Laufen zu halten. Ich hoffe, ich kann mich eines Tages dafür erkenntlich zeigen. Jedenfalls habe ich mich sehr gefreut, als ich hörte, dass Dein schönes Vaterland, das so verheißungsvoll ist & so viel Potential hat, nun von Deinen Talenten ausgiebig profitieren kann. Fast noch mehr hat mich gefreut, dass Du jetzt Mitglied im Senat Deines Landes[p] geworden bist. Aber ich ahnte, dass es zugleich hart für Dich war, die Verbindung zu dem Land, das Du zu Deinem festen Wohnsitz gewählt hattest, aufzugeben & Dich von einer Gemeinschaft zu trennen, der Du so treu & couragiert gedient hattest. An diese und andere Dinge denke ich oft in den langen und schwierigen Phasen meines derzeitigen Lebens. Geistige Waffen können Sprengkraft entfalten, und oft ist ihre Wirkung schwer einzuschätzen, es sei denn im Licht realer Erfahrung in bestimmten Situationen. In gewisser Weise machen sie aus Gefangenen freie Menschen, machen Bürgerliche zu Monarchen und verwandeln Dreck in pures Gold. Um es ganz klar zu sagen, Duggie: Nur mein Fleisch & meine Knochen sind hinter diesen undurchdringlichen Mauern eingesperrt. Ansonsten bleibt meine Haltung kosmopolitisch, und in meinen Gedanken bin ich so frei wie ein Falke. Der Fixpunkt all meiner Träume ist die kollektive Weisheit der Menschheit als Ganzes. Ich bin mehr denn je davon überzeugt, dass soziale Gleichheit die einzige Basis menschlichen Glücks ist. Wir und die Kinder von Mswati[q] & Mbandzeni[r] sind mit einer Million Fäden miteinander verbunden. Wir haben eine gemeinsame Geschichte & gemeinsame Träume. Was für euch kostbar ist, berührt auch unser Herz. In diesem Sinn denken wir an den 6. Sept.[s] – als an ein historisches Ereignis, das eine ganze Epoche beschließt & die Erhebung eines Volkes ankündigt, dessen Nationalstolz & Selbstbewusstsein ihm half, das wechselvolle Schicksal zu überstehen, das die Ära des Imperialismus über unseren Kontinent brachte.

Um diese Themen kreisen meine Gedanken. Sie drehen sich um die Menschen und die Ideen, für die sie kämpfen; um die neue Welt, die im Entstehen begriffen ist, die künftige Generation, die jeder Form von Grausamkeit, jeder sozialen Ordnung den totalen Krieg erklärt, die wirtschaftliche Privilegien einer Minderheit vorbehält und die Masse der Bevölkerung zu Armut und Krankheit verdammt, zu Analphabetismus & den vielen Übeln, die mit einer hierarchisch gegliederten Gesellschaft einhergehen.

Bitte grüße Ntlabati, Leslies Frau, Andrew & Frau, Stanley Lollan,[t] Maggie Chuene, Regina Twala, Wilson & Gladys,[u] wenn sie noch da sind. Besonders danke ich Wilson dafür, dass er sich um meinen Sohn Kgatho gekümmert hat, nachdem er von der Schule verwiesen

wurde, weil er einen Streik organisiert hatte, & für all die Unterstützung, die er von ihm und Gladys erhielt.
Euch allen wünsche ich Gesundheit und guten Mut; meine Faust ist fest.

Herzliche Grüße
Dein Nel

------------------------

a   Hluti liegt in Swasiland.

b   Lady Elinor Birley, deren Ehemann, Sir Robert Birley (1903–1982), vormals Direktor des Eaton College war und zu dieser Zeit an der Universität von Witwatersrand eine Gastprofessur innehatte. Dort erwarben sie Bücher und gründeten eine Buchhandlung in Soweto, die als *Birley Library* bekannt wurde.

c   Waterford Kamhlaba School im benachbarten Swasiland.

d   Qunu in der Transkei.

e   Afrikaans für «Feld».

f   In seiner Autobiographie *Der Lange Weg zur Freiheit* erklärt Mandela die Bedeutung der Initiation für den Xhosa-Mann: In der Xhosa-Tradition ist die «Beschneidung mehr als bloß eine chirurgische Prozedur, sondern ein längeres, ausgefeiltes Ritual als Vorbereitung auf die Mannbarkeit. Als Xhosa zählte ich meine Jahre als Mann ab dem Zeitpunkt meiner Beschneidung» (a. a. O., S. 42 f.)

g   Chancellor House war das Gebäude, in dem Mandela zusammen mit Oliver Tambo 1952 seine erste Anwaltskanzlei eröffnete.

h   Mitglieder der ANC-Jugendliga (gegründet 1944). Junge Afrikaner wie A. P. Mda (1916–1993), Anton Lembede (1914–1947), Walter Sisulu (1912–2003), Jordan Ngubane (1917–1985), Victor Mbobo, William Nkomo (1915–1972), David Bopape (1915–2004), Oliver Tambo (1917–1993) und Mandela halfen mit bei der von Dr. Lionel Majombozi (gest. 1949) initiierten Gründung.

i   Maindy Msimang, auch bekannt unter dem Namen Mendi Msimang, erledigte Verwaltungsarbeiten für den ANC in London.

j   Für Mandelas und Tambos Kanzlei.

k   Ruth Mompati (1925–2015) war eine weitere Schreibkraft in ihrer Kanzlei. Sie wurde Mitglied im ANC und war eine der Anführerinnen beim Protestmarsch der Frauen gegen die Passgesetze für schwarze Frauen (1956).

l   Godfrey Pitje (1917–1997), früherer Präsident der ANC-Jugendliga und Rechtsanwalt, der bei Mandela und Oliver Tambo sein Praktikum machte.

m   Einer der ältesten traditionellen Medizin-Märkte in Johannesburg.

n   Das Donaldson Orlando Community Centre (D. O. C. C.) war ein Gemeindezentrum in Soweto; vgl. dazu Brief vom 3. März 1969, S. 105, Anm. s.

o   Mögliche Anspielung auf eine Protestaktion in Winburg im Oranje Freistaat (heute Free State).

p   Douglas Lukehle stammte aus Swasiland.

q   Mswati II. (1820–1868), König von Swasiland 1840–1868.

r   Ingwenyama Mbandzeni (1855–1899), Sohn von Mswati II. und Nandzi Nkambule, König von Swasiland 1875–1889.

s   Am 6. September 1968 erlangte Swasiland die Unabhängigkeit von britischer Herrschaft.
t   Mitangeklagter im Hochverratsprozess (siehe hierzu «Personen, Orte, Ereignisse»). Er wohnte zu dieser Zeit in Swasiland.
u   Freunde von Mandela.

## An Winnie Mandela

31. August 1970

Der Zensor forderte mich auf, den Brief zu kürzen, weil er mehr als 500 Wörter enthielt.[a]

*Dade Wethu,*[b]
Deinen Brief vom 2. Juli bekam ich am 14. Aug. zu Gesicht – 1 Monat und 12 Tage, nachdem Du ihn geschrieben hattest. Er war der schönste von allen, sogar noch schöner als der allererste vom 20. Dez. 62. Wenn es je einen Brief gab, den ich unter allen Umständen behalten und in der Abgeschiedenheit meiner Zelle in Ruhe immer wieder durchlesen wollte, dann ist es dieser. Er war eine Entschädigung für die kostbaren Dinge, die mir durch Deine Verhaftung genommen wurden – Weihnachts-, Hochzeitstags- und Geburtstagskarten –, all die kleinen Dinge, die Du niemals vergisst.[c] Aber mir wurde befohlen, ihn an Ort und Stelle zu lesen, und er wurde mir wieder abgenommen, sobald ich die letzte Zeile gelesen hatte.

Brig. Aucamp wollte diese willkürliche Maßnahme mit der fadenscheinigen Ausrede rechtfertigen, Du habest in dem Brief seinen Namen als Adresse angegeben anstatt die Deines Gefängnisses. Er erklärte weiter, dass mit meinen Briefen an Dich in genau der gleichen Weise verfahren würde und dass Du sie nicht behalten dürftest. Als ich auf eine Erklärung für dieses Vorgehen drängte, antwortete er ausweichend. Mir wurde klar, dass es hier um wichtige Dinge ging, die mit schweren Übergriffen auf Dein Recht als Untersuchungshäftling, Briefe zu schreiben und zu bekommen, und mit einer Beschränkung meiner Vergünstigung im Briefverkehr einhergingen. Unsere Briefe unterliegen einer besonderen Zensur. In Wahrheit wollen die Behörden nicht, dass Du den Inhalt meiner Briefe an Dich mit Deinen Mithäftlingen teilst und umgekehrt. Um das zu verhindern, ist ihnen jedes

Mittel recht, ob legal oder nicht. Möglicherweise wird die Kommunikation zwischen uns weiter eingeschränkt, zumindest für die Dauer des Prozesses. Die Vergünstigung, die meine normalen monatlichen Briefe an Freunde und Verwandte und den Erhalt ihrer Antwortbriefe ermöglichte, wurde, wie Du weißt, praktisch gleichzeitig mit Deiner Verhaftung gestrichen. Seit letztem Januar[d] habe ich versucht, mich mit Matlala[e] in Verbindung zu setzen, seit November mit Nolusapho.[f] Am 19. Juni eröffnete mir Brig. Aucamp, eine andere Abteilung habe angeordnet, diese Briefe nicht weiterzuleiten, und er fügte noch hinzu, er könne mir die Gründe für diese Anweisung nicht nennen, sie hätten aber mit dem Inhalt der Briefe nichts zu tun. Diese Eröffnung löste das Rätsel, warum die meisten Briefe verschwunden sind, die ich den vergangenen 15 Monaten geschrieben hatte. Der Vorgang hat sogar noch schwerer wiegende Folgen. Ich würde mich gerne darauf verlassen können, was mir die Vertreter der Regierung sagen, aber es fällt mir zunehmend schwer, meine Wünsche mit meinen Erfahrungen in Einklang zu bringen. Von Juli bis Anfang dieses Monats bekam ich zweimal zu hören, Dein Brief sei nicht eingetroffen. Inzwischen habe ich festgestellt, dass der Brief in Wirklichkeit angekommen war, als das Gegenteil behauptet wurde. Empört hat mich auch, dass Marsh, wie ich von Dir erfuhr, einen Besuchsantrag gestellt hat und von der Gefängnisverwaltung die Auskunft erhielt, es gebe lange Wartelisten von Leuten, die mich besuchen wollten. Nichts könnte weiter von der Wahrheit entfernt sein. In den vergangenen 8 Monaten hatte ich nur drei Besuche – im Januar, April und Juni.[g] Es ist ganz klar, warum sie Marsh abwimmeln wollen: Er steht mit Dir in Kontakt, und ein Besuch von Marsh bei mir würde Liebenberg[h] und der S. B. überhaupt nicht passen, die beide den Kontakt zwischen mir und Dir möglichst unterbinden wollen. Ich hatte zahlreiche Erlebnisse dieser Art, und jedes betrübt und frustriert mich.

Übrigens habe ich erfahren, dass Dir und Deinen Mitgefangenen jetzt mehr Vergünstigungen gewährt werden. Ich habe nachgefragt und war empört darüber, dass Dir nach der formellen Anklage verweigert wird, Wäsche zum Wechseln und Essen von draußen anzunehmen.[i] Wie kann ein anständiger und intelligenter Mensch eine solche Rohheit rechtfertigen? Meines Wissens bist Du als Untersuchungshäftling berechtigt, saubere Kleidungsstücke und Essen von Verwandten und Freunden anzunehmen. Dies sind keine Vergünstigungen, sondern Rechtsansprüche. Das Tragische an dieser ganzen Situation ist, dass die zuständigen Beamten keine blasse Ahnung von den Konsequenzen ihrer häufigen beleidigenden Äußerungen haben. Soll mir keiner etwas von sogenannten Konzessionen erzählen, die ausnahmslos viel zu spät kommen und so belanglos sind, dass sie mehr Groll und Bitterkeit auslösen als Dankbarkeit.

Doch Dein Brief ist so wunderbar! Es gibt Augenblicke im Leben eines jeden Paars, die man nicht leicht vergisst, und an diese Momente, die Du mit so viel Gefühl schilderst, erinnere ich mich genauso. Was Du über Zenis und Zindzis Betragen und ihre Vorlieben schreibst, fand ich sehr interessant. Ich möchte gern mehr über sie erfahren, und es wird mir eine große Freude sein, wenn ich es schaffe, eine Verbindung zu ihnen herzustellen. Kürzlich las ich übrigens das tolle Telegramm, das Du mir vor zwei Jahren zu meinem 50. Geburtstag geschickt hast. Mir dämmerte, dass ich bald zum Ältesten werde, der höchste Titel, den auch jeder gewöhnliche Mann einfach aufgrund seines Alters bekommt. Dann wäre es eigentlich angemessen, dass ich an Leibesfülle zunähme, damit man mir die Würde ansehen kann und meine Worte das gebührende Gewicht bekommen. Wäre Fettleibigkeit mein Wunschtraum, stünde mir alles zur Verfügung, was zu seiner Erfüllung nötig wäre. Um mir einen Schmerbauch zuzulegen, könnte ich es mir ganz einfach machen und meinen armen Magen mit Kohlehydraten vollstopfen – *mealie-pap* in der Frühe, *mealie-pap* zu Mittag und *mealie-pap* am Abend.[j] Das Problem dabei sind nur Deine Briefe. Sie sind ein solider Schutzwall gegen Senilität. Nachdem ich einen davon gelesen habe, scheint sich der natürliche Alterungsprozess umzukehren, und ich bin nie ganz sicher, ob ich altere oder ob ich jünger werde. Letzteres Gefühl ist vorherrschend.

Oh, wie sehne ich mich nach *Amasi*,[k] sämig und herb! Du weißt ja, mein Schatz, in einer Hinsicht kann ich alle meine Zeitgenossen in den Schatten stellen oder zumindest getrost behaupten, ihnen nicht nachzustehen – und das ist ein gesunder Appetit. Es gab eine Zeit, da konnte ich Essen in rauen Mengen und in jeder Reihenfolge verputzen. Ich konnte mit dem Nachtisch beginnen, war aber genauso glück-

lich und zufrieden, wenn er ganz zum Schluss kam. Ich erinnere mich
noch genau an die peinlichen Bemerkungen einer Hausfrau, die damals auch gleichzeitig Medizin studierte. Sie und ihr Mann hatten
mich einmal zum Essen eingeladen. Ich hatte damals einen Ruf wie
Donnerhall als Fleischvertilger. Nachdem sie eine Zeit lang beobachtet
hatte, wie sich die vollen Schüsseln eine nach der anderen zügig leer-
ten, wobei ich mich besonders am Fleisch gütlich tat, beschloss sie, mir
ihr immenses Wissen zugute kommen zu lassen. Unverblümt erklärte
sie, ich würde wahrscheinlich mit Anfang vierzig an Koronarthrom-
bose sterben. Ich war so töricht, ihre Behauptung infrage zu stellen,
und wollte meinen Standpunkt mit dem schlagenden Argument untermauern, dass unsere Vorfahren die Thrombose nicht gekannt hätten,
obwohl sie alle große Fleischesser waren; worauf sie umgehend ein
dickes Lehrbuch hervorholte, aus dem sie eindringlich und gezielt den
einschlägigen Abschnitt vorlas. Es war ein böses Erlebnis. Fast augenblicklich fühlte ich die verschiedensten Schmerzen in der Herzgegend.
Dieser Hinweis, obwohl grob und taktlos, ließ mich vorsichtig werden,
und obwohl ich mir Fleisch immer noch schmecken ließ, aß ich weniger. Aber mein Appetit darauf war immer noch so groß wie eh und je,
und meinen Ruf auf diesem Felde verlor ich nicht. Ich träume von
Deinen wunderbaren Gerichten, die Du so sorgsam und liebevoll zu
Hause zubereiten konntest – frisches selbstgebackenes Brot, Makka-
roni mit Hackfleisch, Ei und Käse, Ochsenzunge und Ochsenschwanz;
Koteletts; Leber und Steak, Porridge und aromatischer Honig, der immer Zutat bei Deinen Gerichten war. Vor allem aber lechze ich nach
*Amasi* – dem Essen, nach dem ich mir die Lippen leckte und mein
Bäuchlein vorstreckte, das genoss ich sehr, es ging mir direkt ins Blut
und ins Herz und machte mich glücklich und zufrieden.[l] Ein Mensch,
welcher Hautfarbe er auch sei, ob er unter Christen lebt, unter Phari-
säern, Heuchlern, Heiden oder solchen, die offen mit dem Teufel
flirten, der sollte nie gezwungen werden, das Essen als eine Pflicht aufzufassen. Das gibt es wohl nur, wenn die Nahrung minderwertig, eintönig, schlecht zubereitet und fade ist. Hätte ich doch nur *Amasi*! Du
erinnerst Dich doch, wie wir eine Kalebasse auf dem Rückweg von
Mbongweni[m] heimbrachten. Wie schön war diese Reise, Mhlope! Bestimmt fahren wir einmal wieder hin.

Bis es so weit ist, weiß ich, Dein Mut wird mit der Gefahr wachsen und Du wirst kämpfen mit all Deiner Kraft. Du wirst kämpfen wie Deine furchtlosen Vorväter aus dem Zuurveld und aus Ngwavuma,[n] aus Nxuba Ntaba Busuku, aus Lulu und dem Land von Nyabela.[o] Du wirst kämpfen als würdige Erbin von Mafukuzela,[p] Seme,[q] Makgatho,[r] Rubusana[s] und all den Helden, die das Geburtsrecht unseres Volkes verteidigt haben. Dieser 26. Sept. ist Dein zweiter Geburtstag im Gefängnis. Mögest Du beim nächsten frei und glücklich sein. Ich gratuliere Dir von ganzem Herzen! Ich denke stets an Dich, Ngutyana. Ich werde vereint mit Dir kämpfen und mein Bestes tun, wenn der Anruf des Anwalts kommt.

Tausend Küsse und alles, alles Liebe

Dein
Dalibunga

-----------------------

a   Dieser Satz steht in Rot am unteren Rand der ersten Seite des Briefes.

b   «Schwester» auf isiXhosa; meist in einem Wort geschrieben.

c   Dieser Satz steht am Rand des Originalbriefs.

d   S. Brief vom 31. Januar 1970, S. 199–203.

e   Tarnname für Adelaide Tambo (1929–2007); siehe «Personen, Orte, Ereignisse». Die Tambos lebten im Londoner Exil.

f   Nolusapho Irene Mkwayi, Frau des Mithäftlings Wilton Mkwayi (siehe «Personen, Orte, Ereignisse»).

g   Am 31. Januar hatte er einen einstündigen Besuch von seinem Sohn Makgatho; am 28. April war Thembis Witwe Thoko dreißig Minuten bei ihm, und am 13. Juni besuchte ihn Mxolisi, ein Neffe von Evelyn Mandela und Bruder von Mandelas Nichte Lulu, eine Stunde lang.

h   Vermutlich ein Polizist der Sicherheitsabteilung («Security branch», S. B.) der Südafrikanischen Polizei.

i   Winnie Mandela war zehn Monate in Einzelhaft, bekam kaum genießbares Essen und wurde fünf Tage und Nächte in Folge verhört.

j   *mealie-pap*: Brei aus Maismehl.

k   Ein traditionelles afrikanisches Getränk aus gegorener Milch von säuerlichem Geschmack, in der Konsistenz zwischen Yoghurt und Hüttenkäse. Im *Langen Weg zur Freiheit* schildert Mandela, wie seine Vorliebe für dieses Getränk ihn beinahe auffliegen ließ, als er 1961 in den Untergrund ging. Er versteckte sich in der Wohnung von Wolfie Kodesh, einem Mitglied des Congress of Democrats, in dem weißen Vorort Berea, Johannesburg. Manchmal stellte Mandela eine Flasche Milch auf das Fensterbrett, um sie sauer werden zu lassen. Eines Abends hörte er draußen, wie sich zwei junge Schwarze auf Zulu unterhielten: «Was macht denn ‹unsere Milch› auf dem Fensterbrett dort?» Er wusste, dass es einem Schwarzen merkwürdig vorkommen musste, dass *Amasi* in einem weißen Vorort hergestellt wurde, und es wurde ihm klar, dass er Verdacht erregt hatte, deshalb brach er in der nächsten Nacht auf, um einen anderen Unterschlupf zu suchen. *Der lange Weg zur Freiheit,* a. a. O., S. 374.

l   Beim Gärungsprozess von *Amasi* entsteht ein erhöhter Milchsäuregehalt, der ihm probiotische Eigenschaften verleiht und unter anderem zu einer verbesserten Verdauung verhilft.

m   Winnie Mandelas Geburtsort im Distrikt Bizana in der Transkei.

n   In den 1780er Jahren begannen im Zuurveld bewaffnete Auseinandersetzungen zwischen Buren und Xhosa um Land und Vieh. Ngwavuma ist eine Stadt in der Provinz KwaZulu-Natal in der Nähe der Stelle, wo der ermordete Zulu-König Dingane begraben wurde.

o   König Nyabela kämpfte im Mapoch-Krieg 1882/83 gegen die Buren. Er unterlag und wurde zu lebenslanger Haft verurteilt.

p   Ein Ehrentitel für John Langalibalele Dube (1871–1946), den ersten Präsidenten des South African Native National Congress (später ANC).

q   Höchstwahrscheinlich handelt es sich um Pixley ka Isaka Seme (1881–1951), den ersten schwarzen Rechtsanwalt in Südafrika; er war einer der Gründer und Präsident des South African Native National Congress (später ANC).

r   Sefako Mapogo Makgatho (1861–1951), zweiter Präsident des South African Native National Congress (ANNC). Makgatho, Mandelas zweiter Sohn, war nach ihm benannt.

s   Walter Rubusana (1858–1936), Minister, Intellektueller und Mitbegründer des ANNC. 1914 führte er eine Delegation nach London an, um gegen den Natives Land Act von 1913 zu protestieren, der den Erwerb von Landbesitz für Afrikaner einschränkte.

## An Makgatho Mandela, Mandelas Sohn
## Johannesburg

31. August 1970

*Heit my Bla,*[a]

ich weiß nicht recht, ob ich Dich als Sohn anreden soll, als *Mninawa,*[b] oder, wie wir in unserer Sprache sagen würden, meine süße Truppe. Das Band zwischen Eltern & Kind, das uns zwei Jahrzehnte lang miteinander verbunden hat, lockert sich in dem Maß, wie Du erwachsen wirst, wohingegen das der Freundschaft stärker & inniger wird. Langsam sehe ich in Dir einen vertrauten Mitstreiter, mit dem ich über Hoffen & Verzagen sprechen kann, über Rückschläge und Erfolge, einen, mit dem ich mich von gleich zu gleich unterhalten, dem ich mein Herz öffnen kann. An diesen Freund schreibe ich jetzt, an Dich, Lewanika, mein *Bla,* wie die Jungs von dort oben im Rand[c] sagen würden. An Dich kann ich frisch von der Leber weg schreiben & brauche mich nicht um förmlichen und gehobenen Stil zu bemühen.

Du musst schrecklich beschäftigt sein; ich habe die vergangenen 7 Monate nichts von Dir gehört. Bestimmt schreibst Du mir, sobald

Du kannst. Ich hätte Dich ja gerne in Ruhe gelassen, aber Du fehlst mir, und ich möchte unbedingt wissen, wie Du vorankommst. Noch wichtiger ist, dass Du am 8. September zwanzig wirst & das allein ist für mich Anlass genug, Dich zu behelligen. Natürlich können Mummy und ich nicht zu Hause sein und eine Geburtstagsparty für Dich organisieren, können Dir nicht gratulieren und Dir alles Gute wünschen, uns nicht an den Familientisch setzen & feiern, können nicht fröhlich singen, Geschichten erzählen & uns frohen Herzens gemeinsam mit euch freuen. Aber wir werden an Dich denken. Die Familie ist sehr stolz auf Dich & verfolgt Deine Fortschritte mit echtem Interesse. Wir wünschen Dir das Allerbeste, Glück & Gesundheit & gutes Gelingen. Hoffentlich hast Du inzwischen die Karte mit unseren Glückwünschen zu Deinem Geburtstag bekommen.

Vieles ist mir in letzter Zeit wieder in den Sinn gekommen, und ich erinnerte mich an Ereignisse, in denen Du eine Rolle gespielt hast – an sportliche Momente in der Turnhalle mit Jerry Moloi,[d] Simon Tshabalala*, Joe Motsepe, Joe Mokotedi, Eric Ntsele, Freddie Ngidi, Selby Msimang & anderen wunderbaren Jungs;[e] an die Pennys, die wir ausgaben, damit Du im Huddlestone Pool[f] schwimmen konntest, wie wir zusammen mit Nyanya die Vorstellung von *King Kong*[g] in Milner Park sehen konnten; an die Menge Fisch, die Du vertilgt hast, als wir gemeinsam von Qamata nach Johannesburg[h] fuhren, & an zahllose andere Begebenheiten. Ich erinnere mich an alles, als wäre es erst gestern gewesen. Das war die Zeit, als Dein Leben unbeschwert von Problemen & von den Eltern gegen Not & Unsicherheit abgeschirmt war. Du brauchtest nicht zu arbeiten, zu essen gab es im Überfluss, Kleidung war reichlich vorhanden, & Du hast immer in einem bequemen Bett geschlafen. Aber zur selben Zeit liefen einige Deiner Spielkameraden völlig nackt & verdreckt herum, weil ihre Eltern zu arm waren, um sie zu kleiden & sauber zu halten. Oft hast Du sie nach Hause mitgebracht & ihnen zu essen gegeben. Manchmal hast Du das doppelte Eintrittsgeld für das Schwimmbad mitgenommen, um einem bedürftigen Freund auszuhelfen. Vielleicht hast Du damals rein aus kindlicher Zuneigung zu einem Freund gehandelt und nicht, weil Dir die Kluft zwischen arm & reich bewusst geworden wäre, die unser Leben kennzeichnete. Ich hoffe, Du hast immer noch ein Herz für Deine notleidenden Mitmenschen. Einem Freund zu helfen, wann immer man kann, ist eine gute Sache; aber individuelle Akte der Nächstenliebe sind nicht die Lösung. Wer die Armut vom Antlitz der Erde beseitigen will, muss andere Waffen einsetzen, Freundlichkeit allein genügt nicht. Es gibt Millionen bitterarmer Analphabeten, Massen von Arbeitslosen, krass unterbezahlte Männer & Frauen, die in schmutzigen & überfüllten Behausungen leben und sich hauptsächlich von *Dikgobe, Papa, Mngqusho, Motoho & Marhewu*[i] ernähren, deren Kinder nie Milch trinken & allen möglichen Krankheiten ausgesetzt sind.

Dies ist ein Problem, das nicht durch individuelle Akte der Hilfsbereitschaft gelöst werden kann. Wer versuchen würde, mit seinem eigenen Besitz allen Bedürftigen zu helfen, würde sich über kurz oder lang ruinieren & selbst von Almosen leben. Die Erfahrung lehrt, dass dieses Problem nur von einer disziplinierten Gruppe von Menschen wirksam angegangen werden kann, die von den gleichen Ideen beseelt sind & für eine gemeinsame Sache einstehen. Die meisten von uns hatten nie die Möglichkeiten, die sich heute der Jugend bieten. Sie verfügt über eine große Bandbreite an progressiver Literatur, die vom Kampf des Menschen um die Beherrschung der natürlichen Ressourcen handelt; die unsterblichen Klassiker, in denen es einerseits um die gegenseitige Abhängigkeit der Menschen voneinander geht, andererseits um die sozialen Konflikte, die aus unterschiedlichen Interessen entstehen und die Gesellschaft in verschiedene Schichten spalten. Ich war schon beinahe 35, als ich anfing, solche Werke systematisch zu lesen, & wie stark hat das meine Ansichten verändert! Du bist bestimmt ein besserer Kämpfer und Demokrat, als ich es in Deinem Alter war, & ich hoffe, Du wählst Deine Lektüre mit Bedacht. Darüber werden wir bei Deinem nächsten Besuch ausführlicher sprechen. In der Zwischenzeit liest Du hoffentlich mit Vergnügen Scholochows Roman *Der stille Don*.[j] Hat Tellie den Brief vom 6. März 1970 bekommen?[k] Am 31.3.70[l] schrieb ich auch an Dich & am 1.5.70[m] an Maki. Noch einmal: Herzlichen Glückwunsch zu Deinem 20. Geburtstag. Halte die Bude 8115 heil & sauber.

Dein *Tata*[n]

\* Simon Tshabalala wurde 1964 von der Sicherheitspolizei grausam gefoltert, wodurch seine Gesundheit auf Dauer ruiniert wurde.

------------------------

a    Eine Begrüßung, etwa «Hallo, mein Bruder»; eher Tsotsitaal als Afrikaans.

b    «Kleiner Bruder» auf isiXhosa.

c    Abkürzung von Witwatersrand.

d    Ein Boxer, mit dem Mandela trainierte.

e    In den vierziger und fünfziger Jahren trainierte Mandela mit diesen Männern im Donaldson Orlando Community Centre, einem Gemeindezentrum in Soweto.

f    Das einzige Schwimmbad für Schwarze in Johannesburg befand sich in Orlando West, Soweto. Es wurde in den fünfziger Jahren auf Initiative von Pater Trevor Huddlestone (1913–1998) gebaut.

g    *King Kong* war ein Jazz-Musical in rein schwarzer Besetzung, produziert von Todd Matshikiza und Pat Williams. Es erzählt die wahre Geschichte des Boxchampions Ezekile Dlamini, der sich im Ring King Kong nannte, und spielt in Sophiatown, einer gemischtrassigen Vorstadt von Johannesburg, in der Schwarze Grundbesitz haben durften. Es wurde ab 1959 vor einem Publikum aller Hautfarben gespielt, und die Zuschauerzahlen brachen alle Rekorde. In Londons West End wurde es ab 1961 200 Mal aufgeführt und gab den Anstoß für die internationale Karriere von Miriam Makeba, Hugh Masekela und anderen. Mandela sah die Premiere am 2. Februar 1959 in der Great Hall der Universität von Witwatersrand.

h    Qamata ist eine Kleinstadt in der Transkei in West-Thembuland, etwa 830 km von Johannesburg entfernt.

i    Traditionelle Speisen in Südafrika. *Dikgobe* ist gekochter Mais. *Papa* ist ein Brei aus Maismehl. *Umngusho* ist Maisgries mit Zuckerbohnen. *Motoho* ist ein Brei aus gegorenem Sorghum. *Marhewu* ist ein Getränk aus fermentiertem Maismehl und Zucker.

j    Preisgekrönter Roman des russischen Schriftstellers Michael Scholochow in vier Bänden, erschienen zwischen 1928 und 1940. Thema ist das Leben der Donkosaken in der Russischen Revolution und im Bürgerkrieg. Scholochow erhielt 1965 für sein Werk den Literaturnobelpreis. Irgendwann erhielt Mandela die Erlaubnis, Bücher zu bestellen (vgl. zum Beispiel den Brief an Vanguard Booksellers vom 26. September 1971, S. 310 f.).

k    Vgl. Brief vom 6. März 1970, S. 206–208.

l    Vgl. Brief vom 31. März 1970, S. 208–212.

m    Vgl. Brief vom 1. Mai 1970, S. 214–217.

n    «Vater» auf isiXhosa.


## An den Justizminister[a]
## Pretoria

14. September 1970

Am 12. Mai 1969 wurde meine Frau festgenommen und befindet sich seitdem in Untersuchungshaft.

Zuletzt sah ich sie im Dezember 1968. Seit ihrer Inhaftierung bat ich den Commissioner of Prisons[b] zweimal, ein Treffen mit ihr in die

17th September 1970

The Minister of Justice,
Union Buildings
Pretoria.

My wife was detained on May 12, 1970 and has been in custody ever since.

I last saw her in December 1968. Twice after her arrest, I asked the Commissioner of Prisons to make arrangements for me to meet her. The second application was made after I had received information that she had been hospitalised as a result of deteriorating health. Both applications were refused. I now make a special appeal to you to approve the request.

There are important and urgent elements to problems which we cannot properly solve without being together. In examining the matter you will bear in mind that there is nothing in the law or administration of justice to preclude me as husband from having consultations with her while she is facing trial, political or otherwise. On the contrary it is my duty to give her all the help that she requires. The fact that I am a prisoner ought not of itself to deprive me of the opportunity of honouring the obligations that I owe her. You will also bear in mind that she has been in custody for more than 15 months, 10 of which were spent in solitary confinement — a frightful experience which must have been primarily responsible for the worsening of her condition. I sincerely believe that the pleasure she would derive from a meeting between us would induce a speedy and complete recovery, and put her in a better position to stand trial.

In considering both applications, General Steyn failed to show that high sense of values and human feeling that I have come to associate with him as an individual during the last 8 years. I am willing to hope that you, as executive head of the Department of Justice, are well instructed in the principles of righteousness and equity not to turn a deaf ear to this appeal, and that the whole bent of your mind will be used to uphold those virtues that your office symbolises.

NRMandela
NELSON MANDELA: 466/64

Brief vom 14. September 1970 an den Justizminister.

Wege zu leiten. Den zweiten Antrag stellte ich, nachdem ich erfahren hatte, dass sie ins Krankenhaus gekommen war, weil ihr Gesundheitszustand sich verschlimmert hatte. Beide Anträge wurden abgelehnt. Ich appelliere nun an Sie persönlich mit der Bitte um Genehmigung meines Antrags.

Es gibt wichtige und dringende häusliche Probleme, die wir nicht richtig lösen können, ohne uns zu treffen. Bei der Prüfung der Sachlage bitte ich Sie zu berücksichtigen, dass weder eine gesetzliche Vorschrift noch eine Verwaltungsverordnung existiert, die mir als Ehemann das Recht verwehren würde, mich mit meiner Frau zu beraten, solange ein Verfahren gegen sie läuft, ob dies politisch ist oder nicht. Es ist im Gegenteil meine Pflicht, ihr die Unterstützung zu gewähren, die sie benötigt. Mein Status als Gefangener dürfte mir per se nicht die Möglichkeit verwehren, meinen Verpflichtungen ihr gegenüber nachzukommen. Bitte berücksichtigen Sie außerdem, dass sie seit über 15 Monaten in Untersuchungshaft sitzt, 10 davon in Einzelhaft, eine furchtbare Erfahrung, die gewiss in erster Linie dafür verantwortlich ist, dass sich ihr Gesundheitszustand so verschlimmert hat.[c] Ich bin fest davon überzeugt, dass ein Treffen mit mir eine rasche und vollständige Genesung herbeiführen würde, sodass sie in einer besseren Verfassung vor das Gericht treten könnte.

Bei der Ablehnung der beiden Anträge ließ es General Steyn an dem Sinn für Werte und menschliche Gefühle fehlen, den ich im Lauf der vergangenen 8 Jahre bei ihm als Mensch schätzen gelernt habe. Ich bin zuversichtlich, dass Sie sich als Justizminister bestens auskennen in den Grundsätzen der Billigkeit und Fairness und dieser Appell nicht auf taube Ohren stößt; mögen Sie aus Überzeugung geneigt sein, diese Tugenden in Ehren zu halten, für die Ihr Amt steht.

[unterzeichnet NR Mandela]
Nelson Mandela: 466/64

------------------------

a　Der Justizminister von Südafrika von 1966 bis 1974 war Petrus Cornelius Pelser.
b　General Steyn.
c　Winnie Mandela hatte Herzprobleme.

*Winnie Mandela wurde am 15. September 1970 nach 491 Tagen aus der Untersuchungshaft entlassen. Zwei Wochen später wurden ihre Bann-Auflagen – tatsächlich war es Hausarrest – für weitere fünf Jahre verlängert. Sie war gezwungen, sich von 6 Uhr abends bis 6 Uhr morgens an Werktagen und von 2 Uhr nachmittags bis 6 Uhr morgens an Wochenenden zu Hause aufzuhalten. Außer ihren Kindern durfte sie niemand im Haus empfangen. Sie beantragte, ihren Mann, den sie zuletzt am 28. September 1968 eine Stunde lang sehen konnte, im Gefängnis besuchen zu dürfen. Der Bezirksrichter lehnte ihren Antrag ab. Schließlich erhielt sie die Besuchserlaubnis und konnte ihren Mann am 7. November 1970 dreißig Minuten lang sprechen.*

**An Winnie Mandela**
**Johannesburg**

1. Oktober 1970

Mein Schatz,
endlich kann ich aufatmen! Ich habe Dein unverhofftes Telegramm erhalten, in dem Du mir Deine Freilassung mitteilst. Bestimmt warst Du genauso überrascht wie ich, als mich die wunderbare Nachricht erreichte. Am liebsten hätte ich Dir gleich per Telegramm geantwortet, aber dieser Luxus steht mir leider nicht einmal bei einem so wichtigen Anlass wie einem Freispruch von einer Mordanklage zu Gebote. 2 Wochen musste ich warten, bevor ich Dir meine herzlichsten Glückwünsche übermitteln konnte dazu, dass Du 491 [Tage] Haft abgesessen hast & immer noch dasselbe lebhafte & hochgemute Mädchen geblieben bist.
Dir & Deinen willensstarken Freunden rufe ich zu: Willkommen zu Hause! Wäre ich daheim gewesen, als Du zurückkamst, hätte ich einem reichen Menschen eine weiße Ziege gestohlen und sie geschlachtet & Dir *ivanya ne ntloya*[a] kredenzt, um damit das Fleisch hinunterzuspülen. Nur so kann ein Bettler wie ich seine Helden feiern und ehren. Du bist also zurück, & getreu meinem Versprechen sage ich jetzt «dadewethu»[b] adieu & rede Dich wieder mit «Mein Schatz» an, meine liebe Mhlope. Diese Anrede habe ich seit August 62[c] benutzt & sehr bedauert, als ich auf sie verzichten musste.

Jetzt, seit Du draußen bist, fehlst Du mir noch mehr als in der Zeit, als Du im Gefängnis warst. Ich habe hart darum gekämpft, Dich zu sehen, im Bewusstsein, dass Dir ein solches Treffen wirklich gut täte. Aber es ging auch darum, mich selbst vor dem Zusammenbruch zu bewahren. Es gab Zeiten, da fühlte ich, wie etwas in mir zerbrach, & reagierte auch entsprechend. Ich konnte kaum einen klaren Gedanken fassen, & die Vorstellung, dass Du in irgendeiner schäbigen Zelle einsam vor Dich hinvegetierst, ohne etwas zu lesen und ohne jemanden zu haben, mit dem Du Dich unterhalten könntest, war unerträglich. Deine Freilassung war eine Erleichterung, aber zugleich wurde meine Sehnsucht größer. Ich kann nicht länger warten. Ich muss Dich unbedingt sehen; jetzt ist die Reihe an mir, auf die Größe von Zeni zu schrumpfen. Wann kommst Du? Ich wünsche mir so sehr einen Kontaktbesuch, damit ich Dich umarmen, die Wärme Deines Körpers spüren kann, damit ich Dir lächelnd in die Augen schaue, ganz normal mit Dir sprechen kann, ohne schreien zu müssen, damit Du mich hörst, wie es derzeit der Fall ist.

Ich wünsche mir nichts sehnlicher, als mit Dir in einer friedvollen & anständigen Atmosphäre zusammen zu sein, wie es sich für einen Mann & seine Frau gehört, wenn sie nach einer Trennung von fast 2 Jahren intime häusliche Dinge miteinander besprechen. Doch wer das Kreuz trägt, sollte nicht jammern, wenn es bergan geht, & ich will nicht jammern.

Wie steht es um Deine Gesundheit? Hast Du Zeni & Zindzi[d] gesehen? Was wirst Du mir für Nachrichten bringen?

Übrigens habe ich, wenige Stunden bevor Deine aufregende Nachricht eintraf, einen Brief an den Justizminister aufgegeben mit der Bitte, Dich treffen zu dürfen. Ich sehe mich noch kämpfen, nachdem die Schlacht schon lange gewonnen ist. Falls Dein Gesuch vom Gericht abgelehnt & mein Antrag vom Minister abgewiesen worden wäre, hätte ich wahrscheinlich Hilfe bei einem Hexenmeister gesucht oder den Herrgott angefleht oder mich an Marx gewendet. Zum Glück musste ich mich nicht zwischen diesen Alternativen entscheiden.

Mit Bedauern habe ich erfahren, dass Ramotse[e] in Haft geblieben ist. Hoffentlich hat auch er Glück, wenn sein Fall vor Gericht kommt.

Du hast mittlerweile gehört, dass unser Freund Mr. Denis Healey[f] mich in Begleitung des britischen Botschafters am 19. Sept. besucht hat. Ich habe mich gefreut, ihn wiederzusehen. Er berichtete mir von Deinem Besuch bei Helen[g] & Shanti[h] & erzählte mir auch, dass Du an jenem Abend auf einen Ball gehen wolltest, der zu seinen Ehren veranstaltet wurde. Das hat mich beglückt, denn nach der schlimmen Zeit, die hinter Dir liegt, brauchst Du Erholung & ganz viel Vergnügen. Amüsier Dich, aber hüte Dich möglichst vor allzu viel Ausgelassenheit. Dass Du genau in dem Moment die Josephs und die Naidoos besucht hast, in dem ich intensiv an sie dachte, ist ein merkwürdiger Zufall.

Ich wünschte, Du hättest Shantis Vater Naran[i] kennengelernt, einen mutigen Mann, der weithin für sein Engagement & seine Bescheidenheit bekannt war. Im Juni 1950 sind wir zusammen verhaftet und für ein paar Stunden festgehalten worden, bevor wir wieder auf freien Fuß gesetzt wurden. Als wir bei ihnen in Doornfontein[j] ankamen, waren wir hungrig & müde. Amma[k] empfing uns mit ihrem offenen und ungezwungenen Lächeln und begrüßte uns mit einem Gericht aus Krebsfleisch & Reis. Ich sah diese Geschöpfe zum ersten Mal gekocht, & allein der Anblick hat mir den Magen umgedreht, und alles Übrige in mir hat rebelliert. Liebling, Du weißt, in solchen Dingen gebe ich nicht so leicht auf. Ich bemühte mich, so höflich wie möglich zu sein, und traute mich sogar, an 1 oder 2 Beinen zu knabbern. Das war ziemlich heikel. Später wurden wir gute Freunde, und inzwischen esse ich auch sehr gerne Krebse.

Shanti war damals noch ein kleines Ding. Ich konnte miterleben, wie sie zu einem unerschrockenen Mädchen heranwuchs, die in die Fußstapfen ihres Vaters trat. Aber ich hätte nie gedacht, dass sie diese Charakterstärke, diesen Schneid und diese Ausdauer hat.

Was unsere Freundin Helen betrifft, so halte ich sie für eine Frau, die sogar noch über das Grab hinaus den Säbel schwingen würde; das heißt, falls der Tod seinen Opfern gestattet, postum in diesen Kampf einzugreifen. Bei ihrem Hintergrund, ihren Fähigkeiten, ihrem sozialen Status & ihren Möglichkeiten hatte sie wahrlich keinen Grund, ihre glänzende Karriere aufzugeben und den Weg einzuschlagen, den sie wählte[l]. Sie hatte das Wahlrecht, konnte jeder seriösen Partei angehören und sich offen und frei zu politischen Fragen äußern. Nur ein

Mensch mit noblen Grundsätzen, der sich ganz dem Ideal der Freiheit verschrieben hat, hätte diese schwerwiegende Entscheidung getroffen. Ich habe größten Respekt vor ihr. Wenn ich hier herauskomme, ist sie eine der ersten, die ich aufsuchen werde, so wie Du & Nomvula[m] es am Tag nach Deiner Freilassung getan habt. Sie kann ganz schön austeilen, aber auch Schläge einstecken, & ich bin mir sicher, sie wird auch dann noch um sich schlagen, wenn die Menschen aller Rassen in S. A. ihre Gebeine zur ewigen Ruhe gebettet haben. Grüße sie, Amma & Shanti bitte ganz herzlich von mir. [...]

Und nun wieder zu Dir, mein Schatz: Deine Freunde haben mich ungeheuer beeindruckt. Nicht zuletzt haben mich David, Elliot, Mqwati, Rita, Douglas, Thoko, Martha & Livingstone überrascht. Eines Tages werde ich etwas über Samson, Jackson, Nomvula, Paulos, Joseph, David Dalton, Victor, George, Joseph Chamberlain, Simon, Owen & Samuel & Peter[n] erfahren. Bitte richte allen meine Grüße aus.

Ich bin stolz auf Dich, mein Schatz, & Du bedeutest mir mehr als alles andere auf der Welt. Ich hoffe auf wunderbare Geschichten von Dir, wenn ich nach Hause komme. Eines Tages werden wir das Zeitliche segnen, und dann werden wir aller Sorgen dieser Welt ledig sein. Und trotzdem wird es für uns Hoffnung geben. Ich hoffe, dass wir wieder Seite an Seite schlafen werden, wie wir es in den vier Jahren unseres Ehelebens getan haben, die es uns vergönnt war zusammenzuleben, tausend Küsse und alles, alles Liebe

Immer Dein
Dalibunga

---------------------

a   Traditioneller südafrikanischer Begrüßungstrunk, der Gästen heiß serviert wird. Er besteht aus dem Bodensatz von Mais- und Sorghum-Bier, *Umqombothi* genannt, gemischt mit *Intloya*, dem wässrigen Anteil von *Amasi* (Sauermilchgetränk).

b   «Schwester» auf isiXhosa. Mandela spricht sie als Schwester an, weil er sie als Genossin im Kampf gegen die Apartheid sieht.

c   Mandela wurde am 5. August 1962 verhaftet.

d   Die Mädchen waren auf einem Internat in Swasiland.

e   MK-Aktivist Benjamin Ramotse wurde im Dezember 1961 bei einem der ersten Sprengstoffanschläge des MK schwer verletzt, sein Mitkämpfer Petrus Molefi kam ums Leben. Ramotse wurde verhaftet und vor Gericht gestellt, kam aber auf Kaution frei und floh außer Landes. In seinem Buch *No Neutral Ground* schildert Joel Carlson, wie Ramotse «in den folgenden acht Jahren an den Grenzen Südafrikas Guerillaaktivitäten durchführte, bis er aus Botswana entführt, über Rhodesien nach Südafrika gebracht und schließlich 1970 vor Gericht gestellt wurde». Joel Carlson, *No Neutral Ground*, London 1973, S. 117.

f   Denis Healey (1917–2015), britischer Labour-Politiker, dem Mandela zum ersten Mal 1962 bei seinem kurzen Besuch in London begegnete; später besuchte ihn Healey im Gefängnis.

g   Helen Joseph (1905–1992), Lehrerin, Antiapartheidaktivistin und Frauenrechtlerin; siehe «Personen, Orte, Ereignisse».

h   Shanti Naidoo (geb. 1935), Antiapartheidaktivistin; siehe «Personen, Orte, Ereignisse». Zusammen mit Nondwe Mankahla, einer anderen Aktivistin, lehnte sie es ab, gegen Winnie Mandela auszusagen, und wurde mit zwei Monaten Gefängnis bestraft. Shanti Naidoos Bruder Indres Naidoo (1936–2016) verbüßte eine lange Strafe auf Robben Island; siehe «Personen, Orte, Ereignisse».

i   Thambi Naransamy «Naran» Naidoo (1901–1953), auch bekannt als Roy, war der Sohn eines frühen Mitarbeiters von Mahatma Gandhi.

j   Vorort von Downtown Johannesburg.

k   Shanti Naidoos Mutter.

l   Die in England geborene Helen Joseph arbeitete während des Zweiten Weltkriegs in der Women's Auxiliary Air Force und ging anschließend nach Südafrika als Sozialarbeiterin; angesichts der Realität des Lebens unter der Apartheid engagierte sie sich politisch.

m   Joyce Nomafa Sikhakhane (geb. 1943), Journalistin und Antiapartheidaktivistin, siehe «Personen, Orte, Ereignisse».

n   Mitangeklagte von Winnie Mandela.


**An den Justizminister[a]**
**Pretoria**

[Übersetzt aus dem Afrikaans][b]

19. November 1970

Ich bitte Sie höflich um ein Gespräch an einem Ihnen genehmen Termin zu folgenden Sachverhalten:

1. Der Gesundheitszustand meiner Frau[c]

Mir wurde mitgeteilt, dass meine Frau am 8. November 1970 einen Herzinfarkt hatte. Bis zum jetzigen Zeitpunkt habe ich nichts Näheres über die Schwere ihrer Krankheit erfahren und weiß auch nicht, in welchem Krankenhaus sie behandelt wird. Ich möchte sie gerne besuchen in der Hoffnung, dass mein Besuch sie aufmuntert und ihre Genesung beschleunigt.

2. Unsere häuslichen Angelegenheiten

Sie haben mir am 7. November einen halbstündigen Besuch meiner Frau bewilligt. Davor sah ich sie zuletzt am 21. Dezember 1968, und der obengenannte Besuch reichte zeitlich nicht aus, um unsere häuslichen Angelegenheiten ausführlich zu besprechen. Ich versichere, dass diese Anfrage kein Versuch ist, eine Vergünstigung zu missbrauchen, die ich vor zwölf Tagen genossen habe. Unter den obwaltenden Umständen wäre eine Besuchszeit von zwei Stunden nicht unangemessen. Bitte berücksichtigen Sie, dass ihr Herzleiden einen Besuch bei mir in naher Zukunft ausschließt.

3. Die Konsequenzen weiterer Anklagen gegen meine Frau

Mir wurde mitgeteilt, dass meine Frau zusammen mit ihrer Schwester Nonyaniso Madikizela vom Magistrate's Court in Johannesburg angeklagt ist wegen Verstoßes gegen Bestimmungen des Suppression of Communism Act No 44 von 1950 in der veränderten Fassung. Die Anklage zwingt sie, zwölf Stunden jede Nacht ganz allein zu verbringen, und ich befürchte, dass die Strapazen, die ihr durch diese Regelung zugemutet werden, sowie die zusätzliche Strafsache des Staates gegen meine Frau ihren Gesundheitszustand verschlimmern werden. Das Verfahren ist *sub judice*,[d] und diesbezüglich stelle ich natürlich keinerlei Anträge.

In diesem Schreiben sind nur die Hauptpunkte erwähnt, die als Ausgangsbasis für die Unterredung dienen sollen, und ich habe nicht beabsichtigt, eine umfassende Darstellung der Argumente vorzulegen, die meine oben angeführten Gesuche unterstützen könnten.

NELSON MANDELA 466/64

------------------------

a   Petrus Cornelius Pelser, Justizminister von 1966 bis 1974.

b   Wahrscheinlich schrieb Mandela diesen Brief an den Justizminister auf Afrikaans in der Absicht, Eindruck auf den Unterdrücker zu machen. In einem Gespräch mit Richard Stengel erklärte er, er habe im Gefängnis deshalb Afrikaans gelernt, weil «man als Person der Öffentlichkeit die beiden Hauptsprachen beherrschen möchte, die offizielle Landessprache und Afrikaans als wichtige Sprache, die von der Mehrheit der weißen Bevölkerung des Landes und von der Mehrheit der Farbigen gesprochen wird. Und es ist von Nachteil, wenn man es nicht spricht. Denn wenn man Englisch spricht, dann verstehen einen zwar viele Leute, auch die Afrikaaner, aber mit Afrikaans spricht man direkt ihr Herz an. Deshalb ist es wichtig, diese Sprache zu sprechen. Besonders im Gefängnis.» (Mandela im Gespräch mit Richard Stengel, 9. Dezember 1992, CD 5, Nelson Mandela Foundation Johannesburg.)

c   Die Unterstreichungen stammen wahrscheinlich von Mandela.

d   *sub judice*: Der Fall ist rechtsanhängig, also ein schwebendes Verfahren.

**An Sanna Teyise,[a] Eigentümerin des Restaurants Blue Lagoon Johannesburg**

[Übersetzt aus dem Afrikaans]

1. Dezember 1970

Meine liebste Schwester,
ich habe mich oft gefragt, ob das Blue Lagoon[b] immer noch an seinem angestammten Platz in der Von Wielligh 10 steht oder irgendwo anders, allein und verlassen. Woanders wäre es niemals derselbe Ort, wie wir ihn gekannt haben. Woanders wäre er nur ein Schatten des belebten Stammlokals, an dem wir uns in den vergangenen 25 Jahren getroffen haben.

Dein Blue Lagoon war nicht bloß irgendein Ort, wo man ein köstliches Gericht bestellen konnte. Es war eine Institution mit einer reichen Geschichte, mit gewachsenen Verbindungen zu Motortown, den Bantu- und Wemmer-Sportanlagen, dem BMSC,[c] dem Dorkay House,[d] den Rio[e]- und Uno-Filmtheatern, dem Mai-Mai,[f] dem Restaurant Mayibuye, verknüpft mit all den Aktivitäten, die in diesen Einrichtungen und in ihrer Umgebung stattfanden. Sogar Charlies heruntergekommener Laden gegenüber der Melrose Street und Krugers Metzgerei gehörten irgendwie zu Deinem beliebten Café.

Dein Café war die Einrichtung, um die herum sich das Leben der Menschen abspielte. Bekannte Leute, darunter Seretse Khama,[g] Oliver Tambo, Eduardo Mondlane,[h] Joshua Nkomo,[i] aßen dort zu Abend und erholten sich. Die Motieloas, die Twalas, Moikangoas, Nongawuzas, Xakanas, Malis, Hermanus, die Leleti, Dlambulo, Mzondeki, Njongwe, Magoa, Magagane [und] Zibi[j] waren zeitweise Stammgäste im Lagoon und zogen Nutzen aus ihrem Kontakt mit Dir, so wie Du profitiert hast von der Freundschaft mit ihnen. Was meine Verbindung zu dem Café betrifft, sollte ich in meiner Lage lieber nichts sagen. Ich werde Dir nie genug danken können für das, was Du für mich getan und bedeutet hast.

Im Jahr 1952 empfing ich einen bedeutenden amerikanischen Professor in Deinem Café. Aus Amerika stammte auch ein Sozialarbeiter, der etwa drei Monate lang Stammgast bei Dir war. Mein Gedächtnis ist nicht mehr das, was es einmal war, aber war nicht im gleichen Jahr ein prominenter britischer Parlamentsabgeordneter bei Dir zu Gast? Die Jahre 1952–53 waren wohl auch die Zeit, in der Du Deinen wichtigsten Einzelbeitrag zum Fortschritt und Wohlergehen unserer Nation geleistet hast. Über einen Zeitraum von sechs Monaten hast Du zweimal am Tag an die 100 unserer Mitstreiter am General Hospital mit Essen versorgt – aus eigener Tasche![k] Mit dieser Aktion ist das Lagoon seinem Ruf ganz und gar gerecht geworden und hat dazu beigetragen, ein starkes kameradschaftliches Band zwischen uns allen zu knüpfen. Du siehst, wir haben Deinen Beitrag zum allgemeinen Wohl nicht vergessen. Falls Du das geglaubt hast, bist Du im Irrtum, meine Liebe. Wir waren alle der Meinung, Du hättest Deine Gerichte zu billig angeboten, und ein paar von uns rieten Dir, Deine Preise zu erhöhen. Aber das hast Du rundweg abgelehnt. Die Gründe, die Du angeführt hast, zeigten uns, dass Du Verständnis und Mitgefühl hast und große Zuneigung zu Deinen Mitmenschen empfindest. Das Ausmaß Deines Opfers lässt sich daran ablesen, dass Dein Vermieter Deine Zwangslage ausnutzte und eine unverschämte Mieterhöhung forderte.

Dein Restaurant besaß sowohl eine kosmopolitische als auch eine heimelige Atmosphäre und strahlte beides nach außen aus. Manchmal kam ich mir vor wie in Griquatown, im Herzen des Postmasburg-Distrikts,[l] wo die ganze Familie Thys[m] samt Verwandtschaft versammelt war: Tukkie, JoJo, Nomyo,[n] Nomanto, Platman, Phinatjie, Tooi, Lilly, Andries, Bella, Bellas Schwester und ihr Bruder, der Pastor, Nontombi, Klaasie, Maye, Ouboetie und Ma, Aletta, Esther[o] und Ma, Willem und die verschollene Tochter Qadi.[p] Vielleicht ist Qadi schon längst Krankenschwester oder Oberin geworden. Weiß man, wo sie abgeblieben ist? Und was ist aus meinem pfiffigen Bruder JoJo geworden, der immer so geschickt die letzten Tropfen aus der [Wein-] Flasche aufgeleckt hat? Und erinnerst Du Dich noch daran, wie Phinatjies gutes Aussehen sie einst rettete, als wir vor dem Classification Board[q] antreten mussten? Es war mir eine große Freude, Deine Familie vor etwas zu bewahren, was eine Katastrophe hätte werden können. Wohnen Phinatjie und ihr Boss* immer noch in Pretoria? Hoffentlich haben ihre Rückenbeschwerden nachgelassen.

* Natürlich ihr Mann.

Ich werde nie vergessen, wie Bellas Bruder mich einmal abkanzelte, als ich die Kühnheit besaß, seine Autorität in Sachen Religion infrage zu stellen.

Sanna, gerne würde ich mit Dir über Gegenwart und Zukunft sprechen. Welcher Mensch mit tiefen Sehnsüchten und Bestrebungen möchte schon in der Vergangenheit leben? Doch mir bleibt in dieser Sache nichts anderes übrig. Um über machbare Ziele zu sprechen, braucht man authentische Informationsquellen und mehr Redefreiheit. Ich habe weder das eine noch das andere. Verstehst Du nun, warum ich alte Geschichten über geliebte, längst verstorbene Menschen ausgraben und über Dinge reden muss, die sich vor langer Zeit zugetragen haben? Ich wünschte mir, ich könnte ungehindert mit Dir über die Zukunft sprechen! Du und Deine Familie fehlen mir sehr, und jetzt, da ich diesen Brief geschrieben habe, wird meine Sehnsucht bestimmt nachlassen.

Ich habe nicht die erforderliche Ausbildung, um das Tun und Treiben der Menschen zu verstehen, und die Belange der menschlichen Seele überlasse ich lieber der frommen Tukkie. Aber ich kann mit Fug und Recht über meine eigenen Gefühle sprechen und sage: Ich bin frisch wie der junge Morgen und schnell wie der Wind. Mein ganzes Ich ist voller Hoffnung, und ich zweifle nicht daran, dass die guten alten Tage, die wir gemeinsam erlebt haben, wiederkehren werden, vielleicht in diesem Jahrzehnt, vielleicht in fünf Jahren oder schon nächstes Jahr. Du musst fest daran glauben und tapfer sein, meine Freundin. Eine tüchtige und optimistische Frau wie Du hat keinerlei Grund zu verzagen. Wenn das Leben Dich von allen Seiten auf die Probe stellt, dann denk daran, Du hast viele Freunde, die Dich bewundern und Dir Glück wünschen.

Dein
*Boet*ʳ Nel

------------------------

a An anderer Stelle auch «Thys» geschrieben.
b Ein Restaurant, das Mandela in seiner Johannesburger Zeit häufig besuchte.
c Bantu Men's Social Center; vgl. dazu den Brief vom 3. März 1969, S. 105, Anm. r.
d Sitz der African Music and Drama Association in den fünfziger Jahren und Proberaum bekannter Musiker wie Hugh Masekela und Miriam Makeba.

e   Dort fanden in den fünfziger Jahren Boxkämpfe statt.

f   Einer der ältesten traditionellen Medizinmärkte von Johannesburg.

g   Seretse Khama (1921–1980), 1966 erster Präsident des unabhängigen Botswana.

h   Eduardo Mondlane (1920–1969), Gründungspräsident der Mozambique Liberation Front (FRELIMO, gegründet 1962).

i   Joshua Nkomo (1917–1999), Gründer und Vorsitzender der Zimbabwe African People's Union (ZAPU, gegründet 1961).

j   Freunde und Verbündete, die im Blue Lagoon verkehrten.

k   Gelegentlich lieferte das Blue Lagoon kostenlose Mahlzeiten, und dies wahrscheinlich auch während der Missachtungskampagne 1952.

l   In der Kap-Provinz.

m   Familie von Sanna Teyise, die sich mit Nachnamen auch Thys nannten.

n   Nomvuyo Vuyiswa «Tiny» Nokwe (1928–2008), Frau des Anwalts Duma Nokwe (siehe «Personen, Orte, Ereignisse»). In einer E-Mail an Sahm Venter vom 11. Dezember 2017 schreibt Nomvuyo Nokwe: «Ich glaube, dies ist ein verschlüsselter Hinweis auf unsere Mutter Vuyiswa Nokwe, geborene Malangabi (1929–2008)».

o   Esther Maleka, ANC-Aktivistin, die im Untergrund arbeitete. Die anderen waren Freunde.

p   Freunde und Angehörige der Familie Thys.

q   Wahrscheinlich bezieht er sich auf den Population Registration Act von 1950, gemäß dem sich jeder Bürger Südafrikas von einem Einstufungsausschuss nach rassischen Merkmalen klassifizieren lassen musste.

r   «Bruder» auf Afrikaans.


**An den Commanding Officer**
**Robben Island**

24. Dezember 1970

Zu Händen des Sanitätsoffiziers

Mein Arztbericht weist aus, dass mein Blutdruck seit einigen Monaten bedrohlich hoch war und ich häufig über Kopfschmerzen und Schwindelgefühle klagte.

Mir wurde die tägliche Einnahme von 6 Rantrax (50) und 6 Aldimets verordnet, was mich müde und schläfrig während der Arbeitsstunden macht. Immer wieder muss ich, sowohl am Vor- als auch am Nachmittag, wenn ich mit dem Arbeitstrupp draußen bin, sehr gegen meinen Willen den diensthabenden Aufseher bitten, mir zu gestatten, mich hinzulegen. Nach bestem Wissen und Gewissen kann ich sagen, dass der Blutdruck nicht über den Wert vom 14. September 1970 gestiegen ist. Er hat sich vielmehr ein wenig gebessert, und sogar die Kopfschmerzen haben nachgelassen.

Ich führe diese Verbesserung auf die Therapie sowie darauf zurück, dass ich mich völlig geschont habe. Ich habe dem Sanitätsoffizier, dem Oberaufseher Fourie und dem diensthabenden Wärter der Abteilung meine Situation klipp und klar dargestellt. Vor einiger Zeit war ich für einen genau bestimmten Zeitraum im Innendienst eingesetzt worden, und als ich danach wieder zur Arbeit zurückkehrte, ging es mir nicht besser. Die Kopfschmerzen und der Schwindel traten wieder auf, desgleichen die Müdigkeit und Benommenheit. Ich meldete mich bei Dr. Going krank, der sogleich versprach, sich der Sache anzunehmen.

Ich bringe meine Stellungnahme erneut vor, weil ich es für angezeigt halte, Sie über meinen Gesundheitszustand zu unterrichten, und ich vertraue darauf, dass Sie bei der Prüfung der Stellungnahme sich allein von gesundheitlichen und humanitären Erwägungen leiten lassen.

[Unterzeichnet NRMandela]
NELSON MANDELA: 466/64

**An den Commanding Officer
Robben Island**

24. Dezember 1970

Zu Händen des Sanitätsoffiziers

Ich bitte Sie höflich, Ihre Ablehnung meines Antrags auf Bewilligung von 4 Pfd Honig pro Monat aus Gesundheitsgründen zu überdenken. Ihr Kommentar zu meinem vorausgehenden Antrag, in dem Sie feststellen, dass ich den gewünschten Honig nicht brauchte, wurde mir vorgelegt. Sie werden sich erinnern, dass ich Ihnen schon früher eine Broschüre der S.A.B.C.[a] gezeigt habe, die einen Artikel von Dr. McGill enthielt. Ich machte Sie auf einige Abschnitte aufmerksam, versäumte jedoch, auf die entscheidende Aussage auf Seite 5 hinzuweisen, die Sie unbedingt lesen sollten.
Eine Durchsicht meines Arztberichts wird zeigen, dass mein Blut-

druck immer noch stark von normalen Werten abweicht, obwohl die Medikamentendosis erhöht wurde und der Blutdruck nicht weiter gestiegen ist. Bei einer erneuten Prüfung des Sachverhalts bitte ich Sie zu beachten, dass ein Antrag dieser Art nicht allein medizinische, sondern auch psychologische und andere Aspekte hat. Falls Sie diesen zweiten Antrag auf eine nochmalige Überprüfung Ihrer Entscheidung für unangemessen halten, bin ich zuversichtlich, dass Sie mir Gelegenheit zu einem weiteren Gespräch über dieses Thema geben.

[Unterzeichnet NRMandela]
NELSON MANDELA

[handschriftlicher Vermerk]
O. C.[b]

Die derzeit verordnete Behandlung ist die beste, die die Medizin heutzutage bietet. Honig ist kein Therapeutikum gegen Bluthochdruck. Ich verweise daher auf meine vorige Stellungnahme in dieser Sache. Ich bin jederzeit bereit, Mandelas Blutdruckwerte erneut zu prüfen.

------------------------

a    South African Broadcasting Corporation.
b    Officer Commanding.


**An Winnie Mandela**
**Johannesburg**

28. Dezember 1970

Mein Schatz,
Du sprichst immer liebevoll von Ma in Bizana,[a] so wie es sich für eine liebevolle Tochter gehört. Und dies ist auch vollkommen richtig so, hat sie doch Mutterstelle bei Dir vertreten & bei Deiner Erziehung mitgeholfen. Was sie für uns bei unserer Hochzeit & nachdem ich zurückkam, um Nyanya abzuholen, getan hat, verdient Deine Liebe und Deinen Respekt. In ähnlicher Weise sprichst Du auch über *Sibali*[b] Manyawuza & bestätigst damit den Eindruck, den auch ich von ihr habe.

Wahrscheinlich denkst Du an viele Momente in Deiner Kindheit zurück, als Du das Gefühl hattest, sie seien nicht herzlich genug mit Dir umgegangen & hätten Dich nicht genug geliebt, hast Dir ein wenig mehr Wertschätzung gewünscht für das, was Du tatst, oder auch hin und wieder ein kleines Geschenk. Das macht aber gar nichts. Es gibt inzwischen viele Anzeichen, dass sie immer an Dich denken. Als sie kürzlich nach Pretoria reisten, ging es ihnen um viel mehr als um bloßes Interesse an dem Prozess, in den ihre Tochter involviert war, & dass ihre Anwesenheit für Dich wichtig war, zeigte sich in dem schwungvollen Brief, den Du mir bald danach geschrieben hast. Leider kommen meine Briefe anscheinend nicht bei ihnen an. Ich verdanke ihnen mehr, als es für *umkhwenyana*ᶜ gewöhnlich ist.

Ich habe oft überlegt, was wohl gewesen wäre, wenn Mzaidumes Tochter noch am Leben wäre. Ich denke schon, dass wir viel weniger persönliche Probleme gehabt hätten & Du nicht so verzweifelt um Dein Leben hättest kämpfen müssen. Sie würde praktisch bei Dir wohnen, so wie die Tochter von Nkedamaᵈ ab & zu bei Dir gewohnt hat, & hätte wahrscheinlich viele Besuche & Geschenke für Zeni & Zindzi organisiert, damit sie unsere Abwesenheit nicht so spürten. Oft habe ich über die vielen Schwierigkeiten nachgedacht, die ein heranwachsendes Mädchen ohne seine Mutter hat. Ich kann das beurteilen, weil ich selbst erst 10 Jahreᵉ alt war, als mein Vater starb. Chief Jongintaba, das Stammesoberhaupt,ᶠ kümmerte sich, zusätzlich zu seinen vielen Aufgaben für den Stamm, um eine große Familie. Er nahm sich meiner an wie ein leiblicher Vater & eröffnete mir Möglichkeiten, die mein eigener Dad mir wohl nicht hätte bieten können. Aber trotz aller Liebe & Aufmerksamkeit, die der Chief mir zuteil werden ließ, gab es Momente, in denen ich mich nach meinem eigenen Vater sehnte & mich sogar wie eine Waise fühlte. Vermutlich hast Du Ähnliches erlebt. Wenn doch nur Ma-Radebeᵍ noch leben würde! Dann hätte ich jemanden, der mir ein bisschen, ein winziges bisschen von der bedrohlichen Belastung meines unter Hochdruck stehenden Herzens abnehmen könnte. Wir hätten gemeinsam trauern & ihr viele Dinge aufbürden können, die ich selbst unserer lieben Niki nur zögernd anvertrauen würde. Manchmal erkenne ich bei Dir, Zami, die Reaktionen von jemandem, dem dieses intensive & kostbare Training, die Fürsorge & Liebe gefehlt haben, die eine Mutter ihrer geliebten Tochter zuteil werden lässt & die eine Kindheit wirklich glücklich macht, sodass man sich gern daran erinnert.

Du konzentrierst Deine ganze Aufmerksamkeit auf mich & kümmerst Dich zu wenig um Dich selbst. Auch jetzt, meine liebe Mhlope, lässt Du es an der erforderlichen Vorsicht & Wachsamkeit fehlen. Du musst ganz besonders auf der Hut sein, das bist Du all denen schuldig, die Dich lieben & immerzu an Dich denken; denen, für die Du Ansporn bist & die stolz auf Dich sind: Ama-Dlomo[h] & Amagutyana,[i] Kgatho, die Schwestern & Nichten, Nyanya, Tellie, Nomvula[j] & viele andere, und zuallererst Dir & mir.

Beratungen, wie vollständig & offen sie unter den gegebenen Umständen auch sein können, sind lebensnotwendig geworden, selbst in Fragen, die zu anderen Zeiten eher zweitrangig erscheinen. Das hast Du überhaupt nicht begriffen. Du denkst nicht daran, dass selbst Dein eigener Schatten verdächtig sein kann, deutliche Spuren hinterlassen & Dich verraten kann. Pass auf, mein Schatz, gib uns, Dir und mir, die Möglichkeit, uns mit den dringenden Fragen zu befassen, die wir in den vergangenen 6 Jahren hintanstellen mussten. Das, was Du mir in Deinem zerrissenen Brief vom 30. Nov. begreiflich machen wolltest, habe ich zur Kenntnis genommen & voll und ganz akzeptiert. Seit ich wieder Hoffnung geschöpft habe, geht es mir bedeutend besser.

Ich würde mich freuen, in Deinem nächsten Brief zu hören, dass Du unsere Cousine auch künftig ehrlich & ohne Scheu in allen Belangen berätst. Bring ihr bei, realistisch zu sein, lehre sie, mit dem Herzen & nicht allein mit der Zunge zu sprechen, sag ihr, dass sie mit dem Wind segeln soll, einfach leben und ihrem Hang zum großen Auftritt nicht nachgeben soll. Versprichst Du mir das? Sie ist ein tolles Mädchen & braucht Deine Hilfe. Du kannst ihr ein Vorbild sein.

Am 12. Dez. hast Du mich buchstäblich auf Herz und Nieren geprüft. Ich habe alles versucht, Dich daran zu hindern, aber Du hast Dich nicht davon abbringen lassen. Offensichtlich hattest Du ganz bestimmte Informationen bekommen. Wer hat für Dich spioniert? Spitzel sind nie gut, selbst wenn sie ehrliche Menschen sind.

Mach Dir keine Sorgen, mein Schatz, ich hoffe, länger als Methusalem zu leben & bei Dir zu sein, wenn Du die Menopause längst hinter Dir hast, wenn nicht einmal mehr Zeni & Zindzi sich um Dich kümmern werden, wenn all Dein jetziger Glanz vergangen ist & Dein Körper, auch Dein schönes Gesicht, faltig und Deine Haut hart sein wird wie bei einem Rhinozeros. Ich werde Dich pflegen und mich um Dich kümmern. Hin & wieder besuchen wir dann die Farm, schlendern umher, die Finger meiner linken Hand verflochten mit denen Deiner rechten, ich schaue Dir zu, wie Du losläufst, um eine schöne Wiesenblume zu pflücken, genau wie damals am Sonntag, den 10. März.[k] Du warst überwältigend in Deinem schwarzweiß gepunkteten Nylonkleid. Für mich wird jeder Tag der 10. März sein. Was kümmert uns das Alter oder [ein] bisschen Bluthochdruck! Gar nicht! Bist Du jetzt glücklich? Sag ja; das ist es, was ich so an Dir mag! Ich hab immer gewusst, dass Du ein gutes Mädchen bist. Bleib so.

Aber Du bist eine Zauberin. Immer wieder verhext Du Deinen Mann; *ubethelela izikhonkwana*[l] & nichts riskieren. Bist Du Dir so wenig sicher? Hast Du vergessen, was wir alles gemeinsam durchgemacht haben & was ich am 7. Nov. zur Begrüßung zu Dir gesagt habe? Du hättest Deine Ncora[m]-Mazawatee-Brille[n] aufhaben können, die Du mal zum Lesen gebraucht hast, und ich hätte Dich genauso angehimmelt. Warum nur gabst Du mir dieses bezaubernde Foto? Ich bekomme davon großes Heimweh.

Dass ihr aber auch die arme Nyanya da mit reingezogen habt! Wie könnt ihr 2 nur so selbstbewusst, frei, heiter und hübsch sein trotz all dem, was um euch herum passiert ist? Nyanya ist eine feine Dame geworden. Erzähl mir etwas über ihren Verlobten, Vorname, Beruf & Wohnort. Im Dez. 68 schrieb ich Nali,[o] am 28. 7. 69 noch einmal über Niki. Haben sie die Briefe nicht bekommen? Was hast Du von ihnen gehört?

Mein Afrikaans-Studium habe ich aufgegeben, bis ich mit Jura fertig bin. Was machst Du?

Danke für das Geld.

Ich drücke die Daumen für den 15. Januar. Bleib gesund an Körper & Geist!

Du fehlst mir sehr. Freue mich darauf, Dich wiederzusehen. Bis da-

hin schreibe mir jeden Monat einen langen & schönen Brief. Deine
Besuche & Briefe sind die reinste Wonne.

Alles, alles Liebe & tausend Küsse

Immer Dein Dalibunga

------------------------

a   Nophikela Hilda Madikizela, Winnie Mandelas Stiefmutter.
b   Sibali Nyawuza. Mandela nennt ihn versehentlich mit seinem Clan-Namen Manyawuza.
    *Sibali* bedeutet «Schwager» auf isiXhosa.
c   «Schwiegersohn» auf isiXhosa.
d   Vermutlich seine Mutter Nosekeni Fanny (siehe «Personen, Orte, Ereignisse»), deren Vater
    Nkedema hieß.
e   Mandelas Vater starb 1930, als Nelson zwölf war.
f   Nach dem Tod seines Vater wurde Chief Jongintaba Dalindyebo (gest. 1942), Chief und
    Regent des Thembu-Volks, sein Vormund. Siehe «Personen, Orte, Ereignisse».
g   Winnie Mandelas Mutter Nomthamsanqa Gertrude Mzaidume starb, als Winnie zehn Jahre
    alt war.
h   Dlomo ist eines der «Häuser», von denen Mandela abstammt.
i   Winnie Mandela stammt aus dem AmaNgutyana-Clan.
j   Joyce Nomafa Sikhakhane (geb. 1943), Journalistin und Antiapartheidaktivistin; siehe «Per-
    sonen, Orte, Ereignisse».
k   10. März 1957, der Tag ihres ersten Rendezvous.
l   Er drückt auf isiXhosa aus, wie verliebt und glücklich er mit ihr ist.
m   Ihren zweiten Einsatz als Sozialarbeiterin absolvierte Winnie beim Ncora Rural Centre im
    Distrikt Tsolo.
n   Anspielung auf die kreisrunde Brille, die Winnie damals trug; sie ähnelte der Brille, wie sie
    eine alte Dame und ein Kind in einer Reklame für Mazawattee-Tee trugen.
o   Nali Nancy Vutela, Winnie Mandelas Schwester.

*Joyce Sikhakhane (geb. 1943), Journalistin und Antiapartheidaktivistin,
stand zusammen mit Winnie Mandela und zwanzig anderen Angeklagten
1969 vor Gericht. Den folgenden Brief hat sie nie erhalten. Sie erfuhr von
ihm erst 2008 durch einen Kontakt mit Ruth Muller, einer damaligen Mitarbeiterin der Nelson Mandela Foundation. Sikhakhane war Mandela nicht
persönlich begegnet, bevor er ins Gefängnis kam, aber sie hatte mit den Kindern aus seiner ersten Ehe gespielt, da sie ganz in ihrer Nähe wohnte.*

*Sikhakhane war mit Samson «John» Fadana verlobt, einem Verwandten
Mandelas. Als sie zur Trauung auf das Amtsgericht gingen, drohte ihr die
Sicherheitspolizei mit einer Klage wegen Verstoßes gegen ihre Bannung. Da-
raufhin wurde Fadana aus Johannesburg «ausgebürgert» und in die Transkei*

*zurückgeschickt. Gemäß den «influx control»-Gesetzen brauchte unter der Apartheid jeder schwarze Südafrikaner die Erlaubnis, in einer bestimmten Stadt zu wohnen, und die Behörden konnten jeden der Stadt verweisen und ihn «ausbürgern». Fadana heiratete später eine andere Frau in der Transkei.*

*Mandela muss erfahren haben, dass Sikhakhane Journalistin war, denn er erwähnt in diesem Brief eine Reihe bekannter Journalisten, die meisten von der einflussreichen Zeitschrift* Drum, *bei der viele schwarze Journalisten Karriere machten und die für eine neue urbane schwarze Identität stand, im Unterschied zu dem vom Apartheidregime verbreiteten Stereotyp der Schwarzen als ländlich geprägten Stammesangehörigen. Sikhakhane begann im Dezember 1963, kurz nach ihrer Immatrikulation, als Journalistin zu arbeiten.*

**An Joyce Sikhakhane, Bekannte von Winnie Mandela**
**Johannesburg**

BITTE BEACHTE DAS POSTSKRIPT, BEVOR DU DEN BRIEF
LIEST.

1. Januar 1971

Meine liebe Nomvula,[a]
*re roba matsoho*[b] für Dich & John![c] Ist das wahr? Könnt ihr beiden mir das wirklich antun und so folgenschwere Entscheidungen treffen, ohne mir vorher auch nur den geringsten Wink zu geben? Ich muss jede Menge Fleisch & Pudding bei eurer Verlobungsfeier verpasst haben. Zu eurer Hochzeit hätte ich erscheinen können, so wie ich bin, ohne Frack, gestärktes Hemd & Zylinder. Und was mir noch wichtiger ist: Eure Hochzeit wäre eine Gelegenheit gewesen, bei der ich endlich hätte glänzen können. Ich übe nämlich täglich auf einer Penny Whistle; alle hier nennen sie so, obwohl sie 2 R kostet. Ich bin zwar noch blutiger Anfänger im Flöten, aber mit mehr Übung hätte ich mich an eurem großen Tag an Händels *Messias* versuchen können. Ihr habt wirklich Schneid. War es Liebe, Abenteuerlust oder beides, was euch zu einem solchen Wagnis verführte? Im ganzen Land werdet ihr keine Versicherung finden, die euch gegen ein so offenkundi-

ges Risiko absichert. Ein so vielversprechender & ehrgeiziger Mensch
wie John wird es höchstwahrscheinlich nicht dulden, dass seine
Denk- und Handlungsmuster durch die süßen Wonnen eines geord-
neten Familienlebens beeinträchtigt werden. Im Übrigen wird John
durch die Verbindung mit einer Nomvula die meiste Zeit am Ball
bleiben. Was soll der arme Kerl denn tun, wenn Du erst einmal fest in
seinem Haus etabliert bist, das Ohr wie immer dicht am Puls der
Zeit, hier etwas infrage stellst, dort etwas verurteilst & ständig nach
Action schreist? Er wird durchdrehen.

Man erzählt sich die Geschichte einer Frau (ich glaube, sie wohnt in
eurer Straße)[d] mit einem unerschöpflichen Vorrat an Willensstärke &
Unternehmungsgeist, die sich auf etwas ähnlich Fatales einließ wie
das, was ihr jetzt vorhabt. Schon von Anfang an war es mühsam. Die
Hochzeitsglocken waren kaum 4 Monate verklungen, da zwang sie
ein Gezeter am Reef,[e] für zwei Wochen zu der Mutter Oberin in die
Ameshoff Street zu ziehen. *Yena nowakwakhe*[f] balancierte 48 Monate
lang auf schwankendem Boden, bis der Traum von einem geregelten
Familienleben abrupt endete. Der Ehemann verschwand, & in ihr
und um sie herum versank alles im Chaos. Jetzt gleicht sie einer
Schwimmerin in rauer See, gebeutelt von riesigen Wogen & tücki-
schen Strömungen. Willst Du wirklich so ein elendes Leben führen?
Vermutlich wirst Du jetzt sofort widersprechen und darauf bestehen,
dass in solchen Fragen nicht der Kopf, sondern das Herz den Aus-
schlag gibt, denn es ist ja Letzteres, das John erobert hat; oder war es
umgekehrt? Ist dies Deine Entgegnung, dann kann ich nur sagen: Hal-
leluja! Benissimo!! Auch wenn sie von wohlmeinenden Freunden kommen, sind derartige Predigten fehl am Platz. Was uns das Herz sagt, ist
oft die einzige Rechtfertigung für das, was wir tun. Ich kenne John
schon seit den Vierzigerjahren, und ich schätze ihn sehr. Er ist human & großzügig, hat einen lebhaften, klaren Verstand. Ich bin überzeugt, in ihm hast Du einen idealen Partner gefunden, der Dir das
Leben schön & angenehm machen & Dich animieren wird, Deine un-
bestreitbaren Talente zu vervollkommnen. Da hast Du einen dicken
Fisch an Land gezogen, kleine Schwester! Oder wirst Du mich wieder
eines Besseren belehren und sagen: *Buti,* ich bin an sich ein zurückhal-
tender Mensch, aber ich bin einfach überzeugt, dass John der Glücks-

pilz ist. Er, nicht ich, hat den dicken Fisch geangelt. Ich bin der seltenste Fisch der ganzen Schöpfung, der Quastenflosser!
Das müsst ihr unter euch ausfechten, ich halte mich da raus. Aber Du sollst eines wissen: *Siqhwabizandla!*[g] Möge der Hochzeitstag strahlend schön & die Nacht von einem goldenen Mond beschienen sein.
Gerne hätte ich euch beiden geschrieben, aber das habe ich absichtlich vermieden. John & ich stehen uns sehr nahe, & ich kann offen mit ihm über persönliche Dinge reden, ohne ihn zu verletzen. Wenn ich mit ihm direkt sprechen würde, könnte ich versucht sein, alles, was ich hier über das Predigen gesagt habe, zu ignorieren. Mein Brief wäre sowohl Glückwunsch als auch Tadel [und auch] Bitte um Erklärungen gewesen, was ihm vielleicht Gewissensbisse verursacht hätte. Aber mit Dir kann ich aufrichtig sprechen, wie ich es hier eben getan habe, & so sollte es auch sein. Vergiss nicht, ihr seid mir beide lieb und wert.
Danke für die Weihnachtskarte vom Dez. 69. Dass ich sie nie bekommen habe, schmälert meine Dankbarkeit kein bisschen. Ich bedaure nur, dass es mir nun versagt ist, ein kostbares Erinnerungsstück zu besitzen, das John & andere vor Neid hätte erblassen lassen. Es war wirklich sehr aufmerksam von Dir, Thoko,[h] Rita,[i] Miriam & unserer Schwester, an mich zu denken. Bitte grüße sie ganz herzlich von mir. Hast Du in letzter Zeit unsere Schwester[j] gesehen? Ich mache mir Sorgen um sie. Alle möglichen Stürme sind über sie hereingebrochen. Das andauernde Bombardement über einen längeren Zeitraum setzte ihr so zu, dass sich ihr Gesundheitszustand massiv verschlechterte. Aber es beruhigt mich ein wenig, dass sie die Dinge nicht allzu schwer nimmt. Grüße auch sie bitte ganz herzlich.
Wahrscheinlich hast Du Kontakt zu Benjy,[k] einem alten Freund von mir, den ich nie vergessen werde. Ich wollte ihm schreiben, zögerte aber jedes Mal aus Gründen, die Du leicht verstehen wirst. Er ist brillant & unerschrocken, der Typ Mann, der in seinem Beruf zu den Besten gehören wird. Sein Draufgängertum erinnert mich an Henry Nxumalo,[l] einen anderen Freund, den ich immer sehr bewunderte, auch er ein richtiger Teufelskerl. Richte auch ihm meine Grüße aus.
Hast Du etwas von Cecil[m] gehört? Ich schrieb ihm einmal,[n] aber er war bereits nach New York gezogen, als mein Brief im Rand[o] ankam.

Ich bedaure sehr, dass er weggehen musste, denn er spielte eine besondere Rolle, die ihn für uns sehr wertvoll machte. In den wichtigen Medien, die er kontrollierte, unterstrich er die Themen, die uns als Gemeinschaft zusammenhalten. Im Büro und zu Hause tauschte er sich mit jenen aus, die in entscheidenden Fragen immer wieder einen anderen Standpunkt vertraten, & er nutzte sein Geschick, um Kompromisse zu finden & vor Spaltung zu warnen.

Neulich las ich einen anregenden Beitrag von Lewis Nkosi[p] über kulturelle Probleme & stellte befriedigt fest, dass er immer noch großartig ist. Ich musste gleich an die Fünfzigerjahre zurückdenken, an andere Freunde mit dem gleichen Beruf – an den verstorbenen Can Themba, Todd Matshikiza[q] & Nat Nakasa, an Bloke Modisane, Benson Dyantyi, Robert Resha, … Leslie Sehume, Arthur Maimane, Simon Mogapi, Bob Gosani, Harry Mashabela, Casey Motsisi, Ronnie Manyosi, Layton Plata, Doc Bikitsha, Mayekiso & Ikaneng, die wir alle sehr vermissen.[r]

Viele von ihnen sind tolle Burschen & halten jedem Vergleich mit ihren Kollegen jenseits der Rassenschranke stand – mit Ruth First, Stanley Uys, Brian Bunting, Margaret Smith, Charles Bloomberg & vielen anderen.[s] Überflüssig zu sagen, dass ich nicht mit allem einverstanden war, was sie sagten, doch ich hörte ihnen geduldig zu, weil mir ihre Sprache sehr vertraut war & weil sie konkrete Probleme ansprachen. Hoffentlich halten sie immer noch an ihren hohen Standards fest. Gibt es neue Gesichter? Wie geht es Owen?[t] Ich habe ein paar Deiner Manuskripte[u] eingesehen. Du wirst nicht beleidigt sein, wenn ich Dir sage, dass ich schwer beeindruckt war. Einige wenige Zeilen haben bei mir Bedenken aufkommen lassen, aber ich bin zuversichtlich, dass Du in der Lage wärest, mir eine Erklärung abzugeben, die ich akzeptieren könnte.

*Re roba matsoho!* In Liebe

Dein *Buti*[v] Nel

Postskriptum: Dieser Brief wird Dich amüsieren. Mir ist mitgeteilt worden, dass Du Dich mit einem meiner besten Freunde verlobt hast. Zami hat zwar den Irrtum richtiggestellt, aber ich schicke den Brief trotzdem so ab.[w]

------------------------

a   Mandela nennt sie Nomvula, weil sie mit seinem Verwandten John Fadana verlobt war.

b   Form des Glückwunsches auf Sesotho.

c   Mandela war mit Samson John Fadana im Gefängnis.

d   Anspielung auf seine Frau Winnie.

e   Das Reef in Johannesburg bezieht sich auf das *gold reef* von Witwatersrand, wo der Australier George Harrison 1896 als Erster Gold fand.

f   Ein isiXhosa-Wort für einen Menschen mit einem Liebespartner/einer Liebespartnerin.

g   «Wir gratulieren dir», wörtl. «wir klatschen in die Hände» auf isiXhosa.

h   Thoko Mngoma, ANC-Aktivistin im Township Alexandra. Auch sie wurde verhaftet und im Prozess der 22 angeklagt, als Winnie Mandela mit einundzwanzig anderen festgenommen und wegen Tätigkeit für den verbotenen ANC vor Gericht gestellt wurde. Der Prozess begann am 1. Dezember 1969, und am 16. Februar 1970 wurde die Anklage fallengelassen. Bevor sie das Gerichtsgebäude verlassen konnten, wurden sie erneut verhaftet. Am 3. August wurden sie alle erneut angeklagt und am 14. September freigesprochen.

i   Rita Ndzanga (geb. 1933), ANC-Aktivistin und Gewerkschafterin. Sie war ebenfalls Angeklagte im Prozess der 22. Ihr Mann Lawrence wurde von der Sicherheitspolizei in der Untersuchungshaft ermordet. Ihre beiden Söhne waren beim MK und starben nach 1994.

j   Höchstwahrscheinlich ist Winnie Mandela gemeint.

k   Vermutlich Benjamin Pogrund (geb. 1933), früherer Herausgeber der *Rand Daily Mail* und Freund von Mandela; siehe «Personen, Orte, Ereignisse».

l   Henry Nxumalo (1917–1957), investigativer Journalist für die Zeitschrift *Drum*; er schrieb Reportagen, die die Rassendiskriminierung brandmarkten. Bei einer Recherche wurde er ermordet, seine Mörder wurden nie gefunden.

m   Cecil Eprile (1914–1993), Freund, Journalist und Redakteur; siehe «Personen, Orte, Ereignisse».

n   Vgl. Brief vom 11. Februar 1967, S. 56–60.

o   Abkürzung von Witwatersrand.

p   Lewis Nkosi (1936–2010), südafrikanischer Schriftsteller, der zunächst als Journalist für *Ilanga Lase Natal* (Sonne von Natal), die Zeitschrift *Drum* und die *Golden City Post* schrieb. Er kritisierte das Apartheidregime, und seine Bücher wurden daher verboten.

q   Todd Matshikiza (1920–1968), Schriftsteller und Musiker, der die Musik für das international erfolgreiche südafrikanische Musical *King Kong* (1960) schrieb.

r   Mit Ausnahme von Bob Gosani, der Fotograf war, handelt es sich bei den meisten um Journalisten und Redakteure, die für *Drum* arbeiteten.

s   Weiße Journalisten, die den Kampf gegen die Apartheid unterstützten.

t   Owen Vanqa, Journalist aus der Provinz Ostkap, der mit Joyce Sikhakhane, Winnie Mandela und zwanzig anderen 1969 und 1970 vor Gericht stand.

u   Als Sikhakhane 2008 von der Nelson Mandela Foundation zu diesem Brief befragt wurde, vermutete sie, Mandela habe wohl mit ihrem Namen gezeichnete Zeitungsartikel gemeint. («The Lost Letter», Nelson Mandela Foundation, 22. Juli 2008, https://www.nelsonmandela.org/news/entry/the-lost-letter.)

v   «Bruder» auf isiXhosa.

w   Sikhakhane heiratete zwar Samson Fadana, doch einen Tag nach der Hochzeit teilte ihr die Sicherheitspolizei mit, sie werde «angeklagt wegen illegalen Zutritts in das Amtsgericht und weil sie in Begleitung von mehr als einer Person war. Sie sagten, meine sogenannte Heirat sei null und nichtig, weil illegal. Das war das Ende meiner Ehe.» («The Lost Letter», Nelson Mandela Foundation, 22. Juli 2008, https://www.nelsonmandela.org/news/entry/the-lost-letter.)

An Nomabutho Bhala,[a] Freundin
Durban

1. Januar 1971

*Ntombi yakowethu,*[b]
vielen Dank für den überraschenden, aber sehr lieben Brief vom Juli
vergangenen Jahres. Gerne hätte ich Dir schon früher geantwortet,
aber Du kennst ja meine dauernden Probleme seit eh und je nur zu
gut.
Obwohl der Großteil der Bürde zumindest vorläufig von mir genommen ist, müssen immer noch verzwickte Probleme gelöst werden.
Doch will ich diesen Antwortbrief jetzt nicht länger verschieben.
Dein Brief war einer der kürzesten, die ich je erhalten habe; er bestand aus einem einzigen verschlungenen Satz. Und doch ist es einer
der besten, die ich seit langem gelesen habe. Ich hatte gedacht,
unsere Generation von Aufrührern sei Ende der Fünfzigerjahre verschwunden. Ich hatte auch geglaubt, nach all meinen Erfahrungen in
den vergangenen fast 30 Jahren, in denen ich vielen überzeugenden
Rednern aufmerksam zugehört und hervorragende Biografien einiger der bedeutendsten Persönlichkeiten des öffentlichen Lebens auf
der ganzen Welt gelesen hatte, würde ich mich nicht allein von der
Schönheit einer geschliffenen Rhetorik hinreißen lassen. Doch die
wenigen Zeilen, die Du unbekümmert auf dieses schlichte Blatt Papier gekritzelt hast, haben mich viel mehr berührt als alle Klassiker,
die ich gelesen habe. Viele der Personen, die in Deinem ungewöhnlichen Traum vorkamen, lebten vor etwa drei Jahrhunderten einfach
und ohne schriftliche Aufzeichnungen zu hinterlassen. Keiner von
uns war dabei, als sie die Unternehmungen planten, durch die sie in
der Geschichte berühmt werden sollten, auch sahen wir sie nicht in
Aktion. Von den meisten gibt es nicht einmal eine authentische Abbil-
dung, die uns zumindest eine vage Vorstellung von ihrem Aussehen
oder ihrer Persönlichkeit vermitteln könnte. Nicht einmal ein ge-
bildeter Stadtmensch wie Du, der in der zweiten Hälfte des 20. Jahrhunderts lebt und an all seinem phantastischen Fortschritt und seinen Errungenschaften teilhat und vom Einfluss des Stammeslebens
abgeschnitten ist, kann die wilden und stürmischen Helden der Jung-

steinzeit aus seinen Gedanken, Plänen und Träumen verbannen. Es waren ungewöhnliche Menschen, Ausnahmeerscheinungen, wie sie auch anderswo in der Welt zu finden sind. Ihre Produktionsweise und ihre Werkzeuge waren noch die der Steinzeit, und dennoch gründeten sie mit ihren Metallwaffen große und stabile Königreiche. In den Auseinandersetzungen, die später das Land erschütterten, schlugen sie sich tapfer und hielten mehr als ein Jahrhundert lang eine Bevölkerung in Schach, die ihnen in der Organisation ihrer Wirtschaft und auch technisch tausend Jahre voraus war und ihre wissenschaftlichen Ressourcen in vollem Umfang nutzte.

Dein Traum lässt sich leicht dahingehend deuten, dass Du einen tieferen Sinn in der Geschichte unserer Ahnen siehst. Du betrachtest ihre Heldentaten in jenem unvergesslichen Jahrhundert der Kriege als Modell für das Leben, das wir heute führen sollten. Immer wenn ihr Land bedroht wurde, bewiesen sie ein Höchstmaß an Patriotismus. Und so wie sie es ablehnten, ihre primitive Produktionsweise und die Wirkungslosigkeit ihrer Waffen als Entschuldigung dafür gelten zu lassen, sich ihrer heiligen Pflicht zu entziehen, so soll sich auch die heutige Generation nicht von den Ungleichheiten einschüchtern lassen, die der derzeitige Stand der inneren Ordnung offenbar in sich birgt.

\* Die 14 großen Namen, die Du in Deinem Brief erwähnst, sind in unserer Geschichte zur Legende geworden, und wir glauben, dass auch künftige Generationen sie als solche würdigen werden. Doch die Geschichte unseres historischen Erbes bleibt unvollkommen, wenn wir diese Reihe eingeborener Helden vergessen, Vorbereiter der großen Konflikte, die in der Folgezeit aufflammten, und die sich ebenfalls auszeichneten.

Die Khoi-khoi,[c] von denen der Großteil unserer farbigen Bevölkerung abstammt, wurden von Autshumayo[d] (dem ersten schwarzen politischen Gefangenen auf Robben Island), von Odasoa[e] und Gogosoa[f] hervorragend geführt. Im 3. Befreiungskrieg von 1799 unternahm Klaas Stuurman[g] einen unerhörten Schritt, als er sich mit Cungwa, dem Chief der Amagqunukwebe, verbündete.

Viele Menschen, auch Freiheitskämpfer, die lange gekämpft und große Opfer gebracht haben, sprechen verächtlich von den Abatwa,[h] und doch haben etliche südafrikanische Historiker objektiv und anerkennend über deren unbezwingbaren Geist und Edelmut geschrieben. Wer Schilderungen von den Schlachten in den Sneeubergen zwischen den Abatwa und den Buren gelesen hat, und insbesondere der zwischen den Abatwa unter Führung ihres Chief Karel und einem Kommando von über 100 Buren bei der großen Höhle in der Nähe von Poshuli's Hoek,[i] der bekommt eine Vorstellung von dem wichtigen Beitrag, den eine Volksgruppe für die Geschichte Südafrikas geleistet hat, die einstmals als Einzige unser schönes Land bewohnte. In zahlreichen Gefechten legten sie außergewöhnliche Tapferkeit und Kühnheit an den Tag, und sie kämpften auch noch verzweifelt weiter, wenn der letzte Pfeil verschossen war.

Das sind die Menschen, die um ein freies Afrika rangen, lange bevor wir das Schlachtfeld betraten. Sie gaben die Richtung vor, und ihre gemeinsamen Bemühungen speisten die Quelle des breiten Stroms der Geschichte Südafrikas. Wir sind die Erben dreier geschichtlicher Strömungen; dieses Erbe spornt uns an, für die erhabensten Ideale im Leben zu kämpfen und zu sterben. Allen diesen Veteranen gebührt das Prädikat «Afrikanischer Held». Jahre später sollten wortgewandtere und gebildetere Persönlichkeiten folgen, und dabei wurde das Tableau der Geschichte tausendfach bereichert – durch Leute wie Selope Thema,[j] Jabavu,[k] Dube,[l] Abdurahman,[m] Gool,[n] Asvat,[o] Cachalia,[p] und jetzt bist Du und Deine Generation in die Reihen dieser Ehrenlegion eingetreten.

Große Träume gefallen mir gut, und Deiner gefiel mir ganz besonders; er ging mir sehr zu Herzen. Vielleicht kommt in Deinem nächsten Traum etwas vor, was nicht nur die Söhne des Zika Ntu begeistert, sondern auch die Abkömmlinge all jener berühmten Helden der Vergangenheit. Zu Zeiten, in denen manche fieberhaft die Zersplitterung der Kräfte betreiben, den Stamm zur endgültigen und höchsten Form sozialer Ordnung erheben und die eine Volksgruppe gegen die andere ausspielen, sind kosmopolitische Träume nicht nur wünschenswert, sondern unsere Pflicht und Schuldigkeit. Träume, die besonderes Gewicht auf die spezielle Einheit legen, durch welche die Kräfte der Freiheit zusammengehalten werden – ein Bund, der in gemeinsamen Kämpfen, durch Opfer und Traditionen geschmiedet wurde. Ich habe versucht, mich von Deiner wunderschönen Prosa nicht überwältigen zu lassen und vor allem die bedeutende Botschaft zu erfassen. Manch einer sagt, Chauvinismus sei eine unserer Schwächen. Das mag stimmen. Fest steht, dass mein Gefühl und mein Kopf nicht oft in Einklang miteinander sind. Mein Verstand sagt mir meist, vorsichtig an das heranzugehen, was meine Gefühle erregt. Ich kann nur hoffen, dass es mir gelingt, dieses Gleichgewicht zu erhalten. Wir alle kennen den Preis, den Du bereits gezahlt hast, und ich wage gar nicht daran zu denken, was Dir noch bevorsteht. Dein Mut hat mich tief bewegt und lässt mein Opfer im Vergleich zu dem Deinen als Bagatelle erscheinen. Die herzlichsten Grüße an Dich, Deine Familie und alle anderen

*Ozithobileyo*,[q] Nelson

\* Original in Zulu

-----------------------

a   Aus dem DIN-A4-Ordner, in dem er einige Kopien seiner Briefe aufbewahrte.
b   «Unsere Schwester» auf isiXhosa.
c   Die Khoikhoi sind eine der vier ursprünglich in Südafrika lebenden Volksgruppen. Sie waren ein Hirtenvolk, das wirtschaftlich von seinen Rindern und Schafen abhängig war.
d   Autshumao (von Mandela Autshumayo geschrieben) war ein AnVorsitzender der Khoikhoi im 17. Jahrhundert. Er lernte Englisch und Holländisch und fungierte 1652 in der Zeit der Besiedlung des Kaps der Guten Hoffnung durch die Holländer als Dolmetscher. Er und zwei seiner Anhänger wurden 1658 von Jan van Riebeeck, dem ersten Verwalter der Kapkolonie, auf Robben Island verbannt, nachdem sie gegen die Holländer Krieg geführt hatten. Er war einer der ersten Häftlinge auf Robben Island und der einzige, der je von der Insel entkam.
e   Odasoa war um 1600 Häuptling der Cochoqua (Saldanhars).
f   Gogosoa war Paramount Chief der Goringhaiqua im 17. Jahrhundert.
g   Ein AnVorsitzender der Khoi, mutmaßlich geboren zwischen 1743 und 1803.
h   Auch bekannt als Batwa oder Abathwa, die in der Demokratischen Republik Kongo, in Ost-Uganda und Rwanda leben. In der Geschichte wurden sie wegen ihres kleinen Wuchses als «Pygmäen» bezeichnet und weithin diskriminiert.
i   Eine Schilderung der Schlacht bei Poshuli's Hoek findet sich in *The Native Races of South Africa: A History of the Intrusion of the Hottentots and Bantu into the Hunting Grounds of the Bushmen, the Aborigines of the Country* von George W. Stow (ersch. 1905); Mandela las und übersetzte die Passage im Gefängnis.
j   Selope Thema (1886–1955), führendes Mitglied des South African Native National Congress und 1919 Sekretär der Delegation im Namen der schwarzen Südafrikaner und der britischen Regierung auf der Friedenskonferenz von Versailles.
k   John Tengo Jabavu (1859–1921), Wissenschaftler, Schriftsteller, Zeitungsredakteur und politischer Aktivist. Gründete 1884 die erste Zeitung im Besitz von Schwarzen, *Imvo*

*Zabantsundu* (Schwarze Meinung). Mitbegründer des South African Native College Fort Hare (1916). Sein Sohn Davidson Don Tengo Jabavu (1885–1959), Wissenschaftler, Lyriker und Antiapartheidaktivist, wurde der erste schwarze Professor am University College von Fort Hare, Alice. Präsident der All-African Convention, die 1935 gegen die segregationistische Gesetzgebung gegründet wurde. Mitbegründer des South African Native National Congress (ab 1923: ANC).

l   John Langalibale Dube (1871–1946), Erzieher, Verleger, Redakteur, Autor und politischer Aktivist. Erster Vorsitzender des 1912 gegründeten South African Native National Congress (ab 1923 ANC). 1904 Gründer der Zulu Christian Industrial School in Ohlange, Gründer der ersten Zeitung in Zulu und Englisch *Ilanga lase Natal* (Sonne von Natal). Gegner des Land Act von 1913. 1935 Exekutivmitglied der All-African Convention (AAC). 1994 ging Mandela in dieser Schule in Ohlanga zum ersten Mal in seinem Leben zur Wahl. Anschließend besuchte er Dubes Grab, um zu verkünden, dass Südafrika nun frei war.

m   Abdullah Abdurahman (1872–1940), der erste Farbige, der 1904 in den Gemeinderat von Kapstadt und 1914 in den Rat der Kap-Provinz gewählt wurde. Präsident der African Political Organisation, die sich gegen die Unterdrückung der Farbigen wandte.

n   Cissie Gool (1897–1963), Tochter von Abdurahman, Gründerin und erste Präsidentin der National Liberation League, Präsidentin der Non-European United Front in den vierziger Jahren und erste Farbige, die ihren Abschluss an der juristischen Fakultät in Südafrika machte und an das Gericht von Kapstadt berufen wurde.

o   Dr. Zainab Asvat (1923–2013), Ärztin, politische Aktivistin und Mitglied des Transvaal Indian Congress.

p   Die Cachalias waren eine der führenden Familien im Kampf gegen die Apartheid.

q   «Immer Dein ...» auf isiXhosa.


**An den Commanding Officer**
**Robben Island**
[Übersetzt aus dem Afrikaans]

2. Januar 1971

Zu Händen von C/O Fourie

Der Neujahrstag ist nie ein passender Termin, um enttäuschende Nachrichten zu verkünden. Leider erreichte mich sowohl Ihr Brief mit der Ablehnung meines Besuchsantrags als auch Ihr zweiter zur Zensur des Briefs meiner Frau an diesem bedeutsamen Tag.

Darüber möchte ich mich eigentlich gar nicht beklagen, sondern nur feststellen, dass der Gitarrespieler eine besondere Gabe braucht, um sein Publikum zu fesseln. Er muss darum bemüht sein, die Aufmerksamkeit seines Publikums nicht erlahmen zu lassen, es in seinen Bann ziehen. Allein ein Mensch mit Nächstenliebe, dem die anderen nicht gleichgültig sind, wird ans Ziel gelangen, wo Kraft und Macht nichts vermögen. Dieser schlichte Grundsatz lässt sich auch auf ganz gewöhnliche Dinge anwenden und gilt auch in Institutionen, in denen strikte Disziplin aufrechterhalten werden muss.

Nelson Mandela 466/64

**An Tim Maharaj, Frau des Mithäftlings Mac Maharaj**
**Dalbridge, Natal**

1. Februar 1971

Meine liebe Ompragash,[a]
zweimal versuchte ich, in der Besucherkabine einen Blick auf Dein Gesicht zu erhaschen, & beide Male vergeblich; ein erstes Mal letztes Jahr, als Du entschlossen schienst, mir die Freude zu versagen, & dann am 5. Dez. 1970, als Du meinem Blick überhaupt ausgewichen bist.
Selten hatte ich eine bessere Gelegenheit, einmal mehr zu erleben, wie groß die Macht der Tradition ist. Wer hätte gedacht, dass der Schatten des Purdah[b] eine welterfahrene Frau wie Dich dazu bewegen könnte, sich seiner Macht zu beugen. Aber genau das geschah jedes Mal, wenn ich in Deine Nähe kam. Dein Gesicht ist für mich ein Gesicht hinter einem Vorhang, der zwar immateriell ist, doch gleichwohl ein Vorhang. Ich wollte einfach die mehrfach von einem der Burschen hier geäußerte Behauptung überprüfen, dass die strahlendste & anmutigste Ehefrau in diesem Land in Durban's Wakuff Buildings[c] zu finden sei. Ich wollte unbedingt das leibhaftige Gesicht mit dem attraktiven Foto vergleichen, das stolz in einem exquisiten Lederrahmen irgendwo hier ausgestellt ist; ich wollte das Original der Kopie gegenüberstellen. Das habe ich nun aufgegeben, daher dieser Brief. Vielleicht erreiche ich durch dieses Medium mehr als durch einen flüchtigen Blick auf eine junge Dame, die nach der neuesten Mode gekleidet & von der Kosmetikerin gekonnt zurechtgemacht worden ist. Vielleicht dringe ich hinter der Tim mit den feinen Manieren zu der schlichten Ompragash durch.

Übrigens, beinahe hätte ich vergessen, Dir zu beichten, dass ein ahnungsloser Spaßvogel das Foto vom Regal nahm, & glaub mir, die Welt wäre fast in Flammen[d] aufgegangen. Ein junger Mann, den ich ansonsten sehr schätze, rannte rot vor Wut (oder vor Eifersucht?) umher & durchsuchte beinahe alle Zellen, darunter auch meine. Ich sage ‹auch meine›, weil Dein *Oompie*[e] gegen jede Art Belästigung durch jene gefeit sein sollte, die uns beiden lieb und wert sind. Doch falls Du ein verzerrtes Bild bekommen solltest, möchte ich gleich betonen, dass er geistig immer noch so beeindruckend ist wie während der hektischen vier Monate vor dem unvergesslichen 18. Dez.[f] Er ist hart wie Stahl & versucht, flexibel zu sein wie eine Weidenrute. Natürlich ist nichts einfacher, als andere zu kritisieren, & vielleicht steckt Dein Mann auch voller Fehler. Aber ob das der Fall ist, kannst Du besser beurteilen als ich. Oder noch besser, Du könntest mich in die Nase beißen & mir sagen, dass selbst Götter, Messiasse & Heilige von den einen kritisiert, von den anderen verdammt wurden; warum sollte es bei ihm anders sein? Ich bin ganz Deiner Meinung. Je länger wir hier zusammen sind, desto mehr respektiere ich ihn, und es würde mich freuen, wenn er mit zunehmendem Alter und zunehmender Erfahrung etwas geduldiger würde, & falls sich bei den Weihnachtsfeiern im Jahre 1976 die Kunde von seiner Brillanz herumspricht, wirst Du ganz bestimmt die Lage zu meistern wissen.[g]

Während ich an einen Freund in Durban schrieb, fielen mir ein paar amüsante Begebenheiten ein. Im Jahr 61 war ich inkognito in der Stadt und wohnte bei einem anderen Freund.[h] Sie hatten eine reizende, ungefähr sechsjährige Tochter, mit der ich sofort Freundschaft schloss. Am Morgen nahm ich ein Bad & kämmte mir anschließend Haar und Bart. Zufrieden, sauber und präsentabel zu sein, ging ich ins Wohnzimmer & setzte sie auf meinen Schoß. Sie schaute mich kurz an & rief: Du bist schmutzig im Gesicht, geh & wasch dich! Es kam noch besser. Da mein Gastgeber & seine Frau zur Arbeit mussten, verbrachte ich einen Tag bei der Großmutter, einer freundlichen alten Dame, die kaum Englisch konnte. Als mich mein Gastgeber ihr vorstellte, konnte er nur sagen: Das ist ein Freund von uns; wir holen ihn heute Abend ab. Die alte Dame war, wie sich herausstellte, misstrauisch & entschlossen, dieses Rätsel auf ihre Art zu lösen. Ich wagte mich den ganzen Tag nicht aus dem Haus und ahnte nicht, dass da eine hundert Mal klüger war als ich. Unser Gespräch verlief ungefähr so:

F. Du woher?

A. Pietersburg.

F. Wann du kommen?

A. Gestern.

F. Du erstes Mal in Durban?

A. Ja.

F. Wann du gehst zurück?

A. Morgen.

Mir wurde etwas unbehaglich zumute, doch damit endete das Verhör zum Glück, & ich dachte, damit wäre mein Problem gelöst. Das Mittagessen wie auch der Nachmittagstee waren köstlich. Ich genoss den Tag & wollte mich gerade entspannen, als die alte Dame mein Zimmer betrat und ihre Nachforschungen wiederaufnahm. Sie lud mich ein, sie ins Einkaufszentrum zu begleiten. Höflich lehnte ich ab. Dann wollte sie wissen, wie weit es bis Pietersburg war. Ich war mir nicht sicher und schätzte: 600 Meilen. Dann kam die Frage, auf die ich am wenigsten gefasst war: Du kommst sehr weit & bist ganze Ferien mit ein Buch in ein Zimmer? Ich war mir sicher, dass sie alles durchschaut hatte, & wusste nicht recht, was ich antworten sollte. Ich wechselte das Thema. Später war ich noch mehrmals in Durban, aber ich hielt mich lieber von ihr fern & hungerte, als ein weiteres Verhör zu riskieren. Ich hoffe, es geht ihr gut.[i]

*Niggie,*[j] wir haben stets an Dich gedacht, seit Du Mac mitgeteilt hast, dass Du die OP machen lassen willst. Unter normalen Umständen hätten Dir viele von uns einen Besuch im Krankenhaus abgestattet & Blumen gebracht oder Genesungswünsche geschickt, die Dich vielleicht während der Rekonvaleszenz erreicht hätten. Aber unter den jetzigen Bedingungen war dies alles unmöglich, & wir konnten unser Mitgefühl nur hier durch *Neef* zum Ausdruck bringen.

Dank Zamis kurzer Verschnaufpause kann ich jetzt Dir gegenüber die Gefühle äußern, die mich seit der schmerzlichen Nachricht erfüllten. Ich schicke Dir diesen Brief in der Hoffnung, er möge dazu beitragen, dass die Welt um Dich herum ein wenig heller wird, dass

Du den Mut nicht sinken lässt und wieder Hoffnung schöpfst, damit
Du das Leben genießen kannst, soweit es die Umstände erlauben.
Tausendundeinmal ist gesagt worden, es sei nicht so entscheidend,
was einem Menschen widerfahre, sondern es komme vielmehr da-
rauf an, wie er damit umgehe.[k] Es mag töricht klingen, wenn ich
Dich mit einem Gedanken behellige, der eigentlich ein Gemeinplatz
ist. Doch immer, wenn mich wieder einmal irgendein Unglück heim-
sucht, vergesse ich genau diese einfachen Dinge, & deshalb bricht die
Hölle über mich herein. Wir denken an Dich und hoffen, dass Du die
Reise nach Kapstadt & den Aufenthalt dort gehörig genossen hast.
Herzliche Grüße an Phil[l] & die Kinder. Ich bewundere ihr Geschick,
mit Situationen aus der Ferne klarzukommen. Sie schickte zwei Fa-
milienfotos. Das erste, heimelig & reizend, half MD[m] wieder auf die
Beine. Aber es ist mehr das zweite, das seinen Zweck erfüllt. Es ist
das hübscheste Bild, das ich je von ihr gesehen habe. Seine Botschaft
ist klar & eindeutig: Liebling, ich bin das Zentrum des Universums;
Rettungsanker all deiner Träume!
Nie wieder habe ich MD über irgendein Leiden klagen hören. Im
Gegenteil, er geht jetzt wie auf Sprungfedern & hat etwas von dem
strahlenden jungen Mann, der zusammen mit Monty[n] & anderen
Mitte der Vierzigerjahre nach Pretoria kam und einen anregenden
Bericht über die Mission in der Gandhi Hall[o] lieferte. Was kann eine
Frau nicht alles bei einem Mann bewirken!
Zum Schluss möchte ich sagen, dass Du stets in unseren Gedanken
bist. Ich hoffe nur, dass der Purdah bei unserer nächsten Begegnung
weg ist.
Zami schließt sich den guten Wünschen an.

Herzlichst
Oom Nel

------------------------

a   Tim war Hindu, Ompragash ihr Hinduname, Tim ihr Spitzname.
b   In manchen Hindu- und Moslemgesellschaften werden die Frauen vor den Blicken von
    fremden Männern durch einen Schleier abgeschirmt.
c   Damals teilte sie eine Wohnung mit ihrem Bruder George im Wakuff's Building nahe der
    Queen's Street in Durban. Diese verschiedenen Arten, ein und dieselbe Person zu bezeich-
    nen, sollten die Zensoren in die Irre führen.

d   Damals durften die Häftlinge nur ein einziges Foto besitzen. Mandela macht sich lustig über die Reaktion von Tims Mann, seinem Mitgefangenen Mac Maharaj, als jemand das Foto aus seiner Zelle stibitzte.

e   Mandela bezeichnet sich hier selbst als *Oompie*, ein Kosewort und Diminutiv des Afrikaans-Wortes *oom*, das «Onkel» bedeutet. Mandela nannte Mac *neef*, Neffe. In einer E-Mail an Sahm Venter vom 22. August 2017 schreibt Maharaj: «Da behauptet er, Mac habe seine Zelle nicht durchsuchen dürfen. Tatsächlich war es Madiba, der das Foto aus Macs Zelle geklaut hat!!!»

f   «Vier Monate vor dem 18. Dezember war Mac in Untersuchungshaft und wurde schwer gefoltert. Die Wörter ‹geistig›, ‹hart› und ‹flexibel› werden ins Spiel gebracht, um Tim zu versichern, dass ihr Mann trotz der Folterungen wohlauf ist.» Es wurde kolportiert, dass Mac damals einer der Häftlinge war, die am schlimmsten gefoltert worden waren. «Mandela gab sich daher große Mühe, Tim zu versichern, dass Mac geistig und körperlich fit war.» (E-Mail an Sahm Venter vom 22. August.)

g   Mandela bezieht sich darauf, dass Mac am 18. Dezember 1976 freigelassen werden sollte, daher der Hinweis auf die Weihnachtsfeier. «Er teilt Tim mit, dass er es kaum erwarten kann, wieder in den Kampf einzugreifen, und sie sollte sich darauf gefasst machen … und er weiß, dass sie zu ihm halten wird, wenn er sagt ‹Du wirst ganz bestimmt die Lage zu meistern wissen›». (E-Mail an Sahm Venter vom 22. August 2017.)

h   Mandela spielt auf die Zeit an, als er vor der Polizei auf der Flucht war und die Medien ihn die «schwarze Pimpernell» nannten.

i   Es war nicht zu ermitteln, welche Person hier gemeint ist. Eindeutig wollte Mandela ihrer Familie Grüße schicken.

j   *Niggie* ist «Nichte» auf Afrikaans; so redet er Tim an, da er ihren Mann «Neffe» nennt.

k   Er verweist auf die Entlassung seiner Frau aus der Haft und die Einstellung ihres Verfahrens, um Tim vor ihrer Operation Mut zuzusprechen.

l   Phyllis Naidoo, Frau des Mithäftlings M. D. Naidoo und Tims Schwägerin.

m   M. D. Naidoo, Mitglied der Kommunistischen Partei Südafrikas und des South African Indian Congress; er saß zusammen mit Mandela fünf Jahre auf Robben Island in der Abteilung B. Er ist der Bruder von Tim Maharaj.

n   Monty Naicker (1910–1978), Arzt, Politiker und Antiapartheidaktivist; siehe «Personen, Orte, Ereignisse».

o   Die Gandhi Hall war in der Fox Street in Ferreirastown, Johannesburg. Sie wurde in den vierziger und fünfziger Jahren für politische Versammlungen genutzt. Der erwähnte Bericht wurde von M. D. Naidoo auf einer Versammlung in der Gandhi Hall vor Genossen aus dem damaligen Transvaal über die Fortschritte der Passive Resistance Campaign vorgetragen. Diese Kampagne wurde vom Transvaal and Natal Indian Congress zwischen 1946 und 1948 gegen den Asiatic Land Tenure Act von 1946 geführt, der Landbesitz für Asiaten auf bestimmte Areale zu beschränken suchte. Dr. Monty Naicker, Präsident des Natal Indian Congress, war unter den Ersten, die gegen dieses Gesetz aufbegehrten, sich gegen rassistische Gesetze zur Wehr setzten und ihre Verhaftung provozierten. (Aus einer E-Mail an Sahm Venter vom 22. August 2017.)

An Ishmael & Martha Matlhaku,[a] Freunde
Johannesburg

1. Februar 1971

Lieber Ishy, liebe Mohla,[b]
*Kgele banna!*[c] Vergesst Ihr so schnell Eure Freunde? Warum schreibt Ihr mir nicht? Euer Verhalten mir gegenüber vermittelt mir den Eindruck, Ihr hättet Euer schönes Zuhause in Phomolong[d] nur deshalb aufgegeben, um mich loszuwerden. Dabei wisst Ihr, dass mich nichts mehr freuen würde, als von Euch zu hören, und auch Zami hätte nichts dagegen, wenn Ihr mir gelegentlich ein paar Zeilen schreiben würdet. Aber in der Vergangenheit habt Ihr mich nie enttäuscht, und ich sehe nicht ein, warum das jetzt anders sein soll. Vielleicht liegt der Fehler ja bei mir; vielleicht schreibt Ihr mir nicht, weil Ihr zuerst auf einen Brief von mir wartet? Also gut, hier kommt er nun – und wann darf ich mit Eurem rechnen?

Gerne denke ich an die glücklichen Zeiten, die wir miteinander verbracht haben, an die Tage in den frühen Vierzigern, als ich direkt vom Land ins Reef kam und Mohla begegnete. Sie war damals Sekretärin bei einem Grundstücksmakler namens Nkomo und einer der ersten Menschen, die sich mit mir in der Goldenen Stadt[e] anfreundeten. Zu dieser Zeit geriet sie in die Kreise um Marjorie Pretorius, Dorothy Qupe, Nomvula Sitimela, Meisie Dingane, Florence Mosenyi, Edith Ntisa und Emily Gabushane.[f] Später wurde sie Xamelas[g] Sekretärin und kam in ein neues Umfeld in verschiedenen Anwaltskanzleien. Hin und wieder hatte sie geschäftlich in verschiedenen Landesteilen zu tun und kam in Kontakt mit vielen Personen des öffentlichen Lebens. Wir mochten sie wegen ihrer charmanten Art und ihrer Freundlichkeit, die sie zu einer Idealbesetzung in einer Kanzlei machten, deren Aufgabe es war, sich um Menschen aller Gesellschaftsschichten zu kümmern. Sie arbeitete hart und machte Überstunden, beklagte sich aber kaum je. Erinnert Ihr Euch noch daran, wie mich wenige Wochen vor dem 26. Juni 1950 Nomvula und ihr Mann Lami beinahe erwürgen wollten und mich einen Menschenschinder nannten? Wir hatten jede Menge Arbeit zu erledigen, und unsere Suche nach Freiwilligen führte eine Anzahl junger Leute in die Kanzleien, unter denen auch Nomvula und Lami waren. Als wir sie bis nach 22 Uhr arbeiten ließen, war das sogar diesen beiden tüchtigen Leuten zu viel. Um meine Haut zu retten, ordnete ich sofort *tshayile*[h] an. Mohla war Mitglied im Johannesburg International Club,[i] und als ich 1951 dessen Sekretär wurde, verbrachte sie einen Gutteil ihrer Freizeit damit, uns bei der Planung von Aktionen, der Beschaffung von Geldmitteln und bei Schreibarbeiten zu helfen. In dieser Zeit machtest Du Schlagzeilen, als Dich eine renommierte Johannesburger Anwaltskanzlei beauftragte, einen Bericht im Vereeniging[j] Magistrate's Court zu schreiben. Erinnerst Du Dich? Vielleicht waren Dein weiter Horizont und Deine fortschrittliche Gesinnung von Deinen Erfahrungen mit Angehörigen verschiedener Volksgruppen in dieser Zeit beeinflusst. Du schreitest immer voran, und dabei findest Du Mittel und Wege, die für die Gemeinschaft insgesamt von Nutzen sind. Eine Deiner Begabungen ist ein scharfes Auge für jene nobleren Dinge im Leben, die uns von unseren Sorgen ablenken und unser Herz mit Freude erfüllen. Natürlich haben wir alle in verschiedenem Maße unsere egoistischen Neigungen, und Mohla hat in dieser Hinsicht ihr ganz eigenes Manko. Sie verbringt ziemlich viel Zeit für sich und gibt ganz schön viel Geld aus für schicke Garderobe, fährt im neuesten Automodell herum und stattet ihr Haus mit erlesenen Möbeln aus.

Aber im Großen und Ganzen ist mein vorherrschender Eindruck doch der von einer Frau, die für ihre Mitmenschen zu leben versucht, eine Eigenschaft, die sie eigentlich überall zu einem nützlichen Mitglied der Gemeinschaft macht.

Mohla und ich kannten uns schon, bevor Zami und Ishy in unser Leben traten. Die Freundschaft unserer beiden Familien fußt auf der Grundlage, die wir zwei gelegt haben. Zuerst kam Ishy und holte Dich aus Deiner Abgeschiedenheit in Kraaipan[k] heraus und brachte Dich wieder unter die Leute. Übrigens hast Du uns noch nicht die ganze Geschichte erzählt, wie Ishy Dich entdeckt hat. Vielleicht haben wir ja eines Tages das Vergnügen, Deinem denkwürdigen Vortrag darüber zu lauschen. Soll ich dazu den Mof einladen?

Ishy hat dabei eine nicht weniger bedeutsame Rolle gespielt. Er brachte uns mit Männern wie David Motsamayi,[l] Sydney Kgaje, Cecil Ntoeli und anderen Leuten der feinen Gesellschaft zusammen, die einen wichtigen Teil der öffentlichen Meinung im Rand[m] bilden, und bot uns gerne seine Dienste an, wann immer wir darum baten. Ich hoffe übrigens, Bra[n] David nahm mir nicht übel, dass ich seinen Namen als mein Pseudonym benutzte. Hätte ich Gelegenheit dazu gehabt, hätte ich ihn dazu befragt.

Doch zurück zu unserem Thema: Zami erschien erst 1957 auf der Bildfläche, und unsere Freundschaft wurde sofort zu einer festen Kameradschaft. Sie hat stets meine Gefühle respektiert und behandelt alle meine Freunde herzlich. Ich kann mich an keinen einzigen Fall erinnern, in dem sie mich auch nur indirekt gegen einen meiner vielen Freunde hätte beeinflussen wollen. Aus meiner Sicht beruht der Nutzen unserer Beziehung in hohem Maß auf ihrer Sanftmut und ihrer Liebe zu Dir.

Erinnert Ihr Euch noch an unsere letzte Begegnung, damals im Fort im Sept. 62?[o] Du hattest jede Menge köstliches Essen mitgebracht und mir ein teures Taschentuch überreicht, das Zami hoffentlich für mich aufbewahrt hat. Sie berichtete mir, dass Du Dich um sie und die Kinder bis zu Deiner Abfahrt gekümmert hast. Es tat ihr sehr leid, dass sie Euch nun für lange Zeit nicht würde sehen können und Euch weder in Westcliffe[p] würde empfangen noch Euch würde besuchen können.

Obwohl ich 1000 Meilen von Euch entfernt war, als Ihr weggingt, hat mich Eure Abreise sehr mitgenommen, und ich fühlte mich recht einsam. Einigermaßen getröstet hat mich die Gewissheit, dass Zami, wenn Not am Mann wäre, immer auf Euch zählen könnte. Dazu kommt, dass die Kosten für Umzug und Neueinrichtung bestimmt ein tiefes Loch in Eure Kasse gerissen haben. Es muss sehr schmerzhaft für Euch gewesen sein, Eurem Zuhause, Euren Freunden und den Stätten Eurer Geburt den Rücken zu kehren.

Ich für mein Teil vermisse Ishys ansteckendes Lachen, Mohlas derbe Späße, die Tasse heißen Tee, das wunderbare Essen und die Softdrinks, die es immer gab, wenn ich Euch in Phomolong besuchte. Versteht Ihr jetzt, was Ihr für mich und Zami seid und was ein Brief von Euch für mich bedeutet? Wann darf ich damit rechnen?

Mohla, ich sage lieber nichts über unsere liebe Nyinyi, die jetzt in einem Grab weit weg von Phomolong liegt. Eines Tages wirst Du mir alles über diese Tragödie erzählen. Vielleicht kann ich dann Deine Hand halten und Dich still auf einen kurzen Gang begleiten. Lasst uns einstweilen versuchen, zu vergessen.

Denk daran, ich warte auf einen Brief von Euch, der hoffentlich so schön und erfreulich sein wird wie jene, die Du mir aus Kraaipan geschrieben hast. Sag bitte den Vutelas, meiner Schwägerin mit Mann, dass ich an sie denke und hoffe, dass sie meinen Brief vom 28. Juli 69 bekommen haben. Ich denke auch an Ngwana wa Kgosi, David Moiloa, an Edna, die Mike seit 4 Jahren nicht mehr gesehen hat, an Nana und ihren Mann, an den Veteranen Dan. Sind Peter und Jerry noch im Lande? Sie alle grüße ich von Herzen.

Zum Abschluss bitte ich Dich, Fish^q und seiner Frau zu sagen, dass ich immer in ihrer Schuld stehen werde für alles, was sie für mich getan haben. Bei ihnen fühlte ich mich richtig zu Hause.

In Liebe

*Ke nna Madiba, Moforutse ya'binang tshwene morena li Mofu Magadi.*^r

------------------------

a   Auch Matlaku geschrieben.

b   Martha Matlhaku war einmal Mandelas Privatsekretärin. Ihr Mann Ishmael brachte häufig Genossen und Aktivisten zur Grenze von Botswana; er chauffierte auch die Führung, unter anderem Mandela. Als er merkte, dass er überwacht wurde, zog er nach Botswana und wohnte in Mochudi als Flüchtling. Später stieß Martha zu ihm. Er unterstützte weiterhin Aktivisten, die aus Südafrika nach Botswana flüchteten.

c   «Ich bin entsetzt» auf Setswana.

d   Phomolong liegt in der Provinz Free State, früher Oranje Freistaat.

e   Johannesburg wird Goldene Stadt genannt wegen seiner Anfänge im 19. Jahrhundert als Stadt, bei der das Gold abgebaut wird.

f   Freunde und Mitarbeiter Mandelas.

g   Walter Sisulus Clan-Name; siehe «Personen, Orte, Ereignisse».

h   Mandela benutzt hier *Fanekalo*, ein Kauderwelsch aus isiZulu, Englisch und Afrikaans, und sagt, er habe beschlossen, Feierabend zu machen.

i   Ein 1949 gegründeter Treffpunkt für Menschen aller Nationalitäten und Rassen.

j   Stadt in der Provinz Transvaal (heute Provinz Gauteng).

k   Stadt in der Provinz Transvaal (heute Teil der Nordwest-Provinz).

l   David Motsamayi war ein Mandant Mandelas, dessen Name er annahm, als er in den Untergrund ging. Dieser Name steht auch in seinem äthiopischen Pass.

m   Abkürzung von Witwatersrand.

n   Umgangssprachlich für «Bruder».

o   Er erinnert an die Zeit, als er 1962 auf seiner Flucht von der Polizei verhaftet und im Old Fort Prison in Johannesburg inhaftiert war.

p   Mandela meint den Vorort Westcliff in Johannesburg.

q   Fish Keitsing (1919–2005) war ein Aktivist aus Botswana, der 1962 Mandela auf seiner Tour unterstützte und beherbergte.
r   Dieser Satz auf Sesotho bedeutet: «Ich heiße Madiba, dessen Totem ein Pavian, Gentleman und Lady ist.» *Mofumagadi* ist die Frau des Chief bzw. die Königinmutter und wird benutzt als Ausdruck des Respekts vor einer verheirateten Frau.

## An Zenani Mandela, Mandelas mittlere Tochter
## Johannesburg

1. März 1971

Mein Liebes,
am Freitag, den 5. Februar dieses Jahres, war Dein 12. Geburtstag, und im Januar habe ich Dir eine Glückwunschkarte geschickt. Hast Du sie bekommen? Noch einmal: Alles Gute zum Geburtstag.
Ich kann kaum glauben, dass unsere Zeni, die noch ein Baby war, als ich sie zum letzten Mal sah, jetzt ein großes Mädchen in Klasse V in einem Internat ist und Fächer hat, die ich nie in der Schule hatte, wie Französisch, Physik und Mathe. Ich erinnere mich noch ganz genau an die Nacht im Jahr 1959, in der Du geboren bist. Ich kam am 4. Februar 1959 spät nach Hause und traf Mummy an, die sehr in Unruhe war. Ich hetzte zu Tante Phyllis Mzaidume, die damals noch lebte, und wir brachten Mummy ins Baragwanath-Hospital. Und es gab einen mekwürdigen Zufall: Tante Phyllis war selber am 5. Februar geboren, und auf dem Weg ins Krankenhaus äußerte sie die Hoffnung, Du würdest am gleichen Tag geboren, und das geschah dann auch. Als sie die Nachricht von Deiner Geburt bekam, war sie so glücklich, als hätte sie Dich selber zur Welt gebracht.
Deine Geburt war für uns eine große Erleichterung. Erst drei Monate zuvor war Mummy zwei Wochen im Gefängnis[a] unter Bedingungen, die für eine Schwangere sehr gefährlich waren. Wir wussten nicht, ob Dir oder Deiner Mutter etwas passiert war, und wir waren heilfroh, mit einer gesunden und schönen Tochter gesegnet worden zu sein. Ist Dir klar, dass Du um ein Haar im Gefängnis geboren wärst? Nicht viele Menschen haben so wie Du schon vor ihrer Geburt einen Aufenthalt im Gefängnis mitgemacht. Du warst erst 25 Monate alt, als ich von zu Hause fortging, und obwohl ich Dich

danach bis zum Januar 1962 häufig sah, als ich für kurze Zeit außer
Landes ging, wohnten wir nie mehr beisammen.

Vermutlich erinnerst Du Dich nicht mehr an eine Begebenheit, die
mich seinerzeit sehr bewegte und an die ich nur ungern zurückdenke.
Gegen Ende des Jahres 1961 brachte man Dich zu Freunden, wo ich
schon auf Dich wartete.[b] Ich trug weder Jacke noch Hut. Ich nahm
Dich in den Arm, und etwa zehn Minuten lang liebkosten und küss-
ten wir uns und redeten miteinander. Und auf einmal schienst Du
Dich an irgendetwas zu erinnern. Dann hast Du mich beiseite ge-
schubst und angefangen, Dich im Zimmer umzusehen. In einer Ecke
hast Du dann meine übrigen Kleider gefunden. Du hast sie aufgehoben und mir gegeben und gesagt, ich solle nach Hause kommen.
Eine ganze Zeit lang hieltest Du meine Hand, zogst verzweifelt daran
und batest mich, nach Hause zurückzukommen. Das war ein schwieriger Moment für uns beide. Du hattest das Gefühl, ich hätte Dich
und Mummy verlassen, und Dein Wunsch war ja nur zu verständlich.
So ähnlich stand es auch auf dem Zettel, den Du zu Mummys Brief
vom 3. Dezember 1965 gelegt hattest. Darauf stand: «Wirst Du
nächstes Jahr heimkommen? Meine Mutter holt Dich mit ihrem Auto
ab.» Du warst damals noch so klein, deshalb fiel es mir schwer, Dir
mein Verhalten zu erklären, und Dein ängstliches Gesicht verfolgte
mich noch monatelang danach. Doch zum Glück hast Du Dich bald
darauf wieder beruhigt, und wir haben uns friedlich voneinander
verabschiedet. Aber tagelang war ich in Gedanken versunken und
überlegte, wie ich Dir klarmachen konnte, dass ich Dich und die Familie nicht im Stich gelassen hatte.

Nach meiner Rückkehr nach Südafrika im Juli 1962 sah ich Dich
und Zindzi zweimal, und seither haben wir uns nicht mehr gesehen. 1964 standen wir in Pretoria vor Gericht, und ich war sehr
enttäuscht, dass Du nicht zur Verhandlung kommen durftest.[c] Seither habe ich mich immer danach gesehnt, Dich zu sehen. Du wirst
mich 1975 besuchen können, wenn Du sechzehn bist. Aber ich werde
immer ungeduldiger, und die kommenden fünf Jahre kommen mir
vor wie eine Ewigkeit. Du hast mir letzten Monat einen so schönen
Brief geschrieben! *Merci beaucoup!* Das Jahr 1971 begann für mich
mit einem richtigen Knaller. Dein Brief war der erste und einzige,

den ich von der Familie dieses Jahr bekam, und ich habe ihn wieder und wieder gelesen. Ich werde ihn als Andenken aufbewahren. Es hat mich sehr gefreut, zu erfahren, welche Fächer Du dieses Jahr hast, und ich hoffe, Du lernst tüchtig gleich von Beginn des Schuljahrs an und bestehst die Klasse. Französisch ist eine wichtige Sprache. Auf dem afrikanischen Kontinent sprechen mehr Menschen Französisch als Englisch. Die Fächer Latein, Zulu, Physik, Mathe und Geografie sind ebenfalls nützlich und verdienen Deine volle Aufmerksamkeit. Gefreut hat mich auch, dass Du Bergwanderungen unternimmst und mir so schöne Landschaften schilderst.

Ich las die Bemerkung, die Du auf die Rückseite des Umschlags geschrieben hast und die den Postboten auffordert, den Brief sofort abzuschicken und es zu machen wie «Elvis, go man go». Elvis' Musik ist sehr flott und populär, und ich finde schön, dass Du sie auch gerne hörst. Hoffentlich magst Du auch die Musik von Miriam Makheba [sic],[d] Mohapeloa,[e] Caluza,[f] Tyamzashe,[g] Paul Robeson,[h] Beethoven, Tschaikowski. Wichtiger ist aber noch, dass ich glaube, dass Du eines Tages Deine eigene Musik komponierst, singst und spielst, oder wärst Du doch lieber ein Ballettstar, neben Deinem Beruf als Wissenschaftlerin, Ärztin oder Anwältin?

Welche Sportarten betreibst Du? Basketball, Schwimmen oder Leichtathletik? Besonders durch Laufsport bleibst Du gesund und stark und kannst Deinem College zu sportlichen Siegen verhelfen. Versuch Dein Glück, mein Schatz.

Möge Dir dieser Brief ebenso viel Freude bereiten, wie mir der Deine machte.

Grüße bitte Zindzi, Maki, Kgatho, *abazala*[i] Andile, Vuyani, Kwayiyo und Maphelo und natürlich auch Mummy ganz herzlich von mir.

Alles Liebe und tausend Küsse
Dein Dich liebender
*Tata*[j]

--------------------------

a  Winnie wurde im Oktober 1958 festgenommen und wegen Teilnahme an einem Protest gegen die Ausweitung der Passgesetze für Frauen zwei Wochen inhaftiert.

b  1961 war Mandela auf der Flucht vor der Polizei und wohnte nicht bei der Familie.

c  Mandela bezieht sich auf den Rivonia-Prozess; siehe «Personen, Orte, Ereignisse».

d   Zenzile Miriam Makeba (1932–2008); südafrikanische Sängerin, Schauspielerin, Sonder-
    beauftragte der Vereinten Nationen und Aktivistin.
e   Joshua Pulumo Mohapeloa (1908–1982), Texter, der bei Gibson Kentes Musikproduktio-
    nen mitarbeitete. (Telefonische Auskunft von Gibsons Nichte Vicky Kente an Sahm Venter,
    23. Juli 2017.)
f   R.T. Caluza (1895–1969), Zulu-Komponist und Musiker, der viele Musikstile mischte, wie
    Choräle, Ragtime und Vaudeville. Er schrieb «iLand Act», die erste Hymne des South Afri-
    can Native National Congress, als Protest gegen den Native Land Act von 1913.
g   Benjamin Tyamzashe (1890–1978), südafrikanischer Komponist, Chorleiter, Organist und
    Lehrer.
h   Paul Robeson (1898–1976), amerikanischer Basssänger, der sich an der Bürgerrechtsbewe-
    gung beteiligte.
i   «Cousin» auf isiXhosa.
j   «Vater» auf isiXhosa.

**An Christine Scholtz,[a] Freundin**
**Worcester**
[übersetzt aus dem Afrikaans]

1. März 1971

Meine liebe Kiesie,[b]
die Stadt Worcester[c] war mir immer schon ein Begriff. Für mich war
sie der Ort, an dem Essig oder vielmehr die beliebte Soße[d] hergestellt
wird, die unser Essen so köstlich würzt und die ein gutaussehender
Kumpel neulich über meinen Fisch träufelte. Von den Menschen von
Worcester, von ihren Sehnsüchten, ihren Kämpfen und ihrem Beitrag zu unserem Fortschritt und Glück[e] wusste ich allerdings gar
nichts. Im Dezember 1947 verbrachte ich meine Ferien in Kapstadt.
Natürlich hielt der Zug in eurer Stadt, aber selbst da war Worcester
für mich nichts als der Name einer Ortschaft wie viele andere auch,
durch die wir gekommen waren. In den Vierzigerjahren wurde John
Alwyns Name immer wieder genannt, und als ich 55 nach Boland[f]
zurückkehrte, besuchte ich ihn.
Erinnerst Du Dich noch an unseren Freund Greenwood aus längst
vergangenen Tagen, den Kapstädter aus der Transkei, der immer
einen roten Schlips anhatte? Ja, genau der! Er war mein Begleiter.
Mit der Zeit hatten manche Ereignisse und widrigen Umstände ihren
Tribut von Alwyn gefordert, aber ich freute mich dennoch, ihm die

Hand drücken zu dürfen. Ich hatte Kontakt zu einer Person, die sich löblich um den sozialen Fortschritt bemühte. Später ist er auf Abwege geraten, doch deshalb können wir nicht seinen Namen aus der Geschichte streichen.

Der 5. Dezember 1956 brachte uns, Ayesha Dawood, Joseph Mphoza, Joseph Buza,[g] und andere zusammen. Zwei Jahre lang trafen wir uns immer in der Drill Hall in Johannesburg, organisierten Ausflüge, diskutierten Probleme und erzählten uns, was wir auf dem Herzen hatten. Einmal schenkte Ayesha mir und einem guten Freund wohlschmeckende süße Trauben. Im April 1961 verbrachten Archie Sibeko[h] und ich dort den ganzen Tag und waren glücklich, uns mit Eltern und Familien unterhalten zu können. Von da an war Worcester nicht länger irgendein kleiner Punkt auf der Landkarte Südafrikas. Es war der Heimatort lieber Genossen, die Meinungen und Gefühle hatten, die ich achtete. Natürlich weiß ich, dass sie heute in alle Winde zerstreut sind. Ayesha ist in London und Busa in King William's Town.[i] Wo immer sie jetzt sind, sie werden Worcester bestimmt in guter Erinnerung behalten.

Ich habe von den tragischen Umständen beim Tod von Ayeshas Vater gehört. Es muss ein schwerer Schlag für sie gewesen sein. Hoffentlich geht es ihr, ihrem alten Ehemann und den Kindern gesundheitlich und auch sonst gut.

Kannst Du jetzt verstehen, wie eng und herzlich ich mit Worcester und seinen Menschen verbunden bin?

Einer der Gründe für diesen Brief an Dich, liebe Kiesie, ist das Band zwischen uns beiden! Weißt Du übrigens, dass unsere Wege sich vergangenen Dezember beinahe gekreuzt hätten? Ich freute mich auf Deinen Besuch, weil ich hoffte, Dir meine herzlichen Grüße persönlich zu übermitteln. Vielleicht war ich es, der Dich enttäuscht hat.

Vor langer Zeit war ich Hirte[j] und hatte Freude an meiner Arbeit. Bis heute träume ich noch davon. Ich sollte allerdings erwähnen, dass ich kein Hirte unter modernen Bedingungen war, also nicht Besitzer einer umzäunten Farm mit riesigem Weideland – eine Lage, die den Menschen selbstsüchtig und eigenbrötlerisch und nur auf den eigenen Vorteil bedacht werden lässt. Nein, ich war Hirte in den Reserves, inmitten armer Leute, die auf Regierungsland lebten und sich kommunales Weideland teilten. Manche meinen, die einzige Aufgabe eines Hirten bestehe darin, die Herden zu hüten. Es stimmt schon, sich um die Schar zu kümmern und darauf zu achten, dass sie sich vermehrt, ist die Hauptaufgabe des Hirten, aber genauso wichtig für die, die auf Gemeindeland angewiesen sind, ist es, dafür zu sorgen, dass Eintracht unter den verschiedenen Hirten herrscht. Sie müssen beim Bau von Dämmen und Wassertanks und bei der Abwehr gemeinsamer Feinde kooperieren. Unter solchen Bedingungen besteht wenig Raum für Selbstsucht und Eigenbrötelei. Aus dieser Erfahrung könnten Menschen in anderen Berufen vielleicht noch etwas lernen.

Ach, wie bin ich denn jetzt von Worcester und meinen Genossen abgeschweift? Lass mich zu meinem Thema zurückkommen. Ich kenne einen *korrelkop*,[k] der am 8. Februar Geburtstag hat. Vielleicht kennen die wenigsten diesen Burschen, aber er machte einen tiefen Eindruck auf die, die ihn gut gekannt haben. Soweit es mich betrifft, sollte ich lieber nichts sagen. Leider decken sich unsere Ansichten in einigen entscheidenden Punkten; wir betreiben unsere Geschäfte unter demselben Schirm, und jedes Lob oder jede Kritik, die ich äußern würde, beträfe indirekt auch mich. Und weder Du noch ich behaupten, Prophet zu sein, und deshalb erliegen wir auch nicht der Versuchung, uns in müßigen Spekulationen zu ergehen. Ich kann nur sagen, dass die drei Jahre, die ich mit ihm zusammen verbracht habe, meine Erwartungen an ihn noch erhöht haben, und ich betrachte ihn als große Bereicherung in der Reihe der Freunde, die ich in Eurer Stadt habe. Er bindet mich einerseits an Dich, Jose, Soes und all die anderen Freunde, die Du liebst, und sogar an den Avocado-Baum vor Deinem Haus, andererseits ist er die Verbindung zwischen mir und den Weidegründen meiner Kindheit.

Die vergangenen vier Jahre müssen schlimm für Dich gewesen sein, eine Zeit, in der sich alle möglichen Schwierigkeiten häuften; Du musstest Dich mit Widrigkeiten und Verpflichtungen herumschlagen, die das Familienbudget schwer belasteten, Du hast Zeiten der Sorge, der Einsamkeit, der Sehnsucht nach geliebten Menschen erlebt, die nicht da waren; es gab auch noch die regelmäßigen beschwerlichen Reisen, die zwar etwas Aufheiterung und Erleichterung

brachten, jedoch nicht ausreichend, weil Du Dich an Deinem Reise-
ziel nicht nach Herzenslust aussprechen, Dich nicht ganz von Deinen Belastungen befreien konntest. Und vielleicht haben Dir die
stürmischen Zeiten auch viel abverlangt, und Du hast die ersten weißen Haare bekommen. Ihr bedauernswerten Frauen! Auch Zami hat
bei ihrem letzten Besuch darüber geklagt, wie schnell ihre Haare grau
würden. Natürlich ist es kein Trost für Dich, dass in anderen Familien das Gleiche geschieht. Schmerz tut weh, auch wenn er viele Opfer zugleich trifft. Doch zumindest hast Du es jetzt leichter, und ich
hoffe, Du wirst das in vollen Zügen genießen.

Gib unserem *korrelkop* ein *katkop*,[l] *puza*,[m] und hin und wieder
Dorsch mit Worcestersoße. Ich bin sicher, er wird seine eigenen
Maßnahmen für Oom Tas[n] Wein treffen. Hochzeitstag! Wann?
Schade, dass mir das Vergnügen versagt ist, Euren Zeremonienmeis-
ter zu spielen.

Alles Liebe und herzliche Grüße
Dein Nel

---

a   Aus dem DIN-A4-Ordner, in dem er einige Kopien seiner Briefe aufbewahrte.

b   Diminutiv von Christine auf Afrikaans.

c   Stadt in der Provinz Westkap.

d   Die Union Vinegar Company wurde 1913 dort gegründet. Neben Essig stellte sie auch
    Worcester-Soße her (die aus Worcester in England stammt).

e   Aus Worcester kamen viele Antiapartheidaktivisten.

f   Region in der Provinz Westkap.

g   Drei der im Hochverratsprozess (siehe «Personen, Orte, Ereignisse») Angeklagten, die aus
    Worcester stammten. Die meisten der 156 Angeklagten wurden am 5. Dezember 1956 ver-
    haftet.

h   Mitangeklagter im Hochverratsprozess von 1956 bis 1961.

i   Stadt in der Provinz Ostkap.

j   Als Kind in der Transkei hütete er Vieh.

k   Afrikaans-Wort für «Lockenkopf».

l   «Brot» auf Afrikaans.

m   «Getränk» auf Afrikaans.

n   Tassenberg, ein beliebter trockener südafrikanischer Rotwein.

**An Fatima Meer,[a] Freundin und Genossin**
**Durban**

1. März 1971

Meine liebe Fatima,
dieser Brief hätte eigentlich entweder an Shamim, Shehnaz oder Rashid[b] gehen sollen. Würde ich persönlich etwas von ihnen erfahren, dann würde ich einen tieferen Einblick in die sich wandelnden Denkmuster & Ansichten der jungen Leute bekommen.
Mein Sohn Kgatho, einer meiner besten Kumpel, besucht mich zweimal im Jahr. In den wesentlichen Themen sind wir wohl einer Meinung, aber hie & da bringt er mich auf neue Gedanken, indem er einen anderen Blick auf Dinge wirft, die ich bis dahin für unumstößlich hielt. Manchmal habe ich den Verdacht, er sieht in mir eine Art nützliches Relikt aus der Vergangenheit, ein Überbleibsel, das ihn an die Tage erinnert, als er mich für allwissend hielt und alles schluckte, was ich ihm erzählte. Seine geistige Unabhängigkeit & seine frischen Ideen machen die Gespräche mit ihm zur reinen Freude, & ich denke, ähnlich würde es mir gehen, wenn ich direkt mit den Kindern spräche. Verstehst Du jetzt, warum ich lieber mit Rashid & seinen Schwestern sprechen würde als mit Dir?
All die Jahre habe ich mit meiner Generation zusammengelebt, einer Generation, die zum Konservativismus neigt & sich zumeist nach den alten Zeiten sehnt. Ich möchte aber unbedingt etwas von den neuen Ideen mitbekommen, die die jungen Leute bewegen. Andererseits erinnern mich Nachrichten über die Kinder an Probleme, über die ich am liebsten nicht nachdenken würde. Wenn ich höre, dass Shamim an der Uni ist und schöne Häusermodelle baut, lastet das ganze Gewicht meiner 52 Jahre auf mir. Auf Seite 70 von *Portrait*[c] ist ein Bild von ihr zu sehen ... ich glaube, Shehnaz ist die zweite links von ihr. Wenn ich weit danebenliege, gib ihr zu bedenken, dass sie noch ein Kleinkind war, als ich sie zum letzten Mal sah, und ihr Aussehen hat sich bestimmt enorm verändert, ist sie doch jetzt schon groß genug für Standard IX. Rashid habe ich vergeblich gesucht und wild spekuliert, welcher der Jungs auf Seite 40 er sein könnte. Es tat mir sehr leid, dass er nicht nach Waterford[d] gehen konnte, dort hätte

er als älterer Bruder von Zeni & Zindzi fungieren können. Den schönen Waschlappen, den sie mir bei meinem letzten Besuch schenkten, habe ich nicht vergessen, & ich würde mich sehr freuen, von ihnen zu hören, wenn sie ein wenig Zeit zum Briefschreiben erübrigen können. Ich hätte den Brief an Ismail[e] richten können, meinen allerersten Freund jenseits der Rassenschranken, den Kameraden meiner Jugend. Du weißt, wir wohnten in Kholvad[f] praktisch zusammen, & durch ihn kam ich in Kontakt mit Dadoo,[g] den Naicker-Brüdern,[h] den Cachalias,[i] mit Nana Sita,[j] den Naidoos,[k] Pahad,[l] Nathie,[m] den Singhs,[n] Hurbans,[o] Poonen,[p] Nair,[q] Seedat,[r] A. I. Meer[s] & anderen berühmte Führern der indischen Community. Mit ihm würde ich gerne frei & offen über die Vergangenheit reden. Das Dumme, mein Problem, das bist Du, *behn*. Ich möchte *bhai*[t] ungern in eine Lage bringen, in der er meine Briefe an ihn vor Dir verheimlichen müsste oder Du Dich verpflichtet fühlen würdest, seine Taschen zu durchsuchen. Ich habe nicht den leisesten Zweifel, was passieren würde, wenn Du einen dieser Briefe sehen würdest – Du würdest Deinen Mann in der Luft zerreißen. Ich frage mich oft, ob ihr, Du und Radi,[u] jemals den Gedanken ablegt, ihr würdet mir einen Großteil eures Seelenfriedens & euer Glück verdanken. Erinnere Dich, Ismail, J. N. & ich waren 30 Jahre lang ein unzertrennliches Trio. Ich werde mich an mein Gelöbnis halten: niemals und unter keinen Umständen etwas Unfreundliches über andere zu sagen. Sie werden jederzeit zugeben, dass ich kein einziges Mal etwas verraten habe. Und was hätte ich auch schon ausplaudern können? Talk of angels! Wir sind Deine Männer & schon immer gewesen. Die Schwierigkeit ist natürlich, dass die meisten erfolgreichen Menschen für die eine oder andere Art von Eitelkeit anfällig sind. Es kommt eine Zeit in ihrem Leben, in der sie glauben, sie könnten es sich leisten, egoistisch zu sein, & mit ihren einzigartigen Leistungen in aller Öffentlichkeit prahlen. Welch schönen Euphemismus für das Eigenlob hat das Englische doch erfunden! Autobiografie wird es gern genannt, und darin werden die Mängel anderer ausgebreitet, damit die Ruhmestaten des Autors umso heller erstrahlen. Ich bezweifle, dass ich mich je hinsetzen werde, um meinen Werdegang zu schildern. Weder habe ich rühmliche Leistungen vorzuweisen noch hätte ich die Fähigkeit, es zu

Papier zu bringen. Selbst wenn ich jeden Tag meines Lebens von Branntwein leben würde, hätte ich nicht den Mut, es zu versuchen. Manchmal glaube ich, die Schöpfung wollte der Welt mit mir ein Beispiel geben für die Mittelmäßigkeit eines Menschen im wahrsten Sinn des Wortes. Nichts könnte mich in Versuchung führen, Reklame für mich zu machen. Wäre ich in der Lage gewesen, eine Autobiografie zu schreiben, dann wäre ihre Veröffentlichung auf den Tag verschoben worden, an dem unsere Gebeine zur Ruhe gelegt worden wären, & vielleicht hätte ich auch Andeutungen gemacht, die nicht mit meinem Gelübde vereinbar sind. Die Toten haben keine Sorgen, & wenn die Wahrheit & nichts als die reine Wahrheit über sie ans Licht käme und das Bild ruiniert wäre, das ich durch mein beständiges Schweigen aufrechterhalten habe, das wäre dann Sache der Nachwelt, nicht die unsrige. Siehst Du nun, welches Risiko darin bestehen würde, Ismail Briefe zu schreiben? Du weißt ja, er ist ein Schwergewichtler, bewegt sich langsam & würde wahrscheinlich auf eine Antwort pfeifen.

Ich höre schon jetzt Deine berechtigte Frage: Wohin führt uns diese Geschwätzigkeit? Eine ganz vernünftige Frage! Die Wahrheit ist, dass ich nach einem Vorwand suche, Dir zu schreiben. Wie kann ich der Versuchung widerstehen, mit Dir, *behn,* zu reden, da Du doch immer so freundlich mit mir umgegangen bist? Du, Ismail & ich, wir haben uns freigemacht von den Verklemmtheiten unserer kaukasischen und negroiden Vorfahren und feste & herzliche Beziehungen aufgebaut, die nicht einmal die Stürme der Sechzigerjahre abkühlen oder ins Wanken bringen konnten. Wir haben unseren eigenen *kutum* geschaffen: *silusapho lendw'enye.*[v] Erinnere Dich, wie oft wir seit den frühen Fünfzigerjahren in der Umngeni Road[w] zusammen gelebt haben; waren da nicht Pamelas Eltern Deine unmittelbaren Nachbarn? Ich bin mit Dir nach Sydenham gezogen.

Manchmal bringt mir Zami gute Nachrichten von Dir. Obwohl Dein Besuchsantrag abgelehnt wurde, habe ich mich doch gefreut, dass Du an mich denkst. Das *Portrait*[x] habe ich immer wieder durchgelesen. Herrlich! Eine bewegende Geschichte & ausgezeichnet geschrieben; sie ist eine Fundgrube an Informationen für mich. Weil Du sie geschrieben hast, konnte ich nicht umhin, sie so zu lesen, als würdest Du Dich zwanglos mit mir unterhalten. Ich las die ganzen 235 Seiten fast an einem Stück, & das half mir, eine Schwäche zu überwinden, die ich bis dahin nie abschütteln konnte. Ich gehöre zu den Menschen, die auf vielen Gebieten bruchstückhafte und oberflächliche Kenntnisse haben, denen jedoch gründliches Fachwissen in dem einen Bereich fehlt, in dem ich mich hätte spezialisieren müssen, nämlich in der Geschichte meines Landes & meines Volkes. Ich habe versucht, alles über afrikanische Geschichte gründlich und mit echtem Interesse zu lesen, dabei habe ich vielfach die anderer Volksgruppen außer Acht gelassen. Erst bei der Lektüre von *Portrait* konnte ich die faszinierende Geschichte würdigen, die 1860[y] beginnt. Ich bat Zami, sich das Buch zu besorgen, & erklärte ihr meine Ansichten zu den in Kap. III behandelten Themen. Unsere Interpretationen decken sich vielleicht nicht in allen Punkten, ich hoffe aber, in meinem nächsten Brief darauf zurückzukommen.

Bis dahin sage ich *Mubarak!*[z]

Alles Liebe für Dich, Ismail & die Kinder, Radhi & J. N.,[aa] Molly & Monty,[ab] Alan & Frau,[ac] G. R.[ad] & Familie, Dawood & Fatima.[ae]

Dein Nelson

----------------------

a  Fatima Meer (1928–2010), Schriftstellerin, Dozentin, Antiapartheidaktivistin und Frauenrechtlerin; siehe «Personen, Orte, Ereignisse».

b  Kinder von Fatima und Ismail Meer.

c  Fatima Meer, *Portrait of Indian South Africans,* Durban: Avon House, 1969.

d  Waterford Kamhlaba School im benachbarten Swasiland.

e  Ismail Meer (1918–2000), Fatimas Ehemann, Anwalt und Antiapartheidaktivist; siehe «Personen, Orte, Ereignisse».

f  Kholvad House, ein Wohnblock in Downtown Johannesburg, in dem Ismail eine Wohnung hatte. In seiner Autobiografie berichtet Mandela: «An der ‹Wits› freundete ich mich an mit Ismail Meer, J. N. Singh, Ahmed Bhoola, Ramlal Bhoolia. Das Zentrum dieser verschworenen Gemeinschaft war Ismails Appartment im Kholvad House, Wohnung Nr. 13, vier Zimmer in einem Wohngebäude inmitten der Stadt. Hier studierten, debattierten und tanzten wir sogar bis in die frühen Morgenstunden. Die Wohnung wurde zu einer Art Hauptquartier für junge Freiheitskämpfer. Ich schlief manchmal dort, wenn es zu spät geworden war, um den letzten Zug zurück nach Orlando zu erwischen.» *Der lange Weg zur Freiheit,* a. a. O., S. 129 f.

g  Dr. Yusuf Dadoo (1909–1983), Arzt, Antiapartheidaktivist, politischer Redner. Präsident des South African Indian Congress, Stellvertreter Oliver Tambos im Revolutionary Council des MK, Vorsitzender der Kommunistischen Partei Südafrikas; siehe «Personen, Orte, Ereignisse».

h Monty Naicker (1910–1978), Arzt, Politiker und Antiapartheidaktivist; siehe «Personen, Orte, Ereignisse». M. P. Naicker (1920–1977), Antiapartheidaktivist, Journalist, Anführer und Organisator des Natal Indian Congress, der Kommunistischen Partei Südafrikas und der Congress Alliance. Die Naickers waren keine Brüder, aber Genossen.

i Maulvi Cachalia (1908–2003), Antiapartheidaktivist und führendes Mitglied des South African Indian Congress, des Transvaal Indian Congress und des ANC; siehe «Personen, Orte, Ereignisse». Yusuf Cachalia (1915–1995), Bruder von Maulvi Cachalia, politischer Aktivist und Sekretär des South African Indian Congress; siehe «Personen, Orte, Ereignisse». Auch ihre Familien beteiligten sich am Kampf gegen die Apartheid.

j Nana Sita (1898–1969), Präsident des Transvaal Indian Congress, Verfechter von Gandhis Philosophie der Gewaltlosigkeit (*satyagraha*).

k Die Naidoos aus der Rocky Street in Yeoville, Johannesburg. Naransamy Roy (1901–1953) und Ama Naidoo (1908–1993) mit Familie.

l Goolam Pahad, Mitglied des Exekutivkomitees des Transvaal Indian Congress und Vater der Aktivisten Essop (geb. 1939) und Aziz (geb. 1940) Pahad.

m Solly Nathie (1918–1979), Mitglied des Exekutivkomitees des Transvaal Indian Congress.

n J. N. Singh (gest. 1996), Mitglied des Transvaal Indian Congress und des Natal Indian Congress. Er studierte zusammen mit Nelson Mandela an der Witwatersrand-Universität Jura mit dem Ziel, den LL.B. zu machen. Seine Frau Radhi (gest. 2013) war Antiapartheidaktivistin, Lehrerin und Anwältin.

o Gopal Herbans, Schatzmeister des Natal Indian Congress und Angeklagter im Hochverratsprozess (siehe hierzu «Personen, Orte, Ereignisse»).

p George und Vera Poonen.

q Billy Nair (1929–2008); siehe «Personen, Orte, Ereignisse».

r Dawood Seedat (1916–1976) war Angeklagter im Hochverratsprozess von 1959 und im Zuge des Ausnahmezustands 1960 (siehe «Personen, Orte, Ereignisse») verhaftet worden. Er war Vizepräsident des Natal Indian Congress. 1964 wurde er zusammen mit seiner Frau Fatima für fünf Jahre gebannt, danach wurde die Bann-Auflage bis 1974 verlängert.

s Onkel von I. C. Meer (1918–2000); zu I. C. Meer siehe «Personen, Orte, Ereignisse».

t *behn* ist «Schwester», *bhai* «Bruder» in Gujurati.

u Frau von J. N. Singh, einem Aktivisten, der Mitglied sowohl im Exekutivkomitee des Natal Indian Congress als auch des South African Indian Congress war.

v «Wir stammen aus derselben Familie» auf isiXhosa. *Silusapho* bedeutet «Wir sind Familie», *lendw'enye* bedeutet «ein Haus».

w Hier wohnte das Ehepaar Meer von 1951 bis 1958, bevor sie in die Burnwood Road in Sydenham, Durban, umzogen.

x Fatima Meer, *Portrait of Indian South Africans*, a. a. O.

y Inder lebten zwar schon früher in Südafrika, aber in der Zeit zwischen November 1860 und 1911 (als das System der Kontraktarbeit beendet wurde) kamen 152 184 Kontraktarbeiter aus ganz Indien nach Natal. Nachdem sie ihren Arbeitsvertrag erfüllt hatten, konnten sie wählen, ob sie entweder in Südafrika bleiben oder nach Indien zurückkehren wollten.

z «Glückwunsch!» auf Gujarati.

aa J. N. Singh und seine Frau Radhi.

ab Monty Naicker (1910–1978); siehe «Personen, Orte, Ereignisse».

ac Alan (1926–2013) und Beata Lipman (1928–2016), ihre Freunde. Alan war Architekt und entwarf ihr Haus in Sydenham.

ad G. R. Naidoo, südafrikanischer Fotograf. Er war bei einer Party im Hause Meer in Durban, bei der auch Mandela am Tag vor seiner Verhaftung zugegen war.

ae Fatima Seedat (1922–2003) war die Zwillingsschwester von Rahima Moosa, einer der Anführerinnen beim Marsch der Frauen im Jahr 1956. Fatima war Mitglied im Natal Indian

Congress und im ANC; sie war im Gefängnis wegen ihrer Beteiligung an der Passive Resistance Campaign, die vom Transvaal und Natal Indian Congress von 1946 bis 1948 gegen den Asiatic Land Tenure Act geführt wurde, der Landbesitz für Asiaten auf bestimmte Areale zu beschränken suchte. 1952 kam sie erneut in Haft wegen ihrer Beteiligung an der Missachtungskampagne (siehe hierzu «Personen, Orte, Ereignisse»).

## An den Commanding Officer
## Robben Island

31. März 1971

Zu Händen von Col. Badenhorst

Ich möchte melden, dass zwei hochformatige Notizbücher mit festem Einband, in denen ich Kopien meiner Korrespondenz seit Februar 1969 aufbewahre, aus meiner Zelle entwendet wurden. Die zweite Kladde enthält lose Blätter mit Entwürfen für meine drei April-Briefe in diesem Jahr.[a]

Ich habe ferner zu melden, dass ich von Ihrem Vorgänger im Amt die Erlaubnis erhielt, dieses spezielle Papier für die Kopie meiner Briefe zu verwenden. Außerdem möchte ich betonen, dass es dem Commissioner of Prisons, General Steyn, sowie Brigadier Aucamp und Chief Warder Fourie bekannt ist, dass ich Kopien aller Briefe, die ich schreibe, aufbewahre.

NELSON MANDELA: 466/64

------------------------

a   Die Gruppe oder der Grad, in den ein Häftling eingestuft wurde, entschied über den Umfang seiner Rechte. Es gibt keine offizielle Liste, aus der ersichtlich wäre, wann Mandela in welcher Gruppe war, aber aus eigenen Angaben zu Beginn mancher Briefe geht hervor, dass er 1972 in Gruppe B und ab 1973 in Gruppe A war.

An Thoko Mandela, Schwiegertochter und Witwe seines Sohnes
Thembi
«Hillbrow»

1. April 1971

Meine liebe Thoko,
ich wünschte, ich könnte die unsichtbaren Kräfte beeinflussen, die
unser Leben beherrschen und unsere Geschicke und Missgeschicke
bestimmen.

Eine auseinandergerissene Familie, eine junge Witwe, zermürbt von
Kummer und vom einsamen Kampf gegen große Schwierigkeiten, 2
verwaiste Kinder, denen die Sicherheit eines festen Zuhauses und die
Liebe eines Vaters genommen wurden und die die meiste Zeit hungrig sind – das sind grausame Schläge, die das Leben hart und bitter
machen. Ich habe mich oft gefragt, ob die fabelhaften Erfindungen
und die Fortschritte, die uns die Wissenschaft gebracht hat, uns mehr
Sicherheit verliehen und uns glücklicher gemacht haben, als unsere
Vorfahren vor hunderttausend Jahren es waren. Keine Frage, im
Kampf des Menschen gegen Unwissenheit, Armut und Krankheit
gibt es bedeutende Fortschritte. Es wurden Mittel und Wege gefunden, uns von der Natur und ihren Launen unabhängiger zu
machen, unsere Umwelt besser zu beherrschen, und dadurch ist unser Lebensstandard relativ gestiegen.

Doch das Schicksal bleibt heimtückisch und bringt uns Leid und
Elend, ohne dass wir etwas dafür können. Die Familie ist von einer
alarmierenden Anzahl Katastrophen getroffen worden. Warum
musste Mkozi[a] so kurz nach Thembi sterben? Bei seinem letzten Besuch berichtete mir Kgatho, dass Du bei Kapadikas Beerdigung
warst; er war ein enger Freund von Thembi, der im Namen der Kapstädter Verwandtschaft und Freunde am 3. August 1969[b] sprach.
Warum mussten Dir alle diese Dinge auf einmal widerfahren? Ich
kann mir die quälenden Fragen von Ndindi und Nandi gut vorstellen: Werden wir unseren Daddy nie wiedersehen? Ist er jetzt bei
Opa in Diepkloof?[c] Kommt *Tatamkulu*[d] nie mehr von Robben Island zurück? Wer kauft uns jetzt Kleider und Süßigkeiten? Und noch
viele ähnlich unbeantwortbare Fragen. Die Nachricht vom Tod Dei-

nes Vaters hat mich sehr bestürzt. Ich wäre aber noch besorgter gewesen, wenn ich nicht schon Zeuge Deiner Tapferkeit und Würde
angesichts persönlicher Tragödien gewesen wäre. Ich weiß, Du bist
nicht der Mensch, der sich vom Kummer unterkriegen lässt. Trotz
allem, was geschehen ist, hast Du nicht alles verloren. Viele Menschen haben keine Mutter, keinen Stiefvater, keine Schwiegereltern,
keine Schar von Verwandten und Freunden, wie Du sie hast, Freunde
und Verwandte, die an Dich denken und Dir wohlgesinnt sind. Außerdem hast Du die Möglichkeit, Deine und Ndindis und Nandis
Zukunft hell und sinnvoll zu gestalten. Du bist jung und gesund und
hast großes Talent. Das darfst Du nie vergessen, Thoko.

Wie Du weißt, habe ich Lennard[e] nicht getroffen, aber alle Nachrichten, die mich erreicht haben, besagen, dass auch er besonnen und
tapfer ist. Euch beiden gilt mein tiefstes Mitgefühl. Kannst Du mir
berichten, wie es auf der Beerdigung war? Wann bist Du aus Johannesburg zurückgekommen? Arbeitest Du zurzeit?

Letzten März schrieb ich an Lennard und habe ihm alles Mögliche
ausgerichtet. Ich habe bis jetzt nichts von ihm gehört. Vielleicht
kannst Du mir in Deiner Antwort darüber etwas sagen.

Hoffentlich hast Du die Sache, die ich in meinem Brief vom 29. November 1969[f] ansprach und die mit Deiner ganz persönlichen Situation zu tun hat, nicht vergessen. Ich hoffe, bei Deinem nächsten
Besuch von einem Fortschritt zu hören. Es ist mir wichtig, dass Du
einen Standpunkt einnimmst, der es Dir ermöglicht, die Kinder bei
ihrer Entscheidung für eine bestimmte Laufbahn anzuleiten und sie
dann auch darauf vorzubereiten. Es bedarf einer häuslichen Atmosphäre, die die Kinder anspornt, nach den höchsten Idealen zu streben, und dies hängt in hohem Maße von Dir ab. Heute helfen Dir
Deine Mutter und Deine Schwiegermutter dabei, die Kinder großzuziehen, doch früher oder später werden sie zur ewigen Ruhe gebettet werden, und Du wirst den Kampf allein führen und Dich der
schweren Aufgabe stellen müssen, die Entwicklung der Kinder im
Auge zu behalten. Ich werde mehr dazu sagen, wenn Du kommst.
Bis dahin lies noch einmal den Brief.

Nandi sieht auf dem Foto gut aus in ihrem braunweißen Kleid. Die
schöne Vegetation im Hintergrund erinnert mich an die glücklichen

und romantischen Tage meiner Kindheit. Mir ist, als könnte ich die süßen Düfte riechen, die bestimmt die Luft erfüllt haben, als sie sich für das Foto hingestellt hat. Ganz besonders ist mir ihr verschmitztes Lächeln aufgefallen. Es ist ein bezauberndes Bild, schön, dass Du es mir geschickt hast. Ich stelle es neben das Foto von Zeni und Zindzi. Vielen Dank für Deine schöne Weihnachtskarte. Du hast sicher ganz Kapstadt danach abgegrast. Der rote Hintergrund und das künstlerische Arrangement gefallen mir sehr. Auch von Ntombi habe ich eine bekommen mit einer Schokoladenschönheit außen drauf. Ihr seid zwei kleine Zauberinnen. Ihr scheint meinen Geschmack besser zu kennen als ich selbst. Sie sind wirklich wunderschön, und ich habe mich sehr darüber gefreut.

Was ist los? Warum bist Du nicht gekommen? Du schriebst mir schon im November, dass Du eine Besuchserlaubnis beantragt hättest. Ganze vier Monate sind vergangen, und Du bis nicht aufgetaucht. Hast Du den Antrag als Einschreiben geschickt? Weißt Du, dass ich mich sehr auf Deinen baldigen Besuch freue? Es ist vielleicht ratsam, bevor Du einen neuen Antrag stellst, Mum Winnie, Orlando 113, anzurufen und zu klären, ob sie nicht bereits einen Besuchsantrag gestellt hat.

Meine herzlichen Grüße gehen an Deine Mutter und Deinen Stiefvater, Dir und Ndindi, Nandi, Ntombi und Lennard alles Liebe

Dein *Tata*[g]

------------------------

a   Vermutlich Thoko Mandelas Vater.
b   Das Datum bezieht sich wohl auf Thembis Beerdigungsfeier. Sein Leichnam wurde am 29. Juli 1969 nach Johannesburg überführt. (Sophie Tema, «Mandela's Son's Body Arrives», *The World*, 30. Juli 1969)
c   Vorort von Soweto, Johannesburg.
d   «Großvater» auf isiXhosa.
e   Thokos Bruder Leonard Simelane. Mandela vertut sich in der Schreibweise.
f   Vgl. Brief vom 29. November 1969, S. 190–193.
g   «Vater» auf isiXhosa.

**An ‹Sisi›**[a]

1. April 1971

Meine liebe Sisi,[b]
an Dich und an Zuhause zu denken tut mir ungeheuer gut. Meistens
machen mir nämlich solche Gedanken viel Freude. Ich kann mich an
viele lustige Begebenheiten aus meiner Teenagerzeit erinnern.

Eines Abends stürmte der Chief aus seinem Schlafzimmer mit einem
mächtigen Prügel, um Justice[c] zu bestrafen, weil er seinen Hand-
koffer in Umtata vergessen hatte. Cenge, an dessen Wagen wir standen, sprang mit einem Satz ans Lenkrad und schoss mit Höchstge-
schwindigkeit davon, während Justice die Beine in die Hand nahm
und im Dunkel der Nacht verschwand. Ich hatte damit nichts zu tun,
dachte ich, und blieb einfach stehen. Aber als der Chief auf mich
zukam, wurde mir auf einmal klar, dass ich die Sache würde ausba-
den müssen. «Ich bin nicht Justice!», protestierte ich lautstark. Prompt
kam die schreckliche Antwort: «Doch!» Du weißt, wie die Geschichte
ausging.

Und da war noch der unvergessliche Vorfall, als Du mich ausge-
schimpft hast, weil ich grüne Maiskolben aus Rev. Matyolos Garten
stibitzt hatte. An jenem Abend war der Chief unpässlich, und Du
sprachst das Abendgebet. Kaum hatten wir «Amen» gesagt, da hast
Du Dich zu mir gewandt und gewettert: «Warum bringst Du Schande
über uns und stiehlst bei einem Pfarrer?» Ich hätte geradeheraus an-
worten können, dass mir gestohlenes Essen viel besser schmeckte als
all die leckeren Gerichte, die Du zubereitet hast, ohne dass ich irgendetwas dazu tun musste. Aber ich war sprachlos, weil der Rüffel in
einem so unerwarteten Augenblick kam. Ich hatte das Gefühl, alle
Engel im Himmel würden zuhören, voller Entsetzen über mein teuf-
lisches Verbrechen. Nie wieder habe ich mich am Eigentum eines
Kirchenmannes vergriffen, aber Mais aus fremden Gärten führte
mich immer noch in Versuchung. Es gibt Dutzende solcher Begebenheiten, die ich mir in der Einsamkeit meiner Zelle in Erinnerung rufe.

Aber warum sehne ich mich so nach Dir? Manchmal hört mein Herz
beinahe auf zu schlagen, bedrückt von der schweren Last der Sehnsucht. Ich vermisse Dich, Umqekezo[d] und seine Menschen. Ich ver-

misse Mvezo, meinen Geburtsort, und Qunu, wo ich die ersten
10 Jahre meines Lebens verbrachte. So gern würde ich Tyalara wiedersehen, wo wir, Justice, Mantusi,[e] Kaiser[f] und ich, uns dem traditionellen Mannbarkeitsritus unterzogen. Wie gerne würde ich noch
einmal in die Wasser des Umbashe[g] eintauchen, so wie damals Anfang 1935, als wir die *ingceke*[h] abwuschen. Wann werde ich Qokolweni und Clarkebury[i] wieder sehen, die Schule und das Institut, wo
man mich lehrte, die entfernten und undeutlichen Umrisse der Welt
zu erkennen, in der wir leben? Oft frage ich mich, ob wohl Miss
Mdingane,[j] die mir das Alphabet beibrachte, noch am Leben ist. Ich
vermisse *Bawo* Mdazuka,[k] Menye,[l] Pahla,[m] Njimbana, Mbanjwa,[n]
die Mvulanes[o] und all die anderen klugen und beredten Berater am
Hof von Mqekezweni. Ich denke an Chief Jongintaba, der mir ermöglichte, das zu werden, was ich heute bin. Er hat mich dazu an-
gehalten, mir eigene Ziele zu setzen, die, so hoffe ich, mit den Interessen der Gemeinschaft als Ganzem in Einklang stehen. Unser aller
Hoffnung und Streben kreist um dieses Ideal. Vor allem vermisse ich
Ma, ihre Güte und Bescheidenheit. Ich glaubte, sie zu lieben, als sie
noch am Leben war. Aber erst jetzt, da sie nicht mehr da ist, denke
ich, ich hätte mehr Zeit dafür aufwenden sollen, ihr das Leben angenehm zu machen. Du weißt, was ich ihr und dem Chief verdanke.
Aber wie und womit sollte ein Gefangener eine Schuld Verstorbenen
gegenüber begleichen?
Auf Dich und alle Familienangehörigen bin ich ganz besonders stolz.
Nichts bewegt mich mehr als das Wissen, dass ihr alle mein eigen
Fleisch und Blut seid. Doch es gibt Augenblicke, da mache ich mir
ernstlich Sorgen um euch. Ja, es gab Momente, da wünschte ich, auf
einem Ameisenhaufen geboren oder vom Storch gebracht worden zu
sein, da wünschte ich, keine Angehörigen, keine Lebensgefährtin,
weder Kinder noch Verantwortung für eine Familie zu haben. Ich
habe mich immer wieder gefragt, ob es zu rechtfertigen ist, dass man
seine Familie vernachlässigt um höherer Ziele willen. Ist es richtig,
die eigenen kleinen Kinder und die alten Eltern zu Armut und Hunger zu verdammen in der Hoffnung, die erbarmungswürdigen Massen dieser Welt zu retten? Kommt das öffentliche Wohl nicht erst
nach dem Wohlergehen der Familie? Trifft der Grundsatz «Nächs-

tenliebe beginnt in der Familie» nicht auch auf soziale Fragen zu? Ma hatte zeit ihres Lebens gegen die Not zu kämpfen. Dein Brief vom November 1968 zeigte mir, dass Du vor ähnlichen Problemen standest. Sind die Ideale, für die wir uns einsetzen, ein angemessener Ausgleich für Deine gegenwärtigen Nöte? Solche Fragen quälen mich jeden Tag. Hinzu kommt, dass viele meiner Träume, die ich für mich persönlich hatte, geplatzt sind, als ich mich für weitergehende Ziele zu engagieren begann; viele meiner Illusionen sind verflogen, ganz zu schweigen von den Gelegenheiten, die ich verpasst habe. Im Gegensatz dazu sehe ich, wie viele meiner Freunde aus Kindertagen und Schulkameraden dicke Bäuche und «fette Hintern» bekommen, wie sie satt und selbstzufrieden viele Annehmlichkeiten genießen, die ich selber gerne hätte. Doch beim Versuch, auf diese Fragen eine angemessene Antwort zu finden, haben sich meine Zweifel zerstreut, und ich bin mir sicherer geworden, dass mein Standpunkt der richtige ist. Ich hoffe, ich habe mir im Lauf der Zeit eine unschätzbare Belohnung verdient – ein objektives und aktiviertes Gewissen, die Fähigkeit, von einem Goldenen Zeitalter zu träumen und dafür zu leben, was möglich sein könnte.

Ich habe die Hoffnung, schöne und liebevolle Briefe und Besuche von der Familie und von Freunden, von Dir, Hlamba *ngobubende*,[p] zu bekommen. Möge Dein nächster Brief ebenso informativ sein wie der letzte. Aber vor allem lebe ich in der unmittelbaren Hoffnung, eines Tages wieder nach Hause zu kommen; nach Mqekezweni[q] und Qunu,[r] von Dir begrüßt zu werden und *incum, isandlwana, iqeba ne thumbu*[s] zu genießen.

Ganz herzliche Grüße an Justice und seine Frau, an Lala und ihren Mann, an Lulu, Sandile, Mlungiseleli, Nokwezi, Lindehru, Nomqopiso, Zabonke mit Familie.[t] Zu guter Letzt auch an Dich, Nyawuza.[u] Hoffentlich hat Jonguhlanga meinen Kondolenzbrief erhalten.

Dein Dalibunga

------------------------

a   Aus dem DIN-A4-Ordner, in dem er einige Kopien seiner Briefe aufbewahrte.

b   *Sisi* ist vermutlich die Frau von Regent Chief Jongintaba Dalindyebo (siehe «Personen, Orte, Ereignisse»). In seiner im Gefängnis verfassten Autobiografie schreibt Mandela von einer Frau Sisi, die ihn schalt, weil er während der Gebete redete (in der Zeit, als er in Mqhekezweni nach dem frühen Tod seines Vaters wohnte). Vgl. *Der lange Weg zur Freiheit*, a. a. O.

c　Justice Dalindyebo, Sohn von Chief Dalindyebo und Mandelas Neffe, der etwa vier Jahre älter war als er. Sie wuchsen wie Geschwister im Great Place in Mqhekezwenei auf. 1941 flüchteten sie gemeinsam nach Johannesburg, als der Regent beabsichtigte, Heiraten für sie zu arrangieren.

d　Eine andere Bezeichnung für den Great Place in Mqhekezweni, wo Mandela vom Regenten Jongintaba Dalindyebo nach dem Tod seines Vaters erzogen wurde.

e　In seiner Autobiografie schreibt Mandela: «Das traditionelle Zeremoniell der Beschneidungsschule wurde vom Regenten hauptsächlich wegen Justice arrangiert – wir anderen, und wir waren insgesamt 26, waren in erster Linie dort, um ihm Gesellschaft zu leisten.» *Der lange Weg zur Freiheit*, a. a. O., S. 42.

f　K. D. Matanzima (1915–2003); siehe »Personen, Orte, Ereignisse».

g　Mbashe River, Fluss in der Transkei.

h　Weißer Lehm, der während der Initiationszeremonie auf den Körper gestrichen wurde; vgl. *Der lange Weg zur Freiheit*, a. a. O., S. 46.

i　Ab seinem 16. Lebensjahr besuchte Mandela das Internat Clarkebury in Engcobo, Transkei.

j　Miss Mndingane, seine erste Lehrerin, die ihm den Namen Nelson gab.

k　*Bawo* ist ein Ausdruck des Respekts gegenüber einer älteren Person.

l　Freund Mandelas.

m　Traditioneller Clan-Name.

n　Solomon Mbanjwa, ein Freund Mandelas.

o　Schwager und Schwägerin von Justice Dalindyebo.

p　Ein Clan-Name.

q　In seinen Memoiren schreibt er ‹Mqhekezweni›.

r　Das Dorf, wo Mandela seine Kindheit verbrachte.

s　Verschiedene Stücke vom Fleisch auf isiXhosa. *Incum* ist ein zartes Teil von der Brust; *isandlwana* sind bestimmte Innereien, *iqeba* ein zartes Stück unter dem Kinn, und *ithumbu* sind allgemein Innereien. Es gilt als ein besonderes Mahl zum Empfang eines Gastes.

t　Freunde.

u　Nyawuza oder Mnyawuza verweist auf auf den Nyawuza-Clan, den Mandela aus seiner Kindheit kannte.

## An den Commanding Officer
## Robben Island

4. April 1971

Zu Händen von Lt. Badenhorst

Bezugnehmend auf mein Schreiben vom 31. März 1971 habe ich Folgendes zu melden: Gestern Morgen habe ich festgestellt, dass zwei meiner Großfolio-Notizbücher, in denen ich Kopien meiner Korrespondenz aufbewahre, aus meiner Zelle entwendet wurden.

Ich habe daraufhin den Fall sofort dem Head Warder Carstens in Gegenwart von Warder Meyer gemeldet. Beide stritten vehement ab, am Vortag meine Zelle durchsucht und die fehlenden Notizbücher entwendet zu haben. Sie beteuerten außerdem, keinerlei Information über die Identität der Person zu besitzen, die die Bücher entwendet hat. Ich bat H/W Carstens, der Sache nachzugehen und mir anschließend das Ergebnis mitzuteilen.

Am Abend des 31. März beschloss ich, meine Zelle gründlich zu untersuchen, um herauszufinden, ob noch andere Gegenstände fehlten, und wenn ja, welche, und war fassungslos, als ich feststellte, dass mein silberner Parker T-Kugelschreiber ebenfalls verschwunden war. Zuletzt hatte ich ihn im Dezember 1970 benutzt, aber ich sah ihn immer in dem Behältnis, in dem ich ihn bis gestern aufbewahrt hatte. Am Morgen des 1. April erstattete ich Warder Meyer darüber Bericht, da H/W Carstens außer Dienst war.

Ich habe den starken Verdacht, dass die Person, die die Notizbücher entwendet hat, auch den Kugelschreiber mitgenommen hat. Ich bitte Sie, der Sache nachzugehen und mir diesen Gegenstand zu ersetzen. Das Verschwinden meines Kugelschreibers hat mich sehr beunruhigt. Es ist der fünfte, der in den ersten drei Monaten dieses Jahres verschwunden ist. Ich lebe seit sieben Jahren im Einzelzellentrakt, und nun kommt mir zum ersten Mal etwas abhanden.

Ich bitte Sie außerdem um die folgenden Informationen:

1. Den Namen des Beamten, falls er Ihnen bekannt ist, der die Notizbücher aus meiner Zelle entwendet hat.

2. Den Grund bzw. die Gründe für die Entwendung.

3. Das Datum der Rückgabe besagter Gegenstände an mich.

Ich möchte hinzufügen, dass eines der Notizbücher die vollständigen Entwürfe zu zweien der drei Briefe enthält, die ich diesen Monat zu schreiben beabsichtigte. Dass ausgerechnet dieses Buch entfernt wurde, bedeutet, dass ich den Versand des obengenannten Briefs verschieben muss, bis ich es zurückbekommen habe.

Ich bitte Sie außerdem um Erlaubnis, an Brigadier Aucamp zu schreiben bezüglich eines Briefs vom vergangenen Jahr an den Justizminister,[a] in dem es um meine Familienangelegenheiten ging. In einigen Punkten wurde meinem Ersuchen stattgegeben, und er forderte mich auf, die anderen noch einmal zur Sprache zu bringen. Außerdem möchte ich Sie darauf hinweisen, dass sich eine Kopie des Briefs, den ich vor dem Schreiben an Brig. Aucamp noch einmal zur Hand nehmen möchte, in einem der fehlenden Notizbücher befindet. Ich wäre Ihnen sehr verbunden, wenn Sie mir dieses zugänglich machen könnten.

NELSON MANDELA: 466/64

------------------------

a   Siehe Brief vom 14. September 1970, S. 249–251.


**An den Commanding Officer**
**Robben Island**

14. Juni 1971

Zu Händen von Major Huisamen


Ich verweise auf mein Schreiben an Sie vom März diesen Jahres, in dem ich Sie informierte, dass meine Vorbereitungen für die Abschlussprüfungen des LL.B an der University of London im Juni 1971 durch Krankheit behindert wurden, was mich leider dazu zwang, das Studium für mehrere Monate ganz zu unterbrechen.
Im Februar diesen Jahres war mein Gesundheitszustand so weit wiederhergestellt, dass ich die Vorbereitungen für obengenannte Examina wiederaufgenommen habe; ich stellte jedoch fest, dass ich meine Konzentrationsfähigkeit und mein Durchhaltevermögen eingebüßt hatte und dass die Kopfschmerzen, die mir in der zweiten Hälfte 1970 zu schaffen gemacht hatten, wieder aufgetreten sind.
Ich sprach darüber mit Dr. Poleksi, dem Sanitätsoffizier, und nach dieser Konsultation schrieb ich dann im März an Sie und den Kulturattaché. In Ihrem Antwortschreiben teilten Sie mir mit, dass Sie die Angelegenheit an Ihr Headquarter weitergeleitet hätten, und empfahlen mir gleichzeitig, meine Vorbereitungen auf die Examina fortzusetzen.
Ich gab mir größte Mühe, Ihren Rat zu befolgen, und strengte mich

wirklich an, doch es zeigte sich, dass trotz allmählich verbesserter Gesundheit meine Genesung nicht so rasch und vollständig verlief, dass ich in der Lage gewesen wäre, befriedigende Fortschritte in meiner Arbeit zu erzielen; mein Hauptproblem waren die immer wiederkehrenden Kopfschmerzen. Außerdem leide ich unter posturalem Bluthochdruck, einer Krankheit, die durch Anspannung und geistige Anstrengung schlimmer wird, was konzentriertes Studium zwangsläufig mit sich bringt. Ich musste abwägen, wie ich mein Studium am besten fortsetzen konnte, ohne meine Genesung zu beeinträchtigen; die naheliegende Lösung bestand darin, die Kurse über zwei Jahre zu verteilen mit dem Ziel, das Studium im Juni 1972 abzuschließen. Da Sie darauf bestanden, dass ich im Juni 1971 den Abschluss machte, war ich genötigt, etwas anzustreben, was meine physischen Kräfte bei weitem überforderte.

Hinzufügen will ich noch, dass ich bereits im Juni 1970 die Abschlussprüfungen hätte ablegen sollen, was aber nicht möglich war, weil die Gefängnisverwaltung es versäumte, der Universität Dokumente weiterzuleiten, die mich zur Anmeldung zu besagter Prüfung berechtigt hätten.

Die Verwaltung suchte ihr Vorgehen damit zu begründen, dass meine Genehmigung, gerade an dieser Universität zu studieren, abgelaufen sei. Wie Sie wissen, wurde mir erst im September mitgeteilt, dass ich mein Studium wiederaufnehmen könne. Selbst wenn ich vollkommen gesund gewesen wäre, wäre es sehr schwierig geworden, bei nur 8 Monaten Vorbereitungszeit das Examen für einen Jahresabschlusskurs zu bestehen, bei dem es um 4 umfangreiche und komplexe Themen in einer einzigen Prüfungssitzung ging.

Ich muss Sie daher bitten, mir weitere 12 Monate zu gewähren, um meinen Abschluss zu machen. Bitte berücksichtigen Sie dabei den Umstand, dass nach den Regularien dieses Studiengangs nicht nur alle 4 noch ausstehenden Teilbereiche wiederholt werden müssen, falls ich in einem dieser Bereiche nicht bestehen sollte, sondern auch die 4 Prüfungen für den 1. Teil des Abschlussexamens, die ich bereits erfolgreich abgelegt habe. Eine Durchsicht der Allgemeinen Bestimmungen, der Literaturliste und des Lehrplans zur Orientierung der Studenten wird zeigen, dass diese Prüfungen umfangreiche und intensive Vorbereitungen erfordern. Daher gehe ich nur höchst ungern die anstehenden Prüfungen an, solange meine Vorbereitungen so erschwert sind. Ich hoffe, Sie überdenken Ihre Entscheidung und geben dem obenerwähnten Gesuch statt. Ich brauche wohl kaum zu betonen, dass eine Ablehnung meines Gesuchs mich in erhebliche finanzielle Schwierigkeiten bringen würde.

NELSON MANDELA: 446/64

[Vermerk auf Afrikaans in anderer Schrift]
21.6.71

Colonel,
sein Gesuch um Fristverlängerung wurde bereits von Brig. Aucamp abgelehnt. Sein Studium ist damit beendet, seine Bücher sind zu seinem Eigentum gelegt.


**An Vanguard Booksellers**[a]
**Johannesburg**

26. September 1971

[handschriftl. Vermerk auf Afrikaans] Head Warder De Jager, so etwas ist unzulässig.

Sehr geehrte Herren,
anbei der Betrag von 5.00 R. Bitte senden Sie baldmöglichst die folgenden Geburtstagsgeschenke an die unten aufgeführten Personen zusammen mit einer einfachen Karte mit jeweils folgendem Text:

1. NKOSIKAZI NOBANDLA MANDELA, Haus Nr. 8115
   Orlando West, JHB. *The Jungle* von Upton Sinclair.[b]
   Mein Schatz,
   zu Deinem Geburtstag alles, alles Liebe und tausend Küsse
   Dalibunga

2. MR. KGATHO MANDELA, Haus Nr. 8115 OW; JHB
*For whom the Bell Tolls* von Ernest Hemmingway[c] [*sic*]
Für dich, mein Bruder
Wenn Du clever und schlau bleiben willst, dann lies dieses Buch.
Broeder (alias *Tata*)

3. MISS MAKI MANDELA, 8115, OW; JHB
*The Pearl* von Steinbeck[d]
Mein Liebling,
alles, alles Gute!

*Tata*

Falls diese Titel nicht vorrätig sein sollten, bieten Sie bitte geeignete aus Ihren Beständen an und schicken Sie mir eine Nachricht.

Mit freundlichen Grüßen
[Unterzeichnet NRMandela]
NELSON MANDELA

------------------------

a  Buchhandlung, in der seine Kameradin und Freundin Helen Joseph (1905–1992), arbeitete; siehe «Personen, Orte, Ereignisse».

b  Upton Sinclair, *The Jungle* (Doubleday 1906, deutsche Ausgabe: *Der Sumpf*, Berlin: Malik, 1924.) Sinclair schildert die brutalen Arbeitsbedingungen und die Ausbeutung der Einwanderer in Chicago.

c  Ernest Hemingway, *For whom the Bell Tolls* (Charles Scribner's Sons, 1940, deutsche Ausgabe: *Wem die Stunde schlägt*, Wien: Bermann-Fischer, 1948). Hemingway erzählt die Geschichte eines jungen Amerikaners im Spanischen Bürgerkrieg 1937.

d  John Steinbeck, *The Pearl* (Viking Press, 1947, deutsche Ausgabe: *Die Perle*, München 1987), erzählt die Geschichte des Perlentauchers Kino; die Geschichte behandelt Themen wie die zerstörerische Kraft von Habgier und Rassismus.

**An den Commanding Officer
Robben Island**

27. März 1972

<u>Zu Händen von C/W Van der Berg<sup>a</sup></u>

Die rechte Schraube der beigefügten Brille ist locker und muss angezogen oder ersetzt werden. Bitte senden Sie die Brille auf meine Kosten an den Optiker.

[Unterzeichnet NRMandela]
NELSON MANDELA: 466/64

[Vermerk auf Afrikaans]
5 Rd gevrees<sup>b</sup> [Unterschrift]
Colonel,
Zur Unterschrift
<u>Hospital</u>
<u>H/K Vorgelegt</u>
GPO 11 (8) b
[Unterschrift] 27. 3. 72
Genehmigt auf eigene Kosten
[Unterschrift]
10. 4. 72
[Vermerk in anderer Schrift]
466/64 Nelson Mandela (Gruppe B)

- - - - - - - - - - - - - - - - - - - - - -

a   Dieser Name ist durchgestrichen und von jemand anders datiert auf 27. 3. 72.
b   «Eingefroren» auf Afrikaans ist ‹gevries›; das könnte heißen, dass die Gefängnisverwaltung den Betrag hierfür von Mandelas Konto «eingefroren» hat.

*1971 wurde Winnie Mandela zu zwölf Monaten Haft verurteilt, weil sie in ihrem Haus eine gebannte Person empfing. Ihre Berufung war erfolgreich. Im darauffolgenden Jahr hatte sie mit ihrem Einspruch gegen Urteile von sechs und zwölf Monaten wegen desselben Verstoßes ebenfalls Erfolg.*

An Winnie Mandela
Johannesburg
[Vermerk in anderer Schrift] 466/64 Nelson Mandela (Gruppe B)

1. JUNI 1972

Mein Schatz,
wieder einmal kommen Deine Briefe nicht an, und wenn doch, erst
erstaunlich spät. Der vom 30. JANUAR wurde mir am 4. MÄRZ
ausgehändigt, den vom 26. FEBRUAR bekam ich am 15. APRIL.
Am 25. FEBRUAR hatte ich mit General Steyn, dem Commissioner
of Prisons, über das Problem unserer Korrespondenz gesprochen
und darauf hingewiesen, dass ich von den 12 Briefen, die Du mir im
Lauf des Jahres 1971 geschrieben hast, nur 3 erhalten habe und dass
auch Du nur 3 meiner Briefe im selben Zeitraum bekommen hast.
Ich erwähnte weiterhin, dass dieses Problem seit 1969 besteht und
dass der Commanding Officer mir gegenüber wiederholt erklärt hat,
alle meine ausgehenden Briefe seien abgeschickt und alle eingehenden ausgehändigt worden. Der COP[a] wies meinen Verdacht, das
GPO[b] manipuliere die ein- und ausgehende Post, entschieden zurück und versprach, die Sache untersuchen zu lassen.
Etwa eine Woche danach sprach ich darüber mit Brig. Aucamp, den
der COP damit beauftragt hatte. Am Ende der Unterredung versprach er, den zuständigen Beamten anzuweisen, ihn (Brig. Aucamp)
unverzüglich über die im Gefängnis eingehenden Briefe von Dir zu
informieren. Diese Vereinbarung, so versicherte er mir, werde meine
Probleme in dieser speziellen Hinsicht lösen, eine Zusicherung, die
ich ihm voll und ganz abnahm. Aber jetzt stehen wir genau an demselben Punkt wie seinerzeit, bevor ich gegenüber Brig. Aucamp &
dem Head of Prisons Dept. meine Beschwerden äußerte. Obwohl
mir am 8. APRIL Lt. Fourie in Deiner Gegenwart versichert hatte,
sowohl Deinen FEBRUAR- als auch Deinen MÄRZ-Brief erhalten
zu haben, wurde mir nur der FEBRUAR-Brief ausgehändigt, und
auf den vom MÄRZ warte ich immer noch. Die Briefe vom APRIL
und MAI stehen ebenfalls aus. Ich bin höchst erstaunt, dass meine
Beschwerden beim Head of Prisons Dept. folgenlos bleiben und eine
Zusicherung von Brig. Aucamp in Bezug auf ein Problem, das sie

leicht aus der Welt schaffen könnten, sich als leeres Versprechen erweisen wird.

Derartige Schwierigkeiten bei der Kommunikation mit der Familie dürfte es eigentlich gar nicht geben.

Wie Du weißt, ist keine Deiner Geburtstagskarten seit 1969 bei mir angekommen. Ich hatte nicht den Mut, Dir zu gestehen, dass nicht einmal die Weihnachtskarten der Kinder vom 1. Dezember eingetroffen sind. Ich bin noch nicht einmal sicher, ob Maki meine Geburtskarte, die ich letzten Monat abgeschickt habe, erhalten hat. Du solltest Dich mit einer dringenden Anfrage an den COP in Pretoria wenden oder, falls dieser nicht erreichbar ist, über die Adresse in Kapstadt, und ihm den Fall noch einmal vorlegen. [?] Du schreibst alle Deine Briefe ein & wirst kaum Probleme haben, auf dem GPO herauszufinden, wohin sie versandt wurden, ob sie ihre Adressaten erreicht haben, wer sie wann bekommen hat.

Du musst wissen, dass Deine Briefe an mich stark zensiert werden. Du nummerierst die Seiten nicht, und deshalb ist es oft schwierig zu erkennen, ob mir der Brief komplett übergeben wurde, aber die Zeilen 43, 44, 45, 46 & 47 auf der zweiten Seite des Briefs vom 30. Januar wurden unkenntlich gemacht. Außer den Wörtern «lebt im Gefängnis» ist der Rest der Zeile 12 auf der ersten Seite des Briefs vom 26. FEBRUAR ebenfalls unleserlich gemacht. Die Zeilen 30, 31 und 32 auf Seite 2 dieses Briefes wurden gelöscht und die letzten SIEBEN Zeilen ausgeschnitten.

Bewahre von jetzt an Kopien aller Briefe auf, die Du mir schreibst, damit Du weißt, was Du in künftigen Briefen vermeiden musst. Mein zweiter Brief ging an Thoko, der dritte an Shadrack und Nyanya.[c] Frag bitte nach, ob Onkel Allan meinen April-Brief bekommen hat. Weißt Du jetzt etwas über den, den ich Douglas Lukhele[d] schrieb? Es sieht so aus, als wollte mich Lily[e] im kommenden November besuchen. Sie kann natürlich gerne kommen, wenn es Dir recht ist. Ich habe vor, ihr zu schreiben, vielleicht nächsten Monat, an Deine Adresse; ich werde ihr nahelegen, den Besuch über Dich zu vereinbaren. November ist allerdings kein günstiger Monat für sie, weil da die Kinder oder Du vorbeikommen möchten.

Übrigens bat ich Dich letztes Jahr, für Kgatho einen Besuch bei mir im

Dezember zu ermöglichen, denn ich dachte, Du hättest Dir den November ausgesucht, weil Du an Weihnachten nicht kommen könntest. Wie auch immer, lass mich bitte wissen, was Du von einem Besuch im November hältst. Im November 1970 versprach mir Joes Mum[f] P/B 36, in Gaborone 36, ALBERTI'S ACCOUNT OF THE XHOSA IN 1807[g] zu schicken. Ich schrieb sofort zurück, um ihr zu sagen, dass der damals für Studien zuständige Beamte nichts dagegen habe, dass ich das Buch bekam. Seither habe ich nichts mehr von ihr gehört.

Hast Du Kontakt zu Sef und Nali?[h] Du weißt doch noch, was sie alles für Dich getan haben. Sag Zeni und Zindzi,[i] dass ich ihnen bald schreiben werde. Bis dahin alles, alles Liebe und tausend Küsse, mein Schatz

Immer Dein Dalibunga

-----------------------

a   Commissioner of Prisons.
b   General Post Office.
c   Nonyaniso (Nyanya) Madikizela, Winnies jüngste Schwester.
d   Douglas Lukhele; siehe «Personen, Orte, Ereignisse». Siehe Mandelas Brief vom 1. August 1970, S. 236–241.
e   Lilian Ngoyi (1911–1980); siehe «Personen, Orte, Ereignisse».
f   Wahrscheinlich handelt es sich um Frieda Matthews (1905–1998), Frau des Universitätsprofessors Z. K. Matthews, die aus Botswana stammte; ihr Sohn Bakwe Matthews (1929–2010) war auch bekannt als Joe; siehe «Personen, Orte, Ereignisse».
g   Ludwig Alberti, *Ludwig Alberti's Account of the Xhosa in 1807*, ins Englische übersetzt von W. Fehr, Kapstadt: A. A. Balkema, 1968.
h   Nancy und Sefton Vutela, Winnies Schwester und deren Ehemann.
i   Zenani und Zindzi Mandela, ihre Töchter, waren im Internat in Swasiland.

**An den Commanding Officer**
**Robben Island**

NELSON MANDELA: 466/64

7. März 1973

Meine Zähne machen mir ernstlich Sorgen, sie schmerzen, und ab und an blutet mein Zahnfleisch, wenn ich esse. Außerdem sind sie hitze- und kälteempfindlich.

Darum bitte ich Sie höflich, mir baldmöglichst einen Zahnarzttermin zu besorgen. Für die Kosten komme ich auf.

[Unterzeichnet NRMandela]
NELSON MANDELA: 466/64


**An den Commanding Officer**
**Robben Island**

7. März 1973

Zuletzt wurden meine Augen wegen einer Lesebrille im November 1970 überprüft. Darum bitte ich Sie höflich, baldmöglichst eine Untersuchung meiner Augen zu veranlassen. Für die Kosten der Untersuchung komme ich selbst auf.

NELSON MANDELA: 466/64


**An Helen Suzman,[a] Mitglied der Opposition im Parlament von Südafrika**
**Johannesburg**

Nelson Mandela 466/64          Gruppe A          1. März 1974

Liebe Frau Dr. Suzman,
soeben habe ich zu meiner großen Freude erfahren, dass Sie von der University of Oxford mit dem Ehrendoktor in Zivilrecht geehrt wurden. Hierzu gratuliere ich Ihnen ganz herzlich.
Ich weiß weder, wann genau Ihnen die Auszeichnung verliehen wurde, ob Sie ausreisen durften, um sie in Empfang zu nehmen, noch habe ich die leiseste Ahnung, was für eine Rede Sie aus diesem Anlass gehalten haben – falls Sie überhaupt eine hielten. Natürlich decken sich Auffassungen in wichtigen Grundsatz- und Methodenfragen nicht immer, selbst zwischen Menschen, die von den gleichen Idealen beseelt sind und im Wesentlichen die gleichen Ziele im Leben verfolgen. Ihre Vorbehalte in Bezug auf Vieles, was ich für natürlich und

unvermeidlich halte, sind wohlbekannt und auch nachvollziehbar. Gleichwohl hätte ich Ihre Ansprache aus naheliegenden Gründen sehr aufmerksam gelesen. Vermutlich haben Sie versucht, den Standpunkt großer Teile der liberal Gesinnten darzustellen, die immer noch beharrlich ihre Stimme erheben. Vielleicht kann ich die Rede eines Tages doch einsehen.

Einstweilen hoffe ich, Sie halten es nicht für unangebracht, wenn ich Ihnen sage, dass Sie diese Ehrung absolut verdient haben. Eine politische Karriere wie die Ihre stellt, in Anbetracht der Umstände, viele Herausforderungen, die den Durchschnittsbürger abschrecken würden. Sie verlangt ein dickes Fell und starke Nerven, worüber Sie reichlich verfügen. Dieses Leben bedeutet permanent harte Arbeit, stürmische See allenthalben, tage-, wochen- und manchmal monatelange Abwesenheit von Ihren Lieben und Erfolge, die wir zwar noch zu erleben hoffen, von denen aber vielleicht nur die Nachwelt profitiert, lange nachdem diejenigen, die dafür gearbeitet haben, von der Bildfläche verschwunden sind. Es ist stets eine Quelle des Trostes, zu wissen, dass Ihre Bemühungen weithin geschätzt werden. Von Oxford haben Sie einen Motivationsschub bekommen, der Ihrer Familie und der größeren Sache, der Sie dienen, gewiss zur Freude gereichte. Vielleicht darf ich ein bisschen eigennützig sein und hoffen, dass Sie sich dadurch verlocken lassen, hier etwas öfter aufzukreuzen.[b]

SA hat eine Menge bedeutender Frauen hervorgebracht, die eine unabhängige Rolle in unserer Geschichte gespielt haben. Zu Beginn des vorigen Jahrhunderts übernahm 'Manthatisi[c] das Kommando über eine für die damalige Zeit schlagkräftige Armee, die den Lauf der Dinge in diesem Land beeinflusste, insbesondere im Freistaat und im Nordwestkap. Olive Schreiner[d] war eine militante Liberale und führte eine brillante Feder. Einige ihrer Schriften und Reden könnten auch heute noch Gelee in soliden Fels verwandeln. Cissie Gool[e] wirkte dagegen in einem vergleichsweise kleinen Kreis, aber ihr Standpunkt in Belangen, die im Wesentlichen lokaler Natur waren, hatte Auswirkungen weit über das Westkap hinaus. Elisabeth Eybers,[f] eine Zeitgenossin von uns, hat ein paar der schönsten Gedichte unseres Landes geschrieben und als «Dertiger» («Dreißiger») im Bereich der Literatur Zeichen gesetzt. Unter den Frauen, die heute einen maßgeblichen Beitrag auf dem Feld der Erziehung, der Literatur, der Politik und der Soziologie leisten, steht Fatima Meer an erster Stelle und lenkt von nah und fern Aufmerksamkeit auf sich. Ray Alexander,[g] eine aktive Gewerkschafterin seit den Dreißigerjahren, ist eine führende Persönlichkeit im Kampf der Arbeiter für ein besseres Leben.

Das sind nur ein paar wenige Beispiele von Frauen in SA, die nach wie vor dem öffentlichen Leben ihren Stempel aufdrücken. Was sie alle verbindet, ist die schöne Tradition, die sie begründet haben. Vielleicht ist es ja diese Tradition, die Sie bewusst oder unbewusst beflügelt hat, sich aus der Geborgenheit Ihres komfortablen und glücklichen Heims hinauszuwagen in die Stürme und Widrigkeiten Ihres jetzigen Lebens. Wenn heute diese Tradition im wichtigsten Organ der Regierungsgewalt immer noch ein Echo findet, dann hauptsächlich deshalb, weil Sie den Mut hatten, in die Arena zu treten, als viele andere sich lieber im Hintergrund hielten.

Vielleicht gab es Zeiten, da waren Sie am Rand der Verzweiflung über das hoffnungslos scheinende Unterfangen – eine Aufgabe, unternommen von einem Einzelnen, für die es einer Legion bedarf. Ich bin sicher, dass jegliche Zweifel, die Sie vielleicht gehegt haben, nun ganz und gar zerstreut sind, dass Sie sowohl die Ehre als auch die zahlreichen Glückwünsche, die Sie gewiss bekommen, als handfesten Ausdruck der entscheidenden Bedeutung Ihrer Arbeit betrachten. Sie haben viele Freunde und Gratulanten.

Noch einmal: meine allerherzlichsten Glückwünsche! Möge der kommende Monat Ihnen und Ihren Kollegen freudige Ereignisse bescheren.

Herzliche Grüße an Sie und Ihre Familie
Ihr
[unterzeichnet NRMandela]

[Notiz der Gefängnisverwaltung]
GEHEIM[h]　　　　　　　　　　　　　　　　1/3/13

BRIEF VOM GEFANGENEN MANDELA AN MRS. H. SUZMAN, MP.

THE HONOURABLE THE DEPUTY MINISTER OF PRISONS.

1.　In der Anlage befindet sich die maschinenschriftliche Kopie eines Briefs des Gefangenen Nelson Mandela, adressiert an Mrs. H. Suzman, MP, c/o Nkisikazi[i] [sic] Nobandla Mandela, Orlando West, zur Kenntnisnahme.

2.　Da der Brief keinerlei Familienangelegenheiten enthält, dafür mit politischen Vorschlägen und Ideen gespickt ist, wurde er nicht freigegeben.

J. C. STEYN
COMMISSIONER OF PRISONS
CHIEF DEPUTY COMMISSIONER (AMTLICH)

Kopie zu Ihrer Kenntnisnahme
[unterzeichnet]

COMMISSIONER OF PRISONS
[Stempel vom] 3. 4. 1974

- - - - - - - - - - - - - - - - - - - - - - -

a　Helen Suzman (1917–2009), Hochschullehrerin, Politikerin, Antiapartheidaktivistin und Parlamentsabgeordnete in der Opposition; siehe «Personen, Orte, Ereignisse».

b　Suzman brachte im Parlament regelmäßig das Thema der politischen Gefangenen zur Sprache. Zum ersten Mal besuchte sie Mandela und seine Mitinsassen auf Robben Island im Jahr 1967.

c　Königin Manthatisi führte die Tlôkwa in der Zeit der Difiqane/Mefacane-Kriege (1815–1840), bis ihr Sohn Sekonyela alt genug war, die Herrschaft zu übernehmen.

d　Olive Schreiner (1855–1920), südafrikanische Autorin, Feministin, Sozialistin und Pazifistin.

e　Cissie Gool (1897–1963), Gründerin und erste Präsidentin der National Liberation League, Präsidentin der Non-European United Front in den vierziger Jahren. Erste farbige Frau, die ihren Abschluss an der juristischen Fakultät in Südafrika machte und an das Gericht von Kapstadt berufen wurde.

f　Elisabeth Eybers (1915–2007), südafrikanische Dichterin, die hauptsächlich auf Afrikaans schrieb.

g　Ray Alexander, geboren in Litauen, kam am 6. November 1929 nach Südafrika und schloss sich dort mit 16 Jahren der Kommunistischen Partei an.

h　Es ist nicht klar, warum der Beamte den Brief als «geheim» deklarierte.

i　Korrekte Schreibung ist Nkosikazi, was «Mrs.» auf isiXhosa bedeutet.

*1973 wurde Winnie Mandela zu zwölf Monaten Haft verurteilt, weil sie zusammen mit ihren Kindern in Anwesenheit einer gebannten Person, des Fotografen Peter Magubane, zu Mittag gegessen hatte. Die Hälfte des Strafmaßes wurde ihr nach einem Einspruch erlassen, die restlichen sechs Monate verbüßte sie im Gefängnis von Kroonstad im Oranje-Freistaat (heute Free State).*

*Wenn sie nicht im Gefängnis war, lebte sie in ständiger Unsicherheit zu Hause, wo sie mehrmals bei Nacht und Nebel überfallen wurde. Mandela ließ nichts unversucht, um ihr beizustehen, und reichte sogar beim Justizminister eine Petition ein, damit sie Polizeischutz erhielt.*

**An den Justizminister James Kruger**[a]
**Pretoria**
[Vermerk in anderer Schrift auf Afrikaans]
466/64 N. Mandela. *Special letter* an den Commissioner über den Umgang mit seiner Frau

13. Mai 1974

Sehr geehrter Herr Minister,
ich bitte Sie, folgende Angelegenheit mit höchster Dringlichkeit zu behandeln. Ich hätte diese Stellungnahme gerne schon vor drei Monaten abgegeben, doch aufgrund meiner derzeitigen Lage und des mäßigen Tempos, mit dem die Regierungsbehörden zu arbeiten pflegen, konnte ich erst jetzt schreiben.

1

Ich bitte Sie:
a) meiner Frau Winnie Mandela, Haus Nr. 8115 Orlando West, Johannesburg, die Genehmigung zum Erwerb einer Schusswaffe zum Zweck der Selbstverteidigung zu erteilen;
b) den Polizeiminister aufzufordern, die Beamten der südafrikanischen Polizei anzuweisen, sich im Umgang mit meiner Frau strikt auf die Ausübung ihrer gesetzmäßigen Pflichten zu beschränken;
c) Ihren Einfluss beim City Council von Johannesburg in dem Sinne geltend zu machen, dass die Regelungen der Zugangskontrolle[b]

466/69  N. Mandela.  A/B. aan Komm ... ... ... ... ...

Robben Island Prison
Robben Island
13 May 1974

The Honourable advocate J Kruger,
Minister of Justice
Pretoria.

Dear Sir,

I should be pleased if you would treat this matter as one of the utmost urgency. I should have liked to have made these representations more than two months ago, but due to my current circumstances and the measured pace at which government departments are accustomed to move, it has not been possible for me to write earlier than today.

In this connection, I should be grateful if you would:

a) grant my wife, Mrs Winnie Mandela, house no. 8113 Orlando West, Johannesburg, a permit to acquire a firearm for purposes of self-defence;

b) request the minister of Police to order members of the South African Police in dealing with my wife to confine themselves strictly to the execution of their duties according to law.

c) use your influence with the City Council of Johannesburg to relax their influx control regulations and to allow my brother-in-law, Mr Msuthu Thandiwe o Madikizela, and his wife to live permanently with my wife at 8115 Orlando West, Johannesburg.

d) arrange with the minister of Police for members of the South African Police to guard the house daily from 7 p.m. to 6 a.m. until my brother-in-law and his family join my wife.

e) to request the minister of Interior to furnish my wife with a passport to enable her to holiday abroad.

f) grant my wife and me a two-hour contact visit for the purpose of discussing the special problems outlined here.

2

My wife is a person upon whom notice has been served under the provisions of the Suppression of Communism Act, 44 of 1950. I have not had the opportunity of seeing the actual text of the abovementioned notice, but to the best of my knowledge and belief, she is prohibited from

Brief vom 13. Mai 1974 an den Justizminister.

gelockert werden und meinem Schwager Mr. Msuthu Thanduxolo Madikizela[c] und seiner Frau gestattet wird, dauerhaft bei
meiner Frau in Orlando West 8115, Johannesburg, zu wohnen;
d) mit dem Polizeiminister zu vereinbaren, dass Beamte der südafrikanischen Polizei das Haus täglich von 19 bis 6 Uhr bewachen,
bis mein Schwager und seine Familie bei meiner Frau einziehen;
e) den Innenminister aufzufordern, meiner Frau einen Pass auszustellen, der ihr erlaubt, Urlaub im Ausland zu machen;
f) meiner Frau und mir einen zweistündigen Besuch zu gestatten
zum Zweck der Besprechung der hier aufgeführten Probleme.

## 2

Meine Frau gehört zu den Personen, denen rechtskräftig mitgeteilt
wurde, dass sie unter die Bestimmungen des Suppression of Communism Act 44 von 1950 fällt. Ich hatte keine Gelegenheit, den
Wortlaut der erwähnten Mitteilung einzusehen, aber meines Wissens ist es ihr verboten, Versammlungen zu besuchen, Betriebe,
Schulen oder vergleichbare Orte zu betreten. Obwohl sie eine Stelle
innerhalb des Stadtgebiets von Johannesburg annehmen darf, darf
sie sich andererseits nur im Orlando Township aufhalten, und es ist
ihr nicht gestattet, das übrige, Soweto genannte Gebiet von Johannesburg zu betreten.

## 3

Laut obenerwähnter Mitteilung ist es mit Ausnahme unserer beiden
15 bzw. 13 Jahre alten Töchter niemandem gestattet, das Haus während bestimmter Stunden zu betreten. Da die Kinder den größten
Teil des Jahres in einem Internat untergebracht sind, bedeutet dies,
dass meine Frau völlig allein im Haus wohnen muss.

## 4

Gegen Ende des Jahres 1970 und noch einmal am 27. Mai 1971 bat
ich Mr. P. C. Pelser,[d] Ihren Vorgänger, um ein Gespräch, um mit ihm
über den Hausarrest meiner Frau und dessen Konsequenzen zu
sprechen. Diesbezüglich möchte ich Sie auf folgenden Abschnitt
meines Briefs vom 27. Mai 1971 verweisen:

2

81/142289
(Z. 13.)

attending gatherings, entering a factory, an educational centre or similar places. Though she is free to take up employment within the urban area of Johannesburg, she is otherwise confined to Orlando Township and is not permitted to enter the rest of the area in Johannesburg known as Soweto.

3

In terms of the abovementioned notice, and with the exception of our two daughters now aged 15 and 13 respectively, no person is allowed to visit the house during certain specified hours. As the children were then, and still are, away at a boarding school for the greater part of the year, this meant that she had to live all alone in the house.

4

Towards the end of 1970 and again on 27 May 1971 I wrote to your predecessor Mr P.C. Pelser, requesting him to grant me an interview to enable me to discuss with him my wife's house arrest and its implications. In this connection I wish to refer you to the following passage in my letter of 27 May 1971:

"I consider it dangerous for a woman and detrimental to her health to live alone in a rough city like Johannesburg. She suffers from an illness which is caused by worry and tension and which has on occasions rendered her unconscious. Believe me when I say that I have since September last year lived in a real nightmare. She has visited me thrice since her release from prison, and the harmful effects of many nights of loneliness, fear and anxiety are written across her face. She looks frail and spent. I am further told that her hardships have been carefully and fully explained to you, without success, by herself as well as her legal representative. I cannot get myself to accept that you could remain indifferent where the very life of another human being is actually involved, and I ask you to relax the notice to enable her to live with friends and relatives."

In addition, I raised other family problems which I considered serious and repeated the request for an interview.

5

I was informed by the Commanding Officer at the time, and by Brigadier Aucamp, that both letters had been forwarded to your predecessor.

GPS-(F)-8

«Es erscheint mir für eine Frau bedrohlich und ihrer Gesundheit abträglich, allein in einer so gefährlichen Stadt wie Johannesburg zu leben. Sie leidet an einer Krankheit, die durch Besorgnis und Nervosität ausgelöst wurde und mehrmals zu einer Ohnmacht führte. Bitte glauben Sie mir, wenn ich sage, dass ich seit September letzten Jahres einen wahren Albtraum durchmache. Seit ihrer Freilassung hat sie mich dreimal besucht, und die abträglichen Auswirkungen vieler einsamer und angsterfüllter Nächte haben in ihrem Gesicht tiefe Spuren hinterlassen. Sie ist bleich und erschöpft. Ich habe überdies erfahren, dass Ihnen ihre Probleme von ihr selbst und ihrem gesetzlichen Vertreter detailliert geschildert wurden, jedoch ohne Erfolg. Ich kann nicht glauben, dass Sie so gleichgültig bleiben können, wenn es um das nackte Leben eines Menschen geht, und bitte Sie, die obenerwähnte Regelung zu lockern, damit sie mit Freunden und Angehörigen zusammenleben kann.»

Außerdem sprach ich noch weitere Familienprobleme an, die ich für gravierend hielt, und erneuerte meine Bitte um eine Unterredung.

### 5

Mir wurde vom damaligen Commanding Officer und von Brigadier Aucamp versichert, beide Briefe seien von Ihrem Vorgänger weitergeleitet worden.

Doch leider muss ich Ihnen mitteilen, dass Mr. Pelser es nicht einmal für nötig hielt, den Empfang der Briefe zu bestätigen, geschweige denn, eine vernünftige Antwort zu geben. Einige Zeit nachdem der Brief vom Mai 1971 dann doch befördert worden war, berichtete mir meine Frau, dass die Auflagen zwar gelockert worden seien, sie aber nicht mit Verwandten und Freunden zusammenwohnen dürfe, die nach den Bestimmungen der Zugangskontrolle das Stadtgebiet von Johannesburg nicht verlassen durften. Sie teilte mir ferner mit, dass einige der Probleme, wegen denen ich mich in meinem zweiten Brief beschwert hatte, teilweise gelöst worden waren, obwohl die Bestimmungen immer noch sehr restriktiv waren.

3

I regret to advise you, however, that mr Pelser did not even favour me
with the courtesy of an acknowledgment to say nothing of a reasoned
reply. However,
* Some time after the May 1971 letter had been forwarded my wife
informed me that the notice had been relaxed and that she could now live
with such relatives or friends as were qualified to remain within the urban
area of Johannesburg in terms of its influx control regulations. She further
informed me that although the terms of the notice were still restrictive,
some of the problems about which I had complained in my second
letter had somewhat eased.

6

In pursuance of the aforementioned relaxation our friends, mr and mrs
Madhlala, came to live with my wife. To the best of my knowledge and
belief, the Madhlalas were not associated with any of the political
organisations that fight against racial oppression generally and the policy
of Separate Development in particular. In spite of this, the security police
repeatedly dragged them to their headquarters and subjected them to
gruelling interrogation. As a result of this harassment they were
reluctantly compelled to leave our place. The news of the experiences of
the Madhlalas at our house spread far and wide and people, including
those close friends who would readily agree to reside with my wife, took
fright and are now unwilling to do anything that may attract the
attention of the security police, so much so that today there is hardly
any person who is willing to share the type of life my wife is forced
to lead.

7

The one and only person who is still prepared to live with my wife
is mr Madikizela, and I must request you to use your influence with
the City Council of Johannesburg to give him permission to live at
8115 Orlando West. I must add that prior to her endorsement out of
the urban area of Johannesburg, mr Madikizela, stayed with my
wife.

8

The fears I expressed in my letters to your predecessors were not
unfounded. On several occasions my wife has been the subject of brutal

GP-S-(F)-8

6

Gemäß den obenerwähnten Lockerungen zogen unsere Freunde Mr. und Mrs. Madhlala zu meiner Frau. Nach allem, was ich weiß, gehörten die Madhlalas keiner der politischen Organisationen an, die gegen die Rassenunterdrückung im Allgemeinen und die Politik der Getrennten Entwicklung im Besonderen kämpfen. Trotzdem zerrte sie die Sicherheitspolizei mehrfach in ihre Zentrale und unterzog sie zermürbenden Verhören. Als Folge dieser Schikanen sahen sie sich genötigt, das Haus, wenn auch widerstrebend, zu verlassen. Die Nachricht vom Umgang mit den Madhlalas sprach sich überall herum, und Leute, einschließlich enger Freunde, die ohne weiteres bereit gewesen wären, bei meiner Frau zu wohnen, bekamen Angst und sind nun nicht mehr gewillt, irgendetwas zu tun, was sie ins Visier der Sicherheitspolizei bringen könnte. Damit gibt es jetzt praktisch niemand mehr, der bereit wäre, ein solches Leben zu teilen, wie es meine Frau zu führen gezwungen ist.

7

Der einzige Mensch, der immer noch bereit wäre, bei meiner Frau zu wohnen, ist Mr. Madikizela, und ich muss Sie ersuchen, Ihren Einfluss beim City Council von Johannesburg geltend zu machen, damit er die Genehmigung erhält, in Orlando West 8115 zu wohnen. Ich muss hinzufügen, dass Mr. Madikizela, bevor ihm der Aufenthalt innerhalb des Johannesburger Stadtgebiets verboten wurde, bereits mit meiner Frau zusammengewohnt hatte.

8

Die Befürchtungen, die ich in meinen Briefen an Ihren Vorgänger zum Ausdruck brachte, waren nicht unbegründet. Mehrmals war meine Frau Opfer brutaler nächtlicher Überfälle durch Kriminelle, deren Identität uns nicht bekannt ist. In diesem Zusammenhang möchte ich aus einem Brief zitieren, den sie mir am 6. Dezember 1972 schrieb:

«Du hast wahrscheinlich von unserem gemeinsamen Informanten von den gravierenden Vorfällen gehört, die mich immer noch aufwühlen. In Kürze: Es wurde in das Haus eingebrochen, als ich mit

4

night attacks from criminals whose identity is unknown to us. In this connection I wish to quote from a letter she wrote to me on 6 December 1972:

"you must have perhaps heard from our mutual informer of the serious events which have left me quite shaken. Briefly, the house was broken into whilst I went home with the children to see my sick father. All our little valuable possessions were taken, the strange thief did extensive damage to the house, smashed to pieces what he could not take, tore down paintings from the walls, broke our glass partition, smashed the glass doors, removed books and personal documents..."

"Then at 3.30 am Sunday morning two weeks ago, three black men gained entry into the house through the same window which I had not fixed because the police had not taken the statement of the burglary. They tried to strangle me with a cloth. Had he not taken a deep breath as he bent over my neck to tie the cloth I would not have heard anything. I did not know I could scream so much, they switched off the light & fighting them off in the dark saved me. I sustained slight injuries. I was given police protection for a few days whilst an urgent application was made for someone to stay with me. My attorneys applied for Msuthu & Nompinso & her husband temporarily whilst the Minister is deciding on Msuthu. However, I was subsequently granted permission for a Mr&Mrs Nsokonts who whom I met at work; they have been given 7 days at a time & their permit is expiring tomorrow. Our problem is that no one is prepared to share my kind of life, the situation is far worse now."

I also quote from her letter of 20 March 1974:

"The last attempt on my life on the 9th i.e. 9 February I has left me quite speechless.... The damage to the house was quite ~~speechless~~ extensive. I have been battling to repair what can be repaired, the garage doors need complete replacement. The hatred with which iron doors were torn apart like pieces of wood is indescribable. It is a mystery to me how the house doors took so long to give in with such heavy impact on them."

These events show that the effect of the restrictions placed upon my

den Kindern meinen kranken Vater besuchte. Die paar Wertgegenstände, die wir besitzen, wurden mitgenommen, der mysteriöse Dieb richtete erhebliche Schäden am Haus an, machte kaputt, was er nicht mitnehmen konnte, riss Bilder von den Wänden, zertrümmerte unsere Glastrennwand, zerschlug die Glastüren, nahm Bücher und persönliche Dokumente mit ...[e]

Dann drangen um 3 Uhr 30 am Sonntag Morgen vor zwei Wochen drei schwarze Männer ins Haus ein durch das Fenster, das ich noch nicht hatte reparieren lassen, weil die Polizei den Einbruch noch nicht aufgenommen hatte. Sie versuchten, mich mit einem Stofffetzen zu erdrosseln. Hätte der Mann, der sich hinter mir über meinen Nacken beugte, um den Lappen zuzuziehen, nicht laut geatmet, hätte ich nichts gehört. Ich wusste nicht, dass ich so laut schreien kann, sie machten das Licht aus, im Dunkeln konnte ich sie abwehren, und das rettete mich. Ich kam mit leichten Verletzungen davon. Ein paar Tage lang bekam ich Polizeischutz, und es wurde ein Eilantrag auf zeitweilige Aufenthaltserlaubnis gestellt für Msuthu und Nonyaniso[f] und ihren Mann; der Minister entscheidet derzeit über Msuthu. Im Anschluss daran wurde mir allerdings der Aufenthalt für Mr. und Mrs. Ntsokonsoko gewährt, die ich bei der Arbeit kennengelernt hatte; sie erhielten die Erlaubnis für 7 Tage, und die läuft morgen aus. Unser Problem ist, dass keiner bereit ist, ein Leben zu teilen, wie ich es führe, und die Lage ist inzwischen noch weit schlimmer.»

Ich zitiere auch aus ihrem Brief vom 20. März 1974:

«Der jüngste Anschlag auf mein Leben am 9. [Februar] hat mich völlig aus der Fassung gebracht ... Die Schäden am Haus sind erheblich. Ich habe mich bemüht, zu reparieren, was noch zu reparieren war, das Garagentor muss komplett ersetzt werden. Es ist unbeschreiblich, mit welchem Hass Eisentüren zerstört wurden, als wären es Holzlatten. Es ist mir ein Rätsel, dass die Haustüren der massiven Attacke so lange standhielten.»

Diese Vorkommnisse belegen, dass die Auswirkungen der meiner Frau auferlegten Restriktionen und die beharrliche Weigerung des

B

wife, and the persistent refusal of the Johannesburg City Council to allow Mr Madikizela to stay with her, have made her an easy target to a mysterious type of thugs. An Alsation dog, which she acquired at the end of 1970, was poisoned and killed quite obviously by a person who has considerable experience in dealing with dogs that are trained to do police duties and to accept food from one person only.

All the fears I expressed to your predecessor have been confirmed and today my wife lives in perpetual danger and acute anxiety. I am reluctantly compelled to request you to give her a permit to acquire a firearm for purposes of self-defence, a request which I hope you will consider fair and reasonable, having regard to all the circumstances. I might add that last year a man attempted to stab her in the streets of Johannesburg in broad daylight and she was saved only by the intervention of friends. The man was subsequently arrested, but I have been told that the charge was later withdrawn.

9

In the light of my wife's experiences I must ask you to arrange for the house to be guarded by members of the South African Police daily from 7pm to 6am. Until Mr Madikizela moves in.

I must point out that from the reports I have received the security Police have acted towards my wife in a manner which I cannot accept as a proper execution of their duties. She is shadowed wherever she goes, taximen whom she hires to convey her to and from work are frequently interrogated, and those who come to stay with her persistently harassed. Generally their attitude is hostile and on occasions positively provocative. Your intervention could give her some respite and ease the strain.

10

In spite of all her bitter experiences my wife has no intention whatsoever of leaving the house. But I think it advisable for her to be furnished with a passport to enable her to travel abroad on holiday. Getting away from Orlando for a month or two might ease the strain and benefit her health immensely.

11

I must add that although I have now completed eleven years of my sentence, and although I have reached 'A' Group, the highest

Johannesburger City Council, Mr. Madikizela bei ihr wohnen zu lassen, sie zu einem leichten Ziel für mysteriöse Schlägertypen gemacht haben. Ein Schäferhund, den sie Ende 1970 angeschafft hatte, wurde vergiftet, und zwar offenkundig von einer Person mit beträchtlicher Erfahrung im Umgang mit Hunden, die für Polizeieinsätze ausgebildet sind und nur von einer einzigen Person Futter annehmen.

Alle Befürchtungen, die ich gegenüber Ihrem Vorgänger geäußert hatte, haben sich bestätigt, und heute lebt meine Frau in akuter Gefahr und ständiger Angst. Ich sehe mich leider gezwungen, Sie um die Erteilung einer Genehmigung zum Erwerb einer Schusswaffe zum Zweck der Selbstverteidigung zu bitten, ein Ersuchen, das Sie in Anbetracht der Umstände hoffentlich für angemessen und vertretbar halten. Ich sollte noch erwähnen, dass letztes Jahr in Johannesburg ein Mann auf offener Straße am helllichten Tag versuchte, sie niederzustechen, und sie nur durch das Eingreifen von Freunden gerettet wurde. Der Mann wurde daraufhin festgenommen, aber wie ich erfuhr, wurde die Anklage später fallengelassen.

9

Vor dem Hintergrund der Erfahrungen meiner Frau muss ich Sie bitten, eine Bewachung des Hauses durch Beamte der südafrikanischen Polizei von 19 bis 6 Uhr zu veranlassen, bis Mr. Madikizela dort einzieht.

Ich muss betonen, dass aus allen Berichten, die ich bekommen habe, deutlich wird, dass das Vorgehen der Sicherheitspolizei gegenüber meiner Frau unvereinbar ist mit ihren Dienstpflichten. Sie wird auf Schritt und Tritt beschattet, Taxifahrer, die sie zur Arbeit bringen oder dort abholen, werden vielfach verhört, und Besucher werden ständig schikaniert. Ganz generell ist die Haltung der Polizisten feindselig, manchmal eindeutig provokativ. Eine Intervention Ihrerseits könnte meiner Frau eine Erholungspause verschaffen und die Belastung mindern.

10

Trotz all ihrer schlimmen Erfahrungen hat meine Frau nicht die Absicht, das Haus aufzugeben. Ich halte es jedoch für ratsam, sie mit

6.

classification a prisoner may attain, I have never been given the privilege of a contact visit with my wife. I have been forced to discuss serious domestic * across a glass partition, and under difficult conditions where I have to shout to be heard even in regard to highly confidential matters. Moreover, the one hour allocated for the visit is too short a period, if account is taken of our special problems. I must accordingly ask you to allow me a two-hour contact visit, with all the normal liberties and courtesies associated with such visits, for the purpose of discussing these special problems.

12.

I am quite certain that if you think that my representations are reasonable and substantial, and you consider it your duty to help, all red-tape will be brushed aside and our problems could be solved with a stroke of the pen.

13.

It would be quite easy for you to reject each and every one of the requests I have made. You could, for example, point out that the question of the relaxation of influx control regulations is a matter outside your competence and within the jurisdiction of the Johannesburg City Council. You could adopt the same attitude towards my request in regard to the South African Police and passports, and tell me that my wife and I should apply directly to the appropriate authorities. You could even go further to rub it in by adding that my wife, in fighting racial oppression, has deliberately invited all the troubles she is now experiencing, and that the security police, in giving more than ordinary attention to her movements and activities, are carrying out their normal duties under the law.

14

I am well aware that, in view of all the circumstances, my representations will have to be approached cautiously and carefully, and that a decision either way entails a heavy responsibility. Your official capacity may demand that you should pay attention to policy and security considerations which will result in grave injustices to specific individuals. I am also aware that the decisions you arrive at in your ministerial capacity may frequently clash with your own

einem Pass auszustatten, der ihr erlaubt, ins Ausland zu reisen. Ein oder zwei Monate fern von Orlando könnten den Stress verringern und kämen ihrer Gesundheit enorm zugute.

## 11

Obwohl ich nun elf Jahre meiner Strafe verbüßt habe und inzwischen zur Gruppe A gehöre, der höchsten Stufe, die ein Gefangener erreichen kann, war mir nie ein Kontaktbesuch mit meiner Frau gestattet. Ich war gezwungen, schwerwiegende häusliche Probleme hinter einer Glasscheibe zu besprechen, und muss unter schwierigen Bedingungen schreien, um verstanden zu werden, und zwar auch bei höchst vertraulichen Themen. Des Weiteren reicht die eine für den Besuch angesetzte Stunde nicht aus, wenn man unsere speziellen Probleme berücksichtigt. Ich muss Sie daher bitten, mir einen zweistündigen Besuch mit allen üblichen Freiheiten und Höflichkeiten, die zu einem solchen Besuch gehören, zu bewilligen, damit diese besonderen Probleme diskutiert werden können.

## 12

Wenn Sie meine Ausführungen für nachvollziehbar und fundiert halten und es für Ihre Pflicht erachten, zu helfen, bin ich sicher, dass aller bürokratische Kram überflüssig wird und unsere Probleme mit einem Federstrich gelöst werden können.

## 13

Es wäre für Sie ganz einfach, jedes einzelne meiner Gesuche abzulehnen. Sie könnten zum Beispiel darauf verweisen, dass die Frage der Lockerung der Bestimmungen über die Zugangskontrollen gar nicht in Ihren Kompetenzbereich fällt, sondern Sache des Johannesburger City Council ist. Die gleiche Haltung könnten Sie gegenüber meiner Bitte bezüglich der Südafrikanischen Polizei und der Frage des Passes einnehmen und mir vorhalten, wir sollten uns direkt an die zuständigen Behörden wenden. Sie könnten sogar noch weiter gehen und darauf insistieren, dass meine Frau, weil sie gegen Rassenunterdrückung kämpft, an ihren Problemen selbst schuld ist und

7

personal feelings in matters of this nature.

15

The representations contained in this letter are made in the knowledge and certainty that they can be approved in such manner and under such conditions as will not endanger the security of the state or the public interest.

Above all, is the fact that the central issue in this matter is that the life of another human being, of a citizen, is at stake. I feel confident that in examining my requests you will allow humanitarian considerations to override all others, and do everything in your power to enable my wife to lead at last a normal and happy life.

Yours faithfully,
NRMandela.
NELSON MANDELA. 466/64

dass die Sicherheitspolizei, wenn sie ihren Aktivitäten und Ortswechseln besondere Aufmerksamkeit schenkt, ihre normalen, vom Gesetz vorgesehenen Aufgaben erfüllt.

## 14

Ich bin mir völlig daüber im Klaren, dass angesichts all dieser Umstände meine Anliegen mit der gebotenen Sorgfalt und Vorsicht geprüft werden müssen und dass die Entscheidung, wie auch immer sie ausfällt, schwere Verantwortung mit sich bringt. Ihre Amtsfunktion verlangt vielleicht, dass Sie die gesetzlichen Bestimmungen und die öffentliche Sicherheit stets im Blick haben. Dadurch kommt es zu massiven Ungerechtigkeiten gegenüber einzelnen Personen. Ich bin mir ebenfalls darüber im Klaren, dass die Entscheidungen, die Sie als Minister treffen, mit Ihren persönlichen Gefühlen in solchen Angelegenheiten oft in Widerstreit stehen können.

## 15

Die in diesem Brief aufgeführten Anliegen sind in der Gewissheit vorgebracht, dass sie in einer Weise und unter Bedingungen erfüllt werden können, die die Sicherheit des Staates oder die Interessen der Öffentlichkeit nicht gefährden.

Das zentrale Thema in dieser Angelegenheit ist das Leben eines anderen Menschen, einer Bürgerin, das auf dem Spiel steht. Ich bin zuversichtlich, dass Sie nach einer Prüfung meiner Forderungen humanitäre Erwägungen in den Vordergrund stellen und alles in Ihrer Macht Stehende tun werden, damit meine Frau endlich wieder ein normales, glückliches Leben führen kann.

Hochachtungsvoll

[Unterzeichnet NRMandela]

NELSON MANDELA 466/64

-----------------------

a   James (Jimmy) Kruger (1917–1987), von 1974 bis 1979 Minister für Justiz und Polizei; siehe «Personen, Orte, Ereignisse».

b   Zugangskontrolle: Die Bestimmungen des Zugangs zu bestimmten Gebieten für Schwarze wurden in den *influx control regulations* festgelegt. Sie waren gebannte Personen, die den ihnen zugewiesenen Bereich nicht verlassen durften. (A. d. Ü.)

c  Einer von Winnies Brüdern.
d  Vgl. die Briefe vom 14. September 1970 und 19. November 1970, S. 249–251 und 256 f.
e  Auslassungen von Mandela selbst.
f  Nonyaniso (Nyanya) Madikizela, Winnie Mandelas jüngste Schwester.


## An den Justizminister
## Pretoria

[Zum Teil unleserlicher Vermerk in anderer Schrift auf Afrikaans] 466/64.

*Special letter*

25. Mai 1974

Sehr geehrter Herr Minister,
bezugnehmend auf mein Schreiben vom 13. Februar 1974[a] in Zusammenhang mit den Anschlägen auf das Leben meiner Frau, habe
ich zu vermelden, dass ich am 22. Mai 1974 folgendes verstörende
Telegramm von ihr bekam:

«Weitere feige Attacke heute Nacht 12 Uhr – heute Polizeiermittlung – keine Verhaftung – Gesicht eines Angreifers gesehen –
Haushaltshilfe beinahe tot – uns ist nichts passiert – Kinder kommen am 26. 5. aus Schule zurück – Kopf hoch – du bist unser Halt
und unsere Stärke – alles Liebe.»

In meinem Brief vom 13. Februar hätte ich noch folgenden Abschnitt aus dem Brief meiner Frau vom 29. April 1974 hinzufügen
müssen:

«Ich hoffe, Du hast Schritte unternommen, was Msuthu, meinen
jüngeren Bruder, angeht. Die ständige Angst, wenn die Kinder
hier sind, ist unerträglich. Zwar habe ich gelernt, damit zu rechnen, dass mir das Schlimmste zustoßen kann, aber der Gedanke
an die Gefahren, denen meine Kinder ausgesetzt sind, ist unerträglich. Die Männer, die mich das letzte Mal umbringen wollten,
schlugen zu, vier Tage nachdem die Kinder zur Schule zurückgefahren waren. Die Folge war, dass sie sich in diesem Semester
überhaupt nicht beruhigen konnten, vor allem Zindzi, die offenbar
noch verängstigter ist als Zeni.»

Es wird Sie nicht wundern, dass ich in großer Sorge wegen dieser Vorfälle bin, und ich wäre Ihnen dankbar, wenn Sie diese Sache als äußerst dringlich behandeln würden.

Hochachtungsvoll
[unterzeichnet] NRMandela
NELSON MANDELA 466/64

------------------------

a  Er verweist wohl auf seinen Brief vom 13. Mai 1974. Siehe Brief S. 320–335.

## An den West Rand Board

18. Juni 1974

Sehr geehrter Herr,
ich bin eingetragener Mieter im Haus Nr. 8115 Orlando West, Johannesburg, und zu lebenslänglicher Haftstrafe verurteilt. Im vorliegenden Schreiben bitte ich um die Genehmigung, dass mein Schwager Mr. Msuthu Thanduxolo Madikizela und seine Frau im obenerwähnten Haus mit Mrs. Nobandla Winnie Mandela, meiner Frau, wohnen dürfen.
Meiner Frau wurde nach den Bestimmungen des Suppression of Communism Act 44 aus dem Jahr 1950 ein Gerichtsentscheid zugestellt. Ich hatte nicht die Gelegenheit, den genauen Wortlaut dieses Schreibens zur Kenntnis zu nehmen, doch soweit ich weiß, ist es ihr verboten, an Versammlungen teilzunehmen und eine Fabrik, eine Bildungseinrichtung oder ähnliche Orte zu betreten. Es ist ihr zwar erlaubt, innerhalb des Stadtgebiets von Johannesburg eine Stelle anzunehmen, doch darf sie ansonsten Orlando Township nicht verlassen und den Teil von Johannesburg, der als Soweto bekannt ist, nicht betreten.
Gemäß der obenerwähnten Anordnung darf mit Ausnahme unserer beiden Töchter, 15 und 13 Jahre alt, während bestimmter, genau festgelegter Zeiten niemand das Haus besuchen. Da sich die Kinder den größeren Teil des Jahres im Internat befanden – wo sie auch heute noch sind –, bedeutete dies, dass meine Frau allein in dem Haus leben musste.

Mehrfach wurde sie Opfer nächtlicher Überfälle von Seiten von Verbrechern, deren Identität wir nicht kennen. Aus allen Berichten, die ich erhalten habe, scheint jedoch klar hervorzugehen, dass diese Überfälle gesteuert wurden, und auch wenn die Personen, angeheuert für die schmutzige Arbeit, eine unschuldige, wehrlose Frau zu ermorden, Kriminelle sein mögen, so sind sie doch nichts anderes als die Handlanger mächtiger Interessen. In diesem Zusammenhang möchte ich aus einem Brief zitieren, den mir meine Frau am 6. Dezember 1972 schrieb:

«Du hast wahrscheinlich von unserem gemeinsamen Informanten von den gravierenden Vorfällen gehört, die mich immer noch aufwühlen. In Kürze: Es wurde in das Haus eingebrochen, als ich mit den Kindern meinen kranken Vater besuchte. Die paar Wertgegenstände, die wir besitzen, wurden mitgenommen, der mysteriöse Dieb richtete erhebliche Schäden am Haus an, machte kaputt, was er nicht mitnehmen konnte, riss Bilder von den Wänden, zertrümmerte unsere Glastrennwand, zerschlug die Glastüren, nahm Bücher und persönliche Dokumente mit ...[a]
Dann drangen um 3 Uhr 30 am Sonntag Morgen vor zwei Wochen drei schwarze Männer ins Haus ein durch das Fenster, das ich noch nicht hatte reparieren lassen, weil die Polizei den Einbruch noch nicht aufgenommen hatte. Sie versuchten, mich mit einem Stofffetzen zu erdrosseln. Hätte der Mann, der sich hinter mir über meinen Nacken beugte, um den Lappen zuzuziehen, nicht laut geatmet, hätte ich nichts gehört. Ich wusste nicht, dass ich so laut schreien kann, sie machten das Licht aus, im Dunkeln konnte ich sie abwehren, und das rettete mich. Meine Anwälte beantragten, Msuthu,[b] Nonyaniso[c] und ihren Mann vorläufig bei mir wohnen zu lassen, bis der Minister eine Entscheidung wegen Msuthu trifft. Allerdings durften dann Mr. und Mrs. Ntsokontsiko bei mir wohnen, die ich bei der Arbeit kennengelernt hatte, 7 Tage hintereinander, und morgen läuft die Genehmigung aus. Unser Problem ist, dass kein Mensch bereit ist, ein Leben zu teilen, wie ich es führe, und die Lage ist inzwischen noch weit schlimmer.»

Ich zitiere auch aus ihrem Brief vom 20. März 1974.

«Der jüngste Anschlag auf mein Leben am 9. [Februar] hat mich völlig aus der Fassung gebracht ... Die Schäden am Haus sind erheblich. Ich habe mich bemüht, zu reparieren, was noch zu reparieren war, das Garagentor muss komplett ersetzt werden. Es ist unbeschreiblich, mit welchem Hass Eisentüren zerstört wurden, als wären es Holzlatten. Es ist mir ein Rätsel, dass die Haustüren der massiven Attacke so lange standhielten.»

Dann schrieb sie am 29. April 1974:

«Ich hoffe, Du hast Schritte unternommen, was Msuthu, meinen jüngeren Bruder, angeht. Immer wenn die Kinder da sind, befinde ich mich in einem Zustand unerträglicher Unruhe. Zwar habe ich gelernt, damit zu rechnen, dass mir das Schlimmste zustoßen kann, aber den Gedanken an die Gefahren, denen meine Kinder ausgesetzt sind, kann ich nicht ertragen. Die Männer, die mich das letzte Mal umbringen wollten, schlugen zu, vier Tage nachdem die Kinder zur Schule zurückgefahren waren. Die Folge war, dass sie sich in diesem Semester überhaupt nicht beruhigen konnten, vor allem Zindzi, die offenbar noch verängstigter ist als Zeni.»

Schließlich möchte ich das folgende beunruhigende Telegramm zitieren, das meine Frau am 22. Mai schickte:

«Weitere feige Attacke heute Nacht 12 Uhr – heute Polizeiermittlung – keine Verhaftung – Gesicht eines Angreifers gesehen – Haushaltshilfe beinahe tot – uns ist nichts passiert – Kinder kommen am 26. 5. aus Schule zurück – Kopf hoch – du bist unser Halt und unsere Stärke – alles Liebe.»

Kurz nach meiner Verurteilung und anschließenden Inhaftierung zog Mr. Madikizela zu meiner Frau nach Orlando West, wurde aber später aus dem Stadtgebiet ausgewiesen, sodass meine Frau ganz allein blieb. Weil sich die lokalen Behörden hartnäckig weigerten, ihn zurückkehren zu lassen, wurde sie zu einem leichten Ziel für einen merkwürdigen Typ von Schläger. Der Schäferhund, den sie sich Ende 1970 angeschafft hatte, wurde vergiftet, eindeutig von einer

Person oder mehreren, die einige Erfahrung mit Hunden hatten, die für den Polizeidienst trainiert sind und Futter nur von einer einzigen Person annehmen.

Ich sollte noch erwähnen, dass letztes Jahr in Johannesburg ein Mann sie am hellllichten Tag auf offener Straße zu erstechen versuchte und sie nur durch das Einschreiten von Freunden gerettet wurde. Obwohl dieser Vorfall in keinem direkten Zusammenhang steht mit dem Gesuch, das ich an Sie richte, halte ich es für wichtig, ihn zu erwähnen, damit Sie unser spezifisches Problem in einem größeren Kontext sehen. Im Jahr 1971 wurden, nachdem ich schriftliche Eingaben an Mr. P. C. Pelser,[d] den damaligen Justizminister, gemacht hatte, die meiner Frau auferlegten Beschränkungen gelockert, sodass sie mit solchen Verwandten oder Freunden zusammenleben konnte, die sich innerhalb des Stadtgebiets von Johannesburg aufhalten durften.

Gemäß der erwähnten Lockerung zogen unsere Freunde Mr. und Mrs. Madhlala zu meiner Frau nach Orlando West. Soweit ich weiß, standen die Madhlalas weder damals noch heute in Verbindung mit irgendeiner politischen Vereinigung, die generell gegen Rassenunterdrückung und insbesondere gegen die Politik der Getrennten Entwicklung kämpft. Dennoch wurden sie mehrmals von der Sicherheitspolizei in deren Hauptquartier geschleppt und zermürbenden Verhören unterzogen. Resultat dieser andauernden Schikanen war, dass sich die Madhlalas gezwungen sahen, unser Haus zu verlassen.

Die Erfahrung, die die Madhlalas bei uns hatten machen müssen, sprach sich schnell herum, und die Leute, einschließlich enge Freunde, die an sich gern bereit gewesen wären, bei meiner Frau zu wohnen, bekamen Angst und wollen nun nichts mehr tun, was sie ins Visier der Sicherheitspolizei bringen könnte, und zwar so große Angst, dass es kaum mehr einen Menschen gibt, der die Art Leben mitmachen möchte, das meine Frau zu leben gezwungen ist.

Der einzige Mensch, der noch immer bereit ist, sein Leben zu riskieren und bei meiner Frau zu bleiben, ist Mr. Madikizela. Da er nicht berechtigt ist, sich länger als 72 Stunden in ihrem Stadtgebiet aufzuhalten, muss ich Sie ersuchen, Ihre Bestimmungen zur Zugangskontrolle zu lockern und ihm und seiner Frau zu gestatten, bei meiner Frau im Haus zu wohnen.

Mir ist wohl bewusst, dass Ihnen, wenn Sie dieses Gesuch abzulehnen wünschten, eine ganze Reihe von Ausflüchten technischer und
anderer Art zur Verfügung stünden. Einmal könnten Sie die Angelegenheit formal behandeln, so wie es der Chief Magistrate von
Johannesburg und die Südafrikanische Polizei dem Vernehmen nach
getan haben, und darauf hinweisen, dass sie mit jeder Person zusammenwohnen kann, die berechtigt ist, innerhalb des Stadtgebiets
zu leben. Sie könnten sich auch auf den Standpunkt stellen, dass es
nicht der Politik Ihrer Behörde entspricht, Ausnahmen zu gestatten,
und ihr raten, stattdessen Johannesburg zu verlassen. Doch ich
richte dieses Gesuch an Sie in der Hoffnung, dass Sie die Angelegenheit aufgrund des vorliegenden Tatbestands und von einem
humanitären Blickwinkel aus behandeln.

Schließlich muss ich Sie ersuchen, uns zu gestatten, einen Schakal-
zaun rund um das Haus zu errichten, das heißt, einen ungefähr
2 Meter 50 hohen Zaun, der das Eindringen von Unbefugten verhindert.

Ich bitte Sie, die Angelegenheit als dringend zu behandeln.

Hochachtungsvoll
[unterzeichnet NRMandela]
NELSON R. MANDELA

- - - - - - - - - - - - - - - - - - - - - -
a    Auslassungen von Mandela selbst.
b    Msuthu Thanduxolo Madikizela, Winnie Mandelas Bruder.
c    Nonyaniso (Nyanya) Madikizela, Winnie Mandelas jüngste Schwester.
d    Siehe die Briefe vom 14. September 1970 und 19. November 1970, S. 249–251 und 256 f.


**An den Commanding Officer**
**Robben Island**

26. Juni 1974

Entsprechend Ihren Anweisungen habe ich versucht, die beanstandeten Abschnitte entweder zu streichen oder umzuformulieren.[a]
Ich muss allerdings betonen, dass ich mit den Vorwürfen in meinem

ersten Brief an den West Rand Board keinesfalls Propaganda oder Aussagen in der Absicht machen wollte, eine bestimmte Person oder ein Regierungsorgan zu diskreditieren. Die drei Abschnitte, deren Streichung Sie verlangen, beziehen sich entweder auf unbestreitbare Tatsachen, die in der in- und ausländischen Presse große Beachtung fanden, oder es werden darin eindeutige Schlussfolgerungen gezogen, die sich aus schlichten Tatsachen ergeben wie zum Beispiel die Vergiftung des Schäferhundes. Wenn Sie die Erwähnung der in meinem ersten Brief aufgeführten Tatbestände nicht gestatten, so verweigern Sie mir, mich auf Tatsachen zu berufen, die ganz konkret sind und von denen die Bewilligung meines Antrags abhängt.

Ich versichere Ihnen allerdings, dass mir Ihre diesbezüglichen spezifischen Probleme und Verpflichtungen durchaus bewusst sind.

[Unterzeichnet NRMandela]

[Notiz in anderer Schrift]
Zensurstelle
Bitte absenden
[unterzeichnet] 27. 6. 74

-----------------------

a  Die Zensoren hatten angeordnet, den Brief an den West Rand Board vom 18. Juni 1974 (s. S. 336–340) neu zu schreiben und dabei die drei beanstandeten Abschnitte wegzulassen. Wir wissen nicht, um welche Abschnitte es sich dabei handelte.

**An Fatima Meer, Freundin und Genossin
Sydenham, Durban**

Nelson Mandela, 466/64                Gruppe A                1. Nov. 74[a]

*Wahali*[b] Fatimaben,
auch wenn Du nicht das wunderbare Telegramm vom 14. 10. geschickt hättest, wäre ich mir ganz sicher gewesen, dass Du & Ismail euch der Mädchen annehmen würdet, dass sie keine Waisen sein würden, solange ihr lebt, und dass in Zamis Abwesenheit jemand da

wäre, an den sie sich wenden könnten, wenn Probleme entstünden, jemand, der vertraut ist mit unserem Background, unserer Einstellung, unseren Ambitionen & Träumen & sogar, sollte man vielleicht hinzufügen, unseren Unzulänglichkeiten. In dieser Hinsicht ist kaum jemand besser geeignet als Du. Natürlich hätte ich gern bestimmte Probleme, die durch Zamis Inhaftierung entstanden sind, direkt mit Dir besprochen. Zum einen hatten Zami & ich darüber gesprochen, dass die Mädchen diesen Dez. in Amerika Ferien machen könnten. Cousine Njisana,[c] die Du ja gut kennst, hat sich mit dem Thema gemeinsam mit Prof. Gwen Carter[d] & Lady Birley[e] in London beschäftigt. Die Mädchen haben mir mehrmals dazu geschrieben. Ich kann gut verstehen, dass sie gerne Ferien im Ausland machen würden. Sie besuchen die Schule zusammen mit Kindern aus wohlhabenden Familien, die sich Ferien im Ausland leicht leisten können, & nach den Briefen der Mädchen zu urteilen, sind Reisen nach Europa & Amerika geradezu Mode an ihrer Schule. Hin und wieder, wenn wir uns über solche Themen austauschen, bin ich versucht, ihnen ins Gedächtnis zu rufen, dass sie nicht vergessen dürfen, dass sie meine Kinder sind, was ihnen möglicherweise unüberwindliche Hindernisse in den Weg legt. Doch die raue Wirklichkeit deckt sich oft nicht mit den Wünschen der Leute, vor allem, wenn diese Leute Kinder sind. Ich weiß nicht, wie weit die Pläne unserer Cousine gediehen sind, doch könnte Zamis Inhaftierung diese Pläne inzwischen über den Haufen geworfen haben. Außerdem gibt es intime Probleme, die auf junge Mädchen zukommen, wenn sie mit ihren natürlichen Bedürfnissen klarkommen müssen. Zami & ich haben oft versucht, darüber zu diskutieren, aber die Haltung gegenüber solchen Fragen verändert sich ziemlich rasch und tendenziell von Tag zu Tag. Um den Mädchen von Nutzen sein zu können, wird sie sich nach ihrer Rückkehr eine ganze Menge Informationen holen müssen. Es sind gute Mädchen, doch offen gestanden sind sie noch zu jung, um allein mit solchen Problemen fertig zu werden. Durban ist mehr als 1000 Meilen entfernt, & es ist entsetzlich teuer, hier herunterzukommen. Selbst Dir kann ich das nicht zumuten. Doch es gibt Probleme, die man besser mündlich statt brieflich besprechen sollte. Wie Du weißt, dürfen nur Verwandte ersten Grades kommen, doch Deine spezielle Position gegenüber der Familie im Allgemeinen & den Mädchen im Besonderen würde Dich dazu berechtigen, einen solchen Antrag zu stellen.

Ich möchte hinzufügen, dass mein Sohn Kgatho, 24, noch 2 Fächer für sein Abitur braucht. Bis zum JC,[f] das er mit Auszeichnung bestand, ging es sehr gut, obwohl er die Prüfung mehrere Monate nach seinem Hinauswurf aus dem Internat wegen (angeblicher) Organisation eines Schülerstreiks ablegte. Danach verlor er seinen Elan, & zweimal versuchte er vergebens, mit Hilfe von Privatunterricht das Abitur zu bestehen. Das eigentliche Problem ist, dass er in seinem Alter & in meiner Abwesenheit es nicht ganz einfach findet, den Verführungen des Großstadtlebens zu widerstehen. Ich habe versucht, ihn wieder in ein Internat zu kriegen – Clarkebury oder St. John's, beide in der Transkei –, wo er sich ganz auf das Lernen konzentrieren könnte, fernab von Einflüssen, die ihn von der Arbeit ablenken. Er kann auf ein schlagkräftiges Argument zurückgreifen: einen bequemen Job, den er möglicherweise verliert, wenn er sich auf meinen Vorschlag einlässt, & außerdem ist er verlobt. Es gibt auch ein wichtiges Detail, das ich hier nicht erwähnen darf. Wie auch immer, ich schlug ihm jedenfalls vor, er solle sich ein Jahr frei nehmen, um zumindest vollends das Abitur zu machen. Danach würden wir weitere Pläne besprechen. Ich hatte den Eindruck, wir hätten ihn am Schluss doch überzeugt, & Zami war dabei, Geld für ihn und seine Verlobte aufzutreiben, damit sie wieder aufs College gehen könnten. Leider müssen nun auch diese Pläne aufgeschoben werden. Ich hatte die Sache mit Danapathy[g] besprochen & ihm vorgeschlagen, Kgatho nach Durban einzuladen und ihm Orte wie Ngoye, Westville, Deine Universität[h] & das M. L. Sultan College[i] zu zeigen, damit er aus eigener Anschauung sehen könnte, womit sich junge Leute anderswo beschäftigen. Ich hatte gehofft, eine solche Gelegenheit würde seinen Ehrgeiz wecken & ihn dazu bringen, sein Studium ernsthafter anzupacken. Ich weiß wohl von den unglücklichen Umständen, die es Danapathy möglicherweise sehr erschwerten, an solche Dinge überhaupt zu denken. Vielleicht könntet ihr, Du & Ismail, Kgatho für ein Wochenende einladen, ihn herumführen & die ganze Angelegenheit

mit ihm besprechen. Er interessiert sich für eine juristische Laufbahn, & Ismail wäre die ideale Person, um ihn zu motivieren. Er
wohnt im Haus Nr. 5818, Orlando East, JHB, & ist angestellt bei der
Federated Insurance Co. Du erreichst ihn auch per Telefon bei uns
zu Hause. Sonst könnte ihn auch Yusufs Amina[j] statt Deiner kontaktieren. Diese Probleme kann ich weder irgendwelchen Gottheiten
noch den Schicksalsmächten anvertrauen. Auf sie habe ich keinerlei
Einfluss.

Nach meinen Unterlagen gibt es 630 000 Südafrikaner indischer
Herkunft, 70 000 in Transvaal und 20 000 in der Kap-Provinz. Wie
kommt es, dass es in Deiner Region nur 8 Organisationskomitees
gibt, in Transvaal aber 25 und 3 im Kap? Wer ist mehr, wer ist weniger engagiert? Ich erwarte eine Antwort auf meinen Brief vom 1. 7.,
der Dir, hieß es, nachgeschickt wurde. Oder muss ich annehmen,
dass meine Bitte um Vergebung auf taube Ohren stieß, dass Du
inzwischen vergessen hast, dass wir noch nie jemanden geschlagen
haben, der sich ergeben hatte? Grannie Nics Gesundheitszustand
interessiert alle Familienmitglieder sehr, & es tut gut, zu hören, dass
sie trotz ihres hohen Alters noch immer so rührig & aktiv ist. Nicht
viele Menschen gehen mit 80 noch so aufrecht, sind so energisch
und zuversichtlich, wie sie das anscheinend noch immer ist. Als
Sozialarbeiterin & Reisende, die sich den größeren Teil ihres Lebens
fast ausschließlich mit der Lösung gravierender sozialer Probleme
befasst & Menschen in verschiedenen Lebenslagen Entlastung & Sicherheit verschafft hat, ist sie eine Art lebendes Symbol geworden.
Sie hat Bande geknüpft, die weit stärker sind als die der historischen
Herkunft, der Sprache & selbst des Blutes. Jahrzehntelang hat sie das
Land bereist, immer mit der Nase nahe am Boden wie ein Bluthund
mit hervorragendem Geruchssinn. Sie hält sich an die vielbegange-
nen Pfade, doch hat sie fast immer Mittel & Wege gefunden, um sich
einen neuen Weg zu bahnen, wo immer sie an eine Sackgasse gelangte. Mittlerweile kennt sie wohl jeden Bach in dieser Provinz, jedes
Tal, jeden Hügel, jedes Loch & jeden Grashalm. Wir sind recht zuversichtlich, dass Mrs. Monty, MJ & Co. mit vereinter Geschicklich-
keit & Erfahrung alles dransetzen, damit das alte Mädchen auf den
Beinen bleibt, bis wir uns wiedersehen.

Alles Liebe und herzliche Grüße an sie, Shamim, Shehnaz, Rashid,[k]
Deinen Boyfriend[l] & natürlich an Dich, *Ben.*

Schick Deine Briefe als Einschreiben.
Ganz herzlich
Nelson

------------------------

a   Der Brief trägt den Stempel «Zensurstelle Robben Island 19–11–74».
b   *Vehalie* bedeutet auf Gujurati «liebe». Wahrscheinlich befragte er dazu einen seiner Mit-
     häftlinge, die fließend Gujurati sprachen, wie zum Beispiel Laloo Chiba. Mandelas Schreib-
     weisen variieren, z.T. heißt es *wahalie. Ben* heißt «Schwester» auf Gujarati.
c   Winnie Mandelas Cousine.
d   Prof. Gwendolen M. Carter (1906–1991), kanadisch-amerikanische Politikwissenschaftle-
     rin, Spezialgebiet Afrika; Wohltäterin.
e   Lady Elinor Birley; ihr Mann Sir Robert Birley (1903–1982) war Direktor am Eaton Col-
     lege und hatte damals eine Gastprofessur in Erziehungswissenschaft an der Universität von
     Witwatersrand.
f   Junior Certificate.
g   Sein Mithäftling M. D. Naidoo.
h   Fatima Meer arbeitete an der University of Natal im Homeland Natal (heute KwaZulu-Natal).
i   University of Durban.
j   Yusuf und Amina Cachalia; siehe «Personen, Orte, Ereignisse».
k   Fatima Meers Kinder.
l   Ismail Meer (1918–2000), Fatimas Mann, Anwalt und Antiapartheidaktivist; siehe «Per-
     sonen, Orte, Ereignisse».

## An den Commanding Officer
## Robben Island
[In anderer Schrift, zum Teil unleserlich] N. Mandela 466/64

1. Dezember 1974

Zu Händen von Col. Roelofse

Ich würde mich freuen, wenn Sie mir gestatten würden, an den Commissioner of Prisons zu appellieren gegen Ihre Entscheidung, mir
nicht die Erlaubnis zu gewähren,
1.  an den Justizminister zu schreiben und ihn in Kenntnis zu setzen
     über den Einbruch am 18. September 1974 in meinem Haus in
     Johannesburg, bei dem in die Garage eingebrochen und das Auto
     beschädigt wurde;

2. an den C. O. P.[a] zu schreiben und nach den Gründen zu fragen, so es welche gibt, warum mein Schreiben an Dr. Helen Suzman,[b] MP, vom 1. März 1974,[c] in dem ich ihr zur Erlangung der Ehrendoktorwürde in Jura gratulierte, meinem Dossier beigelegt wurde. Sie wissen inzwischen, dass ich am 13. Mai 1974[d] an den Justizminister schrieb und folgende Anträge stellte:

a) meiner Frau die Genehmigung zum Erwerb einer Schusswaffe zum Zweck der Selbstverteidigung zu erteilen;

b) den Polizeiminister aufzufordern, die Beamten der Südafrikanischen Polizei anzuweisen, sich beim Umgang mit meiner Frau strikt auf die vom Gesetz vorgeschriebene Ausübung ihrer Pflichten zu beschränken;

c) seinen Einfluss beim City Council von Johannesburg geltend zu machen und ihn aufzufordern, die Bestimmungen der *Influx Control regulations*[e] zu lockern, damit es meinem Schwager ermöglicht wird, dauerhaft bei meiner Frau in unserem Johannesburger Haus zu wohnen;

d) sich mit dem Innenminister abzusprechen, um meiner Frau einen Pass auszustellen, der es ihr ermöglicht, Ferien im Ausland zu verbringen;

e) sich mit dem Polizeiminister abzusprechen, damit Beamte der Südafrikanischen Polizei das Haus so lange täglich von 7 Uhr abends bis 6 Uhr morgens bewachen, bis mein Schwager kommt;

f) meiner Frau und mir einen zweistündigen Kontaktbesuch zu ermöglichen, damit wir die obenerwähnten Probleme besprechen können.

Am 25. Mai sah ich mich gezwungen, dem Minister einen zweiten Brief[f] zu schreiben wegen eines weiteren heimtückischen Anschlags auf meine Familie und andere Hausbewohner.

Kurz danach teilte mir Lt. Terblanche, der Gefängnisdirektor, mit, der Minister habe die in meinen Briefen angesprochenen Fragen an die jeweiligen Abteilungen zwecks Kenntnisnahme weitergereicht und ich würde über das Ergebnis zu gegebener Zeit informiert werden.

Im September informierte mich Lt. Terblanche, der Antrag meiner

Frau auf einen Reisepass werde bei dringendem Bedarf in Betracht gezogen und es stehe ihr frei, an die Kommission des Bezirks, wo sie wohne, einen Antrag zu richten. Weiter wurde mir mitgeteilt, dass der Minister dem Ersuchen nach einem zweistündigen Kontaktbesuch nicht habe stattgeben können. Obwohl über sechs Monate verstrichen sind, seit der Minister von der Angelegenheit unterrichtet wurde, erhielt ich keine Antwort zu den Anliegen a), b), c) und e) in meinem Schreiben an den Minister.

In der Zwischenzeit wurde am 18. September erneut ein Einbruch verübt. Ich zitiere aus einem Brief meiner Frau vom 29. September:

> «Unsere Freunde, die ‹Bantujugend›, haben sich von uns verabschiedet, indem sie am 18. in die Garage eingebrochen sind und nur den Wagen mitgenommen haben. Die einzige Hoffnung ist, dass sie ihn wieder zurückbringen, wie beschädigt auch immer.»

Ich zitiere auch aus dem Brief meiner Frau vom 8. Oktober, um Ihnen eine Vorstellung zu geben von der systematischen Verfolgung, der sie ausgesetzt war, und ihrer Angst um die Sicherheit der Kinder und unseres Eigentums während ihres Aufenthalts im Gefängnis.

> «Es ist 1 Uhr nachts am selbigen Tag. Ich warte darauf, dass die ‹Bantu-Männer› angreifen, Feinde, gegen die ich nichts ausrichten kann. Ich bleibe auf, weil ich wegen der Erinnerung an diese gemeinen Schläge, das zersplitternde Glas, das bösartige Zerschmettern der Türen usw. sowieso nicht einschlafen könnte. Das liebste wäre mir, wenn in meiner Abwesenheit weder Dokumente noch Kleider gestohlen würden und wenn es zu keinen ähnlichen Vorfällen wie dem erwähnten käme. Die entsetzliche Vorstellung, dass das Gleiche mit unserem Streichholzschachtel-Haus passiert, wenn die Kinder wieder daheim sind, beunruhigt mich sehr.»

Ich verweise auch auf den Abschnitt eines Briefs meiner Schwägerin, Mrs. Mniki,[g] vom 7. November. Sie lebt derzeit mit ihrem Mann in meinem Haus.

> «... sie (meine Frau) bat uns, uns um das Haus zu kümmern und es in Besitz zu nehmen, also taten wir das auch. Doch es gab keine

Alternativen, denn es gab jetzt schon Komplikationen mit dem
Haus, und die Situation ist alles andere als einfach.»

Vor meiner Verurteilung führte ich im Lauf meiner beruflichen Karriere Gespräche mit Beamten, und als Gefangener diskutierte ich mit
dem C.O.P., General Steyn, dem ehemaligen Chef des Sicherheits-
diensts, Brigadier Aucamp, und anderen leitenden Beamten in den
Headquarters sowie mit allen Commanding Officers, die seit 1964 in
diesem Gefängnis tätig waren. Das Gespräch, das ich mit Ihnen am
23. November führte, gehört zu den frustrierendsten und unan-
genehmsten Erfahrungen, die ich je mit einem Regierungsbeamten
gemacht habe. Nicht nur waren die Gründe verwunderlich, die Sie
anführten, als Sie eine meiner Ansicht nach vollkommen vernünftige
und logische, auf humanitären Aspekten beruhende Forderung ablehnten, sondern Ihre ganze Haltung in dieser Angelegenheit stand in
krassem Widerspruch zu dem humanen, behutsamen und aufgeklärten Vorgehen, das General Steyn häufig an den Tag legt, wenn er mit
derlei Dingen zu tun hat. Ich mag mich täuschen, doch ich bin mir
sicher, dass er es mir in Anbetracht der Umstände nicht verweigern
würde, den Minister in Kenntnis zu setzen über den Einbruch in
unser Haus am 18. September und das Leben, das meine Frau führt,
insbesondere nachdem ich den Minister gebeten hatte, die Angelegenheit als dringlich einzustufen. Unter diesen Umständen muss
ich Sie ersuchen, mir zu gestatten, dem C.O.P. die ganze Situation
auseinanderzusetzen. Die Tatsache, dass meine Frau zur Zeit eine
Gefängnisstrafe verbüßt, ist irrelevant, denn aus dem Brief meiner
Schwägerin geht hervor, dass das Haus nach wie vor attackiert wird.
Am 1. März 1974 schrieb ich einen Brief an Dr. Helen Suzman, MP,
in dem ich ihr zur Erlangung des Ehrendoktors in Jura gratulierte.
Auf Anweisung des C.O.P. wurde dieser Brief meinem Ordner beigelegt. Es wurden mir keine Gründe genannt, warum der Brief nicht
zugestellt wurde. Im Mai teilte mir Col. Willemse mit, ich solle die
Angelegenheit direkt mit dem C.O.P. besprechen, und versprach,
dafür zu sorgen, dass er den Einzelzellentrakt während der Sitzungs-
periode des Parlaments besuchen werde. Seither sind sechs Monate
verstrichen, und ich bitte Sie, mir zu gestatten, die Angelegenheit mit

ihm schriftlich zu behandeln. Insbesondere möchte ich, dass der Commissioner mir mitteilt,

a) ob ich an Dr. Suzman schreiben darf oder nicht. Wenn ein solcher Brief nur mit der Genehmigung des C. O. P. geschrieben werden darf, wie Col. Willemse meinte, dann ersuche ich nun offiziell um eine solche Genehmigung;

b) ob der Brief wegen seines Inhalts nicht abgeschickt wurde;

c) dass er mich zur Vermeidung weiterer Missverständnisse über die Vorschriften der Gefängnisverwaltung im Hinblick auf die Zensur der Briefe von Gefangenen und die Maßnahmen, die ich beim Briefeschreiben beachten sollte, in Kenntnis setzt.

Schließlich schrieb ich am 18. Juni an den Manager, West Rand Central Board,[h] der nun vom Johannesburger City Council die Gerichtsbarkeit in den afrikanischen Townships in dieser Region übernommen hat. Für diesen Brief habe ich nie eine Empfangsbestätigung erhalten und würde mich freuen, wenn Sie mir mitteilten, wann und an welche Adresse er geschickt wurde.

[unterschrieben NRMandela]
NELSON MANDELA: 466/64

------------------------

a   Commissioner of Prisons.

b   Helen Suzman (1917–2009), Hochschullehrerin, Politikerin, Antiapartheidaktivistin und Parlamentsabgeordnete in der Opposition; siehe «Personen, Orte, Ereignisse». Sie besuchte Mandela und seine Kameraden auf Robben Island erstmals 1967.

c   Siehe Brief S. 316–319.

d   Siehe Brief S. 320–335.

e   Die Bestimmungen des Zugangs zu bestimmten Gebieten für Schwarze wurden in den *influx control regulations* festgelegt. Sie waren «gebannte» Personen, die den ihnen zugewiesenen Bereich nicht verlassen durften. (A. d. Ü.)

f   Vgl. Brief vom 25. Mai 1974, S. 335 f.

g   Nobantu Mniki, Winnie Mandelas Schwester.

h   West Rand Administration Board, siehe Brief S. 336–340.

**An Winnie Mandela**
**Frauengefängnis Kroonstad**
[Notiz auf Afrikaans in anderer Schrift mit Hinweis auf seinen Ordner] 913
einbehalten

Nelson Mandela 466/64                Gruppe A            1.2.75

*Dadewethu,*[a]
dies ist mein fünfter und letzter Brief, bevor Du aus dem Gefängnis
kommst.[b] Ich befürchte, dass der März-Brief erst nach Deiner Entlassung in Kroonstad ankommen wird, und schicke ihn daher direkt nach
Hause. Das Gleiche mache ich mit dem Brief vom Apr. Meine anderen Briefe für Februar sind an Zeni gegangen, an Ndindi[c] [Thembis
älteste Tochter, die am 20. Feb. 9 Jahre alt wird], *Sisi* Phathiwe & Florence Matanzima.[d] *Sisi* Phathiwe ist Mrs. Nkala und inzwischen Mat-
ron an der Mditshwa Highschool in Ncambele[e] & wahrscheinlich die
Erste aus der Familie Dalindyebo,[f] die Lehrerin geworden ist. Sie war
in Shawbury.[g] Wie Du weißt, ist Florence unsere *Molokazana.*[h]
Ich schrieb Judy[i] in meinem November-Brief, dass ich Zeni gern
allein sehen würde, sobald sie 16 wird. Ich schlage vor, dass Du für
ihren 16. Geburtstag ein bisschen mehr als das Übliche veranstaltest,
dass zum Beispiel ein Schaf geschlachtet wird und AmaDlomo[j] &
Freunde eingeladen werden. Du solltest Dich mit Kgatho, Jongintaba, Ntatho,[k] Lily,[l] Dorcas,[m] Marwede & anderen ins Benehmen
setzen. So eine Veranstaltung wird sie vielleicht mit Stolz, Selbstvertrauen und Freude erfüllen. Doch Du solltest das Ganze in Grenzen
halten. Wichtiger ist ja immer noch der 21. Geburtstag, wenn ihr
euch alle bemühen müsst, das Mädchen auf dem Weg zu einem
neuen Leben als unabhängiger Mensch zu begleiten.
Besuche vom Kei[n] berühren mich auf ganz besondere Weise. Als
ich die Old Lady,[o] Mabel,[p] Luvuyo, Bambilanga,[q] den Chief von
Qulunqu,[r] Mbuzo, George[s] & andere wiedersah, wurden viele liebe
Erinnerungen wach. Doch es gibt eine Lücke, die nicht geschlossen
worden ist. Ich hatte in diesen letzten 10 Jahren inständig gehofft,
Amangutyana[t] aus Mbongweni zu sehen, eine Hoffnung, die durch
Manyawuzas[u] Besuch und von C.K.[v] persönlich in dem einzigen
Brief, den ich je aus Bizana erhielt (vom 12.3.68), genährt wurde.

Gewiss waren Niki, Nali & Bantu[w] hier, doch es sind alles Städter, die den Anschauungen und der Sprache der Dörfler mittlerweile entfremdet sind. Ich war versucht zu glauben, Nyawuzas Besuch sei nur der erste von mehreren, die aus Amangutyana kommen würden. Ich hatte auch gedacht, dass der 14. 10. Ma[x] so aufrütteln würde, dass sie sofort hierherkommen würde. Doch ich vermute, dass die arme Frau vor ziemlich gewaltigen Problemen steht. Obwohl ich mehrere Briefe nach Hause geschrieben habe, habe ich keine einzige Zeile von ihr & Mpumelelo erhalten. Doch es wäre unklug & auch unfair, ihr vorzuschlagen, zu kommen. Schön dabei ist, zu wissen, dass Deine Leute an dich denken.

Tausend Dank für die schöne Weihnachtskarte, die fast genau so aussah wie die von Alan Paton, die am selben Tag ankam. Die übrigen kamen von Judy, Rochelle & Schwestern,[y] Tellie & Mafu,[z] Leabie & Mann,[aa] Nolusapho, Gwen Curry, Anne & Benjie,[ab] Phyllis & Kindern, Familie Mkentane, Monica Kobus, Euphemia Mhlatuzana.[ac] Nichts von den Kindern & Thoko.[ad] Von der Karte an Dich abgesehen, die Du hoffentlich bekommen hast, habe ich Karten geschickt an Kgatho & Reyne,[ae] die Mädchen, Maki, Ma & Camagu,[af] Ndindi & Nandi, Thoko, Buyelekhaya,[ag] Judy & Kinder, Bantu & Earl,[ah] Lily, Fatima & Ismail[ai] & an Tim. Übrigens habe ich in meinem letzten Brief von Esther[aj] gesprochen statt von Jane, der ich im März schreiben will.

Ich bin sehr beeindruckt von Hans Street,[ak] was die Diskretion in Familienangelegenheiten betrifft. Es gab ein paar denkwürdige Anlässe, in denen die Vorsicht außer Acht gelassen wurde. Doch ich hoffe zuversichtlich, dass dies in Zukunft vermieden wird. Es gibt Dinge im Leben, in die Dritte, einerlei, um wen es sich handelt, nicht eingeweiht werden sollten. Im Übrigen mag man finden, dass die Zelle der ideale Ort ist, um sich selbst kennenzulernen, um regelmäßig und realistisch den Prozess des eigenen Denkens & Fühlens zu erforschen. Wenn wir unseren Fortschritt als Individuen beurteilen, konzentrieren wir uns meist auf äußere Faktoren wie die eigene Stellung innerhalb der Gesellschaft, unseren Einfluss & unsere Popularität, unseren Wohlstand & unser Bildungsniveau. All das ist natürlich wichtig, misst man Erfolg an materiellen Dingen, & es ist völlig verständlich, wenn sich viele Menschen darum bemühen, all das zu erlangen. Doch sind innere Faktoren vielleicht noch bedeutsamer, will man die eigene Entwicklung als Mensch beurteilen. Ehrlichkeit, Aufrichtigkeit, Einfachheit, Demut, echte Großzügigkeit, das Fehlen von Eitelkeit, die Bereitschaft, anderen zu dienen – alles Eigenschaften, die in jedermanns Reichweite sind –, das sind die Grundlagen unseres geistigen Lebens.

Sich in dieser Hinsicht weiterzuentwickeln ist undenkbar ohne ernsthafte Introspektion, ohne dass man sich selbst erkennt, die eigenen Schwächen & Fehler. Das Leben in der Zelle gibt einem zumindest die Gelegenheit – wenn auch zu nichts sonst –, tagtäglich das eigene Verhalten zu studieren, das Schlechte zu überwinden & das Gute weiterzuentwickeln. Regelmäßig zu meditieren, zum Beispiel etwa eine Viertelstunde vor dem Schlafengehen, kann in dieser Hinsicht sehr segensreich sein. Man mag es zunächst schwierig finden, die negativen Anteile im eigenen Leben genau zu bestimmen, doch ist der Versuch die Mühe wert. Man darf nie vergessen, dass ein Heiliger ein Sünder ist, der sich unaufhörlich bemüht.

Du solltest auch ernsthaft an das neue Leben denken, das Du nach dem 13. April wirst führen müssen. Vielleicht ist das bisschen warmer Sonnenschein verschwunden, in dem Du Dich einst gesonnt hast, & die Atmosphäre mag frostiger und bedrückender sein, als Du es Dir vorstellst. Ganz sicher wird Deine Rückkehr nicht von Pauken & Trompeten begleitet sein, & vielleicht wird Dich kaum eine Menschenseele im Fort abholen kommen, & scharfe Pfeile könnten aus unerwarteten Ecken und Winkeln kommen, sogar von jenen, die Dich lieben. Vielleicht wird es sogar eine Zäsur in Deinem Leben sein, wenn Du frühere Jobs wieder aufnimmst, & selbst die ausführlichsten Erklärungen gegenüber jenen, die bisher stets auf Deiner Seite waren, würden nichts nützen.

Doch auch bei solchen Anlässen gibt es ungeheure Chancen für Herausforderungen, Initiative & Erfolg. Manche Menschen zerbrechen an Schwierigkeiten, andere wachsen daran. Keine Axt ist so scharf, dass sie in die Seele eines Sünders schneiden kann, der sich strebend bemüht, eines Sünders, der mit der Hoffnung gewappnet ist, sich am Ende aus dem Staub zu erheben & zu siegen. Ich habe allen Grund, Dich zu lieben. Tief in Dir sind Schätze verborgen, &

ich lebe in der Hoffnung, dass Du sie eines Tages wirst heben können. Meine liebevollsten Gedanken kreisen immer um Dich.
Viele Küsse und alles, alles Liebe
Dein

Dalibunga

Dein Brief vom Dezember ist nie angekommen. Seit Okt. habe ich
Dir jeden Monat geschrieben.

-----------------------

a   «Schwester» auf isiXhosa.
b   Winnie Mandela war noch immer in Haft im Kroonstad-Gefängnis, wo sie ihre sechs
    Monate verbüßte wegen der Anwesenheit einer gebannten Person in ihrem Haus.
c   Ndileka Mandela (geb. 1965), Mandelas ältestes Enkelkind.
d   Eine Frau von K. D. Matanzima (zu K. D. Matanzima: siehe «Personen, Orte, Ereignisse»).
e   Ein Dorf in der Transkei, 20 km von Mthatha entfernt.
f   Chief Jongintaba Dalindyebo (gest. 1942); siehe «Personen, Orte, Ereignisse».
g   Von Methodisten geführte High School.
h   «Schwiegertochter» auf isiXhosa.
i   Nombulelo Judith Mtirara, eine Schwester von Sabata Dalindyebo (siehe «Personen, Orte,
    Ereignisse»).
j   Mandela stammte aus dem AmaDlomo-Clan.
k   Nthato Motlana (1925–2008), Freund, Arzt, Geschäftsmann und Antiapartheidaktivist;
    siehe «Personen, Orte, Ereignisse».
l   Lilian Ngoyi (1911–1980); siehe «Personen, Orte, Ereignisse».
m   Möglicherweise Dorcas Nongxa, Aktivistin in der ANC Women's League.
n   Fluss in der Transkei.
o   Vermutlich seine Mutter.
p   Mabel Notancu Timakwe, Mandelas Schwester.
q   Nxeko Bambilanga, Bruder von König Sabata Jonguhlanga Dalindyebo, Paramount-Chief
    der Transkei.
r   Ort in der Transkei.
s   George Matanzima (1918–2000), K. D. Matanzimas Bruder und Studienkollege Mandelas
    in Fort Hare. George studierte im nahegelegenen Lovedale College.
t   Mitglieder von Winnies Familie aus dem amaNgutyana-Clan.
u   Mandela nennt ihn versehentlich mit seinem Clan-Namen Manyawuza. *Sibali* bedeutet
    «Schwager» auf isiXhosa.
v   Columbus Kokani Madikizela, Winnie Mandelas Vater; siehe «Personen, Orte, Ereignisse».
w   Drei von Winnies Schwestern.
x   Höchstwahrscheinlich ist Winnie Mandelas Stiefmutter Nophikela Hilda Madikizela gemeint.
y   Nombulelo Judith Mtiraras Töchter.
z   Einer von Winnies Brüdern.
aa  Leabie Makhutswana Piliso (1930–1997), Mandelas Schwester, und ihr Ehemann.
ab  Anne und Benjamin Pogrund (geb. 1933); Freunde. Anne ist Künstlerin, Benjamin war
    Herausgeber des *Rand Daily Mail*; siehe «Personen, Orte, Ereignisse».

ac Freundin von Mandela.
ad Thoko Mandela, Witwe seines Sohnes Thembi, und ihre beiden Töchter Ndileka und Nandi.
ae Kgathos damalige Frau.
af Makaziwe Mandela (geb. 1954), Mandelas älteste Tochter (siehe «Personen, Orte, Ereignisse»), und ihr Ehemann.
ag Buyelekhaya Dalindyebo (geb. 1964), Sohn von Sabata Dalindyebo; siehe «Personen, Orte, Ereignisse».
ah Winnie Mandelas Schwester Nobantu und ihr Mann Earl.
ai Fatima (1928–2010) und Ismail Meer (1918–2000); siehe «Personen, Orte, Ereignisse».
aj Esther Maleka, arbeitete im Untergrund für den ANC.
ak Hier stand das Helping Hand Boarding House. Dort wohnte Winnie Mandela, als sie 1953 nach Johannesburg kam.

**An den Justizminister James Kruger**
**Pretoria**

12. Februar 1975

Sehr geehrter Herr Minister,

Auszüge aus Ihrem Schreiben vom 13. Januar 1975 an den Commanding Officer wurden mir vorgelesen.

Ich stelle fest, dass a) mein Gesuch, meiner Frau einen Waffenschein zu gewähren, genau geprüft wurde, dass Sie aber außerstande waren, ihm zu entsprechen. Dass b) meine Frau keine Beschwerde gegen irgendein Mitglied der Südafrikanischen Polizei (eingeschlossen die Sicherheitsabteilung) vorgebracht hatte und kein Mitglied der Südafrikanischen Polizei (eingeschlossen die Sicherheitsabteilung) eigens beauftragt war, ihre Aktivitäten zu überwachen. Dass c) aufgrund von Personalmangel dem Gesuch, das Haus täglich von Mitgliedern der S.A.P.[a] bewachen zu lassen, nicht entsprochen werden konnte und dass meine Frau, sollte sie einen Schutz wirklich für notwendig halten, sich an eine der zahlreichen privaten Organisationen wenden könnte, die derlei Aufgaben übernehmen. Dass d) über das Gesuch, meinen Schwager bei ihr wohnen zu lassen, immer noch nicht entschieden worden war.

In diesem Zusammenhang würde ich mich freuen, wenn Sie Ihre Entscheidung über die Gewährung eines Waffenscheins noch einmal überdenken wollten. Es sollte die Polizeibehörden doch ernsthaft beunruhigen, dass die S.A.P. angesichts wiederholter Anschläge auf mein Haus und meine Familie trotz ihrer ganzen Ausbildung, ihrer Fähigkeiten und ihrer Erfahrung, trotz der umfangreichen Ressourcen und der modernen Ausrüstung, die ihnen zur Verfolgung von Kriminellen zur Verfügung stehen, die Schuldigen in diesem speziellen Fall immer noch nicht gefasst hat. Ich besitze keine eindeutigen Informationen, um anzugeben, wer tatsächlich für die Verfolgung meiner Familie verantwortlich ist. Als ich die Angelegenheit am 27. Dezember 1974[b] mit Ihnen besprach, wiesen Sie jeglichen Verdacht, die S.A.P. könne in irgendeiner Weise darin verwickelt sein, von sich, und ohne konkrete Beweise, die in die eine oder die andere Richtung führten, konnte ich die Sache nicht weiter verfolgen. Ich muss auch Ihre Feststellung hinnehmen, dass die S.A.P. aufgrund von Personalmangel das Haus nicht, wie ich verlangt hatte, bewachen kann. Doch ich sehe nicht ein, warum Sie meiner Frau nicht bei der Anschaffung einer Schusswaffe behilflich sein wollen, wenn die Polizei trotz der ernsthaften Gefahr für ihr Leben absolut außerstande war, ihr Schutz zu gewähren.

Es gibt buchstäblich Tausende südafrikanischer Frauen, darunter auch schwarze, die gesetzlich Zugang zu Schusswaffen haben, obwohl sie ein ganz normales Familienleben führen, von kräftigen Männern beschützt werden und in Wohngegenden leben, in denen Polizeikräfte verhältnismäßig häufig Streife fahren, Frauen, die keinerlei Gefahr ausgesetzt sind. Sie scheinen sogar zu bezweifeln, dass meine Frau einen Schutz wirklich für notwendig hält, trotz der bereits aufgeführten Einzelheiten.

Bedenkt man speziell die Gewalttätigkeit der beiden letzten Attacken, so ist meine zunehmende Besorgnis im Hinblick auf die Sicherheit meiner Familie gewiss nicht ungerechtfertigt, um das Mindeste zu sagen. Die Gesundheit meiner Frau ist bereits stark angegriffen, und es gibt Besorgnis erregende Berichte, die besagen, dass die Belastung für die Kinder sehr groß ist. Mir scheint, unter den gegebenen Umständen ist die einzige Lösung, dass sie sich eine Waffe besorgen darf. Ich möchte hinzufügen, dass sie, auch wenn Sie veranlassen, dass mein Schwager zu ihr zieht, was Sie sicherlich so bald wie möglich tun werden, immer noch eine Waffe benötigen wird. Man kann nicht von ihm erwarten, dass er die Familie mit bloßen Händen vor bewaffneten Schlägern in Schutz nimmt. Meine Frau wäre gewiss mit allen vernünftigen Bedingungen einverstanden, vorbehaltlich deren Sie den Waffenbesitz gestatten würden. Die Waffe könnte zum Beispiel von der S.A.P. jederzeit im Haus überprüft werden. Oder meine Frau könnte sie der Polizei täglich um 7 Uhr früh übergeben und um 5 Uhr nachmittags abholen. Die zweite Alternative wäre recht beschwerlich und würde außerdem bedeuten, dass sie tagsüber nicht geschützt ist, ich hoffe daher, dass Sie nicht darauf bestehen. Doch sie würde vielleicht trotzdem auf eine so strenge Bedingung eingehen, wenn sie dadurch in der Lage wäre, sich nachts zu verteidigen. Diese Bedingungen würden alle Sicherheitsanforderungen erfüllen, die die S.A.P. diesbezüglich stellen könnte. Ich möchte auch hinzufügen, dass ich ihr nicht raten kann, sich mit irgendeiner der privaten Organisationen, die für solche Dienstleistungen zuständig sind, ins Benehmen zu setzen, einfach weil sie sich deren Preise nicht leisten kann. Sie soll am 13. April entlassen werden, und ich bin tief beunruhigt, dass sie vielleicht zu Hause erneut all jenen Gefahren trotzen muss, denen sie schon vorher ausgesetzt war, bevor irgendetwas unternommen wird, um ihre Sicherheit zu gewährleisten.

Mit Bedauern habe ich zur Kenntnis genommen, dass Sie mir nicht gestatten konnten, an Mr. Bram Fischer betreffs seiner Erkrankung[c] zu schreiben. Ich rufe Ihnen noch einmal in Erinnerung, dass er ein alter Freund ist und mir und meiner Familie auf vielerlei Art geholfen hat. Man hat mir gesagt, er sei ernsthaft erkrankt, und ich fürchte, dass ich ihn nie wiedersehen werde. Ihm jetzt zu schreiben wäre vermutlich die einzige Gelegenheit, ihm zu sagen, wie viel mir seine Freundschaft bedeutet hat, und ihn wissen zu lassen, dass ich in dieser für ihn so schwierigen Zeit in Gedanken bei ihm bin. Wenige Dinge wären in seiner derzeitigen traurigen Lage willkommener als ein paar Worte des Trostes und der Ermunterung von Seiten eines Menschen, der ihm wohl will. Solche Gefühle könnten ihm Mut und Kraft verleihen, um gegen die Krankheit anzukämpfen, und vielleicht überhaupt dazu beitragen, ihn zu retten. Dass mein Brief einer doppelten Zensur unterliegen würde, sollte die Befürchtung zerstreuen, dass wir uns über etwas austauschen, was aus Gründen der Sicherheit zu beanstanden wäre. Ich lege die ganze Angelegenheit erneut in Ihre Hände.

Es war sehr freundlich von Ihnen, dass Sie mir gestatteten, Piet Mei-rings *Ons Eerste Ses Premiers*[d] zu erwerben. Ich bin sehr gespannt darauf. Das einzige Problem könnte dabei sein, dass so eine Lektüre überhaupt erst den Appetit anregt. Vielleicht wird es mir eines Tages möglich sein, Ihnen persönlich für Ihre freundliche Geste zu danken. Und schließlich möchte ich Sie wissen lassen, dass es mir ein Ver-gnügen war, mich mit Ihnen auszutauschen über Belange, die uns beide angehen. Ihre Feststellung, dass die Probleme unseres Landes gemeinsam von Schwarzen und von Weißen gelöst werden müssen, entspricht meinen eigenen Ansichten. Eine solche Betrachtungsweise könnte, wenn sie zu ihrer logischen Folgerung geführt und objektiv angewandt würde, eine solide Basis dafür bilden, dass das gemein-same Bemühen aller Südafrikaner um dauerhafte Lösungen zu einem harmonischen Resultat führt. Ich hoffe aufrichtig, dass Ihre diesbezüglichen Bemühungen reiche Früchte tragen werden. *Mag dit u goed gaan!*[e]

Hochachtungsvoll
[unterzeichnet NRMandela]
NELSON MANDELA 466/64

----------------------

a   Südafrikanische Polizei.
b   Justizminister Jimmy Kruger besuchte Mandela und bot ihm Freilassung in die Transkei an unter der Bedingung, dass er die Transkei als Homeland anerkannte und sich dort nieder-ließ. In einem Gespräch mit Richard Stengel am 22. Dezember 1992 sagte Mandela: «Ich besprach die Sache ernsthaft und lehnte ab. Ich glaubte nicht an die Bantustans, ich gehöre nach Johannesburg und werde nicht in die Bantustans gehen.» (CD 11, Nelson Mandela Foundation, Johannesburg.)
c   Im Gefängnis wurde bei ihm eine Krebserkrankung festgestellt.
d   Piet Meiring, *Ons Eerste Ses Premiers, 'n Persoonlike Terugblik* (*Unsere ersten sechs Premier-minister, ein persönlicher Rückblick*), Kapstadt: Tafelberg 1972.
e   «Möge es Ihnen gut gehen» auf Afrikaans.

**An Yusuf Dadoo, Genosse im Londoner Exil**
**Johannesburg**

1.11.75

Mein lieber *Motabhai*,[a]
seit Januar 73 habe ich insgesamt 190 Briefe an die Familie, Verwandte & Freunde geschrieben, & in den vergangenen 13 Jahren habe ich einen kostbaren Schatz von 199 Briefen angesammelt, in denen mir Ansporn, Liebe & Hingabe, Solidarität & Hoffnung zuteil wurde. Etliche sind erschütternd realistisch & nüchtern, andere höchst idealistisch.

Erinnerst Du Dich noch an die D. C. von 1952[b] mit ihren apostolischen Themen von «Kreuzwegen» und «zu unseren Lebzeiten»? Natürlich erinnerst Du Dich. Noch immer sehe ich [unleserlich] so schwarz wie Nikotin in seinem Khakianzug & mit dem Dirigentenstab in der Hand beim begeisterten Hosianna-Singen mit der Gemeinde, bereit, den ganzen Weg in den Himmel zu marschieren. Solche Gefühle werden oft in diesen Briefen angesprochen.

Meine Tante, die mich sehr mag & die ich zuletzt vor 20 Jahren gesehen habe, schreibt sehr anschauliche Briefe. «Ein Hitzkopf wird von seinen eigenen Leuten gebändigt», schreibt sie einmal und drängt mich dann zu vollkommener Unterwürfigkeit in der Hoffnung, dass eine solche Haltung höheren Orts zu einem Sinneswandel führen würde. Andere greifen zur letzten Waffe derer, die keinen konkreten Vorschlag anzubieten haben, und empfehlen, intensiv & ernsthaft zu beten, denn die Götter, so sagen sie, könnten den nicht umkommen lassen, der sie um ihren Schutz bittet. Eine dritte Sorte bedrängt einen, weil man immer wieder bei formellen und informellen Anlässen in der Vergangenheit Druck ausgeübt habe, was mich in den letzten 30 Jahren sehr geprägt hat. Dies ist die reiche Ernte, die ich im letzten Jahrzehnt eingebracht habe. Doch keiner dieser Briefe enthält eine Spur von Verzweiflung oder Pessimismus, & alle gehen davon aus, dass wir eines Tages zurückkommen und alle Freuden eines freien Lebens miteinander teilen werden. Jeder Einzelne ist ein kräftiges Elixier, das meinen Leib sauber & meinen Kopf klar hält. Jeder neue Brief macht mich stärker & zuversichtlicher.

Vor allem deshalb sind die Samstage hier so wichtig, denn an diesem Tag wird immer die Post ausgegeben. Gewöhnlich sind dann fast alle Blicke auf den Haupteingang unseres Trakts gerichtet, & die Beamten, die uns die Briefe bringen, sind in diesem Moment so beliebt wie Filmstars. Wenn sie erscheinen, werden gewichtige Kollegen, die sonst wie selbstbewusste Hohepriester auftreten, auf einmal munter, bereit, nach vorn zu stürzen, um zu sehen, ob etwas für sie dabei ist. Die Gesichter der Glücklichen erhellt sofort ein Lächeln, manch einer summt vor lauter Freude ein Liedchen. Die anderen trotten davon und hoffen tapfer, nächstes Mal mehr Glück zu haben. Wüssten Matlala,[c] Reggie,[d] Muggie, Adie & Barbra all das, sie hätten schon längst zurückgeschrieben. Hat Ruth[e] ihren Brief bekommen? Ein großer Teil meiner eigenen Briefe sind Kondolenzschreiben. Möglicherweise ist der Tod schon immer aus der Distanz etwas Alltägliches gewesen, nur hat mir die Arbeitsbelastung früherer Tage kaum Zeit gelassen, mich mit solchen Themen zu beschäftigen. Vielleicht erscheint mir der Tod auch wegen meiner derzeitigen Lage viel tragischer als früher, vor meiner Gefangenschaft. Der Tod von Familienangehörigen & entfernteren Verwandten traf mich natürlich sehr hart. Aber auch der Tod von Freunden wie A.J.,[f] Amina, Debi, Hymie, Jimmy, Mike, Miriam, Molly & Deinem Nachfolger, Nana, Z.K.[g] & anderen, deren Andenken mir lieb und teuer ist, hat mich ebenso aufgewühlt. Solche Verluste geben einem unweigerlich das Gefühl, allein zu sein, wenn man ganz an das Leben in der Gruppe gewöhnt war. Ich finde es schlimm, fernab von alten Freunden zu leben, noch schlimmer, wenn man sie wohl nie mehr sehen wird. Heute schrieb ich Amina, dass ich mich gut an all die denkwürdigen Tage ab dem Jahr 52 erinnere. Natürlich habe ich dazu keine Gedächtnisstütze – keine Fotos, die ich aus der Schublade holen kann, keine Berichte zum Nachlesen, Meilensteine, die in die künftige Richtung der Dinge weisen. Dennoch denke ich oft an das Jahr 46, als mich Ismail Dir vorgestellt hat. Im Übrigen halten er & ich immer noch zusammen wie einst in unseren Studententagen.[h] Fatima[i] schreibt mir regelmäßig & hat mich 1973 sogar besucht. Ich denke auch an das Jahr 47, als ihr drei, Du, Xuma[j] und Monty,[k] auf dem Medizinerkongress[l] einen so herausragenden Auftritt hattet. Ob sich

James noch daran erinnert? Ich erinnere mich auch noch an den Tag
im Broadway Cinema im Jahr 52, als wir für Dich & Dave[m] eine rau-
schende Abschiedsfeier veranstalteten, & an alles, was danach noch
kam. Du weißt schon, was ich meine.

Ich denke viel an die kommenden Tage, an die Umstellungspro-
bleme & daran, wie man die alten Fäden wieder aufnehmen soll. Vor
allem in dieser Perspektive habe ich nie wirklich hier auf der Insel
gelebt. In Gedanken reise ich ständig kreuz und quer durchs Land
und erinnere mich an die Orte, an denen ich gewesen bin. Obwohl
mein Oxford-Atlas alt ist – gekauft 1963 –, ist er einer meiner besten
Begleiter, und dabei lerne ich die Welt und mein Land besser kennen
als in den Zeiten, in denen ich frei war.

Aber der Zweck meines Schreibens ist nicht, Dir von meinen Briefen
zu erzählen, von alten Geschichten oder von meinem Oxford-Atlas,
sondern dass ich nie vergessen werde, Dir zum 5. September[n] von
Herzen zum Geburtstag zu gratulieren. Wir denken an Dich mit viel
größerem Stolz, als Worte es ausdrücken können. Deine Geburts-
tagspartys gehören zu den denkwürdigen Ereignissen, über die ich
oft mit Ahmed[o] spreche. Natürlich ist uns bewusst, dass Du jetzt vielleicht nicht mehr so feiern kannst wie früher, trotzdem hoffe ich, dass
Du zumindest Zeit dafür findest, ein paar Freunde um Dich zu scharen und Dich ein bisschen zu entspannen. Vor allem hoffe ich, dass
Du, die beiden Reggies[p] und Tonis Papa[q] zusammenhaltet wie Vier-
linge. So stelle ich mir euch immer vor.

Sag mir bloß nicht, dass Du den *Indlamu* aufgegeben hast, den Du in
Soweto in den Fünfzigern immer so gut getanzt hast. Es ist ein echt
südafrikanischer Tanz – so typisch wie «*daar kom die Alabama*»,[r] der
*Tickiedraai*[s] & der *Bharat natium*.[t] Ich würde gerne den allerältesten
unserer traditionellen Tänze probieren, den *Basaxwa*,[u] den zeremo-
niellen Tanz der Jäger, & den *Khoikhoi askoek*.[v] Sie halten Dich nicht
nur so fit & furchtlos, wie es sich gehört, sondern lassen einen auch
besser verstehen, warum unsere Ureinwohner das Leben so intensiv
liebten & warum sie sich so hartnäckig & ausdauernd gegen die Launen der Natur & die menschliche Torheit wehrten.

Zum Abschluss möchte ich Dich an die zahlreichen Bande erinnern,
die uns zusammenhalten, nicht zuletzt sind das die Winnies[w] an un-

serer Seite – die wunderbarsten Geschöpfe auf Erden. Und noch einmal: Herzliche Glückwünsche. Ich freue mich auf den Tag, an dem wir uns wiedersehen. Einstweilen sende ich Dir, Deiner Winnie und Shireen[x] & allen anderen meine herzlichsten Grüße & alle guten Wünsche.

Dein Nelson

- - - - - - - - - - - - - - - - - - - - - - -

a «Großer Bruder» in Gujarati. Mit *Mota* wird eine Person respektvoll angeredet, die älter als man selbst ist.

b Missachtungskampagne (Defiance Campaign Against Unjust Laws, D.C.); siehe «Personen, Orte, Ereignisse».

c Deckname für Adelaide Tambo (1929–2007); siehe «Personen, Orte, Ereignisse». Die Tambos lebten im Londoner Exil.

d Oliver Tambos zweiter Name war Reginald. Mandela nennt ihn Reggie.

e Vielleicht ist hier Ruth First gemeint (1925–1982), die ebenfalls im Londoner Exil lebte.

f Chief Albert Luthuli (1898–1967), Vorsitzender des ANC von 1952 bis 1967; siehe «Personen, Orte, Ereignisse».

g Prof. Z.K. Matthews (1901–1968); siehe «Personen, Orte, Ereignisse».

h Er weist darauf hin, dass er immer noch mit Ismail Meer in Kontakt steht.

i Ismail Meers Frau.

j Dr. A.B. Xuma (1893–1962), erster schwarzer südafrikanischer Arzt, ANC-Vorsitzender von 1940 bis 1949.

k Monty Naicker (1910–1978); siehe «Personen, Orte, Ereignisse».

l Höchstwahrscheinlich handelt es sich um den «Doctor's Pact» von 1947, unterzeichnet von Dr. Yusuf Dadoo, Dr. A.B. Xuma und Dr. Monty Naicker. Es ging um die Zusammenarbeit von ANC, Transvaal Indian Congress und Natal Indian Congress und deren Forderung nach Freizügigkeit, Bildung, Wahlrecht und gleiche Chancen für alle «nicht-europäischen» Südafrikaner.

m David Bopape (1915–2004), Mitglied des ANC und der Kommunistischen Partei von Südafrika.

n Yusuf Dadoos Geburtstag.

o Ahmed Kathrada (1929–2017), führendes Mitglied im ANC und in der Kommunistischen Partei von Südafrika, Mitangeklagter im Rivonia-Prozess und Mithäftling; siehe «Personen, Orte, Ereignisse».

p Einer der beiden Reggies ist wahrscheinlich Oliver Reginald Tambo.

q Gemeint ist wahrscheinlich Rusty Bernstein (1920–2002) – siehe «Personen, Orte, Ereignisse» –, der im Rivonia-Prozess freigesprochen wurde. Seine Tochter hieß Toni.

r Afrikaans-Volkslied.

s Traditioneller Afrikaans-Tanz.

t Traditioneller indischer Tanz.

u Zeremioneller Jagd- und Gruppentanz des Basarwa-Volks.

v Ein Tanzschritt des San-Volks.

w Ihre beiden Frauen hießen Winnie.

x Yusuf und Winnie Dadoos Tochter.

**An den Commanding Officer**
**Robben Island**

Nelson Mandela 466/64

Betr.: Flasche

Maj. Sandburg benötigt eine Bescheinigung, dass ich aus medizini-schen Gründen noch immer eine Flasche brauche. Danach wird er sich persönlich um zwei Flaschen kümmern.

[Unterzeichnet NRMandela]
15.12.75
[Andere Unterschrift und Datum 5.12.76]


**An Fatima Meer, Freundin und Genossin**
**Johannesburg**

NELSON MANDELA 466/64                                   1.1.76

*Wahali* Fatimaben,[a]
ein guter Kopf & ein gutes Herz sind immer eine eindrucksvolle Kom-bination. Wenn dann aber noch eine gewandte Zunge oder eine ele-gante Feder hinzukommt, dann hat man etwas ganz Spezielles, & eine schlichte Geschichte, die man oft gehört hat, evoziert auf einmal be-deutsame moralische Lektionen. Ob Du mich für Mythologie interes-sieren kannst? Ich würde es sogar mit Magie versuchen, wenn Du es mir empfehlen würdest. Was die Mythologie angeht, so geht mein In-teresse für dieses spezielle Gebiet zurück auf die Zeit meiner frühesten Kindheit, als meine Mutter mich damit gefüttert hat. Ich habe mich auf dem College viel damit beschäftigt, doch das Thema kann außer-halb der Vorlesungssäle noch attraktiver & fesselnder sein, & das ist der Grund, warum ich Dein Thema so besonders spannend finde.
Wenn Erklärungen nach dem Eintreten eines wichtigen Ereignisses abgegeben werden, lässt sich nie ganz das Element nachträglicher Erkenntnis ausschließen. Aber es ist trotzdem seltsam, dass ich seit Oktober 74 viel nachgedacht habe über die Vorstellung, dass die Göt-

tin Zamona in den 3. Himmel hinabsteigt. Damals war das nur eine
pure Laune, die kam & ging wie der Wind, & ich maß dem Ganzen
keinerlei Bedeutung bei. Erst als ich Deinen schönen Brief & den von
Zami erhielt, kam mir der Gedanke, dass die Laune vielleicht eine
Vorahnung war. Aber vielleicht sollten wir das nicht weiter verfolgen,
sonst landen wir noch in der übernatürlichen Welt.

Lassen wir es dabei bewenden, dass diese spezielle Geschichte, mit
Deinem Dir eigenen Geschick erzählt, den ganzen Pessimismus zerstreut hat, der aus dem Glauben entstehen könnte, dass alle Leucht-
kraft aus den Voras, Kolas, Hadas, Kalas & Biharas entwichen sei &
die bösen Geister unbesiegbar seien. Die schlichte Lektion aller Re-
ligionen, aller Philosophien & des Lebens selbst besteht darin, dass
das Gute, auch wenn das Böse zeitweilig die Oberhand haben mag,
am Ende den Sieg davontragen muss. Deine Geschichte bringt diese
Wahrheit sehr gut zum Ausdruck. Für mich war die Vielzahl der griechischen Götter stets eine zusätzliche Bestätigung des weitverbreite-
ten Glaubens, dass das Schicksal von allem, was Mensch und Natur
betrifft, in der Hand von Gottheiten liegt, deren übermenschliche
Vortrefflichkeit für die gesamte Schöpfung eine Quelle der Inspiration & der Hoffnung ist – eine Vortrefflichkeit, die letzten Endes die
Welt regieren wird.

Wir, die wir aufgewachsen sind in frommen Familien & Missionsschu-
len besucht haben, gerieten in einen geistigen Konflikt, als wir sahen,
wie Lebensweisen, die wir für heilig hielten, von neuen Philosophien
infrage gestellt wurden, und als wir erkannten, dass zu jenen, die unseren Glauben als Opium abtaten, klarsichtige Denker gehörten, deren
Integrität & Liebe zu den Mitmenschen außer Zweifel standen. Doch
zumindest gab es etwas, was sowohl Anhänger der Heiligen Schriften
als auch Atheisten akzeptierten: dass der Glaube an die Existenz von
Wesen mit übermenschlichen Kräften zeigt, wie der Mensch gern
wäre & wie er im Lauf vieler Jahrhunderte gegen alle Arten des Bösen
kämpfte & nach einem tugendhaften Leben strebte.

Du sagst, man dürfe nicht nur die Oberfläche der Mythen betrachten,
dahinter seien die großen moralischen Lehren verborgen. Das unter-
schreibe ich ganz und gar, & was immer sich an meinem eigenen
Standpunkt verändert haben mag, ich erkenne doch mehr denn je die

dynamische Rolle der Mythologie bei der Darstellung menschlicher Probleme & der Formung des menschlichen Charakters. Als ich vor wenigen Jahren im Eiltempo durch eine Übersicht der Werke von Euripides, Sophokles und anderen griechischen Denkern blätterte, stieß ich auf die Feststellung, dass eine der grundsätzlichen Lehren, die wir von der klassischen griechischen Philosophie geerbt haben, besagt, ein wahrer Mensch sei jemand, der fest auf seinen Füßen stehe & nicht einmal vor dem Göttlichen das Knie beuge. Mit der Zeit verblassen sogar so unsterbliche Lehren wie diese, & Deine Geschichte hat mein ganzes Interesse an symbolischer Abstraktion von neuem erweckt. Hätte ich Zugang zu den Veden und den Upanischaden,[b] so würde ich mich mit Feuereifer damit beschäftigen. Ich glaube, Chota & Choti[c] sind nach Mekka gegangen. Vielleicht ist es jetzt an der Zeit, dass Ismail seine heißgeliebten Rosen im Stich lässt & sich auch auf Pilgerschaft begibt. Ich hoffe, ich werde wieder von Dir hören.

Am 27. Dezember verbrachte ich eine schöne Zeit mit Zeni & Zindzi. Ich sah Zeni zum 3. Mal & die Jüngste zum ersten Mal seit 62. Sie hat viel Temperament, und das wird sie hoffentlich vollauf nutzen. Sie erzählten mir, dass sie & Mum ein schönes Wochenende mit Dir & Ismail verbracht haben und sich freuen, euch wiederzusehen, das nächste Mal ein wenig länger. Und sie erzählten, Du habest inzwischen ein wenig zugenommen, seist aber so gelenkig & reizend wie eh und je. Ich freue mich sehr, dass sich Zami nun frei bewegen und alte Freunde besuchen kann. Den Vorschlag, dass ihr beide nach Indien & England reisen solltet, unterstütze ich voll & ganz, doch ich bezweifle sehr, dass sie die Reisedokumente bekommt. Die Mädchen mitzunehmen wird zu teuer, & ich schlage vor, sie daheim zu lassen. Sie sind noch jung, und sie werden ihre Chance zu gegebener Zeit bekommen. Ich weiß immer nicht, wie ich einen Brief an ein Paar beenden soll, das so wundervoll zu mir & meiner Familie war. Bloß «danke» zu sagen kommt mir formell & nichtssagend vor. Vielleicht bringt nichts deutlicher zum Ausdruck, was ihr für uns bedeutet, als diese ewige Schwierigkeit. Alles Liebe & viele Grüße an Ismail, die Kinder & Dich

Herzlich
Nelson

------------------------

a  *Vehalie* bedeutet auf Gujurati «liebe». Wahrscheinlich fragte er dazu einen seiner Mithäftlinge, die fließend Gujarati sprachen, wie zum Beispiel Laloo Chiba. Mandelas Schreibweisen variieren, z.T. heißt es *wahalie*. *Ben* heißt «Schwester» auf Gujarati.
b  Die Veden sind die ältesten Hindu-Texte, niedergeschrieben am Ende des zweiten Jahr-
   tausends v. Chr. Die Upanischaden (zwischen 600 und 900 v. Chr.) sind Teil der vedischen
   Literatur und gelten als das älteste philosophische Werk überhaupt.
c  Dr. Mahomed ‹Chota› Motala (1921–2005), Mitglied des Natal Indian Congress. Seine
   Frau war Rabia ‹Choti› Motala. Sie stammten aus Pietermaritzburg. Chota ist die Bezeichnung für das jüngste männliche, Choti für das jüngste weibliche Mitglied der Familie. Da er
   als Chota bekannt war, wurde seine Frau Choti genannt. Chota Motala war verwandt mit
   Ismail und Fatima Meer.


**An den Commissioner of Prisons**
**Pretoria**
[In anderer Schrift] 466/64 Nelson Mandela – S/letter an B/O betr. sein
Studium

23. Januar 1976

Zu Händen von Brigadier Du Plessis

Man hat mich jetzt darüber informiert, dass Sie meinen Antrag abgelehnt haben, mein LL.B-Studium entweder an der University of
London oder in Witwatersrand oder an der University of South
Africa abzuschließen. Ich würde mich freuen, wenn Sie die Angelegenheit noch einmal prüfen und mir gestatten würden, denselben
Studiengang an der University of South Africa[a] weiterzuführen.
Ich hoffe, dass Sie dabei berücksichtigen werden, dass ich, obwohl
ich in den vergangenen 12 Jahren für das LL.B-Examen an der Universität London studiert habe, beträchtliche Schwierigkeiten hatte,
die vorgeschriebene Literatur zu erhalten, was der wahre Grund für
meine negativen Resultate war. Selbst wenn ich die erforderliche
Literatur hätte erhalten können, gab es leider erhebliche administra-
tive Schwierigkeiten bei der Überweisung der Gebühren nach London, vor allem in den letzten 3 Jahren. Diese Feststellung treffe ich
nicht, um Kritik zu üben, sondern nur, damit Sie meinen Antrag in
den richtigen Zusammenhang einordnen können.
Außerdem möchte ich darauf hinweisen, dass der Dekan der juristischen Fakultät bereit ist, mir mindestens 7 Kurse zu erlassen, und

dass ich den Studiengang in 4 Jahren abschließen kann. Ich würde mich daher freuen, wenn Sie mir die Genehmigung erteilten, mich für diesen Studiengang einzuschreiben.

[Unterzeichnet NRMandela]
NELSON MANDELA 466/64

------------------------

a  Er beantragte bei den Behörden die Erlaubnis, sein Studium für den LL.B wieder aufnehmen zu dürfen.

## An D. B. Alexander,[a] Mutter des früheren Mitgefangenen Neville Alexander
## Kapstadt
[Der erste und letzte Satz dieses Briefes wurden aus dem Afrikaans übersetzt.]

Nelson Mandela 466/64                Gruppe A                1.3.76

*Kgaitsedi*,[b]

Sie sind oft in meinen Gedanken, und es tut mir gut, Ihnen meine besten Wünsche zu senden.

Ich war sehr beunruhigt, als ich vor ein paar Jahren hörte, dass es um Ihre Gesundheit nicht zum Besten stand. Aber ich vertraute darauf, dass die Frau, die so reizende Kinder wie Myrtle, Dorothy, Janette, Boy & Edward[c] zur Welt gebracht hat, sich wieder aufrappeln und all jene inspirieren würde, die mit ihr in Berührung kommen. Ich hoffe sehr, dass es Ihnen nun, da Edward und Dorothy wieder aus den Ferien[d] zurück sind, noch besser geht.

Heute schrieb ich einer alten Freundin, die mir immer Weihnachtskarten schickte, dass ich im letzten Jahr auch ihr eine Karte hatte schicken wollen, aber nicht dazu in der Lage war, weil die Familie überall verstreut lebt, sodass ich alle meine Karten brauche. Das möchte ich auch Ihnen sagen. Ich bin sicher, Sie werden diese kurze Botschaft in dem Geist empfangen, in dem sie geschrieben worden ist. Sie enthält meine ganze Liebe & meinen Dank.

Es gehört zu meinen Lieblingsbeschäftigungen, mir all die Karten anzuschauen, die ich im Vorjahr bekommen habe, & erst neulich sah ich mir die an, die Sie im letzten Dez. geschickt haben. Darauf stehen nur 4 gedruckte Worte, und Sie haben 3 hinzugefügt in einer deutlichen, kühnen Handschrift. Dieser sparsame Gebrauch von Wörtern ist typisch für alle Grußbotschaften, die ich von Ihnen bekommen habe, & dennoch sind sie voller Wärme & machen mir Mut, & ich fühle mich jedes Mal weit jünger als *kleinseun*[e] Leo. Danke, Schwester![f]

Sind Sie in letzter Zeit einmal in Cradock[g] gewesen?

Wenn Sie diese Welt besuchen, werden Sie sich an Ihre Jugend erinnern, & Ihre Lungen werden sich von der verschmutzten Stadtluft erholen. Ich hoffe auch, dass Sie immer noch regelmäßig in Verbindung stehen mit den Kindern. Sie vermissen Sie bestimmt, besonders Janette und Leo. Ich hoffe, Edwards Forschungsprojekt lässt sich gut an & seine Erkenntnisse werden so bedeutsam und erfolgreich sein wie seine früheren akademischen Arbeiten.[h] Bitte grüßen Sie alle Kinder herzlich von mir & danken Sie Gwen für ihre Karte vom Dezember 74.

Wir wünschen euch verspätet gute Gesundheit und Glück für 1976 und noch für die Jahre danach. In Liebe

Herzlich
Nelson

---

a Vermutlich handelt es sich um Dimbiti Bisho Alexander, die Mutter seines Mithäftlings Neville Alexander (1936–2012); siehe «Personen, Orte, Ereignisse».

b «Meine Schwester» auf Sesotho und auf Setswana.

c Nevilles zweiter Name war Edward; er war eines von fünf Kindern. Mandela nennt den Namen Edward anstelle von Neville, wahrscheinlich um zu vermeiden, dass die Gefängnisleitung argwöhnt, er schreibe über einen Mitgefangenen, was verboten war.

d Neville Alexander wurde im April 1974 aus der Haft entlassen und stand anschließend unter Hausarrest bis 1979. Vermutlich bezeichnet Mandela seine Freilassung als «Ferien», um den Verdacht zu vermeiden, er würde über einen Mitgefangenen schreiben.

e «Enkel» auf Afrikaans.

f Im Original Deutsch.

g Neville Alexanders Geburtsort (im Ostkap).

h Vor seiner Gefangenschaft schloss Neville Alexander seine Promotion an der Universität in Tübingen ab. 1979 veröffentlichte er *One Azania, One Nation: The National Question in South Africa* (London: Zed Press), unter dem Pseudonym *No Sizwe*, weil er gebannt war.

An Felicity Kentridge, Anwältin und Frau des Anwalts Sydney
Kentridge[a]
Johannesburg

Nelson Mandela 466/64               Gruppe A          Robben Island
9.5.76

Liebe Felicity,[b]

[Die ersten beiden Absätze sind durchgestrichen]

meine Großnichte Xoliswa Matanzima, Deckerts Hill, PO Qamata
(5327), Tochter des Chief Minister[c] der Transkei, bereitet sich derzeit für das letzte Studienjahr des B[achelor] Juris in Fort Hare vor.
Sie möchte für 2 Jahre nach Amerika & dann wieder für ihr LL.B
zurückkommen.

Ihr Vater ist nicht sehr glücklich darüber, dass sie Jura studiert, & argu-
mentiert, dass Frauen auf diesem Gebiet nicht sehr erfolgreich waren.
Trotzdem möchte sie eine juristische Laufbahn einschlagen, & die Familie hat mich um Rat gebeten. Ich bin seit 16 Jahren nicht mehr aktiv,
und vielleicht sind meine Ansichten veraltet. Aber ich habe noch nie
Frauen in irgendeiner Weise für weniger kompetent gehalten als Männer in diesem und in vielen anderen Berufen, & unabhängig davon,
was ihr Vater letztendlich dazu sagen wird, habe ich Xoliswa in ihrem
Wunsch, Anwältin zu werden, bestärkt. Ich habe ihnen aber gesagt, ich
würde Dich nach Deiner Meinung dazu befragen, & bestimmt wird
sie ihr sehr nützen, & ihre Familie wird sie zu würdigen wissen.
Nachdem mein Brief nach Qamata[d] abgeschickt worden war, war ich
einigermaßen erstaunt, als ich erfuhr, dass Du jetzt nicht mehr als
Anwältin arbeitest und Hausfrau geworden bist. Hast Du vergessen,
dass 75, also im vergangenen Jahr, Frauen beschlossen haben, auf
eigenen Füßen zu stehen und sich von der Tyrannei der Männer zu
befreien? Zum Glück habe ich zur gleichen Zeit erfahren, dass Sidney [sic] schließlich doch Internationalist geworden ist. Wie sonst
könnte ich einen Johannesburger beschreiben, der in Harvard gelehrt
hat &, wie ich hörte, unlängst bei einem internationalen Schiedsge-
richtsverfahren in Paris aufgetreten ist?
Du und eure Familie, eure Verwandten & jede Menge Freunde, die ihr

euch im Lauf eurer Arbeit am Gericht & anderswo erworben habt, habt allen Grund, stolz auf ihn zu sein. Während der Synagogen-Tage[e] hat er einen nachhaltigen Eindruck auf uns gemacht, & ich freue mich, dass er die hohen Erwartungen erfüllt hat, die er in jenen erweckte, die schon damals seine Fähigkeiten bewundert hatten.

Als ich euch Ende der fünfziger Jahre besuchte, hattet ihr ein Kind, einen gutgeratenen Sohn.[f] Ich hoffe, Du und Sydney wart nicht so grausam, ihn zu lebenslanger Einsamkeit zu verurteilen, indem ihr ihn des Vergnügens beraubt habt, allein aufzuwachsen, und ich bin sicher, dass er nun mindestens eine Schwester oder einen Bruder hat.[g] Er müsste inzwischen an der Uni sein & ein Grund für euch, stolz und glücklich zu sein.

Ich erinnere mich noch ganz deutlich, als ich Dich zum letzten Mal sah, im Juni 64, als es aussah, als klebtest Du auf der Geschworenenbank, & Du hörtest dem Verfahren so aufmerksam zu wie ein Laie, der so etwas zum allerersten Mal im Leben verfolgt. Ich freue mich, Dich, Sidney[h] und euren Sohn zu sehen, wenn ich euch hoffentlich herzlich die Hand schütteln & danke sagen kann. Inzwischen schicke ich Dir & Deiner Familie die herzlichsten Grüße.

Dein
Nelson

--------------------

a  Felicity (gest. 2015) und Sydney Kentridge (geb. 1922) waren Anwälte. Sydney gehörte zum Verteidigerteam im Hochverratsprozess (siehe hierzu «Personen, Orte, Ereignisse»). In den siebziger Jahren zogen sie nach London.

b  Mandela notierte in einer Liste seiner ausgehenden Post, dass er diesen Brief am 9. Mai in die Post gab; er wurde ihm am 4. Juni zurückgegeben; er schrieb ihn erneut und gab ihn am 21. Juli zur Post. Schließlich erhielt er ihn am 9. August zurück, nun mit der Begründung, dass er an diese Person nicht schreiben dürfe.

c  K. D. Matanzima (1915–2003), Mandelas Neffe, Thembu-Chief und Chief Minister der Transkei; siehe «Personen, Orte, Ereignisse».

d  Qamata ist eine Kleinstadt, die früher zur Transkei und davor zu West-Thembu-Land gehörte. Sie liegt etwa 830 km von Johannesburg entfernt.

e  Er bezieht sich auf die Alte Synagoge in Pretoria, die 1956 als Gerichtsgebäude für den Hochverratsprozess diente, in dem Sydney Kentridge einer der Verteidiger war.

f  William Kentridge (geb. 1955), einer der berühmtesten Künstler und Filmemacher Südafrikas.

g  Die Kentridges hatten vier Kinder.

h  Sydney Kentridge war mit einigen Verteidigern im Rivonia-Prozess befreundet.

*Das Jahr 1976 war gekennzeichnet von einem wachsenden Missmut unter den jungen Leuten, die vom mangelnden Widerstand ihrer Eltern gegen die Apartheid enttäuscht waren. Durch das rigorose Vorgehen der Regierung, das in den sechziger Jahren auf die Festnahme und Inhaftierung einer ganzen Reihe von Freiheitskämpfern folgte, sollte die Opposition gegen das Regime auf Dauer unterdrückt werden. Das zunehmende Selbstbewusstsein der Schwarzen in den späten sechziger Jahren erreichte am 16. Juni 1976 einen Höhepunkt im Schüler- und Studentenaufstand in Soweto gegen den Plan, Schwarze auf Afrikaans zu unterrichten, der Sprache des Unterdrückers. Die Polizei reagierte auf die friedlichen Proteste mit dem Einsatz von Schusswaffen und tötete Hunderte von Demonstranten. Hunderte wurden verhaftet, vor Gericht gestellt und zu Gefängnisstrafen verurteilt. Noch mehr flohen aus dem Land und verstärkten die Reihen der Exilarmeen der Befreiungsbewegungen. Die Gefangenen auf Robben Island, die bis zum Jahr 1980 keinen Zugang zu Nachrichtenmedien hatten, erfuhren von den Ereignissen erst im August 1976, als die ersten verurteilten jungen Leute im Gefängnis ankamen.*

*Der folgende umfangreiche Brief an die Gefängnisleitung, der die andauernden Übergriffe der Beamten im Einzelnen aufführt, kann auch als Mandelas Versuch gesehen werden, die Haftbedingungen für alle Gefangenen, einschließlich der neu angekommenen zornigen jungen Männer, zu verbessern. Er und sein Genosse Walter Sisulu taten sich besonders hervor mit ihren Bemühungen, die Hitzköpfe zu besänftigen und ihnen einen besseren Weg zum Überleben im Gefängnis zu weisen.* [53]

**An den Commanding Officer
Robben Island**

12. Juli 1976

<u>Zu Händen von Col. Roelofse</u>

Beigefügter Brief ist für den Commissioner of Prisons, General Du Preez, persönlich bestimmt, und ich wäre Ihnen dankbar, wenn Sie ihn genehmigen und an ihn weiterleiten würden.

Ich lege ihn in einen an Sie adressierten verschlossenen Umschlag mit dem Vermerk «Vertraulich. Zu Händen von Col. Roelofse». Nach

Übergabe an den diensthabenden Beamten habe ich allerdings keine
Kontrolle mehr und kann nicht garantieren, dass der Brief Sie in dem
Zustand erreicht, in dem ich ihn abgegeben habe.

[Unterzeichnet NRMandela]

**An den Commissioner of Prisons**
**Pretoria**

12. Juli 1976

Zu Händen von General Du Preez

Ich mache Sie hiermit aufmerksam auf Autoritätsmissbrauch, politische Verfolgung und andere Unregelmäßigkeiten von Seiten des
Commanding Officer des hiesigen Gefängnisses und Mitgliedern
seines Stabs. Obwohl ich in diesem Brief Beschwerde hinsichtlich
persönlicher Angelegenheiten führe, sind teilweise auch andere Gefangene davon betroffen, und es ist daher unter Umständen notwendig, bestimmte Namen zu erwähnen, um diese Unregelmäßigkeiten
zu verdeutlichen.

In den vergangenen 14 Jahren meiner Haft habe ich so gut wie möglich mit allen Beamten zusammenzuarbeiten versucht, vom Commissioner of Prisons bis zum Wärter innerhalb der einzelnen Abteilung,
solange diese Zusammenarbeit nicht meine Prinzipien verletzte. Ich
habe nie jemanden als Vorgesetzten betrachtet, weder innerhalb noch
außerhalb des Gefängnisses, und habe diese Zusammenarbeit aus
freien Stücken angeboten im Glauben, das würde eine harmonische
Beziehung zwischen Gefangenen und Wärtern befördern und somit
zum allgemeinen Wohlergehen beitragen. Meine Achtung vor den
Menschen beruht nicht auf der Hautfarbe einer Person oder auf der
Autorität, die sie ausübt, sondern einzig und allein auf ihren Ver-
diensten.

Obwohl ich nicht mit der Haltung von General Steyn gegenüber den
größten Problemen des Landes und der Politik des Polizeidepart-
ments übereinstimmte, respektierte ich ihn doch als den Chef dieses

Departments und auch als Individuum, und es gab nie einen Anlass, seine Integrität infrage zu stellen. Auch wenn er meiner Ansicht nach mehr zum Wohl der Gefangenen hier und anderswo im Land hätte beitragen können, machte er es mir mit seiner freundlichen und bescheidenen Art leicht, mit ihm über eigentlich heikle Themen zu sprechen, und obwohl ich oft mit den tatsächlichen Entscheidungen, die er zu manchen Themen traf, nicht übereinstimmte, war er oft in der Lage, plausible Gründe für seine Handlungen anzugeben.

Gen. Nel, Ihren unmittelbaren Vorgänger, lernte ich kennen, als er 1970 mit Mr. Dennis [*sic*] Healey[a] auf die Insel kam, und wenn ich mir die wenigen Bemerkungen in Erinnerung rufe, die wir bei diesem Anlass austauschten, gibt es für mich keinerlei Grund, anzunehmen, dass er als Chef dieser Abteilung nicht dem Niveau entsprach, das sein Vorgänger eingehalten hatte, bezüglich der Art, in der er Probleme behandelte, auf die ich ihn angesprochen hatte. Leider hatte ich noch nicht das Vergnügen, ein Gespräch mit Ihnen zu führen, doch ich gehe davon aus, dass Sie alles in Ihrer Macht Stehende tun werden, um die Beziehungen zwischen Gefangenen und Aufsehern zu verbessern und unser Wohlergehen zu befördern.

Ich habe nun nicht weniger als 3 Gespräche mit Brigadier Du Plessis, dem Chef der Sicherheitsdienste, geführt, und trotz der Tatsache, dass auf keine meiner Beschwerden eingegangen wurde, versuchte er, vernünftige Erklärungen für seine Handlungen abzugeben, und umriss die Politik des Departments in Bezug auf die von uns besprochenen Themen so geduldig, wie es die Zeit gestattete.

Nach meinem Verständnis gehört es zu den wichtigsten Aufgaben dieses Departments, Ordnung, Disziplin und die sachgerechte Verwaltung im Gefängnis aufrechtzuerhalten. Was die Gefängnisvorschriften betrifft, so sollte der Wahrung guter Beziehungen zwischen dem Gefangenen und seiner Verwandtschaft im wohlverstandenen Interesse beider Seiten besondere Aufmerksamkeit gelten. Dieses Ziel wird normalerweise durch Besuche, Briefe, Telegramme und Geburtstags-, Oster- und Weihnachtskarten erreicht.

Ein öffentliches Department wird qua Gesetz geschaffen, und es sollte in Übereinstimmung mit den gültigen rechtlichen Regeln geführt werden. Die Aktionen sowohl von Beamten als auch Gefange-

nen sollten sich in allen Bereichen auf Vorschriften stützen, die leicht
nachprüfbar sind, und auch da, wo Beamten in bestimmten Bereichen ein großer Spielraum eingeräumt wird, sollte die Einhaltung der
Prinzipien einer natürlichen Gerechtigkeit einen klaren Hinweis auf
die Überlegungen verlangen, die in Ausübung dieses Spielraums zu
berücksichtigen sind. Diese Regel wird in vielen Ländern auf der
ganzen Welt von öffentlichen Körperschaften beherzigt, die sich mit
menschlichen Problemen befassen, damit die Gefahr der Ungerechtigkeit durch Bosheit, Laune, Willkür, Korruption, Kleinlichkeit oder
andere unlautere Motive gebannt oder verringert werden kann.
Das unten im Einzelnen aufgeführte Vorgehen des Commanding
Officer und seines Stabs hat nichts mit der Aufrechterhaltung von
Ordnung und Disziplin und einer korrekten Verwaltung des Gefängnisses zu tun oder gar mit der Förderung harmonischer Beziehungen
zwischen Gefangenen und Beamten. Dieses Vorgehen ist unvereinbar mit der Wahrung guter Beziehungen zwischen einem Gefangenen und seinen Verwandten und stellt einen Missbrauch der Amts-
gewalt und politische Verfolgung dar. Zum Teil handelt es sich dabei
um pure Schikanen und Racheakte.
Das Fehlen klar umrissener Regeln und der Spielraum, der lokalen
Beamten in den unten zitierten Fällen gewährt wurde, führten in
hohem Maße zu Willkür, Bosheit und anderen unlauteren Motiven.
Ich habe Col. Roelofse mehrfach vergeblich auf diese Probleme hingewiesen, und da sowohl er und Gefängnisdirektor Lt. Prins als auch
W/O Steenkamp, der zuständige Zensurbeamte, dem hohen moralischen Niveau, das von all jenen erwartet wird, die mit der Leitung
eines öffentlichen Amts betraut sind, nicht gerecht werden, fühle ich
mich nun genötigt, Ihnen die ganze Angelegenheit darzulegen.

## 1. Amtsmissbrauch

(a) Am 27. Dezember 1974 erteilte mir der Minister of Prisons,
   Advocate J.T. Kruger, in Anwesenheit des C.O.[b] die Erlaubnis,
   Piet Meirings *Ons Eerste Ses Premiers*[c] zu erwerben, und in-
   formierte gleichzeitig den C.O., dass er nichts an dem Buch zu
   beanstanden habe. Aufgrund dieser Erlaubnis bestellte ich das
   Buch, doch da es damals vergriffen war, kam es erst am 16. Feb-

ruar dieses Jahres auf der Insel an. Ungeachtet der Tatsache, dass
der Minister persönlich die Erlaubnis zum Kauf des Buchs erteilt
hatte, und trotz verschiedener Bemühungen meinerseits hielt der
C. O. das Buch zurück und gab es erst am 27. April frei, genau
2 Monate und 11 Tage nachdem es eingetroffen war. Vermutlich
hätte ich es nicht erhalten, hätte sich nicht Brigadier Du Plessis
für mich verwendet.

(b) Sowohl Col. Roelofse als auch Lt. Prins übten systematisch Rassendiskriminierung im Einzelzellentrakt und versuchten, feindselige Gefühle unter uns zu schüren.

(i) Bei dem diesjährigen Treffen des Prison Board[d] fragte der
C. O. einen farbigen Gefangenen aus diesem Trakt, was er von
der Zivilisation der «Bantu»[e] in der Abteilung halte und wie die
farbigen Gefangenen mit den «Bantu» zurechtkämen. Als der
angesprochene Gefangene erwiderte, seine afrikanischen Kollegen in dieser Abteilung seien gebildete und kultivierte Menschen, vor denen er großen Respekt habe und mit denen er
sehr gut auskomme, machte der C. O. abfällige Bemerkungen
über die Afrikaner und ihr angeblich niedriges Kulturniveau;
er nannte sie Leute, die halbnackt im Land umherliefen.

(ii) Bei zwei vorangegangenen Anlässen erklärte Prince, damals
noch W/O, indischen Häftlingen, Afrikaner seien unzivilisiert
und würden, wenn sie an der Macht seien, Weiße, Farbige
und Inder gleichermaßen angreifen, und er betonte, Inder
täten gut daran, sich den Weißen anzuschließen. Einem von
ihnen gegenüber äußerte er, er denke stets politisch in diesen
Dingen.

Es ist gefährlich, die Aufgabe, für das Wohlergehen von Gefangenen zu sorgen, Beamten mit rassistischen Ansichten anzuvertrauen, und es ist Machtmissbrauch, wenn einer seine
offizielle Position ausnutzt und versucht, feindselige Gefühle
unter Häftlingen aus verschiedenen Bevölkerungsgruppen zu
erzeugen. Wir lehnen Apartheid in allen ihren Formen auf das
entschiedenste ab, und der C. O. hatte in keiner Weise das
Recht, zu versuchen, uns ein Gedankengut zu verkaufen, das
wir für teuflisch und gefährlich halten.

Ich möchte noch hinzufügen, dass das Verhalten dieser Beamten nicht nur unkorrekt ist, sondern auch dem widerspricht, was zumindest die offiziell anerkannte Politik ist. Regierungssprecher, darunter der gegenwärtige Premier, haben verschiedentlich die Auffassung zurückgewiesen, dass irgendeine bestimmte Bevölkerungsgruppe im Land einer anderen überlegen sei.

## 2. Unstatthafte Einmischung in soziale Beziehungen

(a) Bei 3 verschiedenen Anlässen schickte mir Zindziswa, meine jüngste Tochter, Fotografien. Eine davon sah ich 1974 in meinem Dossier, als W/O Du Plessis und ich nach der Kopie eines Briefs suchten, den ich an einen früheren Justizminister geschrieben hatte. Als ich um das Foto bat, erklärte er, wir sollten uns nicht mit 2 Dingen zugleich befassen, und zunächst beließ ich es dabei. Als ich danach nach dem Foto fragte, war es verschwunden. Als ich die Angelegenheit gegenüber Lt. Terblanche, dem damaligen Gefängnisdirektor, zur Sprache brachte, wollte er der Sache nachgehen. Später erhielt ich 2 weitere Briefe, in denen meine Frau berichtete, meine Tochter habe noch andere Fotos geschickt. Da ich sie nicht erhalten hatte, legte ich die Sache Lt. Prins vor. Obwohl ich ihn danach noch zweimal darauf ansprach, hörte ich nie mehr etwas davon. Ich möchte hinzufügen, dass es keine Probleme mit Briefen meiner Tochter gab, bis Zindziswa sich bei den Vereinten Nationen über die systematische Verfolgung ihrer Mutter durch die Regierung beschwerte, und ich glaube, dass die seither entstandenen Schwierigkeiten mit ihrer Korrespondenz und der ihrer älteren Schwester Zenani mit mir ein reiner Racheakt von Seiten des C. O. in Absprache mit der Sicherheitspolizei sind.

(b) Im Januar dieses Jahres schrieben mir meine 2 Töchter eingeschriebene Briefe. Obwohl mir sowohl Lt. Prins als auch Sgt. Fourie von der Zensurstelle versicherten, die Briefe seien nicht angekommen, war mir die gleiche Information zuvor gegeben worden, und ich stellte später fest, dass die Briefe bereits angekommen waren, als mir dies versichert wurde.

(c) Ungefähr um die gleiche Zeit schickten mir 2 Kinder, die bei meiner Frau leben, ebenfalls eingeschriebene Briefe. Das teilte mir meine Frau ungefähr einen Monat später mit, und Sgt. Fourie versicherte mir wie gewöhnlich, dass sie nicht eingegangen seien. Ich erklärte ihm, wie schwerwiegend es sei, in Bezug auf eingeschriebene Briefe nicht die Wahrheit zu sagen, und forderte ihn auf, nochmals nachzuforschen. Später teilte er mir mit, er habe die Sache überprüft, beharrte aber auf seiner zuvor gemachten Erklärung.

Daraufhin berichtete ich Lt. Prins darüber, der daraufhin zugab, dass die Briefe ein paar Wochen vor meinem Gespräch mit Sgt. Fourie eingetroffen seien. Er teilte mir offiziell mit, die Briefe würden mir nicht übergeben, weil sie militant seien und von Kindern geschrieben, die mich gar nicht kannten. Das eine ist mit meiner Frau verwandt, und ich war zur Zeit seiner Geburt bereits im Gefängnis. Das andere Kind war erst 5, als ich verurteilt wurde. Lt. Prins weigerte sich, mir mitzuteilen, warum mir Sgt. Fourie eine unwahre Auskunft zu den Briefen erteilt hatte. Genau das Gleiche geschah mit den Briefen von Mrs. Adelaide Joseph,[f] und auch da waren die obenerwähnten beiden Beamten beteiligt.

(d) Briefe, die meine Frau an ihren Verwandten Mr. Sandi Sejake geschrieben hat, der ebenfalls im Einzelzellentrakt inhaftiert ist, und Briefe von ihm an sie sind ebenfalls nicht angekommen.

(e) Es gibt viele ähnliche Fälle, doch ich möchte besonders den meines Mitgefangenen Theophilus Cholo zitieren, der 1973 verurteilt wurde und seitdem kein einziges Mal von seiner Frau besucht wurde, sodass Briefe die einzige Kontaktmöglichkeit waren. Ihren letzten Brief erhielt er im Februar dieses Jahres, und im Mai weigerte sich Lt. Prins, ihm einen dreiseitigen Brief von ihr zu geben, da sein Inhalt zu beanstanden sei, und verbot ihm gleichzeitig, ihr zu schreiben, dass ihr Brief ihm vorenthalten worden war. Mittlerweile betrachte ich die unwahren Erklärungen, die die hiesigen Beamten wiederholt über unsere Korrespondenz abgegeben haben, und die sogenannten Einwände gegen den Inhalt der Briefe oder den Absender nur als Methode, uns das uns gesetzlich zustehende Recht vorzuenthalten, zwischen uns und unseren Verwandten und Freunden gute Beziehungen zu wahren.

### 3. Zensur der ausgehenden Post

Die folgenden Beispiele sollen demonstrieren, mit was für Schwierigkeiten wir es aufgrund des übertriebenen Misstrauens von Seiten Ihrer Beamten und vielleicht sogar auch aufgrund sprachlicher Missverständnisse zu tun haben.

(a) Am 1. Juli 1975 schickte ich einem etwas über dreißigjährigen Freund eine Karte zum Geburtstag und schrieb am Ende meiner Glückwünsche in phonetischer Schrift «Me-e-e-e-i Bra-a-a», eine Verballhornung des Afrikaans-Ausdrucks «My Broer» und unter der städtischen Jugend von heute gebräuchliche Grußformel. Man sagte mir, ich müsse die ganze Karte noch einmal schreiben und die oben zitierten Wörter auslassen. Man fragte mich nicht nach einer Erklärung, und ich musste überflüssigerweise eine neue Karte benutzen.

(b) Wie auch schon oft in der Vergangenheit bekam meine Tochter Zindziswa nicht die Geburtstagskarte, die ich ihr am 1. Dezember letzten Jahres geschickt hatte. Am 1. Februar schrieb ich meiner Frau:

> «Manchmal wünschte ich mir, die Wissenschaft könnte Wunder vollbringen und bewirken, dass meine Tochter ihre Geburtstagskarten tatsächlich bekommt und sich freut, zu wissen, dass ihr Papa sie liebt, an sie denkt und sich bemüht, mit ihr Kontakt aufzunehmen, wann immer dies nötig ist. Es ist bezeichnend, dass wiederholte Versuche ihrerseits, mit mir in Verbindung zu treten, gescheitert und die Fotos, die sie mir geschickt hat, spurlos verschwunden sind.»

Wieder befahl man mir, diese Stelle zu streichen, und als ich Sgt. Steenkamp – damals war er noch Sergeant – nach einer Erklärung fragte, teilte er mir kurz angebunden mit, der Brief werde nicht verschickt, wenn ich ihn nicht neu schriebe.

(c) Meine Tochter Zindziswa spielt an der Schule Rugby und diskutierte ihre sportlichen Interessen ganz offen sowohl bei ihren Besuchen als auch in ihren Briefen. In ihrem Brief vom 8. Februar dieses Jahres, der über die offiziellen Kanäle eintraf, klagte sie über Gewichtsverlust. Am 15. April schrieb ich zurück:

«Wenn Du aber wirklich in Topform für so einen anstrengenden Sport wie Rugby sein willst, der Dir große Reserven an Energie und Geschwindigkeit abverlangt, musst Du gut aufpassen, was Du isst – ich sage noch einmal: Du musst tüchtig essen. Auch wenn ich nicht weiß, wie Mum das Geld für all das aufbringen soll.»

Diese Passage durfte ich nicht stehen lassen, und Lt. Prins verweigerte mir eine Erklärung.

(d) Meine Großnichte Xoliswa Jazana[g] möchte LL.B studieren mit dem Ziel, Anwältin zu werden, und ihre Eltern fragten bei mir an, ob ich das für ratsam hielte. Am 15. April schrieb ich ihnen zurück und bestärkte meine Großnichte in ihrem Vorhaben, teilte aber auch ihren Eltern mit, dass ich seit 16 Jahren nicht mehr praktiziere und daher Mrs. F. Kentridge, die früher am Gericht in Johannesburg arbeitete, um Rat fragen würde. Am 9. Mai schrieb ich in diesem Sinne an Mrs. Kentridge,[h] und am 4. Juni erklärte mir Lt. Prins in arrogantem Ton, ich solle den Brief neu schreiben und die obenerwähnten Tatsachen auslassen. Außerdem fügte er hinzu, die Matanzimas könnten sich anderswo Rat holen.

Mehr noch als die abwegige Erklärung fiel mir sein feindseliger Ton auf. Auch fragte ich mich, was aus meinem Brief vom 15. April geworden war. Was immer sie damit anfingen, sie handelten jedenfalls nicht korrekt. Falls sie ihn an die Matanzimas schickten, ließen sie mich meinen Verwandten gegenüber ein Versprechen geben, von dem sie im Voraus wussten, dass sie mir nicht gestatten würden, es zu erfüllen. Falls sie den Brief zurückhielten, hätten sie mir Bescheid geben müssen, was aber nicht der Fall war.

Dass ich daran gehindert wurde, meiner Frau zu schreiben, ich hätte meiner Tochter eine Glückwunschkarte zum Geburtstag geschickt, die sie nicht erreichte, dass ich immer an sie dächte und die Fotos, die sie mir geschickt hatte, verschwunden seien, ist ein unsinniger Akt, der weder mit Sicherheitsvorkehrungen zu tun hat noch mit dem Wunsch, Ordnung und Disziplin aufrechtzuerhalten, noch mit der Förderung meines Wohlergehens. Das Gleiche gilt für meinen Brief an Mrs. Kentridge, in dem ich sie bat, meine Großnichte bezüglich ihres Wunschs, Juristin zu werden, zu beraten.

## 4. Zensur eingehender Post

Der schlimmste Missbrauch bei der Briefzensur betrifft jedoch die eingehende Korrespondenz, und dabei haben sich der C. O. und sein Stab allerhand geleistet. Es wird bösartig und rachsüchtig zensiert, und es geht dabei auch hier weder um Fragen der Sicherheit und Disziplin noch um die Förderung unseres Wohlergehens.

Ich erachte es als Teil einer systematischen politischen Verfolgung und als Versuch, uns über das, was außerhalb des Gefängnisses vor sich geht, und sogar über unsere Familienangelegenheiten im Dunkeln zu lassen. Der C. O. versucht damit nicht nur, uns des Wohlwollens und der Unterstützung zu berauben, die uns in den 14 Jahren unserer Haft in Form von Besuchen, Briefen, Postkarten und Telegrammen unaufhörlich zuteil wurden, sondern auch einen Keil zwischen uns und unsere Familie und unsere Freunde zu treiben, indem sie uns als unverantwortliche Menschen präsentieren, die weder die Briefe zur Kenntnis nehmen, die man ihnen geschrieben hat, noch sich mit wichtigen Angelegenheiten befassen, auf die sich unsere Briefpartner beziehen.

Außerdem ist das zweierlei Maß bei der Briefzensur ein feiger Akt, dazu gedacht, in der Öffentlichkeit den Eindruck zu erwecken, unsere ausgehende Post werde nicht zensiert. Wann immer es in den ausgehenden Briefen um etwas geht, wogegen die Gefängnisbehörden Einspruch erheben, müssen wir sie neu schreiben, damit keinerlei Beweis für irgendeine gravierende Zensur vorliegt. Bei eingehenden Briefen werden hingegen nach Lust und Laune des Zensors Stellen ausgeschnitten oder durchgestrichen. Nichts würde Ihnen das Ausmaß des Schadens, der unserer eingehenden Post zugefügt wird, besser vor Augen führen als eine persönliche Inaugenscheinnahme. Viele Briefe meiner Frau bestehen aus Schnipseln unzusammenhängender Informationen, die auch in einem Ordner kaum zusammengefügt aufbewahrt werden können.

Meine Frau war mehrfach im Gefängnis und kennt nicht nur die diesbezüglichen Verordnungen gut, sondern auch die Sensibilität Ihrer lokalen Beamten gegenüber allem, was sie für bedenklich halten. Sie bemüht sich ganz bewusst, sich auf Familienangelegenheiten zu beschränken, doch kaum einer ihrer Briefe kommt unbeschädigt an.

Am 24. November 1975 schrieb sie mir einen 5-seitigen Brief, und nur ein Rest von 2 Seiten erreichte mich am Ende. Die hier in diesem Gefängnis angewandte Politik der Zensur wird nicht einmal von Ihren eigenen Beamten in anderen Haftanstalten verfolgt. Wie Sie wissen, war meine Frau unlängst für 6 Monate in Kroonstad inhaftiert. Manche ihrer Briefe wurden vom C. O. dieses Gefängnisses unbeanstandet weitergeschickt, hier hingegen stark zensiert.

Was aber zutiefst verabscheuenswert ist: Man zwingt uns, bei einer Praxis mitzumachen, bei der wir zu unfreiwilligen Komplizen ihrer Verlogenheit werden. Es ist unmoralisch, dass der C. O. Briefe unserer Familie und unserer Freunde vernichtet oder zurückhält und gleichzeitig verhindert, dass wir ihnen mitteilen, was damit passiert. Ich finde es zynisch, dass man zulässt, dass unsere Familien und Freunde weiterhin Geld, Zeit, Energie, guten Willen und ihre Liebe verschwenden, indem sie uns Briefe und Karten schicken, von denen der C. O. genau weiß, dass man sie uns niemals zustellen wird.

Zwischen Dezember 1974 und April 1976 sind nicht weniger als 15 Briefe für Mr. A. Kathrada zurückgehalten worden. Darunter waren Briefe von Familienmitgliedern, von Prof. Rampol, den Herren Ismail Bhoola, Essop Pahad[i] und Navraj Joseph.[j] Lt. Prins gestattete es Mr. Kathrada nicht, seinen Leuten zu sagen, sie sollten ihm nicht mehr schreiben, ein Zeichen, dass er ihre Briefe interessant fand. Als Mr. Kathrada vermutete, dass auch die Sicherheitspolizei interessiert sei, deutete Lt. Prins an, auch wenn er sich nicht eindeutig ausdrückte, dass dies in der Tat der Fall sei. Das ist ein klarer Fall von Amtsmissbrauch, und Sie sollten eine Erklärung veröffentlichen, in der Sie die Politik Ihres Departments eindeutig definieren und insbesondere darlegen, was Sie als bedenklich erachten und welche Kategorien von Personen uns weder schreiben noch Geld schicken, noch Grußbotschaften senden dürfen.

## 5. Verschwinden von Post auf dem Postweg

Die Zahl der Briefe, die unterwegs verschwinden, ist viel zu hoch, als dass man sie durch Schlamperei der Post erklären könnte, und aus der unbegründeten und hartnäckigen Weigerung des C.O., unsere Briefe eingeschrieben verschicken zu lassen, muss ich den Schluss ziehen, dass ihr Verschwinden nicht zufällig ist. In dieser Hinsicht beging der C.O. unlängst einen gravierenden Fehler, der meine Vermutung bestätigte, dass er und seine Untergebenen in dieser Angelegenheit nicht offen agieren.

Am 1. März schrieb ich an Mr. Q. Mvambo zu Händen meiner Frau und teilte ihr das gleichzeitig mit. Sie antwortete, sie habe meinen Brief an ihn nicht erhalten, und der C.O. schnitt diese Mitteilung aus dem Brief meiner Frau heraus, damit ich darüber im Dunkeln blieb. Wenn der C.O. mit dem Verschwinden dieses speziellen Briefs nichts zu tun hatte, warum versuchte er dann, diese Tatsache zu verschleiern?

Wenn die ausgehende Post durchweg als Einschreiben versandt wird, wird dieses spezifische Problem teilweise gelöst werden, so wie es in großen Firmen gehandhabt wird, und wir könnten ohne weiteres unter Aufsicht des zuständigen Sergeant die Sekretariatsarbeit verrichten; die Zensoren brauchten dann nur genau das zu tun, was sie auch jetzt schon tun, nämlich die Briefe im offiziellen Verzeichnis zu registrieren und dann zu verschicken.

## 6. Besuche

Auch hier gehen die vom C.O. zur Überwachung von Gesprächen zwischen Gefangenen und ihren Besuchern ergriffenen Maßnahmen über die Sicherheitsanforderungen hinaus. Vier und manchmal sogar sechs diensthabende Wärter, die eine einzige Besucherin überwachen, direkt vor ihrer Nase stehen oder sie bedrohlich anstarren, sind eine eklatante Form der Einschüchterung.

Es ist meine Pflicht, Sie darauf hinzuweisen, dass meine Mitgefangenen zum großen Teil davon überzeugt sind, dass bei diesen Besuchen sämtliche Gespräche, auch die vertraulichen zwischen Ehepartnern, abgehört werden. Sollte dies der Fall sein, so gibt es wohl kaum eine Rechtfertigung für die Machtdemonstration, die inzwischen generell bei solchen Besuchen an den Tag gelegt wird. Ich möchte hinzufügen, dass ich bei dem zuständigen Wärter mehrfach auf Widerstand gestoßen bin, als ich meine Tochter bei einem ihrer Besuche immer wieder darauf hinwies, sich nicht von dieser Taktik einschüchtern zu lassen. Früher taten mehrere Jahre lang nur ein, zwei Wärter Dienst bei diesen Besuchen, und ich bitte Sie, diese Praxis wieder einzuführen.

Außerdem hatte man uns früher gestattet, Gedächtnisstützen zu benutzen, damit wir nichts Wichtiges vergessen würden, und dass uns dieses Privileg genommen wird, nachdem wir es mehr als zehn Jahre lang genossen haben, bedeutet, uns die Möglichkeit einer gut vorbereiteten und systematischen Unterredung zu nehmen. Wir haben dem C. O. mehrfach versichert, dass wir willens seien, diese Gedächtnisstützen vor und nach dem Besuch zur Überprüfung vorzulegen. Überdies existiert keinerlei Gefahr, dass anstößige Informationen weitergegeben werden, da immer diensthabende Wärter dabei sind.

## 7. Sprachliche Qualifikation der Zensoren

Mit der Zensur unserer Post und unserer Zeitschriften ist unmittelbar W/O Steenkamp betraut, der zuvor für den Einzelzellentrakt zuständig war. Obwohl er möglicherweise das Abitur in Englisch bestanden hat, ist er im Englischen gewiss nicht besser bewandert als ich in Afrikaans, und ich bezweifle, dass Sgt. Fourie in dieser Hinsicht kompetenter ist. Zweifellos hielte ich es für unfair, würde man mich mit der Zensur von auf Afrikaans geschriebenen Briefen beauftragen. Keiner der Beamten im Zensurbüro ist für diese Arbeit richtig qualifiziert.

Sogar der C. O. findet es schwierig, sich auf Englisch auszudrücken. Tatsächlich habe ich während der 14 Jahre meiner Haft noch keinen C. O. angetroffen, der so schlecht Englisch spricht wie Roelofse und einem Gefängnis vorsteht, wo die Häftlinge in ihrer überwältigenden Mehrheit englischsprachig sind und keinerlei Afrikaans verstehen.

Die geringe sprachliche Kompetenz der lokalen Beamten, besonders derjenigen im Zensurbüro, ist möglicherweise einer der Faktoren, die zur unnötig strengen Zensierung unserer Post beitragen, und Sie sollten daher die ganze Situation neu überdenken und Zensoren ernennen, die fließend Englisch, Herero, Ovambo,[k] Sotho, Tswana, Xhosa und Zulu[l] sprechen.

## 8. Bann auf die Korrespondenz mit politischen Unterstützern

Lt. Prins hat mir mittlerweile mitgeteilt, dass wir nicht mehr mit Personen kommunizieren dürfen, von denen das Department weiß, dass sie unsere politischen Verbündeten sind, und auch nicht mit Verwandten anderer Gefangener, unabhängig vom Inhalt der Briefe. Folglich erteilte er mir nicht die Erlaubnis, Mrs. N. Mgabela, der Frau eines Mithäftlings hier auf der Insel, die ein Enkelkind verloren hat, einen Beileidsbrief zu schreiben. Auch ein Brief von mir an Mrs. Lilian Ngoyi, eine langjährige Freundin, die sich um das Haus und die Kinder kümmerte, als meine Frau im Gefängnis war, wurde nicht zugestellt. Ein Brief, den ich ihr am 1. Januar 1975 schrieb und in dem ich ihr für ihren Beistand dankte, ist niemals angekommen. Dass meine Versuche, ihr für ihre großzügige Unterstützung und ihre Gastfreundschaft gegenüber meinen Kindern zu danken, stets ins Leere gingen, bedrückt mich außerordentlich, und ich muss Sie bitten, mir zu gestatten, ihr eine Kopie meines Briefs vom 1. Januar zuzuschicken. Ich möchte auch unbedingt Mrs. Mgabela mein Beileid aussprechen und verpflichte mich, in dem Brief nichts zu äußern, wogegen der C. O. berechtigte Einwände erheben könnte.

## 9. Telegramme und Osterglückwünsche

a) Der C. O. hat eine neue Praxis eingeführt und gestattet uns nicht, die an uns gesandten Telegramme tatsächlich zu sehen. Er gab keinerlei Gründe an, warum er von einer viele Jahre lang geübten Gepflogenheit Abstand nahm. Ich habe zweimal die Erfahrung gemacht, dass lokale Beamte geschlampt und Telegramme nicht pünktlich abgeliefert haben.

    (i)   1972, als Col. Willemse C. O. war, erwartete ich an einem Samstag Besuch von Makaziwe, meiner ältesten Tochter.

Zwar wurde ich an jenem Tag in den Besucherraum geführt, doch sie kam nicht. Später schrieb sie mir eine Antwort auf meine Frage und bezog sich auf ein Telegramm, in dem sie den Besuch verschoben hatte und das erst zwei Wochen nach Ankunft ausgehändigt worden war. Col. Willemse gab mir jedoch eine Erklärung, die ihn von einem persönlichen Fehlverhalten freisprach, und wir regelten die Angelegenheit in gütlichem Einvernehmen.

(ii) Im vergangenen Jahr erhielt ich ein Telegramm, in dem mir der Tod des Bruders des Paramount Chief Sabata Dalindyebo und der Tag seiner Beerdigung mitgeteilt wurden. Obwohl das Telegramm vor der Beerdigung ankam, erhielt ich es erst 6 Tage danach, und ich protestierte dann energisch gegen das, was ich für schlichte Pflichtverletzung hielt. Nun hingegen gibt man uns auf einen Zettel gekritzelte, manchmal in schwer zu lesender Handschrift geschriebene Botschaften ohne Absende- oder Ankunftsdatum und ohne andere wesentliche Informationen. Auch hier glaubt man allgemein, dass manche dieser Telegramme zunächst der Sicherheitspolizei zur Überprüfung vorgelegt werden. Diese Praxis hat der C. O. eingeführt, um die verzögerte Zustellung der Telegramme zu kaschieren.

Die Leute, die diese Telegramme schicken, bezahlen mehr, damit eine zügige Beförderung der Botschaft gewährleistet ist, und es ist ein öffentliches Ärgernis, wenn eine Behörde absichtlich die reibungslose und effiziente Abwicklung einer Dienstleistung verhindert, für die die Bürger eine entsprechende Gebühr bezahlen.

(iii) Etliche Jahre lang habe ich von zahlreichen Freunden Karten zu Ostern erhalten, nicht jedoch in diesem Jahr. Im vergangenen Monat und jetzt auch wieder als Reaktion auf meine Anfrage teilte mir Lt. Prins mit, eine sei angekommen, doch er habe Einwände gegen die Person des Absenders und weigere sich, mir deren Namen zu nennen. Angesichts der oben erwähnten Tatsachen fiel es mir schwer, die Glaubwürdigkeit dieser Erklärung zu akzeptieren.

## 10. Für Gefangene bestimmtes Geld

Unter den Gefangenen hier herrscht allgemein der Eindruck, dass der C. O. und die Sicherheitspolizei mit unseren Geldern Missbrauch treiben. Ich besitze zwar keine Beweise, um diese Behauptung zu belegen, möchte Sie aber doch auf folgende Aspekte hinweisen:

(a) Im letzten Dezember teilte mir meine Frau mit, dass mir unsere Freunde Mr. und Mrs. Matlhaku aus Botswana[m] 20 R geschickt hätten. Ich erkundigte mich sofort bei Lt. Prins, und wie schon mehrfach in diesem Jahr erklärte er wie üblich, das Geld sei nicht eingegangen. Anfang Mai erhielt ich als Antwort auf eine frühere Anfrage von der Buchhaltung meine Kontoauszüge und Auskünfte über die auf meinem Konto[n] eingegangenen Beträge von Februar 1975 an bis zu diesem Jahr.

Am 31. Mai teilte mir Lt. Prins mit, dass ein Betrag von 30 R von den Matlhakus am 5. November 1975 eingegangen sei. Weder gab es eine Erklärung, warum er mir in diesem Jahr mehrfach mitgeteilt hatte, das Geld sei nicht angekommen, noch warum der Betrag nicht in der von der Buchhaltung gelieferten Auskunft ausgewiesen worden war, und auch nicht darüber, was aus dem Begleitbrief der Matlhakus geworden war. Vermutlich werde ich zu gegebener Zeit wie üblich die schnoddrige Ausrede erhalten, dass der C. O. entweder etwas gegen die Matlhakus oder gegen den Inhalt des Briefs einzuwenden habe.

(b) Ich habe mich mehrfach beschwert wegen der 40.00 R, die mein Neffe laut meiner Frau aus Kapstadt geschickt hatte, und darüber am 28. April auch mit Brigadier Du Plessis gesprochen, so wie über den Betrag der Matlhakus. Lt. Prins wollte den Beweis dafür sehen, dass mein Neffe diesen Betrag geschickt hatte, und ich zeigte ihm einen Brief meiner Frau und versprach, ihm einen weiteren, ebenfalls von meiner Frau stammenden zu liefern, der nicht sofort verfügbar war, als ich ihm den ersten übergab. Anfang Mai erbot ich mich, ihm diesen zweiten Brief zu zeigen, und er wies darauf hin, er werde mich wissen lassen, wann er ihn haben wolle. Soweit ich weiß, wurde die Angelegenheit nicht weiter verfolgt.

(c) Seit mehreren Jahren schicken Mr. G. Mlyekisana und Freunde in Kapstadt mir und ein paar Mithäftlingen Weihnachtsgeschenke in Form kleiner Geldbeträge. Im vergangenen Jahr hat keiner von uns etwas erhalten. Das kann kein reiner Zufall sein. Ich glaube, der C. O. hat in Absprache mit der Sicherheitspolizei etwas unternommen, damit wir das Geld nicht bekommen, und will es uns nicht wissen lassen.

(d) Mein Freund Mr. Robert Matji aus Lesotho schrieb mir im letzten Jahr und versprach, mir und einem anderen Insassen Geld zu Studienzwecken zu schicken, und trotz mehrfacher Nachfragen habe ich nicht erfahren, ob dieses Geld angekommen ist oder nicht.

Ich muss Ihnen mitteilen, dass die nachlässige Art, wie meinen Beschwerden nachgegangen wurde, und die große Verspätung, mit der ganz simple Informationen über im Wesentlichen treuhänderisch übergebene Gelder herausgerückt wurden, eine ernste Angelegenheit ist, die Sie so bald wie möglich untersuchen sollten, um den Ruf Ihrer Departments zumindest in dieser Hinsicht reinzuwaschen. Im Hinblick auf meine Erfahrungen mit der von den Matlhakus geschickten Geldsumme werden Sie gewiss meine gegenwärtige Meinung zu dieser Angelegenheit einschätzen können.

## 11. Probleme in Zusammenhang mit Gesundheitsangelegenheiten

(a) Im Juli letzten Jahres empfahl Dr. Edelstein, man solle mir aufgrund einer Knieverletzung, die ich im letzten Jahr während der Arbeit an der Küste° erlitt, einen Kloseteimer zur Verfügung stellen, der leichter wäre als die Standardausführung, die ich derzeit benutze. Sgt. Schoeman vom örtlichen Krankenhaus teilte dem Gefängnisdirektor die ärztliche Empfehlung ordnungsgemäß mit. Als es Schwierigkeiten gab, sprach ich Lt. Prins persönlich darauf an. Die Verletzung ist zwar inzwischen verheilt, doch erhielt ich nie den vom Arzt empfohlenen Eimer.

(b) Am 17. Juli dieses Jahres empfahl Dr. Edelstein, ebenfalls aus Gesundheitsgründen, ich solle mir auf eigene Kosten einen Pyjama kaufen, und diese Empfehlung eines kompetenten praktischen Arztes wurde vom C. O. abgelehnt, da Gefangene, wie ich erfahre, sich nur Sportausrüstung kaufen dürfen. Mit Verlaub, aber es scheint mir lächerlich, dass man uns gestattet, uns allein für die Freizeit eine Ausrüstung zu besorgen, ein Zugeständnis, für das wir natürlich dankbar sind, und uns die Erlaubnis, von einem erfahrenen Arzt empfohlene Nachtwäsche zu kaufen, verweigert. Tatsächlich weiß der C. O. nur allzu gut, dass seine Entscheidung willkürlich ist und im Widerspruch steht zu einer Praxis, die er selbst eingeführt hat. Meine Haut reagiert empfindlich auf Brackwasser, das hier auf der Insel verwendet wird, und auf Empfehlung des Arztes benutze ich seit den sechziger Jahren eine spezielle Creme, damit die Haut weich bleibt.

Am 5. Juli sprach ich darüber mit Dr. Edelstein, der überrascht war, dass ich in dieser Sache auf Schwierigkeiten stieß, und mir versprach, die Angelegenheit direkt dem C. O. vorzutragen. Inzwischen erfuhr ich, dass er Col. Roelofse nicht überzeugen konnte. Vermutlich befürchtet der C. O. mit seinen erstaunlich rückständigen Ansichten zu Rassenbeziehungen, dass ich durch den Erwerb eines Pyjamas, wie er mir von Dr. Edelstein, dem Senior Medical Officer der Insel, empfohlen wurde, praktisch zu einem Weißen würde.

In diesem Land haben nur weiße Gefangene das Recht, im Pyjama zu schlafen. Mit Ausnahme jener Mithäftlinge, die ins örtliche Krankenhaus eingeliefert werden und denen ein Nachthemd zugeteilt wird, das meist kaum die Knie bedeckt, schlafen hier schwarze Gefangene nackt und mit nur einer Decke. Das ist der wahre Grund dafür, dass ein einfacher Laie die wohlüberlegte Entscheidung eines Profis auf dessen eigenem Gebiet verbietet. Als ich Dr. Edelstein am 17. Juni sah, hatte mir das Gefängnishospital auf Vorschlag von Sgt. Schoeman ein Nachthemd zur Verfügung gestellt, das der Arzt jedoch für unzweckmäßig hielt. Erst nach diesem Angebot machte Dr. Edelstein seinen Vorschlag.

13 Jahre lang schlief ich nackt auf einem Zementboden, der in der Regenzeit feucht und kalt wird. Auch wenn ich physisch fit und aktiv bin, haben diese ungesunden Bedingungen einigen Schaden verursacht. Ich möchte auf keinen Fall Dr. Edelstein,

der mich gut behandelt hat, in Verlegenheit bringen, indem ich die Angelegenheit noch einmal mit ihm bespreche. Doch ich benötige das Kleidungsstück dringend und muss Sie bitten, mir den Erwerb der empfohlenen Pyjamas so bald wie möglich zu gestatten.

Ich hoffe, Herr General, Sie werden es nicht als direkte oder indirekte Drohung betrachten, wenn ich erkläre, dass es mir gesetzlich zusteht, Maßnahmen zur Erhaltung meiner Gesundheit zu ergreifen, und wenn der zuständige Arzt der Ansicht ist, diese Maßnahmen seien am besten für die Gesundung einer Person, dann hat der C. O. keinerlei Mitspracherecht in dieser Angelegenheit.

### 13. Politische Diskussionen bei den Sitzungen des Gefängnisausschusses[P]

Seit nunmehr etlichen Jahren wurden bei den Sitzungen des Gefängnisausschusses Gefangene an politischen Diskussionen beteiligt. Solche Diskussionen sind willkommen und können sogar nutzbringend sein, wenn sie von den geeigneten Leuten richtig geführt werden. Die korrekte Voraussetzung dafür ist die unmissverständliche Anerkennung der Tatsache, dass wir loyale und disziplinierte Mitglieder politischer Organisationen sind, die ganz bestimmte politische Ziele verfolgen, und dass wir in Bezug auf fundamentale politische Probleme nicht als Individuen reagieren können, sondern nur als Vertreter unserer Organisationen.

Zweitens müssen wir, wenn die Diskussionen zu etwas dienen sollen, im Voraus darüber informiert sein, außerdem über das jeweilige Diskussionsthema, die Namen der Personen, die diese Diskussionen mit uns führen werden, und über ihr wichtigstes Ziel. Es gehört ganz gewiss nicht zu den Aufgaben des Ausschusses, Diskussionen mit politischem Inhalt zu führen; ich halte die ganze Praxis für unangebracht und ersuche Sie, dem ein Ende zu setzen. Seine Aufgabe ist es, dem C. O. P. Berichte über die Führung, das Training, die Eignung und die Reife eines Gefangenen vorzulegen und Empfehlungen für seine Einstufung auszusprechen, ob es um vorbehaltlose Freilassung, Freilassung auf Bewährung oder zeitweilige Haftverschonung geht.

Es ist auch die feste Überzeugung meiner Mithäftlinge, dass diese Diskussionen vom Ausschuss genutzt werden, um jene Gefangenen zu schikanieren, die gegen die Politik der Getrennten Entwicklung sind, indem man ihnen eine Beförderung in die nächsthöhere Stufe verweigert.

## 14. Weitere Schikanen

Während unseres gesamten Aufenthalts hier wurden wir ständig verschiedenen Schikanen unterworfen aus vielerlei Gründen, die mit politischen Ereignissen außerhalb des Gefängnisses und mit den üblichen Spannungen zwischen Gefangenen und Wärtern in Zusammenhang standen. Es ließen sich viele Beispiele dafür zitieren, doch in Verbindung mit diesem Brief genügt es, 3 aktuelle Fälle bzw. solche aus der jüngsten Vergangenheit zu erwähnen.

(a) Es ist Ihnen bekannt, dass uns die Kirchen ein Lautsprecherverbundsystem eingerichtet haben, das uns Musik von Platten liefert, die wir selbst gekauft haben. Seit der Installation dieses Systems haben wir Platten im Wert von über 1000 R gekauft. Mittlerweile funktioniert es seit etwa 5 Monaten nicht mehr, und wir akzeptieren die Erklärung nicht, die Hauptschwierigkeit bei der Reparatur bestehe darin, dass der C. O. die erforderlichen Ersatzteile nicht beschaffen könne.

(b) Am 3. Juli rechneten wir damit, einen Film im Rahmen eines Programms sehen zu können, das seit einiger Zeit eingeführt worden ist. Er wurde uns nicht gezeigt, und W/O Du Plessis' einzige Erklärung war, es lohne sich nicht, ihn anzuschauen.

(c) Im letzten Jahr wurde ein Warmwassersystem installiert, und seitdem ist der elektrische Boiler ein paarmal ausgefallen, doch konnte ihn der Handwerker binnen Minuten reparieren. Inzwischen ist er seit über einer Woche kaputt, und gleichzeitig mit der «Panne» kam es zu einem Schlechtwettereinbruch auf der Insel. Erstaunlich dabei ist, dass der Elektriker, obwohl wir die Sache mehrmals den Behörden meldeten, noch nicht einmal das Gerät untersucht hat, um festzustellen, worin der Schaden besteht, mit dem Ergebnis, dass wir ausgerechnet in der Jahreszeit kein warmes Wasser haben,[q] in der es am dringendsten benötigt wird.

Der Zufall, dass der Boiler gerade in der kalten Jahreszeit kaputtging, wird noch bedeutungsvoller im Zusammenhang mit weiteren Faktoren. Normalerweise blieb bislang der Arbeitstrupp an Regentagen im Haus, doch am 7. Juli wurde er rausgeschickt, um *bamboo*<sup>r</sup> zu roden, obwohl es regnete. Die Männer kamen um die Mittagszeit durchnässt und durchgefroren zurück. Am Morgen des 8. Juli waren mehrere erkältet. Vielleicht ausgenommen den strengen Winter von 1964 war dies sicher der kälteste Tag auf der Insel in den vergangenen 12 Jahren. Dennoch wurde der Trupp erneut von 8 Uhr früh bis 15.30 Uhr an dieselbe, am meisten exponierte Stelle der ganzen Gegend beordert. Die Leute zitterten vor Kälte und hatten bei ihrer Rückkehr kein Gefühl mehr in Armen und Beinen. Am 9. Juli besprach eine Abordnung, bestehend aus den Herren Billy Nair, John Pokela und J. B. Vusani, die Angelegenheit mit Lt. Prins, der versprach, dass der Trupp während des ganzen Winters nicht mehr zur Arbeit an diese Stelle geschickt werden würde. Er ordnete auch an, dass aus der Küche heißes Wasser in Bottichen gebracht wurde.

## 15. Beschwerden gegen Juniorbeamte

Lt. Prins, W/O Du Plessis, Steenkamp und Sgt. Fourie sind eigentlich alle zu untergeordnet, um eigens in einem Brief von mir an Sie erwähnt zu werden. Doch sie sind die für unsere Angelegenheiten zuständigen Beamten, und durch sie übt der C. O. Amtsmissbrauch aus und schikaniert uns.

Auf die meisten der oben erwähnten Missstände habe ich ihn mehrmals vergeblich hingewiesen. Ganz eindeutig hält er es für seine Pflicht, nahezu alles zu decken, was seine Beamten gegen Gefangene unternehmen, auch wenn sie im Unrecht sind, und ich sehe nicht mehr ein, wozu eine Debatte mit ihm über diese Themen gut sein sollte.

Wie bereits erwähnt, führte ich nicht weniger als 3 Gespräche mit Brigadier Du Plessis, und trotz seiner Freundlichkeit und Höflichkeit ist deutlich, dass er in vieler Hinsicht nicht Herr der Lage ist, und was seit seinem letzten Besuch und meinem Gespräch mit ihm vorgefallen ist, hat anscheinend Machtmissbrauch und politische Schikane nur noch verschärft.

Wäre ich nicht ein schwarzer Gefangener, geboren und aufgewachsen in Südafrika, der in seinem Alltagsleben sämtlichen Auswüchsen rassistischer Vorurteile begegnet ist, hätte ich nicht geglaubt, dass normale menschliche Wesen eine solche Manie zur Verfolgung ihrer Mitmenschen entwickeln könnten. Es ist eine besonders üble Form der Feigheit, sich an einem wehrlosen Mann zu rächen, der sich nicht verteidigen kann. Ein anständiger Krieger ist kein Friedensheld, der seine Angriffe gegen jene richtet, die keine Waffen tragen, und er zieht sein Schwert lieber gegen jene, die ähnlich wie er bewaffnet sind.

## 16. Versäumnis des C. O. P., politische Gefangene auf Robben Island zu besuchen

Der oben beschriebene Missbrauch wird dadurch verschlimmert, dass Sie es versäumt haben, persönlich die Insel zu besuchen und uns die Gelegenheit zu geben, diese Probleme direkt mit Ihnen zu diskutieren. Anfang des Jahres teilte uns der C. O. in einem Gespräch mit, dass Gen. Nels Amtszeit als C. O. P. bald zu Ende sei und er die Insel voraussichtlich nicht mehr vor seiner Pensionierung besuchen werde. Das war bedauerlich, da allein schon regelmäßige Besuche des C. O. P. dazu dienen, Verstöße Untergebener zu überwachen, und im Wissen, dass er nicht mehr herkommen würde, duldete der C. O. alle möglichen Übergriffe.

Solange Gen. Steyn C. O. P. war, besuchte er uns mindestens einmal im Jahr und hörte sich Beschwerden und Anträge an. Dann brachte er Col. Badenhorst mit, der uns zu terrorisieren versuchte, und um ihm freie Hand bei seinen Gesetzesbrüchen zu lassen, hielt sich Gen. Steyn von der Insel fern, während man uns schikanierte, folterte, zusammenschlug und auf alle mögliche Art und Weise demütigte. 1972 nannte ich den Richtern Steyn, Theron und Corbett[5] in Anwesenheit von Gen. Steyn und Col. Badenhorst Einzelheiten der Schikanen, denen wir während der Amtszeit des Letzteren unterworfen worden waren, und betonte, dass sich Gen. Steyn, trotz meiner wiederholten Anträge, das Gefängnis weiterhin regelmäßig zu besuchen, ferngehalten hatte. Ich erklärte den Richtern, er sei weggeblieben, weil ihm klar war, dass er die von seinen Untergebenen begangenen illegalen

Handlungen nicht rechtfertigen konnte. Ich gewann deutlich den Eindruck, dass die Richter vom diesbezüglichen Versäumnis des Generals genauso betroffen waren wie ich.

Ein Besuch anderer Beamter der Gefängnishauptverwaltung, welchen Rang sie auch immer haben mögen, kann kein Ersatz sein für einen persönlichen Besuch des Chefs. Ich habe bereits darauf hingewiesen, dass unsere Behandlung hier sehr von politischen Ereignissen außerhalb des Gefängnisses beeinflusst wird, und in gewisser Hinsicht behandelt uns der C. O. wie Geiseln. Wann immer Südafrika wegen seiner Rassenpolitik heftig attackiert wird, versucht das Gefängnispersonal, seine Wut und seine Frustration an uns auszulassen. Außerdem wird gern jede gravierende Beschwerde von Seiten eines politischen Gefangenen, wie stichhaltig sie auch sein mag, als Bedrohung für das Überleben des weißen Mannes betrachtet, und auch hochrangige Beamte halten es für ihre Pflicht, solche Beschwerden um jeden Preis zurückzuweisen. In der gegenwärtig vorherrschenden politischen Atmosphäre, in der Rassismus weltweit angeprangert wird, wird sich kein Beamter aus der Hauptverwaltung, der noch mit Beförderung oder anderen lukrativen Vergünstigungen nach seinem Ausscheiden rechnet, die Finger verbrennen, indem er den Verstößen eines C. O. nachgeht und die Beschwerden der Menschen unterstützt, die bei der Mobilisierung der Opposition gegen die Apartheid eine Rolle gespielt haben. Nur Sie allein sind in der Lage, den C. O. in seine Schranken zu weisen und die Einhaltung der Gesetze zu erzwingen.

Ich bin fest davon überzeugt, dass sein Vorgehen den gesetzlichen Rahmen überschreitet. Ein C. O. und ein Gefängnisdirektor, die noch heute den Mythos von der Überlegenheit des weißen Mannes zu verewigen suchen, die Zivilisation mit weißer Haut und der Kleidung gleichsetzen, die ein Mensch trägt, sind nicht die geeigneten Personen, um einer Institution vorzustehen, deren vorrangiges Ziel die Beförderung des Wohlergehens schwarzer Gefangener ist.

Eine der Hauptursachen für die Spannungen ist die Verbindung zwischen diesem Department und der Sicherheitspolizei, und eine Ihrer ersten Maßnahmen beim Versuch, den Missständen abzuhelfen, muss darin bestehen, diese Verbindung komplett zu kappen. Ehrliche

Beamte aus dem Department geben freimütig zu, dass wir, als politische Gefangene, in vieler Hinsicht außerhalb der Zuständigkeit des Departments stehen und zum Verantwortungsbereich der Sicherheitspolizei gehören. Letztere ist nicht befugt, sich in die innere Verwaltung dieser Institution einzumischen, und ich hoffe, dass Sie sich dabei weitaus mehr als Ihre Vorgänger behaupten können und widerrechtlichen Vorgehensweisen ein Ende bereiten werden. Nicht nur in der Theorie, sondern auch in der Praxis sollte die Behandlung von uns politischen Gefangenen zum Aufgabenbereich Ihres Departments gehören. Es ist die Pflicht der Sicherheitspolizei, zu gewährleisten, dass wir in einem Hochsicherheitsgefängnis inhaftiert sind, doch weiter sollten ihre Befugnisse nicht gehen.

Viele Gefangene betrachten den C. O. P. im Zusammenhang mit allen uns betreffenden Angelegenheiten als bloßes Aushängeschild und den Chef der Sicherheitspolizei als den eigentlichen Boss, der dem C. O. P. nicht nur befiehlt, was er zu tun hat, sondern auch, wie er es zu tun hat. Es ist die Sicherheitspolizei, die Ihr Department zu dem Versuch veranlasst hat, uns von den Menschen außerhalb des Gefängnisses zu isolieren, uns die Liebe von Frau und Kindern sowie die Glückwünsche unserer Freunde vorzuenthalten, die Besuche auf die sogenannten Verwandten ersten Grades zu beschränken, unsere Besucher zu terrorisieren, uns zu verbieten, bei Besuchen Notizen zu machen, Briefe, Karten und anderes Material zu zensieren, falsche Informationen über Briefe, Karten und Geldsendungen zu liefern und, was früher nie passiert ist, Briefe in der Post verschwinden zu lassen.

Ich frage mich schon seit einiger Zeit, ob ich weiterhin bei einer Praxis mitmachen soll, die ich für unethisch halte und die den Eindruck erweckt, ich würde noch immer Rechte und Privilegien genießen, die so beschnitten wurden, dass sie praktisch wertlos sind. Insbesondere habe ich mir überlegt, ob ich meiner Frau und meinen Kindern weiterhin zumuten soll, die 1000 Meilen unter großem Aufwand von Johannesburg bis hierher zu kommen, nur damit sie mich unter so demütigenden Umständen sehen können, ob ich ihnen gestatten soll, Zeit, Energie und Geld zu verschwenden, um Briefe zu schreiben, die unterwegs «verschwinden» und deren Bruchstücke, wenn sie mich überhaupt erreichen, völlig ohne Sinn und Zusammenhang sind. Und ich habe etwas dagegen, dass sie vor jedem Besuch von arroganten und gehässigen Beamten einen Vortrag zu hören bekommen, in dem ihnen gesagt wird, was sie im Gespräch mit mir sagen dürfen und was nicht.

Von Januar 1973 bis zum Juni dieses Jahres erhielt ich 42 Briefe von meiner Frau. Von den 6, die ich 1973 bekam, waren nur 3 verstümmelt. Von den 11, die 1974 eintrafen, waren 7 stark zensiert und 1975 6 von 16. Doch im Jahr 1976 ist das Bild völlig anders. Von den 9, die ich seit Jahresanfang erhielt, erreichte mich nur einer unbeschädigt. Aufgrund dieser Situation frage ich mich, ob ich mir diese Erniedrigungen weiterhin gefallen lassen soll.

Doch glaube ich immer noch, dass Sie, als Chef dieses Departments im Rang eines Generals, diese hinterhältigen Methoden weder gestatten noch entschuldigen werden, und solange Ihre tatsächliche Entscheidung bezüglich dieser Angelegenheit mir nicht beweist, dass ich unrecht habe, werde ich weiterhin glauben, dass Sie sich nicht bewusst sind, was in diesem Gefängnis vor sich geht,

Es ist sinnlos anzunehmen, irgendeine Form von Schikane würde je unsere Überzeugungen ändern. Ihre Regierung und Ihr Department sind berüchtigt für ihren Hass, ihre Verachtung und ihre Schikanen gegenüber dem schwarzen Menschen, insbesondere dem Afrikaner, einen Hass und eine Verachtung, die das grundlegende Prinzip vieler Statuten und Gerichtsverfahren des Landes bilden. Die Brutalität, mit der dieses Department unsere Leute der obszönen Praxis des *thawuza* unterwarf, wonach sich ein Gefangener nackt ausziehen und seinen Anus in Gegenwart anderer Gefangener einem Beamten vorzeigen musste, die genauso obszöne Praxis, dass ein Wärter einem Gefangenen den Finger ins Rektum steckte, die tagtäglichen, durch keine Provokation hervorgerufenen brutalen Attacken – all dem wurde von der Regierung Einhalt geboten, nachdem es zu einem landesweiten Skandal gekommen war.

Doch die Unmenschlichkeit des durchschnittlichen südafrikanischen Gefängniswärters existiert nach wie vor. Sie wurde nun in andere Kanäle geleitet und nahm die subtile Form psychologischer Schikanen an, ein Gebiet, auf dem sich manche Ihrer lokalen Beamten spezielle Fertigkeiten erworben haben. Zweifellos wissen Sie, dass viele Psychologen psychologische Schikanen in Verhältnissen wie den unseren für noch gefährlicher halten als einfache Tätlichkeiten. Ich hege die Hoffnung, dass ein Mann von Ihrem Rang und Ihrer Erfahrung sofort erkennen wird, wie schlimm diese gefährliche Praxis ist, und angemessene Maßnahmen ergreifen wird, um ihr Einhalt zu gebieten.

Es ist sinnlos und entspricht nicht der historischen Erfahrung dieses Landes, zu glauben, unsere Leute würden uns je vergessen. Auch wenn 160 Jahre seit den Hinrichtungen von Schlachters Nek[t] vergangen sind, 74 seit den Internierungslagern im anglo-burischen Krieg[u] und 61, seit Jopie Fourie[v] seine letzte Rede gehalten hat, würde ich Ihnen niemals abnehmen, wenn Sie mir sagten, Sie hätten heute diese Afrikaaner-Patrioten vergessen, die Männer, deren Opfer dazu beitrugen, dass Sie sich vom britischen Imperialismus befreiten und das Land beherrschen. Und dass Sie persönlich heute Gefängnisdirektor sind.

Es ist natürlich ganz und gar unsinnig, zu erwarten, dass unsere Leute, für die wir nationale Helden sind, verfolgt, weil wir darum kämpfen, unser Land zurückzuerobern, uns zu unseren Lebzeiten und in der heißen Phase des Kampfes für ein freies Südafrika vergessen werden. Ihre Leute schlachten heute meine Leute ab, nicht vor anderthalb Jahrhunderten. Es ist das heutige Südafrika, das ein Land rassischer Unterdrückung ist, wo Menschen ohne Gerichtsurteil gefangen gesetzt werden, wo gefoltert wird und grausame Strafen ausgesprochen werden, und die Gefahr von Internierungslagern liegt nicht in der fernen Vergangenheit, sondern in der unmittelbaren Zukunft. Wie könnten unsere Leute uns je vergessen, wenn wir darum kämpfen, sie von all diesen Übeln zu befreien?

Wie in vielen anderen Ländern sind in Südafrika Gefangene und Polizeibeamte in verschiedener Hinsicht streng getrennt. Ich bin nicht mit der Politik des Departments einverstanden, dem Sie vorstehen. Ich verabscheue die weiße Vormachtstellung und werde sie mit allen mir zur Verfügung stehenden Waffen bekämpfen. Doch selbst wenn der Konflikt zwischen Ihnen und mir die extremste Form angenommen hat, möchte ich mit Ihnen über Prinzipien und Ideale ohne persönliche Hassgefühle streiten, damit ich am Ende der Schlacht, wie

21.

P. 21 81/143198

wife. Of the 6 I got in 1973 only 3 were mutilated. Of the 11 which came in 1974 7 were heavily censored and in 1975 6 out of 16. But the picture for 1976 is totally different. Of the 9 I have received since the beginning of the year only 1 reached me unsettled. It is this situation that makes me to wonder whether I should continue enduring these indignities.

But I still believe that you, as Head of this Department who holds the rank of General, will not allow ~~this dubious practice~~ to ∨ condone these underhand methods and, until your actual decision on the matter proves me wrong, I shall continue to act in the belief that you are not aware of what is going on in this prison.

It is futile to think that any form of persecution will ever change our views. Your Government and Department have a notorious reputation for their hatred, contempt and persecution of the Black man, especially the African, a hatred and contempt which forms the basic principle of a multiplicity of the country's statutes and cases. The cruelty of this Department in subjecting our people to the indecent practice of thawuza in which a prisoner was required to display his anus for inspection by an official in the presence of other prisoners, the equally obscene practice of a warder poking a finger into a prisoner's rectum, of brutally assaulting them daily and without provocation, was curbed by the Government after it had erupted into a national scandal.

But the inhumanity of the average South African warder still remains; only now it has been diverted into other channels and has taken the subtle form of psychological persecution, a field in which some of your local officials are showing to become specialists. You are no doubt aware that many psychologists regard psychological persecution in circumstances such as ours as even more dangerous than plain assault. I have the hope that a man of your rank and experience will immediately grasp the gravity of this ~~practice~~ dangerous practice and take adequate measures to stop it.

It is pointless and contrary to this country's historical experience to think that our people will ever forget us. Although 160 years have passed since the Slachters Nek executions, 74 since the internment camps of the Anglo-Boer War and 61 since Jopie Fourie made his last speech, I will certainly never
/ believe ...

Seite aus dem Brief vom 12. Juli 1976 an den Commissioner of Prisons.

immer sie ausgehen mag, Ihnen stolz die Hand schütteln kann, weil ich das Gefühl haben werde, dass ich einen aufrechten und würdigen Gegner bekämpft habe, der den kompletten Kodex von Ehre und Anstand beachtet hat. Wenn aber Ihre Untergebenen mit ihren widerlichen Methoden weitermachen, dann ist das Gefühl echter Verbitterung und echter Verachtung unausweichlich.

[Gezeichnet: NRMandela]
NELSON MANDELA

------------------------

a   Denis Healey (1917–2015), britischer Labour-Politiker, dem Mandela zum ersten Mal 1962 in London begegnete; später besuchte ihn Healey im Gefängnis.

b   Commissioner of Prisons.

c   Vgl. Brief an den Justizminister vom 12. Februar 1975, S. 354–357.

d   Gefängnisausschuss, ein Gremium von Gefängnisoffiziellen und einigen Häftlingen (A. d. Ü.).

e   Das Wort «Bantu» kommt von «Abantu» und bedeutet «Volk». In diesem Kontext wirkt es beleidigend, und der Sprecher benutzt es als rassistische Herabsetzung. Unter der Apartheid bezog sich das Wort auf Afrikaner.

f   Frau von Paul Joseph (geb. 1930), südafrikanische politische Aktivistin im Londoner Exil. Als Mandela 1962 verhaftet wurde, brachte sie ihm Essen ins Gefängnis.

g   Xoliswa Jozana, Tochter von K. D. Matanzima (1915–2003), Mandelas Neffe, Thembu-Chief und Chief Minister der Transkei; siehe «Personen, Orte, Ereignisse».

h   Vgl. Brief vom 9. 5. 1976, S. 368 f.

i   Essop Pahad (geb. 1939), politischer Aktivist im Londoner Exil.

j   Paul Joseph, politischer Aktivist im Londoner Exil.

k   Herero und Ovambo werden in Namibia gesprochen.

l   Sesotho wird vom Volk der Sotho, Setswana von den Tswana gesprochen. Entsprechendes gilt für die beiden anderen Sprachen.

m   Ishmael und Martha Matlhaku, politische Aktivisten und Freunde, die nach Botswana ins Exil gingen.

n   Zu diesem Konto vgl. Brief vom 8. September 1966, S. 55 f., Anm. a.

o   Die Häftlinge sammelten Seegras.

p   Punkt 12 fehlt; offenbar hat sich Mandela verzählt.

q   Am Briefende fügt Mandela ein Postskript hinzu: «Was den Boiler betrifft, spreche ich nur als Laie und beziehe mich auf das, was tatsächlich passierte, als der Boiler kaputt war. Möglicherweise hat der Elektriker eine zuverlässigere Methode, um den Defekt zu identifizieren, ohne das Gerät selbst in Augenschein zu nehmen.»

r   Eine Art Seegras, das auf Afrikaans *bambous* genannt wird. (Christo Brand, *Doing Life with Mandela*, Johannesburg: Jonathan Ball, 2014, S. 38.)

s   Richter Michael Corbett (1923–2007) nahm Mandela bei dessen Einsetzung als Präsident von Südafrika 1994 den Amtseid ab.

t   1815 weigerte sich ein Burenfarmer namens Bezuidenhout, sich zu einer Klage wegen Misshandlung seiner Arbeiter zu äußern. Bei seiner Verhaftung wurde er von einem britischen

Soldaten erschossen. Beim Versuch, ihn zu rächen, wurden seine Anhänger verhaftet. Sechs von ihnen wurden bei Schlachters Nek erhängt.

u  Im Zweiten Burenkrieg (1899–1902) errichteten die Briten Konzentrationslager für Frauen und Kinder der Buren und getrennte für schwarze Gefangene.

v  ‹Jopie› Fourie (1897–1914), Afrikaaner-Rebell; er war der Letzte, der in Südafrika von einem Erschießungskommando exekutiert wurde. Er hatte sich gegen die Regierung aufgelehnt, die im Ersten Weltkrieg die Briten und nicht die Deutschen unterstützte.

*Im August 1976 war Winnie Mandela ebenfalls in Haft, als sie sich leidenschaftlich für die aufständischen Schüler einsetzte. Sie ging zu Polizeistationen, um nach vermissten Schülern zu suchen, half, Beerdigungen für Getötete auszurichten, und tröstete Familien.*

**An den Commanding Officer**
**Robben Island**
[Notiz in anderer Schrift]
466/64
*Special letter* mit Antrag auf persönliches Gespräch mit dem Colonel in Zusammenhang mit seiner Frau.

18. August 1976

Zu Händen von Col. Roelofse

Heute früh teilte mir Chief Warder Barnard mit, dass meine Frau das Telegramm, das ich am 12. August zum Versand gegeben hatte, aufgrund ihrer Verhaftung nicht entgegennehmen könne.

Ich wäre Ihnen daher dankbar, wenn Sie baldmöglichst zu einem Gespräch bereit wären, damit ich die Angelegenheit mit Ihnen erörtern kann. Ich möchte Sie darauf hinweisen, dass meine Frau früher bereits mehrmals verhaftet wurde und zweimal eine Gefängnisstrafe verbüßt hat. Bei ihrer ersten Festnahme ordnete General Steyn, der damalige Commissioner of Prisons, aus humanitären und nachvollziehbaren Erwägungen an, mich über alle Details der Festnahme, Inhaftierung, der Anklage, des Strafmaßes und den Ort ihrer Untersuchungshaft in Kenntnis zu setzen.

Ich möchte hinzufügen, dass meine Frau von Mai 1969 bis September 1970 nach dem Terrorism Act in Haft war, mir jedoch während dieser Zeit die Korrespondenz mit ihr erlaubt war. In diesem Sinne bitte ich Sie um ein klärendes Gespräch noch heute Morgen.

[Unterzeichnet NRMandela] 466/64

**An Winnie Mandela**
**Johannesburg**

Nelson Mandela 466/64            Gruppe A                    Aug. 76

*Dadewethu,*[a]
der Inhalt Deines Telegramms mit der Bitte um Einzelheiten zu den noch unerledigten Themen des LL.B an der University of London wurde mir am 4. Aug. übermittelt, & mein Telegramm wurde am 12. Aug. zum Versand gegeben – hoffentlich hast Du es auch bekommen.

Mein Hauptproblem beim Abschluss in Englisch besteht darin, die vorgeschriebene Literatur zu beschaffen, speziell die Lehrbücher, die Gerichtsentscheidungen und Fachzeitschriften. Rechtslehre ist dem Wesen nach ein philosophisches Thema & erfordert einen Bezug zu relativ wenigen Fällen, aber Verwaltungsrecht, Internationales Recht & Unternehmensrecht ändern sich ständig, & fast jedes Jahr gibt es einen wichtigen Fall, der das eine oder andere bislang gültige Prinzip verändert, ohne dass dies in die Literatur eingeht. Ich halte es für reine Zeit- und Energieverschwendung, mich weiterhin um den Englisch-Abschluss zu bemühen.

Das Beste wird sein, ich mache die sechs unerledigten Bereiche für den LL.B-Abschluss an der Wits. Mit allen bin ich einigermaßen vertraut, & ich könnte sie in einem Zug erledigen & anschließend Latein in Angriff nehmen, das inzwischen dazugekommen ist. 1974 hat mir der Registrar versichert, sie hätten nichts dagegen, dass ich die übrigen Kurse fertig mache, & würden den Minister (vermutlich für Bildung) um meine Zulassung zu den Prüfungen bitten. Ich bräuchte die D.P.-Diplome nicht abzulegen, da ich den Unterricht schon besucht & alle diese Themenbereiche schon in Angriff genommen hätte. Latein I könnte ich an der Unisa[b] machen & dann an der Wits einen Freistellungsantrag stellen.

Falls das nicht klappt, mache ich lieber den LL.B an der Unisa, auch wenn der Studiengang 26 Bereiche umfasst; für sieben davon kann mich der Dekan der juristischen Fakultät freistellen. Aber mein Antrag, Jura an der University of London, der Wits oder der Unisa zu studieren, wurde vom Commissioner of Prisons am 18. Dez. 75 abgelehnt, woraufhin ich nach einem Gespräch am 23. Januar 76 mit Brig. du Plessis einen zweiten Antrag stellte, diesmal nur für den LL.B an der Unisa. Einerseits wäre der Kurs dort viel interessanter als der in London, & außerdem hätte ich vergleichsweise weniger Probleme, was die Literatur angeht. Aber auch diese Genehmigung wurde letzten Februar erneut vom Commissioner verweigert.

Was Deine eigene Situation betrifft, so wurde ich seit 1970 wiederholt vorstellig, damit die Auflagen für Deine Bannung gelockert würden, & erst letzten Monat beantragte ich die Erlaubnis für Msuthu,[c] bei Dir zu wohnen. Gegen Ende 70 & am 27. Mai 71 bemühte ich mich um ein Gespräch mit Mr. P.C. Pelser, dem damaligen Justizminister, um mit ihm über unsere häuslichen Angelegenheiten zu sprechen, insbesondere über Deine Auflagen & Deine zerrüttete Gesundheit in der Folge der äußerst merkwürdigen Vorgänge,[d] die Du aushalten musstest. Er hat nie geantwortet.

Am 13. Mai 74 schrieb ich einen sieben Seiten langen Brief an Mr. J.T. Kruger,[e] den derzeitigen Minister, in dem ich ihn bat, (a) Dir eine Schusswaffe zur Selbstverteidigung zu bewilligen, (b) die Polizei anzuweisen, sich im Umgang mit Dir strikt auf die Ausübung ihrer gesetzmäßigen Pflichten zu beschränken, (c) bei der Gewährung einer Erlaubnis für Msuthu, bei Dir zu wohnen, behilflich zu sein, (d) täglich von 19.00 bis 6.00 Uhr eine Polizeiwache vor dem Haus abzustellen, solange Msuthu noch nicht bei Dir ist, (e) den Innenminister aufzufordern, Dir einen Pass auszustellen, damit Du ins Ausland reisen kannst, (f) uns einen zweistündigen Kontaktbesuch zu gestatten, damit wir unsere privaten Probleme besprechen können.

Am 25. Mai 74 musste ich einen weiteren Brief an den Minister[f] schreiben wegen des heimtückischen Überfalls auf die Old Lady & das

Mandela auf dem Dach von Kholvad House, Johannesburg (1953). Dort wohnten Ende der vierziger und Anfang der fünfziger Jahre Ismail Meer und Ahmed Kathrada. Das Haus wurde zu einem informellen Treffpunkt der Antiapartheidaktivisten.

Kontaktabzug von Aufnahmen von Winnie und Nelson Mandela am Tag ihrer Hochzeit im Juni 1958.

Mandelas Zelle auf Robben Island, heute in ihren alten Zustand versetzt im Robben Island Museum. Wenn Mandela sich hinlegte, stieß er mit dem Kopf an der einen, mit den Füßen fast an der anderen Wand an.

Diese Aufnahme von Mandelas Zelle auf Robben Island stammt aus dem Jahr 1977, als die Apartheidregierung für die Medien einen Besuch auf der Insel inszenierte, um vorzuführen, wie ‹gut› die politischen Gefangenen behandelt würden. Im Lauf der Jahre kämpften die Gefangenen um bessere Haftbedingungen, und ab 1977 durfte Mandela Bücher besitzen, die er für sein Studium benötigte.

30th November 1964

The Commanding Officer
Robben Island

<u>URGENT</u>

I must pay today Rd 16·0 to the Cultural Attaché, British Embassy, Hill Street, Pretoria, in respect of examination entry fees for Part I of the Final LL.B of the University of London.

Last month I wrote to the University for the entry forms and to my wife for the necessary funds. On the 9th of this month, I wrote a further letter to the Cultural Attaché for the forms. In neither case have I received an acknowledgment or reply.

I am writing to ask you to wire today Rd 16·0 to the Cultural Attaché and to ask him to send me the forms for completion. I may not have sufficient funds for this purpose, and Ahmed Kathrada, Prison no. 468, would be prepared, subject to your approval, to lend me the necessary amount, to cover the entry fees and costs of the telegram.

As the entries for these examinations close today, I shall appreciate it if you would kindly treat the matter as extremely urgent.

Nelson Mandela
Nelson Mandela
Prison no 466/64

Accts:
I have no objection to the wiring of the £16.00 but am prepared not to allow prisoners can borrow money from each other

30/11

Brief Mandelas an den Commanding Officer auf Robben Island mit dem Antrag auf die Genehmigung, von seinem Mithäftling Ahmed Kathrada Geld zu leihen, damit er die Kosten für
die Anmeldung zum Examen begleichen konnte. In anderer Schrift heißt es am Briefende:
«Habe keinen Einwand gegen die Überweisung von 16.00 Rd, bin jedoch nicht bereit, zuzulassen, dass Häftlinge sich untereinander Geld leihen» (vgl. S. 47).

23. 6. 69

My darlings,

Once again our beloved Mummy has been arrested and now she and Daddy are away in jail. My heart bleeds as I think of her sitting in some police station far away from home, perhaps alone and without anybody to talk to, and with nothing to read. Twenty-four hours of the day longing for her little ones. It may be many months or even years before you see her again. For long you may live like orphans, without your own home and parents, without the natural love, affection and protection Mummy used to give you. Now you will get no birthday or Christmas parties, no presents or new dresses, no shoes or toys. Gone are the days when, after having a warm bath in the evening, you would sit at table with Mummy and enjoy her good and simple food. Gone are the comfortable beds, the warm blankets and clean linen she used to provide. She will not be there to arrange for friends to take you to bioscopes, concerts and plays, or to tell you nice stories in the evening, help you read difficult books and to answer the many questions you would like to ask. She will be unable to give you the help and guidance you need as you grow older and as new problems arise. Perhaps never again will Mummy and Daddy join you in House no. 8115 Orlando West, the one place in the whole world that is so dear to our hearts.

This is not the first time Mummy goes to jail. In October 1958, only four months after our wedding, she was arrested with 2000 other women when they protested against passes in Johannesburg and spent two weeks in jail. Last year she served four days, but now she has gone back again and I cannot tell you how long she will be away this time. All that I wish you to bear in mind is that we have a brave and determined Mummy who loves her people with all her heart. She gave up pleasure and comfort in return for a full life of hardships and misery because of the deep love she has for her people and country. When you become adults and think carefully of the unpleasant experiences Mummy has gone through, and the stubbornness with which she has held to her beliefs, you will begin to realise the importance of her contribution in the battle for truth and justice and the extent to which she has sacrificed her own personal interests and happiness.

Mummy comes from a rich and respected family. She is a qualified Social

Zwei Seiten eines Briefs vom 23. Juni 1969 an seine Töchter Zindzi und Zenani, nachdem Mandela von Winnies Verhaftung erfahren hatte (vgl. die Seiten 129 ff.).

MRS ZENI + ZINDZI MANDELA
c/o MRS IRIS NIKI XABA
P.O. Box 23,
Orlando Village
SOWETO. JOHANNESBURG.

worker and at the time of our marriage in June 1958 she had a good and comfortable job at the Baragwanath Hospital. She was working there when she was arrested for the first time and at the end of 1958 she lost that job. Late she worked for the Child Welfare Society in town, a post she liked very much. It was whilst working there that the Government ordered her not to leave Johannesburg, to remain at home from 6 p.m. to 6 am, and not to attend meetings, nor enter any hospital, school, university, courtroom, compound or hostel, or any African townships save Orlando where she lived. This order made it difficult for her to continue with her work at the Child Welfare Society and she lost this particular job as well.

Since then Mummy has lived a painful life and had to try and run a home without a fixed income. Yet she somehow managed to buy you food and clothing, pay for your school fees, rent for the house and to send me money regularly. I left home in April 1961 when Zeni was two years and Zindzi three months. Early in January 1962 I toured Africa and visited London for ten days, and returned to South Africa towards the end of July the same year. I was terribly shaken when I met Mummy. I had left her in good health with a lot of flesh and colour. But she had suddenly lost weight and was now a shadow of her former self. I realised at once the strain my absence had caused her. I looked forward to some time when I would be able to tell her about my journey, the countries I visited and the people I met. But my arrest on August 5 put an end to that dream. When Mummy was arrested in 1958 I visited her daily and brought her food and fruits. I fell friend of her especially because the decision to join the other women in demonstrating against passes was taken by her freely without any suggestion from me. But her attitude to my own arrest made me know Mummy more and fully. Immediately I was arrested our friends here and abroad offered her scholarships and suggested that she leave the country to study overseas. I welcomed these suggestions as I felt that studies would keep her mind away from her troubles. I discussed the matter with her when she visited me in Pretoria jail in October 1962. She told me that although she would most probably be arrested and sent to jail, as every politician fighting for freedom, must expect, she would nevertheless remain in the country and suffer with her people. Do you see now what a brave Mummy we have?

Do not worry, my darlings, we have a lot of friends, they will look after you, and one day Mummy and Daddy will return and you will no longer

be orphans without a home. Then we will also live peacefully and happily as all normal families do. In the meantime you must study hard and pass your examinations and behave like good girls. Mummy and I will write to you many letters. I hope you get the Christmas card I sent you in December and the one I wrote to you in February & this year. Send my love and a million kisses to both of you. Lots of love and kisses Daddy

Im April 1977 lud die Regierung südafrikanische Journalisten auf Robben Island ein, um Gerüchten über die brutale Behandlung der Gefangenen entgegenzutreten. Von Mandela und seinen Mithäftlingen wurden Aufnahmen gemacht als Teil eines für die Medien arrangierten Spektakels.

take and send our photographs to our own families.

We stress the fact that the way in which the Minister planned this visit in no way differs from previous ones. IN August 1964 re= porters from "The Daily Telegraph" found those of us who were here at the time "mending clothes" instead of our normal work at the time of knapping stones with 5 lb. hammers. As soon as the re= porters left we were ordered to crush stones as usual. At the end of August 1965 Mrs. I.da Parker from "The Sunday Tribune" found us wearing raincoats on our way back from the lime quarry - raincoats which were hurriedly issued to us at work on the very day of her visit, and which were immediately taken away when she left. The rain coats were not issued to us again until a year or so later.

We emphatically state that under no circumstances are we willing to cooperate with the Department in any manoeuvre on its part to distort the true state of affairs obtaining on this island. With few exceptions our span has been kept inside for several months now, but our normal work is still that of pulling sea-weed, and the Department has given no assurance that we will never be sent out to the quarry again.

We also cite the example of the cupboards we have in our cells. Any television-viewer is likely to be impressed with this furniture and would naturally give all the credit to the Department. It is unlikely that such television-viewers and newspaper readers would be aware that the cupboards have been painstakingly built with crude tools in a crude "workshop" from cardboard cartons and from driftwood picked up on the beaches by prisoners, that the costs for beautifying them have been borne by the prisoners themselves, and that they have been built by a talented fellow prisoner, Jafta Masemola, working approximately 8 hours a day on weekdays at the rate of R1,50 (One Rand fifty Cents) a month.

At all times we are willing to have press and television inter= views, provided that the aim is to present to the public a balanced picture of our living conditions. This means that we would be allowed to express our grievances and demands freely, and to make comments whether such comments are favourable or otherwise to the Department.

We are fully aware that the Department desires to protect a favourable

3/......

Eine Seite des von den Häftlingen verfassten Briefs an den Gefängnisdirektor, in dem sie sich über den Besuch von Journalisten im Jahr 1977 und die Missachtung ihrer Rechte beschweren. Man beachte die Randbemerkungen: «Quatsch» und «Wie die anderen Gefangenen auch» (vgl. die Seiten 431 f.).

Häftlinge auf Robben Island mussten im Gefängnishof aufgereiht sitzen und mit dem Hammer Steine zerkleinern.

Mitglieder des von Justizminister Kobie Coetsee eingesetzten Teams, das mit Mandela im Gefängnis Gespräche führen sollte. Von links nach rechts: General Willemse, Commissioner of Prisons; Mandela; Dr. Niël Barnard, Chef des Geheimdienstes; Kobie Coetsee und Fanie van der Merwe, Generaldirektor der Justiz.

Haus, über den Du mich im selben Monat per Telegramm informiert hast. Im September teilte mir der Head of Prison mit, dass Dein Passantrag als begründet angesehen werde & es Dir freistehe, einen formellen Antrag an den Commissioner Deines Wohnorts zu stellen. Die Bitte um einen zweistündigen Besuch lehnte der Minister ab.

In einem Brief vom 1. Dez. 74 an den Commanding Officer schilderte ich ihm den Anschlag vom 18. Sept. auf den Wagen, wie Du ihn in Deinem Brief vom 29. Sept. geschildert hast.[g] Ich zitierte auch aus dem Brief vom 8. Okt., den Du nachts um 1 Uhr geschrieben hast in Erwartung eines Angriffs der «Bantu-Männer», eines Feindes, gegen den Du nichts ausrichten konntest. Ich setzte noch einen Abschnitt von Bantus[h] Brief vom 7. Nov. hinzu, in dem sie von der schweren Zeit berichtet, die sie im Haus durchmachten, während Du weg warst.[i] Zwar sind jetzt Deine Auflagen aufgehoben, aber alle anderen Einsprüche wurden abgewiesen.

Am 12. Februar forderte ich den Minister auf, seine Entscheidung hinsichtlich der Schusswaffe zu überdenken, & betonte die Dringlichkeit der Angelegenheit, weil trotz der andauernden Angriffe auf Haus & Familie die S. A. P.[j] trotz all ihrer Erfahrung in der Verfolgung von Verbrechern die Schuldigen in diesem Fall immer noch nicht dingfest gemacht habe. Ich schrieb Mr. Kruger, ich könne nicht verstehen, warum er seine Hilfe bei der Beschaffung einer Schusswaffe verweigere, da doch die Polizei sich als völlig außerstande erwiesen hatte, Dich angesichts der ernsten Bedrohung Deines Lebens zu beschützen. Ich konnte ihn nicht umstimmen.

Hoffentlich hast Du meine Briefe bekommen, die vom 18. Juli, vom 1. Aug., die Kopien des Briefs & der Geburtstagskarten an Dich & Zindzi, beide vom 1. Dez. 75. Deine Probleme werden so lange weiterbestehen & Du und die Kinder werden so lange kein richtiges Zuhause haben, bis ein naher Verwandter bei euch einzieht. Zwar habe ich das deutliche Gefühl, dass meine ursprünglichen Vorhaltungen starke Beachtung verdienten, trotzdem möchte ich die Sache noch einmal anders angehen & warte auf die in meinem Brief vom 18. Juli angeforderten Informationen.

Am 4. Aug. bekam ich ein weiteres Telegramm von Nozolile, der Frau von Justice, mit der Nachricht vom Tod von Nkosk NoEngland[k] &

dass sie am 31. Juli beerdigt wurde. Am 12. Aug. sandte ich ihr ein Beileidstelegramm. Letzten Samstag besuchte mich Mabel aus Mthata[l] und berichtete mir von der Beerdigungsfeier, die Sabata[m] sehr gut geleitet hat. An Nomafu habe ich auch geschrieben und ihr unser Beileid ausgesprochen. Von Zindzi bekam ich eine schöne Geburtstagskarte, die mich dafür entschädigte, dass ich Deinen letzten Brief am 27. Juni erhielt. Irgendwie komisch, dass von Dir & Zeni kein Geburtstagsgruß kam.

Hoffentlich lernst Du fleißig & schränkst alle anderen Verpflichtungen ein bis nach den Prüfungen.

ICH LIEBE DICH! DU FEHLST MIR, & ICH HOFFE, AN DEINEM NÄCHSTEN GEBURTSTAG BEI DIR ZU SEIN.

Für immer Dein
Dalibhunga.

------------------------

a    «Schwester» auf isiXhosa.
b    University of South Africa.
c    Msuthu Thanduxolo Madikizela, Winnie Mandelas Bruder.
d    Er bezieht sich auf die Einbrüche in Winnies Haus.
e    Vgl. Brief vom 13. Mai 1974, S. 330–335.
f    Vgl. Brief vom 25. Mai 1974, S. 335 f.
g    Im Brief an den Commanding Officer vom 1. Dezember 1974 zitiert er aus einem Brief von Winnie Mandela. Siehe S. 347 f.
h    Nobantu Mniki, Winnie Mandelas Schwester.
i    In seinem Brief an den Commanding Officer vom 1. Dezember 1974 zitiert er aus dem Brief von Nobantu Mniki, siehe S. 347 f.
j    South African Police.
k    Frau von Regent Chief Jongintaba Dalindyebo (siehe «Personen, Orte, Ereignisse»).
l    Andere Schreibweise für Umtata (heute offiziell Mthatha), damals Hauptstadt der Transkei.
m    König Sabata Jonguhlanga Dalindyebo (1928–1986); siehe «Personen, Orte, Ereignisse».

## An Winnie Mandela
## Pretoria

Nelson Mandela, 466/64                    19. Aug. 1976

Dadewethu,[a]

gestern hatte ich gerade den Brief abgeschlossen & Dir berichtet, wie es um mein Studium steht und welche Schritte ich unternommen habe hinsichtlich der Restriktionen, die Dir bislang auferlegt wurden, sowie von Msuthu,[b] als ich vom Commanding Officer erfuhr, dass Du verhaftet worden bist, aber ohne weitere Angaben.

Bis jetzt weiß ich weder wo noch wann man Dich festgenommen hat, noch nach welchem Gesetz und wo Du in Untersuchungshaft bist, ebenso wenig kenne ich die Anklage, falls es überhaupt eine gibt. Ich weiß nur, dass die kurze Zeit [in Freiheit], die Du 10 Monate lang in 13 Jahren genießen konntest, schon wieder vorbei ist, und das gerade mal 2 Monate vor Deinem Geburtstag. Sie ist vorbei im Jahr 1976, weniger als 1/4 Jahrhundert vor dem Jahr 2000, das Du bestimmt noch erleben wirst. Ich habe jedenfalls den Commissioner of Prisons aufgefordert, mir Auskunft über Deine Haft zu erteilen.

In meinem Brief vom 1. August, den Du möglicherweise gar nicht bekommen hast, habe ich Dir herzlich gedankt für Deinen Besuch an meinem Geburtstag & versucht, Dich wieder hierherzulocken mit dem Hinweis, dass der 25. & 26. Sept. genau wie der 17. & 18. Juli[c] auf ein Wochenende fallen; ich hatte die vage Hoffnung, Du würdest vielleicht anbeißen, Geld wäre da. Jetzt weiß ich, dass das nicht geht. Und trotzdem & gerade deswegen ist dies ein Tag, auf den ich mich unbändig freue, als würdest Du doch kommen. Diesen Tag schätze & ehre ich allemal mehr als sämtliche Tage der Weltgeschichte. Mehr noch als jenen denkwürdigen 10. März.[d]

Dir zu schreiben bereitet mir immer große Freude & Befriedigung. Ich weiß wirklich nicht, ob Du diesen Brief hier je bekommen wirst oder auch die Briefe vom 18. Juli & vom 1. und 18. Aug., und falls ja, wann das sein wird. Dennoch fällt beim Schreiben an Dich in diesem Moment jegliche Spannung & Störung in meinen Gefühlen & Gedanken von mir ab. Es ist die einzige Zeit, in der ich das Gefühl habe, dass eines künftigen Tages die Menschheit wahrhaft aufrechte & verehrungswürdige Heilige hervorbringen kann, die in all ihrem Tun von echter Liebe zur Menschheit beflügelt werden & allen Menschen selbstlos dienen werden. Seit gestern fühle mich Dir näher & bin noch stolzer auf Dich denn je, & bestimmt geht es unseren Mädchen genauso.

Ich hege keinerlei falsche Illusionen, mein Schatz, & kenne nur zu gut die furchtbaren Schläge, die Du in den vergangenen 14 Jahren einstecken musstest, & die widerlichen Berichte, die immer wieder

Nelson Mandela, 466/64                                          Aug. 19, '76

Dade with n,

Yesterday I'd just finished writing & explaining to you the position relating to my studies & giving you a brief account of the representations I'd made in regard to the restrictions previously imposed on you as well as about M authy when I learnt from the Commanding Officer that you'd been arrested, but gave me no further information.

Up to now I don't know where & when you were apprehended, the law under which you're held in custody, where you're kept & the charge, if any, against you. What I do know now is that the brief spell of you've enjoyed for just 10 mths in 13 yrs has come & gone barely 2 mths before your birthday; gone in '76 less than a ¼ century to 2000 which you'll see certainly in your lifetime. I've, however, requested the Commissioner of Prisons to give me information on your arrest.

In my letter of Aug. 1, which I doubt if you received, I warmly thanked you for joining me on my birthday & tried to entice you to come down by reminding you that Sept 25 & 26 just like July 17 & 18, would fall on a Saturday & Sunday & I'd vaguely hoped that you might still find me available. I now know that that is not possible. Still & especially because of that 15, it's a day to which I look forward very keenly as if you're still coming. For me it's always a day I value & honour more than all the days in the history of this world. I'll remember you more than you should me that handed 10.

It's always given me plenty of satisfaction & joy to write to you. I sincerely don't know whether you'll ever get this particular one nor those of July 18, Aug 1 & 18 &, if you do, when that'll be. Nonetheless, the act of writing to you at this moment removes all the tensions & impurities in my feelings & thoughts. It's the only time I ever feel that some day in the future it'll be possible for humanity to produce saints who will really be upright & venerable, inspired in everything they do by genuine love for humanity & who'll serve all humans selflessly. Since yesterday I feel closer & more proud of you than ever before & I'm sure the girls also feel the same.

I've no false illusions whatsoever, my darling mum, & know only too well the ghastly schemes you've had in the past 14 yrs & the horrid accounts that've been repeatedly splashed about you & that'd completely shattered another woman. Do you think I've forgotten '63/64, may 13 & the 18 mths that followed, Oct. '70 in particular, Apr. '75 to Aug last mth, the venomous telegrams, reports, some sent anonymously & others from well-meaning people known to both of us, all full of alarming & vile information?

It has been valuable experience for me to watch powerful organisations & highly-placed individuals clubbing together for the specific purpose of destroying a virtually widowed woman; how all these can stoop so low as to bring to my notice all sorts of details

Seiten aus einem Brief vom 19. August 1976 an Winnie Mandela.

calculated to dim the clear image I have about the most wonderful friend I ~~have~~ *completely baffles me.*
My consolation has always been that you've kept your head, held the family tight together & made us as happy & optimistic as ever. Would allow a girl who's lived under
heavy & sustained pressure from all directions. Of course, dear Mum, we're but human-
gans, Zindzi & I & we'd like you to be highly praised by all & all the time, just like the
lady who rose from the valley of the Caledon in the 1820's. But the more you're slandered, the
more attached to you do I become. These are not the things we should ever mention in
our correspondence to each other. But we live 1000 miles apart, see each other rarely & by
short periods & with all the jazz around your ears you may even wonder what Mum
thinks. Only because of this do I think I should nonetheless hint to you that I love you
& ALWAYS.

Strength of affection & rising admiration for you, Mhlophe, create stalemate situations.
Passion & adoration frequently intermingle & at times I'm not at all certain which is domi-
nant. Your health, the intense longing for & anxiety about the girls, the many hrs, mths &
even yrs living alone for one who loves the open air & the warm sunshine in which she
was brought up, who likes the company of others & can laugh very well, who has lost a comfortable job, the chance to write a university exam for which so much money had been sunk,
hard work, energy & precious time had been spent, the uncertainty when I'll see you again
all make the heart heavy. As to why I adore you particularly at this hr you know exactly
why. Do you still remember when I first addressed you as Madarethu & why? or stubborn-
ly stuck to it all these yrs? Yes, yes, you do. Ngutyana. Your optimism & wonderful
smile have put more steel in me than all the famous classics of this world. You're my
darling & in moments such as these, its reasonable to speak frankly & sincerely. Although I
can't be certain my own hope is that these 2 letters will reach you duly & in the form
in which I've written them.

I'm writing to the girls to put them at rest & to assure them that you're now a veteran who can
take care of herself & to wish them good luck in the exams. I believe Zeni & Bahle still hold
on each other but that Zeni has broken with poor Tieliga & has had a new gold strike in
Mafutu Oupa about whom she says you'll tell me a lot. I don't who to suggest about
where they'd spend their Dec. holidays in your absence. There's of course Kgatho & Rennie,
the ever-thrilling Kgatho Fatu, Niki & Brutu. But I'll wait until I've a clearer picture of the
situation before I make positive suggestions. Who did you live behind with the charm? You told
me the name of Zizwe's Mum but have now forgotten it. I'll also ask Ntatho & Sally to visit you if
they can get permits & to look after the house & kids. On Aug. I ~~wrote~~ your sister Connie a condolence letter & asked you to redirect it to her. I'll now ask Rennie to do so. Devotedly, Dalibhunga

& I love you ALWAYS!

Nkosk. Robandla Mandela, c/o Commissioner of Prisons Pretoria

über Dich in Umlauf gebracht wurden und jede andere Frau am Boden zerstört hätten. Denkst Du, ich hätte den 13. Mai 63/64 & die 18 Monate danach vergessen? Oder den Okt. 70, den April 75 oder den letzten Monat, die bösartigen Telegramme und Berichte, die teils anonym, teils von wohlmeinenden Leuten, die wir beide kennen, geschickt wurden, alle voll erschreckender & widerwärtiger Inhalte?[e]
Es war mir eine lehrreiche Erfahrung, zu sehen, wie mächtige Organisationen & hochgestellte Persönlichkeiten sich zusammentun, nur um eine quasi verwitwete Frau zugrunde zu richten; dass sie sich alle dazu hergeben, mich alle möglichen Einzelheiten wissen zu lassen in der Absicht, das helle Bild zu verdunkeln, das ich von der wunderbarsten Freundin in meinem Leben habe, das macht mich fassungslos. Ich habe mich immer damit getröstet, dass Du einen kühlen Kopf bewahrt, die Familie zusammengehalten, uns glücklich gemacht und Optimismus verbreitet hast, soweit es die Umstände einer Frau erlaubten, die unter ständigem schwerem Druck von allen Seiten lebt. Liebe Mum, natürlich sind wir auch nur Menschen – Zeni, Zindzi & ich, & wir hätten gerne, dass Du von allen & zu allen Zeiten hochgelobt wirst, so wie die Dame, die um 1820 aus dem Tal des Caledon auftauchte. Doch je mehr Du verleumdet wirst, desto mehr fühle ich mich Dir zugehörig. Dies sind Dinge, die wir in unseren Briefen überhaupt nie erwähnen dürften. Aber wir sind 1000 Meilen voneinander getrennt, sehen uns nur selten & dann auch nur kurz, & mit allem, was Du um die Ohren hast, wunderst Du Dich vielleicht, was Madiba so alles denkt. Nur deshalb glaube ich, ich sollte Dir trotzdem einen dezenten Hinweis geben, dass ICH DICH IMMER LIEBE.
Meine Mhlope, große Zuneigung & immer größere Bewunderung bringen mich manchmal in eine Pattsituation. Sorge & Verehrung vermischen sich oft, & manchmal bin ich mir gar nicht sicher, welches Gefühl die Oberhand hat. Deine Gesundheit, die Sehnsucht nach den Mädchen & Deine Sorge um sie, die vielen Stunden, Monate, ja sogar Jahre, die Du nun schon allein lebst, die Du die frische Luft & den Sonnenschein liebst, in denen Du aufgewachsen bist, die Du gerne in Gesellschaft bist und so gern lachst, die eine anständige Arbeit verloren hat, die Chancen, ein Uni-Studium abzuschließen, in das schon so viel Geld investiert, für das so viel harte Arbeit, Energie und kost-

bare Zeit aufgewendet wurde, die Ungewissheit, wann ich Dich wiedersehen werde, all das macht mir das Herz schwer. Und Du weißt genau, warum ich Dich vor allem jetzt so sehr verehre. Erinnerst Du Dich noch daran, wie ich zum ersten Mal *Dadewethu*[f] zu Dir sagte & warum ich all die Jahre stur dabei blieb? Ja, natürlich erinnerst Du Dich, Ngutyana. Dein Optimismus und Dein wunderbares Lächeln haben mir mehr Kraft verliehen als alle berühmten Klassiker dieser Welt. Du bist mein Schatz, & in Augenblicken wie diesem darf man wohl frank & frei sprechen. Auch wenn ich mir dessen nicht sicher sein kann, hoffe ich doch, dass diese beiden Briefe bei Dir in angemessener Zeit & in der Form, in der ich sie geschrieben habe, ankommen.

Den Mädchen werde ich noch schreiben, um sie zu beruhigen & ihnen zu versichern, dass Du inzwischen eine Veteranin bist, die auf sich selbst aufpassen kann, & um ihnen für ihre Prüfungen viel Glück zu wünschen. Ich glaube, Zeni & Bahle sind noch gut befreundet, aber Zeni hat wohl mit der armen Fidza gebrochen & in Mafuta oupa eine neue Goldmine gefunden, über die Du, sagt sie, mir viel erzählen wirst. Ich weiß nicht recht, bei wem sie ihre Dez.-Ferien verbringen könnten, solange du nicht da bist. Natürlich sind da noch Kgatho & Rennie[g] und die allzeit bereiten Fatu,[h] Niki und Bantu. Aber ich warte ab, bis ich ein klareres Bild von der Lage habe, bevor ich etwas Konkretes empfehle. Wen hast Du bei den Kindern gelassen? Du hast mir den Namen von Zizwes Mum genannt, aber ich habe ihn vergessen. Ich werde Ntatho & Sally[i] bitten, Dich zu besuchen, falls sie eine Erlaubnis bekommen, & sich um das Haus und die Kinder zu kümmern. Am 1. Aug. habe ich Deiner Schwester Connie einen Kondolenzbrief[j] geschrieben & Dich gebeten, ihn an sie weiterzuleiten. Jetzt werde ich auch Rennie darum bitten. Für immer

Dein Dalibhunga
ICH LIEBE DICH!

----------------------

a «Schwester» auf isiXhosa.
b Msuthu Thanduxolo Madikizela, Winnie Mandelas Bruder.
c 26. September: Winnies, 18. Juli: Nelson Mandelas Geburtstag.
d Tag ihres ersten Rendezvous.
e Vielleicht erinnert sich Mandela an solche Dinge im *Langen Weg zur Freiheit*, wenn er

schreibt: «Einige der widerwärtigsten Vorgänge wurden mir im Gefängnis zugetragen, denn nach meiner Rückkehr aus dem Steinbruch fand ich häufig einen säuberlich ausgeschnittenen Bericht über Winnie, den Aufseher anonym auf mein Bett gelegt hatten. [...] In einem Zeitungsausschnitt hatte ich auch gelesen, dass ein Angehöriger der Special Branch (Spezialeinheit der Polizei) in unser Haus in Orlando eingedrungen sei und dass Winnie ihn in ihrem Zorn aus dem Schlafzimmer geworfen hatte, wo sie gerade dabei gewesen war, sich anzuziehen.» (Ebd., S. 571.)

f   «Schwester» auf isiXhosa.

g   Sein Sohn Makgatho (Kgatho) Mandela (1950–2005); siehe «Personen, Orte, Ereignisse», und seine damalige Frau Rose Rayne Mandela, genannt Rennie.

h   Fatima Meer (1928–2010); siehe «Personen, Orte, Ereignisse».

i   Nthato Motlana (1925–2008) und seine Frau Sally; siehe «Personen, Orte, Ereignisse».

j   Wahrscheinlich der Kondolenzbrief anlässlich des Todes von Connie Njongwes Mann Dr. James «Jimmy» Njongwe (1919–1976); siehe «Personen, Orte, Ereignisse».

## An Winnie Mandela

[Übersetzt aus dem isiXhosa]

1. Sept. 1976

Meine liebste Schwester,

wir, die Familie, verehren und achten Dich – Du bist unser aller Stolz und unsere ganze Freude.

Es fühlt sich beinahe an, als hätte ich Dich schon seit langem nicht mehr gesehen, obwohl Du doch erst neulich am 17. und 18. Juli bei mir warst. Jedes Mal, wenn ich an Dich denke und Dein Bild anschaue, fühle ich mich geborgen, es immer wieder zu betrachten ist das einzige, was mir Trost spendet, wenn Liebe und Erinnerung mich übermannen.

Deine Gesundheit und die der Kinder, ihre Prüfungen und alles, was Dir Sorgen bereitet, gehen auch mich an. All dies erinnert mich immer daran, wie reif Du für Dein Alter bist, aber Du hast gezeigt, wie intelligent, charakterstark, gefestigt, entschlossen und widerstandsfähig Du bist. Darum habe ich so großes Vertrauen in Dich.

Akzeptiere Deine gegenwärtige Lage, denk nicht dauernd an Dinge, die Du nicht ändern kannst. Mach Dir keine Sorgen um die Mädchen, sie sind jetzt erwachsen und können sich selber wehren und ihre Zukunft selber gestalten. Es ist mein Herzenswunsch, sie eines Tages in den Arm zu nehmen und ihnen zu zeigen, dass sie nicht allein sind.

Ich werde die Dlomos, die Ngutyanas[a] und andere Verwandten um Unterstützung für den Unterhalt und die täglichen Bedürfnisse der Mädchen bitten.

Ich werde sie fragen, ob sie die Mädchen in den Schulferien aufnehmen und auch die Kosten dafür tragen können; auch die Kosten für die Fahrt zur Schule und wieder zurück sowie für Besuche bei Dir.

Vergiss das Haus, die Miete, den Wagen, die Möbel und die Telefonrechnungen. Ich habe an Rennie[b] geschrieben und sie gebeten, eine vollständige Aufstellung all dieser Ausgaben zu machen; Kgatho habe ich gebeten, sich darum zu kümmern, dass Marsh,[c] Earl,[d] Zwelidumile und Mr. Mdingi eine zuverlässige Person finden, die sich um die Kinder und das Haus kümmert.

Vergiss auch den Job, die angefallenen Kosten und Deine Träume und Hoffnungen, für Dich und die Kinder sorgen zu können. Wichtig ist jetzt, dass Du nicht mehr daran denkst, was von Dir als Dlomo-Gattin an kulturellen Verpflichtungen erwartet wird. Kopf hoch, Liebste, ich wünsche Dir alles Gute, wo immer Du sein magst.

Seit Juli habe ich Dir fünf Briefe geschrieben; am 18. Juli, 1. Aug. und eine Abschrift, die ich am 9. Dez. an Deine Heimatadresse geschickt habe. Der Brief vom 19. August[e] ging über den Commissioner of Prisons mit der Bitte, ihn Dir zu schicken, wenn er genehmigt wird.

Ich habe Deine Briefe vom September/Oktober 1974 wiedergelesen, die Du geschrieben hast, nachdem das Berufungsgericht seine Entscheidung gefällt hatte. Das war an Deinem 40. Geburtstag, den Du fast in Kroonstad[f] verbracht hättest. Da kamen wieder bitter-süße Gefühle hoch, aber ich ließ mich nicht davon überwältigen.

In Deinem Brief vom 29. September schreibst Du, dass in den vergangenen zehn Jahren immer noch in jedem Brief Glückwünsche zu Deinem Geburtstag stehen, die sich alle voneinander unterscheiden. Im Brief vom 9. Oktober erwähnst Du Deine Pläne für einen Besuch bei mir, dass Du jedoch befürchtest, dass die Special Branch[g] diese Pläne zunichte machen könnte.

Am 26. September wirst Du also 42. Auch wenn Du an diesem Tag nicht wie sonst zu Hause feiern kannst, so vergiss nicht, dass es dennoch Dein Ehrentag ist, und ich wünsche Dir Gesundheit und Stärke. Hoffentlich denkst Du noch an das Versprechen, das ich Dir während der achtzehn (18) Monate Deiner Abwesenheit gegeben habe, als Du das Haus bei Deiner Rückkehr in totaler Unordnung vorfandest, und ich halte immer noch daran fest.

Liebste, ich vermisse Dich sehr.

Die anderen Briefe gehen an Kgatho, Zeni und Zindzi.

In Liebe
Dalibhunga

------------------------

a   Winnies Familie. Sie stammt aus dem amaNgutyana-Clan.
b   Frau seines Sohnes Makgatho.
c   Marshall Xaba, Mann von Niki Xaba, Winnie Mandelas ältester Schwester.
d   Earl Mniki, Mann von Nobantu Mniki, Winnie Mandelas Schwester.
e   Siehe Brief S. 402–408.
f   Kroonstad-Gefängnis.
g   Spezialeinheit der Polizei.


**An Winnie Mandela**
**Frauengefängnis, Johannesburg**
[Übersetzt aus dem isiXhosa]

Nelson MANDELA (466/64) GRUPPE A                    1.10.1976

Meine liebste Schwester,
die Mädchen brachten mir die gute Nachricht, dass Du Dich offenbar guter Gesundheit erfreust. Seit meiner Rückkehr aus Übersee im Juli 1962 machte ich mir Sorgen, weil Du so viel abgenommen hattest. Training hilft Dir dabei sehr. Versuche, jeden Tag um den Hof zu joggen. Training ist die beste Medizin. Mein Tag beginnt mit einem Dauerlauf und endet mit Dehnübungen vor dem Schlafengehen. Wenn Du fleißig trainierst, schläfst Du auch gut, und es hilft, körperlich stark und gesund bleiben.

Ich habe von den Attacken auf Dich und Ntatho[a] gehört und dass ihr schließlich vor Gericht gegangen seid. Hätte ich von diesem Schritt eher gewusst, hätte ich euch davon abgehalten, denn damit könnt ihr euch nicht dauerhaft schützen. Es kann passieren, dass ihr trotz großer Verluste und Schäden am Ende noch die Gerichtskosten

tragen müsst. Und das kann in die Tausende gehen. Da ihr diesen
Schritt nun einmal getan habt, macht jetzt keinen Rückzieher. Du
hast dabei meine rückhaltlose Unterstützung. Wenn alles gut geht,
sehe ich Dich wahrscheinlich im Januar. Am meisten vermisse ich
Dich an Tagen, an denen mir die Probleme über den Kopf wachsen.
Ich überlege, woher Du Geld auftreiben kannst, um bei Deinem
nächsten Besuch zwei Tage hier zu verbringen. George[b] kann versuchen, auch für Ntatho eine Besuchserlaubnis zu bekommen, damit
wir diese Dinge besprechen können. Ich meine, die Kinder sollten
zum Studium nach England gehen, falls sie ein Studienvisum bekommen. Sie erzählten mir, dass die Mutter der Witwe bereit ist, sich
an den Kosten hierfür zu beteiligen. Ich habe das befürwortet, aber
einige Bedingungen daran geknüpft. Sabata wird die Ehre zu schätzen wissen, ein Dinner zu Ehren von Zindzi zu veranstalten, aber
wenn man so etwas plant, sollten beide geehrt werden, denn Zeni ist
ja die ältere.
Ich bin dafür, dass wir das Haus in Orlando kaufen, wenn wir das
Geld dazu haben. Woher aber nehmen in diesen Zeiten, wo Du doch
ohne Arbeit bist? Ich habe die Versuche mitbekommen, jemanden zu
finden, der das Haus hüten kann; gib mir bitte Bescheid, wenn es dazu
etwas Neues gibt. Ich habe mich in vielen Briefen erkundigt, wie es
nach Deiner Verhaftung um die Kinder und das Haus steht, aber bis
jetzt noch keine Antwort bekommen. Alles was ich weiß, habe ich von
den Töchtern erfahren. Dein Brief vom 22. August liefert mir zum ersten Mal Einzelheiten über Familienangelegenheiten. …
Ich stelle fest, dass Du meine Briefe vom 18. Juli und 1. August, die
ich an unsere Adresse geschickt habe, nicht erhalten hast. Den ersten
schrieb ich wie üblich auf Englisch, den zweiten auf isiXhosa, ebenso
wie die Karte vom 1. September, auf der ich Dir Glück, Gesundheit
und gutes Gelingen wünschte. Die Karte ging nach Pretoria und
sollte an Dich weitergeleitet werden, ebenso wie die Briefe vom 18.
und 19. August. Ich hoffe, dass alle fünf jetzt bei Dir angekommen
sind. …
Ich habe jede Menge Zeit, um gründlich über mich und vieles andere
nachzudenken. Gerade jetzt denke ich an Dinge, die ich nicht machte,
als ich dazu noch in der Lage war. Dazu gehört, dass man kein Zu-

hause hat. Es beglückt mich, wenn ich an die großen Chancen und die vergnüglichen Zeiten denke, die ich hatte.

Ich habe jede Menge Zeit zum Nachdenken, ganz anders als damals draußen, als Hektik meinen Tagesablauf bestimmte. Auch hier wird man auf Trab gehalten – mit Kameraden plaudern, alle möglichen Bücher lesen, Dinge tun, die das Gedächtnis auffrischen, Briefe an die Familie und Freunde schreiben und solche von draußen wieder lesen. Solche Gedanken kommen und umkreisen einen bei Ruhe, sie sind meine ständigen Freunde, [unlesbar] ich habe meine Seele offengelegt. Doch was bleibt, ist Liebe und Respekt. Trotz alledem bin ich ein geistig reicher Mensch.

Ich bin froh, dass Du in Johannesburg bist, näher an zu Hause, und vor allem, dass Du dort Freunde hast, die Dich besuchen und Dir von daheim berichten können. Ich hatte eine schöne Zeit mit den Kindern, leider mussten sie am gleichen Tag schon wieder zurück. Auch wenn ich möchte, dass sie ihre Reise ins Ausland bald unter Dach und Fach bekommen, so werde ich sie doch sehr vermissen. Ich kann mir vorstellen, was es für Dich bedeutet, jetzt, da Du Witwe bist, denn die Kinder sind ja Deine besten Freunde geworden. Aber um ihrer Zukunft willen müssen wir das durchstehen.

Soeben las ich zwei Geschichten, die 1957 geschrieben wurden und die ich Dir hoffentlich eines Tages erzählen kann. Zwei Daten, die mit unseren Freunden zu tun haben, bekomme ich nicht aus dem Kopf: den 11. September 1926 und Freitag den 13. Ich freue mich auf Deinen zweiten Brief. Ein paar Briefe gingen an Kgatho, Daliwongas[c] Tochter Xoliswa und ein Kondolenzbrief an Mr. Ngakane, dem ich Trost zusprechen wollte.

Alles Liebe, meine Freundin.
Dalibhunga

- - - - - - - - - - - - - - - - - - - - -

a   Nthato Motlana (1925–2008); siehe «Personen, Orte, Ereignisse».
b   George Bizos (geb. 1927), Verteidiger im Rivonia-Prozess; siehe «Personen, Orte, Ereignisse».
c   K. D. Matanzima (1915–2003); siehe «Personen, Orte, Ereignisse». Sein zweiter Vorname war Daliwonga.

**An den Commanding Officer**
**Robben Island**
[In anderer Schrift auf Afrikaans] 466/64 Nelson Mandela *Special letter*
an B/O[a]

7. Oktober 1976

Zu Händen von Col. Roelofse

Bezugnehmend auf mein Schreiben vom 12. Juli 1976[b] an Gen. Du Preez, Commissioner of Prisons, bestätige ich hiermit, dass Sie mich am 9. September über den Empfang eines Briefes von General Du Preez vom 26. August unterrichtet haben; in diesem Brief bekundet er seine Zufriedenheit darüber, dass die Gefängnisverwaltung hier auf der Insel ordnungsgemäß verfährt, und erklärt sinngemäß, dass er Beschwerden von Einzelpersonen, die sich in den Gefängnissen des Landes in Untersuchungshaft befinden, nicht nachgehen kann.
Ferner stelle ich fest, dass Sie mir die Erlaubnis verweigerten, die Antwort des Commissioner, so wie sie von Ihnen zusammengefasst wurde, schriftlich festzuhalten.
Ich hatte gehofft, der Commissioner würde sich ernsthafter mit der Angelegenheit befassen und wir könnten die ganze Sache im Rahmen des Dienstwegs des Departments zufriedenstellend regeln. Aber seine Antwort zeigt eindeutig, dass er allen Verstößen, die ich in meinem Schreiben vom 12. Juli aufgeführt hatte, seinen amtlichen Segen erteilt. Unter diesen Umständen sehe ich mich gezwungen, Sie hiermit um die Genehmigung zu bitten, meine Anwälte anzuweisen, für mich einen dringenden Termin mit Rechtsanwalt George Bizos vom Johannesburger Gericht zu vereinbaren, um eine Klage gegen das Prisons Department einzureichen und es daran zu hindern, seine Befugnisse zu überschreiten, uns Gefangene zu schikanieren und weitere Unregelmäßigkeiten zu begehen.
Im Einzelnen beabsichtige ich, eine Verfügung zu beantragen, in der erklärt wird, dass der Commissioner
1. gesetzlich dazu verpflichtet ist, mich und andere Gefangene dieser Insel aufzusuchen und sich je nach Art der Beschwerde oder des Anliegens persönlich damit zu befassen;

2. verpflichtet ist, mir gegebenenfalls Name und Adresse aller Personen anzugeben, die mir Briefe schreiben oder Geld, Geburtstags-, Weihnachts- und Osterkarten und Telegramme schicken, und mich zu benachrichtigen, falls das entsprechende Geld nicht meinem Konto[c] gutgeschrieben wird;

3. in Hinblick auf die Zensur von Korrespondenz und Telegrammen nur Einwände gegen den Inhalt derselben, nicht jedoch gegen die Absender der Briefe bzw. Telegramme oder Karten erheben kann, es sei denn, der Verfasser oder Absender steht ausdrücklich unter rechtsgültigem Vorbehalt.

Ferner beantrage ich eine Anweisung, die Ihnen und Ihren Beamten verbietet,

1. bei den Gefangenen verschiedener Volksgruppen im Einzelzellentrakt, in dem ich untergebracht bin, Rassismus zu propagieren und zu versuchen, feindselige Gefühle unter uns zu schüren;

2. die Wahrung guter Beziehungen zwischen mir und Familienmitgliedern und Freunden zu beeinträchtigen;

3. mit der Zensur meiner Korrespondenz Personen zu beauftragen, die in Englisch und den afrikanischen Sprachen nicht kompetent sind;

4. das Datum und andere wesentliche Informationen aus Telegrammen von Familienangehörigen und Freunden zu entfernen;

5. mich und meine Mithäftlinge als Geiseln zu behandeln und uns zu malträtieren, wann immer Südafrika von einem der zahlreichen Länder oder einer der internationalen Organisationen angegriffen wird, die seine Rassenpolitik ablehnen.

Außerdem beabsichtige ich, eine Verfügung zu beantragen, die verbietet,

1. dass das Prison Board auf seinen Sitzungen mit mir und meinen Mithäftlingen politische Diskussionen führt;

2. dass sich die Sicherheitspolizei in die interne Verwaltung des Prisons Department und insbesondere in die Behandlung von Personen einmischt, die wegen politischer Vergehen verurteilt und auf dieser Insel inhaftiert sind.

Ich verweise außerdem auf mein Schreiben vom 7. September, in dem ich Sie darüber in Kenntnis setzte, dass ich beabsichtigte, meine üblichen monatlichen Briefe an Mrs. Helen Joseph, Mr. Alan Paton und Mr. Benjamin Pogrund zu schreiben, die sich mit der Frage der Betreuung, des Unterhalts und der Erziehung meiner beiden noch minderjährigen Kinder sowie mit der Bezahlung ihrer Schulgebühren, des Taschengelds, der Lehrbücher, der Reisekosten zur Schule und zurück befassen werden, die sie bei ihren Problemen beraten und während der Abwesenheit ihrer Mutter, die sich in Haft befindet, sich um ihr Wohlergehen kümmern.

Am 7. Oktober teilte mir Lt. Prins mit, der Commissioner habe mein Gesuch abschlägig beschieden mit der Begründung, dass meine Frau regelmäßig von einem Anwalt besucht werde und daher besser in der Lage sei, mit diesen Problemen klarzukommen. Allerdings bot mir der Commissioner an, ich könne einen *Special letter* an den Bantu Administration Board<sup>d</sup> schreiben und ihm alle meine Probleme vortragen.

Ich bedaure, Ihnen sagen zu müssen, dass ich nicht bereit bin, die Entscheidung des Commissioner anzuerkennen, und sein Angebot nicht als ernstgemeinten Versuch betrachte, mir bei der Lösung meiner häuslichen Probleme zu helfen. Vielmehr begreife ich es als typische Reaktion eines Beamten, dem es vor allem um Rassefragen geht und dem die derzeitigen Nöte der Kinder und unsere Sorge um ihr Wohlergehen letztlich gleichgültig sind. Die Wahrheit ist, dass der Commissioner der Ansicht ist, es sei empörend und gegen die Politik der Regierung, die Schwarze als minderwertig behandelt, dass afrikanische Kinder von demokratisch gesinnten Weißen betreut werden, die alle Menschen gleich behandeln.

Wenn Sie die Weigerung, mir zu gestatten, meine häuslichen Angelegenheiten langjährigen Freunden anzuvertrauen, damit begründen, dass meine Frau besser in der Lage sei, diese Dinge zu bewältigen, warum bieten Sie mir dann die Möglichkeit an, ebendiese Dinge in die Hände des Bantu Administration Board zu legen? Ihr Angebot ist nur ein weiteres Beispiel für Machtmissbrauch mit dem Ziel, mir die Möglichkeit zu verwehren, das Wohl meiner Kinder Menschen anzuvertrauen, die ihnen ganz bestimmt all die Fürsorge und Zuwendung zuteil werden lassen, die sie verdienen, und die alles tun werden, damit sie vergessen, dass sie Waisen sind.

Hinzu kommt, dass die Entscheidung des Commissioner mir de facto mein Recht als Vormund meiner Kinder aberkennt, mich um ihr persönliches Wohl zu kümmern und alle nötigen Maßnahmen zu ergreifen, ihre Interessen wahrzunehmen.

Zum Zweiten bezweckt seine Entscheidung den finanziellen Ruin meiner Frau dadurch, dass sie gezwungen ist, einen Anwalt zu beauftragen und überflüssige Ausgaben für Honorare für Rechtsberatungen zu tätigen, die sie auf dem Weg meiner üblichen monatlichen Briefe gratis bekommen könnte. Der Commissioner hat diese überraschende Entscheidung getroffen, obwohl er ganz genau weiß, dass meine Frau arbeitslos ist und über keine Geldmittel verfügt, um in diesem speziellen Fall einen Anwalt einzuschalten.

Drittens weiß der Commissioner auch, dass der Bantu Administration Board nichts zu tun hat mit Fragen der Vormundschaft, des Unterhalts und der Erziehung von Kindern und ebenso wenig mit der Zahlung ihres Schulgeldes, mit Taschengeld, Schulbüchern, Reisekosten zur Schule und zurück, und dass er sich nicht um das Wohl der Kinder kümmern kann. Und selbst wenn er dazu in der Lage wäre, würde ich die Zukunft meiner Kinder bestimmt keiner Apartheidinstitution anvertrauen, deren Mitglieder Teil des Apparats der Rassenunterdrückung sind und eng mit der Sicherheitspolizei und dem Prisons Department bei der Verfolgung meiner Familie zusammenarbeiten.

1973 bat ich diese Behörde schriftlich um die Erlaubnis, den Bruder meiner Frau bei ihr in unserem Haus in Orlando wohnen zu lassen. Er hatte bereits früher im Haus gewohnt, und nachdem ihn die Sicherheitspolizei wiederholt drangsaliert hatte, musste er den Distrikt von Johannesburg verlassen. Unmittelbar danach wurde meine Frau Opfer einer Reihe feiger Überfälle, die alle, wie ich aus gutem Grund glaube, von der Sicherheitspolizei angestiftet waren, ganz gleich, wen sie dann als Akteur wählten. Der letzte Überfall ereignete sich 8 Tage vor ihrer Verhaftung. Die Behörde besaß nicht einmal den Anstand, mir den Empfang meines Briefes zu bestätigen. Warum sollte sie jetzt bereit sein, sich mit einem noch unbequemeren familiären Problem zu befassen?

Das Verhalten dieser Behörde unterscheidet sich kaum von dem des

Commissioner, der meinen Brief vom 19. August schlicht ignorierte, in dem ich ihm eine Reihe von Fragen im Zusammenhang mit der Verhaftung meiner Frau stellte. Ich bin nicht einmal sicher, ob die 3 Briefe an sie, über die Adresse des Commissioner, überhaupt ankamen. Der einzige Brief, den ich seit ihrer Inhaftierung von ihr erhielt, wurde am 25. Aug. in Johannesburg aufgegeben und mir erst am 18. September ausgehändigt, wie üblich grausam verstümmelt und durchgestrichen.

Aus den zensierten Stellen geht klar hervor, dass Sie mir das, was im Wesentlichen häusliche Angelegenheiten sind, verheimlichen wollten. Meine Frau wurde am 13. August gegen 7.30 Uhr festgenommen, und die Kinder kamen am selben Tag vom Internat nach Hause zurück und standen vor verschlossener Tür. Dann sind vier Zeilen ihres Briefes herausgeschnitten, doch die zweite Zeile nach dem Ausschnitt macht deutlich, dass sie in diesen vier Zeilen Einzelheiten darüber berichtete, wie ein Freund die Kinder für die Nacht beherbergte.

In diesem Brief teilt sie mir außerdem mit, dass sie ihren Anwalt gebeten habe, mir Näheres zu ihrer jüngsten Anzeige wegen der Benzinbombenattacke auf das Haus am 5. August mitzuteilen. Am 9. Oktober erhielt ich von Rechtsanwalt Ayob⁰ einen Brief, dem ein zweiter, offenkundig an mich gerichteter, beigelegt war. Der Brief war vom C. O. des Gefängnisses von Johannesburg genehmigt, mir jedoch nicht übergeben worden unter dem fadenscheinigen Vorwand, er sei «nicht zur Freigabe geeignet». Wenn diese Aussage stimmt, warum sollte dann der C. O. des Johannesburger Gefängnisses ihn freigegeben haben?

Zum Abschluss erwähne ich noch, dass der Commissioner auf die Frage der Geldsendung von Mr. Pogrund an mich überhaupt nicht einging, und zwar trotz des Umstands, dass ich um den 24. Juli herum eine förmliche Anfrage bezüglich der Höhe des Betrags gestellt hatte. Deshalb beantrage ich, das Prisons Department aufzufordern, einen Kontoauszug beizubringen, der diesen Betrag ausweist.

Ich erwarte, dass Sie mir die Genehmigung zu einer vertraulichen Besprechung mit meinem Rechtsbeistand erteilen, und werde jegliche Bedingung, die den Verdacht weckt, die Unterredung wäre nicht vertraulich, strikt ablehnen.

Die Angelegenheit ist mit äußerster Dringlichkeit zu behandeln.

[Unterzeichnet NRMandela] NELSON MANDELA

------------------------

a    Gestempelt «Robben Island Officer Commanding 11–10–75». B/O ist die Abkürzung von Bevelvoerende Offisier, Afrikaans für Commanding Officer.
b    Siehe Brief S. 370 f.
c    Zu diesem Konto vgl. Brief vom 8. September 1966, S. 55 f., Anm. a.
d    Unter dem Apartheidregime verwalteten von der Regierung ernannte weiße Beamte die «Bantu Administration Boards», die die lokalen schwarzen Behörden kontrollierten. Ihnen gehörten alle Häuser in den schwarzen Bezirken, und sie erhoben Mieten von ihren Bewohnern. Sie kontrollierten außerdem die Stromversorgung und andere kommunale Dienstleistungen.
e    Ismail Ayob (geb. 1942), Mandelas Anwalt; siehe «Personen, Orte, Ereignisse».


**An den Commanding Officer**
**Robben Island**

12. Oktober 1976

Zu Händen von Lt. Prins

Ich bitte um Genehmigung der als Anlage beigefügten Bestellung von Holzpapier bei der Firma Prolux Paints; ich benötige dasselbe, um meinen Schrank damit auszulegen. Mit den Kosten ist mein Konto zu belasten.

[unterzeichnet NRMandela]
Nelson Mandela 466/64

[Vermerk in anderer Schrift]
Genehmigt: Nur zu besorgen bei Juta's oder Van Schaick.
[Unterzeichnet]
14. 10. 76

*Ein weiterer Schlag für Mandela und seine Familie war Winnies Auswei-
sung aus West-Orlando am 16. Mai 1977 und ihre Verbannung in das abge-
legene Brandfort im Oranje-Freistaat (heute Free State). Sie wurde zusammen mit ihrer Tochter Zindzi von der Polizei aus dem Haus ihrer Familie
abtransportiert und in ein winziges Haus mit ein paar ihrer Habseligkeiten in
die afrikanische* location\* Phathakahle außerhalb der Stadt verfrachtet.
Dort kannte sie niemanden und verstand die Sprache der Bewohner nicht.*

An Adelaide Tambo («Thorobetsane Tshukudu»[a])
**Freundin und Frau seines Freundes, Genossen und ehemaligen
Kollegen Oliver Tambo
Johannesburg**

Nelson Mandela 466/634                              1.1.77

Liebe Thorobetsane,
letzten Monat verschickte ich 12 Weihnachtskarten, alle an Familienangehörige. An Dich schrieb ich keine und hoffte auf Dein Verständnis, weil mein Kontingent begrenzt ist & diejenigen, die nicht regelmäßig Post von mir bekommen, meist Menschen sind, bei denen ich
ständig in Gedanken bin.
Gleichwohl gehören wir zu einer eng verbundenen Gruppe, bei der
Hausgemeinschaft, Sippe & Clan mehr sind als bloße Blutsverwandte.
Das Schuldgefühl, das mich belastet, weil ich Dir die Glückwünsche
zum Fest nicht übermitteln kann, wird wohl ein wenig nachlassen, sobald ich weiß, dass Dich dieses Schreiben erreicht hat. Ich sage «ein
wenig», weil mein Herz sich eigentlich nach einer Wiederaufnahme unseres Briefwechsels von 61 sehnt,[b] als wir ungehindert über Dinge
sprechen konnten, die uns mehr am Herzen liegen, über unser trautes
Heim & unsere Träume von einem noch größeren und schöneren in
der Nähe der Khamhlaba.[c]
Von Jeppe[d] bist Du nach E. Rand gezogen, & im Juni 62 haben wir uns
verabschiedet.[e] In den vergangenen 14 Jahren schrieb Zami, pflichtbe-

------------------------

\*  Eine *location* war ein Bereich, den die Regierung für Schwarze vorgesehen hatte, und gewöhnlich kleiner als eine Township.

wusst wie immer, regelmäßig & versuchte, wichtige Familienangelegenheiten zu erwähnen, wann immer es ging. Häufig erwähnte sie
Dich, ROR,[f] Gcwanini[g] & andere, und ich hatte das wunderbare Gefühl, im Grunde doch in der besten aller Welten zu leben. Vierzehn
Jahre sind eine lange Zeit, in der Rückschläge & Glücksfälle Hand in
Hand gingen. Geliebte Menschen alterten schnell aufgrund aller möglichen körperlichen & seelischen Probleme, die man hier gar nicht erwähnen möchte, so furchtbar sind sie. Emotionale Bande lockern sich,
wobei Idealisten gerne den Spruch zitieren: Die Liebe wächst mit der
Entfernung. Kinder werden älter & entwickeln Ansichten, die mit
denen von Papa & Mama nicht in Einklang stehen. Wer nach längerer
Abwesenheit schließlich doch zurückkehrt, steht vor einer fremden
und abweisenden Umwelt. Träume und Zeitpläne erweisen sich als
schwer zu erfüllen, & wenn das Unglück zuschlägt, baut das Schicksal
selten goldene Brücken.

Doch immer noch ist bedeutender Fortschritt möglich, wenn wir
selber unser Leben & unser Handeln im Einzelnen zu planen versuchen & das Schicksal nur nach unseren Bedingungen intervenieren
lassen. Ich verbringe viel Zeit damit, immer wieder Zamis wunderbare Briefe & die Notizen über Familiendinge zu lesen, die ich nach
jedem ihrer Besuche mache. Zu wissen, dass es die Familie geschafft
hat, zusammenzuhalten, dass die Kinder größer werden und unsere
Hoffnungen erfüllen, dass jede Krise, ob zu Hause oder anderweitig,
uns einander näher bringt, uns stärker & erfahrener macht, gibt uns
mehr Kraft, als Worte auszudrücken vermögen.

Gleichwohl vermisse ich Deine freimütigen Briefe, dank deren wir uns
als Familie so sehen konnten, wie uns andere sahen. Doch jetzt nach
fast zehnjährigem Schweigen habe ich langsam das Gefühl, dass kein
Metall, ja nicht einmal Gold oder Diamanten davor gefeit sind, Rost
anzusetzen. Ich frage mich, wie es kommt, dass Du eine so langsame,
unsystematische Briefschreiberin geworden bist wie ROR. Auch wenn
ich ihm manches zugute halte, finde ich es einigermaßen schwierig,
seine ungewöhnliche und andauernde Zurückhaltung zu verstehen.
Man ist eine Familie, weil die einzelnen Angehörigen ihre gegenseitige
Pflicht erfüllen, miteinander zu teilen, was sie wissen und fühlen. Wenn
wir uns nicht unablässig darum bemühen, ist die Wahrscheinlichkeit

von Meinungsverschiedenheiten groß, und zwar sogar bei so einfachen Dingen wie Liebe & Ehe, Initiationsfeiern & Erbschaft & der Wahl des Begräbnisortes von Verwandten. Doch ich gebe zu, dass ich volles Verständnis dafür habe, dass Bemerkungen dieser Art natürlich sehr irritierend sein können, falls Du – was ich nicht weiß – mehr oder weniger ebenso vergeblich wie ich versucht hast, den Kontakt herzustellen. ~~Gleichwohl vermisse ich Deine freimütigen Briefe, die aus uns eine Familie machten.~~[h] Hoffentlich erinnert sich unsere kleine Ruta an mein Versprechen, ihr einen Mantel zu kaufen, wenn sie für Familienzuwachs sorgt …

Seit mehr als 15 Jahren ist ROR jetzt begeisterter Handelsreisender,[i] eine strapaziöse Arbeit, die ihn über lange Zeiträume von Dir & den Kindern fernhält. Seine häufige Abwesenheit von zu Hause kann für die Kinder schwere emotionale Schäden zur Folge haben, & ich hoffe, es geht ihnen gut und sie machen gute Fortschritte in der Schule. Zamis Brief entnehme ich, dass auch Du Reisende, vielleicht sogar in Vollzeit, geworden bist. Auch wenn es für die Kinder insgesamt vielleicht nicht so gut ist, dass ihr beide ständig unterwegs seid, so nützt es doch dem Geschäft,[j] hält euch auf Trab & hält euch vom Grübeln ab. Ich liebe euch alle und empfinde schmerzhaft das Unglück, fern von denen zu sein, deren Freundschaft Quelle der Ermutigung & des Trostes war. Ein Weihnachtsgruß und Neujahrswünsche werden die Meilen überbrücken, die uns trennen.

Dein Nel

-----------------------

a   Ihr Mädchenname war Adelaide Frances Tshukudu. Thorobetsane war ein Phantasiename.

b   Oliver Tambo verließ Südafrika auf Anweisung des ANC im März 1960. Seine Frau und Kinder folgten ihm ein Jahr danach.

c   Waterford Khamhlaba: gemischtrassige Schule.

d   Vorort von Johannesburg.

e   Mandela erinnert an seinen Besuch bei den Tambos in London im Juni 1962.

f   Oliver Tambo, abgekürzt OR. Mandela fügte ein «R» ein, vermutlich um den Adressaten zu verschleiern, der ein bekannter Aktivist einer verbotenen Organisation war.

g   Rechtsanwalt Duma Nokwe (1927–1978); siehe «Personen, Orte, Ereignisse».

h   Es ist nicht bekannt, wer diese Zeilen durchgestrichen hat.

i   Oliver Tambo bereiste Europa, Skandinavien und die Vereinigten Staaten, um für Unterstützung des ANC zu werben; er besuchte außerdem ANC-Camps in Angola und das ANC-Hauptquartier in Sambia.

j   Werbung für den ANC.

**An Rechtsanwalt Duma Nokwe (Gcwanini Miya)[a]**
**Johannesburg**

Nelson Mandela 466/64                                         1.1.77

Lieber Gcwanini,

als ich noch frei war wie ein Adler, war es nicht leicht für mich, die Entwicklungen auf dem Gebiet der Musik & des Theaters zu verfolgen. Ich besuchte ein paar der farbenprächtigsten Shows, überflog in Sitzungspausen flüchtig die Besprechungen & dachte danach nicht mehr daran. Jetzt ist es noch schwieriger, kulturelle Veranstaltungen auf dem Festland zu verfolgen, & sogar vorsichtige Äußerungen meinerseits wären wohl zu gewagt. Doch bei Dir & Radebe kann ich es vielleicht wagen & ungeschützt von Dingen reden, über die ich nur dürftig informiert bin, weil ich weiß, dass ihr es für euch behaltet; vielleicht könnt ihr mir das einschlägige Material besorgen, das ich brauche, um selbstbewusster über dieses Thema sprechen zu können. Was mich allerdings etwas zögern lässt, ist Deine Nähe zu Ishy & Mohla,[b] & weil ich einmal mit Schaudern gesehen habe, wie Du & AP vor ein paar Jahren im Morgengrauen vor Dilas Häuschen[c] habt eure Muskeln spielen lassen, bin ich nicht sicher, ob Du nach einer ganzen bei Ishy verbrachten Nacht nicht plötzlich Dein Lieblingsweihnachtslied[d] vom aufgehenden Stern singst & danach Dinge ausplauderst, die Du für Dich behalten solltest.

Es sieht jedenfalls so aus, als hätten in letzter Zeit 3 Musicals große Aufmerksamkeit erregt, nämlich *Umabatha*,[e] *Ipi-Tombi*[f] & *Meropa*.[g] Alle drei haben anscheinend einen so großen Erfolg, dass ich fast versucht war, mich zu fragen, ob Afrikaner nicht doch, wie es heißt, geborene Schauspieler sind.

Das erste ist Welcome Msomis Adaption von Shakespeares *Macbeth*, eingebettet in indigene Musik- und Tanztradition. Er ist offensichtlich ein vielversprechender Dramatiker, der eine Truppe vielseitig begabter Schauspieler um sich geschart hat. Soviel ich weiß, hat das Stück in England eine Menge Stars beeindruckt, wie Peter Ustinov,[h] Sidney Poitier,[i] Rex Harrison,[j] die Ballerina Margot Fonteyn[k] und andere Künstler und Prominente. *Ipi-Tombi* versucht, ein Bild der sozialen Kräfte zu zeichnen, die das Leben der Afrikaner prägen, & auch hier habe ich von den Bildern & vereinzelten Hinweisen her den Eindruck, dass es sich bei den Schauspielern um fähige Jungen & Mädchen handelt. Es heißt, das Stück habe in JHB mit einer Spielzeit von 122 Wochen und etwa einer halben Million Zuschauer alle Rekorde gebrochen. Ich habe gehört, dass es in London einen ähnlichen Erfolg hatte & 3 Ensembles zur Zeit in verschiedenen Kontinenten auftreten. *Meropa* ist ein weiterer Versuch, den afrikanischen Background mittels Trommeln, Musik & Tanz darzustellen. In allen drei Stücken sind die Szenen spannend & wecken Gefühle, die ich bei eher ausgeklügelten Werken westlichen Stils selten erlebt habe. Bestimmt hast Du die Rezensionen gelesen & wahrscheinlich sogar mit dem einen oder anderen Hauptdarsteller gesprochen.

Alle bringen jedenfalls aufwühlende Themen auf die Bühne, die das schöne Spiel der Akteure in den Hintergrund treten lassen. Außerdem ist nicht klar, wer die wahren Bosse sind & wer die finanzielle Kontrolle hat. Msomi wurde unterstützt von Prof. E. Sneddon,[l] P. Scholtz & von dem Engländer P. Daubeny,[m] hingegen arbeiteten Bertha Egnos, Sheila Wartski & Liz McLush bei *Ipi-Tombi* zusammen. Letzteres und *Meropa* sind ganz offensichtlich von Autoren verfasst, die weder mit unserem Leben & unserer Kultur vertraut sind noch mit unseren Bestrebungen. Hochgelobt wird auch Bra Gibbs[n] als Bühnenautor, & ich glaube, einige seiner Stücke haben wochenlang die Häuser gefüllt. Leider hatte ich nicht das Glück, eines seiner Werke oder die Besprechungen anzusehen. Gerne hätte ich mir auch die Produktionen des Music, Drama & Literature Institute & die anderer junger schwarzer Künstler angeschaut, die jetzt offenbar herauskommen. Ich beneide Dich sehr. Siehst Du noch manchmal Bakwe[o] & Dan?[p] Hoffentlich sind Mabhomvu,[q] Alfie, Tom, John, Gabula & Dein Kollege Joe[r] gesund & fit. Ich habe auch an Thorobetsane[s] geschrieben.

Ich denke an euch alle & wünschte von Herzen, wir könnten heute wie in alten Tagen zusammensitzen & uns lang und breit Geschichten und anderes erzählen. Ach, wie schön wäre das! Die unterschiedlichen Erlebnisse, die jeder von uns in den vergangenen 15 Jahren hatte, machen das wirkliche Leben aus. All diese lieben Erinnerungen & mitfühlenden Gedanken brachten die Welt und ihren Sonnenschein in meine Unterkunft. Deshalb seid ihr mir alle so nahe, bei mir auf der Insel. Vielleicht höre ich Dich eines Tages singen und sehe Dich tanzen, diesmal aber bitteschön nicht nur vom aufgehenden Stern, sondern auch Lieder aus unserer Tradition,[t] begleitet von der Blaskapelle mit Trompeten & Trommeln und allem Drum und Dran. Ich wünsche Radebe,[u] den Kindern, Dir und allen unseren Freunden frohe Weihnachten und ein glückliches neues Jahr.

Dein Nel

- - - - - - - - - - - - - - - - - - - - - - -

a   Mandela redet Duma Nokwe mit zwei seiner Clan-Namen an und verschleiert so vor den Beamten die Identität des Adressaten.

b   Freunde, an die Mandela am 1. Februar 1971 schrieb. Siehe Brief S. 283–287.

c   Dr. Diliza Mji, Freund und Nachbar der Mandelas in Orlando West, Soweto.

d   Vielleicht ein verschlüsselter Hinweis auf die Kommunistische Partei, der Duma Nokwe nahestand.

e   1970 von dem südafrikanischen Bühnenautor Welcome Msomi verfasste Version von *Macbeth* auf Zulu, gespielt von Zuluschauspielern.

f   Musical von Bertha Egnos Godfrey und ihrer Tochter Gail Lakier (1974).

g   Von dem Kanadier Clarence Williams 1974 produziertes Musical, das auch in Japan und im Fernen Osten gastierte. Es war eine Adaption des Musicals *Isintu* von Cocky Thlotothlamaje, das umgeschrieben als *Meropa* und unter dem Titel *Kwazulu* bekannt wurde.

h   Peter Ustinov (1921–2004), russisch-englischer Schauspieler, Schriftsteller, Filmemacher und Theaterdirektor.

i   Sidney Poitier (geb. 1927), amerikanischer, auf den Bahamas geborener Schauspieler, Regisseur, Autor und Diplomat. Im Fernsehfilm *Mandela and De Klerk* spielte er Mandela.

j   Rex Harrison (1908–1990), englischer Theater- und Filmschauspieler.

k   Margot Fonteyn (1919–1991), englische Ballerina in der British Ballet Company, dem Royal Ballet.

l   Elizabeth Sneddon, Leiterin der Rhetorik- und Theaterabteilung der Universität von Natal und Direktorin der Natal Theatre Workshop Company. In ihrem Auftrag schrieb Welcome Msomi das Stück *Umabatha*.

m   Peter Daubeney (1921–1975), britischer Theater-Impresario, der *Umabatha* nach London brachte, wo es im Rahmen seiner World Theatre Sessions vor ausverkauftem Haus aufgeführt wurde.

n   Gibson Kente (1932–2004), Bühnenautor, Komponist und Regisseur; siehe «Personen, Orte, Ereignisse»

o   Bakwe (Joe) Matthews (1929–2010); siehe «Personen, Orte, Ereignisse».

p   Dan Tloome (1919–1992), führendes Mitglied des ANC und der Kommunistischen Partei von Südafrika; er arbeitete für den ANC in Botswana und verbrachte viele Jahrzehnte im Exil in Sambia.

q   Codewort für die Kommunistische Partei. *Bhomvu* bedeutet «rot» auf isiXhosa, und die ANC-Mitglieder fügten den Namen einer Person, die als Kommunist galt, das Wort *Mabhomvu* an. (Nomvuyo Nokwe in einer E-Mail an Sahm Venter vom 11. Dezember 2017.)

r   Mitglieder der ANC-Führung.

s   Phantasiename für Adelaide Tambo (1929–2007); siehe «Personen, Orte, Ereignisse».

t   ANC-Freiheitslieder.

u   Vuyiswa Nokwe (Radebe ist ihr Clan-Name), Ehefrau von Duma Nokwe.

*A*m *18. Januar 1977 legte Nelson Mandela eine Beschwerde gegen den Gefängniswärter Lieutenant Prins ein wegen der Nichtzustellung von Briefen an seine Frau. Die 45-minütige Debatte geriet zu einem heftigen Wortwechsel, was eine Anklage Mandelas wegen «Beleidigung und Bedrohung»* eines Gefängniswärters und damit wegen Verstoßes gegen die Gefängnisbestimmungen zur Folge hatte.*

*Zu seiner Verteidigung bereitete er zwei Schriftstücke für seine Anwälte vor. Ein vierzigseitiges Dokument enthielt die Korrespondenz zwischen ihm und dem Commanding Officer von Robben Island, dem Commissioner of Prisons und seinen Anwälten. Das andere bestand aus acht Seiten und betraf den Raum, in dem juristische Beratungen stattfanden. Er hielt schriftliche Dokumente bereit, weil er glaubte, die Gefängnisleitung würde das Gespräch mit seinem Anwalt heimlich abhören. Als er diese Papiere bei einem Treffen am 2. Februar 1977 seinem Anwalt Stanley Kawalsky übergeben wollte, erhob die Gefängnisleitung Einspruch.*

*Am 21. Juli genehmigte der Commissioner of Prisons Kawalsky, sich mit Mandela zu beraten und Dokumente und Stellungnahmen, die sich auf das Verfahren bezogen, anzunehmen.*

*Mandela stand mehrmals vor dem Disziplinargericht auf Robben Island in Zusammenhang mit diesem Verfahren, doch am 3. August 1977 wurden alle Anklagen gegen ihn fallengelassen. Kawalsky war an diesem Tag nicht anwesend, und der Gefängniswärter Warrant Officer Olchers verlangte von Mandela die Herausgabe seiner schriftlichen Ausarbeitungen. Er weigerte sich, doch es blieb ihm nichts anderes übrig, als sie ihm auszuhändigen. Die Dokumente bekam Mandela nicht zurück.*

*Am 17. November teilte Olchers Mandela mit, der Commanding Officer habe ihn ermächtigt, die Papiere zu verbrennen. Kawalsky wurde benachrichtigt, und schließlich ging Mandela gerichtlich gegen den Minister of Prisons vor.*

*Am 9. Januar 1980 reichte Mandela beim Obersten Gericht gegen den Minister of Prisons eine Klage auf Rückgabe seiner Papiere ein. Zwei Wochen später zeigte ihm der Commanding Officer die Dokumente, die er auf Anweisung des Commissioner Mandela zurückgeben sollte, aber Mandela weigerte sich, sie anzunehmen, bevor er mit seinem Anwalt gesprochen habe. Am 18. Februar wurden die Bestimmungen dahingehend geändert, dass die Gefängnisleitung jeden Gegenstand im Besitz der Häftlinge in Verwahrung*

---

\* Nelson Mandela, *Der lange Weg zur Freiheit*, a.a.O., S. 634.

*nehmen konnte. Mandelas Anwälte waren überzeugt, dass dies eine Folge seiner Klage war, doch die Behörde bestritt das.*
   *Am 23. Oktober 1980 wurde sein Antrag «kostenpflichtig abgewiesen», und Mandela ging in Berufung. Die Berufung wurde am 4. Februar 1981 eingereicht. Am 18. September 1981 war die Anhörung, und am 1. Dezember wurde das Urteil gefällt. Die Berufung wurde «kostenplichtig abgewiesen».*[54]

**An Frank, Bernadt & Joffe, Anwälte**
**Kapstadt**

21. Januar 1977

<u>Zu Händen von Mr. Bernadt</u>

Sehr geehrte Herren,
in der Anlage sende ich Ihnen eine Abschrift des Anklageprotokolls, das mir gestern gegen 16.15 Uhr zugestellt wurde und für sich selbst spricht. Der Fall wurde auf den 7. Februar 1977 um 9 Uhr im Officer's Court im Gefängnis von Robben Island zur Anhörung angesetzt, das heißt, es bleiben mir nur vier Tage Einspruchsfrist, wenn man berücksichtigt, dass der 23. ein Sonntag ist.
Daher möchte ich Sie bitten, Rechtsanwalt George Bizos vom Johannesburger Gericht oder einen anderen Anwalt, den er empfiehlt, zu beauftragen, meine Verteidigung zu übernehmen.
Die Umstände des ganzen Falles sind widerwärtig und abstoßend, und meine Frau, die für die Johannesburger Kanzlei Frank und Hirsch arbeitet (ihre Privatnummer: Orlando 113), und Dr. Fatima Meer, Burnwood Road 148, Sydenham, Durban, sowie Mr. Benjamin Pogrund, Six Avenue 38A, Parktown North, Johannesburg, sind wichtige Zeugen. Es ist unabdingbar, dass ich mich vor der Anhörung mit meinem Rechtsbeistand in Anwesenheit meiner Frau und von Dr. Meer umfassend beraten kann, damit die einschlägigen Fakten bezüglich der Machenschaften der Beamten des Department of Prisons, insbesondere von Lt. Prins, die in Zusammenarbeit mit der Sicherheitspolizei versuchen, den guten Namen meiner Frau zu besudeln und gegenseitiges Misstrauen zwischen uns zu schüren, ans Licht kommen und vor Gericht dargelegt werden.

Sowohl meine Frau als auch Dr. Meer unterliegen dem Internal Security Act von 1950 und müssen bei den zuständigen Behörden die Genehmigung zum Verlassen ihres jeweiligen Bezirks beantragen. Eine Vertagung des Falls um mindestens einen Monat scheint demnach unumgänglich.

Einstweilen bitte ich Sie, den Commanding Officer davor zu warnen, jegliches möglicherweise für den Fall relevante Material in meinem Besitz zu manipulieren oder zu entwenden.

Meine Mittel reichen aus, um Gebühren und Ausgaben zu decken.

Hochachtungsvoll
NR MANDELA

Der Empfang des Originals wird hiermit bestätigt und weitergeleitet an die Herren Frank, Bernadt & Joffe am einundzwanzigsten Januar 1977.[a]

[gezeichnet]
Der Staatsanwalt
[gezeichnet][b]
21.1.77

-----------------------

a   Vermerk in Mandelas Handschrift.
b   Es ist nicht klar, ob die Unterschrift vom Staatsanwalt stammt.

*Als Reaktion auf Gerüchte über gnadenlose Haftbedingungen führten die Behörden am 25. April 1977 eine Gruppe handverlesener Reporter auf einen Rundgang über die Insel. Teil des für die Medien veranstalteten Spektakels war der Einsatz der Männer zur «Gartenarbeit» in der Nähe des Zellenblocks. Dies war etwas völlig anderes als die übliche Schinderei an der Küste, wo sie bis dahin Seegras roden mussten.*

*Es wurden Fotos gemacht von Mandela und seinen Kameraden. Er reagierte mit einer zornigen Anklage gegen den Gefängnisleiter, der das Fotografieren erlaubt hatte.*

*Ende des Jahres wurde Mandela und Ahmed Kathrada ihre Studienerlaubnis entzogen, als entdeckt wurde, dass Mandela mit Hilfe einer Handvoll zuverlässiger Kameraden heimlich an seiner Autobiografie geschrieben hatte.*

**An den Head of Prison, Robben Island**
[maschinenschriftlich]

19. Mai 1977

Wir protestieren aufs schärfste gegen die Zielsetzung und die Art und Weise der Durchführung des Besuchs dieser Haftanstalt durch einheimische und ausländische Presse- und Fernsehleute am 25. April durch das Department of Prisons. Wir missbilligen entschieden die willkürliche Verletzung unseres Rechts auf Schutz der Privatsphäre durch nichtgenehmigtes Fotografieren und betrachten dies als konkreten Beweis für die Missachtung, mit der wir nach wie vor vom Department behandelt werden.

Am 26. April wurde unserem Mithäftling Nelson Mandela durch Major Zandberg mitgeteilt, der Minister of Prisons habe den wiederholten Anfragen der Presse, Robben Island besuchen zu dürfen, nach Jahren schließlich stattgegeben. Wir erfuhren außerdem, dass der Minister den Besuch unter der Bedingung zugelassen hatte, dass es zu keinerlei Kommunikation zwischen den Journalisten und den Gefangenen kommen dürfe.

Der Minister beabsichtigte, mit diesem Besuch das Prisons Department reinzuwaschen, öffentliche Kritik am Department im In- und Ausland zu beschwichtigen und jeder nachteiligen öffentlichen Aufmerksamkeit entgegenzuwirken, zu der es unter Umständen kommen könnte. Um den Erfolg des Plans zu sichern, wurden wir nicht vorab über den Besuch unterrichtet, und am fraglichen Tag wurde unser Arbeitstrupp, anstatt wie sonst an der Küste *bamboo*[a] zu roden, ausnahmsweise zur «Gartenarbeit» eingeteilt. Am Eingang zu unserer Abteilung wurden etwa 30 Liter Milch[b] aufgestellt, ganz offensichtlich, um den Eindruck zu erwecken, dass alles uns zugedacht war, während uns in Wirklichkeit nur 6,5 Liter pro Tag zur Verfügung stehen.

Die meisten von uns wissen, dass ein Teil der in- und ausländischen Presse unserer Sache wohlwollend gegenübersteht, und sie hätten das ganze Unternehmen lieber in würdiger Form über die Bühne gebracht. Dass der Minister keinerlei Rücksicht auf uns nahm, führte jedoch dazu, dass nun völlig Fremde im Besitz von Foto- und Filmaufnahmen von uns sind. Die Ungehörigkeit des Vorgehens des Ministers wird umso deutlicher, als das Department sich permanent weigert, uns eigene Aufnahmen zum Verschicken an unsere Familien machen zu lassen.

Wir weisen besonders auf die Tatsache hin, dass die Art und Weise, wie der Minister diesen Besuch plante, sich in nichts von früheren Besuchen unterscheidet. Im August 1964 trafen Reporter des *Daily Telegraph*[c] die Gefangenen beim «Kleiderflicken» an, anstatt bei unserer damals üblichen Arbeit, nämlich Steine mit 5 Pfund schweren Hämmern zu zertrümmern. Und kaum waren die Reporter verschwunden, wurden wir wieder zum Steineklopfen befohlen. Als Mrs. Ida Parker von der *Sunday Tribune* Ende August 1965 zu Besuch kam, hatten wir auf dem Rückweg vom Steinbruch Regenmäntel an, die uns in aller Eile noch bei der Arbeit erst am Tag ihres Besuchs ausgegeben worden waren und uns sofort nach ihrer Abreise wieder abgenommen wurden. Die Mäntel wurden erst wieder etwa ein Jahr danach an uns ausgegeben.

Wir stellen nachdrücklich fest, dass wir unter keinen Umständen bereit sind, mit dem Department bei irgendeinem seiner Manöver mitzumachen, das die tatsächliche Lage der Dinge auf dieser Insel verfälscht. Von wenigen Ausnahmen abgesehen hielt sich unser Trupp nun seit mehreren Monaten innerhalb des Gefängnisareals auf, aber unsere normale Arbeit ist immer noch die Beseitigung von Seegras, und das Department hat uns keineswegs zugesichert, dass wir nie mehr in den Steinbruch müssen.

Ein anderes Beispiel sind die Schränke in unseren Zellen. Jeder Fernsehzuschauer ist wahrscheinlich von diesem gut gemachten Möbel beeindruckt und wird natürlich glauben, das sei dem Department zu verdanken. Wahrscheinlich wird wohl kein Fernsehzuschauer oder Zeitungsleser merken, dass die Schränke in mühevoller Kleinarbeit mit groben Werkzeugen in einer primitiven «Werkstatt» aus Pappschachteln und Treibholz, das die Gefangenen an den Stränden aufgelesen haben, gebastelt wurden und dass das Geld für ihre Verschönerung von den Gefangenen selbst aufgebracht wurde.[d] Jafta Masemola[e] arbeitet annähernd 8 Stunden pro Tag an den Wochenenden für 1,50 Rand im Monat.[f]

Wir sind jederzeit willens, Presse- und Fernsehinterviews zu geben, vorausgesetzt, es geht darum, der Öffentlichkeit ein ausgewogenes Bild unserer Lebensbedingungen zu präsentieren. Das heißt, wir wollen unsere Beschwerden und Forderungen frei äußern und Kommentare abgeben dürfen, seien sie nun für das Department positiv oder nicht.

Wir sind uns im Klaren darüber, dass dem Department daran gelegen ist, der Welt ein vorteilhaftes Bild seiner Vorgehensweise zu bieten. Dies geschieht unserer Meinung nach am besten dadurch, dass alle Formen von Rassendiskriminierung in der Verwaltung abgeschafft werden, dass aufgeklärtem Strafvollzug Rechnung getragen wird, dass uns der Status von politischen Gefangenen zuerkannt und in allen Gefängnissen des Landes eine nichtrassische Verwaltung eingeführt wird. Mit wenigen oder keinen Leichen im Keller gibt es für das Department dann keinen Grund mehr, sich auf irgendwelche trickreichen Maschen zu verlegen.

Mit der Durchführung des Besuchs (vom 25. April) war Gen. Roux[g] betraut, und in seiner Gegenwart stürmten Reporter und Fotografen über uns herein wie aufgeregte Besucher einer Landwirtschaftsmesse.[h] Nach allem, was wir von Gen. Roux gesehen haben, sind wir überzeugt, dass er nicht den geringsten Respekt vor unseren Gefühlen und unserer Menschenwürde hat. Seine Art, den Besuch abzuwickeln, unterschied sich in nichts von seinem Verhalten beim Besuch dieses Gefängnisses am 15. November 1976. Bei diesem Anlass führte er seine Interviews einzeln mit uns in einer verschwörerischen Manier, in der Hoffnung, uns in der Konfrontation mit dem Unerwarteten völlig hilflos anzutreffen. Dass es wegen der Provokationen am 25. April nicht zu hässlichen Zwischenfällen kam, ist allein unserem Verantwortungsgefühl zu verdanken.

Wir sind uns vollkommen bewusst, dass wir die vom Minister autorisierte Veröffentlichung solcher Artikel über die hiesigen Haftbedingungen nicht verhindern können. Aber wir wissen auch, dass, ungeachtet der Gesetzeslage, das Ablichten unserer Konterfeis durch die Presse zum Zweck der Veröffentlichung oder was auch sonst immer ohne unsere Zustimmung einen Eingriff in unsere Privatsphäre darstellt. Diese wurde eklatant verletzt durch die gleichen Leute, die eigentlich für die Einhaltung der Gesetze zuständig sind. Und nach dieser Verletzung der Privatsphäre hatte das Department die Dreistigkeit, uns um Erlaubnis zu bitten, uns zum Objekt öffentlicher Neugier machen zu dürfen.

Wir betonen, dass wir kein bewegliches Inventar des Prisons Department sind. Dass wir zufällig Gefangene sind, ändert nichts an der Tatsache, dass wir Bürger Südafrikas und Namibias sind, die Anspruch auf den Schutz vor Übergriffen seitens des Departments haben.[i]

Abschließend geben wir zu Protokoll, dass wir nicht endlos eine Behandlung tolerieren können, die wir für erniedrigend und provozierend halten, und sollte der Minister weiterhin so verfahren, behalten wir uns das Recht vor, Maßnahmen zu ergreifen, die wir für angemessen erachten.

| | |
|---|---|
| F. Anthony | R. Mhlaba |
| J. E. April | K. Mkalipi |
| L. Chiba | W. Z. Mkwayi |
| T. T. Cholo | A. Mlangeni |
| E. J. Daniels | E. Motsoaledi |
| T. L. Daweti | J. Mpanza |
| M. K. Dingake | P. Mthembu |
| M. S. Essop | B. Nair |
| J. Fuzile | J. N. Pokela |
| K. Hassim | S. Sijake |
| T. H. Ja-Toivo | W. U. Sisulu |
| A. M. Kathrada | M. M. Siyothula |
| NR Mandela | J. B. Vusani |
| J. Masemola | R. C. Wilcox[j] |
| G. Mbeki | |

------------------------

a   Eine Art Seegras, das auf Afrikaans *bambous* genannt wird. (Christo Brand, *Doing Life with Mandela*, a. a. O., S. 38.)

b   Handschriftliche Randbemerkung, vermutlich von einem Gefängnisbeamten: «Stimmt nicht. Ich habe überhaupt keine Milch gesehen (JM).»

c   In Wirklichkeit war es der *Daily Express*, nach Aussage des Fotografen Cloete Breytenbach, der den Schriftsteller John Rydon auf die Insel begleitet hatte (Interview mit Sahm Venter, Johannesburg, 30. Juni 2013).

d   Handschriftliche Randbemerkung: «Quatsch!»

e   Jafta Kgalabi «Jeff» Masemola (1929–1990), Lehrer, Mitglied der ANC-Jugendliga und des PAC, politischer Häftling; siehe «Personen, Orte, Ereignisse».

f   Handschriftliche Randbemerkung: «Wie die anderen Gefangenen auch».

g   General Jannie Roux war der damalige Commissioner of Prisons, der die Journalisten bei ihrem Besuch begleitete.

h   Handschriftliche Randbemerkung: «Sehr interessant».

i   Handschriftliche Randbemerkung: «Ich nehme an, alle anderen SA-Bürger haben ein Recht, vor ihnen geschützt zu werden».

j   Frank Anthony, in Haft wegen Mitgliedschaft in der African People's Democratic Union of South Africa.

James April (geb. 1940), in Haft wegen ANC-Mitgliedschaft.

Laloo Chiba (1930–2017), in Haft wegen ANC-Mitgliedschaft; siehe «Personen, Orte, Ereignisse».

Theophilus Cholo (geb. 1926), in Haft wegen ANC-Mitgliedschaft.

Eddie Daniels (1928–2017), in Haft wegen African Resistance Movement-Mitgliedschaft; siehe «Personen, Orte, Ereignisse».

Thompson Daweti, in Haft wegen ANC-Mitgliedschaft.

Michael Dingake (geb. 1928), in Haft wegen ANC-Mitgliedschaft; siehe «Personen, Orte, Ereignisse».

Salim Essop, in Haft wegen ANC-Mitgliedschaft.

Jackson Fuzile, in Haft wegen ANC-Mitgliedschaft.

Kader Hassim (1934–2011), in Haft wegen Mitgliedschaft in der African People's Democratic Union of South Africa.

Andimba Toivo ya Toivo, Namibier, in Haft wegen Mitgliedschaft in der South West African People's Organisation.

Ahmed Kathrada (1921–2017), verurteilt im Rivonia-Prozess, wegen Mitgliedschaft im ANC und in der Kommunistischen Partei von Südafrika; siehe «Personen, Orte, Ereignisse».

Nelson Mandela (1918–2013), verurteilt im Rivonia-Prozess und wegen MK-Mitgliedschaft; siehe «Personen, Orte, Ereignisse».

Jafta Masemola (1929–1990), in Haft wegen Mitgliedschaft im Pan Africanist Congress; siehe «Personen, Orte, Ereignisse».

Govan Mbeki (1910–2001), verurteilt im Rivonia-Prozess; siehe «Personen, Orte, Ereignisse».

Raymond Mhlaba (1920–2005), verurteilt im Rivonia-Prozess und wegen MK-Mitgliedschaft; siehe «Personen, Orte, Ereignisse».

Kwedi Mkalipi, in Haft wegen PAC-Mitgliedschaft.

Wilton Mkwayi (1923–2004), verurteilt im Rivonia-Prozess und wegen MK-Mitgliedschaft; siehe «Personen, Orte, Ereignisse».

Andrew Mlangeni (geb. 1925), verurteilt im Rivonia-Prozess und wegen MK-Mitgliedschaft.

Elias Motsoaledi (1924–1994), verurteilt im Rivonia-Prozess und wegen ANC-Mitgliedschaft.

Justice Mpanza (1937–2002), in Haft wegen ANC-Mitgliedschaft.

Peter Mthembu, in Haft wegen ANC-Mitgliedschaft.

Billy Nair (1929–2008), in Haft wegen MK-Mitgliedschaft; siehe «Personen, Orte, Ereignisse».

John Pokela (1922–1985), in Haft wegen PAC-Mitgliedschaft.

Sandi Sijake, in Haft wegen ANC-Mitgliedschaft.

Walter Sisulu (1912–2003), verurteilt im Rivonia-Prozess und wegen MK-Mitgliedschaft; siehe «Personen, Orte, Ereignisse».

Mannert Siyothula, in Haft wegen PAC-Mitgliedschaft.
Joseph Bransby Vusani.
Robert Wilcox, in Haft wegen Mitgliedschaft in der African People's Democratic Union of South Africa.


## An Nobulile Thulare, Verwandte[a]

Nelson Mandela 466/64                                    19.7.77

Liebe Sisi,
unsere Familien sind weit größer als die der Weißen, & es ist immer das reinste Vergnügen, vom ganzen Dorf, vom Distrikt oder auch mehreren Distrikts, die vom Clan bewohnt sind, als geliebtes Mitglied der Gemeinschaft anerkannt zu werden, wenn man jederzeit anrufen, sich völlig entspannen, beruhigt schlafen und ungezwungen an der Besprechung von Problemen teilnehmen kann, wenn man sogar Vieh & Land, auf dem man unentgeltlich bauen darf, bekommen kann. Wie Du weißt, war ich gerade erst 10, als mein Vater starb,[b] nachdem er als Chief abgesetzt war & alles verloren hatte, was er besaß.[c] Mutter konnte weder lesen noch schreiben & hatte kein Geld, mich zur Schule zu schicken. Doch ein Mitglied unseres Clans[d] sorgte von der Grundschule an bis Fort Hare[e] für meine Ausbildung, ohne je eine Vergütung zu erwarten. Nach unserer Sitte war ich sein Kind, für das er die Verantwortung trug. Ich kann diese Einrichtung nicht genug loben, und zwar nicht nur, weil sie ein Teil meiner Tradition, sondern weil sie sinnvoll ist. Sie sorgt für alle, die von einem Ahnen abstammen, & hält sie als Familie zusammen.
Diese Einrichtung ist auf dem Land entstanden & hat sich dort entwickelt & funktioniert auch nur dort so richtig. Kapitalismus & Industrialisierung haben sie zerschlagen, und heute sind wir über das ganze Land versprengt, was es den Clanmitgliedern schwer macht, ihre gegenseitigen Pflichten zu erfüllen. Kannst Du Dir vorstellen, wie ich mich an Weihnachten & Neujahr gefühlt habe, als ich ausgerechnet Dir die Glückwünsche zum Fest nicht schicken konnte, wo Du doch nicht nur unsere Schwester bist, sondern auch eine treue Freundin, die wir beide, Zami & ich, lieben und bewundern, auch wenn ihr beide euch dauernd in alle möglichen unsinnigen Streitig-

keiten verstrickt und dabei aus einer Mücke einen Elefanten macht. Ich will ganz gewiss meine Zeit nicht damit verschwenden, Frieden stiften zu wollen zwischen 2 starken Frauen, die es eigentlich besser wissen sollten. Ich hatte gehofft, ihr beide würdet mir die vielen Kopfschmerzen ersparen.

Aber der eigentliche Zweck dieses Briefs ist folgender: Du sollst wissen, dass Du Zami & mir immer noch so lieb und teuer bist wie an dem unvergesslichen Tag, als Du uns vor fast 20 Jahren über den Hof in Mbizana[f] begleitet hast. Wir denken an Dich & beten dafür, Du mögest mit guter Gesundheit gesegnet sein & sogar noch länger leben als die Old Lady. In diesem Sinne wünsche ich Dir, den Kindern, Enkeln & Urenkeln von ganzem Herzen fröhliche Weihnachten und ein glückliches neues Jahr.

Ich habe mich in diesen vergangenen 14 Jahren sehr danach gesehnt, wieder bei Dir zu sein, Deinen humorvollen Geschichten zu lauschen und mir Deine vielen Gelübde anzuhören, die Du dann auch gleich wieder brichst. Erinnerst Du Dich noch daran, dass Du uns einmal gesagt hast, Du würdest nie wieder Kartoffeln essen? Ich war auch bei vielen Gottesdiensten, weil ich wusste, Du würdest aufgefordert werden zu beten. Wenn göttliche Worte aus Deinem Mund kommen, sind sie realistisch, schlicht & inspirierend. Aber es gab Zeiten, da hast Du mich an Nongqawuse[g] erinnert und prophezeit, Sekwati würde demnächst wie Christus auferstehen. Ich weiß noch, wie peinlich es Dir in der Twist St & im Bethaus in Pretoria war, als Libhebhethe & Vanikeke Dich an diese unerfüllten Verheißungen erinnerten.

Vielleicht hatte das auch seine Vorteile und hat Dich etwas ernüchtert, sodass Du die Alltagserfahrungen der Gläubigen & Nichtgläubigen mehr denn je in Deine Gebete einschließt. Ich wurde ja in der Wesleyan Church getauft & ging auf deren Missionsschule. Draußen wie hier drinnen bin ich ihr überzeugter Anhänger, aber hier gehen die Anschauungen eher in Richtung Toleranz, und man lässt im Allgemeinen auch andere Konfessionen gelten – Anglikaner, die Niederländische Reformierte Kirche, Hindus, Presbyterianer und die Römisch-katholische Kirche. Fast hätte ich die Herrnhuter Brüdergemeine vergessen. Die meisten sind redegewandte & kompetente

Leute, und einige ihrer Predigten haben mich tief beeindruckt. Ich
bin für einen Zusammenschluss aller Kirchen in S.A., vorausgesetzt,
die Lehre der neuen Kirche ist fortschrittlich & rückt von den rigi-
den & rückwärtsgewandten Dogmen früherer Zeiten ab.

Letztlich hatten alle Völker überall auf der Welt zu irgendeiner Zeit
Clans, & manche Clans waren sicher mächtiger & in der Geschichte
bekannter als der unsere. Aber für Dich, Zami & mich ist der unsere
die ganze Welt, unser Schutz und Schirm, die breite Stahlklinge, die
jedes Hindernis überwindet. Das ist unsere Hoffnung,[h] die Nabel-
schnur, die uns als Familie verbindet, die Dich, Sisi, & mich zusam-
menschweißt. Ich habe Dich sehr lange nicht gesehen, doch dieser
Brief ist eine Wiederbegegnung & ruft die Erinnerung an all die
schönen Momente wach, die wir miteinander erlebt haben. Ich
glaube, Du hast Rheuma in den Händen & das Schreiben fällt Dir
schwer. Diktiere Deine Antwort einfach den Kindern. Noch einmal:
Fröhliche Weihnachten & ein glückliches neues Jahr, herzlich

Dein *Bhuti*[i]

-----------------------

a   Nobulile Thulare ist wahrscheinlich eine Verwandte Mandelas.

b   Es ist sowohl von Mandela selbst als auch durch die Geburtsdaten seiner Geschwister be-
    stätigt, dass er beim Tod seines Vaters (Chief) Nkosi Mphakanyiswa Gadla Hendry (gest.
    1930) zwölf Jahre alt war.

c   Mandelas Vater wurde nach einem Streit um Vieh von einem Magistrate als Chief abgesetzt.

d   Chief Jongintaba Dalindyebo (gest. 1942), Chief und Regent des Thembu-Volks. Er wurde
    Mandelas Vormund nach dem Tod von dessen Vater. Siehe «Personen, Orte, Ereignisse».

e   University College of Fort Hare (siehe «Personen, Orte, Ereignisse»). Mandela besuchte
    Fort Hare ab 1939 und wurde 1940 ausgeschlossen, weil er sich an einer Protestaktion be-
    teiligt hatte.

f   Wahrscheinlich Bizana (Winnies Heimatort) statt Mbizana.

g   Nongqawuse behauptete, die Geister hätten ihr geweissagt, das Xhosa-Volk solle alles Korn
    verbrennen und alles Vieh töten, also ihre Nahrung und die Quelle ihres Wohlstands zerstö-
    ren, dann würden die englischen Siedler ins Meer geschwemmt werden.

h   Unklar ist, ob die Unterstreichung von Mandela oder der Gefängnisleitung stammt.

i   «Bruder» auf Afrikaans.

## An Zenani und Muzi Dlamini,[a] Mandelas mittlere Tochter und ihr Ehemann

[in anderer Schrift] 466/64 Neu geschriebene Briefe

Nelson Mandela 466/64                           24.7.77

Liebe Zeni & lieber Muzi,

Zaziwes[b] Geburt ist einer der glücklichsten Momente in unserem Leben, & Mum & ich beglückwünschen Euch aufs Herzlichste dazu.

Wie gern wären wir jetzt bei Euch und würden Eure Freude teilen und das Baby leibhaftig sehen. In ihrem Telegramm teilt Mum mit, sie würde versuchen, zu Euch herüberzukommen, um Euch und das Baby zu sehen. Ich weiß nicht, ob es ihr gelingen wird oder nicht. Aber wenngleich wir fern von Euch sind, ist doch unser Stolz und unsere Liebe zu Zaziwe nicht minder groß, und wir hoffen, eines Tages das Glück zu haben, ein Foto von Euch und dem Baby zu bekommen.

Ich hoffe, Ihr werdet auf keinen Fall Eure Abreise nach England verschieben. Euer wichtigstes Anliegen muss jetzt Eure Ausbildung sein, und keiner von Euch sollte da irgendetwas dazwischenkommen lassen. Ohne die richtige Qualifikation werdet Ihr Eurem Volk weder dienen können noch die erstaunlichen Entwicklungen zu würdigen wissen, die sich gegenwärtig auf den verschiedenen Wissensgebieten vollziehen. Solche Gegebenheiten & neue Grundsätze zwischenmenschlicher Beziehungen können von denen am besten genutzt werden, die für diese großen Herausforderungen gewappnet sind.

Zeni, Du fehlst mir, und Dich, Muzi möchte ich gerne wiedersehen. Hoffentlich kommt Ihr bald. Bestellt einstweilen dem König und Iindlovukazi[c] herzliche Grüße und meinen ergebensten Respekt.

In Liebe
Euer *Tata*[d]

---------------------------

a   Prinz Thumbumuzi Dlamini ist ein Sohn des Königs Sobhuza von Swasiland und Geschäftsmann. 1977 heiratete er Zenani Mandela.

b   Das erste Kind des Ehepaars. Als Königliche Hoheiten hatten sie Diplomatenpässe, weswegen sie problemlos die Welt bereisen und viele Auszeichnungen für Mandela in Empfang nehmen konnten. In den achtziger Jahren studierten beide in Boston.

c König Sobhuza von Swasiland und die Königinmutter.
d «Vater» auf isiXhosa.

## An Zindzi Mandela & Oupa Seakamela, Mandelas jüngste Tochter und ihr Partner

Nelson Mandela 466/64                                      24.7.77

Liebe Zindzi & lieber Oupa,
von Zindzi Geburtstagsglückwünsche zu bekommen ist immer die reine Freude. Und ganz besonders groß war diesmal die Freude, weil die Grüße von Euch beiden kamen. Es gibt Zeiten, da habe ich das Gefühl, dass die besten Dinge noch besser werden, & genau das ist im Moment der Fall, da ich liebevolle Grüße von unserer geliebten Mum und von Dir und Oupa bekomme.

Zindzi hat einmal versprochen, dass Mum mir alles über Oupa berichten würde, aber Ihr wisst ja, sie stand immer sehr unter Druck durch die Arbeit und andere Probleme und konnte mir bis heute noch kein vollständiges Bild von ihm vermitteln. Vielleicht muss Zindzi das jetzt machen.

Hoffentlich konnte Mr. de Waal[a] Eure Einschreibung veranlassen, und ich hoffe, Du liest und schreibst auch in Zukunft Gedichte,[b] die sich nicht allein mit Europa, sondern auch mit Afrika, Asien und Lateinamerika befassen, ja eigentlich mit der ganzen Welt.

Du musst die Regeln möglichst gut begreifen, und wenn Du sie einwandfrei beherrschst, kannst Du Deinen eigenen Stil entwickeln. Es ist leicht, sich an die Regeln zu halten, aber sei originell und frei.

Alles Gute wünscht Euch
Euer *Tata*[c]

------------------------

a Winnie Mandela freundete sich mit einem Anwalt in Brandfort namens Piet de Waal an. Sie war auch befreundet mit Dr. Chris Hattingh, der ihr einen Job angeboten hatte. Am Tag, als sie die Stelle antreten sollte, kam er bei einem Autounfall ums Leben.
b Zindzis Gedichtband *Black As I Am*, Los Angeles: Guild of Tutors Press, 1978, erschien im Jahr darauf. (Deutsche Übersetzung: Zindzi Mandela und Peter Magubane, *Schwarz wie ich bin. Gedichte und Fotos aus Soweto*, aus dem Engl. von Annemarie und Heinrich Böll, Göttingen: Lamuv 1986.)
c «Vater» auf isiXhosa.

**An den Head of Prison**
**Robben Island**
[Vermerk in anderer Schrift auf Afrikaans] Brief gilt als genehmigt.

18. September 1977

Ich protestiere in schärfster Form gegen das sittenwidrige Verhalten des Department of Prisons; es verletzt mein Recht auf vertrauliche Kommunikation mit meinen gesetzlichen Vertretern. Permanente Rechtsverletzung und Missachtung der Rechtsgrundsätze durch Beamte sind einige der Ursachen für die Zerstörung harmonischer Beziehungen zwischen Gefangenen und Aufsehern im ganzen Land; dadurch wird es uns erschwert, solchen Beamten den Respekt und die Höflichkeit zu erweisen, die wir unseren Aufsehern eigentlich bezeigen wollen. Die Art und Weise, wie das Department in unsere Rechte eingreift, zeigt tendenziell, dass die Anwendung unsauberer Methoden im Umgang mit uns ein untrennbarer Teil der Gefängnisstrategie ist.[a]

Am 12. September 1977 wurde ich vor den Officer's Court[b] gestellt unter einer Anklage, deren Beschwerdeführer Lt. Prins war. Dieses Verfahren wurde seit Januar diesen Jahres mehrmals vertagt. Der Staatsanwalt, W/O Bierenbroodspot, nahm die Klage zurück und bezog sich dabei, soweit ich weiß, auf Absatz 6 der Strafprozessordnung. Als sich das Gericht vertagte, beschlagnahmte W/O Olchers unter den Augen des Staatsanwalts meinen Ordner, der vertrauliche Papiere im Zusammenhang mit dem Fall enthielt. Eines dieser Dokumente war eine siebenseitige Stellungnahme, in der ich begründete, warum ich der Meinung war, dass das Gebäude, in dem Beratungsgespräche zwischen Gefangenen und Anwälten geführt werden, mit einer geheimen Vorrichtung versehen war, mittels der die Beamten die Gespräche abhören konnten. In dem Ordner befand sich ein weiteres, 40 Seiten umfassendes Dossier mit Anlagen, in dem ich die für das Verfahren relevanten Punkte, meine Verteidigung und die Namen von Gefangenen und Nicht-Gefangenen aufführte, die ich als wichtige Zeugen betrachtete.

Ich wies beide Beamte darauf hin, dass das Recht, gegen das sie verstießen, grundsätzlich gilt und die vertrauliche Kommunikation nicht nur während, sondern auch nach Beendigung des Verfahrens geschützt ist. Ich erklärte ferner, dass dieses Recht Grundlage der Rechtsprechung auf der ganzen aufgeklärten Welt ist und dass ich von jedem Staatsanwalt, der diesen Namen verdient, erwarte, dass er dies in Theorie und Praxis respektiert. Ich fügte hinzu, dass der Beschwerdeführer nach Einsichtnahme in meine Dokumente weitere Verfahren gegen mich anstrengen könnte und dass die Entnahme meiner Unterlagen nicht nur ein Angriff auf die Grundsätze des Naturrechts sei, sondern auch eine Verletzung einer ausdrücklichen Bestimmung ihrer eigenen Vorschriften.

Es wurde jedoch bald deutlich, dass die 2 Beamten auf Anweisung ihrer Vorgesetzten handelten und dass keine noch so große Überredungskunst sie davon abhalten würde, das Recht zu beugen. Der Staatsanwalt erklärte mir wiederholt, nachdem er die Klage zurückgezogen habe, sei er nicht mehr juristisch zuständig, da es sich jetzt nur noch um eine reine Verwaltungsangelegenheit handle. W/O Olchers war noch wortkarger, und alles, was er auf meine Argumente zu erwidern hatte, war, dass er den Ordner haben wollte. Im Lauf der Diskussion sagte ich, ich hielte es für durchaus möglich, dass die Leute von der Sicherheitspolizei, die eigentlichen Chefs des Gefängnisses, irgendwo im gleichen Gebäude auf meine Unterlagen warteten. Als Kompromiss schlug ich vor, die Papiere in ihrer Gegenwart zu vernichten. Das lehnten sie ab, und ungeachtet meiner Proteste beschlagnahmten sie den Ordner mit der Zusage, ihn mir später am selben Tag zurückzugeben. Daraufhin verlangte ich ein Inventar aller Dokumente des Ordners. Auch dies wurde abgelehnt.

Meine gesetzlichen Vertreter ahnten nichts von diesem Manöver. Als mir das Department letzte Woche den 12. September als Gerichtstermin mitteilte und erklärte, ich dürfe jetzt meinen Anwälten meine Aussage übergeben, da hatte ich sogar den Verdacht, dass die Gefängnisbeamten bereits wussten, dass die Klage zurückgezogen würde. Ich vermute außerdem, dass der eigentliche Grund für diese Information der war, mich zu verleiten, Kassiber in den Ordner zu legen, den, so die Hoffnung, die Anwälte hinausschmuggeln würden.

Die Erfahrung der vergangenen 15 Jahre meiner Gefangenschaft hat mich gelehrt, dass der durchschnittliche Gefängnisbeamte im Umgang mit den Häftlingen keine Skrupel hat, das Gesetz zu übertreten, heimlich Intrigen zu spinnen und den Moralkodex[c] zu ignorieren. Es gab bemerkenswerte Ausnahmen, als Beamte in schwierigen Situationen ihre Pflichten fair und gerecht zu erfüllen suchten und den strikten Buchstaben des Gesetzes durch ein wenig Menschlichkeit milderten. Doch solche Männer waren rar. Dem Department ist es natürlich lieber, wenn insbesondere politische Häftlinge von Männern bewacht werden, die sich nicht streng einer vorbildlichen Verhaltensnorm verpflichtet fühlen.

Es war für uns befremdlich, die Tragödie mitanzusehen, wie begabte und freundliche junge Männer bei ihrer Ankunft gut mit uns zusammenarbeiteten, aber später zu vielen Dingen gezwungen wurden, die ihren Gefühlen und Ansichten zuwiderliefen.

W/O Bierenbroodspot ist ein typisches Beispiel. Am Anfang machte er auf mich einen guten Eindruck, und sein Sinn für Fairness und seine Unvoreingenommenheit fielen mir auf. Doch binnen 8 Monaten nach seiner Ankunft hatte sich seine Persönlichkeit verändert, sein anfänglicher Idealismus war verschwunden, und die Rolle, die er in diesem Fall gespielt hat, macht es ihm nun schwer, mir in die Augen zu schauen. Wie viele andere junge Leute war auch er gezwungen worden, eine Linie zu verfolgen, die mit seinen Grundsätzen als Mensch und Beamter in Widerspruch stand. Ich habe mehrere Beamte gekannt, die einem höheren Rang angehörten als er und vor einem ähnlichen Dilemma standen.

Ich bedaure, in einem Brief dieser Art überhaupt seinen Namen und den seines Kollegen W/O Olchers erwähnen zu müssen. Mir ist bewusst, dass die Strategie für die Durchführung dieses Falles wahrscheinlich höheren Orts bis ins kleinste Detail ausgearbeitet war und die beiden Beamten lediglich Erfüllungsgehilfen waren und keine andere Wahl hatten, als Anweisungen von oben auszuführen.

Irgendwann wird das Department vielleicht aufgefordert, sein Verhalten in dieser Sache zu rechtfertigen. Wenn es dazu kommt, werden die Propagandisten der Regierung hoffentlich der Versuchung widerstehen, die Öffentlichkeit in die Irre zu führen mit der Behauptung, in diesem Ordner habe sich subversives Material befunden, dessen Inhalt aus «Sicherheitsgründen» nicht veröffentlicht werden dürfe. Es kann kein illegales Material vorgewiesen werden, weil es kein solches gab.

Ich hoffe ferner, dass Mr. J.T. Kruger, der Minister of Prisons, jetzt, da meine Unterlagen sich im Besitz seiner Beamten befinden, die Größe besitzt, seinen Fehler einzugestehen, und sich bei meinen gesetzlichen Vertretern Mr. Kawalsky,[d] Mr. Ismail Ayob und bei Rechtsanwalt George Bizos dafür entschuldigt, ihre Integrität infrage gestellt zu haben. Die vertraulichen Papiere hätten nur aus einem einzigen Grund beschlagnahmt werden können, wenn sie nämlich Mitteilungen enthielten, die nichts mit dem Fall zu tun hatten und von den Anwälten hinausgeschmuggelt worden wären, eine Handlung, mit der sie sich unprofessionellen Verhaltens schuldig gemacht hätten.

Abschließend muss ich Sie bitten, mir umgehend sämtliche Papiere zurückzugeben und mir zu gestatten, den ganzen Vorgang unverzüglich meinen Anwälten zu berichten.

Bitte setzen Sie den Commissioner of Prisons durch Ihren Commanding Officer über den Inhalt dieses Briefs in Kenntnis.

[gezeichnet NRMandela]
NELSON MANDELA

------------------------

a   Die Unterstreichungen in diesem Brief stammen wohl nicht von Mandela.
b   Gefängnisinternes Disziplinargericht (A. d. Ü.).
c   Ab hier bis zum Ende des Abschnitts ist eine senkrechte Linie am Rand gezogen.
d   Stanley Kawalsky (1946–2018), Anwalt in der Kanzlei Frank, Bernadt und Joffe.


**An Winnie Mandela**
**Brandfort**
[Übersetzt aus dem isiXhosa]

NELSON MANDELA (466/64)                          4.12.1977

Liebe Schwester,
einst gab es einen Bauern, der sich auf Weizen spezialisiert hatte; er besaß alles, was er brauchte, und war mit einer reichen Bauerntochter verheiratet. Der Familie ging es ausgezeichnet. Sie hatten eine

neunjährige Tochter. Jedermann glaubte, dass allein der Tod die beiden scheiden könnte. Und es geschah, dass er zum Anführer von Kriegern gewählt wurde, denn es war Krieg in dieser Zeit.

Er bat seine Frau, Verpflegung und Kleidung für ihn herzurichten, aber seine Frau weigerte sich und sagte, sie traue sich nicht, allein auf dem Hof zu bleiben; doch der Mann bestand darauf, denn sein Entschluss stand fest. So zog er mit seinen Kriegern hinaus und ließ seine Frau zurück. Das Kind bemerkte, dass es Streit zwischen seinen Eltern gegeben hatte, und fing an zu weinen. Obwohl das Mädchen stets die Beste in der Schule gewesen war, ließ ihre Leistung gleich nach dem Streit nach.

Und es geschah, dass der Bauer und seine Leute im Krieg gefangen genommen wurden. Zu Hause auf dem Hof nahmen die Arbeiter eine feindselige Haltung ein, und es wurde kein Ertrag erwirtschaftet. Die Frau traf ihren früheren Freund wieder, der war auch reich. Es gelang ihm, sie zu überreden, ihre Liebesgeschichte wieder aufzunehmen und ihren Ehemann auf Scheidung zu verklagen. Und so kam es, dass die Nachricht vom schlechten Betragen seiner Frau dem armen Ehemann im Gefängnis zu Ohren kam; er war sehr enttäuscht, denn er liebte und achtete seine Frau.

Du darfst nicht vergessen, dass die geschilderte Methode die beste Waffe ist, um ein Heim zu zerstören. Und so wurde aus Wohlstand Armut.

Die Frau schrieb an ihren Ehemann und erklärte ihm die Absicht des früheren Freundes, da sie ihren Mann noch immer achtete. Dies tat sie, um herauszufinden, ob er sie immer noch liebte.

Nach Bantu-Tradition schwimmt ein Mann nicht in dem Wasser, in dem gewöhnlich junge Burschen schwimmen, und so war die Antwort des Mannes: «Heirate ihn.» Da die Frau ihren Mann so verstand, dass er sie nicht mehr liebte, heiratete sie den reichen Mann, aber die Tochter beschloss, nicht bei dem neuen Vater zu wohnen, sondern bei ihrem Onkel. Kaum zwei Jahre danach kam die Nachricht, der Ehemann komme zurück, und er wurde als der wahre Führer der Gemeinschaft begrüßt. Er hatte alles, was ein Führer brauchte. Dies wurde von seinen Anhängern, die schon vor ihm freigelassen worden waren, verbreitet.

Alles am Ort wurde zum Empfang der Führer vorbereitet. Und in dieser Zeit wurde der Frau bewusst, dass sie ihren früheren Mann mehr liebte als den neuen.

Es war ein Jammer, denn der einst reiche Bauer war jetzt ein armer Mann, seine Kleider schlotterten ihm am Leib, er hatte kein Zuhause und keine Frau. Aber trotzdem hielt seine Tochter treu zu ihm, ebenso wie die Verwandten und alle anderen.

Das Verhalten eines Menschen ist leicht zu durchschauen, selbst wenn er vorgibt, nicht der zu sein, der er in Wirklichkeit ist. Seine ehemalige Frau begann im Stillen zu weinen. Jemand fragte sie, ob sie zu ihm zurückkehren wolle. Ihre Antwort war: «Ja, aber offenbar liebt er mich nicht.»

Der Bauer ließ sich mit seiner Tochter in einer anderen Gegend nieder, wo er einen Hof pachtete und glücklich wurde, aber seine frühere Frau wurde mit ihrem neuen Ehemann nicht glücklich, obwohl ihnen die Welt offen stand. Schande über sie.

In Liebe, MADIBA

*1975 traten Walter Sisulu und Ahmed Kathrada an Mandela mit dem Vorschlag heran, heimlich seine Autobiografie zu schreiben und sie aus dem Gefängnis zu schmuggeln, um sie rechtzeitig zu seinem sechzigsten Geburtstag 1978 zu veröffentlichen. Er willigte ein und begann zu schreiben. Im Langen Weg zur Freiheit, dem Buch, das schließlich daraus entstand, erinnert er sich: «Ich schrieb den größten Teil der Nacht und schlief tagsüber. In den ersten ein oder zwei Wochen hielt ich nach dem Abendessen ein Nickerchen, und um zehn Uhr stand ich auf, um bis zum Frühstück zu schreiben. Nach der Arbeit im Steinbruch schlief ich bis zum Abendessen, und dann fing das Ganze wieder von vorn an. Nach ein paar solcher Wochen teilte ich den Behörden mit, ich fühlte mich nicht wohl und würde nicht in den Steinbruch gehen. Das schien sie nicht weiter zu kümmern, und von nun an konnte ich fast den ganzen Tag schlafen.»[55] Jeden Tag gab er das, was er geschrieben hatte, an Kathrada weiter, der seine Bemerkungen an den Rand schrieb und den Text Sisulu übergab. Nachdem Mandela das Manuskript verbessert hatte,*

*wurde es an die Mithäftlinge Isu «Laloo» Chiba und Mac Maharaj über-
geben, die es in winziger Schrift übertrugen. In seiner Biografie* A Tall Ship
and a Star: Reflections on the Life of Laloo Isu Chiba *schildert Chiba,
wie er und Maharaj die 600 Manuskriptseiten auf etwa 60 Seiten verkleiner-
ten. Dieses Manuskript wurde aufgeteilt und in leeren Kakaobüchsen im
Garten der Abteilung B auf Robben Island\* vergraben. Dazu benutzten sie
Grabwerkzeuge, die Jeff Masemola gebastelt hatte. Später entdeckten die Gefängnisbehörden beim Bau einer Mauer das vergrabene Manuskript, was zur
Folge hatte, dass Mandela, Sisulu und Kathrada – der das Original besaß –
auf Jahre hinaus die Genehmigung zum Studieren entzogen wurde.*

**An den Commissioner of Prisons**
Robben Island

6. Dezember 1977

Zu Händen von Major Van Vuuren

Der Inhalt Ihres an den Commanding Officer adressierten Briefs
vom 15. November 1977 wurde mir am 1. Dezember von der Gefängnisleitung übermittelt. Es wurde mir mitgeteilt, dass Sie die Genehmigung zu studieren mit Wirkung vom 1. Januar 1978 auf Dauer
annulliert haben mit der Behauptung, ich hätte dieses Privileg missbraucht, indem ich Unterlagen für das Studium dazu verwendet
hätte, meine Memoiren zu schreiben.

Ich muss betonen, dass ich über diese Entscheidung entsetzt war, mit
der Sie das fundamentale Prinzip des Naturrechts verletzt haben,
und Sie hielten es nicht einmal für nötig, mich vor dem Verfahren
gegen mich darüber zu informieren.

Das Prinzip des Naturrechts beruht auf zwei Grundregeln, an die
sich die obersten Richter dieses Landes stets gehalten haben und die
einen wesentlichen Bestandteil des administrativen Prozesses aus-
machen. Der Partei muss in einem Verfahren umfassend und fair

---

\* Interviews mit Isu Laloo Chiba, Ahmed Kathrada, Rashid Seedat, Shabir Ballim, Prema
Naidoo und Razia Saleh, Johannesburg 2010.

Gelegenheit gegeben werden, ihren Fall vorzutragen, und die Verwaltungsbehörde muss unvoreingenommen sein.

Der Zweck dieser Regeln ist es, ein Fehlurteil zu verhindern und zu garantieren, dass behördliche Entscheidungen im Geist der Verantwortung eines Beamten getroffen werden, dessen Pflicht es ist, Gerechtigkeit zu üben durch gerechte Entscheidungen für gerechte Zwecke. Nur in faschistischen Staaten gibt es keinen Platz für die goldene Regel, dass «Gerechtigkeit nicht nur geübt, sondern offenkundig und zweifelsfrei vor aller Augen geübt werden soll».

Ich muss Ihnen leider sagen, dass Sie ganz und gar nicht in gutem Glauben gehandelt haben. Sie verschwiegen mir nicht nur, dass Sie gegen mich ermittelten, sondern verweigerten mir auch die Möglichkeit, relevante Fakten anzufechten, die vielleicht für meine Interessen nachteilig gewesen wären.

Wie hätte ich abstreiten können, dass es sich um meine Schrift handelt, stammt doch sämtliches in Ihrem Besitz befindliche Material aus meiner Feder. Aber es kam in der Vergangenheit mehrfach vor, dass einige von uns aufgrund von Material, das angeblich nicht in ihrer Handschrift geschrieben worden war, beschuldigt wurden, ihr Studienprivileg missbraucht zu haben, und ihr Studium nur wiederaufnehmen konnten, weil sie beweisen konnten, dass sie zu Unrecht angeklagt waren.

Soviel ich weiß, sind weder Sie noch irgendjemand von Ihrem Personal Handschriftexperten, und jede vermutete Zuordnung einer Handschrift zu einer bestimmten Person ist daher völlig wertlos. Und selbst wenn Ihre Zuordnung auf dem Befund eines Experten beruhte, wären dessen Gutachten genauso unzuverlässig, wenn sie nicht von mir geprüft worden wären. Eine solche Entscheidung würde unweigerlich zu einer schwerwiegenden Ungerechtigkeit führen, weil dann ein Mann für eine Tat bestraft würde, die er nicht begangen hat.

Hätten Sie mir beispielsweise Gelegenheit geboten, meinen Fall darzulegen, bevor Sie mir die Studierberechtigung entzogen, hätte ich Sie vielleicht überzeugt, dass ich letztes Jahr überhaupt keine Studiererlaubnis hatte und demzufolge gar keine Vergünstigung missbrauchen konnte. Ganz abgesehen davon, dass ich in der aufgeklärten Welt der

Siebzigerjahre darin nichts Falsches sehen kann, dass eingesperrte Freiheitskämpfer ihre Lebensgeschichte aufschreiben und für die Nachwelt bewahren. Ein solches Recht wurde von allen Regimen seit der Antike großzügig gewährt.

Ich kann nicht umhin, festzustellen, dass Ihr ungewöhnliches Vorgehen in dieser Sache leider den Geist und das Verantwortungsbewusstsein vermissen lässt, die wir vom Leiter einer Regierungsbehörde erwarten, die für annähernd 100 000 Gefangene zuständig ist. Ich bin überzeugt, dass die wahre Absicht hinter der Aufkündigung unseres Studienprivilegs darin besteht, uns geistig zu kastrieren und unsere Moral zu untergraben, was eine der schlimmsten Formen von Grausamkeit ist. Das unerklärliche Abweichen vom üblichen Verfahren beim Umgang mit der ganzen Angelegenheit bestärkt diesen Eindruck. Diese selbstherrlichen Methoden verringern meine Bereitschaft erheblich, das Gesetz und die Obrigkeit zu respektieren, und Sie können von mir nicht erwarten, dass ich eine so ungerechte Entscheidung hinnehme.

Doch ohne eine letzte Entscheidung vorwegzunehmen und um mein weiteres Vorgehen abzuklären, bitte ich, mir die folgenden Angaben zur Verfügung zu stellen:

(1) die gesetzliche Bestimmung bzw. Bestimmungen, nach denen Sie meine Studierberechtigung annulliert haben;

(2) das genaue Datum der angeblichen Niederschrift meiner Memoiren;

(3) Wenn die angeblichen Memoiren vor dem 1. Januar 1977 abgeschlossen waren, wird dann unterstellt, dass ich während ihrer Abfassung zum Studium berechtigt war?

(4) Abschriften aller solcher Memoiren, die sich in Ihrem Besitz befinden.

Abschließend muss ich Sie daran erinnern, dass ich ein ärztliches Attest zur Befreiung von der Prüfung im Februar 1978 beantragt habe und mich derzeit auf diese Examina vorbereite.

[Gezeichnet] NR Mandela
NR MANDELA 466/64

**An Amina Cachalia, Freundin und Genossin**
**Johannesburg**

*Special letter*                Nelson Mandela 466/64              12.12.77

*Vahali* Aminaben,[a]
ich bekam eine Sondergenehmigung für diesen Brief im Zusammenhang mit einem Fotoalbum im Format 21 × 27 Zentimeter. In Kapstadt ist dieses Format nicht zu bekommen, deshalb bitte ich Dich,
bei Juta & Co. oder Van Schaik's Bookstore in Pretoria nachzufragen,
ob sie dieses Format führen; frag bitte auch nach Preis und Versand-
kosten. Diese 2 Geschäfte sind die einschlägigen Läden, bei denen
wir etwas bestellen können, & falls sie das richtige Format nicht
haben, können sie es von anderen Geschäften beziehen. Du solltest
es nicht selbst kaufen & versenden, das wäre Geldverschwendung.
Die Vorschriften verbieten ausdrücklich den Empfang von Waren
von außerhalb des Gefängnisses, die nicht direkt vom Prisons Dpt.
bestellt sind. Folglich bestellen wir es von dort aus.
Vielleicht kann ich diese Gelegenheit nutzen und Dich bitten, mir ein
Familienfoto zu schicken, damit ich das Vergnügen habe, zu sehen,
wie groß Kaene & Nomente inzwischen geworden sind & wie ihr, Du
und Yusuf, euch abmüht, die Zeichen des schleichenden Alters zu
verbergen. Der letzte Brief von Dir vom 18.7.75 ließ mich hoffen,
ich könnte vielleicht Miss Johannesburg, Dich, Amina, wiedersehen,
was ich in meinem Antwortbrief vom 1.11. desselben Jahres zum
Ausdruck brachte; ich sprach auch von den umschwärmten Snoek-
Fischen,[b] von denen es in diesen aufregenden Tagen am F. Square[c] in
Fordsburg wimmelte, und Du hast ausgesehen, als wärst Du die richtige für solche heiklen Geschäfte. Ich bin immer noch überzeugt,
dass niemand in ganz SA ihm auf diesem Gebiet das Wasser reichen
kann, & wenn er die Besuchserlaubnis für Dich nicht bekommt, dann
nur deshalb, weil er gar nicht will, dass Du kommst. Damit Dich die
Nachricht bestimmt erreicht, schrieb ich Zami, sie solle Dir ausrichten, dass ich es Dir & Yusuf nie verzeihen würde, wenn ihr bei mir
Hoffungen wecken würdet, die ihr nicht erfüllen könntet. Aber seit
ich weg bin, steht das arme Mädchen dermaßen unter Druck, dass
sie manches übersieht oder sich schwer tut, sich mit Dingen zu be-

fassen, die sogar Menschen betreffen, die ihr sehr am Herzen liegen, so wie Du & Yusuf.

In Deinem letzten Brief hast Du erwähnt, dass die Kinder immer größer werden, dass Du sie kommenden August für ein paar Monate besuchen wolltest & Du zu Recht über Deine Einsamkeit klagst. Ich kann Deine Probleme gut verstehen. Aber meine Freundin, die so wunderbar Tauben zuzubereiten versteht, weiß nur zu gut, dass abgesehen von Yusuf nur wenige Männer in diesem Land sie so gut kennen wie ich. Ich bin sicher, sie wird immer die Gelegenheit ergreifen, mit ihrem Mann allein zu sein; wenn sie sagt, sie seien einsam, dann rutscht ihr das nur so beim Schreiben heraus. Ihr Herz & ihr ganzes Wesen fühlen anders. Ist Dir klar, wie schwer es ist, das Bild zu löschen, das wir von Freunden aus schwierigen & glücklichen Momenten im Gedächtnis haben?

Kaene & Nomente zu sehen war sicherlich ein großer Moment für euch alle. In eurer Umgebung sind sie gewiss so intelligent und aufgeweckt wie ihre Eltern. Mit 20 beziehungsweise 19 Jahren schreiben sie bestimmt interessante Briefe, über die ihr euch freuen könnt. Vielleicht überrascht es euch, dass mir das Bild der beiden deutlich vor Augen steht, so wie ich sie zum letzten Mal in Jeppe im Mai 61 sah. Ich weiß noch, wie Nomente ins Wohnzimmer stürmte & eure Aufmerksamkeit beanspruchte, indem sie behauptete, irgendetwas sei gegen ihre glatte Stirn geknallt. Nach ihrem Blick zu urteilen, hätte man meinen können, sie wäre mit einem Güterzug zusammengeprallt, aber bestimmt hat nur ein harmloser Schmetterling ihr Gesicht gestreift. Als sie bekommen hatte, was sie wollte, war sie gleich wieder lieb & zog fröhlich ab, strahlend wie eine Lilie in guter Erde & bei gutem Wetter. So sind alle Kinder, & das ist einer der Gründe, warum wir sie so lieben.

Manchmal stoße ich in Publikationen, die hier herumgereicht werden dürfen, auf vertraute Namen. Erst neulich entdeckte ich, dass Effies Ehemann[d] über Cholesterin & dergleichen forscht, & die Ergebnisse seiner Untersuchungen würden mich wirklich interessieren. Leider stehen mir nur populäre & keine Fachzeitschriften zur Verfügung, aber nach allem, was ich dort lese, sind Herzkrankheiten, gegen die Schwarze einst als immun galten, heute offenbar vielfach tödlich. Früher las ich gerne das englische Medizinjournal *The Lancet*. Ich frage mich, ob Effie auch in der Forschung tätig ist.[e] Als Studentin, Hausfrau & Medizinerin war sie nonkonformistisch. Vielleicht ist sie das heute noch, es kann aber auch sein, dass ihre Patienten ihr kaum Zeit zum Verschnaufen lassen. Hoffentlich haben sich Yusufs Augenprobleme wieder gegeben & er kann den größeren Teil des Tages Dein Gesicht rühmen, einen seiner kostbaren Schätze. Du wirst es schwer haben, bei Juta einen Parkplatz zu finden, & ich hoffe, dass Deine kleinen Beine immer noch stark & zuverlässig sind wie damals in den frühen Sechzigern, dass sie Dich von Ferreirastown[f] (oder ist es Oriental Bazaar)[g] dorthin tragen können. Ihr beide & die Kinder fehlen mir sehr.

Alles Liebe und herzliche Grüße
Nelson

------------------------

a  *Vehalie* bedeutet «Liebe/r» auf Gujarati. Mandela hat sich vermutlich bei einem seiner Mitgefangenen, die fließend Gujarati sprachen, wie zum Beispiel Laloo Chiba, nach der richtigen Schreibweise erkundigt; er schreibt z.T. auch *wahalie*. *Ben* bedeutet «Schwester» auf Gujarati.
b  Südafrikanische Bezeichnung für Barrakudas (gemeint sind gutaussehende Mädchen).
c  Der Freedom Square im Vorort Fordsburg, Johannesburg, war ein beliebter Ort für politische Versammlungen in den vierziger und fünfziger Jahren.
d  Professor Harry Seftel.
e  Effie Schultz war Ärztin und Aktivistin.
f  Vorort von Johannesburg.
g  Mandela meint wahrscheinlich die Oriental Plaza.


**Marie Naicker, Frau von Dr. Monty Naicker**
**Durban**

Nelson Mandela 466/64                                    1.1.78

Liebe Marie,
mit tiefem Mitgefühl gedenken wir des Hinscheidens von Monty.[a] Wir alle liebten und achteten ihn, & sein Tod hat uns tief betroffen gemacht. Obwohl wir von seiner Krankheit wussten, ahnten wir nicht, wie ernst es um ihn stand.

Leider war es uns nicht möglich, an seinem Krankenbett zu sitzen, und tragischerweise konnten auch viele, die nicht im Gefängnis waren, nicht zu ihm kommen, als er sie am dringendsten brauchte. Einer von ihnen war Mota,[b] der keine Mühe gescheut hätte, bei ihm zu sein, wenn die Umstände es erlaubt hätten. Wir unsererseits bedauern, ihm, als er krank darniederlag, keine Grußbotschaft geschickt zu haben, als Dank für die Opfer, die er für unser aller Glück gebracht hat. Zu wissen, dass seine Freunde in dieser schweren Zeit an ihn denken, hätte ihm im letzten & schwersten Kampf seines Lebens ein wenig Kraft gegeben. Für dieses Versäumnis bitten wir aufrichtig um Verzeihung.

Zusätzlich zum Ableben Deiner beiden Brüder war Montys Tod gewiss ein entsetzlicher Schlag für Dich & Deine Familie. Wir sind zuversichtlich, dass die Resonanz auf den Trauerfall in der Öffentlichkeit Dir geholfen hat, den schmerzlichen Verlust tapfer zu ertragen. Sei versichert, dass wir in Gedanken bei Dir, Krissan, Vasugie & den anderen Familienangehörigen sind.

Leider verbieten es mir die Umstände, mich offen über den Einfluss Montys auf die Geschicke Südafrikas & auf uns als Einzelne zu äußern. Ich möchte nur sagen, dass er einer unserer Nationalhelden war, dessen kluge Führung & umfassende Erfahrung wir außerordentlich schätzten. Auf seinen vielen Reisen traf er viele andere internationale Größen wie Mahatma Gandhi & General Smuts. Als ich ihm zum allerersten Mal in den hektischen Tagen im Jahr 46 begegnete, machte er einen tiefen Eindruck auf mich. In den 30 folgenden Jahren rechtfertigte er das Vertrauen, das die Menschen in ihn als Person des öffentlichen Lebens & als Arzt setzten. Besonders seine Freundschaft mit Mota zeigte unter anderem, wie zwei starke & prominente Persönlichkeiten mit durchaus unterschiedlichen Ansichten für ein großes Ziel harmonisch zusammenarbeiten können. Das verhinderte mögliche Spannungen & bereitete den Weg zu echtem Verständnis.

Monty hatte einen erheblichen Anteil an der Einigung unseres Volkes. Sein Abkommen mit Dr. Xuma & Mota[c] war hierzu ein bedeutender Beitrag. Dieser historische Schritt wurde in den darauffolgenden 12 Monaten einer harten Prüfung unterzogen. 1949 war ein unvergessliches Jahr für jene, die ihr Leben der Förderung der Harmonie zwischen den Rassen gewidmet hatten. Monty spielte eine bedeutende Rolle bei der schnellen Wiederherstellung des Friedens & in der weiteren Förderung von gegenseitigem Verständnis & Vertrauen. Im Dezember 56 verbrachten wir zwei gemeinsame Wochen in JHB.[d] Während der Vorbereitung auf den Hochverratprozess trafen wir uns täglich, & da lernte ich ihn näher kennen. Bei der Lösung von Problemen, die im Lauf des Prozesses auftraten, konnten wir auf seine große Erfahrung zurückgreifen. Wegen seiner Ehrlichkeit und Offenheit verdiente er sich unser aller Hochachtung.

Als ich nach Abschluss der PMB[e]-Konferenz im März 61 dem Chief[f] in Groutville[g] Bericht erstattete, machte ich auch einen Höflichkeitsbesuch bei Monty & erläuterte ihm die Konferenzbeschlüsse. Es war ein fröhliches Zusammentreffen nach etlichen Monaten. Zwei Tage vor meiner Afrikatour Anfang Januar 62 suchte ich ihn noch einmal auf & unterrichtete ihn über meinen Einsatz. Nach meiner Rückkehr im Juli des gleichen Jahres trafen wir uns erneut. Bestimmt erinnerst Du Dich noch gut an dieses Treffen. Wir diskutierten lange, & ebenso wie Mota war auch er nicht glücklich über einige Punkte meines Berichts.[h] Ich versuchte, seine Bedenken zu zerstreuen, doch wie immer hielt Monty mit seiner Meinung nicht hinter dem Berg, & ich hatte den Eindruck, dass ich ihn nicht überzeugen konnte. Ich bin mir jedoch sicher, dass ihm die spätere Entwicklung bewies, dass mein Bericht zutreffend war & zur rechten Zeit kam.

Am 5. August[i] verabschiedete ich mich von euch beiden. Damals wusste ich nicht, dass ich nie mehr das Vergnügen haben würde, ihn zu sehen. Hätte ich das gewusst, hätte ich mich vielleicht noch ein wenig länger unterhalten & ihm noch fester die Hand gedrückt.

Obwohl wir regelmäßig eure Festtagsgrüße erhielten, habe ich Monty in den letzten 15 Jahren doch sehr vermisst & hätte gern mehr von ihm gehört. Daher war ich überglücklich, als Winnie mir erzählte, dass Monty mit dabei war, als sie bei ihrer Rückkehr aus dem Gefängnis in Durban begrüßt wurde. Die Zeit, die ich mit ihm verbrachte, gehört für mich zu der fruchtbarsten meines Lebens, & ich werde mich stets an ihn erinnern als einen der Menschen, die für mein Leben am wichtigsten waren. Bitte übermittle Deinen Schwägerinnen nachträglich mein tiefes Mitgefühl. Unsere Gedanken waren auch bei Ansu[j] & Fatima,[k] als Ashwin & Dawood von uns gingen.

Alles Liebe & gute Wünsche für Dich & die Kinder, Nokukhanya,[l] Ismail & Fatu,[m] Radi & JN[n] & alle unsere Freunde.

Mit herzlichen Grüßen
Nelson

PS: Der einzige Geburtstagsgruß, der mich aus Durban erreichte, kam von Annetta Memeth.[o] Ich würde ihn gerne erwidern, weiß aber ihre Adresse nicht. Nelson

------------------------

a  Monty Naicker (1910–1978); siehe «Personen, Orte, Ereignisse».

b  Dr. Yusuf Dadoo (1909–1983); siehe «Personen, Orte, Ereignisse». Yusuf Dadoo wurde gewöhnlich Mota genannt, Kurzform von *Motabhai*, das Gujarati-Wort für «Bruder». Ab 1960 lebte er im Exil.

c  Beim «Doctor's Pact» von 1947, unterzeichnet von Dr. Yusuf Dadoo, Dr. Alfred Xuma und Dr. Monty Naicker, ging es um die Zusammenarbeit von ANC, Transvaal Indian Congress und Natal Indian Congress und deren Forderung nach Freizügigkeit, Bildung, Wahlrecht und gleichen Chancen für alle «nicht-europäischen» Südafrikaner.

d  Johannesburg.

e  Die All-in-Africa Conference in PMB (Pietermaritzburg), auf der Mandela als Überraschungsgast am 25. März 1961 eine Ansprache hielt.

f  Chief Albert Luthuli (1898–1967), von 1952 bis 1967 Präsident des ANC; siehe «Personen, Orte, Ereignisse».

g  Stadt im Ilembe District Municipality in Natal. Wohnort von Chief Albert Luthuli.

h  Mandela erinnert an den ANC-Beschluss, einen bewaffneten Flügel aufzustellen.

i  Der Tag seiner Verhaftung.

j  Ansuyah Ratipal Singh (1917–1978), Ärztin, Schriftstellerin, erste Inderin, die in Südafrika ein Stipendium vom Council for Scientific and Industrial Research erhielt. 1948 heiratete sie den Anwalt Ashwin Choudree, Mitglied des Natal Indian Congress.

k  Zu Fatima Seedat (1922–2003) vgl. Brief vom 1. März 1971, S. 298 f., Anm. ae.

l  Nokhukhanya Luthuli, Witwe von Chief Albert Luthuli.

m  Ismail (1918–2000) und Fatima (1928–2010) Meer, Freunde; siehe «Personen, Orte, Ereignisse».

n  Radhi und J. N. Singh, Freunde.

o  Möglicherweise ein Code-Name.

**An den Head of Prison**
**Robben Island**
[Vermerk in anderer Handschrift:] Sieht aus, als ginge es um eine Dr. Ayesha
Ahmed.

16. Januar 1978

Ich wäre Ihnen dankbar, wenn Sie Frau Dr. Ayesha Ahmed von der
malaiischen Community von Kapstadt erlauben würden, mir zum
frühestmöglichen Zeitpunkt einen außerordentlichen Besuch im Zusammenhang mit Familienangelegenheiten abzustatten. Sie und ihr
Mann, auch er praktischer Arzt, sind Freunde unserer Familie, und
meine Frau und meine Kinder wohnen bei ihnen, wenn sie mich besuchen. Obwohl Frau Dr. Ahmed in der Führungsspitze der Frauenorganisation Rape Crisis ist, sind meines Wissens weder sie noch ihr
Mann politisch aktiv.

Unsere jüngste Tochter Zindzi beabsichtigt, dieses Jahr an der Universität von Kapstadt zu studieren, und wird bei Frau Dr. Ahmed
wohnen. Die schwierigen Umstände, unter denen sie aufwuchs,
haben ihre Gesundheit angegriffen: die Gefängnishaft ihres Vaters,
zahlreiche Polizeirazzien in unserem Haus zu befremdlichen Uhrzei-
ten, Überfälle auf meine Frau von diversen Seiten, ihre Festnahme
und Gefängnishaft, die Unsicherheit als Folge der Gefangenschaft
beider Eltern, die heftige Sehnsucht nach elterlicher Liebe und die
Angst vor dem, was kommen wird. Diese Belastungen waren zu viel
für sie. Seit einiger Zeit steht sie bei Frau Dr. Ahmed unter Beobach-
tung, und ich möchte ihren Bericht gerne persönlich bekommen und
ihr meine Vorschläge auch persönlich unterbreiten.

Alle diese Fragen konnte ich mit Frau Dr. Ahmed nicht schriftlich
klären, aber wie Sie unschwer einsehen werden, ist es aus einleuch-
tenden Gründen nicht wünschenswert, solche vertraulichen Dinge
brieflich zu behandeln. Lassen Sie mich abschließend versichern,
dass ein Treffen mit Frau Dr. Ahmed mich in die Lage versetzen
wird, meinen Teil dazu beizutragen, eine ideale Atmosphäre für die
Wiederherstellung der Gesundheit meiner Tochter zu schaffen.

[Unterzeichnet NRMandela]

**An Mangosuthu Buthelezi,[a] Freund der Familie und Zulu-Prinz**
**Mahlabatini, KwaZulu**

Nelson Mandela 466/64                                        1.10.78

Shenge![b]

Dein überraschender Geburtstagsgruß[c] weckte liebe Erinnerungen & ließ mich wehmütig an all das denken, was uns beiden wichtig war. Wir trafen uns vor Jahren entweder in Durban oder in JHB & waren vollauf beschäftigt mit unseren Zwiegesprächen. Danach waren wir jedes Mal erquickt & hatten ein noch stärkeres Bedürfnis, uns zwecks unserer Verjüngung erneut zu treffen.

Seit diesen guten alten Tagen sind achtzehn Jahre vergangen, und die Distanz zwischen Mahlabatini[d] & Robben Island wurde noch vergrößert durch unser beider Schweigen. Zum Glück brachten ein paar Regierungspublikationen manchmal Dein Bild & das Deiner Familie. Dann wandten sich meine Gedanken meist Dir & Mndlunkulu[e] Irene zu. Dein Telegramm half natürlich, wieder eine Brücke zwischen uns zu schlagen.

Wenn Freunde, und vor allem alte Freunde, an einen denken, ist das immer eine Quelle der Kraft & Inspiration. Du musst wissen, dass mir Deine Botschaft sehr viel bedeutet. Außer Deinem Telegramm erhielt ich sechs weitere Geburtstagsgrüße, drei von der Familie & drei von Freunden. Ich weiß sie alle zu schätzen, & sie waren mir ein Trost. Ich fühle mich wieder wie dreißig. Auch wenn es nur wenige sind, so kommen sie doch aus allen Bevölkerungsgruppen. Sie sind Teil einer Fülle von Glückwünschen aus nah und fern. Sie alle haben mich sehr beflügelt. Phungashe!![f]

Vor kurzem sah ich Filmaufnahmen von König Zwelethinis Krönung[g] und seiner Hochzeit mit Prinzessin Mantombi.[h] Du warst hervorragend als Anführer des Tanzes. Die Szenen erinnerten mich an das schöne Land, das an den iThukela[i] grenzt, wo ein Teil unserer Geschichte begraben liegt. Anders als die ägyptischen Pyramiden, die alljährlich Tausende von Touristen aus allen Teilen der Welt anziehen, ist Dukuza[j] verschwunden, und vielleicht sind auch die Wahrzeichen des Königsdorfes unter den Trümmern des 19. und 20. Jh. versunken. Doch die Geschichte wird die stolzen Errungenschaften der Hauptstadt dieses alten Königreichs bewahren, die Leistungen der Dlangezwa[k] und von Ntshingwayo.[l] Ihre Namen sind Teil unseres Erbes und hervorragende Vorbilder, an denen sich auszurichten lohnt. Beim Betrachten dieser Filmaufnahmen fragte ich mich, wie so oft in der Vergangenheit, was am Wasser des Mfolosi[m] so einzigartig war, dass diejenigen, die davon tranken, mit solch beängstigendem Furor durchs Leben gingen.

Auch abgesehen vom Verschwinden der indigenen Staaten von ehedem ist das SA von vor nur 16 Jahren nicht mehr dasselbe. Aus den Knirpsen von einst sind ernsthafte Erwachsene geworden. Sie leben in einer Umgebung, die sich rasant verändert und in der sich Wissenschaft und Technik rapide entwickeln, & reagieren prompt auf die komplexen Herausforderungen des Lebens. Sie bewegen sich leichtfüßig und schnell bei fast allem, was sie tun. Vielleicht haben die Erziehung & der Einfluss der Massenmedien dazu beigetragen, die Kluft zwischen den Generationen zu schließen. Daher müssen wir das, was oberflächlich betrachtet als jugendliche Auswüchse erscheinen mag, einfach der Jugend zugute halten. Wordsworth hat es prägnant ausgedrückt: «Das Kind ist der Vater des Mannes.»[n]

Mittlerweile sind die Getreuen der vergangenen zwei Jahrzehnte, die auf vielen Gebieten Pionierarbeit geleistet haben, nicht mehr unter uns, & mit ihrem Ableben ist ein Teil der Welt untergegangen, die mir so vertraut war. In den letzten 16 Jahren schrieb ich zahlreiche Kondolenzbriefe an Familienangehörige, Verwandte & Freunde. Erst heute schrieb ich an Marie, die Witwe des verstorbenen Monty in Durban,[o] und brachte ihr unsere Anteilnahme am Tod ihres Gatten zum Ausdruck. Und es ist noch nicht lange her, da musste ich das Gleiche tun für Nokukhanya,[p] Tante Freda Matthews,[q] für Michaels Tochter Barbara[r] & für Moses'[s] Frau, um nur einige zu nennen. Alle diese Verstorbenen waren so sehr Teil der großen Familie, und es ist tragisch, dass ihre Gräber so weit verstreut sind.

Der Verlust von zuverlässigen & geachteten Veteranen, die eine so entscheidende Rolle in unserem Leben gespielt haben, hat uns tief getroffen. Noch schmerzlicher war, dass wir ihnen nicht die letzte Ehre am Grab erweisen konnten. Trotz dieser Schicksalsschläge kannst Du sicher sein, dass ich mich weder verzweifelt noch einsam fühle. Aus

allen Himmelsrichtungen strömt unaufhörlich der Zuspruch und erfüllt mein Herz mit Zuversicht & Hoffnung. Ich schaue voller Optimismus auf den nächsten Tag, denn er bringt mir ja vielleicht eine
freudige Überraschung in Form eines Besuchs oder Briefs der Familie,
einer Botschaft eines alten Freundes mit guten Wünschen & Zuspruch,
genau so wie mir der 18. Juli Deine Gratulation bescherte.
Auf den wenigen Fotos*, die ich von Mndlunkulu[t] gesehen habe, sieht
man ihr das Alter kaum an. Sie sieht immer noch ganz aus wie die
junge Tochter von Mzila & uMakoti wa kwa Phungashe,[u] die sie einmal war. Ich wünsche ihr ein langes Leben und dass sie weiterhin in
Phindangene[v] die Stellung hält, Würze an Fisch, Gemüse & Salat gibt,
dass sie aufpasst, dass die Kinder von Mnyamana[w] nicht allzu weit
vom Haus entfernt herumstreunen. Ich hoffe, dass auch Mntwana
Magogo,[x] Mndlunkulus Mutter & Bruder gesund sind. Ihnen allen
herzliche Grüße.
*Halala Sokwalisa*!!![y]

Dein Nelson

---

* Ich habe auch gehört, dass Hlubi, der Sohn Deiner Schwester, plötzlich gestorben ist, das
  hat sie bestimmt tief getroffen. Bitte teile ihr meine aufrichtige Anteilnahme mit. Nelson

---------------------------

a  Chief Mangosuthu Gatsha Buthelezi (geb. 1928), Zulu-Prinz. ANC-Mitglied bis 1979,
   Chief Minister von KwaZulu von 1972 bis 1994, Gründer und Präsident der Inkatha Freedom Party 1975; siehe «Personen, Orte, Ereignisse».
b  Chief Buthelezis Ehrenname.
c  Der Brief wurde drei Monate nach Mandelas Geburtstag geschrieben, wahrscheinlich, weil
   sein Briefkontingent erschöpft war. Es ist nicht bekannt, ob Mandela diesen Gruß rechtzeitig zu seinem Geburtstag am 18. Juli bekommen hat.
d  Kleinstadt in KwaZulu-Natal, Wohnort von Buthelezi.
e  Verweis auf die königliche Herkunft von Mangosuthu Buthelezis Gattin Irene Buthelezi;
   siehe «Personen, Orte, Ereignisse».
f  Einer von Buthelezis Clan-Namen.
g  King Goodwill Zwelithini kaBhekuzulu (geb. 1948) ist König der Zulu-Nation. Seine Krönung fand am 3. Dezember 1971 statt.
h  Eine Tochter von König Sobhuza II. von Swasiland; Königin Mantombi Dlamini war die
   dritte Frau von König Zwelethini. Sie heirateten 1977.
i  Größter Fluss in KwaZulu-Natal.
j  Dukuza hieß die von Zulu-König Shaka (1787–1828) im Jahr 1820 gegründete Stadt.
   Nach seiner Ermordung durch einen Halbbruder im Jahr 1828 wurde die Stadt niederge-
   brannt. An ihrer Stelle errichteten europäische Siedler 1873 den Ort Stranger, der 2006 in
   KwaDukuza umbenannt wurde.

k   Ein Zulu-Regiment aus den Jahren um 1800.

l   Ntshingwayo kaMahole Khoza (ca. 1809–1883) führte eine 20 000 Mann starke Zulu-Armee zum Sieg gegen die Briten.

m   Fluss in KwaZulu-Land, auch bekannt unter dem Namen Umfolozi River.

n   Der Satz stammt aus dem Gedicht «My Heart Leaps up» des englischen Dichters William Wordsworth (auch «The Rainbow»), geschrieben 1802.

o   Siehe Brief vom 1.1.1978, S. 449–452.

p   Siehe Brief an Nokhukhanya Luthuli vom 8. Juni 1970, S. 221–224.

q   Frieda (Freda) Matthews, geb. Bokwe, Ehefrau von Prof. Zachariah Koedirelang (Z.K.) Matthews; siehe «Personen, Orte, Ereignisse».

r   Michael Harmel (1915–1974), Mitglied der Kommunistischen Partei von Südafrika und des MK; Barbara ist seine Tochter.

s   Moses Mabhida (1923–1986), geboren in Natal (gehört heute zu KwaZulu-Natal), früherer Sekretär der Kommunistischen Partei und ANC-Mitglied.

t   Irene Buthelezi.

u   Ehrenname der Familie Buthelezi.

v   Buthelezi wohnte in Kwa Phindangene. Er wurde auch uMntwana ka Phindangene genannt (Kind von Phindangene).

w   Buthelezis Großvater hieß Mnyamana Buthelezi, Premierminister des Königs von Zulu-Land, Cetshwayo kaMpande (ca. 1826–1884).

x   Prinzessin Magogo, Buthelezis Mutter.

y   *Halala* ist ein isiZulu-Wort, um eine Person zu ehren. *Sokwalisa* ist einer von Buthelezis Ehrennamen.


## Head of Prison, Robben Island

2.10.78

Zu Händen von Capt. Harding

Bezugnehmend auf unser Gespräch heute Nachmittag möchte ich Sie um die Genehmigung bitten, das Buch *B. J. Vorster*[a] von D'Oliveira (englisch)[b] kaufen zu dürfen.

Ich weiß zwar nicht, wo es publiziert wurde, aber beim Verlag Tafelberg oder Juta & Co. ist es bestimmt erhältlich.[c]

Ich habe bereits die Erlaubnis, das Buch *One Eerste Ses Premiers* und *10 Politieke Leiers*[d] (beide von Piet Meiring) zu erwerben, und ich hoffe, Sie bewilligen meinen Antrag und belasten mein Konto mit den anfallenden Kosten.

[unterzeichnet NRMandela]
466/64

- - - - - - - - - - - - - - - - - - - - - - -

a   Balthazar Johannes Vorster, 1966–1978 Premierminister von Südafrika.
b   D'Oliveiras Buch heißt in Wirklichkeit *Vorster: The Man*, Johannesburg: Ernest Stanton, 1977.
c   Mandela las das Buch *Vorster: The Man* im Gefängnis. Zwar betrachtete er Vorster als einen
    Rassisten und Faschisten, in einem Gespräch mit Richard Stengel äußerte er jedoch, dass er
    ihn für einen «interessanten Charakter» hielt: «Er diskutierte die Dinge sehr objektiv, zwar
    mit einem begrenzten Horizont, was schwarze Politik anging. Er hatte viel Sinn für Humor,
    auch was seine Person betraf.» Nelson Mandela im Gespräch mit Richard Stengel, 23. Dezember 1992, CD 12, Nelson Mandela Foundation, Johannesburg.
d   *10 Politieke Leiers* (Zehn politische Führer), Kapstadt: Tafelberg, 1973.


## An den Justizminister

[Telegramm]                                                    23.10.78[a]

Zu Händen von ABO security

Betr.: Anfrage: Seriennr. 913: Nelson Mandela

[Auf Afrikaans] 1. Inhalt des vom o. g. Häftling gestellten Antrags siehe
unten:
[Auf Englisch] Ich bitte um Genehmigung zur Versendung eines
dringenden Telegramms an den Justizminister bezüglich meiner
häuslichen Angelegenheiten stopp
Am 15. Mai 1977 wurde meine Frau nach Brandfort ausgewiesen,
wo sie sich aufzuhalten hat und wo es für sie keine Arbeitsmöglichkeiten gibt stopp
Meine Tochter teilte mir bei ihrem gestrigen Besuch mit, dass meine
Frau ein Stellenangebot in der benachbarten Stadt Welkom hat, die
jedoch außerhalb des behördlich zugewiesenen Distrikts von Brandfort liegt stopp Diesbezüglich bitte ich den Herrn Minister, die Aufenthaltsbeschränkung zu lockern, damit meine Frau diese Stelle annehmen kann stopp
Zum Zweiten grenzt die Behandlung meiner Frau durch Angehörige
der südafrikanischen Polizei an offene Verfolgung, und ich bitte den
Herrn Minister, die Polizei anzuweisen, sich strikt an die Ausführung
ihrer gesetzlich festgelegten Aufgaben zu halten stopp

PS: Der voraussichtliche Arbeitgeber meiner Frau ist Dr. Chris
Hattingh stopp

Meines Wissens ist er praktischer Arzt

2. In Erwartung Ihrer Entscheidung x Antrag überflüssig

Ende

Robben Island

------------------------

a   Mandela vermerkt in seinem Kalender, dass seine Frau und seine Tochter Zindzi ihn bei
    ihrem Besuch am 4. Juni 1977 darüber informierten, dass Winnie am 16. Mai 1977 nach
    Brandfort im Oranje-Freistaat (heute Free State) deportiert worden war. Winnie konnte
    weiterhin ihren Mann besuchen, allerdings musste sie jedes Mal die Genehmigung zum
    Verlassen der Stadt beantragen.


**An Zindzi Mandela, Mandelas jüngste Tochter**
**Brandfort**

Nelson Mandela 466/64                                    26.11.78

Meine liebe Zindzi,
Du sagst mir unter anderem nicht, ob Du meinen Brief vom
30. 7. bekommen hast. Ich bat Dich um Oupas[a] Geburtsdatum,
damit ich ihm bei entsprechender Gelegenheit alles Gute wünschen kann. Bitte bestätige das und lass mir diese Information zukommen.
Ich habe auch von Zeni einen Brief bekommen, er ist vielleicht der
beste, den ich seit langem von ihr erhalten habe, informativ und
sorgfältig formuliert. Jedem, der ihre Entwicklung so wie ich aus
der Ferne beobachtet hat, zeigen ihre Briefe, speziell die seit letztem Jahr, dass ihr Wortschatz und ihr Ausdrucksvermögen ein bisschen gekünstelt waren. Doch in ihrem letzten Brief erweist sich,
dass sie sich wieder gefangen hat, und das hat mich richtig gefreut. Wenn Du sie anrufst, richte ihr bitte aus, dass ich ihr dazu
gratuliere.
Ich freue mich, dass Du Mums Empfehlung gefolgt bist und jetzt in
die Klosterschule gehst, um Dich auf die Prüfungen vorzubereiten.
Ich habe Dir und Oupa schon meine herzlichsten Glückwünsche
dazu geschickt. Ich sage noch einmal: «Viel Glück und alles Gute.»
Ich bin sicher, Du schaffst das mit Leichtigkeit.

In Roma gab es früher eine Schwester Elizabeth Thys [manchmal auch Teyise geschrieben] aus Griquatown. Ich fragte Mum einmal nach ihrer jetzigen Adresse, denn ich wollte ihr zum Tod ihrer Schwester Sanna aus dem berühmten *Blue Lagoon* in der Von Wielligh Street, JHB, mein Beileid ausdrücken. Sanna unterstützte viele afrikanische Schüler und Studenten mit Schulgeld und Essen;[b] es tat mir sehr leid, dass weder ich noch Mum an ihrem Grab sein konnten. Ein Brief wird Elizabeth [Tukkie, wie wir sie nannten] ein kleiner Trost sein. Mum kennt sie sehr gut.

Schön, dass Du Dich mit Lady Eleanor[c] getroffen und mit ihr über Deine Ausbildung gesprochen hast. Hoffentlich konntest Du am 13. und 14. 11. in JHB Sir Robert[d] besuchen und mit ihm ein paar Familienangelegenheiten abschließend regeln. Die Birleys werden sich freuen, wenigstens Dich nicht verloren zu haben, und darüber, dass Du nun doch in England studieren wirst. Das wird Dir einen enormen Vorteil verschaffen, und ich hoffe, Du wirst diese Chance gründlich nützen. Über die Frage, wie Du zu einem Pass kommst, reden wir später. Bitte erinnere Mum daran, bevor sie mich das nächste Mal besucht.

Die merkwürdigen Träume, die Du manchmal hast, kommen nicht von ungefähr. Du hast es in Deiner Kindheit zu Hause schwer gehabt. Diese Art Leben hatte natürlich schlimme Auswirkungen. Ich vergesse nie, dass Du gerade 3 Monate alt warst, als ich Dich, Zeni und Mum zu Hause zurücklassen musste.

Trotzdem sah ich Dich in den 18 Monaten danach mehrmals. Von Aug. 62 an bis vor 3 Jahren, als Du mich zum ersten Mal besuchen durftest, wünschten wir uns, wir könnten uns sehen. Allein der Gedanke daran, was Du durchmachen musstest, versetzt mich in Angst und Schrecken. Aber das Wichtigste ist, mein Schatz, dass Du Dich der Herausforderung gestellt hast; und Du bist am Leben. Du stehst an einem Scheideweg, wo Du die weite Ebene vor Dir und den fernen Horizont klar erkennen kannst. Trotz aller unserer Schwierigkeiten hat Mum zwei kluge, starke, warmherzige und freundliche Kinder auf die Welt gebracht. Daran solltest Du vor allem denken, und das sollte auch Dein Handeln bestimmen. Zur Zeit macht Mum, wie schon einmal in der Vergangenheit, eine schwere Zeit durch. Aber diese wunderbare Pondo ist ein Fels in der Brandung und kann auf sich selbst aufpassen. Bitte, mein Schatz, nimm's leicht. Am Ende wird alles gut werden.

Du darfst Dich auch nicht von dem, was Du Vorahnungen nennst, verunsichern lassen. In Deinem speziellen Fall heißt das nur, dass Du mehr als der durchschnittliche Mensch Dinge vorhersehen kannst. Da ist überhaupt nichts Magisches dran. Ganz bestimmt falsch ist der Glaube, solche Fähigkeiten wären Dir von irgendeinem übernatürlichen Wesen verliehen; ebenso falsch, wie anzunehmen, manche Vorkommnisse um Dich herum hätten eine verborgene Bedeutung, die wissenschaftlich nicht zu erklären sei.

Nehmen wir zum Beispiel Deinen Traum von dem verborgenen Schatz in Bizana[e] – daran ist nichts besonders Merkwürdiges. Meine Abwesenheit von zu Hause verunsicherte Dich in vielfacher Hinsicht, auch in finanzieller. Du wolltest gerne in einem großen Haus wohnen, gut essen und schöne Kleider haben. Opa C. K.[f] war ein wohlhabender Mann, der Dich, Zeni und Mum sehr lieb hatte. Er hinterließ ein großes Anwesen, und seit seinem Tod hat man viel über die Erbschaft geredet.

In der häuslichen Umgebung, in der Du aufgewachsen bist, warst Du ganz natürlicherweise in dieses Thema einbezogen, ohne dass es Dir bewusst war. Mrs. Ngakane, Deine Oma, war eine alte Freundin der Familie. Es ist kein Wunder, dass sie in Deinem Traum eine Figur ist, die einen Deiner sehnlichsten Wünsche, nämlich finanzielle Sicherheit, erfüllt.

Die Geschichte mit der Schildkröte und dem verletzten Vogel kann man auch wissenschaftlich erklären. Die Schildkröte ist ein friedfertiges Wesen und eignet sich auch als Haustier. Vielleicht ist sie ihrem Besitzer entwischt oder war einigermaßen an Menschen gewöhnt. Auch der Vogel war vielleicht zahm, flüchtete vor einem Falken oder war so verletzt, dass er sich auf Deinen Arm setzen musste. Du gehst auf Nummer sicher, wenn Du immer eine wissenschaftliche Erklärung suchst für alles, was geschieht, selbst wenn Du eine falsche Schlussfolgerung ziehst. Leuchtet Dir das ein, oder klingt das nach einem alten Hinterwäldler?

Bitte versuch bei Zeni und Muzi Dampf zu machen,[g] dass sie gleich

loslegen, bevor sie noch mehr einrosten. Ich vermisse Dich schmerzlich und hoffe auf ein baldiges Wiedersehen.

Alles, alles Liebe und tausend Küsse
Dein *Tata*[h]

PS: Bitte grüße die Mutter Oberin und ihre Belegschaft herzlich von
mir. Mum und ich verdanken ihr, dass Du die Möglichkeit hast, in
aller Ruhe zu lernen. Vielleicht können wir ihr eines Tages unseren
Dank persönlich abstatten. *Tata*

------------------------

a   Zindziswas Partner Oupa Seakamela.
b   Er bezieht sich auf einen Brief an Sanna vom 1. Dezember 1970; siehe S. 258–261.
c   Lady Elinor Birley (Mandela schreibt fälschlich «Eleanor»).
d   Sir Robert Birley (1903–1982), früherer Direktor des Eaton College und damals Gast-
    professor an der Universität Witwatersrand. Die Birleys übernahmen die Kosten für Zenis
    und Zindzis Schulausbildung.
e   Winnie Mandelas Heimatdorf in der Transkei.
f   Columbus Kokani Madikizela, Winnie Mandelas Vater; siehe «Personen, Orte, Ereignisse».
g   Zenani und ihr Mann Prinz Thumbumuzi Dlamini bereiteten sich auf ihren Umzug in die
    Vereinigten Staaten vor.
h   «Vater» auf isiXhosa.

**An Ndileka Mandela, Mandelas Enkelin und älteste Tochter seines
verstorbenen Sohnes Thembi**
**Durban**

Nelson Mandela 466/64                                    21. 1. 79

Meine liebe *Zukulu*,[a]
es kommt mir vor, als wäre es erst gestern gewesen, als ich Dir am
19. Februar letzten Jahres eine Karte zu Deinem 13. Geburtstag geschickt habe. Und wieder rufe ich Dir zu: «Alles Gute zum Geburtstag und ein wundervolles neues Lebensjahr!»
Hoffentlich haben Du und Nandi meine Weihnachtsgrüße bekommen, und ihr hattet ein schönes Fest. Bitte schreib mir und erzähle
mir alles darüber, ja?
Ich habe gehört, Du hast Deine 1. Klasse bestanden. Tante Rennie
schrieb mir aus Inanda,[b] dass Du dieses Jahr dort in die 2. Klasse

gehst. Ich weiß nicht, ob Du es schon geschafft hast. Meinen herzlichsten Glückwunsch!

Wenn Du in Inanda bist, bitte schreib alle Gebühren auf, die zu bezahlen sind, damit ich mich um ein Stipendium kümmern kann. In
Deinem letzten Brief wolltest Du von mir eine Lederjacke mit Pelz-
kragen geschickt bekommen. Ich habe Deine Bitte an *Khulu*[c] Winnie
weitergegeben. Sie hat viele Probleme und ist sehr vergesslich. Aber
sie ist eine herzensgute Frau und liebt Dich und Nandi sehr. Und
obwohl sie keinen Job hat, wird sie sich alle Mühe geben, um Dir das
Gewünschte zu besorgen.

Ich denke immer wieder an 1981, das ist schon in 2 Jahren, und dann
darfst Du mich besuchen. Ich kann es kaum erwarten, Dich dann zu
sehen.

Bitte grüße Mum Thoko und *Tata* Phineas.[d] Wie heißt er mit Nach-
namen, und was ist seine Adresse in Claremont?[e] Ich wollte ihm zu
Weihnachten schreiben, konnte aber nicht, weil ich die Claremonter
Adresse nicht weiß.

Einstweilen wünsche ich Dir ein Jahr voller Freude und Glück. Tausend Küsse und alles, alles Liebe, mein Schatz.


Dein *Khulu*

------------------------

a   «Enkel/Enkelin» auf isiXhosa. *Zukulu* ist ein Diminutiv von Mzukulu.
b   Das Inanda-Seminar, ein renommiertes Internat in KwaZulu-Land.
c   «Großeltern/Großmutter/Großvater» auf isiXhosa.
d   Thokos zweiter Mann Phineas Nkosi. *Tata* ist «Vater» auf isiXhosa.
e   Vorort von Kapstadt.


**An Winnie Mandela**

Nelson Mandela 466/64                                      21.1.79

*Mntakwethu,*[a]

es kommt höchst selten vor, dass ich mich wirklich scheue, Dir zu
schreiben, so wie jetzt. Aber ich muss mich für mein Versäumnis entschuldigen, mich nicht nach Deinen Prüfungsergebnissen vom
26. 12. erkundigt zu haben.

Mein Schuldgefühl ist umso stärker, als ich wenige Tage vor Deinem Besuch mehreren Mithäftlingen gratulierte, die die gleiche Prüfung abgelegt haben wie Du, & ich drückte denen, die nicht bestanden hatten, mein Mitgefühl aus; es sind alles gute Freunde, aber eben doch nur Freunde. Eine solche Beziehung kann wertvoll sein, & es lohnt sich, sie zu hegen & zu pflegen. Doch wie eng diese Beziehung auch sein mag, es fehlt ihr die Zärtlichkeit & Intimität wie die zwischen einem Mann & seiner Mum, seiner *dade*[b] & seinen besonders vertrauten Freunden, zu denen Du gehörst. Diese ganz spezielle Beziehung hat etwas an sich, das untrennbar an einen selbst gebunden ist. Sie verlangt die Einhaltung bestimmter Anstandsregeln, die zu verletzen nachgerade unverzeihlich ist. Verwünschst Du mich jetzt wegen dieser Fehlleistung, Ngutyama? Kommt diese Frage zu spät? Letztes Jahr konnte ich wieder 15 Besuche und 43 Briefe verbuchen, 15 davon kamen von Dir. Dabei waren 7 Geburtstagskarten, und der Geburtstagsgruß von Helen[c] kam in Form eines Briefs. Dieses Jahr hatte ich mehr Besuche als 77, doch obwohl ich mehr Briefe als im Vorjahr erhielt, kam ich nicht auf die Rekordzahl von 50 aus dem Jahr 1975. Diese wunderbaren Besuche und die schönen Briefe tragen zu einer relativ angenehmen Stimmung bei und lassen mich optimistisch in die Zukunft blicken.

So gutgelaunt Du auch am 19. 2. gewirkt hast, sahst Du doch auch etwas kränklich aus, und die kleinen Seen in Deinen Augen ertränkten die Liebe und Zärtlichkeit, die sie sonst immer ausstrahlen und die mich Dir immer so nahe bringen. Aber zu wissen, woran ich mich die vergangenen 20 Jahre erfreut habe, ließ mich die Kraft dieser Liebe spüren, auch wenn sie durch Krankheit etwas getrübt war. Am 29. 10. erschienst Du noch königlicher und begehrenswerter in Deinem dunkelgrünen Kleid, und ich dachte, Du hättest Glück, dass ich Dich weder anfassen noch Dir meine Gefühle gestehen konnte.

Manchmal fühle ich mich wie jemand, der im Abseits steht, an dem das Leben vorbeigeht. Der gemeinsame morgendliche Weg zur Arbeit, die Anrufe im Lauf des Tages, die Berührung Deiner Hand oder die Liebkosungen, wenn Du im Haus unterwegs warst, Deine köstlichen Gerichte, die unvergesslichen Stunden im Schlafzimmer, all dies machte das Leben honigsüß, und es sind Dinge, die ich nicht vergessen kann. Am 2.12. deutete Zindzi an, dass ihr vorhattet, an ihrem Geburtstag zu mir zu kommen. Ich freute mich auf diesen Tag, als würde ich euch zum ersten Mal sehen. Aber am Morgen dieses Tages betete ich darum, dass ihr nicht kommen würdet.

Ohne es zu merken, hatte ich tags zuvor und in der Nacht mehr als sonst gearbeitet. Ich dachte, die Augen würden mir wieder Probleme machen, worüber Du Dir solche Sorgen gemacht hattest wie damals, als mich Zindzi am 21.10. besucht hatte. Deshalb war ich sehr erleichtert, als ihr nicht gekommen seid. Ich war jedoch sicher, ihr würdet in ein paar Tagen hier sein. Das würde ein großer Moment werden, *Mntakwethu!*

Das Einzige, was mir Sorgen machte, war, dass Du so abgenommen hast, dass möglicherweise Deine Gesundheit bedroht ist. Obwohl manche fanden, Du sähst wie Nobandlas Tochter aus, was an sich sehr erfreulich ist, hast Du mir einen Schrecken eingejagt. Ehrlich gesagt, so verhungert und knochendürr möchte ich Dich nicht wieder sehen. Zum Glück fiel das dank Deiner eleganten Kleidung und der dazu passenden Kopfbedeckung nicht allzu sehr auf. Ein ansonsten erfreuliches Jahr hätte mit einem Tiefpunkt geendet. Übrigens gefiel mir die Khakibekleidung, die Zindzi und Du am 27.8. anhattet. Du sahst richtig frisch aus, wie in Hefe gebrautes *Isidudu*. Deine Liebe und Hingabe haben bei mir eine Schuld angehäuft, die ich wohl nie begleichen kann. Sie ist so riesig, dass sie selbst dann nicht getilgt werden könnte, wenn ich hundert Jahre regelmäßig Raten zahlen würde. Ich kann nur sagen: *Nangomso!*[d]

Was Zenis Ausbildung betrifft, war ich vielleicht zu voreilig mit meinem Rat, weil ich mich geärgert hatte. Wir sollten dauernd mit ihr im Gespräch bleiben, wie wir die Sache handhaben wollen. Man sollte alles dafür tun, dass sie wegkommt, im Notfall auch allein, wenn Muzi[e] noch nicht bereit ist, mitzugehen. Mach weiter Druck auf Douglas, Ismail[f] und Muzi.

Hoffentlich geht es Zindzi besser. Ich finde, für ihre Bronchitis sollte sie statt Antibiotika lieber ganz heißen Tee trinken. Außerdem wäre es gut, wenn sie mit Mendels Tinktur gurgeln würde. So hat Mohammed Abdula meine Bronchitis geheilt, die mich 1970 monatelang geplagt hatte, aber nachdem ich heißes Wasser oder Tee trank und

Mendels Tinktur benutzte, ist sie bis heute völlig verschwunden. Bitte teile mir mit, ob Lady Eleanor[g] die Frage der Anmeldung zu ihrem Examen geklärt hat.

Wenn Du das nötige Geld aufbringen kannst, wäre ein Auto für Zindzi bestimmt eine gute Investition, auch wenn Benzin knapp und teuer wird. Deinen Standpunkt bezüglich der Idee oder eher vagen Andeutung, nach Welkom zu ziehen, verstehe ich voll und ganz. Du bist nach Brandfort deportiert worden, und dort solltest Du auch bleiben. Auch wenn Brandfort nur ein Bauerndorf ist, hast Du dort Fuß gefasst und teuer dafür bezahlt. Ich möchte nicht, dass Du noch einmal von vorn anfängst und versuchst, aus einem dunklen Loch eine Wohnung zu machen. Nach meiner Verhaftung hattest Du eine schwere Zeit in JHB, später besserte sich die Lage. Wie Deine Anwälte dem Gericht und Brig. Coetzee[h] mitteilten, hattest Du nach Deiner Ankunft in Brandfort seltsame Erlebnisse, die Dir das Leben schwermachten. Doch auch in Brandfort wird die Situation besser. Wenn Du nach Welkom gingst, würde alles wieder von vorn anfangen. Also bleib, wo Du jetzt bist. Weder Kgatho noch Maki ist bei mir aufgetaucht.

Körperlich und geistig fühle ich mich ganz gesund. Ich halte mich fit mit Übungen im Freien. Der Blutdruck ist unter Kontrolle. Du siehst mich oft, und Gerüchte, ich sei krank, sollten Dich nicht beunruhigen. Zwangendaba[i] ist doch ein so pflichtbewusster Neffe, dass es mich wundert, dass er bis jetzt Zindzi noch nicht geholfen hat bei ihrem Versuch, die Familiengeschichte aufzuschreiben. Du solltest herausfinden, was seine Probleme sind, bevor das Kind denkt, ihre Bitte sei uns egal. Mangelnde Mitarbeit unsererseits entmutigt sie vielleicht. Ich habe immer noch nicht Oupas[j] Geburtstagsdatum bekommen. Noch einmal tausend Dank für Deine herzliche zärtliche Liebe

ICH LIEBE DICH!
Immer Dein
Dalibhunga

- - - - - - - - - - - - - - - - - - - - - -

a   Ein Kosewort auf isiXhosa.
b   «Schwester» auf isiXhosa. Hier ist seine Frau Winnie gemeint.

c  Gemeint ist wahrscheinlich Helen Joseph (1905–1992); siehe «Personen, Orte, Ereignisse».

d  Ein isiXhosa-Wort, das tiefe Dankbarkeit gegenüber einem Menschen ausdrückt, der mehr als seine Pflicht getan hat.

e  Zenanis Ehemann Prinz Thumbumuzi Dlamini, Sohn von König Sobhuza von Swasiland.

f  Douglas Lukhele, Harvard-Absolvent und Rechtsanwalt in Swasiland; in den fünfziger Jahren absolvierte er sein Praktikum in der Kanzlei von Mandela und Oliver Tambo. Ismail Meer (1918–2000); siehe «Personen, Orte, Ereignisse».

g  Lady Elinor Birley (Mandela schreibt fälschlich «Eleanor»).

h  Chef der Sicherheitspolizei.

i  Ein Neffe.

j  Zindzis Partner Oupa Seakamela.


## An Makaziwe Mandela, Mandelas älteste Tochter

Nelson Mandela 466/64                                    13.5.79

Meiner lieben Maki
    Zu Deinem 25. Geburtstag.
    1. Mai
    Alles Gute zum Geburtstag!

Wie fühlt es sich an, wenn man 25 ist? Ich weiß noch, als ich 8 war, konnte es mir nicht schnell genug gehen, alt zu werden, einen grauen Schopf zu bekommen wie mein Vater. Aber heute kämpfe ich darum, jung zu bleiben und mich sogar mit jungen Leuten bei allerlei Wettkämpfen in der Halle und draußen zu messen. Das ist nicht einfach, doch ich genieße diese Herausforderung sehr. Alles, worauf Du mit Deinen gerade einmal 25 Jahren achten musst, ist der Einsatz Deiner Energie auf eine Weise, dass Du Dir Deine Gesundheit erhältst und Dich möglichst jeden Tag Deines Lebens freust.

Bestimmt wunderst Du Dich, warum ich so lange für diesen Geburtstagsbrief gebraucht habe. In den beiden letzten Monaten hatte ich eine hartnäckige Bindehautentzündung. Ich wurde gut behandelt, und bald kommt auch ein Augenarzt. Ein ähnliches Problem hatte ich schon 76, und er verschrieb mir das gleiche Medikament, das ich auch jetzt nehme. Er fand, für mein Alter sähe ich noch ganz gut. Natürlich fühle ich mich immer gut. In dieser Zeit habe ich mich um Dich gesorgt, mein Schatz, und um Deinen Geburtstag. Ich bin so erleichtert, Dir endlich sagen zu können: Herzlichen Glückwunsch zum Geburtstag! *Ukhule ude Ukhokhobe!*[a] Tante Helen[b] ist jetzt 74, aber immer noch recht umtriebig. Vielleicht lebst Du sogar noch länger als sie. Noch einmal: Alles Gute zum Geburtstag! Ich habe mich sehr darüber gefreut, dass Du in Deiner ersten Soziologie-Prüfung 58 % erreicht hast. Prof. Hough[c] und Mr. Somhlahlo[d] kenne ich gut von der Jan-Hofmeyr-Schule für Sozialarbeit in JHB. Aber ich hatte nicht das Vergnügen, Miss Mabete[e] kennenzulernen. Bitte grüße sie alle herzlich von mir. Schön auch, dass Tante Helen und Onkel Steve Dir geschrieben haben, und hoffentlich hast Du ihnen auch pünktlich geantwortet. Dinge zu beachten, die manche für unwichtig halten, ist zumeist ein Zeichen von Verantwortungsgefühl. Du solltest diese Gewohnheit sorgfältig pflegen und Dir einen bestimmten Tag in der Woche oder im Monat vornehmen, an dem Du Briefe schreibst. Es ist immer besser, einen Brief auf Konzept zu schreiben und ihn dann noch einmal durchzugehen und auf Fehler zu überprüfen & um Deine Formulierungen zu verbessern.

Ich hoffe, Du hast schon an den Sekretär des Memon Bursary Fund[f] geschrieben und Dich bei seinem Verband dafür bedankt, dass er Dir geholfen hat, eine Deiner größten Ambitionen im Leben zu verwirklichen. Schreib ihm, dass es Dir ohne seine Hilfe praktisch unmöglich gewesen wäre, an der Universität weiter zu studieren. Sag ihm, Du möchtest ihn im Juni aufsuchen, um ihm persönlich zu danken.

Du solltest Dich auch bei Tante Helen für ihre Bemühungen bedanken. Sag ihr, Du würdest gerne Deine Juni-Ferien bei einem Soziologen oder Soziologiestudenten verbringen, um Dich in diesem Fach weiterzubilden und auch Dein Englisch zu verbessern.

Vielleicht bittest Du sie, sich wegen der Suche nach einer dafür geeigneten Person an ILONA[g] oder ihre [Tante Helens] Nachbarin Sheila zu wenden. Dr. Fatima Meers Adresse: Burnwood Rd. 141, Sydenham (4091), Durban. Sie wird sich freuen, von Dir zu hören, doch ich fürchte, sie schlägt Dir vor, zur Natal University zu gehen, weil sie dort unterrichtet.

Du irrst Dich, wenn Du glaubst, ich hätte Dir das Stipendium verschafft. Ich fragte nur Tante Helen, sich mit ein paar meiner Johannesburger Freunde in Verbindung zu setzen. Ich war mir sicher, dass sie die nötigen Mittel dafür aufbringen würden. Aber in der Zwischenzeit hatte Mum Winnie bereits über ihren Anwalt Mr. Ismail Ayob, der selber dort Stipendiat war, mit dem Memon[h] Bursary Fund Kontakt aufgenommen. Das ist die wahre Geschichte. Ihm mehr als jedem anderen schuldest Du Dank. Ob Du tust, was jeder anständige Stipendiat in Deiner Situation tun würde, ist natürlich allein Deine Sache.

Deine scharfe Reaktion auf Dr. Vilakazis[i] Bemühungen hat mich auch überrascht. Mum Winnie und er wollen Dir nur helfen und Dir keineswegs etwas vorschreiben. Ich finde auch, Du solltest zunächst Deinen ersten Abschluss an der F. H.[j] machen, bevor Du im Ausland Richtung Promotion und Master gehst. Du solltest Mum nur entsprechend informieren, die Formulare unterschreiben & ihr gleich zurückschicken; und bitte sie, Dein Stipendium auf 1982 zu verschieben, wenn Du es in Anspruch nehmen kannst.

Ich freue mich auch, dass Maureen Deine Freundin ist. Ich kannte einmal einen großen alten Mann, Mr. Pike, der ganz in der Nähe der Gemeindehalle von Orlando East wohnte. Ob Maureen ihn wohl gekannt hat? Vielleicht war er ihr Großvater. Bitte grüße sie von mir.

Zenis Adresse: Postfach 546 Mbabane, Swasiland. Offiziell heißt sie Prinzessin La Mandela Dlamini, und sie und ihr Mann haben vor, dieses Jahr zum Studium in die USA zu gehen. Zu Recht sagst Du, dass sie ein sehr freundlicher Mensch ist. Hast Du Zindzis Gedichtsammlung gelesen?[k] Sie wird jetzt von SA-Buchhandlungen verkauft. Leider habe ich sie noch nicht zu Gesicht bekommen und kenne den Titel nicht. Ich freue mich darauf, Dich im Juni zu sehen. Lerne bis dahin tüchtig – wir halten Dir die Daumen. Aber vor allem lieben wir Dich und wünschen Dir noch einmal alles, alles Gute zum Geburtstag & viel Glück.

Allerherzlichste Grüße und tausend Küsse
Dein Dich liebender *Tata*[l]

P.S. Bitte schick mir Dein neuestes Foto, nicht größer als 15 auf 19 Zentimeter. Und bitte recht bald.
Übrigens ist Tante Helen selbst eine hochqualifizierte Soziologin mit einem Ehrendoktor der University of London.

[Gedruckter Text auf der Karte:]
Wie immer Du [Deinen Geburtstag] feierst,
Ich hoffe, Du findest Deinen ganz besonderen Tag
In jeder Hinsicht vollkommen.

---

a   «Ein langes Leben» auf isiXhosa.
b   Helen Joseph (1905–1992); siehe «Personen, Orte, Ereignisse».
c   Professor Hough war Winnies Lehrer an dieser Schule.
d   Früherer Kommilitone von Winnie an der Jan Hofmeyr School; später wurde er Dozent an der Universität von Fort Hare.
e   Eine Freundin.
f   Die Memon Association of South Africa wurde 1965 gegründet und unterstützt Hochschüler finanziell.
g   Ilona Kleinschmidt, Frau von Horst Kleinschmidt vom Christian Institute. Das Paar unterstützte die Mandelas finanziell. Mandela ernannte Kleinschmidt zum gesetzlichen Vormund der beiden Töchter Zenani und Zindzi Mandela für die Zeit, als Winnie im Gefängnis war.
h   Möglicherweise glaubt Mandela, es handele sich um eine Untergruppierung von Muslims, die aus dem Westen Südasiens stammen.
i   Herbert Vilakazi (1943–2016), Soziologieprofessor.
j   University College of Fort Hare, Alice in der Ciskei; siehe «Personen, Orte, Ereignisse».
k   Zindzi Mandelas Gedichtsammlung *Black As I Am*, Los Angeles, Guild of Tutors Press, 1978. Deutsche Ausgabe: *Schwarz wie ich bin. Gedichte und Fotos aus Soweto* von Zindzi Mandela und Peter Magubane (Göttingen: Lamuv 1986. Aus dem Englischen von Annemarie und Heinrich Böll).
l   «Vater» auf isiXhosa.


**An den Head of Prison**
**Robben Island**

20. 5. 79

Zu Händen von Capt. Hesselman

Gestern teilte mir das Zensurbüro mit, dass der Brief meiner Tochter Zindzi einbehalten wurde mit der Begründung, mein Kontingent für diesen Monat sei erschöpft.
Meine Tochter wird demnächst eine Prüfung ablegen und wahrscheinlich prüfungsrelevante Fragen oder Probleme ansprechen, mit denen sich gleich zu befassen ratsam wäre. Daher wäre ich Ihnen

dankbar, wenn Sie mir diesen Brief baldmöglichst in Anrechnung auf mein Juni-Kontingent aushändigen würden.

[gezeichnet NRMandela] 466/64

[Vermerk in anderer Schrift auf Afrikaans] Es wird empfohlen, ihn ihm aus-zuhändigen. [Unterschrieben und datiert von einem Captain] 21.5.79

**An Peter Wellman,[a] Freund und Journalist**

Nelson Mandela 466/64

27.5.79

Lieber Peter,
ich fühlte mich sehr geschmeichelt, ein Telegramm von Dir zu be-kommen, und mehr noch, als ich erfuhr, dass ich Pate der Kinder bin.
Pate zu sein ist immer eine ganz besondere Ehre.[b] Zum einen wird man dadurch praktisch zum Mitglied der Familie, zum anderen ist die Wahrnehmung der Verantwortung eine Herausforderung, die mir in meiner derzeitigen Lage viel Freude & Befriedigung bereitet. Ich hoffe, dieser großen Ehre gerecht zu werden. Tausend Dank, lieber Peter!
Meine gegenwärtige Situation macht es mir natürlich ziemlich schwer, manchmal wohl auch unmöglich, zu tun, was ich gerne tun würde. Aber ich werde stets versuchen, die Kinder spüren zu lassen, dass ich sie liebe & immer an sie denke. Ich hoffe sehr, Du schickst mir bald ein Gruppenfoto, bitte nicht größer als 10 auf 15 Zentime-ter. Auch wenn ich ihnen keine Süßigkeiten[c] schenken kann, sie nicht auf meinen Schoß setzen, weder mit ihnen sprechen, spielen & sin-gen kann, so können zumindest alle, die Kinder, Papa & Mama, im Familienalbum vereint sein. Natürlich erwarte ich die ganzen Namen und Geburtsdaten & ein wenig Familiengeschichte. Vielleicht haben Du und Winnie versucht, mir schon früher mitzuteilen, dass ich Pate bin, und mir dazu alle wichtigen Informationen zu geben. Aber ich

erfuhr erst aus dem Telegramm von meiner Patenschaft. Noch einmal: Ganz herzlichen Dank!

In den vielen Jahren meiner Kerkerhaft sandten mir Menschen aus den unterschiedlichsten Gesellschaftsschichten Grußbotschaften mit guten Wünschen & Ermutigungen, die durch massive Eisentüren & düstere Mauern hindurch den Glanz & die Wärme des Frühlings in meine Zelle brachten. Keine Botschaft glich der anderen, & jede hatte ihre ganz besondere Note. Die Deine war typisch für Dich. Offen gestanden, es gibt Augenblicke wie den gerade jetzt, in denen ich das Gefühl habe, die ganze Welt oder zumindest der größte Teil davon sei in meiner winzigen Zelle versammelt. Ich habe vergleichsweise mehr Zeit zum Nachdenken und zum Träumen; ich bin von der Vorstellung besessen, mit viel mehr Freunden zu tun zu haben als je zuvor. Dein Telegramm führte mich über die Wellen in die Goldene Stadt,[d] die sich, wie ich zahlreichen Fotos entnehmen konnte, offenbar in vieler Hinsicht verändert hat seit der Zeit, als ich sie kannte.

Einige Slums wurden demoliert & die zugrunde liegenden sozialen Probleme anderswohin verlegt.[e] Dabei wurden beliebte Winkel & Buden, an die sich manch einer wehmütig erinnert, plattgemacht, & wer einst gehofft hatte, Hütten würden einmal geheiligte Denkmäler, muss sich neue Kultstätten errichten.

Auf den geräumten Flächen beherrschen moderne Gebäude & Wolkenkratzer, die glitzernden Wohlstand ausstrahlen, das Bild, während breite Highways die Stadt durchqueren und weit voneinander entfernte Randgebiete näher ans Zentrum rücken denn je. Im Bereich der Wirtschaft, der Regierung, Ausbildung und vielen anderen sind neue Gesichter aufgetaucht, Menschen, die ein unkonventionelles Leben führen wollen, wodurch sich die Kluft zwischen den Generationen vertieft. Alternde Pessimisten schauen sich womöglich andauernd um, aus Furcht vor Aasvögeln, die den Tod ankündigen.

Wenn ich an JHB denke, fällt mir meine Rückkehr 1955 in das Dorf jenseits des *Kei*[f] ein, in dem ich aufgewachsen bin. In meinen Jugendtagen bedeckte dort dichter Busch einen Abhang. Unten im Tal standen vor allem am Flussufer etliche beeindruckende Bäume, die, so dachte ich, ewig stehen würden. Neben Zamis Liebe war dieser Busch für mich als Kind das, was dem Paradies am nächsten kam.

Warst Du einmal auf Fuchsjagd, angetan mit eleganten Reithosen, glänzenden Stiefeln & Sporen, auf Ponys im gestreckten Galopp & hinter den kläffenden Hunden? Dann hast Du eine Vorstellung davon, wie wir uns damals im Busch gefühlt haben. Mit seinen wilden Früchten, seinem Niederwild & den Vögeln, dem wilden Honig & jeder Menge frischen Wassers zog der Busch die meisten Dorfbuben unwiderstehlich an.

Wir jagten Kaninchen, Iltisse, Rebhühner & Tauben und holten Fische aus dem Wasser. Auch als ich aufs Internat ging, kam ich in den Ferien ins Buschland zurück & genoss die Jagd noch mehr. Mein bald schon volles Programm in JHB & die Attraktionen der Großstadt löschten nie die schönen Erinnerungen an meine Jugend, & oft dachte ich an das Buschland & das Veld.[g] Als ich nach 15 Jahren nach Hause zurückkehrte, war einer der ersten Orte, die ich aufsuchte, der Busch. Es war Frühling, & alles war grün. Der Busch hatte das meiste seines malerischen Zaubers eingebüßt. Die einstmals imposanten Bäume am Flussufer waren teils verschwunden, teils kümmerten sie dahin, & die, die noch gesund waren, sahen nicht mehr so robust aus. Im ganzen Tal hatte sich kräftiges junges Buschwerk ausgebreitet. Ich erinnerte mich an die Worte eines englischen Dichters, der einmal sagte: «… die alte Ordnung weicht, macht Platz für Neues, und Gott erfüllt sich selbst auf vielfache Weise, auf dass nicht ein guter Brauch die Welt verdürbe.»[h] Ich habe das Gedicht vor beinahe 40 Jahren gelesen & vielleicht die Zeilen durcheinandergebracht. Doch genau das ging mir durch den Kopf, als mein Blick über das Paradies meiner Kindheit schweifte. Ähnliche, wenn auch nicht ganz so wehmütige Erinnerungen versetzen mich bei der Betrachtung von Bildern von JHB in eine Welt, die es nicht mehr gibt.

Ich freue mich darauf, Dich & Deine Familie eines Tages wiederzusehen. Einstweilen sind meine Gedanken in der Main Street,[i] und dies ganz besonders, nachdem ich Dein Telegramm erhalten habe. Hazel hat einmal mit Dir zusammengearbeitet. Wenn Du sie & Hyme noch siehst, grüße sie doch bitte herzlich von mir.

Ich drücke Dir fest die Hand.
Dein Nelson

------------------------

a   Peter Wellman (1941–2001) war Journalist bei der *Rand Daily Mail*, als er mit Mandela
    zusammentraf. Er chauffierte Mandelas Töchter Zenani und Zindziswa zur Schule in Swa-
    siland.
b   Wellman schickte Mandela ein Telegramm, in dem er ihn bat, Pate seiner Tochter Emily zu
    werden.
c   Als Emily Wellman Mandela nach seiner Freilassung traf, bedauerte er, ihr keine Süßigkei-
    ten geschickt zu haben (Emily Wellman in einer E-Mail an Sahm Venter, 6. September
    2017).
d   Wegen seiner Ursprünge als Goldminen-Stadt wird Johannesburg auch Golden City ge-
    nannt.
e   Um die Bevölkerung nach Rassen zu trennen, erließ das Apartheidregime eine Reihe von
    Gesetzen, darunter den Group Areas Act, der getrennte Wohngebiete für Schwarze und
    Weiße festlegte. Von den fünfziger bis in die frühen achtziger Jahre wurden immer wieder
    Gebiete ausschließlich für Weiße ausgewiesen, Schwarze wurden von dort gewaltsam ver-
    trieben. Eine der berüchtigtsten Umsiedlungsaktionen betraf die Einwohner von Sophiatown,
    einer gemischten Vorstadt nahe Johannesburg. Tausende von Johannesburgern wurden in
    die neue Township Soweto verfrachtet.
f   «Fluss».
g   «Feld» auf Afrikaans.
h   Zitat aus Alfred Lord Tennysons Gedicht «Morte d'Arthur» von 1838.
i   Eine Straße in Johannesburg.

## An Alan Paton, Präsident der Liberal Party, der im Rivonia-Prozess als Entlastungszeuge aussagte
### Hillcrest

Nelson Mandela 466/64                                        29. 7. 79

[handschriftliche Notiz am Briefanfang]: Afgekeur. Gee verwitting. Beswaar
teen Alan Paton[a]

Lieber Dr. Paton,

dies ist mein dritter Versuch in den vergangenen 15 Jahren, Kontakt
mit Ihnen aufzunehmen. Zum ersten Mal schrieb ich Ihnen, sobald
ich mehr als nur zwei Briefe pro Jahr versenden durfte, und ich bedankte mich für Ihre mutige Aussage im Juni 1964.[b] Damals war es
ja gar nicht so einfach, sich als Entlastungszeuge zu melden, und
wohl kaum einer wird Ihren eindrucksvollen Auftritt vergessen.

Im zweiten Brief versicherte ich Sie meiner Anteilnahme am Ableben
Ihrer ersten Frau. Ich äußerte den Gedanken, dass die Tragödie, besonders so kurz nach dem Tod Ihres Freundes Chief Luthuli, für Sie

wohl außerordentlich schwer zu ertragen war. Ich nannte die Browns,[c] Kupers[d] und den inzwischen verstorbenen Dr. Edgar Brookes[e] und bat Sie, ihnen meine herzlichsten Grüße zu bestellen.

Ich hoffe, die Briefe haben Sie erreicht und Ihr langes Schweigen ist dem Druck Ihrer Verpflichtungen geschuldet. Falls Sie sie nicht erhalten haben, kann ich Ihnen keinen Vorwurf machen, wenn Sie annehmen, wir wüssten nicht, wie sehr wir Ihnen zu Dank verpflichtet sind. Vorsichtshalber habe ich den vorliegenden Brief einschreiben lassen, damit Sie ihn auch bestimmt bekommen.

Als ich mit einem Freund bei Mrs. Brown zu Besuch war, reichte sie uns Kaffee und Buttergebäck, das so frisch und zart war, dass es einem auf der Zunge verging. Seither sind beinahe zwei Jahrzehnte vergangen, aber die Erinnerung an diesen Besuch ist nicht verblasst. Auch die Kupers habe ich nur ein einziges Mal in ihrem Haus in Durban getroffen. Obwohl ich vermute, dass sie, ganz gleich, wo sie sind, aktiv sein werden, tut es mir leid, zu hören, dass sie ausgewandert sind. Ihr Beitrag auf dem Feld der Bildung und der Literatur war imponierend, und ihr Weggang hat sicherlich ihre Denkschule in mancherlei Hinsicht geschwächt. Tatsächlich erfuhr ich von ihrer Emigration, als ich versuchte, ihre Arbeit über die afrikanische Bourgeoisie[f] zu bestellen. Leider kannten die vom Department zugelassenen Buchläden das Buch nicht. Obwohl ich nie die Ehre hatte, Dr. Brookes kennenzulernen, war er unter uns Studenten der Native Administration,[g] wie das Fach damals hieß, sehr wohl bekannt. Er war weithin anerkannt als führende Autorität auf diesem Gebiet. Die Nachricht von seinem Tod hat mich sehr betrübt, und ich bitte Sie, seiner Familie mein Mitgefühl zu übermitteln.

Im vorigen März berichtete mir meine Frau von Ihrem Besuch bei ihr in Brandfort. Selbst zu unseren besten Johannesburger Zeiten waren wir nach solchen Besuchen immer in Hochstimmung. Heute bedeuten sie uns noch weitaus mehr, und es freut mich, dass viele unserer Freunde den Mut und die Zeit aufbrachten, um nach Brandfort zu fahren[h] und der Familie alles Gute zu wünschen. Gefreut hat mich auch, dass Sie meiner Schwiegertochter Rayne die Rückkehr ins College ermöglicht haben. Ich sah sie ein einziges Mal, als sie mich 1974 hier unten besuchte. Sie fiel mir auf als liebenswertes und strebsames Kind, das sehr an seiner Ausbildung interessiert ist. Hoffentlich enttäuscht sie nicht die, die sie lieben und ihr wohlgesinnt sind. Kürzlich las ich Ihren Artikel in der Ausgabe von *Fair Lady*[i] vom 31. Januar über Ihren Besuch bei Zindzi in Brandfort. Leider durfte ich ihn weder behalten noch mir Notizen machen. Aber die starke Geschichte beeindruckte mich doch, und der jungen Dame gab es großen Auftrieb. Von einem bekannten und erfahrenen Autor den Lesern von *Fair Lady* vorgestellt zu werden, ist für Zindzi ein höchst schmeichelhaftes Kompliment. Als ich den Artikel fertiggelesen hatte, war «die Freude groß, der Kummer klein».

Ein paar Tage bevor ich Ihre Zeitschrift in Händen hielt, hatte ich einen Artikel in der neuesten Ausgabe von *Reader's Digest* gelesen. Darin wurde der Versuch gemacht, die Probleme von Amateurschriftstellern in diesem Land zu analysieren. Zur Veranschaulichung bezog sich der Autor auf die Anzahl der Manuskripte, die bei verschiedenen Zeitschriften eingingen, und die Zahl der jeweils angenommenen. Unter den im Artikel erwähnten Magazinen ist auch *Fair Lady*, das im Jahr 1977 etwa 700 literarische Manuskripte zugesandt bekam, jedoch – so der Autor – nur fünfzig davon veröffentlichte, davon die Mehrzahl aus Übersee. Vor dem Hintergrund dieser Zahlen hielt ich es für aufschlussreich, dass Zindzis Arbeiten die Aufmerksamkeit eines derart anspruchsvollen Magazins erregten. Ich will versuchen, meine Hände sauber zu halten, damit ich Ihnen fest die Hand drücken kann, wenn wir uns einmal treffen.

Wir verdanken es vielen guten Freunden, die durch ihre Unterstützung für Zindzi ein ungeheurer Ansporn waren, dass sie dazu angeregt wurde, der Zukunft zuzurufen: «Beeil dich, ich erwarte dich sehnlich.»

Unsere Familie hat eine Menge Erfahrung mit Problemen, einige davon kennen Sie ja. In meiner derzeitigen Lage fällt es mir schwer, sogar solche persönlichen Probleme zu bewältigen. Und es ist noch viel schwieriger, einzugreifen, wenn sie nicht mehr nur Verwandte ersten Grades betreffen. Doch wenn die Straße zwischen Hillcrest[j] und Brandfort an den Rändern bröckelt und Schlaglöcher entstehen, würde ich alles in meiner Macht Stehende tun, sie wieder zu reparieren und Trümmer zu beseitigen, die womöglich die freie Durchfahrt von Liebe und Wohlwollen blockieren, die doch so bezeichnend sind für die Beziehungen zwischen unseren Familien. Ich bitte Sie, dies gerade jetzt nicht zu vergessen.

Ich weiß nicht, welche Bücher Sie in den vergangenen 17 Jahren veröffentlicht haben, und kann es hier auch nicht in Erfahrung bringen. Ich bin mir aber ganz sicher, dass Sie nicht untätig waren. Ich habe letztes Jahr sogar mitbekommen, dass eine amerikanische Universität Ihnen einen Ehrendoktor[k] verliehen hat. Obwohl ich keine weiteren Einzelheiten dazu kenne, habe ich mich sehr über diese Nachricht gefreut. Eine solche Ehre war hochverdient. Diese Auszeichnung hat außer der persönlichen noch eine weitergehende Bedeutung. Zum einen zeigt sie, dass Ihre Arbeit nicht vergeblich war, dass Sie trotz anhaltender Dürre und wuchernden Unkrauts die Saat auf guten Grund gesät haben: «Die Ernte kommt zwar spät, doch es ist keine Missernte.» Ganz herzliche Grüße an Sie und Ihre Frau und an alle obengenannten Freunde

Ihr
[Unterzeichnet NR Mandela]

------------------------

a   «Abgelehnt. Zur Kenntnis. Einspruch gegen Alan Paton».
b   Im Rivonia-Prozess hielt Alan Paton ein Plädoyer zugunsten einer Strafmilderung für Mandela und seine Mitangeklagten; siehe «Personen, Orte, Ereignisse».
c   Mitglieder der Liberal Party.
d   Hilda Kuper (1911–1992), Anthropologin. Ihr Mann Leo Kuper (1908–1994) war Soziologe. Sie waren Mitbegründer der Liberal Party in Natal (heute KwaZulu-Natal).
e   Edgar Brookes (1887–1979), Professor für Geschichte und Autor, aktiv in der Liberal Party.
f   Leo Kuper, *African Bourgeoisie: Race, Class and Politics*, New Haven: University Press, 1995. Das Buch war unter der Apartheidregierung verboten.
g   Wahrscheinlich war dies Mandelas Studienfach an der Universität von Fort Hare, wo er von 1939 bis 1940 studierte, bis er wegen Beteiligung an einer Protestaktion von der Uni verwiesen wurde.
h   Brandfort ist etwa 350 km von Johannesburg entfernt.
i   *Fair Lady* ist eine südafrikanische Frauenzeitschrift.
j   Hillcrest, Natal (heute KwaZulu-Natal) war Alan Patons Wohnort.
k   Paton erhielt insgesamt zwölf Ehrendoktortitel, unter anderem von der Yale University und der University of Michigan.

**An Winnie Mandela**
**Brandfort**

Nelson Mandela 466/64                                        2.9.79

Meine liebe Mum,

ich habe zwei Telegramme an Nxeko[a] zum Versand abgegeben, in
denen ich ihn bitte, in einer dringenden Familiensache zu mir zu
kommen. Das eine ging c/o Qunu, das andere an die Sithebe[b]-Ad-
resse. Ich möchte, dass er gleich aktiv wird.

Hinsichtlich des Chief Jonguhlanga bin ich ganz Deiner Meinung,
aber ich habe die ganze Zeit seit Deinem letzten Besuch über die
Sache nachgedacht. Natürlich sollst Du jede sich Dir bietende Gelegenheit nutzen, umherzureisen, um den Einschränkungen, denen
Du unterworfen bist, zu entfliehen. Aber ich bin nicht dafür, dass Du
nach Durban zu den Rechtsanwälten fährst. Eine solche Reise ist für
die ganze Familie teuer, auch wenn diese bezahlt wird. …

Was Reggies[c] Entscheidung angeht, dass Du eine Forschungsarbeit
beginnen und Dir keinerlei Sorgen wegen des Jobs im Oppenheimer-
Hospital machen solltest, so bin ich mir nicht ganz schlüssig, einfach
weil ich die Details, insbesondere zu Deiner finanziellen Lage, nicht
kenne. Doch Du solltest seinen Vorschlag sehr sorgfältig prüfen, und
wenn er mit speziellen Problemen verbunden ist, solltest Du mit ihm
darüber sprechen. …

Es hat mich gefreut, dass Leute von so weit weg wie Pmburg[d] Dich
besucht haben. Dr. Biggs ist offenbar ein bekannter Orthopäde, und
seine Frau & Mrs. [Coring?] Hall sind vertraute Namen in der Provinz und darüber hinaus. Umarme sie in meinem Namen, wenn Du
sie triffst. …

Hat Peter Wellman meinen Brief vom 27.5.[e] bekommen? Vermutlich
wirst Du nicht überprüfen können, ob Mr. Ngakane, Postfach 118,
Groot Marico, 2850, den seinen vom Juni 78 erhalten hat.

Zum ersten Mal, seit ich hier im Gefängnis bin, werde ich Kgatho
keine Geburtstagskarte schicken. Ich glaube nicht, dass das noch viel
Wert hätte. Wahrscheinlich weißt Du, dass Maki wieder auf der FH[f]
ist und die Prüfungen in allen Fächern abgelegt hat außer in Statis-
tik-Methoden, was sie schwierig findet. Sie will unbedingt einen Job

in J.H.B.[g] Obwohl sie darauf eingestellt ist, mit Kgatho zusammen-
zuwohnen, habe ich ihr empfohlen, bei jemandem in der Stadt zu
wohnen, damit sie ihr Englisch[h] und ihre Allgemeinbildung verbessern kann.

Du hast ganz recht, wenn Du das Jahr 79[i] als Jahr der Frauen betrachtest. Sie scheinen einzufordern, dass die Gesellschaft ihre Lip-
penbekenntnisse über die Gleichheit der Geschlechter wahr macht.
Die Französin Simone Veil[j] hat furchtbare Dinge erlebt, bevor sie
Präsidentin des Europaparlaments wurde, während Maria Pintasilgo
in Portugal mit der Peitsche knallt. Aus der Presse wird nicht klar,
wer in der Familie Carter das Sagen hat. Manchmal sieht es so aus,
als habe Carters Frau Rosalynn[k] die Hosen an. Den Namen Margret
Thatcher brauche ich wohl gar nicht zu erwähnen. Obwohl das Britische Weltreich zusammengebrochen und England aus dem Zweiten
Weltkrieg als drittklassige Macht hervorgegangen ist, ist Großbritannien in vielerlei Hinsicht immer noch das Zentrum der Welt. Was dort
geschieht, verfolgt die ganze Welt mit Interesse.

Zu Recht erinnert uns Indira[l] daran, dass Europa in dieser Beziehung hinter dem Beispiel Asiens hinterherhinkt, das in den letzten
beiden Jahrzehnten immerhin zwei Premierministerinnen hervorgebracht hat. Tatsächlich hat es in den vergangenen Jahrhunderten
immer wieder Herrscherinnen gegeben. Isabella von Spanien, Elizabeth I. von England, Katharina die Große von Russland (wie groß
sie wirklich war, weiß ich nicht), die Batlowka-Königin Mantatisi
und viele andere. Doch sie alle wurden First Ladys ohne ihr Zutun –
über die Erbfolge. Heute fällt das Scheinwerferlicht auf Frauen, die
es aus eigener Kraft zu etwas gebracht haben. Für diese war das Jahr
79 ein echter Erfolg.

Der Fall Matlalas[m] berührt einen sehr und unterstreicht, wie tragisch
das Leben sein kann, was viele gar nicht bemerken. Ich denke jedes
Jahr am 18.7. an sie und hoffe nur, dass wir an solchen Tagen durch
telepathische Wellen über Meilen hinweg zusammenkommen können. Bitte grüße sie herzlich und gratuliere ihr in meinem Namen.

Am 16.8. untersuchte Dr. Breitenbach, der Orthopäde, meine rechte
Ferse, die mir ab und an Probleme macht. Ich werde die Sache auch
mit Dr. Edelstein bei seiner nächsten Visite hier auf der Insel anspre-

chen. Heute Morgen brachte mich die *Dias* nach Kapstadt,[n] die See war rau, und obwohl ich einen überdachten Platz an Deck hatte, schien es auf mich zu regnen. Das Schiff stampfte endlos durch die Schaumkronen der Wellen. Auf halbem Weg zwischen Insel und Festland schien eine Armee von Teufeln zu wüten, und als die *Dias* hin- und hergeschleudert wurde, schien es, als würde das ganze Eisenschiff auseinanderfallen. Ich starrte auf eine Rettungsweste ein paar Plätze vor mir. Zwischen mir und der Weste standen ungefähr 5 Beamte, 2 davon hätten meine Enkel sein können. Ich sagte zu mir: «Wenn etwas passiert und das Schiff geht unter, dann begehe ich meine letzte Sünde hier auf Erden und werde demütig Buße tun, wenn ich die Heilige Stadt lebend erreicht haben werde. Ich werde alle fünf über den Haufen rennen und mir die Rettungsweste schnappen.» Zum Glück kam es nicht zu einer Katastrophe.

Doch jetzt zu Dir, mein Schatz, was soll ich Dir sagen? Mit 45 hast Du Dich sehr verändert im Vergleich zu jener Nacht, auf dem offenen Veld[o] südlich der Stadt, als wir allein beisammen saßen. Erinnerst Du Dich an die Nacht, nachdem wir Besuch von Gwigwi und den anderen hatten? Doch je mehr die Jugend aus Deinen Adern weicht und Dein einstmals volles und glattes Gesicht Alterserscheinungen aufweist und Dein unwiderstehlich schöner Teint, der Dich in den Fünfzigern so begehrenswert machte, verblasst, umso bezaubernder wirst Du, umso mehr sehne ich mich danach, mich an Dich zu kuscheln. Du bist alles, was eine Mum sein soll. Herzlichen Glückwunsch zum Geburtstag, mein Schatz!

ICH LIEBE DICH!
Für immer
Dein Madiba

---------------------

a   Nxeko (auch Bambilanga) ist der Bruder von König Sabata Dalindyebo, Paramount Chief des Transkei-Homeland.
b   Ort in der Transkei.
c   Oliver «Reggie» Tambo (1917–1993); siehe «Personen, Orte, Ereignisse». Sein zweiter Name war Reginald.
d   Pietermaritzburg.
e   Siehe Brief vom 27.5.1979, S. 471–474.
f   University College of Fort Hare, Alice in der Ciskei; siehe «Personen, Orte, Ereignisse».

g  Johannesburg.
h  Makaziwes Muttersprache war isiXhosa.
i  Die Vereinten Nationen hatten 1975 zum Internationalen Jahr der Frau erklärt.
j  Simone Veil (1927–2017), Holocaust-Überlebende, Präsidentin des Europaparlaments und Mitglied der Académie Française.
k  Rosalynn Carter (geb. 1927), Frau des US-Präsidenten Jimmy Carter.
l  Indira Gandhi (1927–1984), von 1966 bis 1977 und 1980 bis 1984 Premierministerin von Indien.
m  Deckname von Adelaide Tambo (1929–2007); siehe «Personen, Orte, Ereignisse». Die Tambos lebten im Londoner Exil.
n  Gelegentlich wurden Gefangene zu Fachärzten nach Kapstadt gebracht.
o  Afrikaans für «Feld».

## An den Minister of Police and Prisons Louis Le Grange[a]
## Pretoria

NELSON MANDELA 466/64                          4. September 1979

An den Commanding Officer
Robben Island

Zu Händen von Brig. Botha

Mit der Bitte um Freigabe des beigefügten Briefs, der für sich spricht, an den Minister of Prisons und Übermittlung desselben auf dem Dienstweg.

[Unterzeichnet]
NR Mandela

4. September 1979

Sehr geehrter Herr Minister,
im Laufe des vergangenen Jahrzehnts ersuchten wir, die politischen Gefangenen auf Robben Island, mehrfach bei der Regierung um Haftentlassung und verlangten, solange diese Entlassung aussteht, als politische Gefangene behandelt zu werden.
Unser erstes diesbezügliches Gesuch vom 22. April 1969,[b] in dem wir unsere Argumente dargelegt hatten, war an den damaligen Minister of Prisons Mr. P. Pelser gerichtet. Mr. Pelser hielt es nicht einmal für nötig, auf unseren Brief zu antworten, trotz unserer schriftlichen Mah-

nung im Jahr 1971. Wir brachten das Thema bei Ihrem Vorgänger Mr. J.T. Kruger erneut vor, doch wieder erhielten wir keine Antwort.

1973 kam zu dieser Hauptforderung eine weitere hinzu, nämlich die einer nichtrassischen Verwaltung innerhalb des Department of Prisons. Damit meinten wir nicht etwa eine von Schwarzen ernannte Verwaltung, sondern eine, in der das Gefängnispersonal danach ausgewählt wird, ob es qualifiziert und frei von Rassenvorurteilen ist. Das meinten wir damals und meinen es bis heute.

Wir verlangten ferner, dass allen Mitgliedern des Umkhonto we-Sizwe, die im Zuge ihrer Aktionen inhaftiert wurden, der Status von Kriegsgefangenen nach der Genfer Konvention von 1977, die von zivilisierten Regierungen in verschiedenen Teilen der Welt anerkannt ist, zugestanden wird. Wir forderten außerdem die Regierung auf, die Zusammenlegung politischer Gefangener, ob Schwarze oder Weiße, in ein und demselben Gefängnis zu gestatten. Dementsprechend verlangen wir die sofortige Verlegung weißer politischer Gefangener vom Gefängnis in Pretoria nach Robben Island.

Unsere Forderung nach Anerkennung als politische Gefangene schließt unter anderem die folgenden Rechte ein:

1. Kontaktbesuche von Familienangehörigen, Freunden und Verwandten,
2. Freilassung aufgrund von Straferlass, Strafaussetzung oder auf Bewährung,
3. freier Umgang mit anderen politischen Gefangenen auf der Insel und zu diesem Zweck Beendigung der Trennung der Gefangenen voneinander,
4. Zulassung von Radios und Zeitungen,
5. Erlaubnis, Briefe in uneingeschränkter Zahl an Familienangehörige, Verwandte und Freunde (unabhängig von Hautfarbe oder politischer Zugehörigkeit) zu schreiben und zu empfangen,
6. Genehmigung jeden Studiengangs oder jeden Fachs an einer anerkannten nationalen oder ausländischen Bildungseinrichtung,
7. Ausbildung in einer Fertigkeit oder einem Handwerk,
8. Erlaubnis, Geldbeträge von einer Wohlfahrtseinrichtung oder Privatperson zu unserer persönlichen Verwendung zu erhalten und sie Bedürftigen zugute kommen zu lassen,

9. Zugang zu allen zugelassenen Büchern und anderen Publikationen,

10. Erlaubnis, Bücher, Memoiren und Essays zu veröffentlichen und Tagebücher zu führen,

11. eine von der Hautfarbe des Häftlings unabhängige Ernährung und, bis dies eingeführt ist, die Erlaubnis, die von uns gewünschte Art und Menge der Lebensmittel zu erwerben,

12. Erlaubnis, Lebensmittel und Hygieneartikel nach persönlichem Bedarf und Geschmack zu kaufen, und damit die Beendigung der Einstufung politischer Gefangener in unterschiedliche Gruppen, wodurch einige von dieser Möglichkeit ausgeschlossen sind,

13. das Recht, sich ungehindert auf der Insel zu bewegen,

14. das Recht, Zivilkleidung zu erwerben und zu tragen je nach persönlichem Geschmack,

15. Zugang zu unseren gesetzlichen Vertretern und Möglichkeit der Rechtsberatung in einer Weise, die jeden Verdacht auf direkte oder indirekte Einmischung durch das Department of Prisons ausschließt, mit dem Recht auf vertrauliche Kommunikation zwischen dem Häftling und seinem Rechtsbeistand.

Es ist allgemein bekannt, dass gewöhnliche Strafgefangene, von denen viele wegen abscheulicher Verbrechen verurteilt sind, Kontaktbesuche bekommen und Radios und Zeitungen besitzen dürfen. Sie werden aufgrund von Straferlass, Strafaussetzung oder auf Bewährung freigelassen. Doch diese Vergünstigungen werden politischen Gefangenen vorenthalten, deren einziges Verbrechen darin besteht, gegen die Rassenpolitik und für ihr unveräußerliches Recht auf Freiheit und Menschenwürde gekämpft zu haben.

Wir sind nicht die Einzigen, die in Südafrika für Freiheit und Gleichheit kämpfen. In unserem Brief vom 22. April 1969 verwiesen wir auf den Kampf der Afrikaaner gegen die britische Herrschaft. Politische Veränderungen wurden mit Mitteln der Gewalt angestrebt, doch anders als wir wurden die Verurteilten als politische Gefangene behandelt, obwohl sie des Hochverrats für schuldig befunden worden waren. Diese Ungleichbehandlung ist offenkundig und eindeutig rassistisch. Kurz nach der Amtsübernahme der jetzigen Regierung ließ sie Robey Leibrandt[c] und andere frei, die wegen Hochverrats und Konspiration mit einer fremden Macht während des Kriegs verurteilt worden waren.

Noch eklatanter ist die diskriminierende Behandlung von schwarzen und weißen politischen Straftätern. Weiße Studenten, die Mitte der Sechzigerjahre wegen Sabotage verurteilt worden waren, wurden vor Verbüßung ihrer Strafe aus dem Gefängnis entlassen.[d] Dagegen wurde gegenüber den im Zuge der Demonstrationen von 1976 inhaftierten schwarzen Schülern und Jugendlichen eine solche Nachsicht nicht geübt. Diese Demonstrationen waren spontan und vollkommen gerechtfertigt, ausgelöst durch die Verschärfung ungerechter und unpopulärer Maßnahmen in afrikanischen Schulen.[e] Dass diese Maßnahmen später von der Regierung zurückgenommen wurden, zeigt, dass der Staat stillschweigend eingestand, dass ihre Einführung von vornherein ein Fehler war. Paradoxerweise sitzen die jungen Männer, denen Unrecht geschah, immer noch hinter Gittern.

Wir sind überzeugt, dass die Milde, die den an der Rebellion von 1914 und an den hochverräterischen Aktivitäten im Zweiten Weltkrieg Beteiligten erwiesen wurde, eindeutig der Tatsache zuzuschreiben ist, dass sie Weiße waren.

Seit den frühen Sechzigerjahren war, abgesehen von etwa vierzig Weißen, die überwältigende Mehrheit der politischen Gefangenen schwarz. Es ist offenkundig, dass sich die Regierung sträubt, Schwarzen, die die Vorherrschaft der Weißen und die daraus resultierende Diskriminierung anprangern, den Status politischer Gefangener zuzugestehen.

Wir sind Opfer einer Situation, die wir nicht herbeigeführt haben, und für die brisante Lage, die derzeit in unserem Land herrscht, machen wir die Regierung voll und ganz verantwortlich. Sie, und nur sie allein, hat die Macht, die kommende nationale Katastrophe abzuwenden, und es ist unsere heilige Pflicht, Sie davor zu warnen, das Land in einen Bürgerkrieg zu treiben, nur um die Rassenunterdrückung aufrechtzuerhalten.

Es ist an der Zeit, dass die Regierung ihre Vorgehensweise in der Frage der politischen Gefangenen revidiert, namentlich vor dem Hintergrund kürzlich geäußerter Stellungnahmen ranghoher Regierungssprecher und Kabinettsmitglieder, die die Rassendiskriminierung verurteilen und die Gleichheit aller Menschen unabhängig von ihrer Hautfarbe verkünden. Falls wir richtig informiert und die Absichtserklärungen der Regierung nicht bloße Propaganda sind, sieht es nach einem Wechsel in der Politik aus. Und dies unterstreicht einmal mehr unsere Forderung, als politische Gefangene behandelt zu werden.

Darüber hinaus obliegt es dem Staat, den Fall jedes einzelnen Gefangenen wiederaufzunehmen, der von den Gerichten des Landes in Verfahren verurteilt wurde, die im Kern von der diskriminierenden Politik der Regierung und der Verweigerung der Menschenrechte für Schwarze herrühren. Die uns auferlegten Strafen zwischen fünf Jahren bis zu lebenslanger Freiheitsstrafe sind, gelinde gesagt, barbarisch. Es ist ein Hohn auf die Gerechtigkeit, einen Gegner der Rassendiskriminierung mit Gefängnis zu bestrafen. Daher bitten wir Sie dringend, ein Gremium unabhängiger Juristen einzuberufen, die unsere Urteile überprüfen sollen. Viele von uns sind schon über zehn Jahre im Gefängnis, manche gar bereits siebzehn Jahre. Ein einziges Jahr in Gefangenschaft ist schon Entbehrung genug, ganz zu schweigen von siebzehn.

Hiermit legen wir Ihnen unsere Stellungnahme erneut vor in der Hoffnung, dass Sie ihr baldmöglichst Ihre ungeteilte Aufmerksamkeit widmen. Bitte teilen Sie uns zu gegebener Zeit Ihre Entscheidung mit.

Hochachtungsvoll
[Unterzeichnet NRMandela]
NELSON MANDELA
[Unterzeichnet Raymond Mhlaba]
RAYMOND MHLABA

------------------------

a   Louis Le Grange (1928–1991), von 1979 bis 1980 Minister of Prisons, von 1979 bis 1982 Minister der Polizei; siehe «Personen, Orte, Ereignisse».
b   Vgl. Brief vom 22. April 1969, S. 114–123.
c   Sidney Robey Leibbrandt (1913–1966), der südafrikanische Meister im Schwergewicht (1937), wurde vom deutschen militärischen Geheimdienst unter dem Pseudonym «Robert Leibbrand» als Agent eingesetzt. Er war südafrikanischer Bure deutsch-irischer Abstammung.
d   Vgl. Brief vom 22. April 1969, S. 114–123.

e Die Schüler und Studenten protestierten gegen das *Afrikaans Medium Decree*, das alle Schulen der Schwarzen verpflichtete, ihren Unterricht halb auf Afrikaans, halb auf Englisch zu halten; einige Fächer durften ausschließich auf Afrikaans unterrichtet werden.

**An den Commanding Officer**
**Robben Island**

Nelson Mandela 466/64

19. November 1979

<u>Zu Händen von Brig. Botha</u>

Ich bitte um Freigabe des beigefügten Briefs an den Commissioner of Prisons. Brief und Anhang sprechen für sich selbst.

[Unterzeichnet NRMandela]
Nelson Mandela 466/64

19. November 1979

The Honourable Mr. Louis L. Le Grange
Minister of Police and Prisons
Pretoria

Sehr geehrter Herr Minister,

1. Gemäß den Regeln und Bestimmungen des Gefängnisses habe ich Anspruch auf zwei Besuche pro Monat. In den vergangenen zwei Jahren versuchte meine Frau erfolglos, dieses Recht in Anspruch zu nehmen. Im Mai 1977 wurde sie von Johannesburg nach Brandfort verbracht, das sie gemäß dem Internal Security Act von 1950 nicht verlassen darf. Obwohl ihr das Department of Prisons ohne weiteres eine Besuchserlaubnis für zwei Tage ausstellen würde, verweigert ihr der Magistrat von Brandfort die Genehmigung, den Distrikt für länger als einen Tag zu verlassen. Daher ist es ihr unmöglich, für zwei aufeinanderfolgende Tage auf

die Insel zu kommen. In der Annahme, dass der Einspruch gegen einen zweitägigen Besuch meiner Frau von der Südafrikanischen Polizei kam, sprach ich vergangenen Februar darüber mit Brig. Coetzee, dem Chef der Sicherheitspolizei. Dieser versicherte mir jedoch, der Einspruch komme nicht von der S.A.P.;[a] vielmehr sei dies eine unabhängige Entscheidung des Justizministeriums gewesen; diese Erklärung akzeptierte ich.*

Vor vier Monaten brachte ich das Thema vor dem Commissioner of Prisons zur Sprache in der Hoffnung, er würde es mit dem Justizminister erörtern. Ich bat ferner darum, solange die Entscheidung darüber noch offen war, jeden Besuch meiner Frau auf zumindest anderthalb Stunden zu verlängern. Bis heute hat der Commissioner nicht auf meine Anfrage reagiert.

Als ich erfuhr, dass meine Frau die Absicht hatte, mich am 17. und 18. dieses Monats zu besuchen, gab ich über den Commanding Officer ein Eiltelegramm an Sie auf, in dem ich Sie bat, sich mit Ihrem Kollegen, dem Justizminister, auf eine Besuchserlaubnis für meine Frau an den erwähnten Tagen zu einigen. Doch der Commanding Officer leitete mein Telegramm nicht weiter und erklärte mir auch den Grund. Wie ich erwartet hatte, genehmigte der Magistrat meiner Frau nur den eintägigen Besuch am 17. Allerdings verlängerte dieses Department die erlaubte Besuchszeit auf anderthalb Stunden.

Ich muss hinzufügen, dass eine verlängerte Besuchszeit eine Sondermaßnahme ist, die die Verwaltung, meine Frau und mich vor Probleme stellt, die ich hier nicht vertiefen will. Ich wäre Ihnen daher dankbar, Sie würden die ganze Angelegenheit so bald wie möglich mit dem Justizminister besprechen. Mittlerweile hat meine Frau eine Besuchserlaubnis für den 25. und 26. des kommenden Monats beantragt, und ich warte gespannt auf ihr Kommen an diesen beiden Tagen.

2. Ich muss Sie noch auf eine andere Auflage aufmerksam machen, die der Magistrat meiner Frau jedes Mal macht, wenn sie mir einen Besuch abstattet. Er besteht darauf, dass sie für die Reise von Bloemfontein nach Kapstadt das Flugzeug nimmt. Dabei weiß er ganz genau, dass sie in Brandfort keine Arbeit bekommen

kann und die letzten zwei Jahre arbeitslos war. Unter diesen Umständen ist es schwierig für sie, mich zu besuchen. Ich wäre Ihnen
daher dankbar, Sie würden auch das mit Ihrem Kollegen klären.
3. Abschließend möchte ich Sie bitten, zu überprüfen, was mit meinen Briefen an meine Frau passiert. Laut meiner Frau kommen
viele meiner Briefe in verstümmeltem oder unleserlichem Zustand
an. Nach ihrer Auskunft sind manche augenscheinlich mit Chemi-
kalien behandelt. Meiner Meinung nach ist dies die Folge von
Tests, die von der Sicherheitspolizei durchgeführt werden, weil sie
feststellen wollen, ob die Briefe irgendeine erkennbare Schrift enthalten. Seit siebzehn Jahren schreibe ich meiner Frau Briefe aus
dem Gefängnis. Wenn die Polizei während dieser Zeit keine einzige Geheimbotschaft in meinen Briefen gefunden hat, dann bedeutet das, dass ich meine Korrespondenz nicht dazu nutze, Botschaften nach draußen zu schmuggeln. Angesichts dieser Sachlage
erscheint es mir nicht einleuchtend, dass die Polizei weiterhin
meine Briefe verunstaltet. Diese Praxis wird unterschiedslos auf
private Korrespondenz wie auch auf vertrauliche Kommunikation
zwischen Mandanten und ihren gesetzlichen Vertretern angewandt. In dem Brief, den mir meine Frau am 29. Oktober 1979
schrieb, teilt sie mir mit, dass ein Brief ihres Anwalts aus Durban,
in dem es um eine vertrauliche Angelegenheit ging, in ähnlicher
Weise verstümmelt war. Ich bringe dies zur Sprache in der Annahme, dass Sie von dieser Praxis keine Kenntnis haben, und in
der Hoffnung, dass Sie der Sache unverzüglich nachgehen.

Hochachtungsvoll
[Unterzeichnet NRMandela]


\* P.S.: Einsprüche der Anwälte meiner Frau beim Justizminister mit dem
Ziel einer Lockerung dieser Restriktion blieben erfolglos.


[Unterzeichnet NRMandela]

------------------------

a   Südafrikanische Polizei.

*Dieser Brief an Mandelas jüngste Tochter wurde nie abgeschickt. Er wurde im National Archives and Record Service of South Africa mit folgendem Vermerk eines Gefängnisbeamten entdeckt: «Dieser Brief, den der Häftling Mandela seiner Weihnachtskarte beilegte, wird nicht abgeschickt. Die Karte wird verschickt. Der Häftling wurde nicht informiert, dass dieses Schriftstück einbehalten wurde. Es ist ihm nicht gestattet, es der Karte beizugeben. Darüber habe ich am 20. Dezember 1979 mit Brigadier du Plessis gesprochen, und er billigte die Entscheidung. In seinem Dossier zu belassen.»*

**An Zindzi Mandela, Mandelas jüngste Tochter**
**Brandfort**

Nelson Mandela 466/64                                    9. 12. 79

Meine liebe Zindzi,

manchmal frage ich mich, was aus unserer Boxhalle an der Schule St. Joseph's in Orlando East geworden ist. Die Wände dieses Gebäudes und des D. O. C. C.ᵃ sind getränkt mit wunderbaren Erinnerungen, die mich noch viele Jahre beglücken werden. Als wir in den frühen fünfziger Jahren im D. O. C. C. trainierten, gehörten dem Club Amateur- und Profiboxer sowie Ringkämpfer an. Der Club wurde von Johannes (Skip Adonis) Molosi geleitet, einem ehemaligen Champion und erfahrenen Trainer, der sich in Geschichte, Theorie und Praxis des Boxsports bestens auskannte.

Leider begann er Mitte der fünfziger Jahre seine Pflichten zu vernachlässigen und blieb der Sporthalle über längere Zeit fern.

Dagegen begehrten die Boxer auf. Zweimal konnte ich die Sache bereinigen, aber als Skip die wiederholten Proteste der Boxer nicht ernst nahm, kam es schließlich zum Bruch. Diesmal konnte ich den Streit nicht mehr schlichten. Die Boxer verließen das D. O. C. C. und eröffneten ihre eigene Sporthalle in St. Joseph's. Thembi und ich gingen mit ihnen. Simon Tshabalala, der jetzt im Ausland lebt, wurde Manager, und unser Starboxer war natürlich immer noch Jerry (Uyinja) Moloi, der spätere Leichtgewichtsmeister von Transvaal und erster Anwärter auf den nationalen Titel. Außer Jerry kamen noch 3 weitere Champions aus unseren Reihen: Eric (Black Material) Ntsele, der Leslie Tanjee den nationalen Titel im Bantamgewicht abnahm; Freddie (Tomahawk) Ngidi, der Transvaal-Meister im Fliegengewicht wurde, ein Titel, den später Johannes Mokotedi, einer unserer Sportkameraden, errang. Es gab noch weitere aussichtsreiche Leute, wie Peter, den Fliegengewichtsboxer, der unsere Garage zu Hause baute. Er stammte aus Bloemfontein und besuchte die Vacation School in Dube. Auch Thembi war ein guter Boxer, und manchmal wartete ich bis spät in die Nacht auf ihn, wenn er von einem Turnier in Randfontein, Vereeniging[b] oder woanders zurückkehrte. Ich und meine Kameraden waren eine eng miteinander verbundene Familie, und als Mum auf der Bildfläche erschien, wurde es noch familiärer. Jerry und Eric fuhren sogar Mum umher, wenn ich verhindert war, und die ganze Truppe erschien zu unserer Verlobungsfeier.

Übrigens arbeitete Freddie als Angestellter für unsere Kanzlei. Er war ruhig und zuverlässig, und die ganze Belegschaft mochte ihn. Doch an einem Weihnachtsabend kehrte ich noch einmal ins Büro zurück, und wen fand ich da hilflos auf dem Gang direkt vor dem Hauptbüro der Länge nach auf dem Boden liegen? Freddie. Sein Anblick erschreckte mich so, dass ich ihn schleunigst zum Arzt brachte. Der Doktor warf einen kurzen Blick auf ihn und versicherte mir, dass der Champion in Ordnung sei und nur mehr Schlaf brauche. Er war bei den üblichen weihnachtlichen Trinkgelagen versumpft und hatte dabei wohl etwas übertrieben. Erleichtert fuhr ich ihn heim nach OE.[c] Nebenbei bemerkt, ich hätte erwähnen sollen, dass Skip bei den Streitereien im D. O. C. C. Jerry vorwarf, er habe ihm den Dolch in den Rücken gestoßen und ihn verraten wie einst Mark Anton seinen Freund Caesar. Da wollte Thembi wissen, wer Mark Anton und Caesar seien. Thembi war damals erst neun. Skip gab zurück*: «Erzähl uns nichts von Leuten, die schon lange tot sind!» Wäre ich nicht dabei gewesen, Skip hätte dem Kind den Kopf abgerissen, so wütend war er. Er beklagte sich bitter bei mir über diese, wie er meinte, Unhöflichkeit des Jungen. Ich machte ihm klar, dass ich in meinem Hause der Chef sei und dort die Regeln bestimmte, aber in der Sporthalle keine solche Befugnisse hätte; dass Thembi Mitgliedsbeiträge bezahlt hätte, wir alle gleichberechtigt seien und ich ihm keine Vorschriften machen könne.

Abends trainierten wir immer etwa anderthalb Stunden in der Sporthalle, und gegen 9 Uhr kam ich müde und durstig nach Hause. Mum gab mir dann ein Glas frischgepressten, kühlen Orangensaft, und zum Abendessen gab es köstliche Sauermilch. Mum strotzte in diesen Tagen vor Gesundheit und strahlte vor Glück. Das Haus war der reinste Taubenschlag, es kamen die Familienmitglieder, alte Schulfreunde, Arbeitskollegen vom Bara,[d] Mitglieder des Boxvereins, und sogar Kunden kamen vorbei, um mit ihr einen Schwatz zu halten. Mehr als 2 Jahre lang lebten wir beide buchstäblich in den Flitterwochen. Im Stillen sträubte ich mich gegen meine Aktivitäten, die mich nach den Bürostunden von zu Hause fernhielten. Aber beide ermahnten wir uns gegenseitig, nicht zu vergessen, dass wir von geborgter Zeit lebten und die schweren Tage bald an unsere Tür klopfen würden. Trotzdem hatten wir ein wunderbares Leben mit guten Freunden und wenig Zeit für Selbstmitleid. Seither sind über 2 Jahrzehnte vergangen, aber diese Tage sind mir noch so deutlich im Gedächtnis, als wäre das alles erst gestern gewesen.

Aber in diesem Brief, mein Liebes, geht es nicht um Boxkumpel, Schulfreunde oder Sozialarbeiter und nicht einmal um Mum. Dieser Brief ist bestimmt für eine reizende junge Dame, deren Bild mir immer vor Augen steht, für eine Kämpferin, auf die ihre Eltern mächtig stolz sind. Während ich diesen Brief schreibe, stehen ihr Foto und das ihrer Schwester auf dem Bücherregal zu meiner Linken; ihre Rahmen berühren sich, sie sind mit einem einfachen blaurosa Rosenkranz geschmückt. Er hat sentimentalen Wert, denn er erinnert mich an Deine Verbindung zur katholischen Kirche über Our Lady of Sorrows,[e] Und diese junge Dame ist niemand anders als unsere Mantu Nobutho Zindzi, nämlich Du, *Nkosazana*.[f]

Am 23.12. wirst Du 19 Jahre alt, und dazu gratuliere ich Dir ganz herzlich. Von Mum weiß ich, dass Du an diesem Sonntag hier sein wirst, und ich bin sehr gespannt auf Deinen Besuch. Bis dahin drücke ich die Daumen. Es heißt, glückliche Paare bekommen glückliche Kinder, daraus entstehen glückliche Familien und glückliche Nationen. Mögest Du, liebe Mantu, mit all diesem gesegnet sein.

Noch einmal: Alles Gute zum Geburtstag!
Alles, alles Liebe und tausend Küsse

Dein
*Tata*[g]


\* Dein Bruder hat gekontert.

-----------------------

a   Das Donaldson Orlando Community Centre war ein Gemeindezentrum in Soweto; vgl.
    dazu Brief vom 3. März 1969, S. 102–105, Anm. s.
b   Beide Orte liegen zwischen 50 und 60 km von Johannesburg entfernt.
c   Orlando East.
d   Baragwanath Hospital in Soweto, in dem Winnie Mandela als Sozialhelferin arbeitete.
e   Das römisch-katholische Internat in Swasiland, das Zindziswa besuchte.
f   «Miss» auf isiXhosa.
g   «Vater» auf isiXhosa.


**An den Head of Prison**
**Robben Island**

NELSON MANDELA 466/64                                    23. 12. 79

Zu Händen von Major Harding

Der beigefügte Brief an meine Frau vom 9. 12. 79 wurde mir von der
Zensurstelle zurückgegeben mit der Anweisung, ihn neu zu schreiben und die ganze erste Seite wegzulassen. Würden Sie bitte veranlassen, dass dieser Brief, so wie er ist, an meine Frau weitergeleitet
wird? Die inkriminierte Seite enthält keinen einzigen Satz und nicht
einmal ein Wort, das man selbst beim besten Willen als gegen die
Regierungspolitik, das Prisons Department, als Bedrohung der Staatssicherheit oder als Verletzung der Disziplin auffassen könnte.
In diesem Brief geht es um häusliche Themen, die mit unserem
Schwiegersohn zu tun haben. Er ist eine Antwort auf den beiliegenden Brief meiner Frau vom 23. 9. 79, und der entscheidende Abschnitt steht auf den Seiten 3 und 4 und ist rot unterstrichen. Dieser Brief und namentlich dieser Abschnitt wurde von denselben
Zensoren gebilligt und mir ausgehändigt. Wie Sie bei der Lektüre

dieses Abschnitts unschwer erkennen werden, sind meine Bemerkungen dazu gedacht, meine Frau davon zu überzeugen, das Problem in größerem Zusammenhang zu sehen und über die beteiligten Parteien nicht den Stab zu brechen. Ich bitte Sie dringend, sich vor allem auf den kreativen und positiven Aspekt bei den Beteiligten zu konzentrieren.

Ich weiß nicht, ob einer der Zensoren auf der Insel die Sprache hinreichend beherrscht, in der der Brief meiner Frau geschrieben ist. Doch auf Ihrer Amtsstelle gibt es Männer, die diese Sprache perfekt beherrschen, und es steht Ihnen absolut frei, sie als Übersetzer anzustellen.

Ich muss Sie darauf hinweisen, dass bei meinem derzeitigen Gesundheitszustand das Briefschreiben eine ziemliche Qual ist. Zwar geht es meiner Ferse schon deutlich besser, doch ich kann nicht bequem am Tisch sitzen. Jedes Mal, wenn ich es versuche, schwillt meine Ferse an. Angesichts dessen hoffe ich, Sie zwingen mich nicht, den Brief neu zu schreiben.

Ferner muss ich Sie darauf hinweisen, dass wir die Zensoren wiederholt gebeten haben, zurückgewiesene Briefe nicht mit Kugelschreiber, sondern mit Bleistift zu markieren. Dies hätte den Vorteil, dass ein Gefangener, der höheren Orts seinen Antrag durchbringt, sich den Aufwand eines nochmaligen Schreibens desselben Briefes erspart. Soviel ich weiß, hat nahezu jeder frühere Commanding Officer dieser Insel anerkannt, dass dieses Anliegen vertretbar und fair ist, und hat es ohne weiteres genehmigt. An dieses Verfahren haben sich die Zensoren eine ganze Zeit lang gehalten, doch jetzt sind sie zu ihrer früheren Praxis zurückgekehrt.

Ich hoffe, Sie befassen sich unverzüglich und ernsthaft mit diesem Anliegen. Ich kann Sie versichern, dass meine Frau verantwortungsbewusst und erfahren ist und Sie deswegen keine Schwierigkeiten bekommen, wenn sie den Brief mit einer durchgestrichenen ersten Seite bekommt. Ich brauche ihr nur zu sagen, dass die Seite in gutem Glauben und nicht durch die Schuld irgendeiner bestimmten Person durchgestrichen wurde.

[Unterzeichnet NRMandela]

Robben Island  7400
South Africa.
8. 1. 80.

Dear Mr Healey,

I crave your indulgence in a personal matter, and unfortunately this 'special letter' is confined to that purpose. I should be grateful if you would be so kind as to arrange a scholarship in England for my grand-niece, Miss Zoliswa Matanzima, whose present address is 17 Nattergasse 21/4, 1170 Wien, Austria. She is the daughter of my nephew, Chief K. D. Matanzima, President of Transkei. Partly to the encouragement of her parents and partly to that of my wife and I, Zoliswa undertook studies abroad. But she is experiencing certain difficulties in Austria.

Her Austrian scholarship for a senior degree in political science will only be tenable in 1981. In the meantime she will have to spend a year to master the German language. Even if she overcomes the language hurdle next February, she is doubtful that she will be sufficiently proficient to undertake a senior degree.

I must stress that she is a talented, industrious and determined person, and has pledged to complete her degree in German if all else fails. Her difficulties will be eased if she studies in the English medium, preferably in England. Attempts are being made to obtain a United Nations Scholarship for her. Even if this is successful, our preference is that the scholarship should be tenable in England. Please contact her for any particulars you may require.

The added problem is that she lives in a flat, the rent of which will be borne by a certain undertaking only up to May 1980, after which she has to meet the rent herself.

If I were free I would have handled these problems myself but, in the circumstances, I am forced to shift my responsibilities to my good friends. You may discuss this matter with my friends, Lord Astor and Mrs Barbara Castle, to whom please convey my fond regards.

I recall with nostalgic memories my meetings with you, Lord Astor, the late Mr Hugh Gaitskell and again with you on Robben Island in September 1970. Our lengthy discussions with Mrs Castle in Johannesburg in the fifties are also unforgettable.

Good health and cheer to you, your family and to all friends, my family and I are well.

Sincerely yours.
NRMandela

Mr Denis Healey,
The House of Commons
London, England.

Brief vom 8. Januar 1980 an Denis Healey.

**An Denis Healey,[a] Labour-Abgeordneter, UK**
**London**

8.1.80

Lieber Mr. Healey,
ich bitte Sie um eine Gefälligkeit in einer persönlichen Sache, und leider darf dieser *Special letter* nur dieses Anliegen zum Inhalt haben. Ich wäre Ihnen sehr dankbar, wenn Sie so freundlich wären, für meine Großnichte Miss Xoliswa Matanzima ein Stipendium in England zu besorgen (ihre derzeitige Adresse: Nattergasse 17, 21/4, 1170 Wien, Österreich). Sie ist die Tochter meines Neffen, Chief K. D. Matanzima, Präsident der Transkei. Teils von ihren Eltern, teils von meiner Frau und mir ermutigt, nahm Xoliswa ein Studium im Ausland auf, begegnet aber jetzt in Österreich gewissen Schwierigkeiten. Ihr österreichisches Stipendium für einen Masterabschluss in Politischen Wissenschaften wird sie erst 1981 erhalten. Bis dahin wird sie ein Jahr benötigen, um Deutsch zu lernen. Auch wenn sie die sprachliche Hürde im kommenden Februar bewältigt, ist sie sich nicht sicher, ob ihre Sprachkenntnisse für einen Master ausreichen werden.
Ich muss dazusagen, dass sie talentiert, fleißig und zielstrebig ist, und sie verspricht für den Fall, dass alles andere misslingt, ihren Abschluss in Deutsch zu machen. Es wäre für sie entschieden leichter, wenn sie im englischen Sprachgebiet, vorzugsweise in England, studieren könnte. Man versucht gerade, ihr ein Stipendium der Vereinten Nationen zu beschaffen. Auch wenn das gelingt, wäre es uns lieber, sie erhielte ein Stipendium in England. Bitte setzen Sie sich mit ihr in Verbindung für etwaige Angaben, die Sie benötigen.
Ein weiteres Problem ist die Miete für ihre Wohnung, die noch bis Mai 1980 von dritter Seite übernommen wird, danach muss sie die Miete selbst aufbringen.
Wäre ich in Freiheit, hätte ich diese Probleme persönlich in die Hand genommen, aber unter den gegebenen Umständen muss ich meine Verantwortlichkeiten meinen guten Freunden übertragen. Am besten, Sie besprechen die Sache mit meinen Freunden Lord Astor[b] und Mrs. Barbara Castle,[c] die ich herzlich grüßen lasse.

Mit Wehmut erinnere ich mich an meine Begegnungen mit Ihnen,
Lord Astor, dem leider verstorbenen Mr. Hugh Gaitskell[d] und dann
noch einmal mit Ihnen im September 1970 auf Robben Island. Auch
unsere langen Diskussionen in den Fünfzigerjahren in Johannesburg
mit Mrs. Barbara Castle sind mir unvergesslich.
Ihnen, Ihrer Familie und allen Freunden alles Gute. Meiner Familie
und mir geht es gut.

Mit herzlichen Grüßen
Ihr
[Unterzeichnet NRMandela]

------------------------

a   Denis Healey (1917–2015), britischer Labour-Politiker, dem Mandela zum ersten Mal
    1962 in London kurz begegnete; später besuchte ihn Healey im Gefängnis.
b   Während seiner Haft erhielt Mandela finanzielle Unterstützung von Leuten wie dem briti-
    schen Zeitungsverleger David Astor (1912–2001).
c   Barbara Castle, britische Labour-Abgeordnete.
d   Parteivorsitzender der Labour-Partei 1955–1963.

**An Zindzi Mandela, Mandelas jüngste Tochter**
**Johannesburg**

Nelson Mandela 466/64                                    27.1.80

Mein Liebes,
neunundsiebzig war ein gutes Jahr für mich. Der Druck, dem Mum
so lange ausgesetzt war, hat nachgelassen.[a] Noch zu den schlimmsten
Zeiten konnte sie mir verführerisch zulächeln, aber dieses Lächeln
flackerte durch eine leblose, über Knochen und Knorpel gespannte
Haut. Diesmal waren ihre Wangen wieder gerötet und ihre Augen
blitzten, und nach ihrer erfolgreichen Prüfung an der Unisa war sie
auch einen Zoll gewachsen. Wenn ich sie jetzt so gesund und wohl-
gelaunt vor mir sehe, geht es mir richtig gut.
Im Lauf des Jahres warst Du 6 Mal hier, und ich bekam 9 Briefe, jeder voll herzlicher Grüße und guter Wünsche. Außer verschiedenen
Telegrammen erhielt ich auch Geburtstags- und Weihnachtskarten
von Dir. All dies half, die beginnenden Altersfalten auszubügeln,

machte alle Glieder beweglich & ließ das Blut rascher in den Adern fließen.

Ich weiß noch, wie Du am 20. und 21. 10. vor mir standst, Du warst wirklich umwerfend in Deinen weiten Hosen, und jedes Teil Deiner Kleidung schrie förmlich nach Aufmerksamkeit – jedem um Dich herum sollte auffallen, dass «diese junge Lady hinter der Trenn-scheibe Mantu[b] ist». Der Eindruck, den Dein Besuch am 23. 12.[c] gemacht hat, steht mir immer noch vor Augen. Dass eine junge Lady es auf sich nimmt, an ihrem 19. Geburtstag die trüben Fluten des Atlantiks in beiden Richtungen zu überqueren, sagt allerhand aus. Deine Besuche mildern das wehmütige Gefühl, das sofort aufkommt, wenn ich daran denke, wie wir beide daheim und in den anderen Behausungen spielten, in denen ich damals wohnte. Als Du gingst, war ich wie immer in bester Stimmung. Die Erinnerung an diesen Besuch werde ich wie einen Schatz hegen und pflegen.

Am 14. 1. schickte ich Dir ein Telegramm mit guten Wünschen für Deine Prüfung, hoffentlich hast Du es auch erhalten. Sind mein Brief vom 9. 12.[d] und meine Weihnachtskarte angekommen? Noch einmal alles Gute, mein liebes Kind. Ich hoffe sehr, dass dieser exzentrische junge Mann, der Dich vergangenen Juni auf dem Weg in den Prüfungsraum in Verlegenheit gebracht hat, sturm- und über-schwemmungshalber festsitzt und diesmal nicht aufkreuzt.

Bitte sag Opa Mdingi,[e] meine Nachforschungen hätten ergeben, dass laut GPO[f] mein Kondolenztelegramm vom 17. 9. aus «technischen Gründen» nicht zugestellt werden konnte. Das Komische daran ist, dass ein Verwandter der Mdingis ein ähnliches Telegramm am selben Tag an dieselbe Person und an dieselbe Adresse geschickt hat. Sein Telegramm überwand die «technischen Gründe» und kam an. Ich habe mich auch nach dem Telegramm erkundigt, das Dich nicht er-reicht hat.

Ich schicke Dir auch Makis Prüfungsergebnisse von FH,[g] aus denen Du ersehen kannst, dass sie sehr gut abgeschnitten hat. Zeig sie bitte auch sobald Du kannst Großmama Amina,[h] und gib sie dann Ismail[i] für den Memon Bursary Fund. Rennie[j] macht sich Sorgen wegen der Ergebnisse, besonders in Biologie. Ich wünsche ihr alles Gute. Nach allem, was sie durchgemacht hat, verdient sie eine Erholungspause.

*Black As I Am*[k] ist ganz anders, als ich mir vorgestellt hatte. Ich weiß nicht, inwieweit Du und Mum das gemeinsame Projekt wirklich im Griff hattet. Die Gestaltung des Umschlags, die vorangestellten biografischen Angaben und deren Inhalt vermitteln den Eindruck, als hättet ihr kaum etwas damit zu tun gehabt. Mir war auch nicht klar, dass derselbe Verlag, der *Black As I Am* herausbrachte, auch die Rechte für *Black and Fourteen* erworben hat. Hättet ihr mich doch vorher ausführlich zu der Sache befragt, dann hätte ich mit Dir und Mum darüber gesprochen und einen anderen Rat gegeben.

Zweifellos ist Dir bewusst, dass gute Literatur eine bleibende Wirkung haben kann. Homer schrieb ungefähr 800 v. Chr., und seine Werke sind bis heute beeindruckend. Aber dies braucht Dich nicht zu beunruhigen. Alles in allem hast Du mehr erreicht, als ich erwartet hatte. Was Kenneth Rexroth über Deine Gedichte gesagt hat, fasst meine eigene Ansicht dazu ausnehmend gut zusammen.[l] Ich hätte gedacht, die vorzüglichen Aufnahmen[m] in dem Buch würden die Gedichte in den Hintergrund drängen, sodass nur Mum und Tata sie schätzen würden. Als ich jetzt, nachdem ich das Buch gesehen hatte, darüber nachdachte, fand ich, es sei gut, dass es ein Gemeinschaftsprodukt war und Du bei der geplanten Veröffentlichung vielleicht nur die zweite Geige gespielt hast.

Noch erstaunlicher ist, dass die Gedichte den Fotografien sogar die Schau stehlen. Du kannst Dich schriftlich ebenso gut ausdrücken wie mündlich, liebe Mantu. Aber die Ideale offenbaren eine Tiefe und Reife, die eigentlich einer älteren Hand vorbehalten sein sollten. Gute Lyrik und eine gute Fotografie können sogar der Armut mit all ihren Lumpen, ihrem Schmutz und ihrem Ungeziefer etwas Erhabenes verleihen, das in der Realität selten in dieser Weise auffällt. Der alte Mann auf Seite 29 sieht wirklich stark und majestätisch aus. Die Ruhe, die er ausstrahlt, und seine selbstbewusste Haltung gehen mir kaum aus dem Sinn. Die weinende Frau auf Seite 48 erinnert mich sehr an unsere Nachbarin, Mrs. Mtimkulu. Sie sieht nur jünger aus, als unsere Nachbarin jetzt aussehen müsste.

Unsere liebe Mum war gestern und heute Morgen hier und sagte mir, dass Du mit den Arbeiten, die Du bis jetzt geschrieben hast, zufrieden bist – möge Dir weiterhin alles gelingen, liebe Mantu. Arbeitet Nomfundo[n] jetzt? Ich weiß nicht mehr, wer von meinen alten Freunden noch im Bara[o] ist. Vermutlich sind sie jetzt in Rente oder woanders hingezogen. Erzähl mir mehr über Nomfundo in Deinem nächsten Brief.

Bitte grüße *Nkosazana*[p] Mdingi, Mfundo, Violet, Kgomotso und Ehemann[q] ganz herzlich von mir.

Alles, alles Liebe und tausend Küsse

Dein *Tata*

------------------------

a   Winnie Mandela wohnte immer noch in Brandfort im Oranje-Freistaat (heute Free State), wohin sie 1977 verbannt worden war. Dort lebte sie bis 1985.

b   Einer von Zindziswa Mandelas Namen.

c   Zindzis Geburtstag.

d   Siehe Brief vom 9.12.1979, S. 489–492.

e   Gemeint ist wahrscheinlich Chief Mdingi, Verwandter von Mandela und Thembu-Chief, der den beiden jüngsten Töchtern Mandelas ihre Namen gab.

f   General Post Office.

g   University College of Fort Hare, Alice in der Ciskei; siehe «Personen, Orte, Ereignisse».

h   Amina Cachalia (1930–2013); siehe «Personen, Orte, Ereignisse».

i   Ismail Ayob (geb. 1942), Mandelas Anwalt; siehe «Personen, Orte, Ereignisse».

j   Mandelas Schwiegertochter und Mutter seines Enkels Thembi.

k   Zindzi Mandelas Gedichtband *Black As I Am*, Los Angeles: Guild of Tutors Press, 1978. Deutsche Ausgabe *Schwarz wie ich bin. Gedichte und Fotos aus Soweto* von Zindzi Mandela und Peter Magubane (Göttingen: Lamuv 1986. Aus dem Englischen von Annemarie und Heinrich Böll).

l   In seinem Nachwort zu dem Gedichtband schreibt der amerikanische Dichter und Essayist Kenneth Rexroth (1905–1983): «Die Gedichte Zindzi Mandelas sind erstaunlich. Sie sind nicht nur sehr berührend und poetisch fein durchgearbeitet – eine erstaunliche Leistung für ein sechzehnjähriges Mädchen –, sondern voller Selbstvertrauen und frei von Selbstmitleid.» Bei der Veröffentlichung des Buches war Zindzi achtzehn.

m   Die Aufnahmen stammen von dem preisgekrönten Fotografen Peter Magubane (geb. 1932). Sie zeigen das Leben der Schwarzen in den Townships.

n   Gemeint ist wahrscheinlich Olive Nomfundo Mandela, seine Nichte, Tochter von Mandelas Schwester Notancu.

o   Baragwanath Hospital in Soweto, Johannesburg.

p   «Miss» auf isiXhosa.

q   Höchstwahrscheinlich Familienangehörige.

**An den Minister of National Education J. N. H. Jansen, c/o Head of Prison**

Nelson Mandela 466/64        Robben Island        1. Februar 1980

Sehr geehrter Herr Minister,

meine Tochter Zindziswa hat dieses Jahr ihre Zulassung zur Erlangung des Bachelor of Arts an der Universität von Witwatersrand beantragt. Die Universität hat den Antrag gebilligt vorbehaltlich Ihrer Zustimmung.

Was diese Ihre Zustimmung betrifft, möchte ich Sie darauf hinweisen, dass im Mai 1977 meine Frau gebannt wurde und den ihr zugewiesenen Distrikt Brandfort nicht verlassen darf. Als meine Frau deportiert wurde, hatte meine Tochter gerade Schulferien und befand sich in unserem Haus in Orlando. Sie wurde zusammen mit ihrer Mutter nach Brandfort verbracht. Um ihre Mutter nicht allein in Brandfort zu lassen, war sie gezwungen, die Schule in Swasiland aufzugeben, wo sie in der Kollegstufe zum General Certificate of Education[a] war.

Nach der Zwangsumsiedlung meiner Frau hatten wir erhebliche Schwierigkeiten, eine Betreuung für unser Haus zu finden. Am Ende musste meine Tochter nach Hause zurück, um sich darum zu kümmern. Ihre Zustimmung zum Antrag meiner Tochter würde ihr das Studium an der genannten Universität und zugleich die Betreuung des Hauses ermöglichen. Ich möchte noch erwähnen, dass meine Tochter erst 19 Jahre alt ist und noch die Fürsorge und Orientierungshilfe ihrer Mutter braucht. Darum fährt sie jedes Wochenende nach Brandfort und kehrt am Montag nach Orlando zurück. Aus diesen Gründen ist die Universität von Witwatersrand die günstigste Lösung. Keine andere Universität im Land ist geeigneter für ihr Studium.

Ich wende mich an Sie in der Hoffnung, Sie betrachten die Sache ganz unvoreingenommen und erteilen meiner Tochter die erbetene Genehmigung.

Hochachtungsvoll

[Unterzeichnet] NRMandela

NR MANDELA

------------------------

a   Entspricht etwa dem Realschulabschluss (A. d. Ü.).

**An Zindzi Mandela,**[a] **Mandelas jüngste Tochter**
**Johannesburg**

Nelson Mandela 466/64                                    10.2.80

Liebste Mantu,
neulich ging ich die Notizen durch, die ich mir zu *Black As I Am*[b]
gemacht hatte. Leider besitze ich das Buch nicht mehr, und obwohl
ich die Sammlung nun etwas gründlicher lesen kann, ist es schade,
dass ich mich nicht mit den einzelnen Gedichten im Zusammenhang
mit den entsprechenden Fotos[c] beschäftigen kann. Aber ich war beim
ersten Lesen der Anthologie so vorausschauend, mir die Bilder einzuprägen, und das half mir, mich an sie zu erinnern, wann immer ich
mich mit einem bestimmten Gedicht befasste.
Als ich «Ein Baum ward gefällt»[d] las, mit dem darüber abgedruckten
Bild des verdorrten Baumes im Kopf, an das ich mich deutlich erinnere, mit den Baracken und der Bergkette im Hintergrund, war ich
von der Symbolik der Gegensätze, die zwischen den Zeilen erkennbar wird, sofort fasziniert. Vielleicht ist diese Art Gegensatz jedem
Aspekt des Lebens eigen. Diese Gegensätze stehen in Natur und
Gesellschaft im Zentrum jeglicher Erscheinung und können zu
ernsthaftem Denken und wirklichem Fortschritt anregen.
Ohne die darunter stehenden Zeilen würde der Baum völlig nichtssagend wirken. Kaum einer würde Notiz von ihm nehmen. Er sieht
aus, als hätte ihn schon in der Steinzeit der Blitz getroffen, sein Le-
benssaft scheint von tausend Vampiren ausgesaugt worden zu sein.
Wenn leblose Gegenstände je zu Geistern werden könnten, dieser
Baum wäre sicher ein Kandidat.
Alter oder Krankheit hat ihn absterben lassen. Er kann die Energie
der Sonne nicht mehr einfangen, das lebenswichtige Grundwasser
nicht mehr aufnehmen. Seine Äste und Blätter, seine Schönheit und
Würde, die einst den Blick von Naturliebhabern und allen möglichen
Arten von Wild auf sich zogen, sind verschwunden. Der Baum ist
nur noch Brennholz, das auf Wurzeln steht. Er ist so tot wie Eisen-
stein, und man kann sich kaum vorstellen, dass er irgendwann einmal
Früchte getragen hat.
Doch durch die Metapher wird aus dem abgestorbenen Baum etwas

Lebendiges, etwas Bedeutungsvolles, das uns mehr zu sagen hat als ein junger, gesunder Baum in einem fruchtbaren, wasserreichen Tal; diese Metapher reicht so weit wie Davids berühmte Schleuder. In der Natur gibt es wohl nur wenige Dinge, die so tot und zugleich tödlich sind wie dieser jämmerlich aussehende Baum. Doch im Gedicht ist er kein unbedeutender Gegenstand mehr an irgendeiner bestimmten Stelle, sondern wird zum Gemeingut, zum Teil einer Weltkunst, die die geistigen Bedürfnisse von Lesern in vielen Ländern befriedigt. Die gekonnte Verwendung der Metapher macht den Baum zum Mittelpunkt eines Konflikts, der so alt ist wie die Gesellschaft selbst, zum Ort, an dem sich zwei Welten begegnen: die eine, die war, und die andere, die ist; das Symbol eines Traumhauses, das in Schutt und Asche gelegt ist, von Hoffnungen, die von der Realität, in der wir leben, zerstört wurden.

Gute Kunst ist immer universal und zeitlos, und wer Deine Gedichte liest, erkennt in diesen Zeilen vielleicht seine eigenen Sehnsüchte und Erfahrungen. Welche Gedanken und Gefühle mögen diese Gedichte wohl in Mum ausgelöst haben? Bestimmt jede Menge Glück und Stolz. Aber gewiss gibt es auch Momente, in denen Deine Poesie sie an den empfindlichsten Stellen trifft, sodass sie vor schierer Angst und Pein zittert, und all das verbittert sie vielleicht noch mehr.

Das Fällen des Baums und das Verstreuen der Früchte wird sie an den herrlichen Pfirsichbaum erinnern, der vor unserem Schlafzimmerfenster stand, und an seine wohlschmeckenden Früchte. Bestimmt wurde sie in ihren Träumen vom Bild eines erbarmungslosen Holzfällers verfolgt, dessen Handwerk es ist, das zu zerstören, was die Natur geschaffen hat, und dessen Herz nie gerührt wird von der Klage eines abgehackten Baums, von zerbrochenen Ästen und achtlos verstreuten Früchten.

Kinder am Boden, unerreichbar. Sofort fallen mir der verstorbene Thembi und die kleine Makaziwe I[e] ein, die ihm folgte, und seit drei Jahrzehnten auf dem Croesus[f] ruht. Ich denke an euch alle, die ihr im Elend aufgewachsen seid und auch jetzt noch leben müsst. Aber ich weiß nicht, ob Mum Dir je von Deinem Bruder erzählt hat, der vor der Geburt starb. Er war so winzig, wie Deine Faust gewesen ist, als ich euch verlassen habe. Er hat Deine Mutter fast umgebracht.

Ich erinnere mich an einen Sonntag, kurz vor Sonnenuntergang. Ich half Mum aus dem Bett, weil sie auf die Toilette musste. Sie war damals noch keine 25 und sah reizend und attraktiv aus, mit ihrem glatten jungen Körper, der in ein rosa Seidennachthemd gehüllt war. Doch als wir zurück ins Schlafzimmer gingen, schwankte sie plötzlich und wäre fast hingefallen. Mir fiel auf, dass sie auch stark schwitzte, und ich merkte, dass es ihr doch schlechter ging, als sie zugegeben hatte. Ich brachte sie auf dem schnellsten Weg zum Hausarzt, und der schickte sie ins Coronation Hospital,[g] wo sie mehrere Tage blieb. Es war ihre erste schreckliche Erfahrung als Ehefrau [und] eine Folge der enormen Anspannung, in die uns der über vier Jahre dauernde Hochverratsprozess versetzte. «Ein Baum ward gefällt» erinnert mich an alle diese schlimmen Erfahrungen.

Aber ein gutes Gedicht kann uns auch an die glücklichsten Momente im Leben erinnern, kann hehre Gedanken in unsere Hütten, unsere Herzen und unsere Seelen tragen. Es kann Tragik in Hoffnung und Sieg verwandeln. So fühlte ich mich, als ich auf der letzten Seite Deines Gedichtbandes ankam. Deine erste Leistung, mein Schatz, weckt die Hoffnung, dass Du bleibende literarische Werke schaffen wirst. Möge es so sein!

Alles, alles Liebe und tausend Küsse

Dein
*Tata*[h]

--------------------------

a   Zindziswa Mandela (geb. 1960); siehe «Personen, Orte, Ereignisse». Von diesem Brief existieren mehrere Fassungen in Mandelas Dossier, unter anderem einer vom 20. März 1980.

b   Zindzi Mandelas Gedichtband *Black As I Am*, a. a. O.

c   Die Aufnahmen stammen von dem preisgekrönten Fotografen Peter Magubane.

d   Der Hintergrund dieses Gedichts ist die Trennung ihrer Familie. «Ein Baum ward gefällt / die Früchte verstreut / ich weinte / weil ich die Meinen verloren hatte / den Stamm, meinen Vater / die Zweige, seine Stütze / die starke / die Früchte, Weib und Kinder / die ihm so viel bedeuteten / wohlschmeckend / liebevoll, wie es sein soll / alle am Boden / wo er sie nicht fassen kann / im Boden, von ihm abgeschnitten / die Wurzeln, Glück.» Die deutsche Übersetzung wurde dem Band *Schwarz wie ich bin. Gedichte und Fotos aus Soweto* von Zindzi Mandela und Peter Magubane entnommen.

e   Thembekile, Mandelas ältester Sohn, geboren 1945, kam 1969 ums Leben, seine erstgeborene Tochter Makaziwe, geboren 1947, starb im Alter von neun Monaten. Ihre danach geborene Tochter nannten Mandela und seine erste Frau Evelyn ebenfalls Makaziwe.

f   Croesus-Friedhof in Newlands, Johannesburg.
g   Das Krankenhaus (in Coronationville, Johannesburg) heißt heute Rahima Moosa Mother
    and Child Hospital, benannt nach der Aktivistin Rahima Moosa (1922–1993), einer der
    Anführerinnen des Marschs der Frauen nach Pretoria 1956.
h   «Vater» auf isiXhosa.

**An Dullah Omar,[a] Anwalt und Genosse
Salt River**

466/64: Nelson Mandela                                                1.6.80

Mein lieber Abdullah,
mit großer Betroffenheit haben wir von Deiner Krankheit erfahren.
Gerade einen Monat bevor uns die traurige Nachricht erreichte, hatten wir uns gesehen, und ich mochte kaum glauben, dass eine Krankheit so plötzlich einen Mann mittleren Alters, der so blühend und
kräftig aussah, umwerfen kann. Zum Glück erhielten wir die Nachricht wenige Tage nach Deiner Entlassung aus dem Krankenhaus,
sodass der Schreck augenblicklich gemildert wurde durch ein Gefühl
der Erleichterung und Freude. Wir schließen uns Farida, den Kindern[b] und den zahlreichen Freunden und Mandanten an, die Dir zu
Deiner Genesung gratuliert haben.
Bestimmt haben Dir das Krankenhaus und Dein Hausarzt die besten
Ratschläge erteilt, wie Du Dich während und nach Deiner Reha verhalten sollst. Ich kann Dir nur mit dem gesunden Menschenverstand
den Rat geben, den Dir gewiss schon alle gegeben haben, denen Dein
Wohlergehen am Herzen liegt, *hamba kahle*,[c] nämlich kürzer zu treten und Deinen Kollegen in der Kanzlei die anspruchsvolleren Aufgaben zu überlassen. Vielleicht würde Dir ein längerer Urlaub in
Übersee enorm guttun. Einstweilen wünschen wir Dir, dass Du bald
wieder ganz gesund wirst und noch viele glückliche und erfolgreiche
Jahre vor Dir hast.
Was Bennies[d] Ableben betrifft, so hat unsere Tochter Zindzi seine
Familie aufgesucht und ihr persönlich unser aller Mitgefühl ausgesprochen. Leider war Helen[e] nicht zu Hause, wir hoffen jedoch, dass
sie die Botschaft erhielt. Bevor Bennie starb, arbeitete er zusammen

mit Rechtsanwalt Dison an einem Antrag, den ich gestellt hatte. Ich freute mich darauf, ihn endlich wiederzusehen. Aber das hat nicht sein sollen, und ich war sehr bestürzt, als wir von der Tragödie erfuhren. Bitte richte ihr unsere Anteilnahme aus. Wir sind in Gedanken bei ihr und hoffen, dass ähnliche Bekundungen von vielen Freunden und Mitfühlenden sie getröstet und ihr den grausamen Schlag etwas erträglicher gemacht haben.

Zum Thema Sabata Dalindyebo:[f] Als ich ihn zuletzt sah, war das Verfahren gegen ihn immer noch in der Schwebe, und ich hoffe, dass Deine Partner in Durban Dich über den Ausgang informiert haben. Im ersten Anklagepunkt wurde er als nicht schuldig freigesprochen, im zweiten jedoch mit einem Bußgeld von 700 R belegt. Mir wurde gesagt, sein Anwalt habe ihm geraten, keine Berufung gegen das Urteil einzulegen. Aber jetzt habe ich von Sabata ein Schreiben bekommen, in dem er mir mitteilt, er habe dennoch den Registrar des Obersten Gerichtshofs in Umtata aufgesucht und persönlich Berufung eingelegt. Er hat außerdem beantragt, mich zu besuchen, und wenn das Department of Prisons dem Antrag stattgibt, werde ich das Ganze hier mit ihm besprechen.

Aber das ist noch nicht alles. Ich habe erfahren, dass Chief Matanzima[g] Schritte unternimmt, um Sabata als Paramount Chief abzusetzen,[h] und dass Sabata sich um einen Gerichtsbeschluss bemühen will, der das verhindern soll. Ich hoffe, dass Deine Partner in Durban mich über die weiteren Entwicklungen auf dem Laufenden halten werden, genauer, dass sie mir eine Kopie der Petition und der replizierten eidesstattlichen Erklärung des Beklagten schicken.

Ich muss gestehen, sein Verfahren macht mir Sorgen. Sabatas Gesundheitszustand ist nicht der beste, und ich befürchte, dass die Belastung, die er so lange aushalten musste, seine Gesundheit noch mehr angreift. Ermutigend ist allerdings, dass er den Erwartungen in höchstem Maße gerecht wurde und sich bis jetzt ganz gut gehalten hat. Wir sind Dir und Deinen Partnern für eure Dienste[i] zu großem Dank verpflichtet.

Bitte richte das auch Anwalt Mohammed aus.
Nochmals alles Gute!

Ganz herzliche Grüße an Farida und die Kinder, an Fatima,[j] Rahima[k] und Ike samt allen ihren Kindern

Euer Nelson

---------------------

a   Dullah Omar (1934–2004), Anwalt und Antiapartheidaktivist; siehe «Personen, Orte, Ereignisse».
b   Dullah Omars Frau und Kinder.
c   *Hamba kahle* bedeutet «gute Besserung» auf isiXhosa und isiZulu.
d   Benjamin «Bennie» Kies, Lehrer und Antiapartheidaktivist, der 1957 Lehrverbot bekam; er unterrichtete an der Trafalgar High School in Kapstadt und starb 1979.
e   Helen Kies (geb. 1926), Lehrerin, Mitglied der Teacher's League of South Africa und des Non-European Unity Movement. Frau von Benjamin Kies.
f   König Sabata Jonguhlanga Dalindyebo (1928–1986); siehe «Personen, Orte, Ereignisse». Nach einer Verurteilung wegen Verletzung der Würde von K. D. Matanzima, dem Präsidenten der Transkei, floh er 1980 nach Sambia.
g   K. D. Matanzima (1915–2003), Mandelas Neffe, ein Thembu-Chief und Chief Minister für die Transkei; siehe »Personen, Orte, Ereignisse».
h   In seinem Brief vom 14. Juni 1989 an Fatima Meer schrieb Mandela, Sabata habe «tapfer und ehrenhaft die Umwandlung der Transkei in ein Homeland abgelehnt. K. D. Matanzima, dessen Urgroßvater sich geweigert hatte, sich an die Briten zu verkaufen, und daher zu einer Berühmtheit in Thembuland wurde, kollaborierte mit der Regierung, setzte den Volkshelden Sabata ab und zwang ihn ins Exil, wo er starb.»
i   Dullah Omar war Mandelas Rechtsbeistand.
j   Zu Fatima Seedat (1922–2003) vgl. Brief vom 1. März 1971, S. 294–299, Anm. ae.
k   Rahima Moosa (1922–1993), Antiapartheidaktivistin und eine der Anführerinnen des Protestmarschs der Frauen nach Pretoria 1956 gegen die Ausweitung der Passgesetze auf Frauen.

**An Winnie Mandela**
**Brandfort**

466/64: Nelson Mandela                                              30. 7. 80

Mein Schatz,
wie kannst Du es wagen, mir bloß ein Telegramm zu meinem 62. Geburtstag zu schicken! Ich war versucht, es zu verbrennen, wenn ich das Papier hätte vernichten können, auf dem es steht, aber nicht die Botschaft, & wenn ich Dich dort in Brandfort meine Qualen hätte spüren lassen können! Du hast inzwischen vergessen, dass ich meiner Eitelkeit frönen möchte und die liebevollen Botschaften lange ge-

nug an meinem Bücherregal zur Schau stelle, um meine Mitinsassen ohne formelle Einladung meinerseits anzulocken.

Ist Dir bewusst, dass ich dieses Jahr nicht einmal die übliche Karte zu unserem Hochzeitstag bekommen habe? Natürlich unterliegen alle Karten genauso wie Briefe & Telegramme der Zensur; aber wenn ich die Art Telegramm dann bekomme, können sie aufbewahrt werden, damit sich unsere Kinder einmal an diese hektischen Tage und besonders an Deine quälenden Probleme in diesem Kaff[a] erinnern.

Macht nichts, mein Schatz, Deine Liebe & Deine liebevollen Botschaften geben mir Auftrieb, egal, in welcher Form sie kommen. Ich habe mich sehr über die Telegramme gefreut, die nach Mantus[b] Besuch am 19. 7. angekommen sind. Sie kamen gleichzeitig mit den Besuchen am 13. & 19. 7. an und bestärkten mich noch in der Gewissheit, dass die Quellen in Dir, die all die Jahre so stark flossen & deren Wasser so kühl und angenehm waren, nie versiegen werden. Und das bleibt so, auch wenn Du nicht ganz gesund ausgesehen hast. Du hast nicht wie sonst vor Energie gestrahlt. Vielleicht haben Dir Deine Rückenschmerzen immer noch zugesetzt oder der raue Seegang, ohne dass Du es gemerkt hast. Hoffentlich machst Du regelmäßig Deine Übungen, mein Schatz. Das Einzige, was hilft, ist die Kräftigung der Rückenmuskulatur, damit sie stark genug ist, das Rückgrat gerade zu halten. Doch mach Dir nicht zu viele Gedanken, vor allem, wenn die Schmerzen andauern.

Außer Deinem Telegramm habe ich eine Karte von Zeni & Muzi[c] und eine von Zazi & Swati[d] bekommen. Ich glaube, die Karten von Mantu sind unterwegs. Von Ismail aus J.H.B., von Kepu[e] aus Kentane und von Mangosuthu[f] kam je ein Telegramm. Bis jetzt erreichte mich kein einziges von den vielen, die mir Freunde aus aller Welt geschickt haben. Trotzdem ist es tröstlich zu wissen, dass so viele Freunde auch nach so vielen Jahren immer noch an uns denken.

Was Nalis[g] Krankheit angeht, so hoffe ich sehr, dass es nichts Ernstes ist. Eine solche Tragödie würde Wunden aufreißen, die nur schwer zu heilen wären. Wir lieben sie und die Kinder so sehr. Mir wäre lieber gewesen, sie wäre in J.H.B. geblieben & hätte sich eine Arbeit gesucht. Dort hätte sie zumindest die beste ärztliche Versorgung bekommen, die es im ganzen Land gibt, & sie wäre näher bei den Kin-

466/64 Nelson Mandela                    30.7.80

My darling mum,

How dare you send me a mere telegram on the occasion of my 62nd birthday! I was tempted to let it go up in flames, if only I could destroy the paper on which it is written without doing so to the message, & if I could make you feel the pain out there in Brandfort. You have now forgotten that I always want to feed my vanity by displaying your affectionate messages on the bookcase long enough to attract the attention of my inmates without any formal invitation from me.

Do you realise that this yr I did not even get the wedding anniversary card you occasionally send? Of course both cards would, like all your letters & telegrams, be subjected to the usual censorship; but unlike the type of telegram I receive this end, they can be preserved so as to remind our children of those hectic days, especially your harrowing problems in that backveld.

Never mind, darling mum, your love & affectionate messages always lift me in whatever form they come. I was delighted to get the telegrams after spending the 19/7 with Maki. Coming at the same time with the visits on 13 & 19/7 it made me feel ever more certain that the springs in you that have flown so strong all these yrs & whose waters are so cool & sweet, will never dry. This is the case even though you did not look so well. The fire that usually glows so brilliantly in you was missing. Maybe the pains on your back had not eased much & that the rough seas may have unconsciously affected you. I hope you will continue to do your regular exercises, darling. The only answer is to develop the back muscles & make them strong enough to hold the backbones in position. Take it easy, however, especially while the pain still lingers.

Apart from your telegram I received 2 cards both from Zeni & Muzi & from Zazi & Swati. I believe that those of Maki are in the pipeline. There were 3 other telegrams, one from THB Israel, friend Matanzima's Kepu & Mangosuthu. So far I have received not a single one of the multitude that friends have sent from all over the world. Nevertheless, it is very comforting to know that so many friends still think of us after so many yrs.

As far as the illness of Mati is concerned, I sincerely hope nothing will happen to her: such a tragedy would open up a wound that would be difficult to heal. We love her & the children so much. I would have preferred her to remain in THB & get some work. There she would at least be sure of the best medical care in the country & would also be nearer the children. Were it not for the scarcity of doctors & work in Brandfort, I would have strongly advised that she should stay with you. Life in Brandfort would be as tough & depressing as it has been for Kungile &, if possible, we should try to help her. Niki & Marsh may find it very difficult to assist in view of the ...

Our darling Matlala, I miss you, Reggie & the children very badly & hope you are all well. Both you & Reggie do need a holiday & a complete rest for a couple of mths. That's absolutely necessary. Zami tells me that you are very angry with her for using part of the money you sent me. In actual fact she consulted me before hand & I authorised her to use it. You are of course aware that lives have reversed the roles in this ...

Brief vom 30. Juli 1980 an Winnie Mandela.

...report you gave me on what they recently went through. I would certainly have no objection to the 2 of them going over to Zeni. It would mean a great deal to her to have them nearby.

It pleased me to hear that King Se is now in JHB for treatment, though Mantu thinks that he is a bit violent. Staying a while with his niece may alone benefit his health. But I think he probably would have been more happy with you & Nyanya. If you still have some of my clothing I wouldn't mind giving them to him as a present provided that you have no objection.

I would suggest that you do not worry yourself much about the effect our Mother's genes & those of Sobhuza & the elders. Medical science is advancing & conditions that were incurable yesterday can easily be controlled today & even healed altogether tomorrow.

You heard about the sudden death of Sanjay in a private plane accident & I do hope that you sent a message of condolence to his mother. Nothing could ever excuse our failure to do so. If you have not yet done so, Helen, I would suggest that you dispatch a message immediately. It will also be proper for the elders to lay a wreath on his "grave" when they go over for the presentation ceremony. I hope there will be coordination between you & Reggie about the proposed trip.

You will not believe me when I tell you that apart from the long letter I received from Suzy, he also followed with a beautiful post card sent from Mombasa. He says his return has been postponed by 1½ weeks. I am writing to him c/o Mbabane lest I should miss him if I direct it to Kenya. I am also writing to Zeni.

I forgot to tell you during the last visit that Mr. Phatudi visited the island last month & asked to see me. I wrote him a short note in which I pointed out that I could not accede to his request. But I added that my refusal to see him should not be regarded as a discourtesy to him.

I came out empty-handed with Mantu. She suggested bringing Oupa along so that the 3 of us could put our heads together. But she added that it will not be so easy to discuss the problem with me in my present circles. I am, nevertheless, keen to see them & hope that they have applied.

The family is growing fast, Mum, & in spite of our present position it is of some importance that we try to acquire a proper home. It is far better that we work on the idea of buying a house in Soweto & abandon the plan of extending the present one. The entire stand is too small for our purpose. Here Mantu cannot get the privacy needed for her studies & writing. My suggestion is that the R10,000 should be invested in such a project. I would have liked to exchange views on the matter with someone like Marsh or Ntatho if they could come down. The other matter that worries me presently is the fact that you are now staying alone. I am racking my brains for a solution. It is something for which we should find a way out without delay. We both know how your being alone will be adversely exploited. Meantime, I miss you a lot & hope you will look far better when I see you again. I Love You! Devotedly, Madiba. P.S. please probandla Mandela. 802 Phathakahle

family & Zami has established herself as the undisputed female head, so much so that I doubt if, on my return, I will be able to dislodge her from that position. She is generally a frugal person & I depend entirely on her in matters of this kind. Again I miss you & even this form that I am using is full of nostalgic memories. We all love you, Matlala. Very Sincerely, Bhuti. P.S. A million thanks for the cash & for everything else. Bhuti.

dern gewesen. Gäbe es genügend Ärzte & Jobs in Brandfort, hätte ich ihr dringend geraten, bei Dir zu bleiben. Das Leben wäre in Pondoland[h] genauso hart & deprimierend wie für Lungile,[i] & wenn möglich, sollten wir versuchen, ihr zu helfen. Angesichts Deines beunruhigenden Berichts über das, was sie kürzlich durchmachen mussten, finden es Niki & Marsh vielleicht schwierig, ihr beizustehen. Ich hätte jedenfalls nichts dagegen, wenn die beiden zu Zeni gingen. Es würde ihr sehr viel bedeuten, sie in ihrer Nähe zu haben. Ich habe mich gefreut, dass Lungile jetzt in J. H. B. behandelt wird, auch wenn Mantu ihn für ein wenig brutal hält. Allein schon eine Weile bei seiner Nichte zu sein, mag ihm guttun. Ich glaube, er wäre glücklicher, wenn er bei Dir & Nyanya wäre. Falls Du immer noch einige meiner Kleidungsstücke hast, hätte ich nichts dagegen, sie ihm zu schenken, vorausgesetzt, Du bist einverstanden.

Du hast gehört, dass Sanjay[j] bei einem Unfall mit einem Privatflugzeug umgekommen ist, & ich hoffe, Du hast seiner Mutter[k] ein Beileidsschreiben geschickt. Ein solches Versäumnis wäre unentschuldbar. Falls Du es nicht schon getan hast, Mum, solltest Du das unbedingt sofort nachholen. Es wäre auch angebracht, dass die Kinder einen Kranz auf sein «Grab» legen, wenn sie zur Preisverleihung[l] gehen. Hoffentlich stimmt ihr euch mit Reggie[m] über die geplante Reise ab.

Du wirst mir kaum glauben, wenn ich Dir sage, dass ich außer dem langen Brief von Muzi[n] auch noch eine schöne Postkarte von ihm aus Mombasa[o] bekommen habe. Er schreibt, seine Rückkehr habe sich um anderthalb Wochen verschoben. Ich schreibe ihm via Mbabane,[p] weil ich ihn verpassen könnte, wenn ich den Brief nach Kenia schicke. An Zeni werde ich auch noch schreiben. Bei Deinem letzten Besuch habe ich vergessen, Dir zu sagen, dass Dr. Phathudi[q] letzten Monat hier auf der Insel war & mich zu sehen wünschte. Ich schrieb ihm in knappen Worten, dass ich seiner Bitte nicht entsprechen könnte, fügte aber hinzu, er solle meine Ablehnung nicht als Unhöflichkeit ihm gegenüber auffassen.[r]

Mit Mantu kam eigentlich nichts heraus. Sie schlug vor, Oupa[s] mitzubringen, sodass wir zu dritt beratschlagen könnten. Sie meinte aber auch, es sei nicht so einfach, das Problem mit mir in meiner gegenwärtigen Lage zu besprechen. Trotzdem möchte ich unbedingt, dass sie kommen, & ich hoffe, sie haben den Besuchsantrag gestellt. Die Familie wächst schnell, liebe Mum, & trotz unserer derzeitigen Situation ist es durchaus wichtig, dass wir versuchen, ein richtiges Zuhause zu erwerben. Wir sollten lieber den Kauf eines Hauses in Soweto ins Auge fassen & den Plan einer Erweiterung unseres derzeitigen Hauses aufgeben. Der jetzige Standort ist zu klein für unseren Zweck. Dort kann Mantu niemals ungestört lernen & schreiben. Mein Vorschlag wäre, in ein solches Projekt 10 000 Rd zu investieren. Gerne hätte ich mich mit jemand wie Marsh oder Ntatho$^t$ darüber ausgetauscht, wenn sie hierherkommen könnten. Das andere Thema, das mir gegenwärtig Sorgen bereitet, ist der Umstand, dass Du jetzt allein bist. Ich zerbreche mir den Kopf, um eine Lösung zu finden. Dafür müssen wir umgehend einen Ausweg finden, wissen wir doch beide, wie sehr zu Deinem Nachteil ausgenützt wird, dass Du allein wohnst. Ich vermisse Dich sehr & hoffe, Du siehst bei Deinem nächsten Besuch viel besser aus. ICH LIEBE DICH! Dein Madiba.

*[Unten auf jeder Seite dieses Briefs steht eine Notiz an Adelaide Tambo. Möglicherweise versuchte er, sie im Brief an seine Frau hinauszuschmuggeln.]*

Meine liebe Matlala,$^u$ ich vermisse Dich, Reggie & die Kinder schmerzlich & hoffe, es geht euch allen gut. Du und Reggie, ihr braucht Ferien & für ein paar Monate völlige Ruhe. Das ist absolut notwendig. Von Zami weiß ich, dass ihr sehr zornig auf sie seid, weil sie einen Teil des Geldes, das ihr mir geschickt hattet, für sich verbrauchte. Tatsächlich fragte sie mich vorher, & ich erlaubte ihr, es zu nehmen. Natürlich wisst ihr, dass sich die Rollen in unserer Familie durch die Umstände umgekehrt haben, sodass sich Zami als die unangefochtene Kral$^v$-Chefin etabliert hat, und zwar so sehr, dass ich meine Zweifel habe, ob ich sie nach meiner Rückkehr noch aus ihrer Stellung verdrängen kann. Im Allgemeinen ist sie ein bescheidener Mensch, & in solchen Dingen bin ich vollkommen von ihr abhängig. Noch einmal: Ihr fehlt mir, & sogar der Stift, den ich benutze, ist voll sehnsüchtiger Erinnerungen. Wir alle lieben Dich, Matlala. Ganz herzliche Grüße von *Bhuti*.$^w$ P. S. Tausend Dank für das Geld & alles andere. *Bhuti.*

------------------------

a   Winnie Mandela wohnte immer noch in der ländlichen Township Brandfort im Oranje-
    Freistaat (heute Free State), wohin sie 1977 verbannt wurde. Dort lebte sie bis 1985.
b   Ihre jüngste Tochter Zindzi.
c   Winnie Mandelas ältere Tochter Zenani und ihr Ehemann, Prinz Thumbumuzi Dlamini,
    ein Sohn des Königs Sobhuza von Swasiland. Sie heirateten 1977.
d   Zenani Mandelas Kinder Zaziwe (geb. 1977) und Zamaswati (geb. 1979).
e   Kepu Mkentane, ein Freund der Mandelas.
f   Chief Mangosuthu Gatsha Buthelezi (geb. 1928); siehe «Personen, Orte, Ereignisse».
g   Winnie Mandelas Schwester.
h   Distrikt in der Transkei, in dem Winnie aufwuchs.
i   Winnie Mandelas Bruder.
j   Sanjay Gandhi (1946–1980), ein Sohn der indischen Premierministerin Indira Gandhi,
    kam am 23. Juni 1980 bei einem Flugzeugabsturz ums Leben.
k   Mandela ist Indira Gandhi nie begegnet, aber er war beeindruckt von Indiens Haltung
    gegen die Apartheid seit 1946.
l   1979 schlug Fatima Meer in einem Schreiben an Indira Gandhi Nelson Mandela für den
    *Jawaharlal Nehru Award for International Understanding* vor. Er erhielt diesen Preis im sel-
    ben Jahr, und als Winnie Mandela verweigert wurde, an der Preisverleihung teilzunehmen,
    wurde sie von Oliver Tambo und Mandelas Tochter Prinzessin Zenani Dlamini bei der Feier
    vertreten.
m   Oliver Reginald Tambo; Mandela nannte ihn u. a. Reggie. Siehe «Personen, Orte, Ereignisse».
n   Prinz Thumbumuzi Dlamini, ein Sohn des Königs Sobhuza von Swasiland und Mann von
    Zenani Mandela.
o   Stadt an der Küste Kenias.
p   Größte Stadt in Swasiland.
q   Cedric Phatudi, Chief Minister des Lebowa-Homeland, Transvaal. In einem Artikel der
    Zeitung *The Citizen* vom 28. Juni 1980 wird berichtet, dass er Premierminister P.W. Botha
    auffordern sollte, Mandela freizulassen, und Robben Island in jener Woche besucht habe,
    ohne jedoch Mandela zu begegnen («Phatudi to Have Asked PM to Free Nelson Mandela»,
    *The Citizen*, 28. Juni 1980).
r   Mandela hatte bereits abgelehnt, in die Transkei entlassen zu werden, folglich weigerte er
    sich auch, das Lebowa-Homeland anzuerkennen.
s   Zindzis Partner Oupa Seakamela.
t   Nthato Motlana (1925–2008); siehe «Personen, Orte, Ereignisse».
u   Deckname von Adelaide Tambo.
v   *Kraal* ist ein Afrikaans-Wort für eine traditionelle Ansammlung von Hütten, die zur Einhe-
    gung von Vieh umzäunt ist.
w   «Bruder» auf Afrikaans.


## An Amina Cachalia, Freundin und Genossin

466/64                         Nelson Mandela                      26. 10. 80

Meine liebe Amina,
*Eid Mubarak, ben!*[a] Wie geht es Dir? Hast Du die Phase erreicht, in
der Du seltsame Lendenschmerzen spürst oder eine Brille brauchst?

Ich nehme an, es ist für alle Menschen in meiner Lage schwierig, sich vorzustellen, dass Du Dich äußerlich irgendwie verändert hättest, seit ich Dich das letzte Mal sah. Ich bekomme immer einen Schock, wenn ich einige meiner Freunde in den Zeitungen sehe, die hier erhältlich sind. Einige sehen aus, als würden sie 24 Stunden am Tag nur futtern, so fett geworden sind sie, andere sehen aus wie ausgelutschte Orangen. In meinem letzten Brief schrieb ich Dir, dass zu den Leuten, die überraschend gut aussehen, Fatima und Ismail[b] gehören. Sie bringen richtig Glanz in meine Zelle. Doch jetzt gerade denke ich an Dich und sage noch einmal: *Eid Mubarak!* Ich rieche buchstäblich das Biryani, den Pilaw und die Samosas, die Du aus diesem Anlass zubereitet hast und dank denen sich Yusufs[c] Taillenumfang täglich vergrößert hat.

Hoffentlich konntet ihr eure Indienreise machen und nicht nur die heiligen Schreine der Asvats,[d] sondern auch die berühmten Stätten des Landes wie zum Beispiel den Taj Mahal sehen. Ich hoffe allerdings, Yusuf gibt nicht sein schwerverdientes Geld für so ein Projekt aus, um Dich zu verewigen oder als Denkmal für die wunderbaren gemeinsam verbrachten Momente. Schließlich werden nicht nur jene, die die Ehre und das Vergnügen hatten, euch zu kennen, euer Andenken bewahren, sondern auch die Bühnen und Plätze, auf denen ihr aufgetreten, die Straßen, auf denen ihr gegangen seid, und die Berichte, die der Nachwelt überliefert werden. Vorläufig möchte ich nur sagen, Du sollst nicht so geizig mit Deinen Erlebnissen und Eindrücken von Land und Leuten sein. Erzähl mir davon! Hast Du Indiraben[e] getroffen?

Ich habe Zami wegen der Indienreise in den Ohren gelegen und jetzt vorgeschlagen, wenn die Beschaffung der nötigen Reisedokumente für sie und die Kinder schwierig ist, sollten sie die Reise aufgeben und OR[f] beauftragen, dafür zu sorgen, dass jemand anders an der Feier[g] teilnimmt. Trotz unserer speziellen Probleme wäre es nicht richtig, die anderen so lange hinzuhalten.

Bei ihrem Besuch im Juli berichtete mir Zindzi, dass Zainub[h] zurückkam, um Deinen kranken Bruder zu besuchen. Ich ging davon aus, dass es sich um Solly[i] handelte, und erst als ich ihr das erzählte, erfuhr ich, dass Du mehrere Brüder hast. Es ist eine Schande, dass ich so wenig über Deine Familie weiß, nachdem ich Dich schon ein Leben lang kenne. Welcher Bruder ist es? Ist Zainub noch im Lande oder ist sie zurück in England? Hoffentlich geht es ihr und Aziz[j] gut. Triffst Du noch Esackjee und seine Familie und Farid[k] und seine Leute? Von Mota,[l] Winnie,[m] Shireen und dem jüngsten Kind[n] höre ich kaum etwas, und ich frage mich, ob Du den Brief bekommen hast, den ich ihm vor etlichen Jahren an Deine Adresse schrieb.[o] Bitte hab Geduld mit mir und ärgere Dich nicht, wenn ich vielleicht Fragen noch einmal stelle, auf die Du schon versucht hast zu antworten. Du schreibst wunderschön, und in Deinen Briefen achte ich auf jedes Komma. Hätte ich Deine Kommentare zu allen Punkten erhalten, würde ich Dich bestimmt nicht wieder belästigen.

Was meine Tochter Maki angeht, frage ich mich, ob Du meinen Brief vom 27. 4. erhalten hast, in dem ich Dir mitteilte, dass sie jetzt ein Stipendium bekommen hat, das aber für ihr Studium der Sozialwissenschaft bei weitem nicht ausreicht. Ich drückte die Hoffnung aus, dass Du und der andere Ismail[p] das Problem regeln könntet. Ihr habe ich auch geschrieben, sie könne mit einer Nachricht von Dir rechnen.

Aber am 11. 10. bekam ich einen Brief von ihr, in dem sie berichtet, sie habe nichts von Dir gehört. Sie schreibt außerdem, sie habe Helen[q] gesagt, sie solle sich keine Sorgen mehr machen, weil sie begriffen habe, dass sie (Helen) vielleicht Probleme hatte. Auch wenn ich Deine Antwort noch nicht habe, bin ich mir ganz sicher, dass Du eine völlig einleuchtende Erklärung für Dein Schweigen hast. Es ist gut möglich, dass die Schließung von Fort Hare, ihre Aufnahme im Krankenhaus wegen der Verletzungen, die sie im Zuge der F. H.[r]-Demonstrationen erlitt, oder Deine Abwesenheit, als Du in Indien warst, Deine Pläne durcheinandergebracht haben. Aber ich hielt es für angebracht, Dir zu sagen, dass sie zum Zeitpunkt, als sie mir schrieb, noch nichts von Dir gehört hatte.

Dass es Ismail[s] nicht gut ging, tat mir sehr leid. Solche Menschen dürften sich niemals erlauben, krank zu sein. Wenn sie niesen, erkälten wir uns alle. Ich hoffe, es geht ihm jetzt besser, und hoffentlich sind auch Jamilla und die Kinder wohlauf. Sag ihm, dass ich Zami gebeten habe, 400 Rd für mein Studium aufzutreiben, auch wenn ich nicht weiß, wen sie dafür anzapfen will. Ich traue mich nicht, ihr zu gestehen, dass ich das Geld, das sie mir zu Beginn des Jahres geschickt hatte, für ein Jahresabonnement des *Rand Daily Mail* und des *Rapport* ausgegeben habe. Ich beabsichtige, mich nächstes Jahr an der Unisa[t] für fünf Fächer anzumelden, und die Einschreibgebühren sind unerschwinglich geworden. Kaum jemand kann sich die 70 Rd Studiengebühren für jedes Fach und 40 Rd für die Anmeldung leisten. Mir wurde untersagt, die verbleibenden vier Fächer abzuschließen, die an der London University[u] noch ausgestanden hätten. Dafür wurde mir gestattet, an der Unisa zu studieren. Dabei weiß ich nicht einmal, wie ich mir die dazu nötige Pflichtlektüre beschaffen soll.

Ganz herzliche Grüße an alle unsere Freunde und besonders an Dich und Yusuf
Dein Nelson

4. Januar 1981

P. S. Amina,
dieser Brief kam vom Postamt Johannesburg mit dem Vermerk «Unzustellbar» zurück. Ich adressiere ihn neu und hoffe, diesmal hast Du den Mut, ihn abzuholen. Wahrscheinlich hat Dich der Brief nicht erreicht, weil Du nicht in Johannesburg warst. Wie immer in Liebe
Dein Nelson

------------------------

a   «Gesegnetes Opferfest» auf Gujarati (einer der beiden offiziellen muslimischen Feiertage). *Ben* bedeutet «Schwester» auf Gujarati.
b   Fatima (1928–2010) und Ismail Meer (1918–2000); siehe «Personen, Orte, Ereignisse».
c   Yusuf Cachalia (1915–1995), Amina Cachalias Mann, politischer Aktivist und Sekretär des South African Indian Congress; siehe «Personen, Orte, Ereignisse».
d   Ein Familienname von Vorfahren von Amina Cachalia.
e   Indira Gandhi (1917–1984), Premierministerin von Indien.
f   Oliver Reginald Tambo (1917–1993); siehe «Personen, Orte, Ereignisse».
g   Gemeint ist der *Jawaharlal Nehru Award for International Understanding*; vgl. dazu den Brief vom 30. Juli 1980, S. 506–512, Anm. l.
h   Amina Cachalias Schwester Zainub Kazi.
i   Amina Cachalias Bruder.
j   Dr. Aziz Kazi, Zainub Kazis Ehemann.
k   Mitangeklagte im Hochverratsprozess; siehe hierzu «Personen, Orte, Ereignisse».
l   Dr. Yusuf Dadoo (1909–1983); siehe «Personen, Orte, Ereignisse». Yusuf Dadoo wurde ge-

wöhnlich Mota genannt, Kurzform von *Motabhai*, das Gujarati-Wort für «großer Bruder». Seit 1960 im Exil.

m  Frau von Yusuf Dadoo.

n  Yusuf Dadoos Kinder.

o  Siehe den Brief an Yusuf Dadoo vom 1. November 1975, S. 358–361.

p  Ismail Ayob (geb. 1942), Mandelas Anwalt; siehe «Personen, Orte, Ereignisse».

q  Wahrscheinlich handelt es sich um Helen Joseph (1905–1992); siehe «Personen, Orte, Ereignisse».

r  University College of Fort Hare, Alice in der Ciskei; siehe «Personen, Orte, Ereignisse».

s  Maulvi Cachalia (1908–2003), Aminas Schwager und Antiapartheidaktivist; siehe «Personen, Orte, Ereignisse».

t  University of South Africa.

u  Die Gefängnisleitung hatte Mandela nicht erlaubt, sein Studium für den LL.B an der London University fortzusetzen.


## An Zindzi Mandela, Mandelas jüngste Tochter

[Vermerk in anderer Schrift] Zensierter Originalbrief vom 10. 2. 1981

466/64: Nelson Mandela                                      1. 3. 81

Mein Schatz,

das Gefängnis bietet, besonders für den Häftling in der Einzelzelle,[a] viel Zeit, über Probleme nachzudenken, die gar nicht alle schriftlich aufgelistet werden können. Wenn ich in meiner winzigen Zelle auf und ab gehe oder auf meinem Bett liege, schweifen meine Gedanken oft in weite Ferne, und ich erinnere mich an diese und jene Begebenheit und an diesen und jenen Fehler. Dabei kommt mir auch der Gedanke, ob ich in meinen besten Tagen außerhalb der Gefängnismauern genug Dankbarkeit gezeigt habe für die Liebe und Freundlichkeit der vielen Menschen, die sich meiner annahmen und mich sogar unterstützten, als ich arm war und mich durchkämpfen musste.

Neulich dachte ich an die Xhomas in der 7th Avenue 46 in Alexandra Township, wo ich anfangs in J. H. B. wohnte.[b] Mein Monatssalär war damals 2 £ (4.00 R[c]). Von diesem Betrag hatte ich die Monatsmiete von 13/14 und für den Bus in die Stadt und zurück täglich 8d zu bezahlen. Geld war wirklich knapp, und oft konnte ich kaum die Miete und das Fahrgeld bezahlen. Aber mein Vermieter und seine Frau waren sehr nett zu mir. Sie stundeten mir nicht nur die Miete, wenn ich das Geld nicht aufbringen konnte, sondern luden mich sonntags regelmäßig zu einem köstlichen Mittagessen ein.

Ich wohnte auch bei Rev. Mabuto von der Anglikanischen Kirche, der in der 8$^{th}$ Avenue 46 im gleichen Township wohnte; auch er und *Gogo*,$^{d}$ wie wir seine Frau liebevoll nannten, waren sehr nett, obwohl sie ziemlich streng darauf insistierte, dass ich nur mit Xhosa-Mädchen ausging. Obwohl meine politischen Überzeugungen erst Gestalt annahmen, war ich in Healdtown und Fort Hare$^{e}$ mit Studenten aus anderen Gruppen unseres Volkes in Berührung gekommen, und zumindest dachte ich nicht mehr in ethnischen Kategorien und war entschlossen, ihrem Rat in dieser Hinsicht nicht zu folgen. Doch sie und ihr Mann waren für mich ganz hervorragende Ersatzeltern.

Mr. Schreiner Baduza,$^{f}$ der aus Sterkspruit$^{g}$ stammte, wohnte als Mieter zusammen mit seiner Frau ebenfalls in der 7$^{th}$ Avenue 46. Er und Mr. J. P. Mngoma$^{h}$ gehörten damals zu meinen besten Freunden, obwohl sie deutlich älter waren als ich, insbesondere der Letztere. Mr. Mngoma war Hauseigentümer und der Vater von Tante Virginia, einer von Mums$^{i}$ Freundinnen. Später wurde mir Mr. P. Joyana vorgestellt, der Schwiegervater des Bruders des späteren Chief Jongintaba Mdingi.$^{j}$ Mr. Joyana war Angestellter bei den Rand-Leases-Minen. Samstags fuhr ich immer dortin, um seine Verpflegungsrationen abzuholen – Maisgries, Reis, *mealie meal*,$^{k}$ Fleisch, Erdnüsse und anderes.

Erst viel später besserte sich meine finanzielle Lage ein wenig, aber ich dachte kaum an die Leute, die mir in den schwierigen Zeiten zur Seite gestanden hatten, und ich besuchte sie höchstens ein-, zwei Mal. Sowohl die Mabutos als auch die Baduzas zogen später nach Soweto, und die Mabutos$^{l}$ besuchte ich dort ein paar Mal. Herrn Joyana und Herrn Baduza traf ich häufig, aber es fiel mir kein einziges Mal ein, mich für ihre Freundlichkeit erkenntlich zu zeigen. In den späten Vierziger- und frühen Fünfzigerjahren wurde Mr. Baduza eine prominente Persönlichkeit in der Gemeindepolitik von Soweto, und unser Umgang beschränkte sich auf diese Ebene.

Ich war zutiefst erschrocken, als eines Tages Anfang 1953 Old Lady, Mrs. Xhoma, früher eine muntere und schöne Frau, in meine Kanzlei im Chancellor House geschlurft kam, ziemlich gealtert und nur noch ein Schatten ihrer selbst. Der alte Mann war gestorben, und ich sollte seinen Nachlass abwickeln. Ich hatte kaum etwas von seiner Krankheit mitbekommen, ganz zu schweigen von seinem Tod und seiner Beerdigung, etwas, was ich hätte unbedingt wissen müssen. Nicht einmal meiner geliebten Old Lady[m] gegenüber war ich so aufmerksam, wie ich es hätte sein sollen. Ich schrieb ihr höchst selten, außer um sie zu überreden, bei mir in J. H. B. zu wohnen. Ich könnte noch viele andere Beispiele nennen, die paar sollen als Illustration genügen.

Meine Verhaftung wegen Hochverrats am 5. 12. 56 & das lange Verfahren verschlimmerten die Lage. Die Welt um mich herum stürzte buchstäblich zusammen, das Einkommen war weg, und viele Verpflichtungen konnten nicht erfüllt werden. Erst als Mum auftauchte,[n] kam ein wenig Ordnung in meine persönlichen Angelegenheiten. Aber das Chaos war schon so groß geworden, dass selbst sie die Stabilität und das sorglose Leben nicht wiederherstellen konnte, die ich gerade zu genießen begonnen hatte, als das Unheil über uns hereinbrach.

Alle diese Dinge schwirren mir im Kopf herum, während die Gedanken sich in meinen Tagen in der Goldenen Stadt[o] verlieren. Aber diese Gewissenserforschung hat immer dann ein Ende, wenn ich an Mum und euch Kinder denke, an die stolze Freude, mit der ihr alle mich erfüllt.

Zu uns gehört Nobutho,[p] die schöne Mantu, deren Liebe und Treue, deren Besuche, Briefe, Geburtstags- und Weihnachtsglückwünsche ein wesentlicher Bestandteil der Bemühungen der Familie sind, mir zu helfen, viele der Herausforderungen der vergangenen zwei Jahrzehnte zu bestehen. Nobutho ist Steinbock, und wenn man den Astrologen Glauben schenkt, sagen die Sterne des vorigen Monats für die Steinböcke eine frohe und spannende Zeit voraus – wahrscheinlich wirst Du viel Besuch und viele Einladungen bekommen und Dich bester Gesundheit erfreuen. Astrologie ist ein elaborierter & ansprechend präsentierter Aberglaube. Seit Anbeginn der Geschichte sind die Menschen davon fasziniert, und viele, die daran glaubten, sind dadurch angespornt worden, sich auf so manchen Gebieten hervorzutun. Gewiss mögen sich viele Steinböcke geschmeichelt fühlen, wenn sie diese phantastischen Vorhersagen lesen. Doch lassen wir den Aberglauben beiseite und schließen diesen Brief mit einer Betrachtung, die auf Tatsachen beruht. Meine eigentliche Botschaft an Dich ist: Du besitzt die Fähigkeit, die Liebe und Freundlichkeit anderer wertzuschätzen. Es ist eine kostbare Tugend, zu versuchen, andere glücklich zu machen und sie ihre Sorgen vergessen zu lassen. Offenbar habt ihr zwei, Du und Zeni, diese Eigenschaft von Mum geerbt. Ich wünsche mir, dass dieser Wesenszug noch ausgeprägter wird, wenn ihr jetzt erwachsen werdet, damit er immer mehr Menschen zugute kommt.

Ganz herzliche Grüße an Dich, Oupa[q] und Zobuhle[r]

Dein *Tata*[s]

Wie lautet die Adresse von Nozizwe Mvembe?

------------------------

a   Unterstreichung vermutlich durch einen Zensor.
b   Mandela flüchtete 1941 nach seinem Hinauswurf aus Fort Hare vor einer arrangierten Ehe. In Johannesburg kam er bei der Familie Xhoma in Alexandra unter.
c   Er war Rechtsanwaltsgehilfe in der Kanzlei Witkin, Sidelsky & Eidelman.
d   «Oma» auf isiZulu und isiXhosa.
e   1937 besuchte Mandela das Wesleyan College Healdtown in Fort Beaufort und ging ab 1939 auf das University College of Fort Hare in Alice; siehe «Personen, Orte, Ereignisse».
f   Einer von Mandelas besten Freunden, der zusammen mit seiner Frau im selben Haus in Alexandra wohnte. Er zog nach Soweto um und wurde dort eine prominente Persönlichkeit in der Gemeindepolitik.
g   Stadt in der Transkei.
h   Freund Mandelas in Alexandra. Hauseigentümer und Vater von Tante Virginia, einer Freundin von Winnie Mandela.
i   Winnie Mandela.
j   Höchstwahrscheinlich Chief Mdingi, ein Verwandter Mandelas.
k   Grobes Maismehl, mit heißem Wasser zu einem Brei verrührt.
l   Freunde der Mandelas.
m   Mandelas Mutter Nosekeni Mandela.
n   1958 heiratete er Winnie Madikizela.
o   Wegen seiner Ursprünge im neunzehnten Jahrhundert als Goldminen-Stadt wird Johannesburg auch *Golden City* genannt.
p   Einer von Zindzis Namen.
q   Zindzis Partner Oupa Seakamela.
r   Einer von Zindzis Namen.
s   «Vater» auf isiXhosa.

**An Winnie Mandela**
**Brandfort**

466/64                                              26.4.81

Lieber Schatz,

ich träume immer noch, manchmal sind es angenehme Träume,
manchmal nicht. Am Abend vor Karfreitag waren wir beide in einer
Hütte oben auf einem Hügel und schauten in ein tiefes Tal hinab, in
dem ein breiter Strom am Rand eines Waldes dahinfloss. Ich sah Dich
den Abhang hinuntergehen, Du gingst nicht so aufrecht wie sonst, &
Dein Tritt war unsicher. Die ganze Zeit beugtest Du Deinen Kopf vor,
als suchtest Du etwas wenige Schritte vor Deinen Füßen. Du über-
quertest den Fluss & nahmst all meine Liebe mit, ich blieb zurück,
ratlos & beklommen. Ich beobachtete Dich genau, wie Du ziellos in
diesem Wald immer nahe am Flussufer umhergewandert bist. Direkt
über Dir stand ein Paar, das einen auffallenden Kontrast bildete, offensichtlich ein Liebespaar, das ganz mit sich selbst beschäftigt war.
Das ganze Universum schien sich an dieser Stelle zu konzentrieren.
Die Sorge um Deine Sicherheit & die Sehnsucht nach Dir trieben
mich den Hügel hinunter, um Dich willkommen zu heißen, als Du
auf dem Rückweg zur Hütte wieder über den Fluss kamst. Die Aussicht, mit Dir unter freiem Himmel in einer so wunderschönen Umgebung zusammen zu sein, weckte sehnsüchtige Erinnerungen, und
ich freute mich darauf, Deine Hand zu halten und Dich leidenschaftlich zu küssen. Zu meiner Enttäuschung verlor ich Dich in den tief
eingeschnittenen Schluchten dieses Tals aus den Augen & traf Dich
erst wieder, als ich zur Hütte zurückkam. Jetzt war dort alles voller
Leute, und wir konnten leider nicht mehr ungestört alle die Dinge
klären, die mir am Herzen lagen.

In der letzten Szene lagst Du ausgestreckt in einer Ecke am Boden,
schlafend vor Erschöpfung, Kummer und Langeweile. Ich kniete
mich nieder, um die unbedeckten Stellen Deines Körpers mit einer
Decke zu verhüllen. Wenn ich solche Träume habe, erwache ich oft
voller Angst & Sorge, aber dann bin ich immer erleichtert, wenn ich
merke, dass alles nur ein Traum war. Diesmal jedoch war meine Reaktion gemischt.

Am 23.4. wurde ich zum Gefängnisdirektor bestellt, eigentlich reine Routine. Auf einmal ahnte ich, dass er schlechte Nachrichten hatte. Als ich in das Besprechungszimmer kam, unterhielt er sich im Empfangsbüro gegenüber gerade mit ein paar Leuten vom Personal, in der Hand hielt er ein Telegramm. Das verstärkte mein Unbehagen. Er war wohl kaum länger als eine Minute im Gespräch, als er auf mich zukam, aber die Anspannung war so quälend, dass mir schien, ich hätte eine ganze Stunde gewartet. «Ich habe schlechte Nachrichten für Sie», sagte er und gab mir das Telegramm. Es war von Ismail[a] und meldete die Nachricht von Samelas Tod. Ich war erschüttert, denn ich hatte sie immer als starke & gesunde junge Frau vor Augen gehabt. Wenn ich mich recht erinnere, sah ich sie zuletzt vor 17 Jahren am Tag, als wir verurteilt wurden; damals arbeitete sie bei der NEH. Ich geriet sofort in Verlegenheit, weil ich nicht wusste, an wen ich mein Beileidsschreiben richten sollte. Ihr Vater Mehthafa, der zu Lebzeiten Chief von Sithebe war, war schon in den späten Dreißigern gestorben & hatte ihre Mutter NoFrance begraben. Ihr Bruder Zwelizolile ist auch schon verstorben. Ihre älteste Schwester, die Mitte der Dreißigerjahre mit mir in der VI. Klasse in Qokolweni[b] war, ist verheiratet, aber ich habe ihre Adresse & sogar den Nachnamen ihres Mannes vergessen. Ich weiß nicht einmal, ob Samela verheiratet war. In Anbetracht der Lage hielt ich es für besser, zu warten, in der Hoffnung, die notwendigen Angaben rechtzeitig zu bekommen. Manchmal halte ich inne und denke an die zahllosen Verwandten & Freunde, die wir in den letzten 18 Jahren meiner Gefangenschaft verloren haben, denke daran, wie tragisch es ist, dass ich nicht in der Lage bin, ihnen die letzte Ehre zu erweisen. Es ist völlig normal, dass wir erschüttert und tieftraurig sind über den Tod eines Verwandten oder nahen Freundes – CK,[c] die Old Lady,[d] Thembi, Nali,[e] NoEngland,[f] Nqonqi,[g] Connie & etliche andere, man kann sie gar nicht alle aufzählen. Es gibt aber auch viele andere Bekannte, die nie etwas Besonderes für uns getan haben, uns nur einen warmen Händedruck oder ein freundlichen Lächeln geschenkt haben, wenn sie uns begegneten, deren Tod uns aber genauso naheging. Wenn es jedoch eine nahe Verwandte wie Samela trifft und man die tragische Nachricht in einer

Situation wie der meinen bekommt, ohne den geringsten Hinweis auf die Todesursache, dann ist der Schlag besonders niederschmetternd. Ich hoffe inständig, dass in ihrer letzten Stunde ihre Lieben wenigstens um sie waren und sie trösten & ihr die Gewissheit geben konnten, dass alles, was sie geleistet hatte, hochgeschätzt wurde. Vielleicht erfahre ich eines Tages dazu noch Näheres ...

Auch gestern bekam ich wieder einen so schönen Brief von Amina[h] mit zwei reizenden Fotos. Sie & ihr Yusuf[i] haben sich sehr gut gehalten, und beide sehen wirklich prima aus. Sie hat allen Grund, zu sagen, dass «Yusuf nicht wie eine ausgelutschte Orange, aber auch nicht wie ein überfüttertes Hündchen aussieht» ...

Vielleicht erfahre ich ja eines Tages, ob Zindzi mein Telegramm betreffs des Internats in Durban bekommen hat; Fatima[j] hatte die Sache in die Hand genommen. Ich überlege, ob ich ihr (Fatima) noch einmal ein Telegramm schicken soll, um herauszufinden, ob Zindzi jetzt tatsächlich dort ist. Anscheinend hat Zindzi mit dem Älterwerden verlernt, wie man Briefe schreibt; sie reagiert nicht einmal, wenn es um so wesentliche Dinge wie ihre Ausbildung geht. Aber sie ist ein gutes & verantwortungsbewusstes Mädchen, und ich bin immer bereit, ihr einen Vertrauensbonus zu geben.

Offenbar hat ein Freund in einer Pressemeldung mitgeteilt, Dein Mann sei womöglich an Krebs erkrankt. Vermutlich hat da einer im guten Glauben ein Gerücht weitergegeben. Aber ich kann Dich gleich beruhigen, denn ich habe nicht den geringsten Grund, anzunehmen, dass irgendwo in meinem Körper der Krebs steckt. Ich kann mir nur vorstellen, dass das Gerücht bei meiner Fersenoperation im Nov. 79 aufgekommen ist. Meine rechte Ferse ist wunderbar verheilt und macht mir keine Probleme mehr. Allerdings habe ich anhaltende Schmerzen an der Innenseite meines linken Knies. Aber ich spüre sie nur beim Treppensteigen, und manchmal tat es nachts ziemlich weh. Es ist aber nicht so schlimm, dass ich Schmerztabletten nehmen müsste. Bis jetzt konnte ich immer noch ohne dieses Zeug auskommen. Anfang des Jahres habe ich vorsichtshalber einen Bluttest machen lassen, und der Befund war negativ. Der Schmerz im Knie wird jetzt beobachtet, und er beeinträchtigt meine Übungen nicht besonders, außer wenn ich längere Zeit laufe. Ich mache ziemlich viel Beintraining und laufe auf der Stelle. Bitte sag den Kindern & allen, die danach fragen, dass es mir phantastisch geht.

Dein Madiba
ICH LIEBE DICH

------------------------

a   Wahrscheinlich handelt es sich um Ismail Ayob (geb. 1942), einen seiner Anwälte; siehe «Personen, Orte, Ereignisse».
b   Mandelas Grundschule in Qokolweni, Transkei.
c   Columbus Kokani Madikizela, Winnie Mandelas Vater; siehe «Personen, Orte, Ereignisse».
d   Wohl seine Mutter, Nosekeni Fanny Mandela, die 1968 starb.
e   Nali Nancy Vutela, Winnie Mandelas Schwester.
f   Frau des Regent Chief Jongintaba Dalindyebo (siehe «Personen, Orte, Ereignisse»).
g   Nqonqi Mtirara, eine Cousine Mandelas.
h   Amina Cachalia (1930–2013); siehe «Personen, Orte, Ereignisse».
i   Yusuf Cachalia (1915–1995); siehe «Personen, Orte, Ereignisse».
j   Fatima Meer (1928–2010); siehe «Personen, Orte, Ereignisse».


**An Petronella Ferus, Witwe des ehemaligen politischen Gefangenen Hennie Ferus[a]**
**Worcester**

466/64: Nelson Mandela                                    3.5.81

Liebste *Sussie*,[b]
der unerwartete Tod Deines geliebten Mannes Hennie hat mich und meine Familie sehr betroffen gemacht, und ich drücke Dir, Henshil, Wilna, Peter und Tante Stienie unser tiefstes Mitgefühl aus.
Ich lebe in der Hoffnung, dass es mir eines Tages vergönnt sein wird, Dich und Deine Familie kennenzulernen, damit wir freier und ausführlicher über die Seiten in Hennies Leben sprechen können, die mich am meisten beeindruckt haben. Vorläufig kann ich nur sagen, dass ich drei Jahre mit ihm hier auf der Insel verbracht habe und auf diese Zeit mit wehmütigen Erinnerungen zurückblicke.
Ich erinnere mich noch genau an den Tag, als er am 22. Januar entlassen wurde, was gemischte Gefühle bei mir auslöste. Ich war traurig, mich von einem so guten und getreuen Kameraden trennen zu müssen, doch ich nahm teil an seinem Glück, endlich wieder in Freiheit und mit seiner Familie vereint zu sein.

In diesen drei Jahren war Hennie sportlich, musikalisch sowie in anderen Bereichen sehr aktiv, die für das Wohlbefinden seiner Mitgefangenen so wichtig waren. Einmal wurde er Tischtennismeister des Einzelzellentrakts, und im Schach war er ein ernstzunehmender Gegner. Er war sowohl ein wichtiges Mitglied im Quartett als auch im größeren Chor, den wir in dieser Abteilung gründeten. Beide musikalischen Gruppierungen spielten eine bedeutende Rolle bei der Unterhaltung seiner Kameraden.

Er lebte stets in einer Welt der Realität, er war klar im Denken und korrekt im Handeln. In dieser Hinsicht war er in hohem Maße von Tante Stienie beeinflusst, die selbst ein starker Charakter mit großem Weitblick war. Ihre Liebe zur Familie und zur Gemeinschaft insgesamt wie auch ihre Treue ihr gegenüber werden wir nie vergessen.

Die Lücke zu schließen, die ein Mann wie Hennie hinterlässt, ist niemals leicht, aber ich hoffe, es war für Dich doch ein Trost, dass ein 4000-köpfiger Trauerzug, vier Fernsehteams und etliche Presseleute ihn zu seiner letzten Ruhestätte geleiteten.[c] Dies war nur ein kleines Zeugnis für das hohe Ansehen, das er beim Volk genoss.

Meine Familie und ich fühlen uns in herzlicher Anteilnahme mit Dir, Sussie, verbunden. Wir hoffen, dass die schmerzlichen Wunden mit der Zeit wieder heilen und dass die Kinder in die Fußstapfen ihres Vaters treten und Dir und Tante Stienie zu Stolz und Freude gereichen. Josephine und ihre ältere Schwester Susan sind in diese Beileidsbekundung eingeschlossen.

Mit herzlichen Grüßen
[Unterzeichnet NR Mandela]

------------------------

a   Hennie Ferus (1940–1981), Antiapartheidaktivist, politischer Gefangener auf Robben Island. Er kam bei einem Autounfall am 20. April 1981 ums Leben.
b   «Schwester» auf Afrikaans.
c   Bei Hennie Ferus' Begräbnis in Worcester trugen die Trauernden Kleidung in den Farben des ANC und führten die verbotene ANC-Flagge mit. Das Begräbnis wurde in weiten Kreisen als «politisch» wahrgenommen und ermutigte die Aktivisten in ihrem Widerstand (Pippa Green, *Choice Not Fate: The Life and Times of Trevor Manuel*, Johannesburg: Penguin Books, 2008, S. 166).

**An Camagwini Madikizela,[a] Tochter seines Neffen K. D. Matan-**
**zima**
**Umtata**

466/64: Nelson Mandela                                    15.11.81

Meine liebe *Mzukulu*,[b]
ich hoffe, Deine Reise nach Kapstadt und besonders die ungefähr
90 Minuten hier auf der Insel haben Dir gefallen.
Wie Du weißt, bin ich jetzt seit 19 Jahren hier, in denen ich zahlreichen Besuch von der Familie und von Freunden bekam. Natürlich
kommen Mum Nobandla aus Brandfort & die Kinder häufiger hierher als andere, und eigentlich hat mich jeder Besuch auf ganz spezielle Weise gefreut und mir den Aufenthalt hier weit erträglicher
gemacht, als er sonst gewesen wäre.
Dein Besuch bedeutete mir immer sehr viel, und ich darf Dir und
Prince sagen, dass er stets zum richtigen Zeitpunkt kam und mir
immer wichtig war. Du hieltest mich auf dem Laufenden über etliche
drängende Fragen und halfst mir, manche Probleme in der Familie
besser zu verstehen, die mich während der meisten Zeit meiner Gefangenschaft und besonders in den letzten 3 Jahren umgetrieben
hatten.
Mehr noch hat mich gefreut, wie sehr ihr beide, Du und Prince, einander zugetan seid, und dass ich in diesen etwa 90 Minuten, die Du
hier warst, einen guten Eindruck von Prince bekommen habe; die
positiven Berichte, die ich ab und zu von Mum Nobandla erhielt,
wurden voll und ganz bestätigt. Es tut mir nur leid, dass ich die Kinder nicht sehen konnte, doch ich hoffe, Du hast sie wenigstens herzlich von mir gegrüßt. Ich freue mich auf ein Wiedersehen mit Dir,
wann immer es Dir und Mum Nobandla passt. Einstweilen schwelge
ich in Erinnerungen an den 24. und 25. Oktober.
Bei Deinem Besuch erzählte ich Dir, dass ich 1948 in den 3 Monaten
in Kapstadt viel Zeit mit Zwelithambile verbrachte und wir sehr gute
Freunde wurden. Zwar habe ich ihm nach meinem Weggang aus
Kapstadt nicht mehr geschrieben, aber ich habe oft an ihn & die
schönen gemeinsamen Momente gedacht. Deshalb war ich ganz besonders betroffen, als ich von seinem Tod erfuhr. Auch der Tod von

Mthetho^c kam für mich völlig unerwartet, und ich wusste genau, was er für Dich & Deine Eltern bedeutete. Der Tod ist immer ein tragisches Ereignis, auch wenn es einen älteren Menschen trifft. Aber wenn ein junger Mensch wie Mthetho stirbt, ist das umso schlimmer. Mit Freude habe ich von seinem Sohn gehört und hoffe, er ist mit guter Gesundheit & viel Glück gesegnet.

Es ist schön, dass Du und Prince Familienzuwachs erwartet. Er/sie wird damit vor den anderen Kindern prahlen können, er/sie habe die Insel schon lange vor den anderen besucht, auch wenn ihm/ihr das noch nicht bewusst war. Bring ihn/sie doch bei Deinem nächsten Besuch einfach mit. Vielleicht weißt Du, dass Kinder unter 2 Jahren mitgebracht werden dürfen. Bis dahin warten wir auf seine/ihre Ankunft, und ich hoffe, Du teilst uns mit, wann der wunderbare Tag da ist.

Ich bin froh, dass Mum Nobandla^d aus Port St. Johns jetzt Arbeit gefunden hat, sogar nach Durban fährt und mit ihrer Arbeit weitgehend zufrieden ist. Als Du hier warst, habe ich Dir erklärt, wie ich sie mit Daliwonga^e bekannt gemacht habe; ich habe Dir auch ein paar knappe Details über die Hochzeit in Qamata berichtet. Du wirst Dich erinnern, dass sie um das Jahr 1958 nach J. H. B. kam und im Baragwanath^f als Krankenschwester anfing. Bald danach kehrte sie nach Qamata zurück. In dieser Zeit war sie häufig bei uns in Orlando. Zum letzten Mal sah ich sie im Dezember 60, als ich Kgatho dort abholte. Ich denke oft an sie und werde ihr bald einmal schreiben.

Ein recht ungewöhnlicher Zufall wollte es, dass ich einen Brief von Mum Nosango^g aus Deckerts Hill^h bekam, während ich diesen Brief an Dich schrieb. Im Gegensatz zu Mum Nobandla aus Port St. Johns ist sie eine gute Briefschreiberin, und gewöhnlich bekomme ich auf diesem Weg immer viele Informationen. Solche Briefe sind für jemand in meiner Lage von unschätzbarem Wert, und ich warte immer gespannt darauf. Sie hat versprochen, Anfang nächsten Jahres zu kommen, und bestätigte auch, dass Xoli^i jetzt auf die University of York in England geht und in den Ferien ab 20. Dezember für 3 Wochen nach SA kommen möchte. Wahrscheinlich würde sie mich gern auf der Insel besuchen, und ich hoffe, Du erklärst ihr, wie sie das anstellen muss.

Fast hätte ich vergessen, Dich nach meinem Neffen Chief Luvuyo

Mtirara aus Mpheko zu fragen. Bis zum Jahr 73 hat er mich mehrmals besucht. Schau doch bitte wenn möglich nach ihm und sag ihm, dass ich immer an ihn denke.

Ich vertraue darauf, dass Prince sich mit all den anderen Problemen befasst, die ich ihm ans Herz gelegt habe, und dass er mir bald darüber berichtet. Einstweilen grüße ich euch ganz herzlich.

Alles, alles Liebe und tausend Küsse, fröhliche Weihnachten & ein gutes neues Jahr, *Mzukulu*.

Euer *Tatomkhulu*[j]

-----------------------

a  Camagwini Madikizela, Tochter von K. D. Matanzima, war verheiratet mit Prince Madikizela, Winnie Mandelas Cousin ersten Grades.
b  «Enkelin» auf isiXhosa.
c  Chief Mthetho Matanzima kam 1972 bei einem Autounfall ums Leben; siehe «Personen, Orte, Ereignisse».
d  Eine von K. D. Matanzimas Ehefrauen.
e  K. D. Matanzimas zweiter Name war Daliwonga.
f  Baragwanath Hospital in Soweto, Johannesburg.
g  Eine von K. D. Matanzimas Ehefrauen.
h  Stadt in der Transkei.
i  Xoliswa Jozana, Tochter von K. D. Matanzima.
j  «Großvater» auf isiXhosa.

## An Ayesha Arnold[a]
## Kapstadt

466/64 Nelson Mandela                              15. 11. 81

Liebe Ayesha,

bestimmt kannst Du das Schuldgefühl & die Scham erahnen, die mich ergriffen haben, als ich die Einladung zu Deinem 50. Geburtstag sowie Deine schmeichelhafte, wenn nicht witzige Karte zu meinem Geburtstag bekommen habe.

Zwar habe ich Deinen Brief erst lange nach dem 6. 8. erhalten, hätte aber alles andere beiseite schieben & diesen Brief auf der Stelle schreiben müssen, damit Du meine Glückwünsche bekommen hättest, bevor die umnebelnde Wirkung des Champagners & der Halal-Speisen verflogen wäre. Vielleicht hast Du erfahren, dass ich in den letzten 3 oder 4 Monaten beständig erhöhten Blutdruck hatte, sodass es schwierig war, selbst an Dich & Zami zu schreiben – den beiden Frauen, deren Liebe und Zuneigung mir stets Quelle der Kraft waren & die ich niemals enttäuschen möchte.

Sobald der Blutdruck sich wieder normalisierte, griff ich zu Feder & Papier, & hier ist Dein Brief, liebe Ayeshaben. Er überbringt Dir meine herzlichsten Glückwünsche zur Vollendung Deines ersten halben Jahrhunderts. Ich wünsche Dir ein langes Leben, das noch ins nächste Jahrhundert reicht, bleib eine Quelle der Kraft und Hoffnung für Ameen,[b] Shukri & Myomena[c] & alle Deine vielen Freunde. Ich habe den 6. 8. in die anwachsende Liste der Familiengeburtstage aufgenommen & werde den Tag nicht vergessen. Nebenbei bemerkt, ist dieser Tag so dicht am 5. 8., dem Tag meiner Verhaftung, dass ich die beiden Daten gleichsam als eines betrachte. Noch einmal: Meinen herzlichsten Glückwunsch, liebe *Ben*.[d]

Die Geburtstagskarte war so schick, dass ich sogar dachte, sie sei professionell gestaltet & die Botschaft von Muhammad Ali entworfen, so voller Schlagkraft und Witz war sie. Die liebevollen Gefühle, die Du dazu noch zum Ausdruck gebracht hast, machten mich stark wie einen Panzer & erwartungsvoll wie einen Bräutigam am Vorabend der Hochzeit. Bestimmt wirst Du mir einmal persönlich gratulieren können, & auf diesen Tag warte ich gespannt.

Vor einiger Zeit hat mir Zami von dem schönen Geschenk erzählt, das Du mir gemacht hast. Obwohl sie es mir ziemlich ausführlich beschrieben hat, konnte ich mir nicht vorstellen, wie schön es tatsächlich war, bis ich es anprobierte. Es passte genau, & gleich fühlte ich mich doppelt so groß & halb so alt. Ich umarme Dich. Von Zami hörte ich auch, dass Ameen die Hausarztpraxis aufgegeben hat & wieder im Kinderkrankenhaus arbeitet. Obwohl ihn seine Patienten sicherlich vermissen werden & das Gehalt deutlich niedriger sein wird, denke ich, dass diese Entscheidung viel für sich hat. Bei seinem Background und seiner Erfahrung dürfte er ein außerordentlich wertvoller Medizinguru sein. Die Behandlung von Kinderkrankheiten ist ein wesentlicher Teil des Arztberufs. Man lernt irgendwann, Krankheit, Schmerzen und Leiden bei Erwachsenen auszuhalten, aber zu sehen, wie ein unschuldiges Kind an einer körperlichen oder geistigen Behinderung leidet, ist, um das Mindeste zu sagen, sehr verstörend. Obwohl ich mit den komplexen Problemen in diesem Bereich nicht vertraut bin, hat ein Krankenhausarzt, abgesehen von seinem eigentlichen Studium der Pädiatrie, vermutlich mehr Zeit für die Theorie als ein vielbeschäftigter Allgemeinarzt.

Kürzlich blätterte ich im Familienalbum & betrachtete das Foto genauer, auf dem Du mit Ameen & den Kindern zu sehen bist. Ameen wirkt aufmerksam und professionell. An seinem Gesichtsausdruck erkennt man den Mann, der durch hartes Karatetraining gestählt ist & der den Erfolg im Leben zu genießen versteht, ohne es jedoch nach außen zu zeigen. Ich wünsche ihm alles Gute in seinem neuen Wirkungskreis und dass sein Entschluss ihm sowie seinen Patienten & dem Personal im Rot-Kreuz-Kinderkrankenhaus[e] ganz viel Freude bereitet. Dort wird er wahrscheinlich mit Mrs. Monica Kobus zusammenarbeiten, einer alten Freundin aus Fort-Hare-Zeiten.[f] Wenn dem so ist, bitte ihn doch, er möge ihre Familie herzlich von mir grüßen.

Ich dachte gerade an Dich und Deinen Fünfzigsten, als ich vor ein paar Tagen eine Radiosendung über Langlebigkeit hörte, in der es besonders um Hundertjährige ging. Der Sprecher stellte die Lage in England dar & betonte, dass die Zahl dieser Menschen beträchtlich angestiegen sei, und zwar hauptsächlich seit Einführung des staatlichen National Health Scheme[g] in diesem Land. Ich war einigermaßen überrascht, wenngleich auch angenehm, zu hören, dass Senilität ein Problem ist, dem selbst bei Menschen in so hohem Alter noch medikamentös beizukommen ist. Ich hatte bis jetzt immer Senilität mit Alter gleichgesetzt & angenommen, dass die geistigen Fähigkeiten unweigerlich mit dem Alter abnehmen. Doch offenbar ist das nicht unbedingt der Fall.

Aber kommen wir auf den Boden der Tatsachen zurück. Schön zu hören, dass Myomena & Shukri gute schulische Fortschritte machen. Nach dem Foto zu urteilen, werden sie sehr schnell größer, & der Unterschied zwischen den Aufnahmen in der Burnwood Rd. & dem Foto, das Du mir geschickt hast, ist ziemlich auffällig. Wie gerne würde ich sie von Angesicht zu Angesicht sehen und mit ihnen plaudern, so wie sie jetzt sind; das wäre mir eine große Freude, & das vermisse ich so sehr. Bitte richte ihnen meine herzlichsten Grüße aus.

Ich war der Meinung, ich hätte Dir dieses Jahr einmal geschrieben, um Dir zu sagen, dass ich mich, im Gegensatz zu Behauptungen der Presse in der Zeit der Allgemeinen Wahlen im April, in denen es hieß, ich sei krank, in Wirklichkeit sehr gesund fühle. Aber bei der Durchsicht meines Briefordners fand ich keinen Beweis dafür, dass ich Dir tatsächlich geschrieben hätte.

Auch beim Lesen der Presseerklärungen, die die Gerüchte in die Welt gesetzt hatten & die Zami & die Kinder beunruhigten, überkam mich ein Gefühl des Wohlbefindens. Trotzdem unterzog mich Dr. Coetzee, der Distriktarzt, einer Untersuchung, die ich als Laie für gründlich hielt. Kurz darauf untersuchte mich Dr. Le Roux, der auch Vorlesungen an der Tygerberg-Klinik[h] hält, noch eingehender. Beide erklärten mich für gesund. Am 8. [?], dem Tag, an dem ich Deine Einladung & Deine Geburtstagskarte bekam, wurde ihr Befund von Dr. Jorg Nagel vom IRC[i] bestätigt. Ich glaube, so eine Krankheit kann heimtückisch sein & einen zerfressen, ohne dass das Opfer oder der Medikus etwas davon merkt. Trotzdem fühle ich mich ganz gesund & in bester Stimmung.

Vielen Dank für die schönen Aufnahmen, die Du geschickt hast; sie sind alle gut gelungen, & jede einzelne gefällt mir sehr gut. Aber warum ist ein so generöser Mensch diesmal so knauserig? Ich dachte, ich bekäme einen ganzen Stapel. Außer dem Foto, auf dem Du mit Ameen & den Kindern drauf bist, sind alle verschwunden. Nicht einmal das von Dir mit Zami konnte ich retten.

Zum Schluss möchte ich Dir, liebe Ayeshaben, sagen, dass ich stets mit Freuden an Dich, Ameen & die Kinder denke. Und noch mehr macht es mir Freude, Dir zu schreiben. Alles, alles Liebe und tausend Küsse

Ganz herzliche Grüße
Nelson

------------------------

a   Dr. Ayesha Arnold war Ärztin in Kapstadt; bei ihr wohnten Mandelas Frau und Kinder, wenn sie ihn im Gefängnis besuchten. Sie war befreundet mit Fatima Meer (siehe «Personen, Orte, Ereignisse»).
b   Ameen Arnold, ihr Mann und ebenfalls Arzt.
c   Die Kinder der Arnolds.
d   *Ben* bedeutet «Schwester» auf Gujarati.

e  Red Cross Children's Hospital in Kapstadt.
f  University College of Fort Hare. Mandela besuchte Fort Hare ab 1939 und wurde 1940
   ausgeschlossen, weil er sich bei einer Protestaktion beteiligt hatte.
g  Das staatliche Gesundheitssystem in Großbritannien und Irland (A. d. Ü.).
h  Tygerberg Hospital in Kapstadt.
i  Möglicherweise das Internationale Rote Kreuz.

*Die meiste Zeit seiner Haft musste Mandela an verschiedene Regierungsbehörden schreiben, angefangen bei der Polizei bis hinauf zum Justizminister, in dem verzweifelten Bemühen, seine Frau zu beschützen. Von seiner Verhaftung bis zu seiner Freilassung war Winnie Mandela einer permanenten Verfolgung durch das Apartheidregime ausgesetzt. Von den Anschlägen auf seine Frau erfuhr ihr Mann nur aus den paar Briefen von ihr, die durchkamen, von Anwälten und später über die Medien. Seine Ohnmachtsgefühle müssen erdrückend gewesen sein in der Zeit, als er so wenig für sie tun konnte, und er konnte sich allenfalls vorstellen, was sie durchmachen musste. Dazu kam die Angst um die Sicherheit ihrer Kinder.*

**An Major-General Coetzee, Südafrikanische Polizei
Pretoria**

NELSON MANDELA: 466/64                    Robben Island
                                         27. November 1981

Sehr geehrter Herr General,
in den vergangenen 12 Jahren war meine Frau ständigen Schikanen und sogar systematischer Verfolgung durch Angehörige der Sicherheitspolizei ausgesetzt, und in nicht weniger als drei Fällen wurde sie von dieser Polizei tätlich angegriffen. Aufgrund dieses Vorgehens und in der Annahme, dass kein leitender Beamter des Justiz- oder des Polizeiministeriums davon Kenntnis haben und erst recht nicht diese Praktiken sanktionieren oder dulden könnte, schrieb ich an Mr. Pelser,[a] den damaligen Justizminister, danach an Mr. Kruger,[b] seinen Nachfolger im Amt, und machte sie auf dieses Vorgehen aufmerksam. Ich forderte sie auf, die Polizei anzuweisen, in Ausübung

ihrer Pflichten nicht das Gesetz zu übertreten. In keinem Fall hielt man es für nötig, mir wenigstens eine Bestätigung meines Schreibens zukommen zu lassen, und die Schikanen gingen unvermindert weiter. Abgesehen davon, dass ich die Angelegenheit bereits zwei Kabinettsministern vorgetragen habe, und ungeachtet der Vorhaltungen, die Ihrem Ministerium von den gesetzlichen Vertretern der Familie immer wieder gemacht wurden, sowie der Bemühungen meiner Frau, die unabhängig davon in die gleiche Richtung gingen, vermutete ich die ganze Zeit, dass Sie persönlich vom diesbezüglichen Fehlverhalten der Polizei möglicherweise keine Kenntnis hatten.

Aber nun geht es unmittelbar um die Schikanen, denen meine Frau durch die Polizei von Brandfort[c] – namentlich durch die Sgts. Prinsloo, De Kock und Ramolohloane – ausgesetzt ist, auf die ich Sie besonders hinweisen möchte. Es scheint, als nähme die Feindseligkeit der Polizei ihr und der Familie gegenüber zu, weil die Auflagen gemäß dem Internal Security Act von 1950 demnächst aufgehoben werden. Der Zusammenhang ist eindeutig. Hierzu liegt die Kopie eines Schreibens bei, das mir von meiner Frau am 26. September 1981 zugesandt wurde und für sich selbst spricht.

Der in Abschnitt (3) der beiliegenden Erklärungen erwähnte Antrag ist der beim Obersten Gerichtshof in Bloemfontein eingereichte Dringlichkeitsantrag, die Polizei möge es unterlassen, meine Tochter daran zu hindern, im Haus meiner Familie in Brandfort Gäste zu empfangen.

Bezüglich des Abschnitts (2) dieser Erklärung teile ich Ihnen mit, dass Mr. Malefane[d] am 29. September 1981 für unschuldig erklärt und vom Gericht freigesprochen wurde.

Am 2. Oktober erhielt ich das folgende Telegramm von meiner Frau:

«Ramolohloane, Mbanyane und De Kock montierten Teile des Wagens ab und ließen die Luft aus den Reifen. Klage gegen Malefane abgewiesen. Erwäge, gegen Behörde und Polizei vorzugehen.»

Natürlich steht es der Polizei frei, Wagenteile abzumontieren oder Luft aus Reifen zu lassen, wenn sie annehmen muss, solche Maßnahmen seien aus Sicherheitsgründen notwendig. Doch sie ist gesetzlich verpflichtet, danach den Wagen wieder in den vorigen Zustand zu versetzen. Ihn demontiert und mit platten Reifen stehen zu lassen, überschreitet ihre vom Gesetz vorgesehenen Befugnisse. Hinzu kommt, dass die Polizei von Brandfort, insbesondere Sgt. Prinsloo, etliche Strafanzeigen gegen meine Frau erstattet hat, die sämtlich von den Gerichten abgewiesen wurden. Nach dem, was meine Frau berichtet, ist klar, dass er verbittert und auf Rache aus ist, weil es ihm nicht gelungen ist, einen Schuldspruch zu erreichen. Alles, was mir meine Frau in den vergangenen vier Jahren über das Verhalten von Sgt. Prinsloo berichtet hat, lässt darauf schließen, dass er zu offensiver Haltung und ausfälliger Ausdrucksweise neigt. Hierzu verweise ich auf Abschnitt (1) der Erklärung, wo aus Gerichtsprotokollen zitiert wird, denen zufolge er stockbetrunken war, als er eine Razzia bei meiner Familie durchführte.

Ferner füge ich hinzu, dass mir meine Frau bei ihrem Besuch am 21. November 1981 mitteilte, Sgt. Prinsloo habe bei seiner letzten Hausdurchsuchung Andeutungen gemacht, die darauf hinwiesen, dass er von unserem Vorhaben erfahren hatte, bei seinen Vorgesetzten sein Verhalten anzuzeigen, woraufhin er weitere Drohungen gegen meine Frau in seiner üblichen aggressiven Manier äußerte. Meiner Frau und mir ist unklar, woher er diese Information hatte; obwohl ich bereits an den Commissioner of Prisons geschrieben und ihn um die Genehmigung gebeten hatte, mit Ihnen in Verbindung zu treten, erfuhr er von meiner Korrespondenz, bevor mir gesagt wurde, ich könne Ihnen schreiben.

Wie dem auch sei, ich unterbreite Ihnen den ganzen Vorgang in der Hoffnung, dass Sie es ganz und gar nicht für wünschenswert halten, dass nachtragende Polizeibeamte, die das Gesetz nicht einhalten und deren Verhalten dermaßen abstoßend ist, mit der Aufgabe betraut werden, Recht und Ordnung in einer kleinen, abgelegenen Dorfgemeinde zu wahren, wo es kaum eine Sanktion zur Eindämmung polizeilicher Disziplinlosigkeit gibt.

Ich möchte Sie noch auf einen weiteren Aspekt hinweisen. Meine Frau darf mich gemäß den Gefängnisbestimmungen zweimal im Monat besuchen. Gelegentlich kommt es vor, dass die Fähre auf die

Insel aufgrund widriger Witterungsbedingungen ihren Betrieb einstellt. Obwohl andere Besucher dann auf bessere Wetterverhältnisse warten dürfen, muss meine Frau am vom Distriktrichter festgelegten Tag wieder zurück nach Brandfort, gleichgültig, ob sie mich besuchen konnte oder nicht.

Außerdem möchte ich hinzufügen, dass sie vorhat, mich über die Weihnachtstage zu besuchen, und auch beantragt hat, am 2. oder 3. Januar 1982 wieder nach Hause zu fahren. Da die beiden Zeitabschnitte sechs Tage auseinanderliegen, möchte sie gerne die Woche nach Weihnachten in Kapstadt verbringen, um unnötige Ausgaben zu vermeiden. Ich hoffe, Sie können mit dem Justizministerium vereinbaren, dass sie die fragliche Zeit in Kapstadt bleiben kann.

Hochachtungsvoll
[Unterzeichnet NRMandela]
NELSON MANDELA

[Im Anschluss an diesen Brief folgt die beigefügte Erklärung in M.s Handschrift]

Erklärung bezüglich bestimmter Problembereiche in unserem Haushalt, die mein Mann bei einem Besuch auf Robben Island am 26. September 1981 gewünscht hat.

1. Nach dem Verfahren vom 24. August 1981, das der Staat verlor, erklärte ich in meiner Aussage vor Gericht, dass Sgt. Prinsloo in betrunkenem Zustand die Haussuchung leitete und ich dabei selbst und Angehörige meines Haushalts erneut übermäßig schikaniert wurden. Das Gericht bestätigte, dass Matthews Mabitsela zu meinem Haushalt gehört.

2. Seitdem wurde ich einmal in den frühen Morgenstunden überfallen; ein gewisser Sgt. De Kock forderte mich erneut auf, die Namen der Gäste anzugeben, und drohte mit deren Verhaftung; außerdem filzte er die Leute, die meinen Wagen reparierten und die er auf meinem Grundstück bei der Arbeit sah.

3. Während meines letzten Besuchs im August wurden Sgt. De Kock und Sgt. Ramolohloane, der im Besuchsantrag meines

Mannes für unsere Tochter Zindzi namentlich genannt ist, gesehen, wie sie Teile des Autos abmontierten, was zur Folge hatte,
dass es [viele Stunden] am Flughafen festsaß. Das Gleiche geschah bei meinem nächsten Besuch an obigem Datum.

4. Besonders große Sorgen mache ich mir wegen unserer Tochter
Zindzi. Etliche Studenten aus Bloemfontain, die festgenommen
und verhört worden waren, berichteten mir, man habe sie zu
unserer Tochter verhört und erklärt, man wisse, dass sie von ihr
«vergiftet» worden seien und dass man sie «entfernen» werde.

5. Zu Hause erhielt Zindzi vulgäre anonyme Telefonanrufe von
Afrikaans sprechenden Anrufern in der Art wie: «Wie wär's mit
einer Kugel zwischen die Augen?»

6. Da mir die Erlaubnis verweigert wurde, ihre Papiere zu besorgen,
habe ich zahlreiche Freunde um Hilfe gebeten, die mit ihr und
einigen unserer Verwandten zu mehreren Stellen gingen, damit
sie wieder zur Schule gehen konnte. Diesen Leuten gelang es,
ihren «Pass» zu besorgen und ein Reisedokument zu bekommen.
Daraufhin ging sie an die Universität in Swasiland.

7. Meine Familie in Orlando berichtet von beinahe täglichen Schikanen, sie wird befragt zu Zindzis rechtsgültigem Reisedokument, wie sie dazu gekommen sei, was sie in Swasiland mache, an
welchem Wochenende sie nach Hause kommen werde, wo sie die
Ferien zu verbringen gedenke. Allein von einem Mr. Claasen
wird berichtet, er sei bei diesen Verhören höflich gewesen.

8. Die Anrufe hörten in Swasiland nicht auf, wo sie mitten aus einer
Vorlesung herausgeholt und am Telefon beleidigt wurde.

9. Lt. General Johan Coetzee sagte mir persönlich, wie lästig ihm
die Kommunikation von Anwälten in Familienangelegenheiten
sei, weswegen ich zahlreiche Anträge und Eingaben sowohl über
Mr. de Waal[e] und Mr. Ismail Ayob sowie den örtlichen Richter
einreichte, die Lt. General Coetzee auffordern sollten, diese
Dinge zu klären. Er hielt es nicht einmal für nötig, zu antworten.

10. Ich richtete außerdem zahlreiche Bitten an meinen Mann, in
seiner Eigenschaft als Familienoberhaupt zu versuchen, einzugreifen. Ich erfahre, dass er selber gravierende Probleme mit der
derzeitigen Gefängnisleitung hat, nicht einmal seine Briefe werden

zur Kenntnis genommen. Mit der Belegschaft auf Robben Island hat er hingegen keine Schwierigkeiten.

11. Matthews Malefane[f] sieht sich nun erfundenen Anklagen gegenüber, die alle von den Sicherheitsdiensten initiiert sind; vorgeworfen werden ihm:

   a) Verkehrsdelikte
   b) mir bei [L]efty Smiths[g] Begräbnis in Bloemfontein eine Botschaft vorgelesen zu haben
   c) sich in Brandfort ohne Genehmigung aufzuhalten
   d) Betrug begangen zu haben, weil er New Location 802 als seine Adresse angab, obwohl er dort keine Aufenthaltserlaubnis hatte.

   Der erste Anklagepunkt kommt am 29. September 1981 zur Verhandlung

12. Afrikaans sprechende Beamte riefen Mrs. Phehlane an, die Frau des örtlichen Ladenbesitzers, und baten sie, mich ans Telefon zu holen. Am anderen Ende der Leitung hieß es: «Ich bin's, Mandela, hol sie ans Telefon. Man hat mich freigelassen», dann wird sie beschimpft.

13. Es gibt weiterhin zahlreiche Berichte von Freunden und Unbekannten aus dem ganzen Land, die festgenommen, gefoltert und über mich ausgefragt werden.

[Unterzeichnet NOMZAMO Z W MANDELA]

------------------------

a   Siehe die Briefe vom 14. September 1970 und vom 19. November 1970, S. 249–251 und 256 f.
b   Siehe die Briefe vom 13. und 25. Mai 1974 und 12. Februar 1975, S. 320–335, 335 f. und 354–357.
c   Winnie Mandela wohnte immer noch in der ländlichen Township Brandfort im Oranje Freistaat (heute Free State), wohin sie 1977 verbannt wurde. Dort lebte sie bis 1985.
d   M. K. Malefane, ein Freund der Familie.
e   Piet de Waal in Brandfort; seine Frau Adele war mit Winnie Mandela befreundet.
f   M. K. Malefane.
g   Aus Mandelas Schrift ist nicht ersichtlich, ob es «Lefty» oder «Jefty» heißt.

# Hochsicherheitsgefängnis Pollsmoor

- - - - - - - - - -

März 1982 bis August 1988

-------------

Am 31. März 1982 wurden Nelson Mandela, Walter Sisulu, Raymond Mhlaba und Andrew Mlangeni\* von Robben Island in das Hochsicherheitsgefängnis Pollsmoor auf dem Festland verlegt, wo sie sich eine große Gemeinschaftszelle teilten.

Kurz nach ihrer Ankunft schrieb Mandela an die «Küchenabteilung», um das zuständige Personal über seine Diätvorschriften zu informieren\*\*, dann an seine Anwälte, falls sie von seiner Verlegung in ein anderes Gefängnis keine Kenntnis bekommen hatten. Am 21. Oktober desselben Jahres kam Ahmed Kathrada dazu. Mandela wurde nie aufgeklärt, warum sie alle verlegt worden waren. Auf seine Frage wurde ihm vom Commanding Officer nur erklärt, er könne es ihm nicht sagen.

«Ich war unruhig und verwirrt. Was hatte das zu bedeuten? Wohin würde man uns bringen? Wenn man im Gefängnis einen Befehl bekommt, kann man nur bis zu einem gewissen Punkt Fragen stellen und sich widersetzen, dann muss man ihn befolgen. Es hatte keine Warnung, keine Vorzeichen gegeben. Ich war seit über achtzehn Jahren auf der Insel, und jetzt sollte ich sie so plötzlich verlassen?

Man gab jedem von uns mehrere große Pappkartons, in denen wir unsere Sachen verstauen sollten. Alle Habseligkeiten, die sich in fast zwei Jahrzehnten angesammelt hatten, passten in diese paar Schachteln. Das Packen dauerte kaum mehr als eine halbe Stunde.»[56]

Pollsmoor Prison, ein ausgedehnter Gebäudekomplex aus Sichtbackstein am Fuß der Berge hinter Kapstadt, mit Betten und besserer Verpflegung, brachte in gewisser Hinsicht eine Verschlechterung der Lebensumstände der Männer mit sich. Den Gang ins

-------------------------

\* Siehe hierzu «Personen, Orte, Ereignisse».
\*\* Mandela achtete peinlich genau auf seine Ernährung und verlangte eine salzfreie Kost.

Freie vom Zellenblock in den Steinbruch oder hinunter zum Strand, um Seegras zu ernten, gab es nicht mehr. Getrennt von den übrigen Gefängnisinsassen, waren sie im Dachgeschoss in einer Zelle untergebracht und konnten nur von ihrer Terrasse aus den Himmel sehen.


## An den Head of Prison, Hochsicherheitsgefängnis Pollsmoor

D220/82:[a] NELSON MANDELA


An die Küche

Bitte nehmen Sie zur Kenntnis, dass ich aus Gesundheitsgründen auf salzlose Diät gesetzt bin. Das gleiche gilt für Eier.
[Gezeichnet NR Mandela]
[ohne Datum, aber handschriftlich von Gefängnisbeamten datiert auf
20. 4. 82]

[Vermerk in anderer Schrift auf Afrikaans]
Erledigt
[Unterzeichnet W/O[b] Venter]

---------------------------

a   In Pollsmoor bekam er eine neue Häftlingsnummer (siehe hierzu S. 18 f.).
b   Warrant Officer.


## Head of Prison, Hochsicherheitsgefängnis Pollsmoor

D220/82: NELSON MANDELA


21. 1. 83

Zu Händen von Captain Zaayman

Ich ersuche Sie noch einmal, Ermittlungen anzustellen wegen des Briefes von Prof. Carter[a] an mich, wegen der Zensur des Briefes von

Mrs. Mgabela[b] sowie wegen der drei unten genannten Fälle. Ich wiederhole diese Bitte in der Hoffnung und Zuversicht, dass Sie sich diese Fragen noch einmal mit der Unvoreingenommenheit und dem Verständnis vornehmen, die ihnen zukommen.

Ich möchte betonen, dass Ihre Antwort auf meine Einsprüche nahelegt, dass Sie mich trotz meiner Sorgfalt und Geduld bei der Darlegung der ganzen Angelegenheit nicht verstanden haben und Ihre Untersuchungen folglich in die Irre gingen.

### 1. Brief von Prof. Carter

Als ich bei den zwei vorhergehenden Gelegenheiten diese Sache mit Ihnen ansprach, verwies ich darauf, dass Prof. Carter mir im Mai letzten Jahres geschrieben hatte, nachdem sie in der Presse gelesen hatte, dass ich in das hiesige Gefängnis verlegt worden war. Ich wies auch darauf hin, dass der Brief wahrscheinlich in irgendeinem Büro in dieser Anstalt lag und Sie ihn vielleicht bei gründlicher Nachforschung selbst ausfindig machen könnten.

Doch neulich las mir der diensthabende Wärter dieser Abteilung eine angeblich von Ihnen stammende Nachricht vor, die besagte, das Gefängnis auf Robben Island habe Ihnen mitgeteilt, es sei kein Brief von Prof. Carter bei ihnen eingegangen. Da ich Ihnen ausdrücklich erklärte, dass der Brief an das hiesige Gefängnis adressiert war, verstehe ich nicht, warum Robben Island ins Spiel gebracht wurde. Ich muss Sie daher bitten, sich dieser Sache noch einmal anzunehmen und mir das Ergebnis Ihrer Nachforschung zu gegebener Zeit mitzuteilen.

### 2. Brief von Mrs. Mgabela

Auf meine diesbezügliche Anfrage haben Sie gar nicht geantwortet. Aber in der Mitteilung, die mir der diensthabende Wärter vorlas, war eine Nachricht an Mr. Magubela, die anscheinend Ihre Antwort auf eine frühere Anfrage von mir in derselben Sache war.

Sie werden sicher Verständnis dafür haben, dass es mir nicht leichtfällt, angesichts der jetzt dastehenden Worte, die von den Zensoren für anstößig erachtet wurden, Stellung zu nehmen. Ganz klar ist jedoch, dass weder Ihr Versäumnis, mir zu antworten, noch Ihr Irrtum ein Beweis dafür sind, dass Sie der Sache nicht die Aufmerksamkeit geschenkt haben, die ihr zukommt.

### 3. Brief von Mrs. Njongwe[c]

Ungefähr eine Woche vor Weihnachten bekam ich eine Karte von Mrs. Njongwe, in der sie mir einen Brief ankündigte. Ich bitte Sie, mir mitzuteilen, ob dieser Brief angekommen ist oder nicht.

### 4. Hauptargumente in meinem Verfahren gegen den Minister of Prisons[d]

Auch hier sind Sie die Antwort schuldig geblieben.

Sie wissen, dass dies ein anderes Thema ist als das, welches Sie nach Pretoria weitergeleitet haben.

### 5. Brief von Mrs. Mandela

Als mich meine Frau an Weihnachten besuchte, brachte sie mir einen an sie adressierten Brief einer Frauenorganisation in den USA. Als ihr verweigert wurde, ihn mir zu zeigen, versprach sie, ihn mir per Post aus Kapstadt zu schicken. Bitte teilen Sie mir mit, ob dieser Brief eingegangen ist.

Abschließend möchte ich darauf hinweisen, dass mir wirklich sehr viel daran liegt, diese und andere Dinge abzuklären, die in Ihre unmittelbare Zuständigkeit fallen, und nicht den Commanding Officer mit Dingen zu belasten, die Sie ohne weiteres zufriedenstellend regeln können. In diesem Sinne bitte ich Sie, sich damit zu befassen, und es ist zu hoffen, dass Sie sie auch in diesem Sinne regeln.

[Unterzeichnet NRMandela]

[Vermerk in anderer Schrift] Warrant Officer. Weitergeleitet an Captain Zaayman.
[Unterzeichnet]
25.2.83

------------------------

a  Prof. Gwendolen M. Carter (1906–1991), kanadisch-amerikanische Politikwissenschaftlerin, Spezialgebiet Afrika; Wohltäterin.

b  Vielleicht handelt es sich um die Frau von Patrick Magubela (gest. 2009), Führungskader des MK, der 1990 von Robben Island freikam.

c  Connie Njongwe, Frau von Jimmy Njongwe (1919–1976), Arzt, Mitglied der ANC-Führung und Organisator der Missachtungskampagne im Ostkap.

d  Mandela brachte gegen den Minister of Prisons eine Klage ein, als für seine Anwälte bestimmte Dokumente beschlagnahmt wurden.

## An den Head of Prison, Hochsicherheitsgefängnis Pollsmoor

D220/82: N. MANDELA

25. 2. 83

<u>Zu Händen von Major Van Sittert</u>

Der diensthabende Wärter teilt mir mit, dass Sie ihn angewiesen haben, für mich keine Kopfbedeckung aus Wolle zu beschaffen, dass es mir stattdessen gestattet ist, aus den verschiedenen, vom Prisons Department gestellten Mützen eine passende auszuwählen.

Ich hoffe, Sie können Ihre Entscheidung noch einmal überdenken und missachten nicht die Empfehlungen eines Facharztes sowie eines hier im Gefängnis praktizierenden Allgemeinarztes; diese Empfehlungen beruhen auf medizinischen und humanitären sowie auf Gründen der Zweckmäßigkeit.

Verband und Naht meiner Kopfverletzung[a] wurden am 14. Februar entfernt, und seither kämpfe ich um eine geeignete Kopfbedeckung. Es ist, gelinde gesagt, Gleichgültigkeit von Seiten dieses Departments, mir so lange Zeit einen Gegenstand zu verweigern, der meiner Genesung förderlich wäre.

Ich habe bereits versucht, einen vom Gefängnis gestellten Hut zu tragen, der sich als völlig ungeeignet erwiesen hat. Er bewirkt nur, dass die ohnehin empfindliche Wunde noch empfindlicher ist, abgesehen davon, dass ich mit einem Hut auf dem Kopf nicht schlafen kann.

Ich bin zuversichtlich, dass Sie Ihre Amtsbefugnis nicht dazu gebrauchen, mich zur Karikatur zu machen, indem Sie mich zwingen, meiner Familie und meinen gesetzlichen Vertretern ohne geeignete Kopfbedeckung gegenüberzutreten.

[Unterzeichnet NR Mandela]

--------------------------

a  Am 2. Februar 1983 trug Mandela in seinen Schreibtischkalender ein, dass er zur Behandlung seines Zehs und seiner Wunde am Hinterkopf ins Woodstock-Hospital eingewiesen wurde. Weitere Details dazu fehlen.

**An Russel Piliso, Mandelas Schwager, Ehemann seiner Schwester Leabie[a]**
**Tsolo, Transkei**
[Übersetzt aus dem isiXhosa]

D220/82: N. Mandela

29.6.83

Lieber Schwager,
von Miss Leabie erhielt ich die Rückmeldung über Deine Rolle bei der Bestattung meiner Schwester Baliwe. Ich erhielt die Nachricht von ihrem Tod per Telegramm von Bambilanga,[b] auf das ich sogleich antwortete. Miss Leabies Brief kam erst an, nachdem ich mein Dankesschreiben an Bambilanga abgeschickt hatte. Ich möchte Dir nur eines sagen, nämlich die Worte unserer Altvorderen: «*nangamso*».[c] Natürlich weißt Du, dass meine derzeitige Lage es nicht erlaubt, mehr zu sagen; nimm bitte trotzdem mein aufrichtiges Beileid entgegen.
Noch einmal: Ich danke Dir.
Bitte grüße Miss Leabie, Phathiswa[d] und die übrigen Familienangehörigen ganz herzlich von mir.

Dein Madiba
9.3.84. Dieser Brief wurde am 29.6.83 geschrieben

--------------------------

a  Leabie Makhutswana Piliso (1930–1997).
b  Bambilanga (auch als Nxeko bekannt) ist der Bruder von König Sabata Jonguhlanga Dalindyebo, Paramount Chief der Transkei.

c   Ein isiXhosa-Wort, das tiefe Dankbarkeit gegenüber einem Menschen ausdrückt, der mehr als seine Pflicht getan hat.

d   Möglicherweise Leabie Pilisos Tochter.

## An Adele de Waal, Freundin von Winnie Mandela

D220/82: NELSON MANDELA

29.8.83

Liebe Adele,

[Verfasst auf Afrikaans]

Meine Kenntnisse in Afrikaans sind schlecht, und mein Wortschatz lässt sehr zu wünschen übrig. In meinem Alter ist es schwer, Grammatik zu lernen und die Syntax zu verbessern. Es wäre eine Katastrophe, diesen Brief auf Afrikaans zu schreiben, deshalb hoffe ich sehr auf Dein Verständnis, dass ich ins Englische wechsle.

[Ab hier in Englisch] Zami hat mir mehrfach berichtet, wie sehr Du und Piet[a] in den vergangenen 6 Jahren an ihren Problemen Anteil genommen habt. Obwohl ich sie immer wieder bat, meine Wertschätzung für Dich zu übermitteln, bietet sich mir jetzt die Gelegenheit, mich für die schönen und wertvollen Bücher, die ihr mir geschickt habt, persönlich zu bedanken.

Gewiss war es für sie in ihrem Alter nicht leicht, ihr Zuhause aufzugeben und ein neues Leben in einer fremden Umgebung zu beginnen, in der sie keine Möglichkeit hatte, ihren Lebensunterhalt zu verdienen. So betrachtet war das Echo der Freunde aufs Ganze gesehen wunderbar und half ihr, die innere Stärke aufzubringen, sich in das Unvermeidliche zu fügen. Es war für uns ein besonderes Glück, auf die Freundschaft einer Familie zählen zu können, die direkt vor Ort ist und an die sie sich wenden kann, wenn unmittelbare Probleme auftauchten. [Auf Afrikaans] Du und Piet habt wesentlich dazu beigetragen, dass sie relativ sicher und glücklich leben konnte. [Auf Englisch] Ich hoffe sehr, euch eines Tages in eurem Dorf besuchen und mich herzlich für alles bedanken und mit euch plaudern zu können.

[Auf Afrikaans] Das Buch *Witness to Great Times* von Schalk Pienaar nehme ich immer wieder zur Hand. Auf Seite 13 wird ein Farmer mit Namen Pieter de Waal erwähnt, der 1938 an dem Ochsenwagentreck nach Monument Hill teilnahm. Im Buch heißt es, es sei ihm gelungen, eine Gruppe störrischer Voortrekker in Oggies im Freistaat zur Raison zu bringen. Vielleicht war das Piets Vater oder Großvater.

[Auf Englisch] Immer, wenn Piets Name erwähnt wird, besonders wenn ich einen Brief von ihm bekomme, fällt mir unwillkürlich ein Freund namens Mr. Combrink ein, der draußen wahrscheinlich eine gutgehende Kanzlei führt. Zum letzten Mal sah ich ihn vor 30 Jahren, als er nachts in einer Molkerei und am Tag als Anwaltsgehilfe arbeitete. Vielleicht kann Piet ihn von mir grüßen, falls er ihm begegnet.

Inzwischen grüße ich Dich, Piet und die Kinder ganz herzlich und hoffe, Deiner Tochter geht es gut in England.

Viele Grüße
Nelson

------------------------

a   Petrus Johannes de Waal (1932–2001), Anwalt mit einer Kanzlei in Brandfort. Dort traf ihn Winnie Mandela in der Zeit ihrer Bannung. Sie freundeten sich an. Er war ein Freund des Justizministers Kobie Coetsee. Die Freundschaft Winnie Mandelas mit diesem Ehepaar war angeblich von einiger Bedeutung für Coetsee, als dieser Ende 1985 Mandela im Krankenhaus besuchte. Mandela regte damals Gespräche mit der Regierung an, die dann im Jahr darauf auch begannen.


**An den Commissioner of Prisons**
**Pretoria**

[Dieser Brief ist in Ahmed Kathradas Handschrift geschrieben, aber von Mandela unterschrieben.]


6. Oktober 1983

Sehr geehrter Herr,
Von den örtlichen Behörden wurde uns mitgeteilt, dass nach der Weisung des Prison Headquarters Häftlingen, die zu Ärzten, ins Krankenhaus, ins Gericht etc. gebracht werden, in Zukunft Handschellen

und Fußfesseln angelegt werden. Es hieß, dies gelte für alle Gefangenen, d. h. für Häftlinge in Sicherheitsverwahrung[a] ebenso wie für gewöhnliche Strafgefangene.

Wir möchten Sie dringend ersuchen, diese Anordnung in Bezug auf
die Häftlinge in Sicherheitsverwahrung zu überdenken und die jetzige Regelung beizubehalten.

Im Lauf der 20 Jahre, die wir im Gefängnis zugebracht haben, gab es
viele Veränderungen in Bezug auf unsere Behandlung. Früher wurden wir von Robben Island nach Kapstadt in Handschellen gebracht,
aber vor einigen Jahren wurde dies abgeschafft. Das begrüßten wir
und wussten es zu schätzen, so wie wir alle Änderungen begrüßten,
die dazu angetan waren, die Härte des Gefängnislebens zu mildern
und unsere Haft erträglicher zu machen. Von besonderer Bedeutung
für uns war die Aufhebung von Praktiken, die nicht nur überholt,
sondern auch unnötig belastend und demütigend waren.

Wir wollen nicht die allgemeinen Sicherheitsmaßnahmen des Prisons
Department kommentieren, möchten jedoch einige Bemerkungen
zur Begründung unseres Antrags vorbringen.

1) Unseres Wissens gab es während unserer gesamten Haftzeit keinen einzigen Fall, in dem ein Gefangener, der aus medizinischen
   Gründen nach Kapstadt eskortiert wurde, geflüchtet wäre oder
   auch nur den Versuch gemacht hätte.

2) In den eineinhalb Jahren, die wir jetzt hier in Pollsmoor sind, war
   ausnahmslos jeder, der aus dem Gefängnis gebracht wurde, von
   vier oder mehr zum Teil bewaffneten Wärtern begleitet worden.
   Häufig waren diese noch verstärkt durch einen Angehörigen der
   Sicherheitspolizei.

3) Dieses aufwendige Verfahren wurde trotz unseres fortgeschrittenen Alters und unserer körperlichen Verfassung strengstens eingehalten.

4) Aus unserer Sicht sind und bleiben solche Verfahren ausreichend,
   und zusätzliche Zwangsmaßnahmen sind völlig überflüssig, außerdem belastend und demütigend. Erschwerend kommt hinzu,
   dass in der Öffentlichkeit beim Anblick von Gefangenen in Handschellen große Neugier und Aufmerksamkeit erweckt wird.

5) Wir sind überzeugt, dass die Behörden von Robben Island wie

auch von Pollsmoor unserem Einwand Recht geben müssen, dass den Gefangenen nicht vorgeworfen werden kann, sie hätten die «Arztausflüge» missbraucht.

6) Uns gegenüber wurde betont – und erst kürzlich mit größerem Nachdruck –, dass kein Unterschied in der Behandlung der Häftlinge bestehe, ob es sich um gewöhnliche Strafgefangene oder Häftlinge im Hochsicherheitstrakt handele.

7) Mit Verlaub, Sir, möchten wir Sie daran erinnern, dass dies nicht ganz den Tatsachen entspricht. Den Gefangenen im Hochsicherheitstrakt wird beispielsweise die Vergünstigung des Kontaktbesuchs verwehrt, und ganz allgemein, selbst wenn sie in die Gruppe A eingestuft sind, leiden sie unter Einschränkungen im Alltagsleben. Vielleicht noch wichtiger ist Folgendes: Den Gefangenen im Hochsicherheitstrakt werden generell die Möglichkeiten des Straferlasses und des Hafturlaubs verweigert, die anderen Gefangenen zugestanden werden. Wir glauben, dass die wenigen, denen diese Strafunterbrechung gewährt wurde, zwischen ein paar Wochen und mehreren Monaten Haftverschonung erhielten.

8) Da unterschiedliche Behandlung nun einmal Tatsache ist, ist unsere Meinung, dass es keinen Grund dafür gibt, Gefangene im Hochsicherheitstrakt nicht von den Bestimmungen bezüglich Handschellen und Fußfesseln auszunehmen.

9) Vom gesundheitlichen Standpunkt aus halten wir diese neuen Verfügungen für eine eindeutige Benachteiligung. Einige von uns leiden unter Bluthochdruck, und da ist es wichtig, dass wir auf der Fahrt zum Facharzt gelöst und ganz entspannt sein können. Höchstwahrscheinlich wirken sich durch Handschellen bedingte Demütigung und Verärgerung nachteilig auf unseren Blutdruck aus. Insofern konterkariert diese Maßnahme in gewisser Hinsicht gerade den Sinn der Konsultation beim Facharzt.

Wir erklären bei allem Respekt, dass wir keinen einzigen plausiblen Grund erkennen können, warum die neue Restriktionsmaßnahme auf uns Anwendung finden sollte, und wir appellieren noch einmal an Sie, diese aufzuheben.

Vielen Dank
Hochachtungsvoll
[Unterzeichnet NRMandela]
NR Mandela

------------------------

a   Häftlinge in Hochsicherheitsverwahrung sind die politischen Häftlinge.


**An Fatima Meer, eine Freundin**

[Datumsstempel vom 30. 1. 84]

Liebe Fatimaben,[a]
Arthur & Louise Glickman c/o Glickman Farm R. F. D. 2, Clinton, Maine, 04927, USA, haben mir zweimal einen Scheck geschickt, jedoch ohne ein Begleitschreiben. Zwar habe ich Zami gebeten, sich in meinem Namen bei ihnen zu bedanken, aber ich halte es für angemessen, ihrem Schreiben etwas hinzuzufügen. Doch mein Hauptproblem besteht darin, dass ich außer den Angaben auf ihren Schecks gar nichts über sie weiß. Am ehesten kannst Du Verbindung mit ihnen aufnehmen & mir anschließend so bald wie möglich Näheres mitteilen.

Unsere Nichte LWAZI VUTELA, eine Tochter von Zamis verstorbener älterer Schwester im Teenageralter, ist auch in den Staaten. Sie ist Studentin im zweiten Jahr am Wellesly College, Postfach 128, McAfee Hall, Wellesley M. A., 02181, USA. Ich weiß nicht genau, wie weit ihr College von Swarthmore[b] entfernt ist, aber es würde mich sehr freuen, wenn Du sie besuchen und mit ein paar Deiner Freunde bekannt machen könntest.[c]

Ich höre von ihr, dass sie mir etliche Briefe aus den Staaten geschrieben hat, von denen mich kein einziger erreichte. Sie sagt, sie fühle sich meistens einsam & habe Heimweh, was man ja bei einem Menschen in ihrem Alter gut verstehen kann. Einen Rat von Dir in schulischen & persönlichen Dingen wird sie bestimmt nützlich finden.

Apropos Menschen in den USA: Ich war sehr bestürzt über die Meldung in der *Time*, dass unser Freund Senator Paul Tsongas aus Massachusetts an einer Krebserkrankung leidet & deshalb nicht für eine zweite Amtzeit bei den Wahlen im Nov. antreten wird. Du weißt ja, er hat Zami in Brandfort besucht & ist dabei ein guter Freund der Familie geworden. Es tut mir leid, von seiner Krankheit zu erfahren, & ich hoffe aufrichtig, dass sie rechtzeitig entdeckt wurde und er bald wieder ganz gesund wird. Bekanntlich darf ich ihm nicht schreiben, & ich kann Dich nur bitten, ihm meine Grüße und guten Wünsche auszurichten. Wirst Du Dich wohl mit den Professoren Gwen Carter[d] & Karis[e] treffen können? Ich hoffe, es wird Dir möglich sein, die heilige Stadt Mekka sowie Teheran & Neu-Delhi zu besuchen. Schon seit langem hätte ich Indira[f] geschrieben, aber Du weißt ja, dass sie zu denen gehört, denen ich aufgrund meiner gegenwärtigen Situation nicht schreiben darf.[g] Aus der Ferne betrachtet, macht sie ihre Sache offenbar hervorragend, & Neues über sie lese ich stets mit großem Interesse. Bitte grüße sie herzlich von mir.

Was macht Rachid[h] jetzt & wo hält er sich auf? Du hast mich über die Mädchen auf dem Laufenden gehalten, aber sehr wenig über den Stammhalter erzählt.

Überflüssig zu sagen, dass es in meiner derzeitigen Lage nicht leicht ist, zu verstehen, welches Spiel Bansi[i] genau spielt. Was immer es auch ist, mir scheint, er hat ein Spielfeld gewählt, das eher Schlagmännern George,[j] Archie,[k] Farouk[l] & anderen gefällt als ihm, Pat,[m] J,[n] B & YS.[o]

Die Kanzlerschaft![p] Als Dein Telegramm ankam, hatte ich bereits mein Briefkontingent für 1983 ausgeschöpft, & meine Erwiderung beschränkte sich auf die kurze Bestätigung, die ich Dir und dem Direktor geschickt habe. Dies hier ist die allererste Gelegenheit, Dir & allen Unterstützern unserer Kandidatur für das Amt zu danken. Ich bin jedoch sicher, dass jedem von Anfang an die damit einhergehenden Probleme klar waren & dass es beim gegenwärtigen Stand der Geschichte unseres Landes unrealistisch ist, zu erwarten, dass ein inhaftierter schwarzer Kandidat für das Kanzleramt an einer weißen Universität gewählt würde, ganz besonders an der Uni von Natal, wo offenbar der Senat & nicht die Mitglieder des Berufungsgremiums das letzte Wort in dieser Sache haben. Vielleicht kannst Du nach Deiner Rückkehr herausfinden, welche Unterstützung wir genau bekommen haben. Richte einstweilen allen meinen aufrichtigen Dank für ihre Bemühungen aus.

Seit einiger Zeit habe ich gar nichts mehr von Maki gehört. Dabei versprach sie, noch in diesem Monat zu starten, & ich hoffe, Du hast Ismail vor Deiner Abreise umfassend über sie informiert.

Nun zurück zu Dir: Offenbar muss ich Dir in jedem Brief an Dich gratulieren.

In meinem letzten Brief habe ich Dir zu Deiner Ernennung zur Professorin gratuliert; Presseberichten entnehme ich, dass Swarthmore Dir einen Ehrendoktor verleihen wird, den Du in meinen Augen völlig zu Recht erhältst. Dies ist mehr als ein Triumph von Women's Lib, & ich fürchte, der arme Ismail gehört nun zu jenen Ehemännern, die mehr wegen ihrer Frauen berühmt sind. Bestimmt sprechen jetzt viele von ihm als «Fatimas Mann». Er fehlt mir sehr, & es hat mich sehr gefreut, als Presseberichte ihn als einen der Sprecher auf der Gedenkfeier für Mota[q] erwähnten.

Der Brief ist lang geworden, & ich muss jetzt aufhören, damit Du ein wenig ausruhen kannst.

Die allerherzlichsten Grüße, liebe Fatimaben

Nelson

Bitte schicke alle Deine Briefe an mich als Einschreiben.

------------------------

a   *Ben* bedeutet «Schwester» auf Gujarati.
b   Swarthmore College, Pennsylvania, USA.
c   Fatima Meer hatte eine Gastprofessur am Swarthmore College.
d   Professorin Gwendolen M. Carter (1906–1991), kanadisch-amerikanische Politikwissenschaftlerin, Spezialgebiet Afrika; Wohltäterin.
e   Thomas Karis (1919–2017), amerikanischer Hochschullehrer und Autor von Schriften zur politischen Geschichte Südafrikas.
f   Indira Gandhi (1917–1984), Premierministerin von Indien.
g   Es war Mandela verboten, an Staatschefs zu schreiben.
h   Sohn von Fatima und Ismail Meer.
i   Amichand Rajbansi (1942–2001), genannt der «Bengalische Tiger». Gründer der National Party (1981). 1984 wurde er von Premierminister P.W. Botha zum Vorsitzenden des House of Delegates ernannt, eines Organs für die Inder Südafrikas im Rahmen der drei Kammern des Parlaments.
j   George Sewpersadh (1936–2007), vormals Präsident des Natal Indian Congress und Aktivist der United Democratic Front, die gegen das Dreikammern-Parlament opponierte.
k   Archie Gumede (1914–1998), Sohn von Josiah Gumede, ein Vorsitzender des South African Native National Congress (später ANC). Er war Anwalt, ANC-Aktivist und in der

United Democratic Front, deren Präsidentschaft er mit Oscar Mpetha und Albertina Sisulu teilte; siehe «Personen, Orte, Ereignisse».

l  Dr. Farouk Meer, Bruder von Fatima Meer und Aktivist im Natal Indian Congress und der United Democratic Front.

m  Pat Poovalingam (gest. 2009), der gleichfalls in den South Africa Indian Council berufen wurde.

n  J ist vielleicht J. N. Reddy, vom Apartheidregime ins Präsidium des South Africa Indian Council berufen.

o  Y. S. Chinsamy nahm ebenfalls das Mandat im South Africa Indian Council an.

p  Mandela war als Kanzler für die Natal-Universität nominiert.

q  Dr. Yusuf Dadoo (1909–1983); siehe «Personen, Orte, Ereignisse». Yusuf Dadoo wurde gewöhnlich Mota, Kurzform von *Motabhai*, genannt.

## An Trevor Tutu, Sohn von Desmond & Leah Tutu[a]
## Braamfontein

[Dieser Brief wurde als Fernschreiben[b] an den Commissioner of Prisons abgetippt]

[Vermerk auf Afrikaans] Vertraulich

913

Commissioner of Prisons
AK Security

Zur sofortigen Zustellung an Brig. Venster

1. Der Gefangene versucht weiterhin, Kontakt mit Bischof Desmond Tutu aufzunehmen. Nun schreibt er an Trevor Tutu, den Sohn des Bischofs, und versucht auf diese Weise, mit dem Bischof Verbindung aufzunehmen.

2. Im Folgenden der Inhalt des Briefs.

D220/82: NELSON MANDELA          Hochsicherheitsgefängnis
                                 Pollsmoor
                                 P/B X 4
                                 TOKAI
                                 7966
                                 6. 8. 84

Mein lieber Trevor,

die Nachricht, dass euer Haus überfallen und verwüstet wurde, hat mich erschüttert, vielleicht ist es Dir und Deinen Eltern aber Trost und Ermutigung, dass wir stets an euch denken, besonders seit dem bestürzenden Bericht.

Wir lieben und verehren Deine Eltern; nie sind sie weit entfernt vom Geschehen an der Front, und sie halten eine Laterne hoch, die ein starkes und helles Licht ausstrahlt, das weit über den Kreis der Familie hinausscheint. Jede Gefahr, jede Bedrohung Deiner Familie ist für uns alle automatisch Grund zur Sorge. Bitte sag Deinen Eltern, dass wir sie bewundern und ihnen alles erdenklich Gute wünschen. Das ist einer der Gründe, warum uns der brutale Angriff auf das Haus so beunruhigte.

In den vergangenen zehn Jahren und besonders seit 1979 habe ich praktisch nichts unversucht gelassen, um mit Deinem Vater Verbindung aufzunehmen, aber alle meine Bemühungen waren vergeblich. Falls Dich diese kurze Mitteilung erreicht, soll er wissen, dass ich näher an ihn nicht herankommen kann.

Doch dieser Brief ist an Dich gerichtet, und ich möchte Dir sagen, dass ich vor ein paar Jahren einen von Dir verfassten Artikel, ich glaube, im *Sunday Express*, gelesen habe, den ich sehr bemerkenswert fand. Damals dachte ich, dass Du wirklich etwas zu sagen hast, und das denke ich noch heute. Ich hoffte daher, Du würdest regelmäßig für diese Zeitung schreiben, und war enttäuscht, als keine weiteren Artikel von Dir erschienen.

Es gibt eine breite und neuen Ideen gegenüber aufgeschlossene Leserschaft von jungen Leuten, die bei klarem Verstand sind und sich auch gut auszudrücken vermögen. Darum freue ich mich auch auf künftige Artikel von Dir. Einstweilen grüße ich Dich herzlich und wünsche Dir, Zanele^c & dem Baby, Deinen Schwestern Thandeka und Naomi samt Ehemännern und natürlich Deinen Eltern alles Gute.

Dein
Onkel Nelson

P. S. Ein Antwortbrief auf diese Mitteilung ist als Einschreiben zu versenden.

[Ein weiterer Vermerk auf Afrikaans]

3. Der Empfänger [Trevor Tutu] wird darin bestärkt, Propaganda in der Presse zu betreiben. Er [Mandela] ermutigt und unterstützt die Tätigkeiten von Bischof Tutu an verschiedenen Fronten
4. Dieser Brief ist nicht freizugeben

Commanding Officer

Commander of Pollsmoor Prison

Brigadier F. C. Munro

------------------------

a   Desmond Tutu (geb. 1931), erster schwarzer Bischof von Kapstadt, und seine Frau Leah Tutu (geb. 1933); siehe «Personen, Orte, Ereignisse».
b   Fernschreiber: Gerät zur Übermittlung von Nachrichten in Schriftform mittels elektrischer Signale über das Telefonnetz.
c   Trevor Tutus Frau.

*Zum ersten Mal wurde Mandela 1974 die Entlassung aus dem Gefängnis angeboten, allerdings unter der Bedingung, dass er in seine Heimatregion, die ländliche Transkei, übersiedelte. Mandela lehnte ab, aber der Vorschlag war damit nicht vom Tisch. Zehn Jahre später trat sein Neffe Kaiser Matanzima mit demselben Angebot an ihn heran. Matanzima, bekannt unter seinen Initialen K. D. oder auch seinem Initiationsnamen Daliwonga, war mit seinem Verwandten Mandela zusammen auf der Universität von Fort Hare gewesen. Als Mandela Jahre später erfuhr, dass Matanzima bei dem «Bantustan»-Plan des Apartheidregimes mitgemacht hatte, war er höchst aufgebracht. Dieser Plan sah vor, den sogenannten Afrikanischen Homelands eine nominelle Unabhängigkeit zu gewähren. Die Apartheidregierung zielte darauf ab, alle Schwarzen aus Südafrika zu entfernen und sie in zehn Homelands zu konzentrieren, die nach ethnischen Gruppen eingeteilt wurden. Vier davon – die Transkei, die Ciskei, Bophuthatswana und Venda – wurden zu «unabhängigen Staaten» erklärt, jedoch von anderen Ländern nicht anerkannt. Andere Homelands erhielten eine Teilautonomie. Die Regierung nahm Zwangsumsiedlungen vor und verfrachtete Millionen Menschen in diese Gebiete, die überwiegend bettelarm waren und kaum Entwicklungschancen boten. Bophuthatswana zum Beispiel bestand aus verstreuten Landesteilen, und um von einem Teil zum anderen zu gelangen, musste man südafrikanisches Territorium durchqueren.*

*Wenige Monate nach Mandelas Ablehnung des Angebots von Matanzima nutzte Präsident P.W. Botha bei der Parlamentseröffnung seine Rede zur Lage der Nation und schlug vor, alle politischen Gefangenen freizulassen unter der Bedingung, dass sie zur Durchsetzung der Demokratie auf die Anwendung von Gewalt verzichteten. Mandela reagierte mit scharfer Kritik. Sowohl sein Brief an P.W. Botha als auch seine Botschaft, die von seiner Tochter Zindzi bei einer Massenversammlung vorgetragen wurde, zeigten der Welt einen Mann, der sich nicht manipulieren ließ.*

*Erneut erhoben sich schwarze Südafrikaner, und nahezu täglich kam es an der Basis zu Protesten in fast allen Teilen des Landes. Die United Democratic Front, eine Organisation, unter deren Dach sich zahlreiche Antiapartheidorganisationen sammelten, trat Ende 1983 ganz offen auf und wurde landesweit de facto zum ANC.*

*Bothas wiederholte Erklärung des Ausnahmezustands ab 1985 konnte den Zorn der Bevölkerung nicht eindämmen, sondern steigerte noch deren Entschlossenheit. Südafrika stand unter Kriegsrecht, Zehntausende, darunter Kinder, wurden oft jahrelang ohne Verfahren inhaftiert. Bei jedem Protest gab es Tote, erschossen von der bewaffneten Staatsmacht. Und bei jeder Beerdigung gab es weitere Tote.*

*Die wirkungsvolle Verbindung des ANC im Exil mit der allgemeinen Bewegung gegen die Apartheid führte nun aller Welt die Unmenschlichkeit der Apartheid vor Augen. Wirtschaftliche und andere Sanktionen gegen das Apartheidregime begannen zu greifen.*

**An Winnie Mandela**

D220/82: NELSON MANDELA                                          27.12.84

Liebe Mum,

[Teile des] Briefs an Daliwonga,[a] den ich heute früh zur Post nach Umtata aufgegeben habe, erschienen auf Seite eins der heutigen Ausgabe von *Die Burger*[b] unter folgender Überschrift: Matanzima doen aanbod – Mandela verwerp vrylating (Matanzima macht ein Angebot – Mandela lehnt die Freilassung ab). Dies ist der Brief:

Ngubengcuka,[c]
Nobandla hat mir mitgeteilt, dass Du meinen Neffen[d] verziehen hast,
und dafür bin ich Dir dankbar. Noch mehr berührt es mich, wenn
ich an die Gefühle meiner Schwester in dieser Angelegenheit denke,
und ich danke Dir nochmals für Dein freundliches Entgegenkommen.
Nobandla berichtete mir außerdem, dass es Dir gelungen ist, die Regierung davon zu überzeugen, politische Gefangene freizulassen,
und dass Du Dich mit anderen «Homeland»-Führern besprochen
hast, die Dich in dieser Sache voll und ganz unterstützen. Aus Nobandlas Bericht geht hervor, dass Du zusammen mit der Regierung
beabsichtigst, mich und einige meiner Mitgefangenen freizulassen
und nach Umtata zurückzuschicken.
Vielleicht sollte ich Dich daran erinnern, dass meine Kameraden und
ich, als Du uns erstmals 1977 besuchen wolltest, beschlossen, aufgrund Deiner Rolle bei der Einführung des Bantustan-Systems Deiner Bitte nicht stattzugeben.
Als Du uns nun im Februar dieses Jahres besuchen und die Frage
unserer Freilassung thematisieren wolltest, bekräftigten wir unseren
Standpunkt und lehnten einen Besuch erneut ab. Wir verwiesen insbesondere darauf, dass die Vorstellung, wir würden freigelassen, um
in ein Bantustan geschickt zu werden, für uns absolut unannehmbar
war.
Zwar würdigen wir Deine Sorge um die politischen Gefangenen,
müssen jedoch feststellen, dass Dein Beharren, uns nur unter der Bedingung freizulassen, dass wir in ein Bantustan zurückkehren, trotz
unserer klar und eindeutig zum Ausdruck gebrachten Ablehnung,
äußerst irritierend, wenn nicht provozierend ist, und wir fordern
Dich dringend auf, nicht einen Kurs weiterzuverfolgen, der unweigerlich zu einer unerfreulichen Konfrontation zwischen Dir und
uns führen würde.
Wir werden uns unter keinen Umständen in die Transkei oder irgendein anderes Bantustan schicken lassen. Du weißt ganz genau,
dass wir den größeren Teil unseres Lebens ebendeshalb im Gefängnis saßen, weil wir gerade das Konzept der Getrennten Entwicklung
entschieden ablehnen, das uns zu Fremden im eigenen Land macht

28/84.
46

NELSON MANDELA.

27. 12. 84

Mum,

...s of the letter to Dalwonga which I handed in This morning for dispatch / Umtata, were summarised in the foul page of today's Die Burger with the following headline: Matanzima doen aanbod (Matanzima makes an offer) Mandela verwerp vrylating (Mandela rejects release). This is the letter

"Ngubengcuka,

Nobandla has informed me that you have pardoned my nephews, and I am grateful for the gesture. I am more particularly touched when I think of my sister's feeling about the matter and I thank you once more for your kind consideration.

Nobandla also informs me that you have now been able to persuade the Government to release political prisoners, and that you have also consulted with the other "homeland" leaders who have given you their full support in the matter. It appears from what she tells me that you and the Government intend that I and some of my colleagues should be released to Umtata.

I perhaps need to remind you that when you first wanted to visit us in 1977 my colleagues and I decided that, because of your position in the implementation of the Bantustan Scheme, we could not accede to your request.

Again in February this year when you wanted to come and discuss the question of our release, we reiterated our stand and your request was not acceded to. In particular, we pointed out that the idea of our release being linked to a Bantustan was totally and utterly unacceptable to us.

While we appreciate your concern over the incarceration of political prisoners, we must point out that your persistence in linking our release with the Bantustans, despite our strong and clearly-expressed opposition to the scheme, is highly disturbing, if not provocative, and we urge you not to continue pursuing a course which will inevitably result in an unpleasant confrontation between you and ourselves.

We will, under no circumstances, accept being released to the Transkei or any other Bantustan. You know very well fully well that we have spent the better part of our lives in prison exactly because we are opposed to the very idea of separate development, which makes us foreigners in our

Brief vom 27. Dezember 1984 an Winnie Mandela.

2

47

own country, and which enables the Government to perpetuate our oppression to this very day.

We accordingly request you to desist from this explosive plan, and we sincerely hope that this is the last time we will ever be pestered with it.

Ozithobileyo,
Daliwonga. ''

Purely as a matter of courtesy, I would have preferred that the contents of the letter should be published only after Daliwonga had received it. But publication was made without our consent and even knowledge.

I hope you will be able to make it on the 5th & 6th of next month. Our time was very short and we had so much to talk about.

About the Chairman's J. I can see no objection whatsoever in you accepting an unconditional offer which will enable you to feed those hungry mouths around you. But as I said, you must consult very fully but quickly on the matter. You now need a night watchman to look after the house and the complex; a reliable watchman, and you should be able to sort out the matter with the church-leaders there.

With regard to the forthcoming clinic I suggest that you also include Dr Rachid Saloojee from Lenasia. He is a good fellow and Amina should be able to contact him on your behalf.

Thanks a lot for the visit, the nice things you said and for your box, darling Mum. Looking forward to seeing you soon. I LOVE you!

Affectionately, Madiba.

Mrs. Nobandla Mandela, 802 Phathakahle, P.O. Brandfort.

und die Regierung in die Lage versetzt, unser Leiden bis zum heutigen Tag zu verlängern.

Demzufolge fordere ich Dich auf, von diesem brisanten Vorhaben Abstand zu nehmen, und hoffe, dass wir künftig nicht mehr damit belästigt werden.

*Ozithobileyo*[e]
Dalibunga

Aus reiner Höflichkeit hätte ich gewünscht, dass der Brief erst veröffentlicht worden wäre, nachdem ihn Daliwonga erhalten hatte. Doch die Veröffentlichung geschah ohne unsere Zustimmung und sogar ohne unser Wissen.

Ich hoffe, Du schaffst es am 5. oder 6. des nächsten Monats. Wir hatten so wenig Zeit und doch so viel zu besprechen.

Was die Charmans angeht, so sehe ich keinerlei Hinderungsgrund, das bedingungslose Angebot anzunehmen, mit dem Du die hungrigen Mäuler um Dich herum füttern kannst. Aber wie gesagt, Du musst Dich schnell und umfassend in der Sache beraten lassen. Du brauchst einen Wachmann für die Nacht, der nach dem Haus und dem Grundstück schaut, einen zuverlässigen Wachmann; und Du solltest die Sache mit den dortigen Kirchenleuten klären.

Was den bevorstehenden Klinkaufenthalt[f] angeht, solltest Du auch Dr. Rachid Saloojee[f] aus Lenasia hinzuziehen. Er ist ein guter Mann, und Amina[g] müsste eigentlich Verbindung mit ihm aufnehmen können.

Vielen Dank für Deinen Besuch, die schönen Worte und Deine Liebe, mein Schatz. Ich hoffe auf ein baldiges Wiedersehen. ICH LIEBE DICH!

Dein Madiba

------------------------

a   K. D. Matanzima (1915–2003); siehe «Personen, Orte, Ereignisse».
b   Tageszeitung in Afrikaans.
c   Verweis auf seine Abstammung von König Ngubengcuka, der auch Mandelas Ururgroßvater war.
d   Mandela schrieb «Neffen» im Plural, doch er bezieht sich auf König Sabata Jonguhlanga

Dalindyebo; siehe «Personen, Orte, Ereignisse». 1980 floh er nach Sambia, nachdem er wegen
Majestätsbeleidigung des Transkei-Präsidenten K. D. Matanzima verurteilt worden war.

e  «Ihr ergebener Diener» auf isiXhosa.

f  Dr. Rashid Agmed Mahmood Salojee (geb. 1933),Vizepräsident des Indian Congress und
ab 1990 ANC-Parlamentsmitglied.

g  Amina Cachalia (1930–2013); siehe «Personen, Orte, Ereignisse».

## An Ismail Meer, Freund und Kamerad
## Sydenham

D220/82: NELSON MANDELA                                             29.1.85

Lieber Ismail,

in diesen 22 Jahren habe ich Dich so vermisst, dass es Momente gibt,
da ich die verwegene Hoffnung hege, dass mir eines schönen Morgens mitgeteilt wird, Du würdest unten im Besuchsraum stehen und
auf mich warten.

Wenn ich sehe, wie die Welt altert, kommen mir Szenen aus unseren
jüngeren Tagen in Kholvad House[a] & Umngeni Rd[b] so lebhaft in
den Sinn, als hätten sie erst gestern stattgefunden – wie wir endlos
über unseren Lehrbüchern büffelten, in den Milner Park[c] und wieder
zurück gingen, ein bisschen agitierten, mal gegen-, mal miteinander,
mit Boola[d] & Essack[e] unergiebige Debatten führten & uns durch
diese mageren Jahre kämpften, unterstützt von einer ganzen Palette
von Träumen & Hoffnungen, die teils Wirklichkeit wurden, deren Erfüllung teils bis heute auf sich warten lässt.

Gleichwohl wird kaum jemand bestreiten, dass die Ernte lediglich
aufgeschoben und keineswegs vernichtet ist. Sie liegt draußen auf gut
bewässertem Feld, auch wenn die Aufgabe, sie einzubringen, sich als
weit schwieriger erwiesen hat als gedacht. Im Augenblick jedoch
möchte ich Dir nur sagen, dass ich Dich vermisse & gern an Dich
denke, was mein Leben selbst unter diesen trostlosen Verhältnissen
bereichert und erfreulich macht.

Aber lass mich über den tragischen 31. Oktober sprechen.[f] Du be-
greifst natürlich, dass meine gegenwärtige Lage es mir unmöglich
macht, meine Gefühle & Gedanken so offen & frei auszudrücken,
wie ich es gerne täte. Es mag genügen, daran zu erinnern, dass zu

dem Zeitpunkt, da mich die Nachricht vom Tod Indirabens erreichte, mein Kontingent für 1984 für ausgehende Briefe bereits erschöpft war. Nur deshalb kommt meine Antwort so spät.

Obwohl Zami vielleicht unsere Anteilnahme übermittelt hat (bitte prüfen), soll Rajiv[g] wissen, dass wir in Gedanken bei ihm & seiner Familie sind und man in solchen Situationen gut daran tut, sich an die unsterblichen, oft wiederholten Worte zu erinnern: Wenn du allein bist, bist du nicht allein, es gibt immer eine Zuflucht bei nahen Freunden. Natürlich fühlt sich Rajiv jetzt allein. Aber er ist es nicht wirklich. Wir sind seine Freunde, wir sind ihm nahe & teilen das Leid, das seine Familie getroffen hat.

Indira war eine großartige Frau, & ihr Tod ist ein harter Schlag, der gewiss schwer zu ertragen ist. Sie wurde den Erwartungen gerecht & war den zahllosen Herausforderungen der vergangenen 18 Jahre in außergewöhnlicher Weise gewachsen.

Bestimmt gibt es nur wenige Führer in der Welt, die so hochverehrt und zugleich so liebevoll von Tausenden Südafrikanern beim Vornamen genannt werden wie Indira. Menschen aus den verschiedensten Gesellschaftsschichten scheinen sie als eine der Ihren zu betrachten, & in ihren Augen hätte sie aus Cato Manor,[h] Soweto[i] oder aus District Six[j] kommen können. Das erklärt, warum ihr Tod so niederschmetternd ist.

Ich hatte gehofft, eines Tages mit Zami nach Indien reisen zu können, um Indira persönlich zu begegnen. Besonders nach 1979 wurde aus dieser Hoffnung ein Entschluss. Und obwohl die Jahre dahingehen & langsam das Alter vor der Tür steht, stirbt die Hoffnung nie, & diese Reise bleibt einer meiner schönsten Träume.

Rajiv wünsche ich alles Gute in seinem neuen Amt, & ich hoffe, er kann angesichts seiner Jugend & stabilen Gesundheit, seiner Ausbildung & der Unterstützung durch Freunde von nah & fern die schwere Last mit der gleichen Kraft & Zuversicht tragen, die seine berühmte Mutter in den vergangenen 18 Jahren bewiesen hat. Noch einmal, richte bitte Rajiv, Sonia[k] & Mandeka[l] mein tiefes Mitgefühl aus.

Ich muss Dir noch einmal sagen, dass ich Dich schmerzlich vermisse, & ich hoffe, Du bist gesund. Ich freue mich auf den Tag unseres Wiedersehens.

Bis dahin die herzlichsten Grüße an Dich, Fatima,[m] die Kinder & alle anderen. Bitte berichte mir über Nokhukhanya[n] & ihre Kinder.

Mit besten Wünschen
Nelson Mandela

------------------------

a   Kholvad House, ein Wohnblock in Downtown Johannesburg, in dem Ismail eine Wohnung hatte. In seiner Autobiografie berichtet Mandela: «An der ‹Wits› freundete ich mich an mit Ismail Meer, J. N. Singh, Ahmed Bhoola, Ramlal Bhoolia. Das Zentrum dieser verschworenen Gemeinschaft war Ismails Appartment im Kholvad House, vier Zimmer in einem Wohngebäude inmitten der Stadt. Hier studierten, debattierten und tanzten wir sogar bis in die frühen Morgenstunden. Die Wohnung wurde zu einer Art Hauptquartier für junge Freiheitskämpfer. Ich schlief manchmal dort, wenn es zu spät geworden war, um den letzten Zug zurück nach Orlando zu erwischen.» Nelson Mandela, *Der lange Weg zur Freiheit*, a. a. O., S. 129 f.
b   Wohnadresse der Meers in den fünfziger Jahren.
c   Park in der Nähe der Witwatersrand-Universität, in dem sich Ismail und Mandela trafen.
d   Ahmed Bhoola, Anwalt in Durban, schrieb für die Zeitung *Leader*.
e   Abdul Karrim Essack, Mitglied der Führung der African People's Democratic Union of Southern Africa und des Natal Unity Movement. Ging 1950 ins Exil und starb 1997 in Tansania.
f   Premierministerin Indira Gandhi (geb. 1917) wurde am 31. Oktober 1984 ermordet.
g   Rajiv Gandhi (1944–1991), Sohn von Indira Gandhi, Nachfolger im Amt seiner Mutter.
h   Ein Arbeiterviertel außerhalb von Durban, Natal.
i   Township in Johannesburg.
j   Ein Arbeiterviertel in Johannesburg.
k   Rajiv Gandhis Frau.
l   Witwe von Rajivs Bruder Sanjay Gandhi, der 1980 bei einem Flugzeugabsturz ums Lebem kam.
m   Fatima Meer, Frau von Ismail Meer.
n   Nokhukhanya Luthuli, Witwe des Chief Albert Luthuli; siehe «Personen, Orte, Ereignisse».

**An Präsident P.W. Botha**
**Kapstadt**

13. Februar 1985

Commissioner of Prisons
Pretoria

Der beigelegte Brief geht zu Händen von Staatspräsident Mr. P.W. Botha:

An den Staatspräsidenten
Kapstadt

**GEHEIM**
**SECRET**     13 February 1985

The Commissioner of Prisons
PRETORIA

THE SUBJOINED LETTER IS FOR THE ATTENTION OF THE STATE PRESIDENT,
MR  P W  BOTHA :


"The State President,
CAPE TOWN

Sir,


Copies of the Hansard parliamentary record of
25 January to 1 February 1985 were delivered to us on
8 February.

We note that during the debate in the House of Assembly you
indicated that you were prepared to release prisoners in our
particular category provided that we unconditionally renounce
violence as a means  of furthering our political objectives.
We have given earnest consideration to your offer but we
regret to inform you that it is not acceptable in its present
form.  We hesitate to associate you with a move which, on a
proper analysis, appears to be no more than a shrewed and
calculated attempt to mislead the world into the belief
that you have magnanimously offered us release from prison
which we ourselves have rejected.  Coming in the face of such
unprecedented and widespread demand for our release, your
remarks can only be seen as the height of cynical politicking.
We refuse to be party  to anything which is really intended to
create division, confusion and uncertainty within the

**GEHEIM**
**SECRET**

Seite aus einem Brief vom 13. Februar 1985 an den Staatspräsidenten
P. W. Botha.

Sehr geehrter Herr Staatspräsident,
die Kopien der *Hansard* Parlamentsprotokolle vom 25. Januar bis
1. Februar wurden uns am 8. Februar übermittelt.

Wir stellen fest, dass Sie im Zuge der Debatte des Abgeordneten-
hauses signalisiert haben, Sie seien bereit, Häftlinge unserer speziellen Kategorie freizulassen, vorausgesetzt, wir verzichteten bedin-
gungslos auf Gewalt als Mittel zur Durchsetzung unserer politischen
Ziele.

Nach reiflicher Überlegung und Prüfung Ihres Angebots müssen wir
Ihnen jedoch leider mitteilen, dass es in dieser Form nicht annehm-
bar ist. Wir trauen Ihnen eigentlich keinen Schritt zu, der sich nach
eingehender Prüfung als nichts anderes herausstellt als ein geschick-
ter und wohlkalkulierter Versuch, die Welt glauben zu machen, Sie
hätten uns großmütig die Freilassung angeboten, und wir hätten das
abgelehnt. Angesichts der beispiellosen weltweiten Forderung nach
unserer Freilassung können Ihre Bemerkungen nur als der Gipfel
zynischer Politik begriffen werden.

Wir lehnen es ab, Teil eines Manövers zu sein, das in Wirklichkeit
dazu dient, Spaltung, Verwirrung und Verunsicherung innerhalb des
ANC zu stiften in einer Zeit, da die Einheit der Organisation von
ausschlaggebender Bedeutung für das ganze Land geworden ist. Die
Weigerung des Department of Prisons, uns die Erlaubnis zur Beratung mit Mithäftlingen in anderen Gefängnissen zu geben, hat
unseren Standpunkt noch bestärkt.

Einige von uns lehnten die demütigende Bedingung ab, in die Transkei[a] abgeschoben zu werden, und aus dem gleichen Grund schlagen
wir auch Ihr Angebot aus. Kein Mensch mit Selbstachtung wird sich
demütigen, indem er sich auf eine solche Verpflichtung einlässt. Sie
sollten uns nicht auf Dauer in Haft halten mit Hilfe des simplen
Tricks, Bedingungen zu stellen, von denen Sie genau wissen, dass wir
sie unter keinen Umständen annehmen werden.

Unsere politischen Überzeugungen sind wesentlich beeinflusst von
der Freiheits-Charta,[b] einem Grundsatzprogramm, dessen elemen-
tare Prämisse die Gleichheit aller Menschen ist. Die Charta lehnt
nicht nur am klarsten jegliche Rassendiskriminierung ab, sondern ist
zugleich die fortschrittlichste Erklärung politischer Grundprinzipien

in diesem Land. Sie fordert das allgemeine Wahlrecht in einem vereinigten Südafrika und eine gerechte Verteilung des Wohlstands im
Land.

Die Verschärfung der Apartheid, das Verbot politischer Organisationen und die Verweigerung aller Möglichkeiten friedlichen Protestes
standen in krassem Widerspruch zu diesen Prinzipien und zwangen
den ANC zur Anwendung von Gewalt. Bis die Apartheid gänzlich
beseitigt ist, werden sich folglich unsere Landsleute gegenseitig umbringen, und Südafrika wird Schauplatz eines eskalierenden Bürger-
kriegs.

Bisher hat sich der ANC seit seiner Gründung vor fast 50 Jahren
getreulich an friedliche und gewaltlose Formen des Widerstands gehalten. Allein in den Jahren 1952 bis 1961 appellierte der ANC vergeblich an nicht weniger als drei südafrikanische Premierminister,[c]
eine Konferenz aller Bevölkerungsgruppen am runden Tisch einzuberufen, auf der die Probleme des Landes auszudiskutieren wären,
und es kam erst zur Gewaltanwendung, als alle anderen Optionen
ausgeschlossen waren.

Der friedliche und gewaltlose Charakter unseres Kampfes beeindruckte Ihre Regierung nicht im Geringsten. Unschuldige und wehrlose Menschen wurden auf friedlichen Demonstrationen erbarmungs-
los massakriert. Sie erinnern sich an die Schüsse vom 1. Mai 1950[d]
in Johannesburg und 1960 in Sharpeville.[e] Beide Male waren die
Opfer – wie bei allen anderen brutalen Übergriffen der Polizei – ausnahmslos unbewaffnete und wehrlose Männer, Frauen und sogar
Kinder. Damals hatte der ANC nicht einmal den Gedanken erwogen,
den bewaffneten Kampf aufzunehmen. Sie waren Verteidigungs-
minister des Landes, als 1976 in Soweto nicht weniger als 600 Menschen, die meisten von ihnen Kinder, erschossen wurden. Sie waren
Premierminister des Landes, als die Polizei im Jahr 1984,[f] auch hier
wieder bei einer friedlichen Demonstration gegen die Wahlen für
Farbige und Inder, Leute verprügelte und als 7000 schwerbewaff-
nete Soldaten ins Vaal Triangle einmarschierten, um einen im Wesentlichen friedlichen Protest der Bewohner niederzuschlagen.[g]

Die Apartheid, die nicht nur von Schwarzen, sondern ebenso von
einer beträchtlichen Anzahl Weißer verurteilt wird, ist die Haupt-

ursache der Gewalt gegen unser Volk. Wir erwarten von Ihnen als Führer der National Party, die die Apartheid mittels Gewalt aufrechtzuerhalten sucht, dass Sie als Erster auf Gewalt verzichten. Doch anscheinend haben Sie nicht die Absicht, sich demokratischer und friedlicher Formen zu bedienen, wenn es um die Auseinandersetzung mit Problemen der schwarzen Bevölkerung geht; und es scheint, dass Sie Ihr Angebot in Wahrheit nur deshalb an Bedingungen knüpfen, um das Monopol der NP auf Gewaltanwendung gegen wehrlose Menschen aufrechterhalten zu können. Der Umkhonto we-Sizwe wurde gegründet, um dieses Monopol zu brechen und den Herrschenden nachdrücklich klarzumachen, dass das unterdrückte Volk bereit ist, aufzustehen und sich selbst zu verteidigen und falls nötig mit Gewalt zurückzuschlagen.

Wir stellen fest, dass Sie auf Seite 312 der *Hansard* erklären, Sie seien bereit, sich persönlich stark für eine Lockerung der Spannungen zwischen den Gruppen in diesem Land einzusetzen, jedoch nicht, die Weißen zum Machtverzicht zu bewegen. Mit dieser Erklärung haben Sie einmal mehr kategorisch bestätigt, dass die Beibehaltung der Vorherrschaft der weißen Minderheit Ihr wichtigstes Anliegen ist. Es sollte Sie daher nicht überraschen, dass Sie trotz der angeblich guten Absichten der Regierung von der breiten Masse des oppositionellen Volkes nach wie vor als bloßer Makler der Interessen des weißen Stammes und damit als ungeeignet zur Bewältigung nationaler Angelegenheiten betrachtet werden.

Auf den Seiten 318–319 erklären Sie, nicht mit Leuten verhandeln zu können, die nicht kooperationsbereit seien, vielmehr mit jedem Führer Gespräche zu führen, der zum Gewaltverzicht bereit sei.

Dass eine solche Aussage vom Führer der NP kommt, ist schockierend, zeigt sie doch mehr als alles andere, dass es heute in dieser Partei keine einzige Persönlichkeit mit genügend Weitblick gibt, um das Grundproblem unseres Landes zu begreifen, keinen Politiker, der aus den bitteren Erfahrungen der 37 Jahre NP-Herrschaft gelernt hat, keinen, der es wagt, eine führende Rolle bei der Schaffung eines wahrhaft demokratischen Südafrika zu übernehmen.

Aus diesem Statement geht klar hervor, dass Sie lieber nur mit Leuten reden, die die Apartheid befürworten, auch wenn diese ausgerechnet von der Volksgruppe entschieden abgelehnt wird, der Sie dieses System notfalls auch mit Gewalt aufzwingen wollen.

Man hätte meinen können, dass der andauernde und trotz massiven Einsatzes der Streitkräfte zunehmende Widerstand in den schwarzen Townships Ihnen die völlige Sinnlosigkeit inakzeptabler Apartheidstrukturen und Methoden serviler und eigensüchtiger Personen von zweifelhafter Legitimation vor Augen geführt hätte. Doch Ihre Regierung scheint darauf aus zu sein, diesen kostspieligen Weg beharrlich weiterzuverfolgen, und anstatt auf die Stimme der wahren Führer der einzelnen Volksgruppen zu hören, wurden sie vielfach ins Gefängnis geworfen. Wenn Ihre Regierung ernsthaft der Eskalation der Gewalt Einhalt gebieten will, geht das nur über die Zusage, das Grundübel der Apartheid zu beenden, und Ihre Bereitschaft, mit den wahren Führern auf lokaler und nationaler Ebene zu verhandeln.

Zu keiner Zeit hat das unterdrückte Volk und besonders die Jugend eine solche Einigkeit im Handeln, einen solchen Widerstand gegen Rassenunterdrückung gezeigt und so hartnäckig gegen brutale Militär- und Polizeigewalt demonstriert. Jetzt verlangen Schüler und Studenten lautstark das Ende der Apartheid und gleiche Chancen für alle. Schwarze und weiße Männer der Kirche, Intellektuelle, Bürgervereinigungen, Arbeiter- und Frauenorganisationen fordern echten politischen Wandel. Diejenigen, die mit Ihnen «kooperieren», die Ihnen in diesen unruhigen Jahren so loyal dienten, haben in keiner Weise dazu beigetragen, die ansteigende Flut einzudämmen. Die anstehende Konfrontation kann nur dann abgewendet werden, wenn die folgenden Schritte unverzüglich unternommen werden:

1. Als Erste muss die Regierung auf Gewalt verzichten;
2. sie muss die Apartheid abbauen;
3. sie muss das ANC-Verbot aufheben;
4. sie muss alle, die wegen ihrer Opposition zur Apartheid inhaftiert, gebannt oder im Exil sind, freilassen;
5. sie muss ungehinderte politische Aktivität garantieren.

Auf Seite 309 verweisen Sie auf Behauptungen, die regelmäßig von den Vereinten Nationen und in der ganzen Welt verbreitet worden seien, nämlich dass Mr. Mandelas Gesundheit im Gefängnis erheblich gelitten habe und er unter unmenschlichen Haftbedingungen leide.

Diesbezüglich brauchen Sie nicht scheinheilig zu tun; die Vereinten Nationen sind ein bedeutendes und verantwortungsbewusstes Organ des Weltfriedens und in vielerlei Hinsicht die Hoffnung der internationalen Gemeinschaft. Ihre Geschäfte werden von den klügsten Köpfen der Welt geführt, von Menschen, deren Integrität über jeden Zweifel erhaben ist. Und wenn sie derartige Behauptungen aufstellen, tun sie das im festen Glauben, dass sie der Wahrheit entsprechen. Wenn wir uns nach wie vor guter Gesundheit erfreuen und guten Mutes sind, dann nicht unbedingt aufgrund besonderer Rücksicht oder Fürsorge seitens des Department of Prisons. Vielmehr ist allgemein bekannt, dass im Lauf unserer langen Haft und speziell in den ersten Jahren die Gefängnisverwaltung die Politik verfolgte, alles zu tun, um unsere Moral zu brechen. Wir hatten unter äußerst harter, wenn nicht brutaler Behandlung zu leiden, die bei vielen Gefangenen zu dauerhaften physischen und psychischen Gesundheitsschäden führte.

Im Vergleich zu den Sechziger- und Siebzigerjahren haben sich die Bedingungen zwar verbessert, aber das Leben im Gefängnis ist beileibe nicht so rosig, wie Sie sich das vielleicht vorstellen, und wir haben immer noch mit ernsten Problemen zu kämpfen. Wir unterliegen im Gefängnisalltag noch immer der Rassendiskriminierung; wir haben immer noch nicht das Recht erlangt, als politische Gefangene behandelt zu werden. Wir werden nicht mehr vom Minister of Prisons, vom Commissioner of Prisons und anderen Beamten der Hauptverwaltung und von Richtern und Magistrates besucht. Diese Erwägungen geben den Vereinten Nationen, der Organisation of African Unity,[h] der Antiapartheidbewegung[i] und unseren zahlreichen Freunden Anlass zur Sorge.

Die derzeitige Praxis des Department of Prisons belegt, dass eine lebenslange Gefängnisstrafe nicht den Tod in der Haftanstalt bedeuten muss. Wenn für Gefangene im Hochsicherheitsbereich das Prinzip «lebenslang ist lebenslang» gilt, messen Sie mit zweierlei Maß, denn gewöhnliche Gefangene mit lebenslanger Haftstrafe werden bei guter Führung nach etwa 15 Jahren in die Freiheit entlassen. Wir müssen Sie außerdem daran erinnern, dass die allererste Maßnahme der NP nach ihrer Machtübernahme die Freilassung des Hochverräters Robey Leibrandt[j] (und anderer) war, nachdem er nur wenige Jahre seiner lebenslangen Freiheitsstrafe verbüßt hatte. Dies waren Männer, die ihr eigenes Land an Nazi-Deutschland im letzten Weltkrieg verraten hatten, in den Südafrika verwickelt war.

Was uns betrifft, so haben wir unsere Strafen schon längst abgesessen. In Wirklichkeit sind wir jetzt in Vorbeugehaft, ohne jedoch die Rechte dieser Kategorie von Gefangenen zu genießen. Die überholte und allseits verworfene Theorie der Vergeltung wird auf uns angewandt, und jeder weitere Tag im Gefängnis ist nichts anderes als ein Akt der Rache.

Obwohl Sie an der weißen Vorherrschaft festhalten und versuchen, neue Apartheidstrukturen zu schaffen, obwohl Sie ein nichtrassisches Regierungssystem in diesem Land ablehnen und obwohl wir entschlossen sind, diese Politik bis zum bitteren Ende zu bekämpfen, bleibt doch die einfache Tatsache bestehen, dass Sie Südafrikas Regierungschef sind: Sie haben die Mehrheit der weißen Bevölkerung hinter sich und können dazu beitragen, den Lauf der Geschichte Südafrikas zu verändern. Ein Anfang ist möglich, wenn Sie das auf Seite 4–5 dieses Schreibens aufgeführte Fünf-Punkte-Programm akzeptieren und seiner Umsetzung zustimmen. Wenn Sie dieses Programm annehmen, wird unser Volk bereitwillig mit Ihnen zusammenarbeiten, um allfällige Probleme zu lösen, die bei der Umsetzung dieses Programms auftauchen können.

Wir haben zur Kenntnis genommen, dass Sie nicht mehr darauf bestehen, ein paar von uns freizulassen und in die Transkei zu schicken. Ebenso haben wir den zurückhaltenden Ton vermerkt, in dem Sie dem Parlament dieses Angebot unterbreitet haben. Wir hoffen, Sie zeigen nun die gleiche Flexibilität und prüfen diese unsere Vorschläge unvoreingenommen. Diese Flexibilität und diese Unvoreingenommenheit tragen vielleicht bei zu einem besseren Klima für eine fruchtbare nationale Debatte.

Hochachtungsvoll

NELSON MANDELA
WALTER SISULU
RAYMOND MHLABA
AHMED KATHRADA
ANDREW MLANGENI[k]

- - - - - - - - - - - - - - - - - - - - - - - -

a  Das Homeland Transkei ging 1994 in der Eastern Cape Province auf.

b  *Freedom Charter*: Grundsatzerklärung der Congress Alliance (siehe «Personen, Orte, Ereignisse»), verabschiedet auf dem Congress of the People am 26. Juni 1955 in Kliptown, Soweto. Die Congress Alliance versammelte Tausende Freiwilliger aus ganz Südafrika, um die Forderungen des Volkes zu dokumentieren. Die Freiheits-Charta trat ein für gleiche Rechte aller Südafrikaner unabhängig von ihrer Rasse, für Landreform, verbesserte Arbeits- und Lebensbedingungen, gerechte Verteilung des Wohlstands, für Schulpflicht und gerechtere Gesetze. Sie war ein mächtiges Instrument im Kampf gegen die Apartheid.

c  Mandela schrieb zweimal an Premierminister H. F. Verwoerd und forderte ihn auf, eine Nationalversammlung einzuberufen, um eine nichtrassische und demokratische Verfassung für Südafrika zu erarbeiten. Seine Briefe wurden ignoriert.

d  Am 1. Mai 1950 wurden bei einem Streik gegen den Plan des Apartheidregimes, die Kommunistische Partei zu verbieten, 18 Menschen von der Polizei erschossen.

e  Am 21. März 1960 erschoss die Polizei in Sharpeville 69 unbewaffnete Demonstranten, die gegen die Passpflicht protestierten. Die Pflicht, ständig diese Papiere bei sich zu tragen, unterwarf schwarze Afrikaner einer permanenten Kontrolle bezüglich ihres Wohnorts und ihrer Arbeitsstelle.

f  1984 führte Premierminister P. W. Botha ein Parlament mit drei getrennten Kammern ein, einer Kammer für Inder, einer für Farbige und einer für Weiße. Die United Democratic Front (gegründet 1983) organisierte landesweite Proteste gegen dieses Parlament und diese Wahlen. Auf alle diese Proteste reagierte die Polizei mit Gewalt.

g  Im September 1984 kam es in den Townships Boipatong, Bophelong, Evaton, Sebokeng und Sharpeville in der Gegend des Vaal Triangle zu Protesten gegen die Mieterhöhungen, die von den unter schwarzer Führung stehenden Gemeinderäten beschlossen werden sollten. Drei Gemeinderäte, darunter der stellvertretende Bürgermeister Kuzwayo Jacob Dlamini, wurden von der Menge getötet. Fünf Männer und eine Frau, die international als die «Sharpeville Six» bekannt wurden, kamen vor Gericht und wurden wegen der Morde zum Tod durch den Strang verurteilt.

h  Die Organization of African Unity wurde 1963 in Addis Abeba, Äthiopien, gegründet und von 32 Regierungen und schließlich allen 53 Staaten Afrikas einschließlich Marokkos (das 1984 wieder ausscherte) unterschrieben. Ihr Ziel war die Beendigung aller Formen des Kolonialismus und der Herrschaft der Weißen auf dem afrikanischen Kontinent. Sie strebte die Koordination und eine Intensivierung der Kooperation zwischen den afrikanischen Staaten an, um bessere Lebensbedingungen für die Bevölkerung Afrikas zu schaffen, sowie die Souveränität, die territoriale Integrität und Unabhängigkeit der afrikanischen Staaten zu sichern. Am 9. Juli 2002 wurde sie von Thabo Mbeki aufgelöst, ihrem letzten Vorsitzenden, der zugleich südafrikanischer Präsident war. An ihre Stelle trat die African Union (AU).

i  Die British Anti-Apartheid Movement – AAM – (ursprünglich Boycott Movement) wurde 1959 in London als Opposition gegen das System der Apartheid in Südafrika gegründet. Sie forderte internationale Sanktionen gegen das Südafrika der Apartheid und rief zu seiner völligen Isolierung auf. 1988 veranstaltete die AAM im Wembley-Stadion in London ein

Popkonzert, das anlässlich des 70. Geburtstags von Nelson Mandela gefeiert wurde und das als «Free Nelson Mandela Concert» bekannt wurde. Ein zweites Konzert «Nelson Mandela: An International Tribute for a Free South Africa» fand ebendort 1990 statt, zwei Monate nach seiner Freilassung, und Mandela war unter den Gästen.

j Sidney Robey Leibbrandt (1913–1966), der südafrikanische Meister im Schwergewicht (1937), wurde vom deutschen militärischen Geheimdienst unter dem Pseudonym «Robert Leibbrand» als Agent eingesetzt; vgl. Brief vom 22. April 1969, S. 114–123 f., Anm. i.

k Mithäftling Mandelas, der mit ihm im Rivonia-Prozess verurteilt wurde. Siehe »Personen, Orte, Ereignisse«. Jeder Häftling unterschrieb zweimal.

*In den späteren Jahren seiner Gefangenschaft erhielt Mandela manchmal Briefe von Menschen, denen er noch nie begegnet war – Privatpersonen, die ihm schrieben, um ihm zu zeigen, dass er auch über seine Familie und seinen Freundeskreis hinaus Unterstützer hatte. Eine dieser Sympathisantinnen war Mrs. Ray Carter, eine aus England stammende, mit einem anglikanischen Bischof verheiratete Krankenschwester. Der folgende Brief wurde von ihrer Familie zur Verfügung gestellt; ihr zufolge hatten Mandela und sie eine Brieffreundschaft begonnen, nachdem sie den Leiter des Pollsmoor-Gefängnisses angerufen hatte mit der Bitte, Nelson Mandela ein Geburtstagsgeschenk bringen zu dürfen. Sie brachte umgehend ein Taschenbuch mit dem Titel* Daily Light *vorbei, das für jeden Tag zwei Bibeltexte enthielt. Ein paar Monate später kam ein eingeschriebener Brief von Mandela.*

**An Ray Carter, Sympathisantin**
**Bramley**

4.3.85

D220/82: NELSON MANDELA

Liebe Ray,
das Bild auf dem Umschlag von *Daily Light* hat mich ganz aus der Fassung gebracht. Obwohl ich vor meiner Verhaftung ganze zwei Jahrzehnte im Rand[a] verbracht habe, bin ich meiner Einstellung nach immer noch ein Bauer. Ich bin fasziniert von der Wildnis, dem Busch, einem Grashalm und allem, was mit dem Veld[b] zusammenhängt.

Jedes Mal, wenn ich das Buch aufschlage – und das versuche ich jeden Morgen und jeden Abend –, schaue ich als Erstes den Umschlag an, und sogleich hellt sich meine Stimmung auf. Lang vergessene Szenen tauchen taufrisch wieder auf. Das Dickicht des Buschlands, die zehn fetten Schafe auf einer grünen Weide erinnern mich an meine Kindertage auf dem Land, als alles, was ich sah, mir golden erschien, ein Ort der Glückseligkeit, ein Ausläufer des Himmels. Diese romantische Welt ist für immer in meinem Gedächtnis eingegraben und verschwindet nie, auch wenn ich heute mit Sicherheit weiß, dass sie für immer vergangen ist.

Vierzehn Jahre nach meinem Umzug nach Johannesburg fuhr ich wieder nach Hause[c] und kam am frühen Abend in meinem Dorf an. Bei Sonnenaufgang stieg ich aus dem Auto und ging hinaus ins Veld auf der Suche nach der Welt meiner Jugend, aber es gab sie nicht mehr.

Das Buschland, wo ich wilde Früchte pflückte, essbare Wurzeln ausgrub und Kleinwild fing, war inzwischen ein ödes Gelände mit vereinzelten verkrüppelten Büschen. Der Fluss, in dem ich an heißen Tagen schwamm und fette Aale fing, erstickte in Schlamm und Sand. Die leuchtenden Blumen, die das Veld schmückten und einen süßen Duft verströmten, gab es nicht mehr.

Und obwohl ein sanfter Regen kurz zuvor die Luft gereinigt hatte und die warmen Strahlen der aufgehenden Sonne das ganze Veld beschienen, begrüßte mich kein Honiganzeiger und keine Lerche. Überbevölkerung, Überweidung und Erosion hatten bleibende Zerstörungen angerichtet, und alles schien im Niedergang begriffen. Selbst die riesigen Felsbrocken, die trotzig wie für die Ewigkeit aufragten, wirkten, als würden sie in der trostlosen Landschaft bröckeln. Das Leben selbst schien hier langsam zu ersterben. Dieser traurige Anblick bot sich mir bei meiner Rückkehr vor beinahe 30 Jahren. Der Ort, an dem ich geboren wurde, hatte sich völlig verändert. Seither war ich nie wieder zu Hause, und dennoch hinterließen die romantischen Jahre meiner Jugend eine bleibende Spur in meiner Erinnerung. Das Bild auf dem Umschlag von *Daily Light* ruft diese wunderbaren Zeiten in mir wach.

Woher stammt dieses Bild? Es ist mir so vertraut.

Es hat ewig gedauert, bis ein Päckchen oder ein Brief von Ihnen bis zu mir durchkam! Ich glaube, es war irgendwann 1982, dass Zami (Winnie) mich fragte, ob ich eine Postkarte von Ihnen bekommen hätte, aber meine Nachforschungen beim Commanding Officer ergaben eine Fehlanzeige. Nur ein zu lebenslanger Haft verurteilter Gefangener kann ermessen, wie frustrierend und qualvoll es sein kann, wenn der Versuch von Freunden, einen zu erreichen und einem Mut zuzusprechen, irgendwo unterwegs abgeblockt wird.

Im Rückblick jedoch war diese Frustration doch nicht nur negativ: Sie haben sie in einen Triumph verwandelt. Ihr entschlossenes Überwinden der Barrieren zeigt, wie sehr Sie mich mögen und sich um mich sorgen. Die drei Worte der Widmung machen das Buch zu einem wahrhaft kostbaren Besitz. Ich hoffe sehr, dass Zami und ich uns für diese Liebe und Unterstützung einmal erkenntlich zeigen können. Ich freue mich darauf, Sie und John[d] eines Tages kennenzulernen. Einstweilen grüße ich Sie herzlich und wünsche Ihnen alles Gute.

Ihr Nelson

--------------------------

a   Abkürzung von Witwatersrand.
b   Afrikaans für «Feld».
c   Qunu in der Transkei, wo er aufgewachsen ist.
d   Rays Ehemann, Bischof John Carter.


**An Lionel Ngakane,[a] Freund und Filmemacher
London**

1.4.85

D220/82: NELSON MANDELA

Lieber Lionel,
die Welt, die wir so gut kannten, scheint sehr schnell in Trümmer zu fallen, und die Männer und Frauen, die einst Scharen von Menschen bewegten, verschwinden ebenso schnell von der Bildfläche. Lutuli,[b] Dadoo,[c] Matthews,[d] Kotane,[e] Harmel,[f] Gomas, die

Naickers,[g] Marks,[h] Molema,[i] Letele,[j] Ruth First,[k] Njongwe,[l] Calata,[m] Ngoyi,[n] Peake,[o] Hodgson,[p] Nokwe[q] und viele andere ruhen nun in ewigem Frieden; und all dies geschah in weniger als zwei Jahrzehnten.

Nie wieder werden wir sie sehen, mit ihnen Meinungen austauschen können, wenn Probleme auftauchen, nie wieder ihren reichen Erfahrungsschatz im Kampf um das Südafrika unserer Träume nutzen.

Doch niemand wird bestreiten, dass sie zu ihren Lebzeiten Hervorragendes geleistet und dabei eine reiche Tradition geschaffen haben, die denen, die heute in ihre Fußstapfen treten, zu einer Quelle des Stolzes und der Kraft geworden ist.

Damals, außerhalb der Gefängnismauern, waren wir derart beschäftigt, dass wir kaum Zeit hatten, ernsthaft über den Tod nachzudenken. Aber man muss lebenslang in einer Gefängniszelle eingesperrt sein, um ermessen zu können, welch lähmender Schmerz einen ergreift, wenn der Tod so nah bei einem zuschlägt. Eine Person des öffentlichen Lebens zu verlieren, mag ein schmerzlicher Schlag sein; einen lebenslangen Freund und Nachbarn zu verlieren, ist allerdings eine verheerende Erfahrung, die eine Erschütterung auslöst, die mit Worten nicht zu beschreiben ist.

So fühlte ich mich, als mir Zami die traurige Nachricht vom Tod Deiner geliebten Mutter brachte, was umso schlimmer war, als damals Dein Vater in Haft war und nur unter Polizeibewachung an der Bestattung teilnehmen konnte. Ich dachte an Dich, an Pascal,[r] Lindi, Seleke, Mpho, Thabo[s] und natürlich an Deinen Vater. Ich habe ihm ein Kondolenzschreiben geschickt und hoffe, er hat es auch euch allen übermittelt.

Besonders deutlich erinnere mich an eine Begebenheit im Bantu Men's Social Centre,[t] als Dr Yergan[u] gegen Ende der Missachtungskampagne eine Ansprache hielt. Anwesend waren nur geladene Gäste, die hohen Tiere der Stadt waren alle da – Xuma,[v] Mosaka, Rathebe, Denelane, Madibane, Ntloana, Xorile, Twala, Rezant, Mali, Nobanda, Magagane, Mophiring und so weiter. Das Publikum war vom D. C.[w] auf diese Ansprache eingestimmt worden, und Yergan, der einen hervorragenden Überblick über die nationale Bewegung auf unserem Kontinent gab, war in absoluter Hochform. Man hätte eine Stecknadel fallen hören können. Er schloss seine brillante Rede mit einem konzertierten Angriff auf den Kommunismus und erhielt lang anhaltenden Beifall von der elitären Zuhörerschaft.

Es folgten reihenweise Lobreden auf Yergan, bis Dein Vater das Wort ergriff. An Eloquenz war er Yergan nicht ebenbürtig, und an wissenschaftlichen Kenntnissen war ihm der Amerikaner weit voraus. Aber er redete in der einfachen Sprache, die wir alle verstanden, und brachte die Themen vor, die uns am Herzen lagen. Völlig zu Recht verwies er auf Yergans ohrenbetäubendes Schweigen über unseren Kampf im Allgemeinen und unsere Kampagne im Besonderen. Er attackierte unseren Gastredner und forderte ihn auf, über die riesigen amerikanischen Kartelle, Trusts und multinationalen Konzerne zu sprechen, die so viel Elend und Not in der Welt verursachten, und er durchkreuzte Yergans Versuch, uns in den Kalten Krieg mit hineinzuziehen. Dieselben Leute, die dem Vorredner so lang Beifall gespendet hatten, applaudierten nun ebenso begeistert Deinem Vater. Ich muss gestehen, das hat mich ungeheuer beeindruckt.

Während des Ausnahmezustands[x] 1960 waren wir einige Monate zusammen im Zentralgefängnis von Pretoria. Auch dort bewies er seine besonderen Qualitäten als Anführer und war eine große Hilfe bei der Aufrechterhaltung der Moral und der Disziplin. Bei der Nachricht von seinem Tod kamen mir viele Facetten seines Lebens blitzartig in den Sinn. Aber ein Gefängnisbrief ist beschränkt und nicht der geeignete Weg, meine Überzeugungen hierzu offen und umfassend darzulegen. Ich kann nur sagen, dass Zami und ich die Erinnerung an die Freundschaft mit euren Eltern stets hegen und pflegen werden. Bitte vermittle diese Gefühle auch Pascal, Lindi, Seleke, Mpho und Thabo. Der beiliegende Zeitungsausschnitt aus dem *Sowetan* wird dem Toten in keiner Weise gerecht, und ich hoffe wirklich, dass einer von euch, Du oder Lindi, früher oder später seine Lebensgeschichte aufzeichnet und sie einem breiteren Publikum zugänglich macht. Das kommt als Aufgabe auf euch alle zu, doch hauptsächlich auf Lindi,[y] die sowohl durch ihre besondere akademische Qualifikation als auch durch ihre derzeitige Rolle im Kampf berufen ist, diese wichtige Aufgabe anzugehen.

Nun aber zu leichteren Themen: Ich gestehe, dass ich neugierig auf

Informationen über Deine perönlichen Dinge bin. Ich weiß, Dich darf ich ja direkt fragen: Bist Du verheiratet? Wenn ja, wer ist die Glückliche? Wie stark ist Deine Mannschaft? Ich werde nie den Tag vergessen, den wir gemeinsam in London verbrachten, und es freute mich ungemein, im Umkreis von O. R.[z] talentierte junge Leute Deines Kalibers zu wissen. Vielleicht ist Dir nicht bewusst, dass diese Entdeckung meine Verbundenheit mit Deinen Eltern noch verstärkte. Pascal und ich verbrachten viel gemeinsame Zeit zu Hause, und als ich 1955 nach Durban kam, legte ich besonderen Wert auf einen Besuch bei ihm. Doch es waren unsere drei gemeinsamen Jahre, die wir mal hier, mal dort verbrachten und die mich sogar noch stärker prägten. Seit einiger Zeit habe ich nichts mehr von ihm gehört, und ich hätte gern seine Adresse. Angenehm überrascht hat mich die Nachricht, dass Clifford jetzt Botschafter von Lesotho in Rom ist.[aa] Bevor ich diese Pressemitteilungen las, dachte ich, er sei Mitarbeiter der UN. Es würde mich sehr freuen, wenn diese Berichte stimmen würden. Ich bewundere Chief Leabua sehr, und es scheint, aus der Entfernung gesehen, dass er seine Trumpfkarten äußerst geschickt ausgespielt hat.

Als ich Seleke[ab] zum letzten Mal sah, war sie noch ein Teenager, aber später erfuhr ich, sie sei glücklich mit einem Arzt in Maseru verheiratet. Ich hoffe, euch alle eines Tages zu sehen. Bis dahin grüße ich euch herzlich und wünsche euch alles Gute.

Dein Madiba

P.S.: Falls Du Zeit für einen Anwortbrief findest, schicke ihn bitte als Einschreiben.

---

a   Lionel Ngakane (1928–2003), Filmemacher und Schauspieler. Er ging in den fünfziger Jahren ins Exil nach England und kehrte 1994 nach Südafrika zurück.

b   Chief Albert Luthuli (1898–1967), erster Vorsitzender des ANC von 1952 bis 1967; siehe «Personen, Orte, Ereignisse». Mandela schrieb seinen Namen auch ‹Lutuli›.

c   Dr. Yusuf Dadoo (1909–1983); siehe «Personen, Orte, Ereignisse».

d   Professor Z. K. Matthews (1901–1968); siehe «Personen, Orte, Ereignisse».

e   Moses Kotane (1905–1978), ANC-Mitglied und Generalsekretär der Kommunistischen Partei Südafrikas.

f   Michael Harmel (1915–1974), führendes Mitglied der Kommunistischen Partei, gestorben im Prager Exil.

g   Monty Naicker (1910–1978), Arzt, Politiker und Antiapartheidaktivist; siehe «Personen, Orte, Ereignisse». M. P. Naicker (1920–1977), Antiapartheidaktivist, Journalist, Leader und Organisator für den Natal Indian Congress, die Kommunistische Partei Südafrikas und die Congress Alliance. Die Naickers waren keine Brüder, aber Genossen.

h   J. B. Marks (1903–1972), ANC-Mitglied und ein Anführer in der Missachtungskampagne von 1952; siehe hierzu «Personen, Orte, Ereignisse».

i   Dr. Silas Modiri Molema (1891–1965), Arzt und ANC-Aktivist.

j   Dr. Arthur Elias Letele (1916–1965), Arzt und ANC-Aktivist. Angeklagter im Hochverratsprozess (1956); siehe «Personen, Orte, Ereignisse».

k   Ruth First (1925–1982), Journalistin, aktiv im ANC und in der Kommunistischen Partei. 1964 ging sie ins Exil nach Mosambik und wurde dort durch die Paketbombe eines Apartheidagenten getötet.

l   Dr. James «Jimmy» Njongwe (1919–1976); siehe «Personen, Orte, Ereignisse».

m  Rev. James Arthur Calata (1895–1983), Lehrer und Priester der Anglikanischen Kirche, führendes Mitglied im ANC.

n   Lilian Ngoyi (1911–1980); siehe «Personen, Orte, Ereignisse».

o   George Edward Peake (geb. 1922), Gründungsmitglied der South African Coloured People's Organisation. Angeklagter im Hochverratsprozess 1956; siehe hierzu «Personen, Orte, Ereignisse». Wegen Beteiligung an einem Sabotageakt zu zwei Jahren Haft verurteilt. Er musste 1968 ins Exil gehen, wo er auch starb.

p   Percy John «Jack» Hodgson (1910–1977), Angeklagter im Hochverratsprozess, Gründungsmitglied des Umkhonto weSizwe, des bewaffneten Flügels des ANC.

q   Duma Nokwe (1927–1978); siehe «Personen, Orte, Ereignisse».

r   Pascal Shaudi Ngakane (1930–2015), einer von Lionel Ngakanes Geschwistern, der mit Mandela im Gefängnis war.

s   William Barmey (1902–1988), ANC-Aktivist und Nachkomme von Monzondeki Ngakane. Verwandter von Lionel Ngakane.

t   Zum Bantu Men's Social Center vgl. Brief vom 3. März 1969, S. 105, Anm. r.

u   Dr. Max Yergan (1892–1975), Enkel eines Sklaven in den USA; nach dem Zweiten Weltkrieg war er achtzehn Jahre lang Generalsekretär des Internationalen Komitees des YMCA in Südafrika.

v   Dr. Alfred Bitini Xuma (1893–1962), erster schwarzer südafrikanischer Arzt, ANC-Vorsitzender von 1940–1949.

w  *Defiance Campaign* (Missachtungskampagne).

x   Als Reaktion auf das Sharpeville-Massaker wurde am 30. März 1960 der Ausnahmezustand verhängt. Er führte zu Massenverhaftungen und Gefängnisstrafen für die meisten afrikanischen Vorsitzenden. Am 8. April 1960 wurden der ANC und der Pan Africanist Congress nach dem Unlawful Organizations Act verboten.

y   Eine von Lionel Ngakanes Schwestern.

z   Oliver Reginald Tambo (1917–1993); siehe «Personen, Orte, Ereignisse».

aa  Clifford Morojele war mit Lionel Ngakanes Schwester Lindi verheiratet. Er arbeitete im Auftrag der UN in Addis Abeba und Rom, war jedoch kein Botschafter, wie damals fälschlich in einer Zeitung berichtet wurde. (Sahm Venter im Gespräch mit dem Sohn, Morabo Morojele, 14. Oktober 2017.)

ab  Eine von Lionel Ngakanes Schwestern.

## An Sheena Duncan,[a] Präsidentin von Black Sash

D220/82: NELSON MANDELA 1.4.85

Liebe Mrs. Duncan,

in meiner aktuellen Situation ist es keineswegs einfach, mit dem Gang der Dinge außerhalb des Gefängnisses Schritt zu halten. Es ist gut möglich, dass die Mitgliederzahl von *B-Sash* in den letzten 30 Jahren nicht merklich zugenommen hat und dass sich in dieser Hinsicht das Entwicklungsmuster zumindest in naher Zukunft wohl kaum ändern wird.

Aber kaum jemand wird abstreiten, dass der Einfluss von *Sash* trotz seiner verhältnismäßig geringen Mitgliederzahl recht beachtlich ist und er sich als eine der Kräfte erwiesen hat, die dazu beitragen, den Fokus der Aufmerksamkeit auf die sozialen Probleme zu richten, die das Leben so vieler Menschen zugrunde richten. *B-Sash* bietet ein mutiges Beispiel, wie diese Probleme konkret angepackt werden können, und trägt dazu bei, vielen Opfern einer menschenunwürdigen sozialen Ordnung eine gewisse Entlastung und Hoffnung zu verschaffen.

Die Ideale, die wir hegen, unsere schönsten Träume und glühendsten Hoffnungen werden zu unseren Lebzeiten wohl nicht verwirklicht. Aber darum geht es nicht. Zu wissen, dass man zu seiner Zeit seine Pflicht tat, dass man die Erwartungen seiner Mitmenschen erfüllte, ist allein schon eine bereichernde Erfahrung und eine großartige Leistung. Das gute Bild, das der *Sash* abgibt, verdankt sich wahrscheinlich überwiegend der Erkenntnis, dass er diese Erwartungen erfüllt. Mit fester und klarer Stimme über die großen nationalen Fragen zu sprechen, nicht geschützt durch die Immunität, die die Mitglieder der Regierungsorgane genießen, unerschütterlich zu bleiben trotz der zahlreichen Rückschläge und der Ächtung durch eine privilegierte Minderheit, das demonstriert Ihre tiefe Sorge um Menschenrechte und Ihr Bekenntnis zum Grundsatz der Gerechtigkeit für alle. In dieser Hinsicht waren unlängst Ihre Bemerkungen in Port Elizabeth,[b] die die Überzeugungen der Vorkämpfer für echten Fortschritt in einem neuen Südafrika zum Ausdruck brachten, wirklich bedeutsam.

Trotz der gewaltigen Schwierigkeiten, mit denen Sie zu kämpfen haben, wird Ihre Stimme im ganzen Land gehört. Mögen manche sie missbilligen, so rüttelt sie doch das Gewissen anderer wach und wird freudig begrüßt von allen wohlgesinnten Männern und Frauen. Wer bereit ist, Probleme unmittelbar anzupacken, wer sich allgemein gültige Überzeugungen zu eigen macht, die in vielen Gesellschaften den Lauf der Geschichte geändert haben, der muss zu gegebener Zeit weit über die eigenen Reihen hinaus Unterstützung und Bewunderung erhalten.

Wenn ich Ihnen zum 30. Bestehen der Organisation gratuliere, muss ich dazusagen, dass ich aus ganzem Herzen zustimme, dass Sie «voller Stolz auf drei Jahrzehnte des Bemühens zurückblicken können, das nun zumindest Früchte zu tragen beginnt».

Zum Abschluss muss ich gestehen, dass ich so viele Ihrer Kolleginnen kenne, dass ich sie hier nicht alle aufzählen kann, weil es den Rahmen dieses Briefes sprengen würde. Daher grüße ich Sie herzlich und wünsche Ihnen alles Gute.

Ihr

[Unterzeichnet NRMandela]

------------------------

a   Sheena Duncan (1932–2010), Mitglied von *Black Sash* («Schwarze Schärpe»), einer Organisation weißer Mittelschichtsfrauen, die gegen die Apartheidgesetze protestierten und deren Opfer unterstützten. Sheenas Mutter Jean Sinclair war 1955 eines der Gründungsmitglieder.

b   Stadt in der Provinz Ostkap.

*Die beiden Briefe an den Antiapartheidaktivisten und Anwalt Archie Gumede zeigen deutlich die Schwierigkeiten und die daraus resultierenden Frustrationen im Briefverkehr und den Mangel an Informationen darüber, was mit den Briefen passierte.*

*In der Annahme, dass sein Brief an Gumede von 1975 nie seinen Adressaten erreichte, schreibt ihn Mandela erneut als Kopie seiner damaligen Abschrift und schickt ihn beinahe zehn Jahre danach noch einmal ab.*

**An Archie Gumede,[a] Genosse und Freund**
**Pinetown**

D220/82: NELSON MANDELA     8.7.85

*Phakathwayo! Qwabe![b]*

Kürzlich blätterte ich in der Kladde, in der ich meine ausgehenden
Briefe verzeichne, und dabei stieß ich auf die Abschrift des beigefügten Briefs an Dich vom 1. Jan. 1975.[c] Da ich nie eine Antwort
bekam, nahm ich in Anbetracht der seltsamen Probleme, die wir
damals mit unserer Post hatten, an, dass er nie bei Dir angekommen
ist.

Obwohl dieser Brief schon vor über 10 Jahren geschrieben wurde
und manches darin hoffnungslos überholt ist, dachte ich, Du solltest
ihn doch noch bekommen. Er stammt aus der Zeit, als Mphephethe,[d]
Sibalukhulu, Danapathy und Georginas Mann aus Hammersdale
alle bei Dir[e] und ziemlich aktiv waren. Der Brief sollte unter anderem
meine große Wertschätzung für diese Arbeit zum Ausdruck bringen.
Du wirst Dich auch daran erinnern, dass damals die Beziehungen
zwischen Khongolose[f] und Shenge[g] gut waren und sie auf vielen Gebieten zusammenarbeiteten. Außerdem stand ich mit ihm seit den
späten Sechzigerjahren in Verbindung, und er schickt mir noch heute
Grußbotschaften zu besonderen Anlässen. Auf der Insel diskutierten
wir über das Thema ausführlich bei einem Treffen von Vertretern
aller Sektionen, und man kam zu dem Schluss, es wäre ein Fehler,
seine Gesten des guten Willens zu ignorieren. Daher beantwortete
ich auch weiterhin seine Schreiben.

Letztes Jahr bekam ich wieder ein Telegramm von ihm in einer
persönlichen Angelegenheit, und meine Kameraden und ich be-
ratschlagten, wie zu verfahren sei. Wieder war man der Meinung –
Du hättest uns vielleicht einen anderen Rat gegeben –, ich sollte ihm
schreiben und mich bedanken. Doch bis mein Brief bei der Familie
ankam, warst Du nicht mehr zu erreichen. Schließlich wurde er an
ihn weitergeschickt.

Hier möchte ich ein wenig abschweifen und Dir von einer jungen

Dame erzählen, Ms. Nomsa Khanyeza, Nkwaz Rd. 3156, Imbali, die mir im Nov. 82 einen Brief schrieb, den ich umgehend beantwortete. Seither habe ich nichts mehr von ihr gehört. Ich würde gerne wissen, ob sie noch zur Schule geht und ob ihre Eltern die nötigen Mittel für ihre Ausbildung haben. Aus ihrem Brief zu schließen ist sie ein recht begabtes Kind.

Vielleicht wissen Thozamile und Sisa, dass *Between the Lines: Conversations in South Africa*[h] von Harriet Sergeant erschienen ist. Sie macht einige interessante Bemerkungen zu vielen unterschiedlichen Interviews. Aber eine junge Frau von 26 Jahren nimmt oft kein Blatt vor den Mund, und sie hat, wie es scheint, intime Gefühle und Reaktionen aufgezeichnet, die nicht für die Öffentlichkeit gedacht waren. Und obwohl sie sich recht unverblümt äußert, sagt sie meiner Meinung nach nichts Abträgliches über die Gewerkschafter, mit denen sie gesprochen hat. Ich will unbedingt wissen, wer Connaugh ist. Dies ist offenbar der Deckname des bärtigen Weißen in Jeans und mit Kopfhörer und Mikrofon und einem Aufnahmegerät bei der EL[i]-Gewerkschaftsversammlung. Bitte klär mich darüber auf, wenn sie das Buch schon haben.

Zum Schluss möchte ich Dich noch auf einen Brief aufmerksam machen, der in einer Johannesburger Tageszeitung erschien und in dem es um den Fall von 9 Männern ging, die von Queen Victoria wegen Hochverrats zum Tode verurteilt worden waren. Auf weltweiten Protest hin wurden die Männer des Landes verwiesen. Viele Jahre später erfuhr die Queen, was aus den Männern geworden war: Einer war zum PM[j] von Australien[k] gewählt worden; der zweite wurde zum Brigadegeneral der US-Armee ernannt,[l] der dritte wurde Kronanwalt für Australien,[m] der vierte folgte diesem im Amt nach,[n] der fünfte wurde Landwirtschaftsminister in Kanada,[o] der sechste brachte es in den USA ebenfalls zum Brigadegeneral,[p] der siebte wurde Generalgouverneur von Montana,[q] der achte machte sich in New York als Politiker einen Namen,[r] und der neunte wurde zum Generalgouverneur von Neufundland ernannt.[s]

Dies ist eine lehrreiche Geschichte, die Du wahrscheinlich kennst, die ich Dir aber trotzdem in Erinnerung rufen möchte. Herzlichste

Grüße und alle guten Wünsche für Dich und Deine Kameraden. Vergiss nicht, wir denken an euch alle.

Von Herzen
Madiba

P. S. Als ich den Brief schrieb, war Nomsa High-School-Schülerin in Georgetown.

[Beigefügter Brief]

**Archie Gumede, Freund und Genosse**

D220/82: NELSON MANDELA 1. Januar 1975

[noch einmal abgeschickt am 7. Juli 1985]

*Phakathwayo Qwabe!*[t]

Seit A. J.s[u] Tod hatte ich Dir schreiben wollen. Du standest ihm so nahe, und obwohl ich gleich an die Old Lady[v] schrieb, hatte ich das Gefühl, ich sollte auch Dir, M. B.,[w] Zami,[x] Sibalukhulu und Siphithiphithi meine Anteilnahme zum Ausdruck bringen. Ihr seid lange Zeit beisammen gewesen, habt wichtige Probleme gemeinsam bearbeitet, seid in enger Bindung vorangeschritten, so wie Nodunehlezi viele Jahre zuvor. Man kann kaum an den Chief denken, ohne zugleich euch fünf vor Augen zu haben.
Ich erinnere mich noch gut an die Drill Hall,[y] wo ihr euch immer regelmäßig getroffen habt, über Gott und die Welt geredet und euch manchmal bei einem Teller *Amadumbe*[z] entspannt und die Unterhaltung immer wieder mit einem «Ha-a-a-wu! Ha-a-a-a-wu!»[aa] unterbrochen habt.
Zu gegebener Zeit wurdest Du als Anwalt zugelassen, und erst jetzt sage ich zu Dir: Gut gemacht! Leute, die selten von uns hören, sind vielleicht die, denen wir am meisten vertrauen und die wir am höchsten wertschätzen. Vielleicht verhalten wir uns deswegen still, weil wir wissen, sie werden verstehen, dass andere Verpflichtungen die Kommunikation erschweren.

In diesen zwölf Jahren habe ich oft an Dich gedacht, habe mit-
gefühlt, wenn Dich das Leben hart anpackte, ganz besonders im
Jahr 63,[ab] und habe mich mit Dir gefreut, als die Sonne wieder
schien. Im März 61 war ich in Mgungundlovu[ac] und bin mir nicht
sicher, ob ich Dich bei dieser Gelegenheit tatsächlich getroffen
habe. Ich wohnte bei Mandlas Eltern. 1955 war ich eine ganze
Nacht in der Boom St.[ad] und unterhielt mich mit Moses,[ae] Chota,[af]
Omar[ag] und anderen. Am Tag darauf fuhren Mungal[ah] und ich nach
Groutville, wo ich den Tag mit A. J. verbrachte. Im Aug. 62 war ich
übrigens auf dem Rückweg von ihm, als ich Deine Kumpel in
Howick[ai] traf.

Oft denke ich auch an Mphephethe, Sibalukhulu, Georginas Mann,
M. B., R. M. und Mutwana wa kwa Phindangane und erinnere mich
gern an die Zeit mit ihnen. Als *New Age*[aj] stark genug war, ihre täglichen Runden zu laufen, hatte Mphephethe ein zugkräftiges Pferd,
mit dem er bei uns allen ankam, und wir wussten, was er dachte. Alte
und berühmte Pferde klappen zusammen wie schon viele vor ihnen,
einige bleiben für immer vergessen, an andere erinnert man sich als
bloße Objekte der Geschichte, für die sich nur Gelehrte interessieren.
Aber der Verlust dieser einen Stute hinterließ eine Leere, die gleichermaßen von Stallbesitzern, Jockeys, Wettern und dem breiten Publikum empfunden wird. Es wird dort noch viele Rennen geben, aber
wir werden noch lange die Spannung und die Dramatik des Wett-
kampfs vermissen, die *NA* bei jedem Rennen ins Spiel brachte.

In seinen Kurzgeschichten hatte Mphephethe immer etwas Neues
und Bedeutsames zu sagen, und seine Thematik, sein Stil und seine
Schlichtheit haben mich immer fasziniert. Ich hoffe, er hat mit dem
Alter und der Erfahrung, die er in acht ganzen Jahren fernab von
Mgungundlovu gemacht hat, ernsthaft zu Papier und Feder zurück-
gefunden, besser gerüstet denn je.

Vor etwa zwei Jahren hatte ich das Vergnügen, einen Text von ihm zu
lesen. Am liebsten hätte ich über einige Aspekte mit ihm persönlich
gesprochen, aber leider ergab sich nie die Gelegenheit dazu. Dies be-
dauere ich umso mehr, als sein Umgang mit theoretischen Themen
starken Eindruck auf mich machte. Später las ich einen anderen Es-
say von ihm über eher aktuelle Themen, und ich freute mich, dass

unsere Ansichten im Wesentlichen ähnlich waren. Ich hoffe, er zieht noch hin und wieder seinen *Ibhetshu*[ak] an und schwingt alle seine Knochen, wenn er den *Indlamu*[al] im Rhythmus der mit Ochsenhaut bespannten Trommel tanzt.

Sibalukhulu habe ich viel häufiger getroffen als Mphephethe. Mehrmals waren wir zusammen in Durban und eine Zeit lang auch in J. H. B. Zum letzten Mal sprachen wir im Aug. 62 miteinander. Bestimmt erinnert er sich sehr gut daran. Mit dabei waren Milner, Selbourne, M. B. Mduduzi und Elias. Der kompromisslose Champion von Impabanga war da, wie üblich akkurat gekleidet und mit glänzendem kohlschwarzen Haar. Ich ahnte nicht, dass es so weiß war wie meines und dass Sibalukhulu es mit Schuhwichse färbte. Bei unserem Gespräch legte er eine erstaunliche Beweglichkeit an den Tag, und im Weggehen fühlte ich mich ihm näher denn je. Diesen Eindruck habe ich die vergangenen 12 Jahre bewahrt; deshalb vermisse ich ihn so und freue mich wirklich, ihn eines Tages wiederzusehen.

Früher einmal waren Georginas Mann, Danapathy und ich wie Drillinge, und ich fühle mich immer noch etwas einsam, wenn ich an die vielen Meilen denke, die uns trennen. Aber das Gefühl, Drillinge zu sein, ist immer noch sehr stark.

Vieles verbindet uns; vor Jahrhunderten durchstreiften Deine und meine Vorväter die fruchtbaren Täler des Tukela[am] und tranken von seinem frischen Wasser. Mafukuzela,[an] Lentanka,[ao] Rubusana[ap] und andere erweiterten und vertieften im Jahr 1912 diese Bande, eine Entwicklung, die eng mit dem Namen Deines Vaters verbunden ist.

Du hast noch eine weitere Verbindung geschaffen, und wir gehören beide zu diesem Stamm, aus dem Anwälte, Beamte und Richter hervorgehen. Gut gemacht, Mnguni! Ich freue mich auf den Tag, an dem ich Deine Familie, Sukthi, Sha, Sahdham[aq] und ihre Mum sehen werde.

Fatima[ar] war schon bei mir, und wir halten regelmäßig Kontakt. Alzena, Tryfina, Mabhala, Magoba und Gladys haben mir seit 64 jedes Jahr an Weihnachten Karten geschickt, und in den letzten drei Jahren habe ich auch welche von Sukthi und ihrer Familie bekommen. Eines Tages werde ich ihnen vielleicht dankbar die Hand schütteln können.

Noch einmal mein tief empfundenes Beileid, Grüße an Dich,
M. B., Zanu [oder Zami], Sibalukhulu und Phithiphithi.

Dein
Nel

---------------------------

a   Archibald Jacob Gumede (1914–1998); siehe «Personen, Orte, Ereignisse».

b   Archie Gumedes Clan-Namen.

c   Siehe Brief S. 583–586.

d   Bakwe (Joe) Matthews (1929–2010); siehe auch zu Sibalukhulu und Danapathy «Personen, Orte, Ereignisse».

e   Höchstwahrscheinlich ist Natal gemeint.

f   *Khongolose* bedeutet Kongress; gemeint ist der African National Congress (ANC).

g   Chief Gatsha Mangosuthu Buthelezi (geb. 1928), Zulu-Prinz, ANC-Mitglied, Chief Minister von KwaZulu von 1972 bis 1994, Gründer und Präsident der Inkatha Freedom Party (1975). Sein Clan-Name ist Shenge. Mandela bezieht sich auf die Beziehungen mit dem ANC und Inkatha; siehe «Personen, Orte, Ereignisse».

h   Harriet Sergeant, *Between the Lines: Conversations in South Africa,* London: Cape, 1984. Die Autorin untersucht die Auswirkungen der Apartheid im Südafrika der Achtzigerjahre.

i   East London (?), eine Stadt im Ostkap.

j   Prime Minister.

k   Charles Duffy (1816–1903) war nicht Premierminister von Australien, sondern der achte Premier des australischen Staates Victoria. Es ist nicht bestätigt, dass Duffy des Landes verwiesen wurde; der Zeitungsartikel, auf den sich Mandela beruft, ist wohl nicht ganz korrekt.

l   Patrick Donahue.

m   Morris Leyne.

n   Michael Ireland war Nachfolger von Morris Leyne.

o   Thomas Darcy MacGee (1825–1868) wurde Minister für Landwirtschaft, Einwanderung und Statistik.

p   Thomas McManus.

q   Thomas Francis Meagher (1823–1867) wurde nach dem amerikanischen Bürgerkrieg ein Viehbaron und Gouverneur von Montana.

r   John Mitchel (1815–1875), irischer Nationalist, Autor und Journalist, der im amerikanischen Bürgerkrieg die Konföderierten unterstützte. Sein Sohn John Purroy Mitchel (1879–1918) wurde Bürgermeister von New York.

s   Richard O'Gorman.

t   Archie Gumedes Clan-Name.

u   A. J. ist Chief Albert Luthuli (1898–1967); siehe «Personen, Orte, Ereignisse». Er wurde von einem Zug überfahren.

v   Nokhukhanya Luthuli, Witwe von Chief Albert Luthuli; siehe «Personen, Orte, Ereignisse».

w   M. B. Yengwa (geb. 1923), ANC-Mitglied, Gewerkschafter, Angeklagter im Hochverratsprozess; siehe hierzu «Personen, Orte, Ereignisse».

x   Gemeint ist nicht Winnie Mandela.

y   Der Treffpunkt vor dem Hochverratsprozess; siehe «Personen, Orte, Ereignisse».

z   Klöße.

aa   *Hawu* ist ein isiXhosa- und isiZulu-Ausdruck des Zweifels oder der Ablehnung. Er ist üblich in einer Unterhaltung, bei der eine unglaubwürdige Geschichte erzählt wird, ausgesprochen etwa ‹hao›.

ab 1963 wurde Archie Gumede für fünf Jahre gebannt.

ac Im März 1961 hielt Mandela in Mgungundlovu (Natal) eine Rede auf der All in Africa Conference, auf der Archie Gumede anwesend war.

ad Wohnung der Aktivisten Chota und Choti Motala in Pietermaritzburg.

ae Moses Mbheki Mncane Mabhida (1923–1986), einer der Vorsitzenden des South African Congress of Trade Unions und des ANC. Er schloss sich dem bewaffneten Kampf an und arbeitete für den MK im Exil.

af Dr. Mahomed «Chota» Motala (1921–2005), Aktivist im Natal Indian Congress und Angeklagter im Hochverratsprozess (siehe «Personen, Orte, Ereignisse»). Freund Mandelas und Walter Sisulus. Nach dem Ende der Apartheid wurde er südafrikanischer Botschafter im Königreich Marokko.

ag Dr. Omar Essack, Mitglied des Natal Indian Congress, Arzt und Kollege von Dr. Motala.

ah S.B. Mungal, der mit Mandela zu Chief Albert Luthuli zu dessen Wohnort Groutville im Ilembe District Municipality (Natal) reiste.

ai Im August 1962 wurde Mandela von der Polizei von Natal verhaftet.

aj *New Age* war eine oppositionelle Zeitung, die wegen ihrer Nähe zum ANC verboten wurde. Jedes Mal, wenn sie wieder verboten wurde, erschien sie unter einem neuen Namen.

ak Traditioneller Fellumhang der Zulu.

al Traditioneller Zulu-Tanz.

am Wahrscheinlich der Tugela River, der größte Fluss in der Provinz KwaZulu-Natal.

an John Langalibale Dube (1871–1946), Lehrer, Herausgeber, Autor und politischer Aktivist. Erster Präsident des 1912 gegründeten South African Native National Congress (ab 1923 ANC). Er gründete die Christian Industrial School in Ohlange sowie 1904 die erste zweisprachige (Englisch/Zulu) Zeitung *Ilanga lase Natal (Sonne von Natal)*. Gegner des Land Act von 1913, Exekutivmitglied der AAC (All-African Convention) im Jahr 1935. 1994 ging Mandela in der Schule in Ohlange zum ersten Mal in seinem Leben zur Wahl. Anschließend besuchte er Dubes Grab, um ihm zu berichten, dass Südafrika jetzt frei war.

ao Mandela meint hier vielleicht Daniel Simon Lentanka, Journalist und Führungsfigur in der Anfangszeit des ANC.

ap Walter Rubusana (1858–1936), Mitbegründer der isiXhosa-Zeitung *Izwi Labantu*; er war der erste Schwarze, der 1909 in den Cape Council gewählt wurde, und Gründungsmitglied des South African Native National Congress (1912).

aq Die Kinder von Phyllis und M.D. Naidoo; Naidoo, Mitglied der Kommunistischen Partei von Südafrika und des South African Indian Congress, war fünf Jahre auf Robben Island mit Mandela in Abteilung B in Haft.

ar Fatima Meer (1928–2010); siehe «Personen, Orte, Ereignisse».

## An Victoria Nonyamezelo Mxenge,[a] Anwältin und politische Aktivistin
## Durban

D220/82: NELSON MANDELA                                             8.7.85

Liebe Nonyamezelo,
ich glaube, einer von euch hat bereits Ntobeko in Mgungundlovu[b] aufgesucht, und ich hoffe, seine Vorbereitungen gehen zügig voran.

In seinem Fall geht es um viel mehr als um einfache Rechtsfragen, die in den Prozessschriftsätzen dargelegt sind, und ich dachte, wenn ihr, Du, Pius,[c] Louis, Boyce, Yunus und andere, euch der ganzen Tragweite bewusst geworden wärt, würdet ihr euch sofort zusammentun und ihm beistehen. Diesbezüglich hoffe ich, dass Du die Anwälte Ismail Meer in Verulam[d] und JN Singh in Durban an mein Schreiben erinnerst, in dem ich dargelegt habe, wie sie sich für einen wichtigen Aspekt dieser Sache verbünden könnten. Wenn Ntobeko nach dem 9. Aug. noch auf der Liste der Anwälte steht, wird das ein glänzender Sieg sein. Wenn aber Freunde sich der Lage gewachsen zeigen, was ich erwarte, kann es auch dann noch ein durchschlagender Erfolg werden, wenn wir den eigentlichen Rechtsstreit verlieren. Triffst Du Poswa[e] und Kall? Bitte richte ihnen und allen anderen Grüße von mir aus und wünsche ihnen alles Gute für ihre hervorragende Arbeit im ganzen Land.

Und jetzt zu Dir: Als ein Mithäftling mitbekam, dass ich an Dich zu schreiben beabsichtigte, meinte er, das sei Zeit- und Energieverschwendung, denn Du seist eine bekannt schlechte Briefeschreiberin; ich erteilte ihm eine Abfuhr und erklärte, wenn einer keine Antwort von Dir bekomme, dann habe er offensichtlich nichts zu sagen, was der Mühe wert sei, und dass Du, selbst wenn das Gerücht stimmen würde, diesmal alles beiseite legen und mir antworten würdest.

Als Erstes interessiert mich, wie Du die letzten drei Jahre klargekommen bist. Ich nehme an, die Kanzlei hat sich gewaltig vergrößert. Dementsprechend stellte ich mir vor, Du wärst bis an die Grenzen ausgelastet, als Du auf einmal ganz allein dastandst, ohne das Können und die Erfahrung, über die GM[f] verfügte. Da er ein paar Jahre mit mir auf Robben Island war, bekam ich eine ziemlich genaue Vorstellung von seinen wertvollen Fähigkeiten. Aber nach allem, was ich gehört habe, scheinst Du eine tüchtige und willensstarke Frau zu sein, eine Draufgängerin. Ich bin überzeugt, dass Du nicht nur der Aufgabe gewachsen bist, eine große Kanzlei zu führen, sondern dass Du sie mittlerweile zu einem juristischen Großunternehmen gemacht hast.

Die Nachricht von Deinem Abenteuer in Kapstadt mit Allan und anderen hat wohl viele überrascht. Dort hätte ich Dich am wenigsten

Pollsmoor Maximum Prison,
P/BX 4, Tokai, 7966 51
8 7 88

JJ220/82/Nelson Mandela.

Our dear Nonyamezelo,

I believe that one of you has already visited Ntobeko at Mgungundlovu, and I sincerely hope that his preparations are proceeding smoothly. Far more is involved in his case than the simple legal issues set out in the pleadings, and I felt that once you, Piliso, Louis, Boyce, Yunus and others become consciously aware of its wider implications, you would immediately rally to his assistance. In this connection, I trust that you will be good enough to remind attorneys Ismail Meer, Verulam, and J N Singh, Durban, of my message in which I outlined how they could team up on an important aspect of this matter. It will be a splendid victory if Ntobeko will still be on the roll after Aug. 9. But if friends rise to the occasion, as I expect they will, it can still be a resounding triumph even when we lose the actual court battle. Do you meet Iswa and Kali? Do give my fondest regards and best wishes to all of them for the excellent work they are doing all over the country.

Turning now to you, I must tell you that when an inmate discovered that I intended writing to you, he remarked that I was wasting saliva and energy and time, as you are reputed to be a bad correspondent. I brushed him aside by pointing out that those who failed to get your response obviously had nothing worthwhile to say, that even if the rumour were true, this time you would put everything aside and reply.

First, I would like to know just how you have managed over these last three years. I believe that the firm had already grown immensely. I accordingly imagined that you were stretched out almost to the limit when you suddenly found yourself all alone; without the skill and vast experience GM commanded. Having spent a few years with him on Robben Island, I have a fairly good idea of the precious talents which he so richly possessed. But from all the accounts I have received, it seems that you are a tough and determined girl, a go-getter. I am confident that you are not only equal to the task of running a big firm, but that you have by now succeeded in expanding it to a legal giant.

The news of your Cape Town adventure with Allan and others will have caught many people unawares. It is the last place where I expected you to become involved, and I was happy indeed when I heard that you did not have to travel down again. Never-theless, the incident beautifully confirmed the image you have projected in my mind

Brief vom 8. Juli 1985 an Victoria Nonyamezelo Mxenge. Zahlreiche im Brief erwähnte Namen sind von anderer Hand in gelb hervorgehoben worden.

2.

52

over these years.

Are the children well, and how are they faring with their school work? Where and when did you spend your last holiday? An overseas vacation, if you have a passport, will certainly be a refreshing experience both from the point of view of your own health, and that of the firm. The batteries that keep you going require to be constantly charged and re-charged, if you are going to maintain a high standard of performance on professional and other issues. It would also be an unforgettable experience for you to visit some of the big USA legal firms, some of which have no less than 100 partners each, with computers and well-stocked libraries. Do consider that.

I notice that we now have several lawyers' organisations: Lawyers for Human Rights, Black Lawyers Association and the Democratic Lawyers' Association. To which do you belong? Can you give me some information on the DLA?

Now I would like you to put a few telephone calls on my behalf to some friends over there: my sympathy to Chief Lutuli's son, Sebusiso, and his wife, Wilhelmina, who were attacked at their Blackrow Store recently. We wish them a speedy and complete recovery. Last year I wrote to the old lady, Nokukhanya; I don't know whether she ever received the letter as she never responded. Fondest regards to Eliza Nyo, Senzo, whose impressive contribution in the late 40s and early 50s can never be forgotten. The same sentiments to Adiza Nyo, James in regard to his current efforts. We are particularly proud of him. Assure attorney Vahed that, although I have not seen him for 30 yrs, I think of him and his wife. To Billy Nair just say "Madiba sends warmest greetings to Shanti and Elsie," and to attorney Bhengu I'd say "Halala Adabazana!"

In conclusion I want to tell you that Zami and I love you, and we often talk about you when she visits me. We sincerely look forward to seeing you one day. Hope and the future are always before us, mainly because S.A. has produced many men and women of your calibre, who will never allow the flames to die down. Our love and best wishes to you and the children. Kindly register your reply. Sincerely, Madiba

Mrs Nonyamezelo Victoria Mxenge, 303 Damjee Centre, 158 Victoria St, Durban, 4001

erwartet, und ich war wirklich froh, als ich erfuhr, dass Du die Reise hier herunter nicht mehr machen musstest. Dennoch hat der Vorfall das Bild, das ich all die Jahre von Dir im Kopf hatte, sehr schön bestätigt.

Sind die Kinder gesund, und wie geht's ihnen in der Schule? Wo und wann warst Du zuletzt in Ferien? Ein Übersee-Aufenthalt – vorausgesetzt, Du hast einen Reisepass – würde nicht nur Deiner Gesundheit guttun, sondern wäre auch eine Bereicherung für die Kanzlei. Deine Akkus müssen ständig frisch geladen werden, wenn Du das hohe Leistungsniveau im Beruf und in weiteren Bereichen halten willst. Bestimmt wäre ein Besuch in einer der großen US-Kanzleien eine unvergessliche Erfahrung – in manchen von ihnen arbeiten an die 100 Partner, sie haben Computer und gut bestückte Bibliotheken. Denk mal darüber nach.

Ich stelle fest, wir haben jetzt mehrere Anwaltsverbände: Anwälte für Menschenrechte,[g] eine Schwarze Anwaltsvereinigung[h] und einen Demokratischen Anwaltsverband.[i] Welchem gehörst Du an? Kannst Du mir ein paar Informationen über den Letzteren geben?

Nun bitte ich Dich, ein paar Freunde in meinem Namen anzurufen: Bitte bestelle Grüße an Chief Lutulis[j] Sohn Sibusiso und seine Frau Wilhelmina, die neulich in ihrem Laden in Gledhow angegriffen wurden. Wir hoffen, dass sie sich bald wieder erholen. Letztes Jahr schrieb ich an Old Lady Nokhukhanya;[k] ich weiß nicht, ob sie den Brief bekommen hat, jedenfalls hat sie nie geantwortet. Herzliche Grüße auch an Diliza Mji senior,[l] dessen eindrucksvolle Beiträge in den späten vierziger und frühen fünfziger Jahren unvergessen bleiben. Grüße auch an Diliza Mji junior,[m] der sich derzeit so bemüht; wir sind sehr stolz auf ihn. Bitte richte Anwalt Vahed aus, dass ich an ihn und seine Frau denke, auch wenn ich ihn seit 30 Jahren nicht mehr gesehen habe. Zu Billy Nair sag einfach: «Madiba lässt Thambi und Elsie herzlich grüßen», und zu Anwalt Bhengu sage ich «*Halala Dlabazana!*»[n]

Zum Abschluss möchte ich Dir sagen, dass Zami und ich Dich lieb haben und wir oft über Dich sprechen, wenn sie mich besucht. Wir hoffen, euch eines Tages wiederzusehen. Hoffnung und die Zukunft stehen uns immer vor Augen, vor allem, weil aus SA stets Männer und Frauen Deines Formats hervorgegangen sind, die die Flamme niemals erlöschen lassen. Alles Gute für Dich und die Kinder. Bitte schicke Deine Antwort als Einschreiben.

Dein Madiba

------------------------

a　Victoria Nonyamezelo Mxenge (1942–1985). Ihr Mann und Anwaltskollege Griffiths Mxenge wurde 1981 ermordet; wenige Tage nachdem sie bei der Beerdigung von vier von der Polizei getöteten Aktivisten der United Democratic Front gesprochen hatte, wurde sie vor ihrem Haus umgebracht. Der Bericht der Truth and Reconciliation Commission (TRC) (Wahrheits- und Versöhnungskommission) über die Ermordung von Victoria Mxenge stellt fest, dass ein gewisser Marvin Sefako (alias Bongi Raymond Malinga) von der Sicherheitspolizei gedungen und von Brigadier Peter Swanepoel gesteuert war. Malinga gestand, fünf Schüsse in die Brust von Mxenge abgegeben zu haben, was sie jedoch nicht zu Fall brachte; er verfolgte sie und erschlug sie mit einer Axt direkt an der Tür zu ihrem Esszimmer. Der Bericht enthält keinen Hinweis darauf, ob jemand im Zusammenhang mit diesem Mord einen Antrag auf Amnestie gestellt hat oder ein solcher bewilligt worden wäre. (TRC Final Report, volume 2, chapter 3, Subsection 28, S. 227.)

b　Ort in Natal.

c　Pius Nkonzo Langa (1939–2013), Gründungsmitglied der National Association of Democratic Lawyers. 1994 ernannte ihn Mandela zum Obersten Richter des Constitutional Court of South Africa. 2001 wurde er stellvertretender Oberster Richter und 2005 von Präsident Thabo Mbeki zum Obersten Richter ernannt. Im Oktober 2009 trat er in den Ruhestand.

d　Wohnort von Mandelas Freund Ismail Meer (KwaZulu-Natal).

e　Vermutlich Ntsikelelo Poswa, früher Anwalt, heute Richter.

f　Nonyamezelos Mann, Griffiths Mxenge.

g　Eine Non-profit-NGO, gegründet 1979.

h　Gegründet 1976 in Opposition zum Group Areas Act. (Dieses Gesetz ordnete getrennte Wohnviertel für jede rassische Gruppe an. Vgl. *Der lange Weg zur Freiheit,* a. a. O., S. 159.)

i　Die National Association of Democratic Lawyers wurde 1987 von der Black Lawyers Association gegründet. (Mandela schrieb diesen Brief 1985 an Victoria Mxenge.)

j　Chief Albert Luthuli (1898–1967); siehe «Personen, Orte, Ereignisse». Mandela schreibt seinen Namen häufig Lutuli.

k　Nokhukhanya Luthuli, Chief Luthulis Witwe.

l　Dilizantaba Mji, Arzt und Präsident der ANC-Jugendliga von Transvaal in den frühen fünfziger Jahren.

m　Sohn von Diliza Mji, ebenfalls Arzt und ehemaliger Vorsitzender der South African Students' Organization.

n　*Halala* ist ein Glückwunsch, Dlabazana wahrscheinlich Bhengus Clan-Name.

**An Nolinda Mgabela**
**Mdantsane**

D220/82: NELSON MANDELA 8.7.85

Liebe Nolinda,

vielen Dank für Deinen Brief und die schöne Aufnahme; ich erhielt sie, als ich gerade an Nongaye schreiben wollte. Letztes Frühjahr schrieb ich an Khayalethu und erkundigte mich unter anderem nach der Beerdigungsfeier Deiner Mum, nach dem Gesundheitszustand Deines Vaters und nach ein paar Freunden. Ich bekam keine Antwort von ihm, was mich einigermaßen überraschte, denn ich habe noch nie von einem Feigling in Khwalos Familie gehört. Ich möchte diese Informationen immer noch bekommen, und wenn nicht von ihm, dann hoffentlich von Dir oder von Nongaye.

Was Deine Schulausbildung angeht, so solltest Du Dich sofort an einem Internat bewerben, wie zum Beispiel Lovedale oder Clarkebury,[a] wo Du mehr Ruhe zum Lernen hast. Hierzu rate ich Dir, Dich an eine einflussreiche Person wie Dr. Gilimamba Mahlati[b] zu wenden mit der Bitte, Dir bei Deinem Aufnahmeantrag behilflich zu sein.

Was Schulgebühren und Taschengeld betrifft, solltest Du gleich an Dr. Beyers Naude schreiben. Seine Adresse: Sekretariat des Südafrikanischen Kirchenrats, Postfach 31190, Braamfontein, 2017. Sag ihm, Du hättest mir geschrieben und ich bäte ihn, Dir bei der Einschreibung und den Studiengebühren zu helfen.

In dem Brief solltest Du erwähnen, dass Deine Mutter, die mehrmals in Haft war, voriges Jahr gestorben ist, kurz nachdem Dein Vater Malcomess Mgabela zurückgekehrt war, der 18 Jahre lang aus politischen Gründen auf Robben Island inhaftiert gewesen war. Wegen seiner langen Gefangenschaft und gegenwärtiger Schikanen konnte er kein Geld für die Ausbildung der Kinder ansparen. Wegen seines Alters und seinen politischen Überzeugungen wird er praktisch keine Arbeit finden. Aus diesen Gründen hast Du keine andere Möglichkeit, als beim SACC[c] um Unterstützung zu bitten. Du musst angeben, in welche Schule Du gehst und in welcher Klasse Du bist. Lass Dir von Khayalethu und Nongaye helfen, den Brief zu schreiben, und achte darauf, dass Du keinen der obengenannten Punkte vergisst.

Wie geht es Mkhozi Khwalo? Hoffentlich ist er wieder zu Hause und sein Blutdruck ist wieder normal. Grüße ihn bitte herzlich von mir.

Ich bedanke mich nochmals für den schönen Brief und das Foto. Ich hoffe, bald wieder von Dir zu hören. Nach dem Foto scheinst Du eine attraktive junge Dame zu sein, und ich ahne, dass Dir die Jungen nachsteigen. Wichtig aber ist im Moment Deine Ausbildung. Es wäre ratsam, keine ernste Affäre anzufangen, bevor Du Dein Jurastudium abgeschlossen hast.

Einstweilen grüße ich Dich, Nongaye, Khayaletu, Nosizwe und Ntomboyise von Herzen.

Dein *Tata*[d]

Schick alle Deine Briefe an mich und an Dr. Naude als Einschreiben.

------------------------

a   Lovedale Missionary Institute in der Ciskei. Clarkebury Boarding Institute in Engcobo, in dem Mandela als Jugendlicher war.
b   Gilimamba Mahlati, Arzt und Geschäftsmann.
c   South African Council of Churches.
d   «Vater» auf isiXhosa.

*A*ls *Ende 1985 bekannt wurde, dass Mandela wegen einer Prostata-Operation in ein Krankenhaus in Kapstadt eingeliefert worden war, wurde sein Gesundheitszustand zum Thema einer breiten öffentlichen Debatte, in der die Sorge um ihn zum Ausdruck kam.*

*In den zwanzig Jahren davor war er mehrfach für kurze Zeit im Krankenhaus gewesen, aber diesmal war es etwas Ernsteres. Er war jetzt siebenundsechzig, und die Vorstellung, er könnte im Gefängnis sterben, war sowohl für das Regime als auch für die Familie und seine Sympathisanten alarmierend.*

*Am Sonntag, den 3. November, kam er in das Volks Hospital in einem be-
grünten Vorort unweit des Stadtzentrums. Er und seine Familie hatten eine
beeindruckende Reihe erfahrener Ärzte versammelt, die ihn und den Eingriff
überwachen sollten.*

*Nicht von ungefähr erhielt er dort Besuch von einem «überraschenden und
unerwarteten Gast»[57], dem damaligen Justizminister Kobie Coetsee. Obwohl
Mandela ihn in einem Brief um ein Treffen gebeten hatte, um über etwaige
Gespräche zwischen der Regierung und dem ANC zu diskutieren, hatte er
nicht im Krankenhaus mit ihm gerechnet. Ihr erstes Gespräch beschränkte
sich auf den Austausch von Höflichkeiten, doch Mandela brachte die Situation seiner Frau zur Sprache, deren Haus in Brandfort, wohin sie verbannt
war, durch einen Brandsatz beschädigt worden war, während sie sich in
Johannesburg wegen einer ärztlichen Behandlung aufhielt. Das Haus war
repariert worden, und die Polizei versuchte, sie nach Brandfort zurückzubrin-
gen, was für sie gefährlich gewesen wäre. Er bat Coetsee, seiner Frau den Verbleib in Johannesburg zu gestatten.[58]*

*Coetsee wurde zum entscheidenden Vermittler bei den Gesprächen, die
Mandela im folgenden Jahr mit der Regierung aufnahm. Diese Gespräche
sollten sondieren, ob die Regierung mit dem ANC in formelle Verhandlungen
über ein Ende der Herrschaft der weißen Minderheit treten konnte.*

*Das Treffen mit Coetsee war jedoch vielleicht auch der Grund für die
Trennung Mandelas von seinen Kameraden, als er am 23. November nach
Pollsmoor zurückkehrte. Ab diesem Zeitpunkt mussten sie nämlich jeweils
gesondert beantragen, sich zu treffen, nachdem sie in den vergangenen
22 Jahren beinahe jeden Tag miteinander verbracht hatten. Mandela vermutete, dass diese Regelung getroffen wurde, damit die Treffen mit der Regierung anfangen konnten.[59] Im Mai 1986 begann schließlich der Auftakt zu
einer langen Reihe von Treffen mit Coetsee und anderen Regierungsvertretern, Vorstufe zu dem, was sich zu regelrechten Verhandlungen zwischen dem
Apartheidregime und dem ANC nach Mandelas Freilassung im Jahr 1990
entwickeln sollte.*

**An den Registrar der Universität von Südafrika**
**Pretoria**

Student Nr. 240–094–4

15. 10. 85

Sehr geehrter Herr,
ich sehe mich veranlasst, Sie um die Genehmigung zu ersuchen, die
Oktober/November-Prüfungen in fünf Fächern im Januar 1986 abzulegen.
Ich hatte vor, mich unmittelbar nach den Examina einer Operation[a]
zu unterziehen. Aus medizinischen Gründen wurde mir jedoch empfohlen, diese nicht zu verschieben, eine Empfehlung, der ich folgte.
Generell und wohl auch aus Sicherheitsgründen teilt das Department of Prisons einem Gefangenen das tatsächliche Datum für eine
Operation nicht mit. Doch am 29. September wurde nach Rücksprache mit dem Ärzteteam, das den Eingriff vornehmen sollte, bestimmt, dass dieser in der Woche ab dem 7. Oktober durchgeführt
würde. Ich unterbrach meine Prüfungsvorbereitungen in der Hoffnung, zu gegebener Zeit einen entsprechenden Antrag auf Prüfungs-
befreiung wegen Krankheit zu stellen.
Später wurde mir mitgeteilt, dass die Operation auf Ende des Monats
oder Anfang November verschoben worden war. Ich nahm daher
meine Prüfungsvorbereitungen wieder auf, musste mich jedoch
gleichzeitig einer Reihe ärztlicher Untersuchungen unterziehen, die
meine Konzentration beeinträchtigten, und musste die Arbeit unterbrechen. Aus den genannten Gründen muss ich Sie um die Erlaubnis
bitten, die Prüfungen erst im kommenden Januar ablegen zu dürfen.
In der Anlage finden Sie ein ärztliches Attest, ausgestellt von Dr.
Stoch, Amtsarzt in Wynberg, das meinen Antrag begründet.

Hochachtungsvoll
[Unterzeichnet] NRMandela

--------------------------

a  Am 3. November 1985 wurde Mandela für eine Prostata-Operation im Volks Hospital in
   Kapstadt aufgenommen und am 23. November 1985 ins Gefängnis zurückgebracht.

**An Winnie Mandela**

D220/82: NELSON MANDELA                                5.12.85

Liebste Mum,
Du warst in meinen Gedanken seit Deinem letzten Besuch im Volks
Hospital. Selbst damals fiel mir auf, wie mitgenommen Dein schönes
Gesicht aussah. In normalen Zeiten hätte ich an Deinem Bett gestan-
den und Deine warme Hand gehalten, um Deine Schmerzen zu lin-
dern. Ich hoffe sehr, Du kannst jetzt erst einmal zur Ruhe kommen.
Du hast Dich wirklich tapfer gehalten, und niemand kann Dir einen
Vorwurf machen, wenn Du eine Zeit lang die Hände in den Schoß
legst. Vergiss nicht, wir alle denken an Dich und wünschen Dir eine
baldige Genesung.

Alles alles Liebe und tausend Küsse
Dein
Madiba

[Glückwunschkarte mit folgendem Aufdruck:]
Jeder Tag soll Dir etwas Glück bringen …
Sonnenschein durchs Fenster,
Ein freundliches Lächeln,
Eine erfreuliche Nachricht,
Alles, was Dir die Zeit bis zur Genesung verkürzt!

**An Dr. Dumisani Mzamane, Arzt und Freund**
**Johannesburg**

D220/82: NELSON MANDELA                               17.12.85

Lieber Dumisani,
ich wurde am 23. November aus dem Volks Hospital entlassen und
werde noch postoperativ versorgt. An Tabletten nehme ich
Folic Acid            je 1 dreimal täglich
Brewer's Yeast        je 1 dreimal täglich

| Ferrus Sulphate | je 2 dreimal täglich |
| Bactrim | je 1 zweimal täglich |

Außerdem
40 ml Isoptin    zweimal täglich

Die Wunde ist völlig verheilt und die Narbe kaum sichtbar. Letzte Woche wurde eine Blutprobe vom Labor des Conradie State Hospital untersucht mit folgendem Befund:

| Hämoglobin | 13,0 |
| Status der weißen Blutkörperchen | 4,7 |

Während der gesamten Dauer meines Krankenhausaufenthalts machte der Urologe Dr. Loubscher zweimal am Tag bei mir Visite, der Facharzt Dr. Shapiro einmal. Im Augenblick sprechen sie sich über eine künftige Kontrolluntersuchung ab, und sollte sich eine überraschende Entwicklung ergeben (was ich sehr bezweifle), halte ich Dich auf dem Laufenden.

Dein Freund, der Distriktarzt Dr. Stoch, ist für drei Monate im Urlaub. Am Tag vor seiner Abreise hatte ich ein langes Beratungsgespräch mit ihm, und er erklärte mir geduldig und so ausführlich wie möglich das Ziel der gegenwärtigen Behandlung. Dr. Brand, der bis vor wenigen Monaten Distriktarzt war, übernimmt die Vertretung für Dr. Stoch. Auch er verbrachte einige Zeit mit mir, und wir sind in täglichem Kontakt. So weit zum Stand der Dinge.

Erst kürzlich habe ich zu meiner großen Freude herausgefunden, dass Woody der Vorstandsvorsitzende des Krankenhauses ist, und seine Haltung in einer Sache, die uns alle angeht, ist wirklich großartig. Ich gratuliere ihm und grüße seine Familie herzlich, auch Deine [afrikanische] Oberschwester, die kennenzulernen ich leider nicht das Vergnügen hatte. Aber ich kann dieses Schreiben nicht abschließen, ohne die Hoffnung auszudrücken, dass kaum einer von uns gleichgültig bleibt, wenn er an Lesedi[a] denkt. Diese Einrichtung ist weit mehr als nur die Gebäude, die Anlagen und die Ausstattung, die diesen Namen tragen. Sie ist ein Symbol und die Erfüllung eines

Traums, und Ntatho verdient ein ganz großes Lob für diese hervorragende Pionierarbeit. Stolz und Freude erfüllen mich auch, weil ich weiß, dass Du mit einem so bedeutsamen Experiment eng verbunden bist. Hierzu gratuliere ich Dir, Deiner Oberschwester und dem gesamten Personal des Pflege- und Verwaltungsbereichs sowie der übrigen Belegschaft.

Herzliche Grüße an Sally[b] & Ntatho, Dr. Gecelter[c] und Angehörige und natürlich an Dich und Deine Familie

Dein
Madiba

P.S. Bitte erinnere Winnie daran, dass an Weihnachten viele Besucher erwartet werden; deshalb empfehle ich ihr dringend, nicht später als um 8.45 Uhr hier zu sein, um dem zuständigen Beamten die Arbeit zu erleichtern. Grüße an Dr. Matseke und Familie

Madiba

----------------------

a   Lesedi Clinic in Soweto, Johannesburg, gegründet von Dr. Nthato Motlana.
b   Dr. Motlanas Frau.
c   Mandelas Urologe in Johannesburg.

**An den Commissioner of Prisons**
[Übersetzt aus dem Afrikaans]

[Fernschreiben dat. vom 4.2.1986]

Vertraulich
Commissioner of Prisons
[AK?] Sicherheitsdienste
Dankesbriefe 913[a]
913 hat Genehmigung, Dankesbriefe an die Ärzte zu schreiben, die ihn vor und nach seinem Krankenhausaufenthalt behandelt haben.
Er möchte an folgende Personen schreiben.

Dr. Jack Baron: Er machte die Tomografie

Dr. Nthatho Motlana,[b] einer der zugewiesenen Ärzte

Dr. L. Gecelter, Urologe aus Johannesburg, der die Operation überwachte

Dr. Dumisani Mzamane, einer der von der Familie bestimmten Ärzte

Dr. C. J. Dekenah, Anästhesist

Prof. A. B. Bull, Anästhesist

Prof. G. Chisholm und Dr. van Edenburgh aus Schottland, ebenfalls Beobachter bei der Operation

Dr. W. M. Laubscher, Urologe, Leitender Arzt bei dem chirurgischen Eingriff

Dr. P. Turner, Chefarzt am Volks Hospital

Dr. Norman Shapiro, Internist, der sich nach eigenen Angaben vor und nach der OP um ihn kümmerte

Dr. S. W. Stoch, Amtsarzt in Wynberg

Dr. R. Schapera, Pathologe am staatlichen Conradie Hospital

Wortlaut der Briefe:

Lieber ............

dieses Schreiben habe ich aufgeschoben in der Hoffnung, ein passendes, persönlich von mir ausgesuchtes Präsent als Zeichen meiner Dankbarkeit für Ihre Bemühungen bei meiner Operation am 3. November 1985 im Volks Hospital in Kapstadt beilegen zu können.

Leider stieß ich dabei auf unüberwindliche Hindernisse, und trotz aller Versuche erfüllte sich diese Hoffnung nicht.

Aber seien Sie versichert, dass ich Ihnen zutiefst dankbar bin und stets in diesem Sinne an Sie denken werde.

Ich grüße Sie und Ihre Familie ganz herzlich

Ihr

Nelson Mandela

Vrystelling van die brief word aanbevele[c]

Bevelvoerende Offisier[d]

Brig. F. C. Munro

a   913 war Mandelas Aktennummer im Gefängnis. Im internen Schriftverkehr stand sie viel-
    fach für Mandela.
b   Nthato Motlana (1925–2008); siehe «Personen, Orte, Ereignisse».
c   «Brief wird freigegeben» auf Afrikaans.
d   «Befehlshabender Offizier» auf Afrikaans.

*Der folgende Brief an Joy Motsieloa – insbesondere die ersten beiden Ab-
schnitte – ist einer der grundlegenden Gefängnisbriefe, die Mandelas un-
erschütterlichen Glauben an seinen einmal eingeschlagenen Weg des politischen Engagements im Kampf um die Freiheit seines Heimatlandes erkennen
lassen. Er schrieb diesen Brief in seiner engen Einzelzelle in Pollsmoor, wohl
wissend, dass außerhalb der Gefängnismauern viele Teile des Landes buchstäblich in Flammen standen.*

*Ab September 1980 hatten er und seine Mithäftlinge Zugang zu Zei-
tungen und Rundfunknachrichten, und ab Mitte der achtziger Jahre wussten sie genau Bescheid über das, was sich in Südafrika abspielte. Als Reaktion auf Präsident Bothas Einführung eines Dreikammersystems mit
getrennten Parlamenten für Weiße, Farbige und Inder – und keinem für die
Afrikaner – (1983) erlebte die Antiapartheidbewegung einen Aufschwung,
und es entstand eine neue mächtige Organisation, die United Democratic
Front.*

*1985 rief der Exil-ANC die Südafrikaner auf, schwarze Stadtteile «un-
regierbar» zu machen. Im Juli desselben Jahres war ein «Marsch auf Polls-
moor» geplant, um Nelson Mandela zu «befreien». Obwohl sich Tausende
Demonstranten am 28. August 1985 von Kapstadt aus auf den Weg nach
Pollsmoor machten, zerschlug das Apartheidregime diesen Marsch, bevor die
Demonstranten überhaupt in die Nähe des Gefängnisses kamen. An diesem
Tag wurden neun Aktivisten getötet, weitere neunzehn waren am Ende der
Woche tot. Daraufhin breiteten sich in ganz Kapstadt Proteste aus, die das
ganze Jahr andauerten.*

*Zu der Zeit, als Mandela diesen Brief schrieb, wurden massenhaft Akti-
visten verhaftet, entführt und ermordet. Sechs Monate zuvor war Victoria
Mxenge, eine Freundin, an die er aus dem Gefängnis schrieb (siehe den Brief
vom 8. Juli 1985, S. 587–592), von einem von den Sicherheitskräften be-*

*zahlten Killer ermordet worden. Das Land befand sich im Ausnahmezustand, de facto unter Kriegsrecht. Die Medien hatten strenge Auflagen, um zu verhindern, dass das Vorgehen der Sicherheitspolizei publik wurde.*

An Joy Motsieloa, Freundin
Mogadischu, Somalia

D220/82: NELSON MANDELA

17.2.86

Liebe Joy,
verschreibt sich ein Mann einem Leben, das er 45 Jahre lang führt, so wären der tatsächliche Verlauf der Ereignisse und ihr Einfluss auf sein Leben nicht in jeder Hinsicht klar vorhersehbar gewesen, selbst wenn er sich von Beginn an aller möglichen Risiken und Zufälle bewusst gewesen wäre.

Hätte ich alles, was bisher geschehen ist, vorhersehen können, hätte ich dieselbe Entscheidung wieder getroffen, zumindest glaube ich das. Aber diese Entscheidung hätte weit mehr Mut erfordert, und etliche der Tragödien, die sich später zutrugen, hätten das, was vielleicht an Spuren von Stahl in mir war, zum Schmelzen gebracht. Der Tod der eigenen Lieben und der engsten Freunde, mit denen man vielfältig verbunden war, mit manchen schon seit Jahrzehnten; die vielen unterschiedlichen Probleme, vor denen deine Familie während deiner Abwesenheit stand, all das sind persönliche Katastrophen, die oft schwer auszuhalten sind und einem oftmals die Frage aufdrängen, ob man bei dieser Art Leben eine Familie haben, Kinder großziehen und feste Freundschaften knüpfen sollte.

Es gab viele Anlässe, bei denen mir solche Gedanken durch den Kopf gegangen sind. Der Tod Deines Bruders Gabula[a] war ein solcher schmerzlicher Moment. Die Nachricht hatte mich buchstäblich gelähmt; ich war nicht in der Lage, Dir oder Zozo[b] zu schreiben, ich war mir nicht sicher, ob die alten Leute noch lebten, und wenn ja, an welcher Adresse. Alles, was ich in meiner Lage tun konnte, war, mich in meine Zelle zurückzuziehen, wie betäubt von dem Gedanken, ihn niemals wiederzusehen. Doch wenn ich an die gemeinsam verbrachten glücklichen Tage zurückdachte, an seinen wunderbaren Sinn für Humor, fühlte ich mich irgendwie erleichtert. Als später mein innerer Aufruhr sich langsam etwas legte, gelang es mir, die Situation zu durchdenken, und ich tröstete mich mit dem Gedanken, dass man sich an die positive Einstellung eines Mannes und sein konstruktives und erfolgreiches Bemühen erinnern sollte sowie an die Freude und das Lachen, das er in seiner Umgebung verbreitete. Er fehlt mir sehr.

Kepu,[c] mit dem ich seit unserer Zeit auf Robben Island in Briefwechsel stehe, teilte mir per Telegramm den Tod von Thandi[d] mit, und ich sandte ein Beileidsschreiben an die Familie.

Letztes Jahr bekam ich von Vuyiswa[e] ein Telegramm zum Geburtstag, und als Antwort auf meinen Dankesbrief schrieb sie mir einen Brief, den ich sehr wertschätze. Sie schrieb auf einem Blatt Papier, das sie vermutlich aus einem Papierkorb gefischt hatte. Auf der Rückseite standen unordentlich kreuz und quer durchgestrichene Angaben. Aber der Brief selbst war dennoch herzerwärmend, und das Fehlen jeglicher Förmlichkeit machte ihn irgendwie einzigartig. Sie ist offenbar eine wunderbare Person, und ich hoffe, ihr eines Tages persönlich zu begegnen.

Als ich im Juni 1962 in London war, dachte ich an Dich und Jimmy,[f] aber mein Besuch war geheim und ich hatte ein volles Programm, und so konnte ich leider viele Leute nicht treffen, die ich gerne gesehen hätte. Bevor ich Vuyiswas Brief bekam, wusste ich nicht, dass Du in Mogadischu warst und Jimmy in Skandinavien. Hoffentlich macht euch euer Beruf Freude und verschafft euch Befriedigung, obgleich ich annehme, dass ihr viel auf Reisen seid. Wie viele Kinder habt ihr, und was machen sie? Wann wart ihr zum letzten Mal zu Hause? Vergiss nicht, dass wir an Dich und Deinen Jimmy denken. Einstweilen grüße ich euch herzlich und wünsche euch alles Gute.

Euer Madiba

P. S. Falls Du je die obige Adresse vergisst oder nicht verwenden willst, schicke die Briefe als Einschreiben an das Postfach 728 Johannesburg, 2000.

------------------------------

a   Gabula Mahlasela, Joy Motsieloas Bruder, besuchte 1962 Mandela im Fort Prison in Johannesburg, als dieser auf seinen Prozess wartete.
b   Zoleka, Enkelin des Bruders.
c   Kepu Mkentane, die Frau von Lincoln Mkentane, Freund und Klassenkamerad Mandelas. Kepu Mkentane wurde Rechtsanwältin.
d   Eine Verwandte von Joy Motsieloa.
e   Duma Nokwes Frau Vuyiswa starb 2008 in Südafrika.
f   Jimmy Njongwe (1919–1976); siehe «Personen, Orte, Ereignisse». Er war ein Verwandter von Joy Motsieloa.


## An Tukwini, Dumani und Kweku, Mandelas Enkel und Kinder seiner ältesten Tochter Makaziwe Mandela
## Amherst, Massachusetts, USA

D220/82: NELSON MANDELA

An Tukwini, Dumani und Kweku,
ich vermisse Euch sehr und denke stets an Euch. Alles Liebe und tausend Küsse

Von *Khulu*[a]

Hochsicherheitsgefängnis Pollsmoor
P/B X4, Tokai, 7966

------------------------------

a   «Großvater» auf isiXhosa.


## An Michael Dingake, Freund, Kamerad und ehemaliger Mithäftling

D220/82                                                  24.4.86

Lieber Tlou,[a]
dieser Brief an Rakgadi[b] kam vom Postamt Gabarone[c] mit dem Vermerk «Postfach geschlossen» zurück. Bitte sorge dafür, dass er sie erreicht, und bitte gib mir Bescheid über das Ergebnis Deiner Bemühungen in einem eingeschriebenen Brief.
Dies ist ein *Special letter*, der ausschließlich obige Nachricht enthält.

Aber zumindest muss ich Dir sagen, dass ich stets an Dich, Edna[d] und die junge Dame[e] denke. Als Ntatho[f] letztes Jahr hier war, habe ich ihn buchstäblich nach Dir ausgefragt. Ich hoffe sehr, Du bist gesund und findest manchmal Zeit zum Joggen. Erzähl mir in Deiner Antwort etwas über die Universität und die junge Dame.

Ganz herzliche Grüße und alles Gute für Quett,[g] Gaositwe,[h] Sefton,[i] Tloome,[j] Martha, Ishy,[k] Nana und Mann,[l] Dan, Edna und, last but not least, für Dich.

Dein
Madiba

---

a   Michael Dingakes Clan-Name.
b   «Schwester» in Setswana. Gemeint ist Frieda Matthews (1905–1998), Frau des Universitätsprofessors Z. K. Matthews; siehe «Personen. Orte, Ereignise».
c   Hauptstadt von Botswana, Wohnort der Matthews.
d   Edna Dingake (gest. 2009), Michael Dingakes Frau.
e   Tochter Goseo Dingake.
f   Nthato Motlana (1925–2008); siehe «Personen, Orte, Ereignisse». Er war Edna Dingakes Schwager.
g   Sir Quett Ketumile Joni Masire (1925–2017), zweiter Präsident von Botswana 1980–1998.
h   Dr. Gaositwe Chiepe (geb. 1922), ehemaliger Minister im Kabinett von Botswana.
i   Mandelas Schwager Sefton Vutela, der für das Botswana Book Center in Gaborone arbeitete.
j   Dan Tloome (1919–1992), in der Führung des ANC in Botswana und in der Kommunistischen Partei von Südafrika; er war jahrzehntelang im Exil in Sambia.
k   Martha und Ishmael Matlhaku, politische Aktivisten und Freunde, die ins Exil gingen.
l   ANC-Aktivisten Euphenia und Solly Hlapane, die als Flüchtlinge in Botswana lebten.

## An K. D. Matanzima, Mandelas Neffe, Thembu-Chief und Chief Minister der Transkei

D220/82: NELSON MANDELA

19. 5. 86

*Ngubengcuka,*[a]
das Department of Prisons teilt mir mit, dass Du unter gar keinen Umständen nach Kapstadt kommen willst, um mich zu besuchen, weil ich Dich letztes Jahr durch die Ablehnung Deines Gesuchs, mich zu besuchen, grob beleidigt hätte.

Ich habe Dich in der Vergangenheit mehrfach ausdrücklich davor gewarnt, unsere Verwandtschaft zu benutzen, um mich und meine Organisation in die Machenschaften der Bantustans zu verwickeln, und ich werde es Dir auch in Zukunft verbieten.

Aber in jüngster Zeit haben mich Presseberichte, die andeuten, dass es dramatische Turbulenzen in Familienangelegenheiten[b] gibt, sehr beunruhigt. Doch noch mehr bin ich über Deine Reaktion erschrocken, die bedeutet, dass diese Dinge Dich gar nicht mehr berühren. Ich hoffe, am Ende wird sich ein klügerer Rat durchsetzen und Du wirst Deine Entscheidung rechtzeitig überdenken, damit wir wenigstens den schwelenden Zorn und die Verbitterung eindämmen können. Wäre ich nicht in meiner jetzigen Lage, wäre ich längst gekommen wie damals 1955, um diese Probleme mit Dir zu besprechen. Wenn die Umstände sich zum Besseren wenden, werde ich auf jeden Fall ein Treffen mit Dir verabreden; ich hoffe nur, dass sich das Problem dann noch rechtzeitig und gedeihlich lösen lässt.

Ich brauche Dich wohl kaum daran zu erinnern, dass wir radikal unterschiedliche politische Überzeugungen haben, und es ist meine Pflicht, Dich daran zu erinnern, wann immer Du das zu ignorieren scheinst. Aber ich betrachte Dich immer noch als ein wichtiges Familienmitglied, dessen Freundschaft und Mitarbeit für die Wahrung des Zusammenhalts und des Friedens in der Familie unerlässlich sind. Ich will weder Dich noch irgendjemanden in dieser Sache bewusst beleidigen oder herabsetzen. Aber ich muss mit allem Nachdruck darauf bestehen, dass eine Person des öffentlichen Lebens, ob es sich nun um einen – wie Du sagen würdest – «gefährlichen Revoluzzer» handelt oder bloß um einen Bantustan-Führer, die es zulässt, dass ihr Image so stark beschädigt wird durch Schuldzuweisung, Empfindlichkeit und unbeherrschte Sprache, kein Vorbild sein kann für meine eigene Haltung gegenüber dem Volk und den Problemen.

Viele Grüße und alles Gute für Dich, Bambilanga,[c] Mzimvubu,[d] Ngangomhlaba,[e] Zwelidumile und Wonga. Ihr fehlt mir alle. *Ngubengcuka!*

Mit besten Grüßen,
Dalibunga

------------------------

a　Verweis auf seine Abstammung von König Ngubengcuka, der auch Mandelas Ururgroß-
　　vater war.
b　Anspielung auf K. D. Matanzimas Verhalten gegenüber König Sabata Jonguhlanga Dalin-
　　dyebo (1928–1986), Paramount Chief der Transkei und Vorsitzender der United Democra-
　　tic Front; siehe «Personen, Orte, Ereignisse». 1980 floh er nach Sambia, nachdem er wegen
　　Majestätsbeleidigung des Transkei-Präsidenten K. D. Matanzima verurteilt worden war. Er
　　starb 1986 im Exil.
c　Nxeko Bambilanga, Sabata Dalindyebos Bruder.
d　George Matanzima (1918–2000), K. D. Matanzimas Bruder.
e　Chief Ngangomhlaba Matanzima, ein Verwandter.

*Vermutlich trug die Feuchtigkeit in Mandelas Einzelzelle im Untergeschoss,
weit weg von der sonnigen Dachterrasse des Pollsmoor-Gefängnisses, dazu bei,
dass er krank wurde und daher nicht mehr in dieses Gefängnis zurückkehrte.
Beinahe ein Jahr bevor er an Tuberkulose erkrankte, reichte er bei der Gefängnisleitung ein Gesuch ein, um abzuwenden, was er als eine Bedrohung seiner
Gesundheit ansah.*

**An den Head of Prison, Hochsicherheitsgefängnis Pollsmoor**

D220/82: NELSON MANDELA

6. 10. 86

Zu Händen von Major Van Sittert

Hauptsächlich aus Gesundheitsgründen möchte ich zum frühestmöglichen Zeitpunkt von meiner Zelle in die gegenüberliegende leere
Zelle verlegt werden.

Meine jetzige Zelle hat sich als sehr ungesund erwiesen, und ein weiterer Aufenthalt dort wird meinen Gesundheitszustand auf Dauer
beeinträchtigen. Zu keiner Tageszeit bekommt die Zelle natürliches
Licht, infolgedessen bin ich gezwungen, den ganzen Tag über das
elektrische Licht eingeschaltet zu lassen.

Die inneren Fensterscheiben sind massiv und lichtundurchlässig, die
Öffnungen nach außen bestehen aus hölzernen Lüftungsgittern, was
die Zelle dunkel und bedrückend macht. Sechs Scheiben wurden

entfernt, dadurch ist es in der Zelle an kalten und windigen Tagen unerträglich.

Teile von Wand und Fußboden sind ständig feucht, und diese Unannehmlichkeit hatte ich während der zehn Monate meines Aufenthalts zu ertragen. Sie werden gewiss einsehen, dass mein weiterer Verbleib unter solch ungesunden Bedingungen nicht wünschenswert ist, wenn es doch in der gleichen Abteilung eine deutlich bessere Zelle gibt, die mir einen relativen Komfort bieten würde.

Ich muss hinzufügen, dass die Feuchtigkeit sowie die Metallteile an der Wand sowohl den Radio- als auch den Fernsehempfang beeinträchtigen, was ein beständiges Flimmern auf dem Bildschirm zur Folge hat.[a] Ich bin überzeugt, dass es mir in einer trockenen und richtig belüfteten Zelle ohne einen Wirrwarr von Metallteilen weit besser gehen würde. Deswegen möchte ich Ihnen nahelegen, mir den Umzug in die gegenüberliegende Zelle zu gestatten.

Sie werden sich erinnern, dass ich am 26. September 1986 dringend um ein Gespräch mit dem Commanding Officer bat, und ich möchte Sie auffordern, ihm diese Bitte noch einmal ins Gedächtnis zu rufen.

Ich verweise abschließend darauf, dass mir keine Erklärung über die Umstände gegeben wurde, unter denen das Fernsehgerät eingerichtet

P.T.O. [Der Brief endet mitten im Satz. Es ist unklar, ob die zweite Seite nicht abgeschrieben wurde oder nicht im National Archives and Records Service vorhanden ist.]

------------------------

a   1986 wurde den Gefangenen aus dem Rivonia-Prozess erlaubt, Fernsehgeräte zu besitzen. Mandela erhielt eines in seiner Zelle am 1. Oktober 1986.

**An Mabel Nontancu Timakwe, Mandelas Schwester**
[Übersetzt aus dem isiXhosa]

18. 2. 87

Meine geliebte Prinzessin,
die Jahre ziehen dahin. Kaum zu glauben, dass ich schon seit zwei Jahren hier bin.[a]

Ich wollte Dir schon seit einiger Zeit schreiben und mich für Deinen lieben Besuch und die wichtigen Nachrichten von Zuhause bedanken. Es kommen immer mehr Insassen in unser Gefängnis; einige kommen von hier, andere aus Swasiland und Amerika. Die Verantwortung, die sie mir zuweisen (wenn sie mit ihren Problemen zu mir kommen), macht es mir schwer, Dir so oft zu schreiben, wie ich es gerne möchte. Die Anzahl meiner Briefe ist auf wenige im Jahr begrenzt, und man achtet darauf, dass ich mein Kontingent nicht überschreite. Deshalb möchte ich Dir in knappen Worten sagen, dass ich immer noch gesund bin. Ich hoffe, das gilt auch für Dich.

Ich habe an Kholeka[b] und Leabie[c] geschrieben und den Brief c/o Langa High School, Butterworth,[d] adressiert. Ich weiß nicht, ob er dort ankommt. In dem Brief bitte ich darum, dass Du und Notsatsumbana für ein paar Wochen bei Mrs. Nobandla im Haus Nr. 8115 in Orlando West, 1804 wohnen dürft, damit ihr «ein bisschen frische Luft schnappen» könnt.

Nobandla ist eine sehr freundliche Frau, die sehr mit der Familie verbunden ist. Hier ihre Telefonnummer: 936–5402. Eigentlich müsste ich sie um die Besuchsgenehmigung für Dich bitten, und ich ärgere mich, dass ich das nicht kann. Mir wäre es auch lieb gewesen, wenn Du meine ältere Schwester begleitet hättest.

Grüße Schwager Daniel und die übrige Familie von

Deinem Bruder Madiba.

------------------------

a Er befand sich seit fünf Jahren in Pollsmoor. Diese Angabe könnte sich auf seinen Umzug in eine Einzelzelle beziehen.
b Mandelas Großnichte, Tochter der Tochter seiner Schwester Mabel.
c Seine jüngste Schwester.
d Stadt in der heutigen Provinz Ostkap.

**An Frieda Matthews, Freundin und Frau des Universitätsprofessors Z. K. Matthews**

D220/82: NELSON MANDELA                                    25.2.87

Liebe *Rakgadi*,[a]

Du kannst Dir nicht vorstellen, wie viel Dein Besuch hier in Pollsmoor uns allen bedeutet hat. Ein Besuch hat für einen Gefangenen immer eine Bedeutung, die schwer in Worte zu fassen ist. In fast allen Ländern der Welt ist Routine oberstes Gesetz im Gefängnis, und eigentlich gleicht ein Tag dem andern: die gleiche Umgebung, die gleichen Gesichter, die gleichen Gespräche, die gleichen Gerüche, himmelhohe Mauern und das allgegenwärtige Gefühl, dass außerhalb der Gefängnistore eine aufregende Welt wartet, die einem verschlossen ist. Ein Besuch von den Lieben, von Freunden und auch von Fremden ist immer ein unvergessliches Ereignis, wenn die frustrierende Monotonie unterbrochen wird und die ganze Welt förmlich die Gefängniszelle betritt.

So ging es mir auch bei Deinem Besuch, der einem das Gefühl gab, man sei trotz allem noch Teil der Welt, in die man hineingeboren wurde und in der man aufwuchs. Er erhellte einen ganzen Winkel, und ein ganzes Panorama schöner Erinnerungen, die bis ins Jahr 1939 zurückreichten, ging mir durch den Kopf. Unter anderen Umständen hätten wir Dich gedrängt, auch die Gefängnisse in Robben Island, Pretoria, Diepkloof und Kroonstad[b] zu besuchen, damit Du den Menschen dort die gleichen Gefühle vermittelst, die Du mir gegenüber zum Ausdruck gebracht hast. Aber natürlich ist das nicht möglich. …

Wir haben uns gefreut, dass Dich Kgosie zusammen mit J. J. und Konsorten besucht hat. Dies ist das Feld, auf dem ein Matthews aktiv sein soll, und es hat uns wirklich gefreut, dass er die Familientradition hochhält. Ich hoffe, er hat auch Bakwes[c] hervorragende Gabe, sich umfassend und diszipliniert mit Büchern zu beschäftigen. Während des Hochverratsprozesses hatte Bakwe einen festen Tagesablauf, von dem er nur selten abwich. Nach seiner Rückkehr aus dem Gerichtssaal sprach er eine Weile mit der Familie, nahm das Abendessen ein und zog sich dann ins Schlafzimmer zurück; dort vertiefte er sich viele Stunden lang in seine Lektüre. Ebenso wichtig war, dass er sich das Gelesene einzuprägen und für seine politische Arbeit anzuwenden wusste. In all den Jahren habe ich ihn und Fiki sehr vermisst.

Wenn Du glaubst, ich fände es langweilig, über die anderen Enkel zu sprechen, dann irrst Du Dich. Ganz im Gegenteil kann die Entwicklung von Kindern außerordentlich spannend sein, erst recht, wenn es die eigenen Enkel sind. Zugegebenermaßen ist es im Hinblick auf Deine familiäre Herkunft gar nicht besonders verwunderlich, dass Deine Enkel nach den Sternen greifen. Allein schon die Leistung von Eltern und Großeltern ist an sich schon Herausforderung und Ansporn. Aber auch wenn man das in Betracht zieht, vermittelt das, was sie erreicht haben, einem Gefangenen ein ziemlich klares Bild von den weitreichenden Veränderungen, die sich heute in Südafrika vollziehen, und rückt den sozialen Umbruch in dieser Region ins rechte Licht.

Es sieht aus, als habe sich eine Art Diaspora ausgebreitet, sodass Kinder aus städtischen Townships sowie aus einfachen Dörfern sich in alle Welt verstreut haben; dabei weitet sich ihr Horizont in unglaublichem Ausmaß, und sie empfangen neue Ideen. Mit diesen Erfahrungen kehren sie nach Hause zurück in eine Umgebung, die noch nichts mit ihnen anfangen kann. Dieses Phänomen ist in vielen Briefen erkennbar, die wir bekommen, und ich bin sehr erfreut, dass Deine Enkel mitten im Zentrum dieser Entwicklung stehen. Ich gratuliere ihnen dazu, grüße sie herzlich und wünsche ihnen alles Gute.

Hin und wieder sehe ich Walter und ein paar andere,[d] und wir hatten ein nettes Treffen am zweiten Weihnachtsfeiertag. Wir sind wie eine Familie und teilen so gut wie alles, was wir haben. Natürlich vermissen wir euch alle und sehnen uns nach dem offenen Veld, etwas frischer Luft und viel Sonnenschein.

Alles Liebe, *Rakgadi*
Dein
Nelson

---

a  «Schwester» auf Setswana.
b  Gefängnisse, in denen weitere politische Gefangene inhaftiert waren.

c   Bakwe (Joe) Matthews (1929–2010), politischer Aktivist und Sohn von Frieda und
    Z. K. Matthews; siehe «Personen, Orte, Ereignisse».
d   Walter Sisulu und die anderen im Rivonia-Prozess verurteilten und in Pollsmoor einsitzen-
    den Häftlinge. Zu Sisulu siehe «Personen, Orte, Ereignisse».

## Kepu Mkentane, ein Freund

D220/82: NELSON MANDELA                                      25.2.87

Lieber Kepu,
den letzten Brief an Dich schrieb ich am 17. Februar letzten Jahres.
Zugleich schrieb ich auch an Deine Nichte Joy,[a] um euch die Anteilnahme der Familie am Tod von Gabula[b] und Thandi auszudrücken.
Der Brief war lange unterwegs; ich hatte ihn an c/o Mogadischu[c]
adressiert und musste feststellen, dass sie nach Schweden umgezo-
gen war. …
Obwohl sie inzwischen vielleicht woanders arbeitet, ihre Basis bleibt
doch Stockholm, und ich habe vor, ihr gegen Ende des Jahres einmal
zu schreiben.
Wie immer hast Du meinen Brief prompt beantwortet und mich mit
Informationen versorgt, die ich so dringend brauche und für die ich
Dir danke. Wenn es um Korrespondenz geht, bekommst Du eine
Vorstellung, was aus unserem Volk in Südafrika in den letzten 25 Jahren geworden ist. Es gibt kaum mehr jemand, mit dem man sich
Briefe schreiben kann. Freunde, die unser Leben begleitet haben,
sind entweder gestorben oder außer Landes gegangen. Viele, die
noch hier sind, sind nicht erreichbar, und den wenigen, die noch
kontaktiert werden können, ist anscheinend, von ein paar bemerkens-
werten Ausnahmen abgesehen, nicht bewusst, dass Briefe dazu gedacht sind, beantwortet zu werden. Frauen haben sich dabei als die
weit besseren Briefpartner erwiesen, die viel mehr Sinn für die Bedürfnisse von Gefangenen haben.
Hier unten, weit weg von Dir, bekomme ich regelmäßig Briefe und
aufmunternde Worte von meinen Schwestern und Enkeln, von Florence (Nosango) Matanzima[d] und Connie Njongwe.[e] Chief Bambilanga[f] und Chief Luvuyo Mtirara aus Mpheko[g] haben mich mehrmals besucht. Chief Zwelidumile Joyi aus Baziya kam zweimal,

George Matanzima[h] und sein Neffe Ngangomhlaba sowie Mtutuzeli Lujabe jeweils einmal. Noch ein paar andere waren auch hier und erinnerten mich an alte Zeiten, doch sie alle wissen nicht, wie kostbar ein einfacher und informativer Brief an einen Freund ist.

Sobhini Mgudlwa aus Qumanco, der Mann der Krankenschwester Mesatywa, wohnte in den späten Vierzigern und frühen Fünfzigern bei uns in Orlando West. Bist Du ihnen je begegnet, und weißt Du, wo sie sich derzeit aufhalten? Ist Mr. Mvambo, der jetzt in Pretoria wohnt, derselbe, der früher einmal Schulinspektor in der Ciskei und mit uns in Fort Hare war? Stimmt es, dass er auch Dein Bruder ist? Wenn ja, richte bitte ihm und seiner Frau Grüße von mir aus. Nebenbei bemerkt: Winnies Telefonnummer ist 936–5402; Du kannst sie anrufen, wenn es Dir mal langweilig ist.

Am 22. November kam Tante Frieda Matthews aus Botswana zu Besuch und brachte eine ganze Bibliothek mit, für die ich sehr dankbar bin. Obwohl sie über 80 ist, sieht sie noch immer frisch und kräftig aus und hat einen wachen Verstand. Die vierzig gemeinsam verbrachten Minuten waren höchst vergnüglich.

Vielen Dank für die schönen Weihnachtskarten, auf denen Du Dich darüber beklagst, dass ich nicht schreibe. Zwölf Monate Schweigen rechtfertigen eine solche Beschwerde, aber ich kann Dir versichern, dass ich immer an Dich und die Kinder denke, obwohl die Familie immer größer wird und Probleme dadurch entstehen. Du und Kent, ihr habt euch in den schwersten Zeiten unserer Haft um uns gekümmert, als so mancher gute Freund es für sicherer hielt, sich nicht an uns zu erinnern. Mein Gewissen würde mich noch im Grabe quälen, wenn ich euch in besseren Tagen vergessen würde. Bleib gesund, Kepu; ganz herzliche Grüße und alles Gute Dir und den Kindern.

Dein
Nelson

---------------------

a   Siehe Brief S. 602–604.
b   Gabula Mahlasela: Joy Motsieloas Bruder, der Mandela 1962 im Fort Prison in Johannesburg besuchte, als dieser auf seinen Prozess wartete.

c   Hauptstadt von Somalia.
d   Eine von K. D. Matanzimas fünf Frauen.
e   Connie Njongwe, Frau von Jimmy Njongwe (1919–1976), Arzt, ANC-Vorsitzender und Organisator der Missachtungskampagne (siehe «Personen, Orte, Ereignisse») in der Provinz Ostkap.
f   Nxeko Bambilanga, Sabata Dalindyebos Bruder.
g   Dorf außerhalb von Umtata (heute Mthatha) in der Transkei.
h   George Matanzima (1918–2000), K. D. Matanzimas Bruder, Transkei-Vorsitzender und Chief.

## An Helen Joseph, Freundin

1.4.87

Liebe Helen,

bitte sag mir nicht, ich hätte letztes Jahr vergessen, Dir zum Geburtstag zu gratulieren. Ich behalte lückenlos Kopien meiner ausgehenden Post, egal, ob Brief, Postkarte oder Telegramm. Soeben habe ich meine Briefkladde durchgesehen, & trotz meiner festen Überzeugung, dass ich Dir zum Geburtstag geschrieben habe, fand ich keinen entsprechenden Hinweis. Aber ich möchte Dir dennoch versichern, dass ich an Deinem letztjährigen Geburtstag ganz fest an Dich gedacht habe, ganz besonders, weil es Dein 80ster war.

Im Grunde genommen ist eine Karte nur von zweitrangiger Bedeutung; sie ist nichts anderes als ein schlichter Ausdruck dafür, was ein Mensch einem Freund gegenüber empfindet. Dafür, dass Liebe & Treue immer bestehen werden, ganz gleich, ob die Karte einen erreicht oder nicht. Und das war genau so im vergangenen April, & in diesem Geist gratuliere ich Dir ganz herzlich zu Deinem 81. Geburtstag. Hoffentlich sind die Mädchen da, um mit Dir zu feiern. In meinem letzten Brief an Amina[a] habe ich ihr vorgeschlagen, eine Einladung zum Tee auszusprechen und Muriel,[b] Virginia, Catherine, Rahima,[c] Bertha,[d] Greta,[e] Onica[f] & Co. dazuzubitten, um preiswürdiger Bemühungen und wertvoller Beiträge während dieser unsterblichen Jahre zu gedenken. Vielleicht kannst Du das zusammen mit ihr & Ntsiki[g] in die Hand nehmen? Die Resonanz könnte Deine Erwartungen weit übertreffen. Was meinst Du dazu, Helen?

Erinnerst Du Dich übrigens noch an meine Antwort, als Du mir er-

zählt hast, der (inzwischen verstorbene) Dr. Moroka[h] habe seinen
92. Geburtstag gefeiert? Die Vorstellung, so alt zu werden, fandest
Du entsetzlich. Anscheinend wollen die Götter, dass Du diesen Kelch
leerst. Jetzt ist es an mir, zu sagen, ich lebe hoffentlich nicht so lange
wie Helen. Wie gefällt Dir das?

Caroline Mashaba[i] hat mich sehr enttäuscht. In meinem Beileidsbrief
anlässlich des Todes von Andrew bat ich sie um eine bestimmte Information über ihn, die ich dringend brauchte. Andrew tat mehr, als wir
erwarten konnten, sowohl draußen als auch besonders auf der Insel, &
es war unsere Pflicht, diese Leistung zu würdigen. Das war ohne diese
Information nicht möglich. Ich kann nicht verstehen, warum sie in einer solchen Angelegenheit so kaltschnäuzig reagierte. Letzten Mai
schrieb ich auch an Esther Maleka;[j] bis dahin war sie eine so zuverlässige Briefschreiberin wie Du, aber seither habe ich nichts mehr von ihr
gehört. Auch von Onica kam keine Antwort auf meinen Kondolenzbrief anlässlich des Todes ihrer Mutter. Du musst jetzt nicht hinfahren,
um festzustellen, was geschehen ist. Aber falls Du sie zufällig einmal
triffst, finde bitte heraus, ob sie die Briefe bekommen hat. Wie geht es
Ruth,[k] Sheila[l] und den anderen? Ich hoffe, sie kümmern sich noch um
Dich. Beide sind sehr liebe Kinder, & ich freue mich jedes Mal, wenn
ich etwas über sie erfahre. Ich kann mich allerdings nicht so leicht damit abfinden, dass ich ihre Eltern nie mehr sehen werde – Braam,
Molly, Violet & Eli.[m] Grüße bitte Nadine[n] von mir, wenn Du sie siehst.
Sie hat sich als hervorragende Vermittlerin erwiesen, deren Botschaften weit über die sichtbaren Horizonte reichen. Wie wertvoll sind heutzutage solche Frauen geworden!

Mittlerweile hast Du wahrscheinlich mitbekommen, dass Tante
Frieda Matthews aus Botswana mir letzten November einen Besuch
abgestattet & eine ganze Bibliothek mitgebracht hat. Außer dass sie
kleiner geworden ist, ähnelt sie in vieler Hinsicht Dir. Sie trägt ihr
Alter (81 Jahre!) mit viel Anmut & Charme und ist stark & geistig
hellwach. Ich habe mich sehr über ihren Besuch gefreut. Aber leider
kann ich nicht hoffen, Dich, Amina & Fatima[o] zu sehen. Alle meine
Bemühungen, einen solchen Besuch zu ermöglichen, sind fehlge-
schlagen. Aber wir bleiben immer in Briefkontakt, & ich bin in Gedanken ständig bei Dir.

Zum Schluss muss ich Dir verraten, dass ich ein Stück Früchte-
kuchen aufbewahre, das ich zu genießen hoffe, wenn Du in ein paar
Tagen Deinen Geburtstag feierst. Ich habe zwar Teeblätter und Kon-
densmilch, aber ich glaube nicht, dass ich den Tee so gut zubereiten
kann wie Du. Dennoch wird es für mich ein erfreulicher Augenblick
sein. Ich wünsche Dir eine schöne Zeit! Herzliche Grüße & alles
Gute

Dein
Nelson

------------------------

a　Amina Cachalia (1930–2013); siehe «Personen, Orte, Ereignisse».

b　Muriel Sodinda, Antiapartheidaktivistin und Sängerin.

c　Rahima Moosa (1922–1993), Antiapartheidaktivistin, eine der Anführerinnen des Marschs
　　der Frauen nach Pretoria 1956, um gegen die Ausweitung der Passgesetze auf Frauen zu
　　protestieren.

d　Bertha Mashaba (1934–2010), Antiapartheidaktivistin, Feministin und Gewerkschafterin;
　　es könnte aber auch Bertha Mkhize (1889–1981) gemeint sein, Mitglied der ANC-Frauen-
　　liga und Vizepräsidentin der Federation of South African Women.

e　Greta Soggot, Frau von David Soggot, einem von Winnie Mandelas Anwälten während
　　ihrer Prozesse zwischen 1961 und 1970.

f　Onica Mashohlane Mashigo aus der Township Alexandra war ANC-Aktivistin und be-
　　teiligte sich an vielen wichtigen Kampagnen und Boykotts.

g　Albertina Sisulu (1918–2011), Antiapartheidaktivistin, Frau von Walter Sisulu; siehe «Per-
　　sonen, Orte, Ereignisse».

h　James Moroka (1892–1985), Arzt, Politiker und Antiapartheidaktivist, ANC-Präsident von
　　1949 bis 1952.

i　Frau von Andrew Mashaba, der Häftling auf Robben Island gewesen war.

j　Schwester des ANC-Aktivisten Tito Maleka, der während Mandelas Afrikareise dessen
　　Briefe an seine Familie weiterleitete.

k　Ruth Fischer (geb. 1941), die ältere der beiden Töchter des Rechtsanwalts Bram Fischer.

l　Sheila Weinberg (1945–2004), Tochter der Aktivisten Violet und Eli Weinberg. Auch sie
　　engagierte sich schon als Jugendliche und kam in Haft. Bei ihrem Tod war sie Mitglied der
　　Gauteng Provincial Legislature.

m　Violet und Eli Weinberg. Violet Weinberg war Mitglied der Kommunistischen Partei und
　　des ANC. Sie verließ Südafrika und folgte ihrem Mann ins Exil.

n　Nadine Gordimer (1923–2014), südafrikanische Schriftstellerin.

o　Fatima Meer (1928–2010); siehe «Personen, Orte, Ereignisse».

*Als Nelson Mandela seine Haft antrat, war er Vater von fünf Kindern zwischen zwei und siebzehn Jahren. Ende der Achtzigerjahre war er Großvater von zwölf Enkeln, von denen einige im Ausland lebten. Seine Beziehung zu ihnen wurde aufrechterhalten durch Glückwunschkarten, einfache Mitteilungen und, im Fall der älteren Kinder, durch besonders intensive Bemühungen, sie in ihrer Arbeit in Schule und Universität zu unterstützen. In diesem Brief an Mandla, seinen ältesten Enkel, spricht er von der Unterstützung seiner Mutter und seines Stiefvaters. Die ganzen Jahre hindurch nahm Mandela seine Vaterschaft aus der Ferne wahr, er kümmerte sich um seine Kinder und deren Ehegatten, er drängte und ermutigte, manchmal mahnte er sie, auch wenn sie schon erwachsen waren und selbst Kinder hatten.*

An Mandla Mandela,[a] Mandelas Enkel, Sohn seines Sohnes
Makgatho
Mbabane, Swasiland

D220/82: NELSON MANDELA

9.7.87

Mein lieber *Mzukulu*,[b]
warum schreibst Du mir nicht? Hast Du meine Geburtstagskarte nicht bekommen?
Wie läuft es in der Schule? Wir versuchen, Dir ein Stipendium für Waterford[c] zu verschaffen, und ich hoffe sehr, dass Du die Aufnahmeprüfung bestehst.
Ich möchte Dich unbedingt sehen und habe Großmama gesagt, sie solle Dich mitbringen, damit wir über Deine schulische Arbeit sprechen können.
Unsere Londoner Freunde haben Mum Rennie[d] getroffen und versprochen, ihr eine Brille zu besorgen. Onkel Adrian[e] hat schon Arbeit gefunden bei einer Baufirma in London.
Ich schicke Dir 50 R Taschengeld.[f] Pass gut darauf auf.

Viele liebe Grüße
Dein *Tatomkhulu*[g]

----------------------

a   Mandla Zwelivelile Mandela (geb. 1974); siehe «Personen, Orte, Ereignisse».
b   «Enkel» auf isiXhosa.
c   Waterford Kamhlaba School im benachbarten Swasiland.
d   Mandlas Mutter Rose Rayne Mandela-Perry, genannt Rennie. Nach ihrer Ehe mit Makgatho heiratete sie Adrian Perry.
e   Mandlas Stiefvater Adrian Perry.
f   Mandela bekam Geld von der Familie, von Freunden und Unterstützern.
g   «Großvater» auf isiXhosa.

**An Nandi Mandela, Enkelin, zweite Tochter seines verstorbenen Sohnes Thembi**
**Kapstadt**

D220/82: NELSON MANDELA                                    17.8.87

Meine liebste *Mzukulu*,[a]
über Deinen letzten Besuch habe ich mich sehr gefreut, es ist nur
schade, dass ein Besuch bloß 40 Minuten dauern darf. Aber noch
bedauerlicher ist es, dass wir uns bis zum nächsten Frühjahr nicht
werden sehen können, weil ich nur noch ganz wenige Besuche bekommen darf. Aber vielleicht habe ich gegen Ende des Jahres einen
Besuch gut, den wir nutzen könnten. Ich schlage daher vor, Du rufst
mich etwa in der letzten Oktoberwoche wieder an, und dann schauen
wir, ob Du und Thumeka[b] vorbeikommen könnt. Du weißt ja, dass
ich Dich sehr mag, und es ist immer ein wunderbarer Tag, wenn Du
in den Besuchsraum trittst.
Bei Deinem letzten Besuch habe ich Dir klargemacht, dass 43 % in
Wirtschaftslehre und 44 % in Buchführung in Anbetracht der ganzen
Umstände und der Tatsache, dass dies Dein erstes Jahr ist, keineswegs eine schlechte Leistung sind, und ich bin zuversichtlich, wenn
Du die nächsten Monate noch eifriger arbeitest, wirst Du zumindest
ein paar Deiner Schwierigkeiten überwinden und Deine Leistungen
insgesamt verbessern.
Zindzi hätte am 5. August hier sein sollen, ist aber nicht gekommen.
Ich hoffe sehr, sie kommt irgendwann dieser Tage. Hast Du Mandla[c]

geschrieben? Bitte richte Mamphela[d] aus, dass ich ihre Gefühle erwidere und mich sehr auf ein Wiedersehen freue. Bis dahin bestelle ihr bitte meine herzlichsten Grüße und besten Wünsche.

Du musst mir ein bisschen mehr von Deinem Freund erzählen. Bis zu Deinem letzten Besuch wusste ich nicht, dass er auch auf die UCT[e] geht. Vor ein oder zwei Jahren hast Du mir nur gesagt, dass er in Umtata arbeitet und an der Unisa[f] ein Fernstudium macht.

Viele Grüße an Herbert[g] und Nono[h] und Deine Zimmerkameradin Pearl Ralei.

Alles, alles Liebe und tausend Küsse, mein Schatz!

Dein *Khulu*[i]

----------------------

a   «Enkelin» auf isiXhosa.
b   K. D. Matanzimas Tochter Tumeka Matanzima.
c   Mandla Mandela (geb. 1974), Sohn von Mandelas jüngstem Sohn Makgatho und Rennie Mandela.
d   Mamphela Ramphele (geb. 1947), Antiapartheidaktivistin und Gründungsmitglied des Black Consciousness Movement, Ärztin, Hochschullehrerin und Geschäftsfrau; siehe «Personen, Orte, Ereignisse».
e   University of Cape Town.
f   University of South Africa.
g   Herbert Vilakazi (1943–2016), Soziologieprofessor.
h   Noni Vilakazi. Offenbar hat sich Mandela hier verschrieben.
i   «Großvater» auf isiXhosa.


## An Zindzi Mandela, Mandelas jüngste Tochter

D220/82: NELSON MANDELA                                            31.8.87

Meine liebste Mantu,[a]
jemand, den ich seit ungefähr 25 Jahren nicht mehr gesehen habe und dessen Meinung ich außerordentlich schätze, hat einmal gesagt: «Zindzi ist wie ein Fels in der Brandung; nichts kann sie erschüttern!» Das ist genau die Art Bemerkung, die ein Vater über sein geliebtes Kind gerne hört. Meine Brust schwoll förmlich an vor Stolz und Genugtuung.

Und diese Bemerkung fiel auch zur rechten Zeit, kurz nachdem Du ein ziemlich qualvolles Erlebnis hinter Dir hattest. Du ahnst wohl, dass es in meiner gegenwärtigen Lage nicht immer so leicht ist, die Auswirkung von Vorgängen außerhalb der Gefängnismauern zu ermessen. Ich kann Dir gar nicht sagen, wie sehr mich diese Bemerkung beruhigte. Und als ich Dich später nach diesem Vorfall traf, konnte ich bei Dir tatsächlich keine sichtbaren seelischen Narben oder innere Unruhe feststellen.

Bitte nimm Dich zusammen, Liebes, und sei der feste Fels, als den man Dich kennt. Der schlimmste Fehler, den man in einer solchen Situation machen kann, ist, wie gelähmt abzuwarten, bis die Katastrophe über einen hereingebrochen ist. Am Besten, man verfolgt sein festes Programm so lange weiter – in diesem Fall das Studium –, bis Umstände, die man nicht selbst in der Hand hat, dies vereiteln. Nach allem, was ich von Dir, von Mum und aus den Medien höre, wirst Du es nicht schaffen, mit Deiner Arbeit zu Rande zu kommen, bevor Du nicht in eine andere Umgebung ziehst. Deshalb hoffe ich, dass Du, auch wenn es schon reichlich spät ist, auf dem Campus eine Unterkunft findest und Dich von dort aus auf die Prüfungen am 18. September vorbereitest.

Zum Schluss sollst Du wissen, dass ich Dir die Daumen drücke in der Hoffnung, dass Dir nichts passiert. Aber falls doch etwas passiert und Du stellst fest, dass Du mit dem Studium nicht weiterkommst, werde ich alles daran setzen und einem wunderbaren Mädchen meine ganze Unterstützung zuteil werden lassen.

Alles, alles Liebe und tausend Küsse
Dein *Tata*[b]

-----------------------

a   Einer von Zindzi Mandelas Namen.
b   «Vater» auf isiXhosa.

**An Mamphela Ramphele,[a] Hochschullehrerin und Freundin**
**Kapstadt**

D 220: NELSON MANDELA                                    1.3.88

Liebe Mamphela,

das Prisons Department hat Deinen Besuchsantrag abgelehnt. Für derlei Entscheidungen wird nie eine Begründung angegeben.

Obwohl ich mich nicht allzu großen Hoffnungen hingab, schloss ich doch die Möglichkeit, das Unmögliche könne geschehen, nicht ganz aus und war deshalb über die Ablehnung enttäuscht und verärgert. Dennoch werde ich nicht nachlassen, auf Deine Besuchserlaubnis zu drängen. Aber Du brauchst Geduld; die Mühlen der Regierung mahlen sehr langsam, und es kann Monate, ja sogar ein Jahr oder länger dauern, bis wir eine positive Antwort bekommen.

Was Deine Arbeit an der Universität[b] angeht, so habe ich Nandi gesagt, dass ich sehr daran interessiert bin. Aber wenn ich an die Gepflogenheiten im Gefängnis denke, bekomme ich solches Material wahrscheinlich nicht. Trotzdem werde ich an der Sache dranbleiben. Die Kamera hat die Fähigkeit, ein und derselben Person unterschiedliche Gesichter zu verleihen. Damals in den Fünfzigerjahren zog ich einen Großneffen[c] auf. Mit 6 verließ er Johannesburg, und es hatte den Anschein, er würde groß und kräftig werden. Später bekleidete er einen bedeutenden Posten innerhalb der Strukturen, die besonders seit den Siebzigern um uns herum wie Pilze aus dem Boden geschossen sind. Manchmal sah ich Bilder von ihm in der Zeitung, und ab und zu tauchte er sogar im Fernsehen auf. Im vergangenen Dezember betrat er den Besuchsraum, und ich war überrascht, wie klein und schlank er war, ein wahres Fliegengewicht. Wäre ich ihm auf der Straße begegnet, hätte ich ihn wahrscheinlich gar nicht erkannt.

Ich staune, wie viele Menschen Dich auf den ersten Blick erkennen, hat man doch durch die Medien fünf ganz unterschiedliche Gesichter von Dir. Die Bilder von der «Frau des Jahres», die der *Star* veröffentlichte, unterscheiden sich deutlich von dem, das der Fotograf von Dir im Gespräch mit Sally[d] auf der *National Assembly of Women* 1986 gemacht hat. Diese zwei Bilder zeigen Dich wiederum ganz anders als das Foto auf der Titelseite der Zeitschrift *Leadership*. Mit Deiner nachdenklichen Miene würde man Dich nicht einmal für eine entfernte Verwandte der ersten beiden Damen halten. Das Porträt scheint allerdings eine hochprofessionelle Arbeit zu sein. Die Rezensionen zu *Cry Tokoloho*[e] sind aus der Entfernung betrachtet höchst irritierend. Leider habe ich in meiner gegenwärtigen Lage keinen Zugang zu verlässlichen literarischen Publikationen, auf deren Urteil ich vertrauen könnte. Daher kann ich mir gar keine unabhängige Einschätzung erlauben. Wie bewertest Du selbst die Sache?

Herzliche Grüße und alles Gute!
Dein *Ntate*[f]

PS. Bitte entschuldige meine falsche Schreibung Deines Vornamens. Ob mit oder ohne «h» bleibst Du der gleiche wertvolle Mensch.

*Ntate*

---

a   Mamphela Ramphele (geb. 1947); siehe «Personen, Orte, Ereignisse».
b   Ramphele unterrichtete an der Universität von Kapstadt, an der Mandelas Enkelin Nandi studierte.
c   Wahrscheinlich N. Mtirara.
d   Wahrscheinlich Sally Motlana, Frau von Dr. Ntatho Motlana.
e   Möglicherweise ein Bezug zu dem Film *Cry Freedom*, der 1987 in die Kinos kam; darin ging es um den Aktivisten Steve Biko (1946–1977), der Mamphela Rampheles Partner war, bevor er ermordet wurde. *Tokoloho* heißt «Freiheit» auf Sesotho.
f   «Onkel» auf Setswana, Mamphelas Sprache.

# Tygerberg Hospital & Constantiaberg MediClinic
- - - - - - - - - -

August bis Dezember 1988

- - - - - - - - - - - - - -

Am 12. August 1988, Mandela war jetzt siebzig, wurde er in das Tygerberg Hospital gebracht, wo bei ihm Tuberkulose festgestellt wurde. Während der Behandlung im Krankenhaus war er weiterhin Gefangener im Pollsmoor-Gefängnis in Kapstadt, nach wie vor seine Adresse und Anlaufstelle für offizielle Anfragen und die Korrespondenz. Am Freitag, den 12. August 1988, kam er abends in das Regierungskrankenhaus in Bellville, bekannt als Tygerberg Hospital, das als Lehrinstitution der Stellenbosch University diente. Fünfzehn Monate zuvor war er zuletzt wegen einer «eingerissenen Netzhaut» im rechten Auge dort behandelt worden. Dieser Aufenthalt wurde nicht öffentlich bekannt und kam erst durch seine Tagebuchaufzeichnungen ans Licht.

Der erste Arzt, dem er im August 1988 vorgestellt wurde, gab an, dass ihm «nichts fehle».[60] Am folgenden Morgen wurde er von Professor de Kock untersucht, dem Chef der Internistischen Abteilung; dieser schickte ihn sofort in den Operationssaal, wo er eine Lungendrainage bekam. Es wurde Tuberkulose diagnostiziert.[61] Diesmal ging die Nachricht um den ganzen Globus. Der berühmteste Gefangene der Welt wurde wegen einer ernstzunehmenden Krankheit behandelt, während Südafrika durch andauernde Proteste und fortgesetzte Repression von einer Krise in die nächste geriet. Es war, als hielte die Welt den Atem an.

Knapp drei Wochen später, am 31. August 1988, wurde er nach neunzehn Nächten im Krankenhaus in das komfortable Privatkrankenhaus Constantiaberg MediClinic in der Nähe des Pollsmoor-Gefängnisses verlegt, wo seine Tuberkulose weiterbehandelt wurde. Dort empfing er eine Reihe Besucher, darunter seine Frau und weitere Angehörige sowie Justizminister Kobie Coetsee, Reverend Anthony Simons, seinen Anwalt sowie die Antiapartheidaktivistin und Parlamentsabgeordnete Helen Suzman.

Am ersten Morgen erhielt er dort Besuch von Coetsee, just in dem Augenblick, als er sich das Frühstück mit Eiern und Speck anstelle der verordneten cholesterinfreien Diät schmecken lassen wollte. «Sie brachten mir zwei Eier und eine Menge Speck und Frühstücksflocken, und dann sagte der Major: ‹Nein, Mandela, das dürfen Sie nicht essen, das ist gegen die Anweisungen des Arztes.› Ich sagte: ‹Heute bin ich bereit zu sterben; ich ess das jetzt. Ja, ich hatte schon so lange keine Eier mit Speck mehr›, und da lachte er.»[62] Er freundete sich auch mit einigen Krankenschwestern an, an deren Geschichten vom Leben außerhalb der Gefängnis- und Krankenhausmauern er seine Freude hatte.

Im Krankenhaus traf er mehrmals mit Coetsee und dem «Geheimkomitee» aus Regierungsbeamten zusammen. Bei einem dieser Gespräche sagte Coetsee zu ihm, er wünsche sich für ihn «eine Situation auf halbem Wege zwischen Gefangenschaft und Freiheit»,[63] ohne zu erklären, was er damit meinte.

Das fand er am 7. Dezember 1988 heraus, als er eine ungewöhnliche Unruhe und nervöse Gespräche zwischen den Gefängnisbeamten auf seiner Station bemerkte. «Ich spürte, dass etwas im Gange war, wusste aber nicht, was es war. Schließlich kam am Abend der Major und sagte: ‹Mandela, machen Sie sich bereit zum Aufbruch, wir nehmen Sie mit nach Paarl.*› Und ich fragte: ‹Weshalb?›. Er sagte: ‹Nun, da werden Sie von jetzt an sein.› Und um neun Uhr gingen wir, begleitet von einer starken Bewachung.»[64]

---

* Stadt in der heutigen Provinz Westkap.

An den Head of Prison
Hochsicherheitsgefängnis Pollsmoor

Tygerberg Hospital

29. August 1988

Bitte besorgen Sie mir auf meine Kosten folgende Kleidungsstücke:
1 lange wollene Unterhose und -jacke
1 warmen Pullover
1 kleinen Koffer zur Beförderung von Kleidung in die Wäscherei.

[unterzeichnet] NR Mandela

[In anderer Schrift] Genehmigt von Maj. van Sittert am 29.8.88. Gesehen von G365 Nr. 254/88
[unterzeichnet W/O]
29.8.88

*Während seiner Krankeit und im Krankenhaus führte Mandela sein Studium fort mit dem Ziel, das LL.B (Bachelor of Laws-Diplom) zu erwerben, und trieb in den letzten Monaten seiner Haft einen erheblichen Aufwand, um die Universität von Südafrika dazu zu bringen, einige seiner bereits erworbenen Scheine anzuerkennen. Er wollte vermeiden, die ausstehenden praktischen Kurse in Afrikaans und isiXhosa, seiner Muttersprache, belegen zu müssen; stattdessen sollten ihm die bereits absolvierten Kurse in einer anderen afrikanischen Sprache, dem Sesotho, angerechnet werden, damit er das begehrte Diplom bekam.*

An Professor W.J. Hosten
Pretoria

Student Nr. 240–094–4

25.11.88

[Stempel] Zensiert am 26.11.88

Sehr geehrter Professor Hosten,
ich bitte, wenn möglich, um eine Befreiung von den Prüfungen auf
Afrikaans (PAF100-A) und Xhosa (XHA100-F), die ich beide im
Januar 1989 ablegen sollte.
Ich hatte beabsichtigt, die vier noch ausstehenden Themen für den
LL.B im Zuge der Oktober/November-Prüfungen 1988 zu erarbeiten,
wurde aber während einer entscheidenden Phase der Prüfungsvorbereitungen durch Unpässlichkeit daran gehindert.
Am 28.Juli 1988 erkrankte ich und wurde am 12.August ins Tygerberg Hospital eingeliefert; ich war gezwungen, das Studium zu unterbrechen, und konnte erst am 15.September die Vorbereitungen
wiederaufnehmen. Inzwischen hatte ich allerdings alle vorgeschriebenen Arbeiten für die vier Themenbereiche abgeschlossen und den
Vermerk «bestanden» erhalten.
Ich bekomme gegenwärtig eine Kombination von Medikamenten
verabreicht; diese Behandlung dauert vermutlich bis Anfang Februar
1989 an. Dr. Stoch, der Distriktarzt von Wynberg,[a] dessen Brief bei-
liegt, besucht mich seit dem 1.September täglich. Ich werde außerdem regelmäßig untersucht von drei Ärzten des Krankenhauses, die
ihren jeweiligen Abteilungen vorstehen.
Zwar fühle ich mich deutlich besser als zu Beginn der Therapie, aber
die Gefahr, dass die Medikamente Nebenwirkungen mit sich bringen,
die Ausdauer und Konzentration beeinträchtigen, sowie die hohen
Anforderungen bei den Prüfungen bereiten mir weiterhin Sorge.
In Hinblick auf den Kurs in Afrikaans möchte ich darauf hinweisen,
dass ich auch im Falle einer bestandenen Abschlussprüfung nicht die
Absicht habe, als freier Anwalt oder bei Gericht zu praktizieren. Ferner möchte ich betonen, dass ich 1963 an der London University die

Prüfung in englischer Rechtsgeschichte abgelegt habe; ich hoffe, Sie können dies bei der Prüfung meines Antrags auf Befreiung von Xhosa I berücksichtigen. Die University of London wird mir gerne eine schriftliche Bestätigung darüber ausstellen, falls Sie dies für erforderlich halten.

Eigentlich hätte ich diesen Antrag erst nach der Veröffentlichung der Prüfungsergebnisse im Dezember stellen sollen. Da Sie sich aber in dieser Zeit höchstwahrscheinlich in den Semesterferien befinden, hielt ich es für ratsam, ihn jetzt schon einzureichen.

Hochachtungsvoll
[unterzeichnet] NR Mandela
NELSON MANDELA

------------------------

a   Vorort von Kapstadt.


**An Nandi Mandela, Enkelin, jüngste Tochter seines verstorbenen Sohnes Thembi**
**Kapstadt**

D220/82: NELSON MANDELA                              5. 12. 88

An Nandi,
ich vermisse Dich sehr und denke immer an Dich.
Alles, alles Liebe und tausend Küsse!

Von *Khulu*[a]

------------------------

a   «Großvater» auf isiXhosa.

## An Zoleka & Zondwa Mandela,[a] Enkelin und Enkel Mandelas, Kinder seiner jüngsten Tochter Zindzi

<u>D220/82: NELSON MANDELA</u>                [vermutlich 5.12.88]

An Zozo und Zondwa,
ich vermisse Euch sehr und denke immer an Euch. Alles Liebe und
tausend Küsse

von *Khulu*[b]

------------------------

a   Zoleka (geb. 1980) und Zondwa (geb. 1985) Mandela; siehe «Personen, Orte, Ereignisse».
b   «Großvater» auf isiXhosa.


## An Zaziwe, Zamaswazi und Zinhle,[a] Enkelinnen und Enkel, Kinder seiner Tochter Zenani

<u>D220/82: NELSON MANDELA</u>                5.12.88

An Zaziwe, Zamaswazi und Zinhle,
ich vermisse Euch sehr und denke stets an Euch.

Alles, alles Liebe und tausend Küsse
von *Khulu*[b]

------------------------

a   Zaziwe (geb. 1977), Zamaswazi (geb. 1979) und Zinhle (geb. 1980).
b   «Großvater» auf isiXhosa.


## An den Head of Prison Hochsicherheitsgefängnis Pollsmoor

<u>D220/82: NELSON MANDELA</u>                5.12.88

Ich bitte Sie, einen Telefonanruf bei Professor W.J. Hosten, Dekan der
Juristischen Fakultät der Unisa, zu genehmigen und ihm mitzuteilen,
dass ein Telegramm folgenden Inhalts an ihn unterwegs ist. Kosten für
Anruf sowie Telegramm sind von meinem Konto abzubuchen.

PROFESSOR W.J.HOSTEN, JURISTISCHE FAKULTÄT, UNISA, Postfach 392 PRETORIA

Student Nr. 240–094–4. Betreff: Freistellung von Xhosa I. Ich ergänze, dass ich in den Siebzigern an der Unisa den Spezialstudiengang in Sotho mit Auszeichnung abgeschlossen habe.

NELSON MANDELA
POLLSMOOR PRISON
[unterzeichnet NRMandela]
5. 12. 88

# Victor-Verster-Gefängnis

Dezember 1988 bis Februar 1990

Am Abend des 7. Dezember 1988 wurde Nelson Mandela aus der Constantiaberg MediClinic in das etwa eine Autostunde entfernte Victor-Verster-Gefängnis verlegt. Hier kam er in ein modern ausgestattetes Haus mit großem Garten und Swimmingpool, das vormals von einem Gefängniswärter bewohnt worden war. Der Warrant Officer Jack Swart, der Mandela in den frühen Tagen auf Robben Island zum ersten Mal begegnet war, war zu seinem persönlichen Koch und Hausangestellten bestellt.

Swart erinnert sich, dass Mandela im Victor-Verster-Gefängnis keiner Beschränkung bezüglich der Zahl seiner Briefe unterlag, dass ihm jedoch drei Schachteln mit «Hunderten von Briefen» nicht ausgehändigt wurden.[65]

Tags darauf besuchte ihn der Justizminister Kobie Coetsee und brachte als Einstandsgeschenk eine Kiste Wein mit. Er teilte Mandela mit, hier sollten die 1986 begonnenen Gespräche mit Regierungsvertretern weitergeführt werden.

Die Gespräche mit der «Arbeitsgruppe» wurden rasch wiederaufgenommen. Sowohl das Regierungsteam als auch Mandela über den Commanding Officer konnte einen Termin für ein Treffen beantragen, und dies bestimmte den Ablaufplan.[66] Diese Treffen waren keine Verhandlungen, sondern eher Mandelas Versuch, zu einem Punkt zu gelangen, von dem aus der ANC und die Regierung über das Ende der Apartheid verhandeln könnten. Später wurden sie als »Gespräche über Gespräche» beschrieben. Er nutzte diese Gespräche mit den Beamten, um sie dazu zu bewegen, die letzten sechs Gefangenen aus dem Rivonia-Prozess freizulassen. Govan Mbeki, der älteste, war im November 1987 freigekommen, Denis Goldberg 1985.

Zwar mussten Besuchswillige immer noch einen Antrag stellen, der von den Behörden manchmal abgelehnt wurde, aber er bekam viel Besuch von seiner Frau Winnie, ihren Kindern und Enkeln und anderen Familienangehörigen sowie von Freunden und Mitstreitern. Auch seine Briefe wurden weniger kontrolliert und halfen ihm, in die Welt zurückzufinden, und es schien immer wahrscheinlicher, dass er in diese Welt auch wieder zurückkehren würde.

1988 war Mac Maharaj, ein Kamerad aus seiner Zeit auf Robben Island, wieder in Südafrika eingeschleust worden als Teil einer Untergrundstrategie mit dem Namen «Operation Vula», um MK-Agenten für den Fall nach Südafrika zu schmuggeln, dass die Regierung die Verhandlungen mit Hintergedanken führte. Maharaj entwickelte eine Methode, wie Mandela vom Gefängnis aus mit Oliver Tambo und anderen ANC-Führern im Exil kommunizieren konnte. Er nannte Mandelas Anwalt Ismail Ayob einen Decknamen, den sie vor Maharajs Freilassung verabredet hatten und den er bei einem seiner Anwaltsbesuche erwähnen sollte. Das signalisierte Mandela, dass Ayob eine Nachricht von Maharaj überbrachte. Die erste war eine eng auf Streichholzgröße zusammengerollte Mitteilung, in der er aufgefordert wurde, bei einem heimlichen Austausch von Nachrichten mitzumachen, die im Innern eines Buchdeckels versteckt werden sollten. Mandela war einverstanden. Auf diesem Wege konnte Mandela der Organisation Informationen über die Diskussionen mit dem Regierungsteam zukommen lassen.[67]

*Bezeichnend für Mandela war seine Entschlossenheit, sich durch nichts von seinem Jurastudium abbringen zu lassen. 45 Jahre nachdem er sich als Vierundzwanzigjähriger zum ersten Mal an der Universität von Witwatersrand eingeschrieben hatte, wurde ihm mitgeteilt, dass er nun das LL.B-Examen bestanden hatte. Die Jahre waren ins Land gegangen, Hindernisse waren ihm in den Weg gelegt worden, die seinen Willen, das Studium fortzusetzen, brechen sollten, und doch hatte er nicht aufgegeben. Schließlich, im Alter von siebzig Jahren, als er wusste, er würde wohl nie wieder als Anwalt arbeiten, erfuhr er, dass er den Abschluss geschafft hatte.*

An Prof. W. J. Hosten, University of South Africa
Pretoria

Student Nr. 240–094–4

23. Dezember 1988

Lieber Professor Hosten,
ich danke für Ihren Brief vom 5. Dezember 1988, in dem Sie mir mitteilen, dass ich die Prüfung zum Bachelor of Laws bestanden habe.
Es fügt sich gut, dass Sie der Erste sind, der mir gratuliert. Ich bin
nämlich fest davon überzeugt, dass meinem Antrag auf Freistellung
von den Sprachprüfungen ohne Ihre Unterstützung wohl nicht stattgegeben worden wäre. Das Diplom wird zweifellos meine Verbundenheit mit der Unisa vertiefen und mir ermöglichen, mich in die
Schar der vielen Männer und Frauen einzureihen, denen innerhalb
und außerhalb Südafrikas der Erwerb des Diploms sehr geholfen hat,
ihrem jeweiligen Gemeinwesen noch besser zu dienen.
Bitte übermitteln Sie meinen Dank auch allen Kollegen der Fakultät
und dem Registrar, Professor Wiechers für die schmeichelhaften
Presseberichte, Professor P. A. K. le Roux, der mich auf eigene Kosten mit der erforderlichen Literatur versorgte, sowie allen Dozenten,
die mich während des Studiums so gut betreuten.

Mit freundlichen Grüßen
[Unterzeichnet] NR Mandela

An Archie Gumede, Freund und Genosse
Clernerville

1335/88: NELSON MANDELA

10. Januar 1989

Lieber Qwabe,[a]
der Wunsch, wieder mit der Familie und den Freunden außerhalb

der Gefängnismauern vereint zu sein, ist brennender denn je. Aber die Befreiung aus der Haft scheint nicht unmittelbar bevorzustehen. Doch es besteht eine gewisse Möglichkeit, dass ich mich in meiner derzeitigen Unterkunft mit Dir und anderen treffen kann. Bis dahin grüße ich Dich, Deine Familie, George,[b] Diliza (Senior),[c] Curnick,[d] Thabekhulu und alle anderen ganz herzlich und wünsche euch alles Gute.

Dein Madiba

-----------------------

a  Archie Gumedes Clan-Name.
b  Möglicherweise George Sewpersadh (geb. 1936), Mitglied des Natal Indian Congress.
c  Diliza Mji, Arzt und politischer Aktivist.
d  Curnick Ndlovu (1932–2000), Gewerkschafter und MK-Mitglied. Er war wegen Sabotage zu 20 Jahren Haft verurteilt, die er auf Robben Island verbüßte.


**An Erzbischof Desmond Tutu und seine Frau Leah Tutu**

1335/88: NELSON MANDELA                                    17.1.89

Leah & Mpilo,[a]
Eure Karte, die mich als Patient im Tygerberg Hospital erreichte, hat mich keineswegs überrascht. Ihr seid weithin bekannt als ein Paar, das sich um andere kümmert und das unserem Volk und unserem Land außerordentlich mutig und selbstlos gedient hat. Meine rasche und vollständige Genesung verdanke ich der ausgezeichneten Behandlung durch mein Ärzteteam, die Krankenschwestern und die Freunde. Es ist offensichtlich, dass Eure Genesungswünsche viel dazu beigetragen haben.
Herzliche Grüße und Dir, Trevor[b] und Familie und seinen Schwestern alles Gute.

Euer Nelson
[Unterzeichnet NRMandela]

-----------------------

a  Erzbischof Tutus afrikanischer Name.
b  Tutus Sohn Trevor.

**An Reverend Austen Massey, Generalsekretär der Methodisten-Kirche von Südafrika**
**Johannesburg**

1335/88: NELSON MANDELA                          17. 1. 89

Lieber *Moruti*,[a]
mit den sechstausend Rand, die ich von Dir erhalten habe, konnte ich dringenden finanziellen Verpflichtungen nachkommen. Meine familiäre Verantwortung geht weit über meine Frau, Kinder und Enkel hinaus.
Während meiner 26 Jahre Haft war es mir unmöglich, berechtigten Bitten um finanzielle Hilfe in nennenswertem Umfang zu entsprechen, und das hat mich sehr belastet. Die Unterstützung durch die Kirche hat es mir nun ermöglicht, diese Hilfe zu gewähren.
Mein aufrichtiger Dank und meine besten Wünsche gelten der Kirche.

Herzliche Grüße
[unterzeichnet] NRMandela

------------------------

a    «Priester» oder «Pastor» auf Sesotho und Setswana.

*Mangosuthu Buthelezi, langjähriger Freund Mandelas und früheres Mitglied der ANC-Jugendliga, gründete 1975 das Inkatha National Cultural Liberation Movement. Anfangs standen sich die beiden Organisationen nahe, doch als Buthelezi für das Homeland-System votierte, das der ANC entschieden ablehnte, gingen sie auf Distanz. Inkatha stand für einen gewaltlosen Wandel, wohingegen der ANC seinen bewaffneten Flügel hatte. Tausende Südafrikaner kamen in gewaltsamen Auseinandersetzungen zwischen den beiden Verbänden ums Leben; später stellte sich heraus, dass das Apartheidregime diese Kämpfe geschürt hatte.*

## An Mangosuthu Buthelezi, Präsident der Inkatha

1335/88: NELSON MANDELA                    3. Februar 1989

Lieber Shenge,[a]

ich danke Dir für Dein herzliches und ausgewogenes Fernschreiben, das Du mir im Namen von König Zwelithini[b] und Inkatha anlässlich meines siebzigsten Geburtstags zukommen ließest. Ich erhielt auch Deinen Brief vom 26. August 1988, in dem Du mir eine rasche Genesung wünschst und Deine Bemühungen um die Freilassung politischer Gefangener in Südafrika sowohl im In- als auch im Ausland skizziertest.

Außer Deinem Fernschreiben und einem Telegramm von Mrs. Helen Suzman kamen Hunderte ähnlicher Glückwünsche von Gratulanten im ganzen Land und aus verschiedenen Teilen der Welt. Obwohl mich keiner davon tatsächlich erreichte, bat ich O. R.[c] allen diesen Freunden in meinem Namen zu danken. Die unerschütterliche Unterstützung von Seiten solcher Männer und Frauen, aber auch der Fortschritt und die Leistungen unserer Organisation im In- und Ausland haben den politischen Gefangenen so viel Kraft und Hoffnung gegeben.

Ich hoffe, Du hast Verständnis dafür, dass es mir in meiner derzeitigen Lage nicht leicht fällt, mich zu den Gefühlen, die Du in oben erwähntem Schreiben so beredt ausdrückst, klar und deutlich zu äußern. Ich kann nur feststellen, dass Deine beharrliche Forderung nach der bedingungslosen Freilassung der politischen Gefangenen und Deine Weigerung, bis zur endgültigen Erfüllung dieser Forderung mit der Regierung zu verhandeln, ein Standpunkt sind, den ich stets als positiven Beitrag zum Freiheitskampf in diesem Land begrüßt habe.

Meine sehnlichste Hoffnung ist es, in absehbarer Zeit die Wiederherstellung der herzlichen Beziehungen zu erleben, die in den Siebzigerjahren zwischen Dir und O. R. und auch den beiden Organisationen bestanden haben. Eine der größten Herausforderungen der Gegenwart, vor denen jede Führung steht, ist die nationale Einheit. Zu keiner Zeit in der Geschichte der Befreiungsbewegung war es für unser Volk so entscheidend, mit einer Stimme zu sprechen, und für die

Freiheitskämpfer, ihre Kräfte zu bündeln. Jede Aktion, jede Erklärung, gleich aus welcher Quelle, die geeignet ist, Spaltung zu erzeugen oder zu vertiefen, ist in der heutigen Situation ein fataler Fehler, der um jeden Preis vermieden werden muss.

Bevor ich irgendeiner der Parteien die Schuld zuweise, die in den beklagenswerten Konflikt involviert sind, der zur Zeit in manchen Teilen des Natal[d] ausgetragen wird, brauche ich viel mehr Informationen, als mir im Moment zur Verfügung stehen. Gleichwohl betrachte ich es als schwerwiegende Anklage gegen uns alle, dass wir immer noch unfähig sind, die Kräfte zu vereinigen, um das Abschlachten so vieler Unschuldiger zu beenden.

Der Kampf ist unser Leben, und auch wenn der Sieg noch nicht in unmittelbarer Nähe greifbar ist, können wir doch den Freiheitskampf entweder zu einer ungeheuren Bereicherung oder aber zur totalen Katastrophe werden lassen. In meiner gesamten politischen Laufbahn hat mich nichts so deprimiert, als zuschauen zu müssen, wie unsere Landsleute sich gegenseitig umbringen, wie es jetzt geschieht. Das ganze Gefüge des Gemeinschaftslebens ist in einigen betroffenen Gebieten gründlich zerschlagen, was bleibt, ist Hass und Verbitterung, die uns vielleicht auf Jahre hinaus verfolgen werden. Dieses Thema erfordert die ungeteilte Aufmerksamkeit aller Freiheitskämpfer ungeachtet ihrer politischen Zugehörigkeit. Nichts würde mich mehr freuen als zu wissen, dass meine Sorge und mein Appell nicht auf taube Ohren stoßen.

Ich bedanke mich nochmals bei Dir und beim König und bei Inkatha für die ermutigende Nachricht.

Dir und Mdlunkulu[e] alles Gute

Dein Madiba

------------------------

a   Mangosuthu Buthelezis Clan-Name.
b   König Goodwill Zwelithini kaBhekuzule (geb. 1948); König der Zulu-Nation. Gekrönt wurde er am 3. Dezember 1971.
c   Oliver Reginald Tambo (1917–1993); siehe «Personen, Orte, Ereignisse».
d   Ende der achtziger Jahre hatte der Konflikt in KwaZulu-Natal zwischen Anhängern der Inkatha und des ANC bürgerkriegsähnliche Ausmaße angenommen.
e   Chief Buthelezis Frau Irene Buthelezi; siehe «Personen, Orte, Ereignisse».

An Elaine Kearns, eine der Krankenschwestern, die ihn im Tygerberg Hospital betreut hatten
Bellville

1335/88: NELSON MANDELA

14.2.89

Liebe Elaine,
meine Verlegung vom Tygerberg-Krankenhaus in die Constantiaberg
MediClinic[a] und von dort hierher behinderte die reibungslose Korrespondenz. Deshalb erreichte mich Ihr Brief vom 8. November erst
letzte Woche. Ihre Postkarte aus London habe ich nie erhalten.
Gewiss sind Sie enttäuscht darüber, dass Ihre Bemühungen vergeblich waren und Ihre Botschaft nicht angekommen ist. Aber ich
versichere Ihnen, dass es mir ebenso leid tut, sie nicht erhalten zu
haben. Ihr Brief hat jedoch alles wieder wettgemacht. Auch Ihre
schöne Weihnachtskarte ist angekommen, vielen Dank.
Was meine Gesundheit angeht, so sollen Sie wissen, dass ich im vergangenen Monat Besuch von Ihrem Chief Medical Superintendent
Dr. Strauss und von Prof. De Kock hatte. Nachdem sie mich und die
medizinischen Daten untersucht hatten, hatten sie den Eindruck,
dass die Entzündung völlig abgeklungen und die Lunge wieder ganz
frei war, und beendeten daher die Therapie. Sie erinnern sich wahrscheinlich, dass ich nach meiner Lungendrainage nur noch 68 Kilo
wog. Jetzt schwankt mein Gewicht zwischen 75 und 76 Kilo. Ich
fühle mich so gut in Form, dass ich den Boxweltmeister im Schwergewicht herausfordern könnte.
Es freut mich, dass Sie Ihre Reise nach Übersee genossen und auf der
Burns-Konferenz viel gelernt haben. Diese Kenntnisse nützen nicht
nur Ihnen selbst, sondern kommen auch Ihren Patienten zugute. Sie
schreiben allerdings nichts über Ihre Freundin aus Katmandu [sic].
Hoffentlich wurden sie und ihre Verwandten von der Katastrophe ver-
schont.
Schön ist auch, dass Sie sich noch an die Legende erinnern und dass
Sie sich für nächstes Mal mehr Glück wünschen, aber ich möchte Sie
daran erinnern, dass Sie zu den Menschen gehören, die sich nicht

aufs Glück zu verlassen brauchen, denn man sieht Ihnen geradezu an, dass Sie Glück im Leben haben. Warum ist [es] so schwierig, die Lehre aus dieser Legende in die Praxis umzusetzen? Sparsamkeit ist eine Tugend, besonders für eine junge Dame; übertreibt man aber damit, setzen viele Leute sie gleich mit Kasteiung und Elend, und das ist ebenso so gefährlich wie Magersucht. Sie dürfen sich nicht nur an die Moral dieser Geschichte erinnern, sondern Sie müssen sie praktisch umsetzen.

Unter normalen Umständen würde ich Sie streng tadeln und darauf bestehen, dass Sie die Lage wieder in den Griff bekommen. Aber es wäre, gelinde gesagt, höchst unangebracht, solche Dinge auf diesem Stück Papier breitzutreten. Wer weiß, vielleicht haben wir dafür einmal genügend Zeit.

Bis dahin richten Sie bitte Oberin Jansen und Oberin Orphen und Schwester De Waal sowie den jungen Damen, die bei meiner Betreuung mithalfen, aus, dass ich an sie denke. Hat Schwester De Waal ihre Prüfung bestanden?

Herzliche Grüße und alles Gute für Sie und Ihre Mum

Ihr

[unterzeichnet NR Mandela]

------------------------

a   Im August 1988 kam Mandela ins Tygerberg Hospital; die Diagnose lautete auf Tuberkulose.


**An Dumani Balfour, Mandelas Enkel, Sohn seiner ältesten Tochter Makaziwe**
**Amherst, Massachusetts, USA**

1335/88: NELSON MANDELA                          28.2.89

Mein lieber *Mzukulu*,[a]
ich höre, Du bist gut in der Schule, besonders in Mathematik. Das ist ein schwieriges, aber sehr wichtiges Fach. Wenn Du stets die besten Noten erzielst und am Ende einen anständigen Abschluss machst, wirst Du immer und überall einen guten Job finden.

Auch mit der Trompete machst Du anscheinend Deine Sache ordentlich. Vielleicht schreibst Du mir im nächsten Brief, wer Dein Musiklehrer ist und ob Du ein Lehrbuch für das Musizieren hast. Das Üben ist auch ganz wichtig. Wenn Du Sport treibst wie laufen, schwimmen, Tennis spielen, bleibst Du gesund, stark und fröhlich. Aber Schwimmen ist auch gefährlich. Du brauchst einen guten Trainer, und schwimm nie ohne ihn, bevor Du es richtig kannst.

Sag bitte Deiner Mum, dass ich ihren Brief bekommen habe und dass ich jahrelang Onkel Kgatho zu überzeugen versucht habe, wieder zur Schule zu gehen. Mehr kann ich nicht tun. Bücher, Kleidung und Videokassetten sind nicht gestattet. Sie zu kaufen und zu schicken ist Geldverschwendung, weil man sie mir nicht geben wird. Ich bin wieder ganz gesund und fühle mich fit und stark. Über die anderen Themen, die Mum in ihrem Brief anspricht, werden wir reden, wenn sie im nächsten Juni nach Südafrika kommt.[b] Du, Tukwini und Kweku,[c] ihr fehlt mir alle sehr, und ich freue mich auf den Tag, an dem ich euch wiedersehe.

Herzliche Grüße und alles Gute

Dein *Khulu*[d]

----------------------

a  «Enkel» auf isiXhosa.
b  Makawize Mandela lebte in Boston, USA.
c  Dumani Balfours Geschwister.
d  «Großvater» auf isiXhosa.

**An Kwedi Mkalipi, Freund und früherer Mitgefangener auf Robben Island**
**Kapstadt**

1335/88: NELSON MANDELA                                    28.2.89

Lieber Dlamini,[a]

ich war überaus erleichtert, als ich erfuhr, dass Du und die beiden Nyawuzas,[b] Cousine Grace Matsha und Inspektor Ndamase, eine so große Hilfe für meine Nichte Zukiswa wart; dafür bin ich euch sehr dankbar. Sie kannte niemand in Kapstadt, und ohne euren Beistand hätte sie nie ans Tygerberg Hospital kommen können. Euch allen sage ich *Nangamso!*[c] Mit Freuden haben wir alle von der Freilassung Zephs,[d] Harrys[e] und Zwelakhes[f] gehört. Ich habe es geschafft, ihnen allen Willkommenskarten zu schicken. Harry und Zwelakhe haben ihre bekommen, von Zeph habe ich keine Rückmeldung.

In der Frage der Amtseinsetzung von Buyelekhaya[g] in der Nachfolge seines Vaters geht es nur sehr zäh voran. Ich hatte meinen Großneffen General Zondwa Mtirara eingeladen, mich am 31. Dezember 1987 zu besuchen. Ich besprach die Sache mit ihm hier in Pollsmoor Prison. Wie Bambilanga,[h] sein verstorbener Vater, war er bei diesem Gespräch sehr kooperativ und betonte, er habe lediglich für Buyelekhaya gearbeitet. Daraufhin forderte ich ihn auf, Chief Mveleli[i] mitzubringen, um den Fall abzuschließen. Er hat sich nie mehr gemeldet. Letzten Dezember besuchte mich Brig. T. Matanzima,[j] der Buyelekhayas Anspruch voll und ganz unterstützte, und wir entwickelten eine Strategie. Er stößt jedoch auf enorme Probleme, und es sieht so aus, dass im Falle des Scheiterns der gerichtlichen Klage – die ich zu verhindern versuchte – nichts Konkretes herauskommt, bevor wir nicht persönlich auftreten. Im Gegensatz zur Meinung vieler Leute liegt dieser Moment in meinen Augen noch in ganz weiter Ferne.

Doch lass mich zum Abschluss die Hoffnung ausdrücken, dass Du jetzt glücklich verheiratet bist und Du und Deine Liebste einen großzügigen Beitrag zur Mehrung der Arbeitskräfte im Land leisten werdet. Viele Grüße und alles Gute

Dein
Madiba

------------------------

a   Kwedi Mkalipis Clan-Name.
b   Nyawuza oder Mnayawuza bezieht sich auf Angehörige des Nyawuza-Clans, den Mandela schon in der Kindheit kennengelernt hatte.
c   Ein isiXhosa-Wort, das tiefe Dankbarkeit gegenüber einem Menschen ausdrückt, der mehr als seine Pflicht getan hat.
d   Zephania Mothopeng (1913–1990), Vorsitzender des Pan Africanist Congress.
e   Harry Gwala (1920–1995), ANC-Aktivist, zu acht Jahren Haft auf Robben Island verurteilt wegen Rekrutierung von MK-Kämpfern. Nach seiner Freilassung 1972 erneut

verurteilt (1977), diesmal zu lebenslanger Haft auf Robben Island; siehe «Personen, Orte, Ereignisse».
f  Zwelakhe Sisulu (1950–2012), südafrikanischer Journalist und Herausgeber, eingesperrt aufgrund seiner journalistischen Arbeit.
g  Buyelekhaya Dalindyebo (geb. 1964), Sohn von Sabata Dalindyebo; siehe «Personen, Orte, Ereignisse». 1989 kehrte er aus dem Exil zurück und wurde wieder in sein Königsamt eingesetzt.
h  Nxeko Bambilanga, Sabata Dalindyebos Bruder.
i  Mandelas Cousin und Thembu-Chief.
j  Möglicherweise ein Verwandter von K. D. Matanzima; siehe «Personen, Orte, Ereignisse».

## An Eddie Daniels, Freund und früherer Mitgefangener auf Robben Island

1335/88: NELSON MANDELA                    28. 2. 89

Lieber Danie,
ich erhielt etliche unvergessliche Botschaften von Dir, die letzte am 24. Februar 1989. Mein Problem bestand die ganze Zeit darin, dass auf keiner Deiner Karten Deine Adresse stand, ein Problem, das ich schließlich dadurch löste, dass ich nun dieses Briefchen an c/o Dullah[a] adressiere. Sei versichert, dass ich stets an Dich und Eleanor[b] denke in der Hoffnung, eines Tages mit Winnie und Dir gemeinsam picknicken zu können. Viele Grüße und alles Gute

Dein
Dalibhunga

------------------------
a  Dullah Omar, Mandelas Anwalt.
b  Eddie Daniels' Frau.

## An Reverend Allan Boesak,[a] Antiapartheidaktivist

1335/88: NELSON MANDELA                    28. 2. 89

Lieber Alan, [sic]
die uneingeschränkte Unterstützung, die ich von Dir und Dorothy[b] im Allgemeinen und besonders während meiner Krankheit bekom-

men habe, gab mir die Kraft und die Zuversicht, die man zur vollständigen Genesung braucht. Die ärztliche Behandlung wurde Ende letzten Monats abgeschlossen, und ich fühle mich wieder pudelwohl. Ich bin euch beiden wirklich dankbar und werde stets an euch denken. Ganz herzliche Grüße und alles Gute

Dein Onkel Nelson

-----------------------

a  Allan Aubrey Boesak (geb. 1946), Kleriker der South African Dutch Reformed Church, Politiker und Antiapartheidaktivist. 1999 wegen Betrugs verurteilt, dann offiziell rehabilitiert und Ende 2004 wieder in sein Amt eingesetzt.
b  Boesaks damalige Frau.

**An Amina Cachalia, Freundin und Kameradin**
**Johannesburg**

1335/88: Nelson Mandela                                     28.2.89

Liebe Aminaben,[a]

Du und Yusuf müsst unverzüglich eine Besuchserlaubnis beantragen. Ihr beide habt mich vergangenen Juli besucht, und ich rechne nicht mit Problemen seitens des Department of Prisons. Wir müssen ein Problem aus der Welt schaffen, das Deine Liebe und Yusufs ganze Erfahrung erfordert. Wenn ihr nicht beide zusammen kommen könnt, werde ich mich auch freuen, eine oder zwei Stunden mit einem von euch zu verbringen.

Ihr freut euch sicher zu hören, dass ich nach Aussage der behandelnden Ärzte vollständig geheilt bin und die Therapie gegen Ende des vergangenen Monats beendet wurde. Zum Glück wurde der Bazillus in einem frühen Stadium entdeckt, bevor es Flecken oder Läsionen in der Lunge gab und bevor die Krankheit ansteckend werden konnte. Die Lunge ist wieder voll funktionsfähig, und die saubere Luft, weit weg vom Schmutz der Städte, hat mir sehr gutgetan.

Zami und Familie kommen oft zu Besuch, und ich wünsche mir, dass sie ein paar Tage hier verbringen kann, wenn bestimmte Probleme dann hoffentlich gelöst sind.

Ich vermisse euch beide sehr und hoffe auf ein baldiges Wiedersehen. Herzliche Grüße und alles Gute

Dein

Nelson

Victor Verster Prison, P/B X6005, Paarl South, 7624

---------------------

a  *Ben* bedeutet «Schwester» in Gujarati.


**An Sipho Sepamla,[a] Dichter und Romancier Johannesburg**

1335/88: NELSON MANDELA

4.4.89


Lieber Sipho,

vor einigen Jahren brachte das Radio ein paar beeindruckende Verse aus Ihrer Feder, und ich bedauerte sehr, dass meine augenblickliche Lage es mir nicht erlaubt, eine Ihrer Veröffentlichungen zu erwerben. Irgendwann im letzten Jahr tauchten Sie kurz im Fernsehen auf, und endlich konnte ich Sie einmal leibhaftig sehen. Natürlich haben Ihre Gedichte das Herz vieler Menschen im In- und Ausland berührt, Menschen, die Sie kennen oder auch nicht. Sie werden leicht verstehen, dass ich diese Menschen um das Privileg beneide, Ihre Werke lesen zu können.

Bei Ihnen, Don Mattera,[b] Oswald Mtshali,[c] Mongane Serote,[d] Mziwakhe[e] und Nomsa Mbuli[f] und all den anderen aufstrebenden Musensöhnen im ganzen Land sind meine Gedanken. Ich warte gespannt auf den Tag, an dem ich Ihnen begegnen und Ihnen persönlich danken kann für den eindrucksvollen Beitrag anlässlich meines siebzigsten Geburtstags.

Bis dahin grüße ich Sie und Ihre Familie herzlich und wünsche Ihnen alles Gute

Ihr Madiba

------------------------

a  Sipho Sepamla (1932–2007) war aktiv im Kulturbereich, beeinflusst vom Black Consciousness Movement. In seinen Romanen und Gedichten protestierte er gegen die Apartheid. Etliche seiner Bücher waren in Südafrika verboten, darunter auch seine Gedichtsammlung *The Soweto I Love* (1977), die sich mit dem Aufstand der Schüler von 1976 befasst.
b  Don Mattera (geb. 1935), südafrikanischer Schriftsteller.
c  Oswald Mtshali (geb. 1940), südafrikanischer Dichter.
d  Mongane Serote (geb. 1944), südafrikanischer Dichter und Schriftsteller.
e  Mzwakhe Mbuli (geb. 1959), südafrikanischer Dichter, Diakon und Mbaqanga-Sänger.
f  Nomsa Mbuli war Mzwakhe Mbulis Ehefrau. Alle diese Dichter zählten zu der New Black Poetry der siebziger Jahre.

## An Candie Lawless, eine der Krankenschwestern, die ihn in der Constantiaberg MediClinic betreut hatten

1335/88: NELSON MANDELA

4.4.89

Liebe Candie,
seit meiner Entlassung aus der Constantiaberg MediClinic habe ich auf Ihren Brief gewartet. Ich habe mich wirklich sehr gefreut, dass er jetzt endlich gekommen ist.

Noch mehr gefreut hat mich aber, dass Sie und Trevor sich verlobt haben. Meinen herzlichsten Glückwunsch! Er wird bestimmt ein guter Ehemann, ein Garant für dauerhaftes Glück und Sicherheit. Wenn er den Antrag nicht gemacht hätte, hätte ich Sie gedrängt, den Stier bei den Hörnern zu packen und ihm selbst den Antrag zu machen. Schließlich gibt Ihnen das allgemein anerkannte Prinzip der Gleichheit der Geschlechter dieses Recht, wenn der junge Mann sich mit der Entscheidung Zeit lässt.

Nach Ihrer Skizze scheint der Verlobungsring etwas ganz Besonderes zu werden, und Trevors Lohnerhöhung sollte es möglich machen, ihn problemlos zu bezahlen. Noch einmal meinen herzlichen Glückwunsch!

Die Nachricht von Kittys Tod hat mich tief berührt. Aber so ist das Leben, und besser, man ist realistisch und findet sich mit dem ab, was geschieht. Mein Mitgefühl gilt Ihnen und Trevor.

Der Klinik werden Sie sehr fehlen, galten Sie doch als eine der besten

Schwestern. Doch ich werde mich mit Ihnen freuen, wenn Sie mit Ihrem neuen Job zufrieden sind. Ich drücke Ihnen jedenfalls die Daumen.

Einstweilen grüße ich Sie ganz herzlich und wünsche Ihnen, Trevor, Dara, Tami (ihr Erfolg bei der Prüfung hat mich sehr gefreut), Kim und Ihren Eltern alles Gute.

Ihr
[Unterzeichnet NRMandela]

**An Sir Robin Renwick, britischer Botschafter**
**c/o Commissioner of Prisons**
**Kapstadt**

1335/88: NELSON MANDELA

10. April 1989

An den Commissioner of Prisons
Kapstadt
Bitte leiten Sie die beiliegende Kopie des an den britischen Botschafter adressierten Schreibens an den Justizminister zur Veröffentlichung weiter.

[Unterzeichnet NR Mandela]
NELSON MANDELA

10. April 1989

Sehr geehrter Herr Botschafter,
Presseberichten vom 10. April 1989 zufolge soll ich einen Brief an Premierministerin Margaret Thatcher geschrieben haben, um ihr für ihre konstruktive Arbeit in der südafrikanischen Frage zu danken. Diesbezüglich muss ich feststellen, dass ich einen solchen Brief weder geschrieben noch einem Anwalt diktiert habe, wie in den Berichten behauptet wird. Wenn ich meine Ansicht über Mrs. Thatchers Arbeit oder über die Politik der britischen Regierung in irgendeinem be-

stimmten Bereich hätte kundtun wollen, so hätte ich dies vorzugsweise in einem persönlichen Gespräch mit Ihnen getan.

Bitte richten Sie der Premierministerin[a] meine besten Wünsche aus.

Hochachtungsvoll

[unterzeichnet]

NR Mandela

---

a   Margaret Thatcher (1925–2013), Premierministerin des Vereinigten Königreichs von 1975 bis 1990.

## An Mike Tyson,[a] Boxweltmeister im Schwergewicht Wilberforce, Ohio, USA

1335/88: NELSON MANDELA

10.5.89

Lieber Champ,

mit großer Freude haben ich und meine Familie vernommen, dass die Central State University[b] Ihnen die Ehrendoktorwürde verliehen hat, eine Ehre, die Sie mehr als verdient haben. Bitte nehmen Sie meinen herzlichen Glückwunsch entgegen.

Bedanken müssen wir uns für das Paar Boxhandschuhe, das Sie mir zu meinem 70. Geburtstag geschickt haben.

Es sind solche Solidaritätsbekundungen, die mir und vielen anderen zu Hoffnung und Durchhaltevermögen in diesen schwierigen Zeiten verholfen haben.

Ganz herzliche Grüße und alles Gute

Ihr

[unterzeichnet] NR Mandela

---

a   Mandela begegnete Mike Tyson und anderen amerikanischen Boxern am 22. Juni 1990 in den Vereinigten Staaten.

b   University in Wilberforce, Ohio, USA.

## An Reverend Frank Chikane, Generalsekretär des South African Council of Churches

1335/88: NELSON MANDELA　　　10.5.89

*Moruti wa sechaba,*[a]
mein Enkel Mandla[b] hat mich gebeten, für seine Cousine mütterlicherseits Grace Foolo (15 Jahre), 1373 B Mfolo Villages, Postfach Iketlo, 1805, ein Stipendium zu beschaffen. Sie besucht zur Zeit die III. Klasse an der Heilig-Kreuz-Highschool in Diepkloof.[c] Ihre alleinerziehende Mutter starb vor wenigen Jahren unter tragischen Umständen. Im Moment lebt sie bei ihrer Großmutter unter obiger Adresse. Diese bemüht sich, eine Tochter großzuziehen, die in die IV. Klasse derselben Schule geht. Ich würde es sehr begrüßen, wenn der South African Council of Churches so großzügig wäre, das Stipendium zur Verfügung zu stellen.

Möglicherweise hat die Großmutter das Schulgeld für Grace für dieses Jahr bereits bezahlt. Wenn dies der Fall ist und Sie in der Lage sind, zu helfen, würde ich vorschlagen, dass Sie eine Rückzahlung dieses Betrags an sie in Betracht ziehen. ...

Einstweilen grüße ich Sie herzlich und wünsche Ihnen alles Gute.

Ihr
*Ntate*[d]

- - - - - - - - - - - - - - - - - - - - -

a　«Priester der Nation» in Setswana und Sesotho.
b　Mandla Mandela (geb. 1974), Sohn von Mandelas jüngstem Sohn Makgatho und dessen Frau Rennie Mandela.
c　Ein Bezirk in Soweto, Johannesburg.
d　«Onkel» auf Setswana.

**An Mrs. E. N. Mbekeni, eine Cousine**
**Tsolo**

1335/88: NELSON MANDELA

10.5.89

*Bayethe!*[a]
Kürzlich stieß ich auf eine Reihe interessanter Zufälle. Am 27. April 1989 bekam ich Briefe von drei Krankenschwestern, die alle mit einem Arzt verheiratet sind. Telly[b] gehörte nicht dazu. Etwa eine Woche danach schrieb mir eine junge Dame, ich nenne sie «Enkeltochter», dass ihre Freundin Noelene, die mit ihr eine Wohnung teilt, beschlossen habe, nach Plettenberg Bay[c] zu ziehen. Den Namen «Noelene» hatte ich davor nur ein einziges Mal gehört. Und am selben Tag las ich in der Zeitung etwas über die Frau eines bekannten Diplomaten, die ebenfalls Noelene heißt. Am 4. Mai 1989 besuchte mich Mr. Harry Gwala, ein prominenter Führer und Freund aus Natal, zusammen mit zwei Begleiterinnen; eine der beiden hieß mit Vornamen Linda.[d] Wenige Stunden vor ihrer Ankunft wurde im Radio in zwei verschiedenen Sendungen zweimal der Name Linda erwähnt, die eine war Südafrikanerin, die andere Amerikanerin. Du schreibst, dass ihr beide, Du und *inkosi*,[e] bald nach Kapstadt kommen wollt; Du gehst zu einem Frauentreffen, er hat einen Termin bei seinem Kardiologen Dr. le Roux. Das ist auch mein Kardiologe, er behandelt mich seit 1979. Ich brauche kaum zu betonen, dass ich solchen Zufällen keinerlei Bedeutung beimesse, trotzdem sind sie irgendwie interessant.

Was die Familie betrifft, so muss ich Dir mitteilen, dass meine verstorbene Schwester drei Töchter hinterlassen hat. Nomfundo ist Krankenschwester im Umtata-Hospital und die Ernährerin der Familie; Ntonto (± 40) und Zukiswa (± 32). Die beiden Letzteren gingen nach Klasse VI von der Schule ab. Anfang vergangenen Jahres teilten sie mir mit, sie wollten wieder zur Schule gehen, und baten mich, die dafür nötigen Mittel aufzutreiben, was mir auch gelang. Dieses Jahr sind sie in Klasse X,[f] aber in Anbetracht ihrer bescheidenen schulischen Voraussetzungen habe ich starke Zweifel, ob sie die November-Prüfungen schaffen können. Trotzdem bestärke ich sie in dem Wunsch, ihre Ausbildung weiterzuverfolgen.

Sie möchten, dass ich ihnen eine Teilzeitarbeit in Kapstadt vermittle, was ich ohne große Schwierigkeiten machen könnte. Aber ich habe ihnen davon abgeraten. Die Fahrtkosten zwischen Umtata und Kapstadt, das Pendeln zwischen Wohnort und Arbeitsplatz und die hohen Lebenshaltungskosten in Kapstadt würden einen Großteil ihres Verdienstes verschlingen. Daher würde ich mich freuen, wenn *u-Mhlekazi*[g] Wonga[h] ihnen in Umtata oder Umgebung für ihre Ferien im Juni und Dezember einen Teilzeitjob besorgen könnte.

Was euren Besuch hier angeht, so wird es eine ganze Weile dauern, bevor meine Euphorie abklingt. Es war sicher einer der glücklichsten Augenblicke in meinem Leben als Gefangener. Ich hatte Umhlekazi seit über dreißig Jahren nicht mehr gesehen,[i] und dass wir endlich wieder beisammen waren, das war einfach unglaublich. Er war immer ein sehr freundlicher und herzlicher Mensch, und es wunderte mich nicht, dass ich nach seinem Besuch nach Gefängnismaßstäben förmlich im Wohlstand schwamm. Schön war auch, zu wissen, dass all das Gute, das ich im Lauf der Jahre über Dich gehört habe, nicht übertrieben war. Ihr ergänzt euch sowohl was den Charakter als auch die Ausstrahlung angeht.

Wir sprachen zwar kurz über Deine Herkunft, vertieften uns jedoch nicht in Deine Familienangelegenheiten. Ich möchte gerne etwas über die Verwandtschaft des verstorbenen Wabana Makawula erfahren. In Healdtown[j] war er sehr bekannt als Sportler, ein Allrounder, der in der ersten Fußball- und Kricketmannschaft der Schule spielte. Kann es sein, dass einer seiner Söhne heute Paramount Chief ist? Wenn ja, dann teile ihm doch bitte mit, falls er je nach Kapstadt kommt, würde ich mich freuen, ihn zu sehen. Bitte richte ihm meine Grüße aus und besorge mir seinen vollen Namen.

Vielleicht freut es Dich, zu wissen, dass ich, unmittelbar nachdem ich euch verabschiedet hatte, ins Badezimmer ging und einen dicken fetten Fünf-Rand-Schein vom Boden aufhob. Ich steckte ihn in einen Umschlag und legte ihn in meinen Koffer, als Glücksbringer.

Zum Abschluss muss ich Dir erklären, warum ich entgegen Deiner Bitte, ich solle Umhlekazi persönlich antworten, doch an Dich geschrieben habe. Wie Du weißt, ist er ein Mensch, der es immer ruhig angehen lässt und sich niemals unnötig beeilt. Ich befürchtete, wenn ich Deinem Rat gefolgt wäre, hätte es Wochen oder Monate gedauert, bevor er Dir das Schreiben gezeigt hätte. Ganz herzliche Grüße und Dir, Mhlekazi und den Kindern alles Gute

Dein
Madiba

P.S. Zum Glück hatte Mhlekazi nie etwas mit der Bantustan-Politik zu tun. Dies ist einer der Gründe, warum sein Name und sein Ruf immer noch so unbefleckt und geachtet sind wie bei unserer letzten Begegnung.

Es freut mich, dass Du bei der Abfassung der Geschichte des Thembulands mitmachst und dass Mr. Kuse[k] mit von der Partie ist. Eine einfluss- und kenntnisreiche Person von beiden Thembu-Linien sollte noch hinzugezogen werden.

Deine Karten mit den Genesungswünschen habe ich nie erhalten. Es ist immer sicherer, alle Briefe an mich als Einschreiben zu versenden.

Madiba

------------------------

a   isiZulu-Anrede an ein Mitglied der Königsfamilie.
b   Telia (Telli oder Tellie) Mtirara, eine Verwandte Mandelas.
c   Stadt in der Provinz Westkap.
d   Harry Gwalas Anwältin Linda Zama.
e   «Chief» auf isiZulu und isiXhosa.
f   Klasse zehn, das letzte Highschool-Jahr.
g   Ein isiXhosa-Ehrentitel, etwa «geehrter Herr».
h   Möglicherweise Wonga Mbekeni, Ehemann von E. N. Mbekeni.
i   Dr. Dotwana und Dr. Mbekeni mit Frau besuchten Mandela im März 1989.
j   Das Wesleyan College in Fort Beaufort, das Mandela als junger Mann besuchte; siehe «Personen, Orte, Ereignisse».
k   Wandile Kuse, Professor, ab 1983 Direktor des Bureau for African Research and Documentation an der Universität der Transkei.

**An Helen Suzman, Mitglied der parlamentarischen Opposition
Kapstadt**

1335/88: NELSON MANDELA

22. Mai 1989

Liebe Helen,
die Beständigkeit, mit der Du die vergangenen drei Jahrzehnte hindurch die Grundwerte der Freiheit und den Grundsatz der Legalität
verteidigt hast, hat Dir die Bewunderung vieler Südafrikaner eingetragen.
Doch es besteht noch eine tiefe Kluft zwischen dem Mass Democratic Movement und Deiner Partei in Hinblick auf die Methoden, wie
diese Werte zu verwirklichen sind. Aber durch Dein Engagement für
eine Demokratie ohne Rasseschranken in einem vereinten Südafrika
hast Du viele Freunde in der außerparlamentarischen Bewegung gewonnen.
Mögest Du Dich auch in Zukunft guter Gesundheit erfreuen, damit
Deine Stimme in den Tagen, die vor uns liegen, im ganzen Land gehört wird, frei von den Zwängen, die parlamentarische Gepflogenheiten auferlegen.
Ganz herzliche Grüße und Dir und Deiner Familie alles Gute

Dein Nelson

*Am Mittwoch, den 17. Mai 1989, wurde Nelson Mandelas Name bei einer
Graduiertenfeier an der Universität von Südafrika, der größten Fernstudien-
Universität der Welt, verlesen. Er konnte sich nicht erheben und seinen Dok-
torhut in Empfang nehmen. Immer noch war er im Victor-Verster-Gefängnis
außerhalb der Stadt. Doch die Tatsache, dass sein Name überhaupt aufgeführt wurde, war das Zeichen, dass Südafrika im Umbruch war, das Land,
das ihn bald wieder willkommen heißen würde.*

An Richard Maponya,[a] Geschäftsmann und Freund
Soweto

1335/88: NELSON MANDELA

28.6.89

Lieber Richard,

jetzt ist es beinahe 30 Jahre her, dass Du im Jahr 1960 für uns eine wilde Party geschmissen hast zur Feier der Beendigung des Ausnahmezustands.[b] Du kannst sicher sein, dass diese Geste und auch andere, spätere, nicht so leicht vergessen werden. Tatsächlich habe ich in den 27 Jahren meiner Haft oft an Dich und Marina[c] gedacht. Ich hoffe, ich sehe euch eines Tages in Soweto und kann euch dann herzlich die Hand schütteln. Einstweilen wünsche ich Dir alles Gute.

Bitte richte Grüße an Dr. Sam Motsuenyane[d] mit Familie aus.

Dein
Nelson

------------------------

a   Richard John Pelwana Maponya (geb. 1926), südafrikanischer Bauunternehmer, der sich trotz der Beschränkungen der Apartheid ein großes Firmenimperium geschaffen hatte. Er war entschlossen, die Township Soweto wirtschaftlich voranzubringen. Aus Anlass des Freispruchs für Mandela und die letzten 27 Angeklagten im Hochverratsprozess am 29. März 1961 veranstaltete er eine Feier.
b   Als Reaktion auf das Sharpeville-Massaker wurde am 30. März 1960 der Ausnahmezustand verhängt. Es kam zu Massenverhaftungen und Gefängnisstrafen. Am 8. April 1960 wurden der ANC und der Pan Africanist Congress nach dem Unlawful Organizations Act verboten.
c   Maponyas Frau.
d   Ein Geschäftsmann.

**An den amtierenden Paramount-Chief Mdayelwa Mtirara,
Mandelas Cousin
Königlicher Palast, Umtata**

[Übersetzt aus dem isiXhosa]

1335/88: Nelson Mandela

4.7.89

Ngubengenka,[a]
ich freue mich zu hören, dass es dem Thembu-Clan endlich gelungen
ist, das lange erwartete Ereignis der Inthronisierung Buyelekhayas[b]
als rechtmäßigen Nachfolger seines Vaters Jonguhlanga Wirklichkeit
werden zu lassen.
Wir müssen Buyelekhayas Rückkehr aus dem Exil und seine Amtseinführung behutsam & mit Feingefühl behandeln. Er braucht jetzt
Zeit, an der Königsheimstatt die Gebräuche seines Volkes kennenzulernen.[c] Wir müssen dringend die Sache im Einzelnen besprechen.
Ich hoffe, Du triffst die nötigen Maßnahmen, damit wir uns hier bei
mir sehen und alles Weitere diskutieren können.

Mit besten Grüßen
Dalibunga

- - - - - - - - - - - - - - - - - - - - - -
a   Verweis auf seine Abstammung von König Ngubengcuka, der auch Mandelas Ururgroßva-
    ter war.
b   Buyelekhaya Dalindyebo (geb. 1964), Sohn von Sabata Dalindyebo; siehe «Personen, Orte,
    Ereignisse». 1989 kehrte er aus dem Exil zurück und wurde wieder als König eingesetzt.
c   Er hatte seit 1980 im Exil in Sambia gelebt, nachdem sein Vater Sabata Dalindyebo 1980
    wegen Majestätsbeleidigung von K.D.Matanzima verurteilt worden war.

*Am 5. Juli 1989 wurde Mandela aus dem Gefängnis abgeholt zu einem
Treffen mit Präsident P.W. Botha. Der Besuch bei diesem Mann, dem selbst
unter seinen Leuten in der Regierung ein furchteinflößender Ruf als «Großes
Krokodil» vorausging, verlief in freundlicher Atmosphäre.*
*Botha war der dritte Staatschef Südafrikas seit Mandelas Inhaftierung.*

*Auf H. F. Verwoerd, der 1966 ermordet worden war, folgte B. J. Vorster und auf diesen P. W. Botha. Zum Zeitpunkt der Freilassung Mandelas war F. W. de Klerk neuer Staatspräsident.*

*In ihrer Zeit auf Robben Island hatten Mandela und seine Mitstreiter von Bothas Aufstieg zum Führer der National Party gehört. Als sie in Pollsmoor waren, hatte Botha ein Dreikammerparlament angekündigt, um Inder und sogenannte Farbige miteinzubeziehen – ein Schachzug, den Mandela durchschaute: «Damit sollten Inder und Farbige in das System gelockt und von den Afrikanern abgespalten werden. Doch das Angebot war bloß ein ‹Spielzeugtelefon›, da alle parlamentarischen Akte von Indern und Farbigen einem weißen Veto unterlagen. Die Außenwelt sollte zu der irrigen Annahme verleitet werden, die Regierung reformiere die Apartheid.»*[68]

*In seinen Kalender notierte Mandela am 5. Juli 1989: «Besprechung mit sehr wichtiger Persönlichkeit. Über Politik wurde nicht gesprochen.» Dafür beeindruckte Mandela den Präsidenten mit seinen Kenntnissen in Afrikaanischer Geschichte. Seine Studien auf dem Gebiet der Geschichte, Kultur und Sprache der Afrikaaner zahlten sich aus.*

**An den Commissioner of Prisons**
**Pretoria**

1335/88: NELSON MANDELA

17.7.89

<u>Persönlich und vertraulich</u>

Ich verlasse mich darauf, dass die am 5. Juli 1989 aufgenommenen Fotografien nicht ohne Zustimmung der Betroffenen veröffentlicht oder sonstwie verbreitet werden.[a] Ich hoffe, zu gegebener Zeit die Sache mit Ihnen besprechen zu können.

Ich darf Ihnen außerdem mitteilen, dass ich am 14. Juli Gelegenheit hatte, meine Mithäftlinge von Pollsmoor und Robben Island über die jüngsten Entwicklungen zu unterrichten. Leider hatten wir nicht genügend Zeit, unsere Diskussion zum Abschluss zu bringen, auch weil an diesem Tag zugleich ein Geburtstag zu feiern war. Daher möchte ich Sie bitten, uns weitere Zusammenkünfte zu gestatten, wann immer es Ihnen genehm ist.

Ich möchte außerdem Bescheid bekommen, ob ich jetzt zustimmen soll, dass mein Mitgefangener Mr. Walter Sisulu nicht vor dem 6. September freikommt.

Am 4. Juli sprach der Justizminister kurz den Fall von Mr. Oscar Mpetha[b] an, einem anderen Mitgefangenen. Der Minister steckt gerade mitten in den Wahlen und wird sich wohl schwerlich um derlei Dinge kümmern können. Ich möchte Sie bitten, ihn dennoch daran zu erinnern.

[unterzeichnet NRMandela]

------------------------

a   Es muss sich um Aufnahmen handeln, die während seines Treffens mit P.W. Botha in Kapstadt gemacht worden waren. Seinen ersten Anzug im Gefängnis erhielt Mandela Anfang 1986 anlässlich eines Besuchs des nigerianischen Vorsitzenden und Chefs der Commonwealth Eminent Persons Group, General Olusegun Obasanjo, im Pollsmoor-Gefängnis.
b   Oscar Mpetha (1909–1994), Gewerkschafter und ANC-Mitglied, war fünf Jahre im Pollsmoor-Gefängnis und kam 1989 frei.

**An Tim Wilson, Schwiegersohn von Rechtsanwalt Bram Fischer**

1335/88: NELSON MANDELA

23. 7. 89

Lieber Tim,

die Bedeutung einer Institution liegt nicht allein in der Größe ihrer Gebäude, der Anzahl ihrer Mitarbeiter oder der Höhe ihres Budgets, sondern vor allem in der Qualität ihres Dienstes an der Allgemeinheit. In diesem Sinne ist das Alexandra Health Centre[a] in mehrfacher Hinsicht ein einzigartiges Projekt.

Zum einen bringt es Hoffnung, wo Verzweiflung herrschte, und sogar Leben, wo sonst der Tod triumphiert hätte. Seine Unabhängigkeit von der Kontrolle durch die Regierung, die Vielfalt seiner Mäzene, seine Ziele und die Bandbreite der Aktivisten, all das macht es zu einem Projekt mit weitreichendem Potential; es ist ein Beispiel dafür, was sein könnte in dem neuen Südafrika, das aufzubauen wir alle bemüht sind.

Sechzig Jahre Dienst an der Gemeinschaft ist ein passender Anlass zum Feiern, und ich gratuliere dem Centre ganz herzlich dazu.

★★★

In den frühen Vierzigerjahren verbrachte ich einige aufregende Jahre in Alexandra,[b] und allein schon der Name dieser berühmten Township weckt mehr als nostalgische Gefühle. Ich habe vor, bei nächster Gelegenheit Alex zu besuchen, wenn wieder bessere Zeiten kommen. Bis dahin grüße ich Dich, Ilse[c] und Ruth[d] ganz herzlich

Dein
Onkel Nelson

------------------------

a   Das Alexandra Health Centre and University Clinic in Alexandra, Johannesburg, wurde 1929 als Mutter-und-Kind-Zentrum gegründet und entwickelte sich zu einem Zentrum für medizinische Basisversorgung.
b   Bald nach seiner Ankunft 1941 in Johannesburg zog er in die Township Alexandra, wo er bei Reverend J. Mabutho von der Anglikanischen Kirche in der Eighth Avenue logierte. Später zog er in ein Zimmer bei der Familie Xhoma in der Seventh Avenue 46 (Nelson Mandela, *Der lange Weg zur Freiheit*, a. a. O., S. 100.)
c   Ilse Wilson, Tim Wilsons Frau und Tochter von Bram Fischer.
d   Ruth Fischer, Tim Wilsons Schwägerin und Tochter von Bram Fischer.


**An Adelaide Tambo, Freundin, Antiapartheidaktivistin und Frau seines Freundes, Kameraden, ANC-Präsidenten und früheren Anwaltskollegen Oliver Tambo**

14. 8. 89

Telegrammentwurf an Mrs. Tambo
Winnie und ich tief erschüttert über Olivers Erkrankung. Wünschen ihm rasche und vollständige Genesung. Sind in Gedanken bei Dir und den Kindern.

Alles Liebe

An Makhi Jomo Dalasile
Universität der Transkei, Umtata

1335/88: NELSON MANDELA 14.8.89

Lieber Makhi,

am 8. August hatte ich eine angenehme Unterredung mit Chief Zanengqele.[a] Ich fand, er war herzlich und klug. Er erinnerte mich an den verstorbenen Chief Sakhela,[b] der mir sogar nach meiner Verhaftung 1962 eine Hilfe war. Sakhela war ein würdiger Nachfolger des großen Dalasile, der ein Volksheld wurde, als zur gleichen Zeit so mancher traditionelle Anführer lieber zu Kreuze kroch. Vielleicht kann ich Dir einmal ein paar interessante Details darüber erzählen. Im Augenblick genügt es zu sagen, dass Dalasile ein Märtyrer ist, an dem sich die Jugend des Landes ein gutes Beispiel nehmen kann.

Nach dem oben Gesagten wirst Du hoffentlich zustimmen, dass die Welt voller Leute mit angeborenen Führungsqualitäten ist. Die traditionellen Führer, die vom 17. Jahrhundert an den Kampf für die Unabhängigkeit führten, waren solche Männer.

Doch die Zeiten haben sich geändert, und Bildung ist eine starke Waffe, wenn es darum geht, gute Leute zu bekommen. Deshalb hat es mich so gefreut, dass Du dieses Jahr Deinen Bachelor in Jura gemacht hast. Und dazu beglückwünsche ich Dich.

Herzliche Grüße an Dich und alle Deine Kommilitonen

Dein *Tata*[c] Madiba

-----------------------

a  Ein Thembu-Chief, der ihn im Gefängis besucht hatte.
b  Ein Thembu-Chief.
c  «Vater» auf isiXhosa.

**An Reverend Abel Hendricks, ehemaliger Präsident der Methodistenkirche von Südafrika, und Freda, seine Frau**

1335/88: NELSON MANDELA                                    15.8.89

Lieber Abel, liebe Freda,
mit großer Betroffenheit habe ich vom tragischen Tod Eures Sohnes Andrew erfahren, und ich drücke Euch mein tiefes Mitgefühl aus. Winnie und ich wären gerne an Eurer Seite gestanden, um Euch zu trösten, als Andrew zur letzten Ruhe gebettet wurde. Aber Ihr wisst ja, dass dies unmöglich ist. In Gedanken jedoch bin ich bei Euch. In herzlicher Anteilnahme!

Euer Nelson

**An Erzbischof Desmond und seine Frau Leah Tutu
Kapstadt**

1335/88: NELSON MANDELA

21.8.89

Lieber Desmond, liebe Leah,
Ihr seid so viel unterwegs im In- und Ausland, dass kaum jemand damit rechnet, Ihr würdet Zeit finden für die Hoffnungen und die Verzagtheit, die Träume und Frustrationen, die Freuden und Feiern anderer Menschen; dabei sind dies gerade Dinge, in denen Ihr Euch so gut auskennt. Vielen Dank für die Blumen und die guten Wünsche.
Zu allen Zeiten und in allen Ländern war Religion eine der stärksten gesellschaftlichen Kräfte, und es ist gut möglich, dass das immer so bleiben wird. Aber es gibt Männer und Frauen, die haben die Fähigkeit, die Bedeutung von Religion noch zu steigern.
Leistungen, ob groß oder klein, werden immer gewürdigt, sei es mit Preisen oder einfacher Anerkennung. Manche lehnen solche Ehren ab, andere nehmen sie an und nutzen sie für sich. Doch es gibt noch andere, die bekommen sie für ihren selbstlosen Einsatz für die All-

gemeinheit und nutzen sie als wirkungsvolles Instrument in unserem Streben nach Gerechtigkeit und Menschenwürde. Trevor und seine Schwestern[a] werden genau wissen, an wen wir denken.

Die Kirchen Südafrikas haben einen entscheidenden Beitrag geleistet im Kampf um einen wirklichen Wandel in diesem Land, und die Church of the Province[b] nimmt einen Ehrenplatz in dieser historischen Reihe ein. Ihre Beständigkeit und Ehrlichkeit in nationalen Belangen ist uns allen Ansporn. Die Durban-Resolution vom 31. Mai bis 7. Juni 1989[c] gab mir unaussprechlich viel Kraft und Hoffnung.

Es ist mir eine große Ehre, zum Förderer des William Wilberforce Council berufen worden zu sein und deren begehrtes Band zu erhalten. Bitte bedanke Dich beim Council in meinem Namen.

Zu guter Letzt möchte ich Dir mitteilen, dass ich in der Vergangenheit mehrmals beim Department of Prisons eine Besuchserlaubnis für Dich beantragt habe, leider immer ohne Erfolg. Doch jetzt habe ich die berechtigte Hoffnung, dass ein solcher Besuch durchaus im Bereich des Möglichen liegt. Ein genauer Termin hängt allerdings von sehr speziellen Erwägungen ab.

Wir drücken weiterhin die Daumen.

Mit herzlichen Grüßen
Madiba

P.S. Die Nachricht von Stanleys Tod hat mich tief getroffen. Hoffentlich kannst Du seiner Familie mein Beileid übermitteln.

------------------------

a   Die Kinder der Tutus.
b   Die Anglican Church of Southern Africa hieß bis 2006 «Church of the Province». Während einige prominente Geistliche, darunter auch Erzbischof Desmond Tutu, gegen die Apartheid Stellung bezogen, entschuldigte sich die Kirche 1997 beim Volk von Südafrika dafür, dass sie zur Unterdrückung der Schwarzen in der Zeit der Apartheid beigetragen hatte.
c   Die Provinzialsynode der anglikanischen Kirche hatte die Prüfung einer Reihe von Sanktionen gegen die Apartheid angeordnet, darunter ein Landeverbot für Flugzeuge der South African Airways in Übersee sowie ein Verbot aller Flüge ausländischer Fluggesellschaften nach Südafrika.

An Adelaide Tambo, Freundin, Antiapartheidaktivistin und Frau
seines Freundes, ANC- und früheren Anwaltskollegen Oliver
Tambo

1335/88: NELSON MANDELA                                21.8.89

*Kgaitsedi,*[a]

mein Telegramm vom 15. Aug. c/o Mary[b] müsste jetzt bei Dir angekommen sein. Ich war erleichtert, als ich aus den Medien und auch
von Ismail[c] erfuhr, dass O.R.s Erkrankung[d] nicht so ernst war wie
ursprünglich angenommen, und ich hoffe, er kann bald wieder an
seinen Schreibtisch zurück.

Aber mir scheint, es müssen jetzt sofort Maßnahmen getroffen werden, damit sich seine tägliche Arbeitsbelastung in Grenzen hält und
er eine angemessene Mittagsruhe einhält.

Niemand wird es gelingen, auch Dir nicht, O.R. dazu anzuhalten,
etwas kürzer zu treten. Dazu ist er gänzlich unfähig. Du weißt ja, ich
habe ihn in der Vergangenheit wiederholt dringend zur Vorsicht
gemahnt, ein Appell, den Du und Thembi[e] bestimmt auch an ihn
gerichtet habt.

Ich schlage vor, Du bleibst ab sofort bei ihm und begleitest ihn auf
seinen Reisen, um sicherzustellen, dass diese Vorsichtsmaßnahmen
strikt eingehalten werden, es sei denn, das Nationale Exekutivkomitee[f] entscheidet anders. Das wird natürlich teuer, aber es ist die einzige Möglichkeit, zu gewährleisten, dass die Anweisungen des Arztes
befolgt werden. Was immer Du und O.R. von meinem Vorschlag
haltet, ich rate euch jedenfalls, das N.E. darüber zu informieren.

Abschließend möchte ich Dir sagen, dass ich Dich, O.R., die Kinder
und die anderen Genossen schwer vermisse. Euch wünsche ich alles
Gute.

Herzlichst
Nelson

------------------------

a   «Meine Schwester» auf Sesotho oder Setswana.
b   Mary Benson (1919–2000); siehe «Personen, Orte, Ereignisse». Sie lebte in London.
c   Ismail Ayob (geb. 1942); siehe «Personen, Orte, Ereignisse».

d   Oliver Reginald Tambo (1917–1993); siehe «Personen, Orte, Ereignisse». Er erlitt im August
    1989 einen Schlaganfall.
e   Eine von Tambos Töchtern.
f   National Executive Committee of the ANC, abgekürzt N. E.


**An J. N. & Radhi Singh,[a] Freunde**
**Durban**

1335/88: NELSON MANDELA

21. 8. 89

Lieber J. N., liebe Radhi,
vielen Dank für das Geburtstagstelegramm. Diesen Tag mit fast der
gesamten Familie verbringen zu dürfen war in mehrfacher Hinsicht
ein denkwürdiges Ereignis. Die vielen Glückwünsche von Freunden
gaben dem Anlass ein besonderes Gewicht.
Ihr redet von unmittelbar bevorstehender Freilassung? Ich bin kein
Hellseher, aber ich darf doch meine ernsten Zweifel zum Ausdruck
bringen. Es wird das Klügste sein, Ihr besucht mich hier wie andere
auch.[b]
Einstweilen grüße ich Euch herzlich und wünsche Euch alles Gute

Euer
Nelson

- - - - - - - - - - - - - - - - - - - - - - -
a   J. N. Singh (gest. 1996), Mitglied des Transvaal Indian Congress und des Natal Indian Con-
    gress. Studierte Jura zusammen mit Mandela auf der Universität von Witwatersrand. Seine
    Frau Radhi Singh (gest. 2013) war Antiapartheidaktivistin, Lehrerin und Anwältin.
b   Sie besuchten ihn am 1. Januar 1990 und schenkten ihm ein Tagebuch.

**An Mary Benson,**[a] **Freundin, Autorin, Journalistin und Antiapartheidaktivistin**

1335/88: NELSON MANDELA                                      21.8.89

Liebe Mary,

es war sehr schwierig, wenn nicht überhaupt unmöglich, Dir von Pollsmoor aus zu schreiben. Je weniger ich es schaffte, Dich per Brief zu erreichen, desto mehr vermisste ich Dich. Doch jetzt besteht die Hoffnung, dass dieser Brief Dich erreicht und dass die Korrespondenz, die in den letzten Jahren im Sand verlaufen ist, wieder in Gang kommt. Darf ich sagen, dass jetzt Du wieder dran bist?

Vielen Dank für die schöne Geburtstagskarte und Deine herzlichen Worte. Es war schön, die ganze Familie um sich zu haben – die Kinder, eine Schwiegertochter, 9 Enkelkinder, 1 Urenkel und natürlich Zami. Makis Mann Isaac, Zeni mit Familie und ein Urenkel konnten nicht dabei sein. Trotzdem war es ein unvergessliches Erlebnis, und ich hätte gewünscht, auch Du hättest bei dem Treffen dabei sein können.

Ich glaube, je länger Mandla[b] auf dem Internat bleibt, desto besser wird es ihm gelingen, die Dinge lebendig zu schildern. Es kann sein, dass allein der Aufenthalt in dieser Gegend sein Talent beflügelt. Die Gegend dort ist, wie Du sagst, wunderschön. Einige Landschaften in der Umgebung sind schöner, als Worte wiedergeben können.

Lord Anthony Barber[c] von der berühmten Eminent Persons Group[d] hat mir ein Buch versprochen – die Geschichte seiner Flucht aus einem deutschen Gefangenenlager im letzten Krieg. Die Wende der Ereignisse vor ihrer Abreise aus Südafrika hat ihn vielleicht zu einem Sinneswandel veranlasst. Bitte erinnere ihn doch an sein Versprechen und sag ihm, dass ich immer noch an ihn denke.

Es ist schon komisch, Du erzählst mir von eurer Hitzewelle dort drüben, während wir hier im Boland vor Kälte bibbern. Wahrlich: «Gottes Wege sind unergründlich.»

Frances[e] ist augenscheinlich genau wie Du; sie ist begabt, und ihre Bilder gefallen mir. Ein Maler ist ohne Zweifel dann gut, wenn er einem Laien wie mir etwas deutlich vermitteln kann. Sag ihr bitte, dass ich ihr gratuliere, und grüße David herzlich von mir.

Dein Nelson

------------------------

a  Mandela hatte Mary Benson seit seinem Londonbesuch 1962 nicht mehr gesehen.
b  Mandla Mandela (geb. 1974), Sohn seines jüngsten Sohnes Makgatho und seiner Frau Rose Rayne (Rennie) Mandela.
c  Lord Anthony Barber (1920–2005), Politiker der British Conservative Party.
d  Der Commonwealth berief 1985 eine *Eminent Persons Group* ein, die die Apartheid untersuchen sollte. Mitglieder dieser Gruppe besuchten am 16. Mai 1985, Mandela im Gefängnis.
e  Mary Bensons Tochter.

## An Helen Joseph,[a] Freundin

1335/88: NELSON MANDELA                                    21.8.89

Liebe Helen,

es tut mir leid, dass Dein Antrag, mich und zwei andere Freunde besuchen zu dürfen, zum x-ten Mal abgelehnt wurde. Es wäre ein unvergesslicher Moment gewesen, Dich hier begrüßen zu können. Und gemeinsam zu Mittag zu essen wie in alten Zeiten. Ich werde noch einmal Widerspruch einlegen und einen *special visit* beantragen. Es kann gut sein, dass nach ein paar gemeinsamen Stunden mit Dir etwas von Deiner Langlebigkeit auf mich abfärbt. Einstweilen danke ich Dir für Dein wunderbares Geburtstagstelegramm. Herzliche Grüße und alles Gute

Dein Nelson

------------------------

a  Helen Joseph (1905–1992); siehe «Personen, Orte, Ereignisse».

**An Cyril Ramaphosa,[a] Gewerkschaftsführer und Aktivist
Johannesburg**

1335/88: NELSON MANDELA

21.8.89

Lieber Cyril,
Du machst Dich hervorragend als Arbeiterführer. Dein Geschick
und Dein diplomatisches Vorgehen bei der Behandlung komplizier-
ter und heikler Themen haben Dir die Hochachtung von Freund und
Feind eingetragen.
Der Genosse James Motlatsi[b] und weitere Führer der National Union
of Mineworkers ergänzen Dich hervorragend.
Mit einer Gewerkschaft verbündet zu sein, deren Wurzeln fest in
unserem Boden verankert und deren Ziele gleichzeitig global sind, ist
Grund für Stolz als auch für Demut.
Der 18.Juli[c] ist ein wichtiger Tag im Familienalbum. Deine eindrucksvolle Karte und die großartige Botschaft machen ihn noch
bedeutsamer. Dafür danke ich Dir.
Alles Gute und herzliche Grüße

Dein Madiba

------------------------

a   Erster Generalsekretär der National Union of Mineworkers.
b   Erster Präsident der National Union of Mineworkers.
c   Mandelas Geburtstag.

**An Sheikh Nazeem Mohamed,[a] Vorsitzender des
Muslim-Richterrats
Kapstadt**

1335/88: NELSON MANDELA

21.8.89

Lieber Sheikh Nazeem,
der Muslim-Richterrat ist eine der mächtigsten Organisationen Süd-

afrikas und der Erlangung der Menschenrechte für alle unsere Mit-
bürger verpflichtet.

Während unserer 27 Jahre dauernden Gefangenschaft hat uns seine
materielle und geistige Unterstützung wesentlichen Auftrieb gegeben. Ihr herzlicher Glückwunsch zu meinem Geburtstag gab mir
und meiner Familie Kraft und Trost.

Herzliche Grüße und alles Gute

Ihr Nelson

---------------------

a  Sheikh Nazeem Mohamed, Vorsitzender des Muslim-Richterrats und aktiv in der Anti-
apartheidbewegung. Mitte der achtziger Jahre schloss sich der Muslim-Richterrat der
United Democratic Front an und erklärte die Apartheid für unzulässig. Damit verstärkten
Millionen südafrikanischer Muslime die Reihen der Kämpfer gegen die Apartheid.


**An Amina und Peter Frense**[a]

1335/88: NELSON MANDELA                         21.8.89

Liebe Amina, lieber Peter,

Euer Brief brachte Mqhekezweni und all die schönen Erinnerungen
an meine Kindheit ins Victor-Verster-Gefängnis.[b] Ich kann die nost-
algischen Gefühle förmlich mit Händen greifen. Weniges überzeugt
mich mehr von der raschen Alterung des Universums als der ver-
wahrloste Zustand der in meiner Kindheit einst stattlichen Gebäude
in Mqekezweni. In diesen stummen Mauern steckt ganz viel Geschichte. Vielleicht können wir eines Tages gemeinsam nach Umtata
hinunterfahren; dann wird es mir verhältnismäßig leicht fallen, Dir
zu erzählen, woher ich wirklich stamme. Bis dahin grüße ich Euch
herzlich und wünsche Euch alles Gute. Vielen Dank für die Glückwünsche zum Geburtstag

Euer Nelson

---------------------

a  Amina Frense war TV-Journalistin und Antiapartheidaktivistin. Ihr Mann Peter war Journalist. Sie kannten Mandela nicht persönlich.
b  Sie hatten Mandela eine Aufnahme von Mqhekezweni (in der Transkei) geschickt, wo Mandela aufwuchs.

An den Commissioner of Prisons
Pretoria

1335/88: NELSON MANDELA                                    11.9.89

Die Freilassung der nachfolgend aufgeführten Gefangenen, die alle
eine lebenslange Freiheitsstrafe verbüßen, wird weithin begrüßt
werden:[a]

1. Kathrada, Ahmed
2. Mhlaba, Raymond
3. Mlangeni, Andrew
4. Motsoaledi, Elias
5. Sisulu, Walter[b]

Alle fünf sind im Juni 1964 verurteilt worden, und alle sind heute
über 60 Jahre alt. Mr. Sisulu ist vergangenen Mai 77, Mr. Mhlaba
letzten Februar 70 geworden.

6. Mr. Wilton Mkwayi[c] wurde im Dezember 1964 verurteilt. Obwohl
   er verhaftet wurde, nachdem die obengenannten Personen bereits
   schuldig gesprochen waren, ist er de facto ein Mitangeklagter; im
   Unterschied zu den anderen entkam er jedoch der polizeilichen
   Fahndung, als jene im Juli 1963 festgenommen wurden.
7. Mr. Meyiwa und Mr. Mdlalose, die beide auf Robben Island
   inhaftiert sind, wurden in den Siebzigern nach acht Jahren freigelassen. Sie wurden erneut verhaftet und diesmal zu lebenslanger
   Freiheitsstrafe verurteilt, zusammen mit Mr. Harry Gwala, der
   letztes Jahr aus Gesundheitsgründen entlassen wurde.
8. Mr. Jeff Masemola,[d] derzeit in Diepkloof[e] in Haft, wurde 1963
   zu einer lebenslangen Freiheitsstrafe verurteilt. Alle seine Mitangeklagten sind in Freiheit, manche bereits seit vier Jahren.
   Doch das Department of Prisons hält ihn nach wie vor in Haft,
   trotz seines kritischen Gesundheitszustands und seines hohen
   Alters.

Nur einen oder mehrere dieser Männer freizulassen hat keinen Sinn
mehr.
Wenn Sie, wie ich hoffe, diesem Gesuch stattgeben, möchte ich die

Männer gerne vor ihrer Entlassung sehen. Mr. Masemola kann ich sofort nach seiner Freilassung treffen.

[Unterzeichnet NR Mandela]

1. Vor- und Zuname der Herren in 7.:

Matthews Meyiwa

Zakhele Mdlalose

[in anderer Handschrift:] Oscar Mpetha – ergänzt auf Antrag von Mr. Mandela[f]

------------------------

a    Dies war Teil der Geheimverhandlungen mit der Regierung. Später schrieb Mandela: «Ich drängte die Regierung, ihre positiven Absichten zu beweisen, und forderte den Staat auf, zum Zeichen seines guten Willens meine politischen Mitgefangenen in Pollsmoor und Robben Island freizulassen.» Nelson Mandela, *Der lange Weg zur Freiheit*, a. a. O., S. 738.

b    Zu diesen im Rivonia-Prozess Verurteilten siehe «Personen, Orte, Ereignisse».

c    Mkwayi wurde im Rivonia-Prozess zu einer lebenslangen Freiheitsstrafe verurteilt. 1964 wurden fünf Männer wegen Sabotage und ihrer Aktivitäten für den MK angeklagt: Laloo Chiba, Mac Maharaj, Wilton Mkwayi, Dave Kitson und John Matthews. Die ersten drei kamen auf Robben Island, die beiden anderen blieben als Weiße in Pretoria.

d    Jafta Kgalabi «Jeff» Masemola (1929–1990), genannt der «Tiger von Azania», war Mitglied der ANC-Jugendliga und Mitbegründer des bewaffneten Arms des Pan Africanist Congress. Nach seiner Verhaftung 1962 wurde er der Sabotage angeklagt. Man beschuldigte ihn, Hochspannungsleitungen gesprengt und Freiheitskämpfer aus Südafrika hinausgeschmuggelt zu haben, und verurteilte ihn im Juli 1963 zu lebenslanger Haft. Am 13. Oktober 1989 hatte er ein Treffen mit Mandela im Victor-Verster-Gefängnis. Es ging das Gerücht, sie hätten über einen Zusammenschluss von ANC und PAC gesprochen. Am 15. Oktober 1989 kam er frei, am 17. April 1990 verunglückte er tödlich bei einem mysteriösen Autounfall.

e    Eines der Johannesburger Gefängnisse.

f    Alle außer Meyiwa und Mdlalose kamen am 15. Oktober 1989 frei.

## An Frieda Matthews, Freundin und Witwe von Professor Z. K. Matthews

1335/88: NELSON MANDELA                                    18. 9. 89

Liebe *Rakgadi*,[a]

zwar hast Du seit einigen Monaten nichts mehr von mir gehört, aber Du bist stets in meinen Gedanken. Ich hoffe, es geht Dir und den

Kindern gut und die Enkel machen Fortschritte. Falls Dich mein Schweigen überrascht oder gar verwundert hat, möchte ich Dich daran erinnern, dass ich Dich und Deine so aufschlussreichen Briefe sehr vermisst habe. Gut möglich, dass Dich dieser Brief erst nach Deinem Geburtstag erreicht, wenn die Süße des Kuchens und der Geschmack des Champagners schon verflogen sind. Ich hoffe trotzdem, es wird der schönste Geburtstag Deines Lebens. Alles Liebe und alles Gute!

Dein Nelson

------------------------

a  «Schwester» auf Setswana.


**An Kepu Mkentane, Freundin**

1335/88: NELSON MANDELA                                          18.9.89

Liebe Kepu,

vergangenen Monat erhielt ich ein Telegramm von Kini[a] mit der Nachricht von Leo Sihlalis[b] Tod. Ich sandte sofort ein Beileidstelegramm und gleich darauf einen Brief. Hoffentlich ist beides angekommen. Ich nehme an, Kini war entweder seine Frau oder eins seiner Kinder.

Wie Du weißt, haben mich in den vergangenen acht Monaten viele Leute besucht. Aus Deiner Gegend kamen die Joyi-Brüder, Xobololo, Fadana, Rechtsanwalt Phathekile Holomisa, Chief Ngangomhlala Matanzima und sein Bruder, der Brigadier, der Dich so erschreckt hat, als er früher im Jahr einmal an Deine Tür klopfte, Stella Sigcau, meine Schwestern, Nichten und natürlich meine Kinder und Enkel.[c]

Ich verbrachte auch einen ganzen Tag mit Chief Zanangqele Dalasile aus AmaQwati, der einen starken Eindruck auf mich machte. Er ist klug und gut informiert und unterrichtete mich über viele wichtige Vorgänge. Er ist Dein Nachbar, und sein Besuch erinnerte mich an Dich und die Kinder, und ich fragte mich, wie Du wohl dieser Tage Deine Zeit verbringst.

Kennst Du Connie Njongwe in Matatiele? Ihr habt Gemeinsamkeiten. Ihr seid beide zuverlässig, gute Briefschreiberinnen, antwortet

schnell und drückt Gefühle aus, die einem viel Hoffnung machen. Mit Connie und ihrem verstorbenen Mann Jimmy[d] stand ich seit den Sechzigern in Briefwechsel, ebenso wie mit Dir und Kent, und ich freue mich immer, wenn ich von euch höre.
Ganz herzliche Grüße und alles Gute!

Dein Nelson

-----------------------

a   Kini Sihlali.
b   Leo Sihlali war eine Zeit lang Vorsitzender des Non-European Unity Movement (NEUM), einer trotzkistischen Organisation, die 1943 in Südafrika gegründet wurde. Sie wandte sich gegen Rassismus, und ihre Taktik bestand im Wesentlichen in der Verweigerung der Zusammenarbeit mit dem Apartheidregime. 1957 spaltete sich die Bewegung.
c   Verwandte von Mandela.
d   Jimmy Njongwe (1919–1976); siehe «Personen, Orte, Ereignisse».

**An Connie Njongwe,[a] Freundin**
**Matatiele**

1335/88: NELSON MANDELA                                        18.9.89

Meine liebe Connie,
starke Arbeitsbelastung in den letzten acht Monaten zwang mich, den Brief an Dich immer wieder zu verschieben. Wie Du weißt, habe ich Dir seit den Sechzigerjahren wenigstens einmal im Jahr im Mai geschrieben, um Dir zu sagen, dass ich in Gedanken oft bei Dir und den Kindern bin.
Mein Arbeitspensum wird täglich größer, aber jetzt habe ich einfach beschlossen, alles andere liegenzulassen und mich Dir zu widmen. Ich hoffe, Du und die Kinder sind gesund und Du bist erfolgreich in Deiner Arbeit.
Wahrscheinlich weißt Du, dass viele Leute aus dem ganzen Land mich hier in Victor Verster besuchen. Solltest auch Du vorbeikommen wollen, wärst Du hochwillkommen. Dein Besuch wäre ein denkwürdiges Ereignis, gäbe er mir doch die Gelegenheit, festzustellen, ob das Alter bei Dir irgendwelche Spuren hinterlassen hat. Das bezweifle ich, und es kann gut sein, dass Du immer noch so stark und

fit aussiehst, dass jemand, der Dich zum ersten Mal sieht, Dich für die ältere Schwester von Zweli und Phati[b] hält. Gerne darfst Du zusammen mit Kepu Mkentane aus Engcobo kommen, wenn Du möchtest. Sie und ihr verstorbener Mann Lincoln[c] stehen mir ebenso nahe wie Du und Jimmy, und seit den Sechzigerjahren habe ich zu Weihnachten Karten von ihnen bekommen, eine Gewohnheit, die Kepu bis zum heutigen Tag beibehalten hat. Mein Neffe, Brigadier Themba Matanzima von den Transkei-Streitkräften, wird sich um Deine Besuchserlaubnis kümmern. Scheue Dich nicht, ihn zu kontaktieren; er ist ein anständiger junger Mann. Hier seine Telefonnummer: 24 523 (privat) und 25 946 (Dienst).

Viele herzliche Grüße und alles Gute!

Dein Nel

------------------------

a   Connie Njongwe, Frau von Dr. James «Jimmy» Njongwe (1919–1976), Arzt, Führungsmitglied des ANC, organisierte die Missachtungskampagne (siehe «Personen, Orte, Ereignisse») in Ostkap.

b   Connie Njongwes Tochter Patiswa (Phati) und ihr Sohn Zwelinzima (Zweli).

c   Lincoln Mkentane war ein Klassenkamerad Mandelas am University College von Fort Hare. Beide waren in der Theatergruppe der Universität, und Mkentane führte ein Stück über Abraham Lincoln auf, dessen Rolle er selbst spielte. Mandela spielte den Mörder John Wilkes Booth. Wie Mandela wurde auch Mkentane Anwalt.

**An Mamphela Ramphele,[a] Freundin und Vizekanzlerin der Universität von Kapstadt**
**Kapstadt**

1335/88: NELSON MANDELA                                     18.9.89

Liebe Mamphela,

eine verblüffende Serie von Zufällen hat sich nach Deinem Besuch hier im Victor Verster zugetragen, und zwar so, dass ich mich seither frage, ob Zufälle wirklich Zufall sind.

Du warst am 10. September hier bei mir. Am Abend desselben Tages gab es im Fernsehen eine Sendung über erfolgreiche Frauen – Marina Maponya,[b] Lindi Myeza,[c] Ronel Erwee,[d] Mafuna, Tshabalala und – ob Du's glaubst oder nicht – die bodenständige Mamphela.

Im Lauf unseres Gesprächs kamen wir unter anderem auch auf das Thema Sexismus. Und in dieser TV-Sendung waren die Vorurteile von Männern gegenüber Frauen zentrales Thema. Das hätte eigentlich genügt, um zu beweisen, dass es solche Zufälle gibt, aber das war noch nicht alles. Kurz nachdem Du gegangen warst, blätterte ich in dem Text über die Ethnographie der Kinder, als mir der *Star National Weekly* gebracht wurde. Darin stand ein Artikel über Kindererziehung in Südafrika. Es war ein Kommentar von Sue Valentine über die Ausführungen des Anglo-Amerikaners Michael O'Dowds auf einer C.S.I.R.[e]-Konferenz in Pretoria. Er streifte Aspekte, die auch in dem Artikel angesprochen waren, und die Ähnlichkeit des Ansatzes war wirklich auffällig.

Dann brachte mir Nandi Deinen Brief, in dem Gefühle ausgedrückt sind, die auch ich im Begriff war, Dir gegenüber zu äußern. Hier war vielleicht Telepathie im Spiel. Aber es ist doch beruhigend, dass die Welt den Aberglauben vergangener Jahrhunderte hinter sich gelassen hat oder zumindest gerade dabei ist. Andernfalls würden viele Gurus rein zufällige Vorkommnisse als Kausalzusammenhänge auffassen. Nichts gegen Deine Bescheidenheit, aber die Studie ist ein durch und durch wissenschaftliches Werk. Sie wird noch eindrucksvoller dadurch, dass hier eine scharfsinnige Wissenschaftlerin mit Kenntnis und Erfahrung aus der Praxis spricht.

Ich hatte Zeit, im Bett über den Text nachzudenken, und war beschämt, als ich mich daran erinnerte, dass ich in den zwei Jahrzehnten, die ich vor meiner Verhaftung im Rand verbrachte, nur zweimal in einem Wohnheim war, und zwar beide Male im Denver-Männerwohnheim anlässlich einer politischen Versammlung.

Das Paper über die Herausforderungen durch den Wandel hat mich ebenfalls sehr beeindruckt, weil es relevante neue Denkmuster verhandelt. Es zu lesen ist ein Vergnügen. Die Bemerkungen auf Seite acht werden wahrscheinlich so manche Interessengruppe irritieren. Und doch sind sie bedenkenswert.

Ich würde mich gerne mit Dir, den Professoren Herbert Vilakazi[f] und Frances Wilson[g] und anderen in einer Sache beraten, die wohl bald von einiger Bedeutung sein wird. Doch ich weiß aus Erfahrung, das Frances und Herbert keine Besuchserlaubnis bekommen werden.

Vielleicht aber lässt sich mit Dir, wenn Du Dich einmal von Deiner Arbeit an der Universität erholen möchtest, ein weiterer Besuch arrangieren.
Bis dahin grüße ich Dich und die Jungs.

Alles Gute
Dein
Ntate[h]

---

a  Mamphela Ramphele (geb. 1947); siehe «Personen, Orte, Ereignisse».
b  Marina Maponya (1934–1992), südafrikanische Geschäftsfrau, aktiv in der Gemeinde, spendete großzügig den Armen.
c  Lindi Myeza, Sozialarbeiterin und prominentes Mitglied der Methodisten-Kirche.
d  Ronel Erewe, Professorin.
e  Council for Scientific and Industrial Research (Rat für Wissenschafts- und Industrieforschung).
f  Herbert Vilakazi (1943–2016), Soziologieprofessor.
g  Frances Wilson, eine Kollegin von Mamphela Ramphele an der Universität von Kapstadt. Sie schrieben gemeinsam das Buch *Uprooting Poverty – The South African Challenge*, Kapstadt: David Philip, 1989.
h  «Onkel» auf Setswana, Mamphela Rampheles Sprache.

## An Rashid und Ayesha Kola, Freunde[a]
## Johannesburg

Lieber Rashid, liebe Ayesha,

Ihr habt mich vielleicht in der Zwischenzeit vergessen, aber ich habe in den vergangenen 27 Jahren oft an Euch und Eure ordentliche Wohnung in Jeppe[b] gedacht.

Als ich Ayesha das letzte Mal sah, war sie guter Hoffnung und sah strahlend schön aus. Zu Recht, denn schließlich war und ist sie die Frau von Rashid, einem der imponierendsten jungen Männer, die es damals in der Stadt gab.

Ich hoffe, dass er immer noch Kricket spielt und trotz der köstlichen Biryanis und des Fladenbrots, die Ayesha so gut zubereiten kann, zumindest bis jetzt noch keinen Bauch angesetzt hat. Ich freue mich auf ein Wiedersehen mit Euch, obwohl das vielleicht noch nicht so bald ist, wie viele glauben. Bis dahin sollt Ihr wissen, dass ich in Gedanken bei Euch bin und Eure Gastfreundschaft nicht vergessen habe. Möge Euch das Beste im Leben beschieden sein.

Herzliche Grüße
Nelson

------------------------

a   Undatierter Brief; Registrierdatum ist der 25. 9. 89.
b   Vorort von Johannesburg.


**An den Sekretär der Post and Telecommunications Workers Association (POTWA),[a] Gewerkschaft Johannesburg**

25. 9. 89

An den Sekretär
POTWA

Lieber *Qabane*,[b]
Dein toller Geburtstagsglückwunsch hat meinen Optimismus und meine Hoffnung enorm beflügelt und Deine Sorge um das Wohlergehen derer eindringlich verdeutlicht, die im Sinne von Potwa denken und handeln.
Herzliche Grüße und alles Gute

Dein Madiba

------------------------

a   Eine Teilorganisation des Congress of South African Trade Unions.
b   «Genosse» auf isiXhosa und isiZulu.

## An Fatima Meer, Freundin und Kameradin

1335/88: NELSON MANDELA 28.9.89

Liebe Fathu,[a]

Deine Briefe vom 7. und 14. September wurden mir erst gestern ausgehändigt, und die darin angesprochenen Themen verlangen eine prompte Antwort.

Ich bin völlig einverstanden mit Iqbals[b] Empfehlung, Mr. Geoffrey Bindmans[c] Dienste weiter in Anspruch zu nehmen.

Im Hinblick auf die Veröffentlichung der hiesigen Ausgabe lege ich die Bescheinigung bei, die Dich berechtigt, den Verlag auszuwählen. Leider habe ich nur dürftige Informationen über den Madiba Trust, aber ich werde Deine Entscheidung respektieren, wenn Du es dennoch für klug hältst, sie unter diesem Label zu publizieren. Wäre nicht doch IBR[d] besser dafür geeignet? Ich bin der Meinung, ein Vertrieb über die CNA[e] wäre eine gute Lösung.

Ich habe den Verdacht, dass Du gern vergisst, dass Du noch ziemlich jung und hellwach bist. Du hast keinerlei Grund, Dich wie eine Sechzigjährige zu benehmen. Wir haben über Anants[f] Vorschlag gesprochen, den Film[g] zu drehen, und ich habe Dir ausdrücklich versichert, dass ich seinen Vorschlag annehme. Falls erforderlich, kann Iqbal einen formellen Schriftsatz dazu verfassen.

Sidney Poitier[h] ist ein Superstar, es wäre toll, wenn er die Rolle annehmen würde. Aber wahrscheinlich ist er jetzt so reich, dass er unser Angebot ablehnt. Ich werde an das Department of Prisons einen Besuchsantrag für Dich und Iqbal stellen. Aber Du weißt ja, es kann lange dauern, bis wir eine Antwort bekommen.

Der neue Umschlag für die südafrikanische Ausgabe ist eindrucksvoll, und ich bin sehr zufrieden damit. Es wäre mir lieber gewesen, wir hätten den Vertrag mit Skotaville[i] verlängert. Aber in Anbetracht Deiner Haltung in dieser Sache schlage ich vor, entweder das Institute for Black Research, den Madiba Trust oder eine andere Agentur Deiner Wahl mit der Veröffentlichung zu betrauen.

Was die gesetzliche Vertretung angeht, so hat Krish[j] schon viel gute Arbeit geleistet, und ich meine, er sollte uns auch in dieser Sache vertreten.

Leider weiß ich nicht genau, was «Autorisierte Fassung» genau bedeutet. Wenn dies jedoch zum Erfolg des Projekts beiträgt, akzeptiere ich diesen Vorschlag sowohl für die südafrikanische als auch für die internationale Ausgabe.

Ganz herzliche Grüße und alles Gute

Dein Nelson

------------------------

a   Einer von Fatima Meers Decknamen.
b   Fatimas Neffe Iqbal Meer.
c   Ein Londoner Anwalt, der bei der Veröffentlichung von Fatima Meers Buch *Higher Than Hope: The Authorized Biography*, New York: Harper & Row, 1988, behilflich war. (Deutsch: *Stimme der Hoffnung*, München: Heyne 1989.)
d   Institute for Black Research.
e   Central News Agency (eine Sortimentsbuchhandlung).
f   Anant Singh, südafrikanischer Filmemacher.
g   Anant Singh und Fatima Meer planten eine Verfilmung von *Higher Than Hope*. Mandela gab seine Zustimmung. Er traf Singh zwei Wochen nach seiner Freilassung in Meers Haus und deutete an, dass er seine Autobiografie geschrieben hatte und sie veröffentlichen wollte. «Wir kamen überein, dass wir mit dem Film bis nach ihrer Veröffentlichung warten wollten.» (Anant Singh in einer E-Mail an Sahm Venter vom 7. September 2017.) Singh produzierte schließlich den auf Mandelas Autobiografie basierenden Spielfilm *Mandela – Der lange Weg zur Freiheit*, der 2013 in die Kinos kam.
h   Sidney Poitier (geb. 1927), amerikanischer, von den Bahamas stammender Schauspieler, Regisseur, Autor und Diplomat. *Higher Than Hope* wurde nie verfilmt, doch Sidney Poitier spielte in dem Fernsehfilm *Mandela and de Klerk* (1997) die Rolle Mandelas.
i   Der erste südafrikanische Verlag von *Higher Than Hope*.
j   Krish Naidoo, Rechtsanwalt.


**An Madanjit und Marjorie Kapitan, Eigentümer des indischen Restaurants Kapitan's Johannesburg**

[Einschreibebrief vom 28.9.89]

Lieber Madanjit, liebe Marjorie,

mit Bedauern habe ich von der Schließung Eures berühmten orientalischen Restaurants in der Kort Street erfahren.

In den vergangenen 27 Jahren sind so viele liebe Freunde und so viele bekannte Gebäude verschwunden, dass ich manchmal fürchte, wenn ich dereinst zurückkomme, ist die Welt selber nicht mehr da. Es gibt viele Feinschmecker im In- und Ausland, die sich zu Recht über die schreckliche Nachricht aufregen werden. Aber ich erinnere mich stets an das Restaurant und natürlich besonders an Euch. Mit besten Wünschen

Euer

Nelson

**An Winnie Mandela**

1355/88: NELSON MANDELA                                                    9.10.89

Meine liebe Mum,

vielen Dank für den eleganten Anzug. Bestimmt werde ich ihn bei dem Anlass tragen, den Du genannt hast.[a] Noch einmal: vielen Dank! Aber schick bitte keine weiteren Kleidungsstücke, ich habe schon mehr, als im besten Geschäft bei Dir in der Stadt zu finden sind.

Daluxolo berichtete mir von der Beerdigungsfeier. Ich habe hart dafür und an dem ganzen Drumherum gearbeitet und glaube zuweilen fast, wenn ich nicht ein paar Schlüsselfiguren aus diesem Teil des Landes buchstäblich genervt hätte, wäre dieser historische Tag nie gekommen. Was den Hausbau in Qunu[b] betrifft, so ist Mdayelwa hoffentlich darüber informiert, dass ich keinerlei finanziellen Beitrag, von wem auch immer, für das Haus will. Alles, was ich will, ist ihre Mithilfe bei der Absicherung des Baugrunds.

Makgatho wurde am 6. Oktober in Tygerberg operiert und wird voraussichtlich heute entlassen.

An Zindzis Pass sind wir dran, die drei Kinder[c] werden mit eingetragen sein. Ich habe auch einen für Fathu beantragt und drücke die Daumen, das es klappt. Obwohl ich im Augenblick eine ganze Anzahl heikler Themen zu bearbeiten habe, werde ich mich auch nach Deinem Pass erkundigen. Ich würde mich sehr freuen, wenn Du ins

Ausland reisen könntest, vorausgesetzt, die Fahrt wird von der Familie hier zu Hause gebilligt.

Herzliche Grüße
Dein Madiba

-----------------------

a  Diesen Anzug sollte er vermutlich am Tag seiner Freilassung tragen.
b  Mandelas Heimatdorf in der Transkei.
c  Zindzis Kinder, Mandelas Enkel.

**An den Commanding Officer, Victor-Verster-Gefängnis**

1335/88: NELSON MANDELA

9.10.89

Zu Händen von Brig. Keulder

Meine auffällige Gewichtszunahme hat mich veranlasst, das Mittagessen sowie den Nachmittagsimbiss zu streichen. Ich habe die Sache dem medizinischen Personal erklärt, das meinen Gesundheitszustand regelmäßig überwacht.

Außerdem habe ich zur Abwechslung weißen Zucker beantragt; die Kosten dafür werden von mir bestritten.[a]

[Unterzeichnet NR Mandela]

-----------------------

a  Im Victor-Verster-Gefängnis erhielt Mandela seine Ration braunen Zucker. Sein Koch Jack Swart kaufte weißen Zucker. Mandela bezahlte Süßigkeiten für Gäste, die er dank seines Anwalts Ismail Ayob einmal im Monat empfangen durfte.

*Im Zuge der Gespräche mit der Regierung, die er als Ansatzpunkt für mögliche Verhandlungen mit dem ANC verstand, hatte Mandela wiederholt die Freilassung anderer Häftlinge gefordert. Namentlich ging es ihm um die verbleibenden Mitgefangenen aus dem Rivonia-Prozess, die freikom-*

*men sollten, bevor er zusammen mit den Gefangenen vom ANC sowie Oscar*
*Mpetha, Wilton Mkwayi und Jafta Masemola vom PAC freigelassen*
*würde.* \*
*Am 10. Oktober 1989 hielt De Klerk eine Fernsehansprache. Am selben*
*Tag hatte Mandela in Victor Verster Besuch von seinen Mithäftlingen Walter*
*Sisulu, Ahmed Kathrada, Andrew Mlangeni und Raymond Mhlaba*\*\*, *zu*
*denen er am Ende sagte: «Leute, das ist der Abschied.» Anstatt in ihre Ge-*
*fängnisse zurückgebracht zu werden, erhielten die vier ein Abendessen im*
*Victor-Verster-Gefängnis. Ein Fernsehgerät wurde hereingebracht, und sie*
*hörten die Ankündigung ihrer bevorstehenden Entlassung. Fünf Tage später*
*waren sie frei.*

**An den Commissioner of Prisons**

[maschinenschriftlich]

In meinem Schreiben vom 11. September 1989 machte ich eine
Eingabe zur Freilassung einiger meiner Mithäftlinge. Heute wurde
mir mitgeteilt, dass die Regierung entschieden hat, die Freilassung
folgender acht Kollegen zu veranlassen:

Ahmed Kathrada
Raymond Mhlaba
Andrew Mlangeni
Elias Motsoaledi
Walter Sisulu
Wilton Mkwayi
Jeff Masemola
Oscar Mpetha[a]

Ich hoffe, dass ihre Freilassung zu einem Klima beiträgt, das einer
friedlichen Entwicklung und einer Normalisierung der Lage in unse-

------------------------------

\*   Vgl. Brief vom 11. September 1989, S. 672 f.
\*\*  Sie waren in Pollsmoor. Der letzte aus dem Rivonia-Prozess, Elias Motsoaledi war immer
    noch auf Robben Island.

rem Land förderlich ist. Wie schon zuvor erklärt, habe ich die Frage meiner eigenen Entlassung nicht gestellt.

[Unterzeichnet NRMandela]

10. 10. 89

------------------------

a  Angaben zu diesen Personen siehe «Personen, Orte, Ereignisse».


**An den Commissioner of Prisons**
**Pretoria**

1335/88: NELSON MANDELA

16. 10. 89

Sehr geehrter Herr General Willemse,
das produktive Treffen einiger Führer des Mass Democratic Movement mit dem Verfasser dieses Schreibens am 10. Oktober 1989 hat gezeigt, wie dringend ähnliche Treffen mit Führern aus anderen Landesteilen geboten sind.[a]
Dem Treffen vom 10. Oktober werden mit Sicherheit landesweit intensive Diskussionen folgen, und ähnliche Treffen mit dem Verfasser des Schreibens – vorausgesetzt, sie finden in Bälde statt – können ein gemeinsames Herangehen an einige der auf diesem Treffen mit den Regierungsvertretern besprochenen Probleme erleichtern.
Mit der Bitte um eine baldige Antwort und freundlichen Grüßen

[unterzeichnet NR Mandela]

------------------------

a  In den letzten Monaten seiner Haft forderte Mandela Treffen mit Aktivisten verschiedener Organisationen, um sie über seine Gespräche mit der Regierung in Kenntnis zu setzen.

**An Reverend T. S. N. Gqubule,[a] Freund, Geistlicher und Gelehrter
Pietermaritzburg**

1335/88: NELSON MANDELA

23. 10. 89

Ngubengcuka,[b]
ich war die ganze Zeit in Gedanken bei Dir, besonders aber, nachdem Nobandla mir vor ein paar Jahren von Deinem Besuch mit EKM[c] und anderen in Brandfort[d] erzählt hat.

Ich erinnere mich noch gut an die von Dir geleitete Delegation, die den früheren Staatspräsidenten[e] zur Freilassung politischer Gefangener aufforderte.

Bestimmt freust Du Dich wie wir alle über die Freilassung meiner acht Mitgefangenen. Das ist zweifellos ein wichtiger Schritt nach vorn, dem hoffentlich zu gegebener Zeit noch entscheidendere Entwicklungen folgen.

Im Gedächtnis ist mir auch noch Dein Besuchsantrag, dessen Ablehnung mich sehr enttäuscht hat. Meine Versuche, Deinen Antrag durchzubringen, sind leider auch gescheitert. Doch das Klima für Besuche hat sich etwas verbessert, und ich würde Dir vorschlagen, noch einmal einen Antrag zu stellen.

Hoffentlich geht es dem jungen Mann in Übersee[f] und auch Thandeka[g] gut.

Ganz herzliche Grüße und alles Gute für die Familie, E. K. M, L. D. und D. H.

Dein
Madiba

------------------------

a   Theokritus Simon Ndziweni Gqubule (1928–2016), Lehrer, Methodisten-Pfarrer und erster afrikanischer an der Rhodes University promovierter Student. Antiapartheidaktivist und Mitglied der United Democratic Front. 2016 verlieh ihm die Regierung Südafrikas den Luthuli-Orden für seinen Beitrag im Befreiungskampf.
b   Verweis auf seine Abstammung von König Ngubengcuka, der auch Mandelas Ururgroßvater war.
c   Elliot Khoza Mgoyo (geb. 1932), vormals Vorsteher der Methodistenkirche.

d  1977 wurde Winnie Mandela in das ländliche Brandfort im Oranje Freistaat (heute Free State) verbannt (bis 1985).
e  P.W. Botha (1916–2006); siehe «Personen, Orte, Ereignisse».
f  T.S.N. Gqubules Sohn Duma, der an der Aberdeen University in Schottland Wirtschaftswissenschaften studierte.
g  T.S.N. Gqubules Tochter.


## An Ntsiki Sisulu, Enkelin von Walter Sisulu, Freund, Genosse und ehemaliger Mithäftling, und seiner Frau Albertina

1335/88: NELSON MANDELA                                    23.10.89

Liebe Ntsiki,

ich sagte Deiner Großmutter bei ihrem Besuch neulich, dass ich Deinen Brief beantwortet hätte. Nachdem sie gegangen war, schaute ich nach und stellte fest, dass ich einen Fehler gemacht hatte. Tatsächlich hatte ich Dir nicht geschrieben. Bitte entschuldige dieses Versäumnis. In Deinem Brief schreibst Du: «Du hast zu viele Dinge im Kopf ...» Ja, das ist wohl der Grund für meine Vergesslichkeit. Das nächste Mal antworte ich Dir gleich.

Dein Großvater Walter bekommt Tabletten gegen Bluthochdruck. Du musst ihn daran erinnern, dass er ihn regelmäßig messen lässt. Er sollte auch mindestens viermal in der Woche mit dem Fahrrad trainieren, und Deine Großmutter sollte mitmachen. Rufst Du sie einmal an und erinnerst sie daran?

Zum Abschluss möchte ich Dir sagen, dass mich Dein Brief sehr gefreut hat. Ich weiß ja, wie sehr Du durch Deine Schularbeit eingespannt bist, und es war schön, dass Du Zeit gefunden hast, mir zu schreiben. Ich hoffe, wir sehen uns, wenn auch ich zurückkomme. Bis dahin sind meine Gedanken bei Dir.

Viele Grüße und alles Gute!

Dein Onkel Nelson

1335/88: NELSON MANDELA.

3.1/89

Victor Verster Prison,
P/B X 6003,
Paarl South. 7624.
2    11    89

Dear Len & Beryl,

You have often been in my thoughts during these past years, but I have thought of you and the children almost daily since 10 October 1989, when the announcement was made that your uncle, Walter, and seven others would be released. It is to be hoped that this important development has brought joy and relief to all of you. Love and best wishes.

Sincerely,

Lydia

Len & Beryl Simelane,
P.O.Box 308
CLERNAVILLE
3602

Brief vom 2. November 1989 an Len und Beryl Simelane.

An Len und Beryl Simelane,[a] Tochter bzw. Schwiegersohn von
Walter Sisulu, Freund, Genosse und ehemaliger Mithäftling, und
seiner Frau Albertina Sisulu
Clernaville

1335/88: NELSON MANDELA

2.11.89

Lieber Len, liebe Beryl,
in den letzten zehn Jahren war ich in Gedanken oft bei Euch und
den Kindern, aber seit am 10. Oktober 1989 die Freilassung Eures
Onkels,[b] Walters und sieben anderer Gefangener angekündigt
wurde, denke ich beinahe jeden Tag an Euch. Es ist zu hoffen, dass
dieses wichtige Ereignis für Euch alle Anlass zur Freude und Erleichterung ist.
Herzliche Grüße und alles Gute

Euer Onkel Nelson

------------------------

a   Len Simelane, verheiratet mit Beryl Lockman.
b   Wahrscheinlich Ahmed Kathrada (siehe «Personen, Orte, Ereignisse»), der Onkel Kathy
    genannt wurde.


An Chief Zonwabile Sandile Mtirara, Verwandter
Königlicher Wohnsitz, Umtata

6.11.89

Ngubengcuka,[a]
meine Schwester Mabel[b] teilt mir mit, dass Sie widerrechtlich ihre
Kühe weggenommen haben und sich weigern, sie zurückzugeben.
Sie weisen ihre Gesuche mit dem Argument zurück, dass die Angelegenheit Rechtsanwälten übergeben worden sei. Ich fordere Sie auf,
die Kühe umgehend zurückzugeben und die Anwaltskosten zu übernehmen.
Ich kann mir nicht vorstellen, dass Sie sich wie ein Feigling beneh-

men und meine derzeitige Lage schamlos ausnutzen. Sie sind der Enkel von Jongintaba,[c] da schmerzt es mich umso mehr, dass meine Familie unter Ihrer Aufsicht leidet.

Ich hoffe, meine Forderung wird akzeptiert und die Angelegenheit wird gerecht und einvernehmlich geregelt. Ich war sehr erfreut über den Besuch der abaThembu-Chiefs und des Rates im August. Enttäuscht hat mich allerdings Ihre unübersehbare Abwesenheit. Bitte richten Sie Queen Nozozile, Prinzessin Ntombizodwa und Ihrer Gattin meine Grüße aus.

Mit freundlichem Gruß
Dalibunga

-----------------------

a  Verweis auf seine Abstammung von König Ngubengcuka, der auch Mandelas Ururgroßvater war.
b  Mandelas Schwester Mabel Nontancu Timakwe (1924–2002).
c  Chief Jongintaba Dalindyebo (gest. 1942); siehe «Personen, Orte, Ereignisse».

**An Fatima Meer, Freundin und Kameradin**

1335/88: NELSON MANDELA                                    6.11.89

Liebe Fatu,

ich bestätige hiermit, dass Deine Biografie *Higher than Hope* die einzige ist, an der ich mitgearbeitet habe, und dass ich keine Kenntnis habe von einer anderen Biografie über mich.[a]

Ich bestätige ferner, dass ich in den siebziger Jahren im Gefängnis eine Autobiografie verfasst habe, weiß jedoch nicht, wo das Manuskript[b] verblieben ist.

Liebe Grüße
Dein Nelson

-----------------------

a  Vielleicht wusste Mandela nicht, dass das Buch seiner Freundin Mary Benson schon 1986 veröffentlicht worden war, oder er wollte die Behörden nicht darauf aufmerksam machen. *Nelson Mandela: The Man and the Movement*, New York: W. W. Norton, 1986.
b  Mandela hatte im Gefängnis mit Hilfe seiner Kameraden heimlich eine Autobiografie ver-

fasst, die zur Grundlage seines Buches *Der lange Weg zur Freiheit* wurde. 1994 wurde es unter der Mitarbeit des amerikanischen Autors Richard Stengel veröffentlicht. (Deutsche Ausgabe: Nelson Mandela, *Der lange Weg zur Freiheit*, Frankfurt am Main: S. Fischer 1994.)

**An den Commissioner of Prisons, General W. H. Willemse**
**Pretoria**

1335/88: NELSON MANDELA

22.01.90

Sehr geehrter Herr General,
in der Anlage erhalten Sie die Kopie eines Artikels aus der Zeitung UMAFRIKA[a] vom 11. November 1989 mit der englischen Übersetzung.
Der Artikel bestätigt voll und ganz die von den Herren Ministern Kobie Coetsee[b] und Dr. Gerrit Viljoen[c] am 10. Oktober 1989[d] geäußerte Besorgnis. Es steht zu hoffen, dass alles getan wird, um die Freilassung der vier Mitgefangenen zum baldmöglichsten Zeitpunkt sicherzustellen. Es wäre wünschenswert, dass wie in vorhergehenden Fällen Vorkehrungen getroffen werden, dass die Herren Minister vor der Freilassung der Gefangenen die Örtlichkeiten aufsuchen.

Mit besten Grüßen
NELSON MANDELA

UMAFRIKA
11. Nov. 1989

ES HERRSCHT ABSOLUTES STILLSCHWEIGEN ÜBER DIE GEFANGENEN AUS NATAL, DIE NACH DER FREILASSUNG SISULUS IMMER NOCH EINSITZEN

von Fred Khumalo

Zu einer Zeit, da das Land über die Freilassung von sechs ANC-Führern jubelt, die vor zwei Wochen freikamen, konnte sich eine der

prominentesten Familien von Mpumalanga, Hammarsdale,[e] nicht
wirklich freuen, denn ihr Oberhaupt bleibt weiter in Haft und verbüßt immer noch eine lebenslange Freiheitsstrafe auf Robben Island.
Über der Familie von Matthew Makholeka Meyiwa, gebürtig aus
Hammarsdale, hängen immer noch dunkle Wolken. Der Mann ist ein
altgedientes Mitglied des ANC und des South African Congress of
Trade Unions und hat bereits 23 Jahre auf der berüchtigten Insel
verbüßt. Er war ebenfalls Mitglied des Umkhonto weSizwe in Natal,
dem auch Mr. Harry Gwala und Joseph Masobiya Mdluli angehörten.

«Die Freilassung der ANC-Führer hat uns wie auch das ganze Land
mit Freude erfüllt, aber sie erinnert uns auch daran, dass unser Vater
immer noch im Gefängnis ist. Das macht uns unendlich traurig»,
sagte Mrs. Sylvia Hlalelani, eine Mazondi.

«Die Freilassung von Mr. Sisulu erinnerte mich an die angegriffene
Gesundheit meines Mannes, als ich ihn zuletzt im Juni dieses Jahres
besuchte», fährt die aus Nadi gebürtige Mrs. Meyiwa fort. Laut Mrs.
Meyiwa hatte ihr Mann bei ihrem letzten Besuch so starke Magen-
schmerzen, dass er sich kaum rühren konnte. Man sah ihm die
Schmerzen deutlich an.

Mr. Meyiwa wurde zum ersten Mal im Juli 1963 unter dem Vorwurf
des Terrorismus verhaftet. Am 28. Februar 1964 wurde er zu acht
Jahren Haft verurteilt, von denen er die meiste Zeit auf Robben Island verbüßte, bis er 1972 freikam.

1975 wurde er zusammen mit Mr. Harry Gwala aus Pietermaritzburg, Mr. Joseph Masobiya Mdluli aus Lamontville, Mr. Zakhele
Mdlalose aus Hammarsdale und sechs anderen Männern aus verschiedenen Regionen von Natal erneut inhaftiert. Alle wurden zu
lebenslangen Freiheitsstrafen verurteilt.[f]

Das Verfahren gegen Mr. Meyiwa und seine Mitangeklagten unterschied sich von anderen Prozessen, weil alle Klagen wegen Misshandlung durch die Polizei einreichten. Die Behörden stritten diese
Behauptung rundweg ab, doch die Wahrheit kam ans Licht, als Mr.
Masobiya Mdluli im März 1976 durch die Hand der Polizei starb.
Mrs. Meyiwa sprach über ihren Ehemann, mit dem sie sechs Kinder
hat.

(Die folgenden Abschnitte beziehen sich hauptsächlich auf die Zeit vor der Verhaftung von Mr. Meyiwa.)

Mr. Humphrey Meyiwa (31), der kurz vor dem Abschluss seiner Lehrerausbildung am College of Education in Mpumalanga steht, sagte: «Die Kinder ohne einen Vater aufzuziehen war eine ungeheure Belastung für meine Mutter. Sie trug eine große Verantwortung, musste Mutter und Vater zugleich sein, eine fast unlösbare Aufgabe angesichts einer so zahlreichen Familie wie der unseren.»

Mrs. Meyiwa berichtet, sie habe immer gehofft, ihr Mann werde freikommen, doch diese Hoffnung starb, als Mr. Harry Gwala, ein Mitangeklagter, freikam und der Name ihres Mannes nicht einmal erwähnt wurde.

«Der Tag, an dem das Familienoberhaupt ohne Einschränkungen in die Freiheit entlassen wird, wird ein Freudentag für die ganze Familie werden», schloss Mr. Meyiwa in würdevollem, doch auch besorgtem Ton.

Weitere zu lebenslanger Haft verurteilte Personen, die immer noch auf Robben Island inhaftiert sind: Anthony Mfene Xaba (56),[g] Zakhele Elphas Mdlalose (65),[h] Vusumzi John Nene.[i] Doch der vor 27 Jahren zu lebenslanger Freiheitsstrafe verurteilte Häftling, der am längsten im Gefängnis sitzt, ist Dr. Nelson Mandela.

---------------------

a    Eine Zeitung auf isiZulu. Der Brief bestand aus einer freien Übersetzung des Zeitungsartikels aus dem isiZulu ins Englische und wurde vermutlich verfasst, um ihn dem Commissioner of Prisons zu unterbreiten.

b    Kobie Coetsee (1931–2000), Justizminister von Südafrika; siehe «Personen, Orte, Ereignisse».

c    Gerrit Viljoen (1926–2009), Minister of Constitutional Development.

d    Am Dienstag, den 10. Oktober 1989, hatte Mandela ein Treffen mit dem Commissioner of Prisons, mit Minister Gerrit Viljoen, Minister Kobie Coetsee und S. S. Van der Merwe; dabei wurde ihm mitgeteilt, dass seine Forderung nach Freilassung folgender Häftlinge erfüllt wurde: Ahmed Kathrada, Raymond Mhlaba, Andrew Mlangeni, Elias Motsoaledi, Walter Sisulu, Wilton Mkwayi, Oskar Mpetha und Jafta Masemola; siehe «Personen, Orte, Ereignisse».

e    Township in Natal.

f    Wegen Sabotage.

g    David Anton Ndoda «Mfenendala» Xaba (1933–2009), ANC-Aktivist und Mitglied des MK. Verbüßte eine zehnjährige Haftstrafe auf Robben Island (1963–1973). Zusammen mit Harry Gwala, Matthews Meyiwa, Elphas Mdlalose, John Nene und Zakhele Mdlalose zu lebenslanger Haft verurteilt wegen des Versuchs, die Gewerkschaftsbewegung in Natal wiederzubeleben. Mandela appellierte an Präsident De Klerk, auch diese Gefangenen freizulassen, was 1990 auch geschah.

h Elphas Mdlalose wurde zusammen mit Meyiwa und anderen 1975 wegen seiner politischen Tätigkeit verhaftet.
i Vusumuzi John Nene war stellvertretender Vorstand der Transport and General Workers Union in Natal. Am 25. Juli 1977 wurde er zusammen mit neun anderen wegen seiner Mitgliedschaft im ANC, der Rekrutierung von MK-Kämpfern und Umsturzversuchs zu lebenslanger Haft verurteilt. Davor war er bereits wegen politischer Vergehen sieben Jahre auf Robben Island. 1990 kam er frei.

*Das Jahr 1989 neigte sich seinem Ende zu, und die Gerüchte über Mandelas Freilassung verdichteten sich von Tag zu Tag. Sie hatten bereits am 5. Juli einen neuen Höhepunkt erreicht, als er im Morgengrauen aus dem Gefängnis abgeholt und zu einem Treffen mit Präsident F. W. de Klerk gebracht wurde, der nach Bothas Schlaganfall den Vorsitz der National Party übernommen hatte.*

*Der neue Präsident machte in seiner ersten Rede zur Lage der Nation bei der Parlamentseröffnung 1990 deutlich, dass er eine andere Politik vertrat. Als De Klerk am Freitag, den 2. Februar 1990, endlich die Freilassung Mandelas ankündigte, wurden Protestdemonstrationen zur Befreiung Mandelas zu Straßenfesten. Zugleich hob De Klerk das Verbot des ANC, des Pan Africanist Congress und aller anderen verbotenen politischen Organisationen sofort auf – andere Maßnahmen, die Mandela gefordert hatte, um faire Bedingungen zu schaffen.*

*Der folgende Brief wurde am selben Tag geschrieben, an dem der Präsident F. W. de Klerk die Aufhebung des Verbots des ANC und anderer politischer Organisationen verkündete. Darin enthalten ist der Bericht über ein Treffen des Exil-ANC, der dem Minister Gerrit Viljoen auf Mandelas Wunsch übermittelt werden sollte, der damals dem geheimen Verhandlungskomitee angehörte. Jetzt, da alle seine Mitgefangenen aus dem Rivonia-Prozess in Freiheit waren, stand auch Mandelas Freilassung unmittelbar bevor. Aus dem Brief geht hervor, dass er elf Tage vor De Klerks historischer Ansprache ein Telefongespräch mit Thabo Mbeki, einer führenden Persönlichkeit des Exil-ANC, geführt hatte.*

An den Commissioner of Prisons, General W. H. Willemse
Kapstadt

1335/88: NELSON MANDELA

2.2.90

Sehr geehrter Herr General,
bitte stellen Sie sicher, dass beiliegendes Schreiben baldmöglichst Dr.
Gerrit Viljoen[a] zugeleitet wird.

Mit freundlichen Grüßen
[Unterzeichnet NR Mandela]

[Resolution in Mandelas Handschrift]

Resolution, verabschiedet auf einer Versammlung des Nationalen
Exekutivkomitees des African National Congress in Anwesenheit der
aus der Haft entlassenen Führer.[b]
Die Versammlung bekräftigte erneut die Bedeutung der Erklärungen
von Harare[c] und der Vereinten Nationen. Letztere wurde von der
Generalversammlung für die politische Schlichtung in unserem
Land einstimmig angenommen. Die Versammlung betonte die Tatsache, dass diese Dokumente von der überwältigenden Mehrheit des
südafrikanischen Volkes, vom übrigen Afrika und der internationalen
Gemeinschaft anerkannt werden.
Die Versammlung bekräftigte die Auffassung, dass gemäß diesen Erklärungen erst dann Verhandlungen stattfinden können, wenn das
dafür notwendige Klima geschaffen ist. Die Weigerung der Führung
in Pretoria,[d] geeignete Maßnahmen in diesem Sinne zu ergreifen, ist
dabei nur ein weiteres Detail, das ihre fehlende Bereitschaft bestätigt,
das System der Apartheid mit so wenig Blutvergießen und Verwüs-
tungen wie möglich zu beenden.
Die Versammlung bekräftigte erneut die Bedeutung der sofortigen
und bedingungslosen Freilassung von Nelson Mandela und weiteren
politischen Gefangenen. Sie würdigte unseren Kameraden und Mit-
anführer Nelson Mandela und brachte ihre uneingeschränkte Unterstützung für die Fortführung seiner Aktivitäten auch vom Gefängnis

aus zum Ausdruck, Aktivitäten, die völlig in Einklang stehen mit der Politik und den Zielen unserer Bewegung, den Kampf für die Beendigung der Apartheid fortzusetzen.

Die Versammlung hat ferner bestätigt, dass der ANC einer Einigung mit politischen Mitteln den Vorrang gibt. Diese Position hat der ANC seit seiner Gründung vor 78 Jahren nie aufgegeben. In dieser Zeit hat er alles in seiner Macht Stehende unternommen, um die aufeinanderfolgenden weißen Minderheitsregierungen dazu zu bringen, dieselbe Position einzunehmen, jedoch ohne Erfolg. Die Versammlung hat erneut festgestellt, dass wir nach wie vor zu dieser Position stehen. Sie ist fundamental für den ANC als eine Bewegung, die nach Demokratie, Frieden und Gerechtigkeit für alle strebt. Zugleich aber erfordert der Prozess der Beendigung der Apartheid auf dem Verhandlungsweg, dass auch die Regierung in Pretoria ihre Verpflichtung auf eine politische Lösung deutlich macht, indem sie das Notwendige tut, um eine solche Lösung zu ermöglichen.

Die Versammlung wies warnend darauf hin, dass es zu keiner Lösung kommen kann, solange das Apartheidregime versucht, der Mehrheit unseres Volkes und seiner Vertreter seinen Willen aufzuzwingen. Eine Vereinbarung auf der Basis von Verhandlungen muss bei den fundamentalen Anliegen aller Menschen unseres Landes ansetzen; diese Anliegen wurden in offener politischer Aktion und Debatte von den Menschen selbst zum Ausdruck gebracht.

Die National Party und ihre Regierung muss daher einen entscheidenden Schritt nach vorne tun und die Bedingungen zur Schaffung eines Klimas herstellen, das Verhandlungen einzuleiten geeignet ist; und sie muss die zentrale Bedeutung der wahren Vertreter des Volkes unseres Landes anerkennen.

Dieses Statement wurde mir am 22. Januar 1990 von Mr. Thabo Mbeki[e] vorgelesen und enthält keinerlei Hinweis auf Gewalt.[f]

[Unterzeichnet NRMandela]

2.2.90

------------------------

a   Gerrit Viljoen (1926–2009), Minister of Constitutional Development.
b   Die Versammlung fand in Lusaka, Sambia, statt.
c   Auf einem Treffen am 21. August 1989 in Harare, Simbabwe, billigte der ANC eine Ent-

schließung der Organisation of African Unity, die fünf Vorbedingungen für Verhandlungen mit der südafrikanischen Regierung festlegte: Freilassung aller politischen Gefangenen, Aufhebung des Verbots politischer Parteien, Abzug der Truppen aus den Townships, Beendigung der Hinrichtung politischer Straftäter und Aufhebung des Ausnahmezustands. Am 14. Dezember 1989 nahm die Generalversammlung der Vereinten Nationen die «Declaration on Apartheid and its Destructive Consequences in South Africa» an, die ein Ende der Apartheid und die Errichtung einer Demokratie ohne Rassenschranken forderte.

d   Ein Verweis auf das regierungsgeführte Apartheidregime. Pretoria ist das Verwaltungszentrum der Regierung Südafrikas.

e   Thabo Mbeki (geb. 1942), Chef der Abteilung für innere Angelegenheiten des ANC, lebte damals im Exil. Von 1994 bis 1999 war er stellvertretender Präsident von Südafrika zur Amtszeit von Präsident F.W. de Klerk und folgte dann Mandela als zweiter Präsident eines demokratischen Südafrika (1999 bis 2008).

f   Im Haus im Victor Verster hatte Mandela kein Telefon und musste zum Telefonieren in ein angrenzendes Büro gehen (Sahm Venter in einem Gespräch mit Jack Swart am 28. Juni 2017).

*Auf einer Pressekonferenz am 10. Februar 1990 teilte De Klerk den Medien mit, dass Mandela am folgenden Tag um 15 Uhr das Victor-Verster-Gefängnis als freier Mann verlassen würde. Tatsächlich durchschritt er die Gefängnistore am 11. Februar erst gut eineinhalb Stunden später und brachte so seine 10 052 Tage in Gefangenschaft zu Ende. Als Vater von fünf Kindern war er mit 44 Jahren in Untersuchungshaft gekommen, als 71-jähriger Großvater verließ er das Gefängnis.*

*Wahrscheinlich ist der folgende Brief der letzte, den Mandela im Gefängnis geschrieben hat. Bevor er am Sonntag, den 11. Februar, das Gefängnis verließ, schrieb der künftige Präsident an den Commissioner of Prisons wegen einer Aufnahme, die am Abend zuvor von ihm und einigen Beamten gemacht worden war. Entweder verwechselt er diesen Anlass mit einem anderen, bei dem zwei Tage zuvor Aufnahmen gemacht wurden, die ihn mit De Klerk zeigen, oder es gibt noch Fotografien, die die Welt bis heute nicht kennt.*

## Commissioner of Prisons, General W. H. Willemse
## Kapstadt

1335/88: NELSON MANDELA                                    11. Februar 1990

Sehr geehrter Herr General,
Ihren Brief vom 10. Februar 1990 habe ich dankend erhalten und inhaltlich zur Kenntnis genommen.

Gestern Abend wurde eine Reihe von Aufnahmen von mir[a] und einigen Beamten gemacht, die mir von Brigadier Gillingham erst nach dem Fototermin namentlich genannt wurden. Daraufhin forderte ich ihn auf, Dr. Roux[b] mitzuteilen, dass ich größten Wert darauf lege, dass diese Fotos unter keinen Umständen ohne mein Einverständnis veröffentlicht werden. Ich erwarte, dass Maßnahmen ergriffen werden, die sicherstellen, dass diesem Anliegen Rechnung getragen wird. Ergänzend füge ich hinzu, dass ich schon längst ein paar der Aufnahmen hätte zu Gesicht bekommen müssen, die im Juli und bei den Treffen in diesem Jahr gemacht wurden.[c]

Hochachtungsvoll
[Unterzeichnet NRMandela][d]

------------------------

a  Jack Swart (geb. 1947), Mandelas Gefängniswärter und Vorgesetzter im Victor-Verster-Gefängnis, kann sich an kein Treffen mit Beamten oder eine Aufnahme am Vorabend von Mandelas Entlassung erinnern. Mandela traf sich nur mit seinem Anwalt Dullah Omar und seinen Kameraden. Er hätte diese Aufnahmen nicht mit denen verwechseln können, die am 9. Februar von ihm zusammen mit De Klerk gemacht wurden, die ja veröffentlicht wurden. Swart und Mandela verstanden sich sehr gut, und Mandela lud ihn und seine Frau Marietha zu seiner Amtseinführung am 10. Mai 1994 und zu seiner ersten Ansprache zur Lage der Nation bei der Parlamentseröffnung am 24. Mai ein. Auch nach seiner Pensionierung lud er ihn und seine Frau mehrmals zum Tee ein.

b  Wahrscheinlich General Jannie Roux, Gefängnisbeamter und Psychiater, der bei dem Besuch der Presse 1975 auf Robben Island dabei war. Später diente er unter Mandelas Präsidentschaft als Generaldirektor.

c  Vielleicht bezieht sich Mandela auf sein Treffen mit P.W. Botha im Juli 1989 und das mit F.W. de Klerk am 9. Februar 1990.

d  Am gleichen Tag antwortete ihm W.H. Willemse: «Danke für Ihr Schreiben vom 11.2.1990. Die fraglichen Fotos sind noch nicht entwickelt und befinden sich in guten Händen. Sie werden in dem von Ihnen gewünschten Sinne behandelt. Was einige der anderen Aufnahmen betrifft, die Sie erwähnen, so bedürfen sie noch der Absprache mit den beteiligten Parteien. Danach werde ich mit Ihnen in Verbindung treten.»

# Anhang

# ANHANG A
Personen, Orte, Ereignisse

**Alexander, Dr. Neville** (1936–2012). Dozent und Antiapartheidaktivist. Gründer der National Liberation Front gegen die Apartheidregierung. 1962 wegen Sabotage zu zehn Jahren Haft auf Robben Island verurteilt. 2008 wurde ihm für seinen Beitrag zur Förderung der Mehrsprachigkeit in Südafrika der Lingua Pax Prize verliehen.

**African National Congress (ANC)** Gegründet 1912 als South African Native National Congress (SANNC). 1923 Umbenennung in African National Congress (ANC). Nach dem Massaker von Sharpeville im März 1960 wurde der ANC verboten und ging in den Untergrund, bis das Verbot 1990 aufgehoben wurde. Der militärische Flügel Umkhonto weSizwe (MK) wurde 1961 unter Mandelas Führung gegründet. Nach den ersten demokratischen Wahlen in Südafrika am 27. April 1994 wurde der ANC Regierungspartei.

**Aucamp, Brigadier** Amtssitz Pretoria. Zuständig für die Sicherheit in allen Gefängnissen, in denen politische Häftlinge einsaßen. Er besuchte mehrmals im Jahr das Hochsicherheitsgefängnis auf Robben Island. Mitglied im Prison Board (Gefängnisausschuss, ein Gremium von Gefängnisbeamten und einigen Häftlingen), dessen Aufgabe darin bestand, die Häftlinge zu überprüfen und sie gegebenenfalls höherzustufen. In Mandelas im Gefängnis verfasster Autobiografie heißt es: «Brig. Aucamp: (a) machte seine Sache als Commanding Officer gut (b) Position des Sicherheitsoffiziers problematisch – ändert die Persönlichkeit eines Menschen (c) hatte direkten Zugang zum Minister (d) wurde ziemlich unbeliebt (e) gestattete mir, Zami (Winnie Mandela) zu schreiben, und gab auch Briefe von ihr an mich weiter.»

**Ausnahmezustand** Als Reaktion auf das Sharpeville-Massaker wurde am 30. März 1960 der Ausnahmezustand verhängt. Er war begleitet von Massenverhaftungen und Inhaftierung der meisten afrikanischen Führungskader. Unter Berufung auf den Unlawful Organisations Act wurden im April 1960 der ANC und der PAC verboten.

**Ayob, Ismail** (geb. 1942). Jurastudium und als Rechtsanwalt zugelassen in London. Rückkehr nach Südafrika, wo er ab 1969 als Anwalt hauptsächlich Oppositionelle vertrat. Mandela war sein Mandant während dessen Haftzeit und einige Zeit danach. 2004 trennten sie sich nach einem Zerwürfnis.

**Benson, Mary** (1919–2000). Eine Freundin Mandelas. Journalistin, Autorin und Antiapartheidaktivistin. Im Zweiten Weltkrieg war sie Adjutantin verschiedener Generäle und lebte in England. 1957 kehrte sie nach Südafrika zurück und half dabei, Geld für die Verteidigung Mandelas und 155 weiterer im Hochverratsprozess Angeklagter zu sammeln. Auf seiner geheimen Reise durch Afrika und ins Ausland im Jahr 1962 besuchte Mandela sie in London. Unter anderem schrieb sie das Buch *Mandela: The Man and the Movement*, New York: W. W. Norton, 1986.

**Bernstein, Lionel (Rusty)** (1920–2002). Architekt und Antiapartheidaktivist. Führendes Mitglied der Kommunistischen Partei Südafrikas (CPSA). Gründungsmitglied und Führer des Congress of Democrats (COD), einer der Organisationen, die 1955 am Congress of the People (Volkskongress) teilnahmen, auf dem die Freiheits-Charta verabschiedet wurde. Angeklagter im Hochverratsprozess von 1956. Nach dem Freispruch im Rivonia-Prozess ging er mit seiner Frau Hilda ins Exil (sie überquerten zu Fuß die Grenze zum Nachbarland Bostwana). Er blieb ein führendes Mitglied des ANC und arbeitete als Architekt.

**Bizos, George** (geb. 1928). Menschenrechtsanwalt griechischer Abstammung. Mitglied und Mitbegründer des National Council of Lawyers for Human Rights. Mitglied des ANC-Komitees für Rechts- und Verfassungsfragen. Rechtsberater der Convention for a Democratic South Africa. Verteidiger im Rivonia-Prozess. Vertrat auch namhafte Antiapardheidaktivisten, unter anderem die Familien von Steve Biko, Chris Hani und die Cradock Four in der Wahrheits- und Versöhnungskommission (Truth and Reconciliation Commission, TRC). Von Mandela in die Judicial Services Commission Südafrikas berufen.

**Botha, P. W.** (1916–2006). Ministerpräsident von Südafrika von 1978 bis 1984. Von 1984 bis 1989 erster mit Exekutivbefugnissen ausgestatter Staatspräsident. Verfechter des Apartheidsystems. 1985 lehnte Mandela Bothas Angebot ab, unter der Bedingung eines Gewaltverzichts freizukommen. Botha weigerte sich 1998, vor der Wahrheits- und Versöhnungskommission zu den unter der Apartheid begangenen Verbrechen auszusagen.

**Brandfort** Eine Kleinstadt in der Provinz Free State, die Mitte des 19. Jahrhunderts zu Ehren des Präsidenten Brand des damaligen Oranje-Freistaats nach seinem Besuch einer Kirche auf einem Gehöft gegründet wurde. Im Zweiten Burenkrieg (1899–1902) waren dort Burenfrauen und -kinder in einem Konzentrationslager untergebracht. Premierminister H. F. Verwoerd machte in Brandfort seinen Highschool-Abschluss. 1977 wurde Winnie Mandela hierher verbannt und blieb dort bis 1985.

**Buthelezi (geb. Mzila), Irene** Eine Freundin der Familie und Frau von Chief Mangosuthu Buthelezi. Mandela nennt sie auch Mndlunkulu und Umdlunkulu, ein Hinweis auf ihren königlichen Rang. Als Mandela in den Jahren 1942/43 in den Minen arbeitete, wohnte er im Witwatersrand Native Labour Association Compound. Hier begegnete er Irene Mzila, der Tochter des Compound-Managers.

**Buthelezi, Mangosuthu Gatsha (Clan-Name: Shenge; Mandela schreibt ihn manchmal Butelezi oder auch Mangosutu)** (geb. 1928). Südafrikanischer Politiker und Zulu-Prinz. 1975 Gründer und Präsident der Inkatha Freedom Party (IFP). Chief Minister des KwaZulu Bantustan. Ernennung zum Innenminister Südafrikas (1994–2004). Vertrat Mandela während dessen Präsidentschaft mehrmals im Amt.

**Cachalia (geb. Asvat), Amina (auch Aminabehn oder Aminaben – ben ist «Schwester» auf Gujarati)** (1930–2013). Antiapartheidaktivistin und Frauenrechtlerin. Mitglied des ANC und des Transvaal Indian Congress (TIC). Mitbegründerin und Schatzmeisterin der Federation of South African Women (FEDSAW). Gründerin der Women's Progressive Union. Verheiratet mit Yusuf Cachalia. Bannungsauflagen hinderten sie an der Teilnahme an gesellschaftlichen Zusammenkünften und politischen Versammlungen, sie durfte keine Bildungseinrichtung und keinen Buch- oder Zeitungsverlag betreten und den Verwaltungsbezirk Johannesburg nicht verlassen.

**Cachalia, Ismail Ahmad (Maulvi)** (1908–2003). Antiapartheidaktivist. Führendes Mitglied des South African Indian Congress (SAIC), des Transvaal Indian Congress (TIC) und des ANC. Schlüsselfigur der passiven Widerstandskampagne (1946). Stellvertreter Mandelas bei der Leitung der Missachtungskampagne von 1952 und einer der zwanzig Angeklagten im Prozess um diese Kampagne. Zusammen mit Moses Kotane nahm er an der Bandung-Konferenz von 1955 teil, einer Versammlung afrikanischer und asiatischer Staaten in Bandung, Indonesien. Ihre Themen waren der Frieden, die Entkolonialisierung und die wirtschaftliche Entwicklung der afrikanischen und asiatischen Länder. 1964 Flucht nach Botswana und Gründung von ANC-Büros in Neu Delhi. Sein Vater, Ahmad Mohamed Cachalia, war ein enger Vertrauter Gandhis und Vorsitzender der Transvaal British Indian Association (1908–1918).

**Cachalia, Yusuf** (1915–1995). Politischer Aktivist. Sekretär des South African Indian Congress (SAIC). Bruder von Maulvi Cachalia, Ehemann von Amina Cachalia. Mit achtzehn Mitstreitern wegen Teilnahme an der Missachtungskampagne (1952) angeklagt und zu einer neunmonatigen Bewährungsstrafe verurteilt. Ab 1953 fortdauernd gebannt.

**Carlson, Joel** (1926–2001). Einer von Mandelas Anwälten. Nach seiner Denkschrift über die brutalen Arbeitsbedingungen der Landarbeiter (1957) begann er, Apartheidgegner vor Gericht zu vertreten. Er brachte nahezu 100 Fälle von Folter vor Gericht. Nach mehreren Anschlägen auf sein Leben verließ er 1971 Südafrika und zog in die Vereinigten Staaten von Amerika.

**Chiba, Isu (Laloo)** (1930–2017). Antiapartheidaktivist, Mitglied der Kommunistischen Partei Südafrikas (CPSA) und des Transvaal Indian Congress (TIC). Zugführer des MK. Folterungen durch die südafrikanische Sicherheitspolizei führten zum Verlust der Hörfähigkeit auf einem Ohr. Mitglied des Second National High Command des MK, wofür er zu achtzehn Jahren Haft verurteilt wurde, die er auf Robben Island verbüßte. Half, Mandelas Manuskript seiner Autobiografie im Gefängnis zu transkribieren. 1982 freigelassen. Mitglied der United Democratic Front (UDF). Parlamentsabgeordneter (1994–2004). Für seinen lebenslangen Beitrag zum Kampf für die Überwindung von Rassismus und Sexismus und für ein gerechtes und demokratisches Südafrika wurde ihm 2004 der Luthuli-Orden in Silber verliehen.

**Coetsee, Hendrik (Kobie)** (1931–2000). Südafrikanischer Politiker, Rechtsanwalt, Verwaltungsfachmann und Unterhändler. Stellvertretender Minister für Verteidigung und nationale Sicherheit (1978). 1980 Justizminister. Verhandelte mit Mandela ab 1985 bei Treffen über die Schaffung von Voraussetzungen für Gespräche zwischen der National Party und dem ANC. Nach den ersten demokratischen Wahlen in Südafrika 1994 wurde er zum Senatspräsidenten gewählt.

**Congress Alliance** Die in den 1950er Jahren gegründete Congress Alliance bestand aus ANC, dem South African Indian Congress (SAIC), dem Congress of Democrats (COD) und der South African Coloured People's Organisation. Als 1955 der South African Congress of Trade Unions (SACTU) gegründet wurde, trat er als fünftes Mitglied der Alliance bei. Sie leistete gute Dienste bei der Organisation des Congress of the People und bei der Erarbeitung inklusiver Klauseln in der Freiheits-Charta.

**Congress of the People (Volkskongress)** Der Congress of the People war der Höhepunkt einer jahrelangen Kampagne, bei der Mitglieder der Congress Alliance von Haus zu Haus gingen und Menschen in ganz Südafrika nach ihren Forderungen für ein freies Südafrika befragten. Die Antworten fanden Eingang in die Freiheits-Charta. Am Congress of the People am 25. und 26. Juni 1955 in Kliptown, Johannesburg, nahmen 3000 Delegierte teil. Die Freiheits-Charta wurde am 2. Tag des Kongresses verabschiedet.

**Cyprian, König Bhekzulu Nyangayezizwe ka Solomon** (1924–1968). König der Zulu-Nation von 1948 bis 1968. Er übernahm das Amt seines Vaters, des Königs Solomon kaDinizulu. Er war der Vater des derzeitigen Königs der Zulus, Goodwill Zwelithini.

**Dadoo, Dr. Yusuf** (1909–1983). Arzt, Antiapartheidaktivist und politischer Redner. Präsident des South African Indian Congress (SAIC), Stellvertreter Oliver Tambos im Revolutionary Council des MK, Vorsitzender der Kommunistischen Partei Südafrikas von 1972 bis 1983. Führendes Mitglied des ANC. 1940 erstmals im Gefängnis wegen Anti-Kriegs-Aktionen, danach während der Passive Resistance Campaign 1946 erneut sechs Monate in Haft. Gehörte zusammen mit Mandela zu den zwanzig Angeklagten im Prozess um die Missachtungskampagne. Ging während des Ausnahmezustandes von 1960 in den Untergrund und dann, um der Verhaftung zu entgehen, ins Exil. 1955 erhielt er auf dem Congress of the People die höchste ANC-Auszeichnung, die Isitwalandwe-Seaparankoe-Medaille.

**Dalindyebo, Buyelekhaya Zwelibanzi a Sabata** (geb. 1964). Sohn von Sabata Jonguhlanga Dalindyebo, Thembu-König von 1989 bis Dezember

2015. Er kam in Haft wegen verschiedener Vergehen, unter anderem wegen Mord, Entführung, Brandstiftung und Körperverletzung. Daher wurde er förmlich abgesetzt.

**Dalindyebo, Chief Jongintaba** (gest. 1942). Chief und Regent des Thembu-Volkes. Mandelas Vormund nach dem Tod seines Vaters. Mandela kam im Alter von zwölf Jahren in seine Obhut am Great Place, dem Regierungssitz in Mqhekezweni.

**Dalindyebo, King Sabata Jonguhlanga** (1928–1986). Paramount-Chief der Transkei (1954–1980). Vorsitzender der Democratic Progressive Party. Neffe von Chief Jongintaba Dalindyebo. Floh 1980 nach Sambia, nachdem er wegen Verletzung der Würde von K. D. Matanzima, dem Präsidenten der Transkei, verurteilt worden war.

**Daniels, Edward (Eddie; Mandela nennt ihn auch Danie)** (1928–2017). Politischer Aktivist. Mitglied der Liberal Party Südafrikas. Mitglied des African Resistance Movement, das aus Protest gegen die Regierung Anschläge auf diverse Einrichtungen verübte. Verbüßte eine Haftstrafe von fünfzehn Jahren auf Robben Island, wo er (wie Mandela) in Sektion B untergebracht war. Unmittelbar nach seiner Freilassung 1979 wurde er gebannt. Die Regierung Südafrikas verlieh ihm 2005 den Luthuli-Orden in Silber.

**de Klerk, Frederik Wilhelm (F. W.)** (geb. 1936). Rechtsanwalt. Staatspräsident Südafrikas von 1989 bis 1994. Vorsitzender der National Party von 1989 bis 1997. Im Februar 1990 hob er das Verbot des ANC und anderer Organisationen auf und verfügte die Entlassung Mandelas aus dem Gefängnis. Zusammen mit Thabo Mbeki stellvertretender Staatspräsident von 1994 bis 1996. Vorsitzender der New National Party (1997). Für seine Rolle bei der friedlichen Beendigung der Apartheid erhielt er 1992 den Prinz-von-Asturien-Preis (in der Kategorie «Internationale Zusammenarbeit») und 1993 den Friedensnobelpreis, jeweils gemeinsam mit Nelson Mandela.

**Defiance Campaign Against Unjust Laws** (*siehe* Missachtungskampagne)

**Dingake, Michael Kitso** (geb. 1928). Kam 1952 zum ANC und tauchte 1963 nach den Rivonia-Verhaftungen unter. Er verließ Südafrika und arbeitete im Untergrund. Da er im britischen Protektorat Bechuanaland (Botswana) geboren war, genoss er den Schutz der britischen Regierung. Dennoch wurde er 1965 in Südrhodesien aus dem Zug geholt und widerrechtlich der Südafrikanischen Polizei ausgeliefert. Er wurde nach Südafrika verbracht, wo er gefoltert, angeklagt und wegen Sabotage zu einer Haftstrafe von fünfzehn Jahren verurteilt wurde, die er auf Robben Island im selben Trakt wie Mandela verbüßte. Ende 1967 wurde er von der Insel nach Pretoria verlegt, wo man ihn erneut folterte, um Informationen zu erpressen. Wenige Wochen später wurde er nach Robben Island zurückgebracht. Nach seiner Freilasung 1981 kehrte er nach Botswana zurück.

**Eprile, Cecil L.** (1914–1993). Journalist und Redakteur. Schrieb für den *Arthur Barlow's Weekly*, die *Sunday Times* und den *Sunday Express*. Chefredakteur der *Golden City Post* (dem Pendant zur Zeitschrift *Drum*) von 1955 bis 1967. In dieser Zeit bildete er zahlreiche namhafte südafrikanische Journalisten aus.

**Fischer, Abram (Bram)** (1908–1975). Rechtsanwalt und Antiapartheidaktivist. Vorsitzender der Kommunistischen Partei Südafrikas (CPSA). Mitglied des Congress of Democrats (COD). Aufgrund seiner Beteiligung am Streik der afrikanischen Bergarbeiter für höhere Löhne im Jahr 1946 wurde er wegen Aufwiegelung angeklagt. Im Hochverratsprozess verteidigte er Mandela und andere führende ANC-Mitglieder erfolgreich. Im Rivonia-Prozess (1963– 1964) war er der federführende Verteidiger. Stand fortdauernd unter Bannauflagen und wurde wegen Verstoßes gegen den Suppression of Communism Act und Verschwörung zur Begehung von Sabotage 1966 zu lebenslanger Haft verurteilt. 1967 wurde er mit dem Lenin-Friedenspreis ausgezeichnet.

**Freiheits-Charta (Freedom-Charter)** Eine Grundsatzerklärung der Congress Alliance, verabschiedet auf dem Congress of the People am 26. Juni 1955 in Kliptown, Soweto. Die Congress Alliance mobilisierte Tausende Freiwilliger aus ganz Südafrika, um die Forderungen des Volkes zu dokumentieren. Die Freiheits-Charta trat ein für gleiche Rechte aller Südafrikaner unabhängig von ihrer Rasse, für Landreform, verbesserte Arbeits- und Lebensbedingungen, gerechte Verteilung des Wohlstands, für Schulpflicht und gerechtere Gesetze. Sie war ein machtvolles Instrument im Kampf gegen die Apartheid.

**Goldberg, Denis** (geb. 1933). Antiapartheidaktivist. Mitglied der Kommunistischen Partei Südafrikas (CPSA). Mitbegründer und Vorsitzender des Congress of Democrats (COD). Technischer Offizier im MK. 1963 in Rivonia festgenommen und zu lebenslanger Haftstrafe verurteilt, die er im Zentralgefängnis von Pretoria verbüßte. Nach seiner Freilassung (1985) ging er ins Exil nach Großbritannien und vertrat den ANC beim Anti Apartheid Committee der Vereinten Nationen. Er gründete 1995 die Community HEART zur Unterstützung armer schwarzer Südafrikaner. 2002 kehrte er nach Südafrika zurück und wurde zum Sonderberater des Ministers für Wasser- und Forstwirtschaft, Ronnie Kasrils, ernannt, der im Rivonia-Prozess als Mitverschwörer genannt worden war.

**Gumede, Archibald Jacob** (1914–1998). Der Sohn von Josiah Tshangana Gumede war ein Mitbegründer des South African Native National Congress (SANNC), eines Vorläufers des ANC. Gumede war Antiapartheidaktivist und Rechtsanwalt, trat 1949 dem ANC bei. Er war zusammen mit Mandela einer der 156 Angeklagten im berüchtigten Hochverratsprozess (1956), der nach viereinhalb Jahren mit dem Freispruch aller Beklagten endete. 1983 wurde er mit Albertina Sisulu und Oscar Mpetha zum Co-Präsidenten der United Democratic Front (UDF) gewählt. Um der drohenden Verhaftung durch die Sicherheitspolizei zu entgehen, suchte er 1984 zusammen mit einer Gruppe von Aktivisten Zuflucht im britischen Konsulat in Durban; als sie nach neunzig Tagen das

Gebäude verließen, wurden sie umgehend festgenommen und des Hochverrats angeklagt. Im Dezember 1985 wurde die Anklage gegen ihn und elf Mitstreiter fallengelassen, im Juni des folgenden Jahres kamen auch die übrigen vier Angeklagten frei.

**Guzana, Knowledge (Mandela nennt ihn Dambisa)** (geb. 1916). Kommilitone Mandelas am University College of Fort Hare. Machte als Anwalt eine politische Karriere in der Transkei. Er war Vorsitzender der New Democratic Party in der Transkei, die eine «Unabhängigkeit» schwarzer Homelands (oder Bantustans) ablehnte. Er führte die Partei bis 1976, als er von Hector Ncokazi abgelöst wurde.

**Gwala, Harry (Clan-Name Mphephetwa) Themba** (1920–1995). Harry Gwala, bekannt als «Der Löwe der Midlands», war Lehrer und aktiv in der Kommunistischen Partei Südafrikas (CPSA) und der ANC-Jugendliga. 1964 wurde er verhaftet und der Rekrutierung von Kämpfern für den MK (Sabotage) angeklagt. Er wurde zu acht Jahren Haft verurteilt, die er auf Robben Island (bis 1972) verbüßte. 1975 wurde er erneut verhaftet und zu lebenslanger Freiheitsstrafe verurteilt, abermals auf Robben Island. Er zog sich eine motoneuronische Erkrankung zu, die zu einer Lähmung der Arme führte. Aufgrund seiner Erkrankung wurde er 1988 freigelassen. 1992 wurde ihm die Isitwalandwe-Seaparankoe-Medaille verliehen, die höchste Auszeichnung des ANC.

**Healdtown** Healdtown war ein von der Methodistenkirche geführtes Internat in Fort Beaufort. Mandela schrieb sich dort 1937 ein und machte im Jahr darauf sein Abitur. Dort begann er mit dem Langstreckenlauf, und in seinem zweiten Jahr wurde er Schulsprecher.

**Hepple, Bob** (1934–2015). Rechtsanwalt, Hochschuldozent und Antiapartheidaktivist. Mitglied des Congress of Democrats (COD) und des South African Congress of Trade Unions (SACTU). Unterstützte 1962 Mandelas Verteidigung nach dessen Verhaftung wegen illegaler Ausreise und Anstiftung von Arbeitern zum Streik. 1963 auf der Liliesleaf-Farm verhaftet, die Anklage wurde jedoch fallengelassen unter der Bedingung, dass er als Kronzeuge auftrat. Er wurde im Rivonia-Prozess als Mitverschwörer aufgeführt. Daraufhin flüchtete er aus Südafrika. 2004 zum Ritter geschlagen.

**Hochverratsprozess (Treason Trial)** Der Hochverratsprozess (1956–1961) war der Versuch des Apartheidregimes, die Macht der Congress Alliance, eines Zusammenschlusses von Antiapartheidorganisationen, zu brechen. Bei Razzien in den frühen Morgenstunden des 5. Dezember 1956 wurden 156 Personen verhaftet und wegen Hochverrats angeklagt. Bis zum Ende des Prozesses im März 1961 wurden die Anklagen entweder fallengelassen, oder die Angeklagten wurden, wie die letzten achtundzwanzig, zu denen auch Mandela gehörte, freigesprochen.

**Joseph (geb. Fennell), Helen** (1905–1992). Lehrerin, Sozialarbeiterin, Antiapartheidaktivistin und Frauenrechtlerin. Gründungsmitglied des Congress of Democrats (COD) und Sekretärin der Federation of South African Women (FEDSAW). Organisierte und führte 1956 den Marsch von 20 000 Frauen zu den Pretoria's Union Buildings an. Angeklagte im Hochverratsprozess (1956). 1962 unter Hausarrest gestellt. Unterstützte Zindziswa und Zenani Mandela, als beide Eltern im Gefängnis waren. 1992 wurde ihr die Isitwalandwe-Seaparankoe-Medaille verliehen, die höchste Auszeichnung des ANC.

**Jozana, Xoliswa**   (geb. 1952). Eine Tochter von K. D. Matanzima und Prinzessin Nosango. 2017 trat sie von ihrem Posten als die für Zusammenarbeit und Entwicklung verantwortliche Direktorin des Department of Rural Development and Land Reform in South Africa zurück.

**Kantor, James**   (1927–1975). Rechtsanwalt. Obwohl er weder Mitglied des ANC noch des MK war, wurde er im Rivonia-Prozess angeklagt, möglicherweise, weil sein Schwager und Geschäftspartner Harold Wolpe auf der Liliesleaf-Farm verhaftet worden war und im Prozess als Mitverschwörer galt. Kantor wurde später freigesprochen und floh aus Südafrika.

**Kathrada, Ahmed Mohamed (Kathy)**   (1929–2017). Antiapartheidaktivist, Politiker, politischer Gefangener und Parlamentsabgeordneter. Führendes Mitglied des ANC und der Kommunistischen Partei Südafrikas (SACP). Gründungsmitglied des Transvaal Indian Volunteer Corps und seiner Nachfolgeorganisation, des Transvaal Indian Youth Congress. 1952 Mitangeklagter Mandelas im Prozess um die Missachtungskampagne und einer der letzten achtundzwanzig Angeklagten, die 1961 im Hochverratsprozess freigesprochenen wurden. 1962 unter Hausarrest gestellt. Im Juli 1963 auf der Liliesleaf-Farm verhaftet und im Rivonia-Prozess wegen Sabotage angeklagt. Von 1964 bis 1982 auf Robben Island, danach bis zu seiner Freilassung am 15. Oktober 1989 im Pollsmoor-Gefängnis in Haft. Nach den ersten demokratischen Wahlen in Südafrika ab 1994 Parlamentsabgeordneter und politischer Berater von Präsident Mandela. Vorsitzender des Robben Island Council von 1994 bis 2006. 1992 erhielt er die höchste Auszeichnung des ANC, die Isitwalandwe-Seaparankoe-Medaille. Indiens Staatspräsident verlieh ihm den Pravasi Bharatiya Samman Award, und er ist Inhaber mehrerer Ehrendoktortitel.

**Kente, Gibson**   (1932–2004). Vielen gilt er als der Vater des schwarzen Theaters in Südafrika. Zwischen 1960 und 1990 brachte er über zwanzig Stücke auf die Bühne vom Typ, der als «township musical» berühmt wurde. In den fünfziger Jahren schrieb er Lieder für Miriam Makeba. Mandela bezeichnet ihn als «Neffe», weil beide aus dem Madiba-Clan stammen.

**Kommunistische Partei Südafrikas**   (*siehe* South African Communist Party)

**Kruger, James (Jimmy)**   (1917–1987). Politiker, Minister für Justiz und Polizei (1974–1979). Senatspräsident (1979–1980). Von ihm stammt die niederträchtige Bemerkung, der Tod Steve Bikos 1977 in der Untersuchungshaft lasse ihn kalt.

**Le Grange, Louis L.** (1928–1991). 1975 Mitglied im Kabinett der regierenden National Party. Von 1979 bis 1980 Minister of Prisons und von 1979 bis 1982 Minister of Police. Von 1982 bis 1986 Minister of Law and Order.

**Lukhele, Douglas (Duggie)** Ehemaliger Anwaltskollege Mandelas. Zog nach Swasiland und wurde dort Generalstaatsanwalt. In den fünfziger Jahren machte er seine praktische Ausbildung in der Kanzlei von Mandela und Tambo.

**Luthuli, Chief Albert John Mvumbi** (1898–1967). Lehrer, Antiapartheidaktivist und Laienprediger. Chief von Groutville Reserve. ANC-Präsident von 1952 bis 1967. Ab 1953 durfte er aufgrund einer Bannungsverfügung der Regierung seine Heimatgemeinde nicht mehr verlassen. Angeklagter im Hochverratsprozess von 1956. 1960 zu sechs Jahren Haft (auf Bewährung) verurteilt, nachdem er seinen Pass öffentlich verbrannt und zu einem nationalen Trauertag wegen des Sharpeville-Massakers aufgerufen hatte. Erhielt 1960 den Friedensnobelpreis für sein Bekenntnis zur Gewaltfreiheit im Kampf gegen die Apartheid. 1955 wurde ihm auf dem Volkskongress die Isitwalandwe-Seaparankoe-Medaille verliehen, die höchste Auszeichnung des ANC.

**Luthuli, Nokhukhanya** Frau von Chief Albert Luthuli. Im Brief redet Mandela sie mit Nkosikazi Luthuli an.

**Madikizela, Columbus Kokani** Auch C. K. genannt; er war Winnie Mandelas Vater. In Briefen an seine Frau spricht Mandela respektvoll von ihm als Bawo. Er war Geschichtslehrer, später wurde er Minister für Forst- und Landwirtschaft in der Regierung der Transkei unter K. D. Matanzima.

**Madikizela-Mandela, Nomzamo Winifred (Winnie, Nobandla, Nomzamo, Mhlope, Zami und Ngutyana)** (1936–2018). Sozialarbeiterin, Antiapartheidaktivistin und Frauenrechtlerin. Mitglied des ANC. Von 1958 bis 1996 verheiratet mit Nelson Mandela (Trennung 1992). Mutter der beiden Töchter Zenani und Zindziswa Mandela. Erste schwarze Sozialarbeiterin im Baragwanath Hospital in Johannesburg. Ab 1969 17 Monate in Einzelhaft. Ab 1970 unter Hausarrest und von 1962 bis 1987 unter eine Reihe von Bannungsverordnungen gestellt. Als Reaktion auf den Aufstand von Soweto gründete sie 1975 die Black Women's Federation, 1976 die Black Parents' Association. Präsidentin der ANC Women's League von 1993 bis 2003. Parlamentsabgeordnete für den ANC.

**Maharaj, Sathyandranath (Mac)** (geb. 1935). Hochschullehrer, Politiker, Antiapartheidaktivist, politischer Gefangener und Parlamentsabgeordneter. Führendes Mitglied des ANC und der Kommunistischen Partei Südafrikas (CPSA). 1964 wegen Sabotage zu zwölf Jahren Haft verurteilt, die er auf Robben Island verbüßte. Half bei der heimlichen Transkription von Mandelas Autobiografie *Der lange Weg zur Freiheit* und schmuggelte das Manuskript bei seiner Entlassung 1976 aus dem Gefängnis. Befehligte die Operation Vulindlela (Vula), eine Untergrundaktion des ANC mit dem Ziel, einen internationalen Führungsstab aufzubauen. Maharaj arbeitete im Sekretariat der Con vention for a Democratic South Africa (CODESA). Transportminister (1994–1999). Bevollmächtigter Vertreter von Präsident Jacob Zuma.

**Maki** (*siehe* Mandela, Makaziwe)

**Mandela (geb. Mase), Evelyn Ntoko (auch Mqwati oder Ntoko)** (1922–2004). Krankenschwester. Von 1944 bis 1957 mit Mandela verheiratet. Mutter von Madiba Thembekile (1945–1969), Makaziwe (geb. 1947), die im Alter von neun Monaten starb, Makgatho (1950–2005) und Makaziwe (geb. 1954). Cousine von Walter Sisulu, der sie mit Mandela bekannt machte. Heiratete 1998 Simon Rakeepile, einen Geschäftsmann im Ruhestand aus Soweto.

**Mandela, Madiba Thembekile (Thembi; manchmal Tembi geschrieben)** (1945–1969). Mandelas ältester Sohn aus der Ehe mit seiner ersten Frau Evelyn. Er kam bei einem Autounfall ums Leben.

**Mandela, Makaziwe** (geb. 1947). Mandelas erste Tochter aus seiner Ehe mit seiner ersten Frau Evelyn. Sie starb im Alter von neun Monaten.

**Mandela, Makaziwe (Maki)** (geb. 1954). Mandelas älteste Tochter aus seiner Ehe mit seiner ersten Frau Evelyn.

**Mandela, Makgatho (Kgatho)** (1950–2005). Mandelas zweiter Sohn aus der Ehe mit seiner ersten Frau Evelyn. Rechtsanwalt. Starb am 6. Januar 2005 in Johannesburg an Aids. Zondi Mandela, seine zweite Frau, war im Juli 2003 an einer durch Aids verursachten Verschlimmerung einer Lungenentzündung gestorben.

**Mandela, Mandla Zwelivelile** (geb. 1974). Mandelas ältester Enkel und erstes Kind von Makgatho Mandela. Heute Chief des Mvezo Traditional Council.

**Mandela, Nandi** (geb. 1968). Mandelas zweites Enkelkind und jüngste Tochter von Thembekile und Thoko Mandela. Sie war ein Jahr alt, als ihr Vater bei einem Autounfall ums Leben kam.

**Mandela, Ndileka** (geb. 1965). Mandelas erste Enkeltochter und älteste Tochter von Thembekile und Thoko Mandela. Im Alter von vier Jahren verlor sie ihren Vater durch einen Autounfall.

**Mandela, Nkosi Mphakanyiswa Gadla** (gest. 1930). Chief, Ratsmitglied und Berater. Abkömmling des Hauses Ixhiba. Mandelas Vater. Nach einer Auseinandersetzung mit einem örtlichen weißen Beamten wurde er als Chief abgesetzt.

**Mandela, Nolusapho Rose Rayne («Rennie»)** Mutter von Mandelas Enkel Mandla Mandela. Sie war verheiratet mit Mandelas zweitem Sohn Makgatho.

**Mandela, Nosekeni Fanny** (gest. 1968). Mandelas Mutter. Dritte Frau von Nkosi Mphakanyiswa Gadla Mandela.

**Mandela, Thoko (Molly de Jager)** Frau von Thembekile Mandela und

Mutter ihrer beiden Töchter. Beim tödlichen Unfall ihres Mannes Thembekile saßen sie und ihre Schwester Irene Simelane mit im Wagen. Ihr Bruder wurde bei diesem Unfall verletzt. Zeitungsartikel über den Unfall erwähnen sie als Molly de Jager; diesen Namen einer Verwandten hatte sie angenommen in der Hoffnung, unter Apartheidgesetzen als Farbige eingestuft zu werden und damit in einem besseren Gebiet wohnen zu können. Mandela nennt sie auch *molokazana*, was «Schwiegertochter» bedeutet. Nach dem Tod ihres Mannes nahm sie wieder ihren Mädchennamen Thoko Mhlanga an.

**Mandela, Winnie** (*siehe* Madikizela-Mandela, Nomzamo Winifred)

**Mandela, Zenani (Zeni) Nomadabi Nosizwe** (geb. 1959). Mandelas erste Tochter aus seiner zweiten Ehe mit Winnie. Ihre Namen bedeuten «Was hast Du gebracht?» und «Schlacht der Nation». Sie ist Südafrikas Botschafterin auf Mauritius.

**Mandela, Zindziswa (Zindzi)** (geb. 1960). Mandelas zweite Tochter aus seiner zweiten Ehe mit Winnie. Ihr Vorname bedeutet «wohl eingerichtet»; so genannt wurde sie nach der Tochter des Xhosa-Dichters Mqhayi. Heute ist sie Südafrikas Botschafterin in Dänemark.

**Mandela, Zoleka** (geb. 1980). Mandelas Enkelin und einzige Tochter von Zindziswa Mandela.

**Mandela, Zondwa** (geb. 1985). Mandelas Enkel und ältester Sohn von Zindziswa Mandela.

**Masemola, Jafta Kgalabi** («Jeff») (1929–1990). Der «Tiger von Azania» war Mitglied der ANC-Jugendliga und Gründer des bewaffneten Flügels des Pan Africanist Congress (PAC). Nach seiner Verhaftung 1962 kam er wegen Sabotageakten vor Gericht. Ihm wurde Sprengung von Stromleitungen vorgeworfen und dass er Freiheitskämpfer außer Landes geschmuggelt habe. Im Juli 1963 wurde er zu lebenslanger Haft verurteilt. Am 23. Oktober 1989 begegnete er Mandela im Victor-Verster-Gefängnis. Es ging das Gerücht, dass sie über einen Zusammenschluss von ANC und PAC sprachen. Am 15. Oktober 1989 wurde er freigelassen, und am 17. April 1990 kam er bei einem mysteriösen Autounfall ums Leben.

**Matanzima, Kaiser Daliwonga (K.D., auch Wonga genannt)** (1915–2003). Thembu-Chief und Politiker. Mandelas Neffe. Mitglied des United Transkei Territorial Council (1955) und geschäftsführendes Mitglied der Transkei Territorial Authority (1956). Chief-Minister der Transkei (1963). Zusammen mit seinem Bruder George Matanzima gründete und führte er die Transkeian National Independence Party. Erster Premierminister des Bantustans Transkei, nachdem 1976 der Transkei nominelle Unabhängigkeit zuerkannt wurde. Staatspräsident der Transkei (1979–1986). Er war der Urenkel von König Matanzima.

**Matanzima, Mthetho** (gest. 1972). Ein Sohn von K.D. Matanzima mit

Prinzessin Dade. Er studierte am University College of Fort Hare und legte 1968 das Juraexamen ab. Chief der Noqayti Region.

**Matthews, Frieda Deborah Bokwe** (1905–1998). Tochter von Reverend John Knox Bokwe, einem führenden Intellektuellen der Xhosa und Verfasser von Kirchenliedern in den 1880er Jahren. Sie war eine der ersten schwarzen Frauen, die in Südafrika einen Hochschulabschluss machten. Sie war selbst Lehrerin und heiratete den Pädagogen Z. K. Matthews. 1984 veröffentlichte sie ihre *Remembrances* (Erinnerungen).

**Matthews, Vincent Joseph Goabakwe (Bakwe)** (1929–2010). Sohn des Ehepaars Frieda und Z. K. Matthews. Sowohl er als auch sein Vater gehörten zu den 156 angeklagten Antiapartheidaktivisten im Hochverratsprozess von 1956. Er erlangte die Zulassung als Rechtsanwalt und wurde stellvertretender Generalstaatsanwalt von Botswana. 1992 kehrte er nach Südafrika zurück und trat im selben Jahr aus dem ANC aus. Er war ab 1994 Parlamentsabgeordneter für die Inkatha Freedom Party (IFP) und von 1994 bis 1999 stellvertretender Minister für innere Sicherheit.

**Matthews, Professor Zachariah Keodirelang (Z. K.)** (1901–1968). Hochschullehrer, Politiker und Antiapartheidaktivist. Mitglied des ANC. Erster schwarzer Südafrikaner, der an einer südafrikanischen Bildungseinrichtung den BA (Bachelor-Grad) erwarb (1923). Erster schwarzer Südafrikaner, der in Südafrika den LL.B (Bachelor-Grad in Rechtswissenschaften) erwarb (1930). Er entwarf das Konzept für den Congress of the People und die Freiheits-Charta. Gemeinsam mit Chief Albert Luthuli organisierte er nach dem Sharpeville-Massaker ein «Stay-Away», einen nationalen Trauertag, an dem die Menschen von der Arbeit fernblieben. Dieser Tag wurde am 28. März 1960 begangen. 1965 ging er nach Botswana und wurde Botschafter dieses Landes in den USA.

**Mbeki, Archibald Mvuyelua Govan (Clan-Name: Zizi)** (1910–2001). Historiker und Antiapartheidaktivist. Führendes Mitglied des ANC und der Kommunistischen Partei Südafrikas (CPSA). Mitglied des Oberkommandos des MK. Vater von Thabo Mbeki (dem Staatspräsidenten Südafrikas von 1999 bis 2008). Im Rivonia-Prozess zu lebenslanger Haft verurteilt. 1987 aus dem Gefängnis auf Robben Island entlassen. Nach dem Ende der Apartheid Mitglied des südafrikanischen Senats von 1994 bis 1997, stellvertretender Präsident des Senats und von dessen Nachfolgeinstitution, dem National Council of Provinces (1997–1999). 1980 wurde ihm die Isitwalandwe-Seaparankoe-Medaille verliehen, die höchste Auszeichnung des ANC.

**Meer, Prof. Fatima (auch angeredet als Fatimabehn und Fatimaben – *ben* bedeutet «Schwester» auf Gujarati)** (1928–2010). Autorin, Hochschullehrerin, Antiapartheidaktivistin und Frauenrechtlerin. 1950 heiratete sie Ismail Meer. Gründete 1946 zur Unterstützung der Passive Resistance Campaign das Student Passive Resistance Committee against Apartheid. Gründungsmitglied der Federation of South African Women (FEDSAW). 1956 erste schwarze Dozentin an einer weißen südafrikanischen Universität (an der University of Natal). Seit 1953 gebannt, entging sie einem Mordversuch. Sie machte sich die Ideologie der Black Consciousness zu eigen und gründete 1975 das Institute of Black Research. Erste Präsidentin der 1975 gegründeten Black Women Federation. 1988 erschien ihr Buch *Higher than Hope*, die erste autorisierte Biografie Nelson Mandelas (dt. *Nelson Mandela, Stimme der Hoffnung*, München: Heyne 1989).

**Meer, Ismail Chota I. C.** (1918–2000). Rechtsanwalt und Antiapartheidaktivist. Freundete sich 1946 während des Studiums an der University of Witwatersrand (Johannesburg) mit Mandela an. Als Student trat er in die Kommunistische Partei Südafrikas (CPSA) ein. Er spielte eine maßgebliche Rolle in der Passive Resistance Campaign (1946) und der Missachtungskampagne (1952) und war an der Ausarbeitung der Freiheits-Charta beteiligt. Ehemann von Fatima Meer.

**Mhlaba, Raymond (Clan Name: Ndobe)** (1920–2005). Antiapartheidaktivist, Politiker, Diplomat und politischer Gefangener. Führendes Mitglied des ANC und der Kommunistischen Partei Südafrikas (CPSA). Oberbefehlshaber des MK. 1963 in Rivonia verhaftet und im darauffolgenden Prozess zu lebenslanger Haft verurteilt. Auf Robben Island inhaftiert, bevor er 1982 ins Pollsmoor-Gefängnis verlegt wurde. 1989 freigelassen. Er war an den Verhandlungen mit der National-Party-Regierung beteiligt, die schließlich zur Demokratisierung Südafrikas führten. Mitglied im Nationalen Exekutivkomitee des ANC (1991). Ministerpräsident der Provinz Ostkap (1994). Hochkommissar Südafrikas in Uganda (1997). 1992 wurde ihm die Isitwalandwe-Seaparankoe-Medaille verliehen, die höchste Auszeichnung des ANC.

**Missachtungskampagne** Die vom ANC im Dezember 1951 initiierte und gemeinsam mit dem South African Indian Congress (SAIC) am 26. Juni 1952 gestartete Kampagne richtete sich gegen sechs Apartheidgesetze. Bei der Missachtungskampagne (Defiance Campaign Against Unjust Laws) verstießen Einzelne gegen rassistische Gesetze, indem sie zum Beispiel für Weiße reservierte Einrichtungen betraten oder gegen die Ausgangssperre verstießen und damit ihre Verhaftung provozierten. Mandela wurde zum nationalen Volunteer-in-Chief ernannt und Maulvi Cachalia zu seinem Stellvertreter. Im Verlauf der Kampagne wurden über 8500 Freiwillige wegen ihrer Beteiligung an der Kampagne inhaftiert.

**MK** (*siehe* Umkhonto weSizwe)

**Mkwayi, Wilton Zimasile (Clan-Name: Mbona; Spitzname: Bri Bri)** (1923–2004). Gewerkschafter, politischer Aktivist und politischer Gefangener. Mitglied des ANC und des South African Congress of Trade Unions (SACTU). Organisator der African Textile Workers in Port Elizabeth. Beteiligt bei der Missachtungskampagne 1952, später in der Kampagne für den Volkskongress engagiert. Setzte sich 1956 während des Hochverratsprozesses nach Lesotho ab. Schloss sich dem Umkhonto weSizwe an und erhielt eine militärische Ausbildung in der Volksrepublik China. Nach den Verhaftungen auf der Liliesleaf-Farm wurde er Oberbefehlshaber des MK. In einem Verfahren, das als «Kleiner Rivonia-Prozess» bekannt wurde, für schuldig befunden und zu lebenslanger Haft verurteilt. Er verbüßte die Strafe auf Robben Island. Im Oktober 1989 freigelassen. 1994 in den Senat der Nationalversammlung gewählt, danach ins Parlament der Provinz Ostkap entsandt, wo er bis zu seinem Rückzug aus dem öffentlichen Leben 1999 tätig war. 1992 wurde ihm die Isitwalandwe-Seaparankoe-Medaille verliehen, die höchste Auszeichnung des ANC.

**Mlangeni, Andrew Mokete (Clan-Name: Motlokwa; Spitzname: Mpandla)** (geb. 1926). Antiapartheidaktivist, politischer Gefangener und Parlamentsabgeordneter. Mitglied der ANC-Jugendliga, des ANC und des MK. Im Rivonia-Prozess 1963 zu lebenslanger Haft verurteilt. Verbüßte achtzehn Jahre auf Robben Island und wurde 1982 in das Pollsmoor-Gefängnis verlegt. 1992 wurde ihm die Isitwalandwe-Seaparankoe-Medaille verliehen, die höchste Auszeichnung des ANC.

**Motlana, Dr. Nthato Harrison** (1925–2008). Arzt, Gemeindevorsteher, politischer Aktivist, Geschäftsmann und enger Freund von Nelson und Winnie Mandela. Trat in den vierziger Jahren in die außerparlamentarische Opposition ein und wurde 1949 Vorsitzender der ANC-Jugendliga. Im Prozess, der 1952 auf die Missachtungskampagne folgte, stand er zusammen mit Mandela und achtzehn anderen Angeklagten vor Gericht. Zweimal wurde er unter Bannverordnungen gestellt und kam einmal in Haft. In den siebziger Jahren half er bei der Gründung der Black Parents' Association, die die Opfer des Schüleraufstands von 1976 unterstützte. Er gründete auch das Komitee der Zehn, eine einflussreiche Organisation von Einwohnern von Soweto. In den achtziger Jahren war er Vorstand der Soweto Civic Association, einer Einrichtung, die der breit aufgestellten United Democratic Front (UDF) angegliedert war.

**Motsoaledi, Elias (Clan-Name: Mokoni)** (1924–1994). Gewerkschafter, Antiapartheidaktivist und politischer Gefangener. Mitglied des ANC, der Kommunistischen Partei Südafrikas (SACP) und des Council of Non-European Trade Unions. Nach der Missachtungskampagne 1952 gebannt. Gründungsmitglied des South African Congress of Trade Unions (1955). Während des Ausnahmezustands 1960 vier Monate im Gefängnis und auf der Grundlage des 1963 verabschiedeten Gesetzes, das eine 90-tägige U-Haft ohne Anklage erlaubte, erneut verhaftet. Im Rivonia-Prozess zu lebenslanger Haft verurteilt und von 1964 bis 1989 auf Robben Island inhaftiert. Nach seiner Freilassung in das Nationale Exekutivkomitee des ANC gewählt. 1992 wurde ihm die Isitwalandwe-Seaparankoe-Medaille verliehen, die höchste Auszeichnung des ANC.

**Mpetha, Oscar** (1909–1994). Gewerkschafter und politischer Aktivist aus der Transkei. 1951 schloss er sich dem ANC an und wurde 1958 Präsident des Kap-ANC. 1983 wurde er wegen Anstiftung zu Ausschreitungen, in deren Verlauf zwei Weiße getötet worden waren, zu fünf Jahren Haft verurteilt. Im gleichen Jahr wurde er einer der drei Co-Präsidenten der neu aufgestellten United Democratic Front (UDF). Die meiste Zeit seiner Haft verbrachte er im Rollstuhl im Krankenhaus, nachdem ihm beide Beine aufgrund schwerer Diabetes amputiert werden mussten. Zusammen mit der letzten Gruppe der noch übrigen Häftlinge aus dem Rivonia-Prozess kam er am 15. Oktober 1989 frei.

**Naicker, Dr. Gangathura Mohambry (Monty)**  (1910–1978). Arzt, Politiker und Antiapartheidaktivist. Mitbegründer und erster Vorsitzender des Anti-Segregation Council. Von 1945 bis 1963 Präsident des Natal Indian Congress (NIC). Unterzeichner des «Doctor's Pact» vom März 1947, einer Erklärung zur Zusammenarbeit von ANC, Transvaal Indian Congress und Natal Indian Congress. Weitere Unterzeichner waren Dr. Albert Xuma (Präsident des ANC) und Dr. Yusuf Dadoo (Präsident des Transvaal Indian Congress, TIC).

**Naidoo, Indres Elatchininatha**  (1936–2016). Mitglied der Kommunistischen Partei Südafrikas (CPSA) und des Transvaal Indian Congress (TIC). Wegen seiner Aktionen im Auftrag des MK war er zehn Jahre auf Robben Island in Haft. Nach seiner Freilassung veröffentlichte er sein Buch *Island in Chains: Prisoner 885/63*. Er war ein Sohn von Ama und Thambi «Naran» Naidoo und der Bruder von Shanti Naidoo.

**Naidoo, «Shanti» Shanthivathie**  (geb. 1935). Ältestes der fünf Kinder von Ama und Thambi «Naran» Naidoo. Schon als Schülerin wurde sie zur politischen Aktivistin. Sie war Mitglied des Transvaal Indian Congress (TIC) und der Federation of South African Women (FEDSAW). Ab 1960 gebannt, 1969 inhaftiert. Als sie die Aussage gegen Winnie Mandela verweigerte, wurde sie zu zwei Monaten Haft verurteilt. Ihre Bannauflagen hinderten sie daran, ihren Bruder Indres Naidoo zu besuchen, der ab 1963 eine zehnjährige Haftstrafe auf Robben Island verbüßte. Bis 1972 durfte sie das Land nicht verlassen. Sie besuchte ihn zum ersten Mal im Gefängnis, bevor sie Südafrika verließ. Sie lebte in England und in der ANC-Schule in Tansania. 1991 kehrte sie zusammen mit ihrem Mann Dominic Tweedie nach Südafrika zurück.

**Nair, Billy**  (1929–2008). Politiker, Anitapartheidaktivist, politischer Gefangener und Parlamentsabgeordneter. Mitglied des ANC, des Natal Indian Congress (NIC), der Kommunistischen Partei Südafrikas (CPSA), des South African Congress of Trade Unions (SACTU) und des MK. 1963 im Rivonia-Prozess als Mitverschwörer wegen Sabotage angeklagt und zu zwanzig Jahren Haft auf Robben Island verurteilt. Nach seiner Freilassung trat er der United Democratic Front (UDF) bei. 1990 verhaftet und wegen Beteiligung an der Operation Vulindlela (Vula) verurteilt, einer Untergrundaktion, die Freiheitskämpfer außer Landes schmuggelte und die Verbindungskanäle zwischen den inhaftierten ANC-Führern im Inland und denen im Exil offen hielt. Parlamentsabgeordneter im demokratischen Südafrika.

**National Party**  Konservative südafrikanische Partei, gegründet 1914 in Bloemfontein von nationalistischen Afrikaanern. Regierungspartei in Südafrika von Juni 1948 bis Mai 1994. Setzte die Apartheid durch, ein durch Gesetze etabliertes System der Rassentrennung, das die selbsterklärte Vorherrschaft der weißen Bevölkerungsminderheit kennzeichnete. Die Partei wurde 1994 aufgelöst.

**Ngoyi, Lilian Masediba** (1911–1980). Politikerin, Antiapartheidaktivistin, Frauenrechtlerin und politische Rednerin. Führendes Mitglied des ANC. 1956 als erste Frau in das ANC-Exekutivkomitee gewählt. Präsidentin der ANC Women's League, 1956 Präsidentin der Federation of South African Women (FEDSAW). Führte 1956 den Women's March gegen die Passgesetze an. Im Hochverratsprozess angeklagt und freigesprochen. Während des Ausnahmezustands 1960 verhaftet. 1963 aufgrund der Bestimmungen des 90-Tage-Gesetzes inhaftiert und einundsiebzig Tage in Einzelhaft. Fortwährend mit Bannungsauflagen belegt. 1992 wurde ihr die Isitwalandwe-Seaparankoe-Medaille verliehen, die höchste Auszeichnung des ANC.

**Njongwe, James «Jimmy» Lowell Zwelinzima** (1919–1976). Einer der ersten beiden Schwarzen, die an der medizinischen Fakultät der University of Witwatersrand 1946 einen Hochschulabschluss machten. Er war der erste schwarze Arzt, der eine Praxis eröffnete (in Port Elizabeth, Ostkap-Provinz). Er war im Vorstand der ANC-Jugendliga, später Präsident des ANC in der Kap-Provinz. Er wurde gebannt und musste seine Praxis aufgeben. Daraufhin verließ er Port Elizabeth und eröffnete seine Praxis in Matatiele (Transkei). Während des Ausnahmezustands 1960 wurde er verhaftet.

**Nokwe, Philemon Pearce Dumasile (Duma)** (1927–1978). Rechtsanwalt und politischer Aktivist. Unterricht bei O. R. Tambo an der St. Peter's Highschool in Johannesburg. Als Student wurde er in den Vorstand der ANC-Jugendliga gewählt. Zusammen mit Mandela war er in der letzten Gruppe der Angeklagten im Hochverratsprozess von 1956. Gast bei der Hochzeit von Mandela und Winnie Madikizela. Von 1958 bis 1969 war Nokwe Vorsitzender des ANC. Als Mitverschwörer im Rivonia-Prozess aufgeführt. Ging 1963 ins Exil und starb in Sambia.

**Omar, Abdulla «Dullah»** (1934–2004). Antiapartheidaktivist und Rechtsanwalt, der sich um einige Rechtsgeschäfte Mandelas kümmerte, während dieser im Gefängnis war. Bevor er 1983 führendes Mitglied der United Democratic Front (UDF) wurde, war er Mitglied im Unity Movement. Das Apartheidregime bannte und inhaftierte ihn und verübte einen Mordanschlag auf ihn. 1994 wurde er der erste Justizminister im demokratischen Südafrika unter der Präsidentschaft Mandelas. 1999 wurde er unter Präsident Thabo Mbeki Transportminister.

**OR** (*siehe* Tambo, Oliver)

**Pan Africanist Congress (PAC)** Eine 1959 vom ANC abgespaltene Gruppierung, gegründet von Robert Sobukwe, der die Philosophie eines «Afrika den Afrikanern» vertrat. Der PAC rief – unter anderem – zu einem landesweiten Protest gegen die Passgesetze auf, zehn Tage bevor der ANC seine eigene Kampagne startete. Sie kulminierte im Sharpeville-Massaker am 21. März 1960, bei dem die Polizei neunundsechzig unbewaffnete Demonstranten erschoss. Der PAC wurde gleichzeitig mit dem ANC im April 1960 verboten. Aufhebung des Verbots am 2. Februar 1990.

**Paton, Alan**   (1903–1988). Lehrer und Autor des berühmten Romans *Cry, the Beloved Country* (1948, dt. *Denn sie sollen getröstet werden*, Berlin: Evangelische Verlagsanstalt, 1952). Von 1935 bis 1949 Rektor der Diepkloof-Erziehungsanstalt. Er gründete die Liberal Party von Südafrika, die die Apartheidgesetzgebung der herrschenden National Party bekämpfte. Im Rivonia-Prozess hielt er ein Plädoyer zugunsten einer Strafmilderung für Mandela und seine Mitangeklagten.

**Pogrund, Benjamin**   (geb. 1933). Journalist und Freund Mandelas, arbeitete ab 1958 für die *Rand Daily Mail* und berichtete über das Sharpeville-Massaker am 21. März 1960. Früh teilte Mandela ihm mit, er glaube, dass die Tage des gewaltlosen Protestes gezählt seien. 1986 zog Pogrund nach London.

**Pollsmoor-Hochsicherheitsgefängnis**   Gefängnis in Tokai, einem Vorort von Kapstadt. Zusammen mit Walter Sisulu, Raymond Mhlaba und Andrew Mlangeni wurde Mandela 1982 (Ahmed Kathrada kam wenig später dazu) dorthin verlegt.

**Qunu**   Dorf in der südafrikanischen Provinz Ostkap, in dem Mandela lebte, nachdem seine Familie von seinem Geburtsort Mvezo dorthin gezogen war.

**Ramphele, Mamphela Aletta**   (geb. 1947). Antiapartheidaktivistin und Gründungsmitglied des Black Consciousness Movement, Ärztin, Hochschullehrerin und Geschäftsfrau. In der Zeit, als sie Partnerin von Steve Biko war, wurde sie 1977 vom Apartheidregime nach Tzaneen im damaligen Northern Transvaal (heute Limpopo) verbannt, wo sie bis 1984 blieb. 1986 ging sie als wissenschaftliche Mitarbeiterin an die Universität von Kapstadt und wurde 1991 Vizekanzlerin. Im Jahr 2000 wurde sie zu einer der vier Vorstandsvorsitzenden der Weltbank ernannt.

**Rivonia-Prozess**   Von 1963 bis 1964 dauernder Prozess, bei dem führende Mitglieder der Congress Alliance wegen Sabotage angeklagt wurden und mit der Todesstrafe rechnen mussten. Die Bezeichnung Rivonia-Prozess rührt vom Johannesburger Vorort Rivonia, wo am 11. Juli 1963 sechs Mitglieder des MK-Oberkommandos in ihrem Versteck, der Liliesleaf-Farm, verhaftet worden waren. Dabei wurden auch belastende Dokumente gefunden, die unter anderem einen Plan für einen Guerillaaufstand unter dem Tarnnamen Operation Mayibuye enthielten. Mandela, der zu diesem Zeitpunkt bereits wegen Anstiftung zum Streik und wegen illegalen Verlassens des Landes in Haft war, wurde ebenfalls angeklagt, und seine Aufzeichnungen zur Guerillakriegsführung sowie das Tagebuch seiner Afrikareise von 1962 wurden beschlagnahmt. Mandela wurde nicht als Zeuge ins Kreuzverhör genommen, sondern gab am

20. April 1964 von der Anklagebank eine Erklärung ab, die berühmte «Ich bin bereit zu sterben»-Rede. Am 11. Juni 1964 wurden acht Angeklagte im Justizpalast von Pretoria von Richter Quartus de Wet für schuldig befunden und am folgenden Tag zu lebenslanger Haft verurteilt.

**Robben Island** Insel in der Tafelbucht, sieben Kilometer vor der Küste von Kapstadt, etwa 3,3 Kilometer lang und 1,9 Kilometer breit. Diente seit der Besiedelung durch die Niederlande im 17. Jahrhundert hauptsächlich als Verbannungsort und Gefängnis, vor allem für politische Gefangene. Drei Männer, die später Staatspräsidenten von Südafrika wurden, waren dort inhaftiert: Nelson Mandela (1964–1982), Kgalema Motlanthe (1977–1987) und Jacob Zuma (1963–1973). Gehört heute zum Weltkulturerbe und ist ein Museum.

**Sikhakhane, Joyce Nomafa** (geb. 1943). Journalistin und Antiapartheidaktivistin. Schrieb über die Familien politischer Häftlinge, unter anderem über Albertina Sisulu und Winnie Mandela, was ihr eine Verhaftung nach dem Protection Against Communism Act und die darauffolgende Verhaftung nach dem Terrorism Act einbrachte. Sie verbrachte achtzehn Monate in Einzelhaft. Nach ihrer Freilassung wurde sie gebannt. 1973 floh sie aus Südafrika. Im demokratischen Südafrika wurde sie Mitarbeiterin des Geheimdienstes. In seinem Brief an Joyce nennt Mandela sie *Nomvula*, weil sie mit seinem Verwandten John Fadana verlobt war. Es kam nie zur Heirat, denn nach der Registrierung der Heirat auf dem Amtsgericht wurde sie von der Sicherheitspolizei angeklagt, gegen ihre Bannungsauflagen verstoßen zu haben, und die Ehe daher für ungültig erklärt. John Fadana wurde in die Ciskei verbannt, wo er eine andere Frau heiratete und später starb.

**Sisulu (geb. Thethiwe), Nontsikelelo (Ntsiki) Albertina** (1918–2011). Krankenschwester, Hebamme, Antiapartheidaktivistin, Frauenrechtlerin und Parlamentsabgeordnete. Führendes ANC-Mitglied. Verheiratet mit Walter Sisulu, den sie über eine befreundete Kollegin (Evelyn Mase, Mandelas erste Frau) 1944 kennenlernte. Mitglied der ANC Women's League und der Federation of South African Women (FEDSAW). Spielte eine führende Rolle beim Protest der Frauen gegen die Passgesetze (1956). Sie war die erste Frau, die 1963 nach den Bestimmungen des General Law Amendment Act festgenommen wurde, und verbrachte neunzig Tage in Einzelhaft. Ab 1963 fortdauernd unter Bannauflagen gestellt und Schikanen durch die Polizei ausgesetzt. Bei der Gründung der United Democratic Front (UDF) im August 1983 wurde sie als eine von drei Personen ins Präsidium gewählt. 1985 wurde sie mit fünfzehn anderen Mitgliedern der UDF und Gewerkschaftsführern wegen Hochverrats angeklagt. Bekannt wurde das Verfahren als Pietermaritzburg Treason Trial. Ab 1994 bis zu ihrem Rückzug aus der aktiven Politik war sie ab 1994 Parlamentsabgeordnete. Von 1993 bis 1996 war sie Präsidentin des Weltfriedensrates. In Anerkennung ihres lebenslangen mutigen Einsatzes für Menschenrechte und Menschenwürde wurde sie 2003 von South African Women for Women mit dem Woman of Distinction Award geehrt.

**Sisulu, Walter Ulyate Max (Clan-Namen: Xhamela/Xamela und Tyhopho)** (1912–2003). Antiapartheidaktivist und politischer Gefangener. Ehemann von Albertina Sisulu. Lernte Mandela 1941 kennen und stellte ihn Lazer Sidelsky vor, der ihm einen Ausbildungsplatz in seiner Kanzlei bot. Anführer des ANC und allgemein als «Vater des Kampfes» angesehen. Mitbegründer der ANC-Jugendliga im Jahr 1944. Zusammen mit Mandela und achtzehn weiteren Personen nach dem Suppression of Communism Act wegen seiner führenden Rolle bei der Missachtungskampagne von 1952 angeklagt. Im Hochverratsprozess von 1956 verhaftet und später freigesprochen. Fortdauernd unter Bannauflagen und nach dem Verbot von ANC und PAC unter Hausarrest gestellt. Leistete Mithilfe bei der Gründung des MK und gehörte dessen Oberkommando an. Ging 1963 in den Untergrund und versteckte sich auf der Liliesleaf-Farm in Rivonia, wo er am 11. Juli 1963 verhaftet wurde. Im Rivonia-Prozess wegen Sabotage am 12. Juni 1964 zu lebenslanger Haft verurteilt. Verbüßte die Haft auf Robben Island und im Pollsmoor-Gefängnis. Am 15. Oktober 1989 aus der Haft entlassen. Gehörte der ANC-Unterhändlergruppe an, die mit der Apartheidregierung Sondierungsgespräche zur Beendigung der weißen Herrschaft führte. 1992 wurde ihm die Isitwalandwe-Seaparankoe-Medaille verliehen, die höchste Auszeichnung des ANC.

**Sobukwe, Robert Mangaliso** (1924–1978). Rechtsanwalt, Antiapartheidaktivist und politischer Gefangener. Zunächst Mitglied der ANC-Jugendliga und des ANC, bis er mit der Vision eines «Afrika den Afrikanern» den Pan Africanist Congress gründete. Herausgeber der Zeitung *The Africanist*. Nach dem Sharpeville-Massaker 1960 festgenommen und inhaftiert. Wegen Aufwiegelung zu drei Jahren Haft verurteilt. Noch vor seiner Entlassung wurde der General Law Amendment Act Nr. 37 verabschiedet, nach dem Personen, die wegen politischer Straftaten verurteilt waren, erneut in Haft genommen werden konnten – dies wurde später als «Sobukwe-Klausel» bekannt –, was ihm weitere sechs Jahre auf Robben Island einbrachte. 1969 kam er frei und lebte bei seiner Familie in Kimberley. Dort stand er täglich zwölf Stunden unter Hausarrest, und aufgrund des PAC-Verbots war ihm jegliche politische Betätigung untersagt. Im Gefängnis hatte er Jura studiert und eröffnete 1975 seine eigene Anwaltskanzlei.

**South African Communist Party (SACP), auch Communist Party of South Africa** Gegründet 1921 als Communist Party of South Africa (CPSA) im Kampf gegen Imperialismus und rassische Vorherrschaft. Nach dem Verbot der Partei 1950 änderte sie 1953 ihren Namen in South African Communist Party (SACP). Die SACP wurde erst 1990 wieder zugelassen. Sie bildet einen Teil der Drei-Parteien-Allianz zusammen mit dem ANC und dem Congress of South African Trade Unions (COSATU).

**South African Indian Congress (SAIC)** Gegründet 1923 für den Kampf gegen diskriminierende Gesetze. Dem SAIC gehörten der Cape, Natal und Transvaal Indian Congress an. Anfangs war der SAIC ein konservativer Verband, dessen Aktivitäten sich auf Petitionen und Abordnungen an die Behörden beschränkten. In den 1940er Jahren kam eine radikalere Führungsspitze unter der Leitung von Yusuf Dadoo und Monty Naicker ans Ruder, die sich für militanten gewaltfreien Widerstand aussprachen.

**Suppression of Communism Act, Nr. 44, 1950**   Ein am 26. Juni 1950 verabschiedetes Gesetz, mit dem der Staat die Kommunistische Partei Südafrikas und sämtliche Aktivitäten, die er für kommunistisch hielt, verbot, wobei der Begriff «Kommunismus» so allgemein gehalten war, dass jeder Protest gegen die Apartheid einem Verstoß gegen dieses Gesetz gleichkam.

**Suzman, Helen**   (1917–2009). Hochschullehrerin, Politikerin, Antiapartheidaktivistin und Parlamentsabgeordnete. Professorin für Wirtschaftsgeschichte an der Universität von Witwatersrand. Als Reaktion auf die rassistische Politik der Apartheidregierung gründete sie an der Universität von Witwatersrand einen Ableger der United Party. Von 1953 bis 1959 Parlamentsabgeordnete der United Party und später der gegen die Apartheid gerichteten Progressive Federal Party (1961–1974). Sie war die einzige führende Oppositionspolitikerin, der Besuche auf Robben Island gestattet waren. Immer wieder brachte Suzman das Thema der politischen Gefangenen im Parlament zur Sprache. 1967 besuchte sie zum ersten Mal Mandela und seine Mitinsassen auf Robben Island.

**Tambo (geb. Tshukudu), Matlala Adelaide Frances (auch Matlale)** (1929–2007). Krankenschwester, Sozialarbeiterin. Antiapartheidaktivistin und Frauenrechtlerin. Frau von Oliver Tambo (Heirat 1956). Mitglied der ANC-Jugendliga. Beteiligt am Marsch der Frauen 1956. Bis 1990 im Londoner Exil. Zahlreiche Auszeichnungen, darunter der Simon-von-Cyrene-Orden (Juli 1997), der höchste von der Anglikanischen Kirche an Laien verliehene Orden für hervorragende Dienste, und der Baobab-Orden in Gold (2002).

**Tambo, Oliver Reginald (OR) (auch Reggie, Reginald)** (1917–1993). Rechtsanwalt, Politiker und Antiapartheidaktivist. Führendes Mitglied des ANC und Gründungsmitglied der ANC-Jugendliga. Gemeinsam mit Mandela Begründer der ersten von schwarzen Afrikanern geführten Anwaltskanzlei Südafrikas. Wurde nach der Bannung von Walter Sisulu ANC-Generalsekretär und stellvertretender ANC-Präsident (1958). Wurde 1959 mit einer fünfjährigen Bannung belegt. Im Rivonia-Prozess war er einer der Angeklagten. 1960 verließ er Südafrika, um die Auslandsaktivitäten des ANC zu übernehmen und die Opposition gegen die Apartheid zu mobilisieren. Er richtete außerhalb Südafrikas Militärausbildungslager ein. In den 1980er Jahren rief er die «Free Mandela»-Kampagne ins Leben. Lebte im Londoner Exil bis 1990. Nach dem Tod von Chief Albert Luthuli 1967 übernahm er kommissarisch das Amt des ANC-Präsidenten. Auf der Morogoro-Konferenz in Tansania wurde er 1969 dann zum Präsidenten gewählt und hatte dieses Amt inne, bis er 1991 Landesvorsitzender des ANC wurde. 1992 erhielt er die Isitwalandwe-Seaparankoe-Medaille, die höchste Auszeichnung des ANC.

**Thembu Royal House** Nelson Mandela war Angehöriger des königlichen Hauses der Thembu, denn er war ein Abkömmling des Königs Ngubengcuka (ca. 1790–1830), der die Thembu-Nation geeint hatte, bevor sie unter britische Kolonialherrschaft geriet.

**Timakwe, Mabel Nontancu** (1924–2002). Nelson Mandelas Schwester.

**Transkei** Transkei ist die Region Südafrikas, die heute Provinz Ostkap (Eastern Cape Province) heißt. Während der Zeit der Apartheid und unter Mandelas Neffe K. D. Matanzima billigte dieser eine nominelle Unabhängigkeit der Transkei und der benachbarten Ciskei als Homeland oder Bantustan, in denen die Menschen des Xhosa-Volks abgesondert leben sollten.

**Treason Trial** (*siehe* Hochverratsprozess)

**Tutu, Erzbischof Desmond** (geb. 1931). Erzbischof emeritus und Antiapartheid- und Menschenrechtsaktivist. Bischof von Lesotho (1976–1978). Erster schwarzer Generalsekretär des South African Council of Churches (1978–1984). Nach der Wahl von 1994 wurde er Vorsitzender der Wahrheits- und Versöhnungskommission, die Verbrechen der Apartheidära untersuchen sollte. Für seine Bemühungen um eine gewaltlose Beendigung der Apartheid erhielt er 1984 den Friedensnobelpreis, 1986 für sein humanitäres Engagement den Albert-Schweitzer-Preis und 2005 den Gandhi-Friedenspreis.

**Tutu (geb. Shenxane), Nomalizo Leah** (geb. 1933). Frau von Erzbischof Desmond Tutu. Die beiden lernten sich auf dem St. Thomas' Teacher Training College in Johannesburg kennen und heirateten am 2. Juli 1955. Sie war die Tochter eines Hausangestellten und begann, sich für die Rechte dieser Berufsgruppe einzusetzen. Die Desmond and Leah Tutu Legacy Foundation wurde 2007 gegründet zur Unterstützung von Initiativen zur Förderung des Friedens, der Versöhnung und des *Ubuntu*.

**Umkhonto weSizwe (MK)** Umkhonto weSizwe («Speer der Nation») wurde 1961 gegründet und ist allgemein unter der Abkürzung MK bekannt. Nelson Mandela war der erste Oberkommandierende der Organisation, die zum militärischen Flügel des ANC wurde. Nach den Wahlen von 1994 wurde der MK aufgelöst, seine Soldaten wurden in die neu aufgestellten Streitkräfte (South African National Defence Force) eingegliedert, ebenso wie die der South African Defence Force aus der Apartheidära, die Bantustan-Streitkräfte, die Selbstschutzeinheiten der Inkatha Freedom Party (IFP) und die Kämpfer der Azanian People's Liberation Army, des militärischen Flügels des Pan Africanist Congress (PAC).

**University College of Fort Hare (UFH)** Ursprünglich hieß diese Universität South African Native College und wurde auf Initiative der United Free Church of Scotland neben einer alten Festung errichtet. Bis 1960 war sie die einzige Universität im Land, die schwarze Studenten aufnahm. Sie bot Studenten aus dem ganzen südlichen Afrika, aus dem weit entfernten Kenia und

Uganda eine höhere Ausbildung. Ab 1959 übernahm die regierende National Party die Kontrolle über die Universität und machte sie zu einem ethnischen College für xhosasprachige Schüler. Dort studierten Führungspersönlichkeiten wie Nelson Mandela, Robert Mugabe, Robert Sobukwe, Mangosuthu Buthelezi und Oliver Tambo.

**University of South Africa (UNISA)** Die UNISA ist eine der größten Universitäten der Welt, die Fernstudien anbietet; hier erwarb Nelson Mandela seinen LL.B-Abschluss. Als er gezwungen war, sein Studium an der Londoner Universität aufzugeben, machte er an der UNISA weiter und erlangte – in absentia – den begehrten akademischen Grad. Vor seiner Inhaftierung konnte er als Anwalt arbeiten, weil damals ein juristisches Diplom hierfür ausreichte.

**Victor-Verster-Gefängnis** Ein zwischen Paarl und Franschhoek in der Provinz Westkap gelegenes Gefängnis mit niedriger Sicherheitsstufe. Mandela wurde 1988 dorthin verlegt und wohnte in einem privaten Bungalow innerhalb der Gefängnisanlage. Heute steht dort vor den Gefängnistoren eine Mandela-Statue. Jetzt heißt die Anstalt Drakenstein Correctional Centre.

**Wolsey Hall** Wolsey Hall, gegründet 1894, Oxford, UK, bietet in Zusammenarbeit mit der University of London Fernstudien für Studenten verschiedener Niveaus an. Mandela begann sein LL.B-Fernstudium an der University of London.

**Xaba, Niki Iris Jane Nondyebo** (1932–1985) Winnie Mandelas älteste Schwester, die 1969 gleichzeitig mit ihr inhaftiert war. Damals war sie noch unverheiratet und hieß Iris Madikizela. Sie reichte Klage gegen die Regierung ein, um diese zu zwingen, die Anschläge gegen sie und ihre Mitangeklagten zu beenden.

**Zami** (*siehe* Madikizela-Mandela, Nomzamo Winifred)

**Zeni** (*siehe* Mandela, Zenani)

**Zindzi** (*siehe* Mandela, Zindziswa)

**8115 Orlando West** Als Mandela 1944 seine erste Frau heiratete, wurde ihnen eine Behausung mit zwei Räumen in Orlando East, Soweto, zugewiesen. Anfang 1947 zogen sie in ein winziges Drei-Zimmer-Haus aus rotem Backstein. Die Adresse war Nummer 8115, Orlando West. Dort wohnte er auch mit Winnie Mandela, seiner zweiten Frau. Die Regierung Südafrikas erklärte 1999 das Haus zum nationalen Kulturerbe, heute beherbergt es ein Museum.

# Anhang B
## Gefängnischronik

| | |
|---|---|
| **5. August 1962:** | Mandela, mit Mantel, Mütze und dunkler Brille, wird zusammen mit seinem Freund Cecil Williams an einer Straßensperre bei Cedara, einer Stadt außerhalb von Howick in KwaZulu-Natal, festgenommen. Damit beginnt seine siebenundzwanzigeinhalb Jahre dauernde Gefangenschaft. |
| **6. August 1962:** | In der nahegelegenen Stadt Pietermaritzburg steht er vor Gericht und kommt in Johannesburg in Untersuchungshaft. |
| **8. August 1962:** | In Handschellen wird er im Johannesburger Magistrate's Court vor Gericht gestellt. Verteidigt wird er von dem Anwalt James Kantor. Es erfolgt keine Beweisaufnahme. Er sagt nur zur Person aus, und das Verfahren wird auf den 16. August angesetzt. |
| **16. August 1962:** | Er tritt vor den Johannesburger Magistrate's Court im Kaross (afrikanischer Umhang aus Leder); das Verfahren wird auf den 15.–19. Oktober 1962 im Johannesburger Regional Court vertagt. |
| **15. Oktober 1962:** | Mandela wird in das Zentralgefängnis Pretoria verlegt. Das Verfahren findet in der Alten Synagoge statt, die eigens für diesen Prozess in einen «Special Regional Court» umgestaltet wurde. Mandela erscheint in einem Kaross aus Schakalfell, trägt Hemd, Khakihose, Sandalen und einen gelben und grünen Halsschmuck in den Farben des ANC. Er beschwert sich, dass der Umzug in letzter Minute von Johannesburg nach Pretoria einen gezielten Versuch der Regierung darstellt, ihm seinen Anwalt Joe Slovo zu entziehen, der aufgrund seiner Bannung Johannesburg nicht verlassen darf. |

| | |
|---|---|
| **22. Oktober 1962:** | Von der Anklagebank aus hält er eine einstündige Rede und begründet die Ablehnung des Richters damit, dass «ein schwarzer Mann in eines weißen Mannes Gericht» keinen fairen Prozess bekommen kann; er wird der Aufwiegelung zum Streik am 29., 30. und 31. Mai 1961 und der Ausreise ohne Pass angeklagt und plädiert auf nicht schuldig. Mandela verteidigt sich selbst, unterstützt von seinem Anwalt Bob Hepple. |
| **7. November 1962:** | Wegen Anstiftung zum Streik und illegalen Verlassens des Landes wird er zu fünf Jahren Haft verurteilt. Zunächst wird er ins Zentralgefängnis Pretoria verbracht. |
| **27. Mai 1963:** | Mandela wird ohne Vorwarnung und ohne Begründung in das Hochsicherheitsgefängnis auf Robben Island verlegt. |
| **12. Juni 1963:** | Mandela wird ins Zentralgefängnis Pretoria zurückverlegt. |
| **24. Juni 1963:** | Andrew Mlangeni und Elias Motsoaledi werden in Soweto verhaftet. |
| **11. Juli 1963:** | Polizeirazzia in Mandelas früherem Versteck in Liliesleaf in Rivonia, einem Vorort von Johannesburg. Viele seiner Kameraden werden verhaftet und in Einzelhaft gesperrt. |
| **9. Oktober 1963:** | Gemeinsam mit zehn anderen Angeklagten steht Mandela erstmals im Justizpalast in Pretoria vor Gericht. Es geht um 222 Sabotageakte, begangen zwischen 1961 und 1965. Der Fall wird bekannt als Rivonia-Prozess. Das Verfahren wird auf den 29. Oktober angesetzt. |
| **29. Oktober 1963:** | Im Rivonia-Prozess wird Mandela zusammen mit den zehn anderen wegen 199 Sabotageakten angeklagt. Die Verteidigung beantragt die Einstellung des Verfahrens. |
| **30. Oktober 1963:** | Es wird angekündigt, dass Bob Hepple, einer der Beschuldigten, als Kronzeuge aufgerufen wird. Die Anklagen gegen ihn werden fallengelassen, und er kommt auf freien Fuß. Er sagt jedoch nicht aus und flieht außer Landes. Die Anklage gegen die verbleibenden zehn wird fallengelassen. Unmittelbar darauf werden sie noch im Gerichtsgebäude erneut verhaftet. Die Anklage lautet: Begehung von 199 Sabotageakten. |

| | |
|---|---|
| **12. November 1963:** | Eine neue Anklageschrift, die den Sabotagevorwurf in zwei Verfahren trennt, wird im Rivonia-Prozess von Staatsanwalt Percy Yutar dem Richter Mr. Justice Galgut vorgelegt. Der Fall wird erneut vertagt auf den 25. November. |
| **26. November 1963:** | Die 199 Sabotageakte werden auf 193 reduziert, die Verteidigung beantragt erneut die Einstellung des Verfahrens. Gerichtspräsident De Wet lehnt den Antrag ab. |
| **3. Dezember 1963:** | Mandela und neun Mitangeklagte erklären sich für nicht schuldig der Sabotage, und es kommt zur ersten Beweisaufnahme. Die Anklageschrift führt 24 Mitverschwörer auf, von denen 23 das Land verlassen haben und einer in Polizeigewahrsam starb. |
| **2. März 1964:** | Das Verfahren wird abgeschlossen. |
| **4. März 1964:** | Der Mitangeklagte James Kantor wird freigesprochen. |
| **20. April 1964:** | Die Verteidigung beginnt. Bekleidet mit einem «blauen, gut geschnittenen Anzug», hält Mandela eine vierstündige Rede. Sie wird bekannt als «Bereit zu sterben»-Rede, an deren Ende Mandela sagt, er sei bereit, für ein nicht nach Rassen getrenntes demokratisches Südafrika zu sterben. |
| **11. Juni 1964:** | Die Urteilsverkündung von Richter Quartus de Wet dauert drei Minuten: Nelson Mandela, Walter Sisulu, Govan Mbeki, Ahmed Kathrada, Denis Goldberg, Raymond Mhlaba, Elias Motsoaledi und Andrew Mlangeni werden der Sabotage für schuldig befunden. Rusty Bernstein wird freigesprochen, jedoch sofort wieder festgenommen unter einer anderen Anklage. |
| **12. Juni 1964:** | Alan Paton, der Präsident der Liberal Party, hält ein Plädoyer zugunsten einer Strafmilderung. Richter Quartus de Wet verurteilt Mandela und sieben andere zu lebenslangen Gefängnisstrafen. Er erklärt, die Straftaten seien ihrem Wesen nach «hochverräterisch», aber nicht als solche zur Anklage erhoben worden. |
| **13. Juni 1964:** | Nelson Mandela, Walter Sisulu, Govan Mbeki, Ahmed Kathrada, Raymond Mhlaba, Elias Motsoaledi und Andrew Mlangeni werden nach Robben Island verbracht. (Denis Goldberg, als Weißer, kommt ins Zentralgefängnis von Pretoria.) |

| | |
|---|---|
| **24. September 1968:** | Tod von Mandelas Mutter. Sein Antrag, an ihrer Beerdigung teilnehmen zu dürfen, wird abgelehnt. |
| **13. Juli 1969:** | Madiba Thembekile, sein ältester Sohn, kommt bei einem Autounfall ums Leben. Mandelas Brief an die Gefängnisverwaltung mit der Bitte, an der Beerdigung teilnehmen zu dürfen, wird ignoriert. |
| **31. März 1982:** | Nach fast achtzehn Jahren im Hochsicherheitsgefängnis auf Robben Island werden Nelson Mandela, Walter Sisulu, Raymond Mhlaba und Andrew Mlangeni in das Hochsicherheitsgefängnis Pollsmoor am Fuße der Berge außerhalb von Kapstadt verlegt, wo sie sich eine große Gemeinschaftszelle teilen. Am 21. Oktober kommt Ahmed Kathrada dazu. |
| **10. Februar 1985:** | Nach seiner Ablehnung des Angebots von Präsident P. W. Botha, ihn freizulassen, wenn er auf die Anwendung von Gewalt als politische Strategie verzichtet, wird seine Ablehnungserklärung bei einer Kundgebung in Soweto von seiner Tochter Zindziswa verlesen. |
| **3. November 1985:** | Mandela unterzieht sich im Volks Hospital in Kapstadt einer Prostataoperation. |
| **17. November 1985:** | Im Krankenhaus besuchen ihn der südafrikanische Justizminister Kobie Coetsee und der Commissioner of Prisons. |
| **23. November 1985:** | Er wird aus dem Krankenhaus entlassen und ins Pollsmoor-Gefängnis zurückgebracht, jedoch getrennt von seinen Kameraden einquartiert. In dieser Zeit beginnt er Sondierungsgespräche mit Regierungsmitgliedern über die Schaffung von Voraussetzungen für Verhandlungen mit dem ANC. |
| **11. Juni 1988:** | Im Wembley-Stadion in London findet ein zwölfstündiges Popkonzert zur Feier von Mandelas 70. Geburtstag statt; es wird in 67 Länder übertragen. |
| **12. August 1988:** | Mandela wird ins Tygerberg Hospital in Bellville, Kapstadt, eingeliefert. |
| **13. August 1988:** | Mandela wird von Professor De Kock untersucht, dem Chefarzt der Inneren Medizin im Tygerberg Hospital. Diagnose: Tuberkulose und «Pleuraerguss». |

| | |
|---|---|
| **31. August 1988:** | Vom Tygerberg Hospital wird er in die Constantiaberg MediClinic verlegt, wo seine Tuberkulose weiterbehandelt wird. |
| **7. Dezember 1988:** | Er wird aus der Constantiaberg MediClinic entlassen und in das Victor-Verster-Gefängnis bei Paarl verlegt, wo er im Bungalow eines früheren Gefängniswärters untergebracht wird. |
| **8. Dezember 1988:** | Besuch von Justizminister Kobie Coetsee, der Mandela den Beschluss mitteilt, er solle in dieser Unterkunft bleiben, damit die mit Regierungsoffiziellen begonnenen Gespräche fortgesetzt werden könnten. |
| **17. Mai 1989:** | Abschluss mit dem LL.B-Grad (Bachelor of Laws) an der University of South Africa. Mandela ist bei der Verlesung der Namen nicht anwesend. |
| **5. Juli 1989:** | Treffen mit Präsident P. W. Botha in dessen Amtsräumen in Kapstadt. |
| **15. Oktober 1989:** | Die letzten Häftlinge aus dem Rivonia-Prozess mit Ausnahme von Mandela werden freigelassen. |
| **13. Dezember 1989:** | Vor Tagesanbruch wird er vom Gefängnis nach Kapstadt zu einem Treffen mit dem neuen Präsidenten F. W. de Klerk in dessen Amtssitz gebracht. |
| **9. Februar 1990:** | Mandela wird nach Tuynhuys in Kapstadt zu einem zweiten Treffen mit Präsident F. W. de Klerk gebracht. |
| **11. Februar 1990:** | Entlassung aus dem Victor-Verster-Gefängnis um 16.22 Uhr. Vom Balkon des Rathauses von Kapstadt spricht er zu der Menge; die Nacht verbringt er in Bishopscourt, der Residenz von Erzbischof Desmond Tutu. |

# Anhang C
# Karte von Südafrika
(Stand ca. 1996)

**East Rand**
Benoni
Germiston
Kempton Park

**Pretoria**
Monument Hill

**Johannesburg**
Bantu Men's
  Social Centre
Braamfontein
Coronation
  Hospital
Ferreirastown
Killarney
Milner Park
Mzila
Nasrec

**Soweto**
Baragwanath Hospital
Donaldson Orlando
  Community Centre
Jabavu
Moroka

Gazankulu

LIMPOPO

Lebowa

Nylstroom

White River

Zeerust
Wallmansthal
**Pretoria**
Witbank
Nelspruit
Ogies

Mmabatho

GAUTENG

Mafikeng
Sharpeville
Potchefstroom
Klerksdorp
Boipatong
Evaton
Bethal
**Mbabane**
Manzini
**SWASILAND**

NORDWEST

Vryburg
Standerton
Hluti

Kuruman

MPUMALANGA

Kroonstad
Vryheid

FREE STATE
Bethlehem

Upington
Welkom
Brandfort
Phatakahle
Griekwastad
Kimberley
Bloemfontein
Botshabelo
**Maseru**
LESOTHO
Trust
Feeds
Howick
Groutville
Reserve
Ohlange
**Kwa Zulu-Natal**
Nongoma
Mahlabatini
Groutville
KwaDukuza
  (früher Stranger)
Umfolozi River
Mahlabatini
Inanda
uMgungundlovu
Imbali

**SÜDAFRIKA**
De Aar

NORDKAP

Pietermaritzburg

Port Shepstone

**Durban**
Claremont
Cato Manor
Hammarsdale
Hillcrest
Sydenham
Umgeni Rd
Westville

Vanrhynsdorp
Calvinia
Victoria West
Middelburg
Engcobo
Mqhekezweni
Qunu
**Mthatha**
Bityi
Baziya

Queenstown
Mvezo
Tsolo

Cradock
**Qumbu**
Shawbury College

Beaufort West
Alice
Bisho
Fort Beaufort

OSTKAP

WESTKAP

*Robben Island*
*Tafelbucht*

Worcester
Oudtshoorn
Grahamstown
East London
Cofimvaba
Deckert's Hill
Qamata

**Kapstadt**
Bellville
Constantiaberg
  MediClinic
Mowbray
Retreat
Rondebosch
Tokai
Tygerberg
  Hospital

Simonstown
Paarl
Swellendam
Port Elizabeth

**Ostkap**
Mbongweni
Ezibeleni
Bizana
Great Kei River
Butterworth
Matatiele
Sterkspruit
Qumanco
Mqanduli
Peddie

| PROVINZ | Stadt/Dorf | |
|---|---|---|
| **Ostkap** | Mvezo | Mandelas Geburtsort |
| | Qunu | Dorf, in dem Mandela seine Kindheit verbrachte und wo er nach seiner Freilassung ein Haus baute |
| | Mqhekezweni | Der Great Place; hierher kam Mandela mit etwa neun Jahren |
| | Engcobo | Clarkebury-Internat, wo Mandela bis zum Junior Certificate blieb |
| | Fort Beaufort | Hier besuchte er das College in Healdtown |
| | Alice | Hier ging er aufs College von Fort Hare |
| **Gauteng** | Johannesburg | Umzug nach Johannesburg im April 1941 |
| | | Wohnte vor seiner Inhaftierung in Alexandra und Soweto |
| | | Wohnte nach seiner Freilassung in Soweto und Houghton |
| | Pretoria | Zentralgefängnis Pretoria, 1962–63, 1963–64 |
| | | Gerichtsstand seines Prozesses 1962 und des Rivonia-Prozesses |
| | Sharpeville | Sharpeville-Massaker, 21. März 1961 |
| | Rivonia | Liliesleaf-Farm, der Unterschlupf |
| **KwaZulu-Natal** | Pietermaritzburg | All-In African Conference, 22. März 1961 |
| | Howick | Verhaftung am 5. August 1962 |
| **Westkap** | Robben Island | 2 Wochen Haft im Mai 1963; 18 Jahre vom 13. Juni 1964 bis 30. März 1982 |
| | Kapstadt | Im Pollsmoor-Gefängnis von März 1982 bis August 1988 |
| | | Behandlung im Tygerberg Hospital, 1988 |
| | | Behandlung in der Constantiaberg MediClinic, 1988 |
| | Paarl | Victor-Verster-Gefängnis, Dezember 1988 bis 11. Februar 1990 |

Als 1994 die erste demokratisch gewählte Regierung Südafrikas an die Macht kam, strukturierte sie die zehn bestehenden Bantustans (oder Homelands) sowie die vier bestehenden Provinzen um und bildete neun kleinere, in sich geschlossene Provinzen. Diese vier Provinzen, die von 1910 bis 1994 bestanden, wurden in die neuen Provinzen aufgeteilt:

| PROVINZEN vor 1994 | PROVINZEN nach 1994 |
| --- | --- |
| Kapprovinz | Ostkap |
| | Nordkap |
| | Westkap |
| Natal | KwaZulu-Natal |
| Oranje-Freistaat | Free State |
| Transvaal | Nordwest |
| | Limpopo |
| | Mpumalanga |
| | Gauteng |

# Anmerkungen

1 Mac Maharaj (Hrsg.), *Reflections in Prison*, Kapstadt: Robben Island Museum and Zebra Press, 2001, S. xi.
2 Nelson Mandela, auf Robben Island am 11. Dezember 1978 niedergelegte Zusammenfassung.
3 Robert Vassen, «Life as a Political Prisoner», in: South Africa: Overcoming Apartheid, Building Democracy, a Project of MATRIX: The Center of Human Arts, Letters, and Social Sciences: The African Studies Center; und das Department of History, Michigan State University, http://overcomingapartheid.msu.edu/sidebar.php?id=65-258-8&Seite=3.
4 Walter Sisulu, Introduction to *Letters from Robben Island*, Ahmed Kathrada (Hrsg. Robert D. Vassen), Kapstadt: Mayibuye Books and East Lansing: Michigan State University Press, 1999, S. xvi.
5 Eddie Daniels, *There and Back: Robben Island 1964–1979*, Kapstadt: CTP Book Printers, 3. Auflage, 2002, S. 160.
6 Nelson Mandela im Gespräch mit Richard Stengel, Johannesburg, 14. Dezember 1992, CD 6, Nelson Mandela Foundation, Johannesburg.
7 Eddie Daniels, *There and Back: Robben Island 1964–1979*, a. a. O., S. 160.
8 Elinor Sisulu, *In Our Lifetime: Walter & Albertina Sisulu*, Kapstadt: David Philip Publishers, 2002, S. 200.
9 Nelson Mandela, auf Robben Island am 11. Dezember 1978 niedergelegte Zusammenfassung.
10 Vgl. Brief an den Commissioner of Prisons vom 12. Juli 1976, S. 371 ff., hier S. 388
11 Michael Dingake, «Comrade Madiba», in: *Nelson Mandela: The Struggle is My Life*, London: Idaf, 1986, S. 224.
12 Ebd.
13 Ebd.
14 Ebd., S. 224 f.
15 Ebd., S. 225.
16 Ebd.
17 Nelson Mandela, Ansprache auf dem ‹46664-Konzert›, Kapstadt, 29. November. 2003, http:// db.nelsonmandela.org/speeches/pub_view.asp?pg=item&ItemID=NMS011&txtstr= recusal.
18 Nelson Mandela, *Bekenntnisse*, München: Piper 2010, S. 72.
19 «Mandela Wins Week's Adjournment», *Cape Times*, 16. Oktober 1962.
20 Nelson Mandela, Rede vor Gericht, Alte Synagoge, Pretoria, 22. Oktober 1962, http:77db. nelsonmandela.org/speeches/pub_view.asp?p-g=item&ItemID=NMS011&txtstr=recusal.
21 Nelson Mandela im Gespräch mit Richard Stengel, 16. und 17. April 1993, CD 52, Nelson Mandela Foundation, Johannesburg. Vgl. auch: Nelson Mandela, *Der lange Weg zur Freiheit*. Autobiographie. Deutsch von Günter Panske. © 1994 Nelson Rolihlala Mandela. © S. Fischer Verlag GmbH, Frankfurt am Main 1994, S. 441.
22 Bob Hepple, *Young Man With a Red Tie: A Memoir of Mandela and the Failed Revolution, 1960–1963*, Johannesburg: Jacana, 2013, S. 48.
23 «Mandela Gets 5 Years: Described as ‹Mastermind›», *The Argus*, 7. November 1962.
24 «Shouts, Clenched Fists, Songs, as Mandela is Goaled», *Cape Times*, 8. November 1962. (Vgl. *Der lange Weg zur Freiheit*, a. a. O., S. 446 f.)
25 Ebd.
26 Zu «Panafrikanischer Kongress» (PAC) siehe «Personen, Orte, Ereignisse»
27 «Mandela is asked not to become ‹difficult›», *Rand Daily Mail*, 25. Oktober 1962.
28 Nelson Mandela im Gespräch mit Richard Stengel, Johannesburg, 16. April 1993, CD 51, Nelson Mandela Foundation, Johannesburg.

29 Nelson Mandela im Gespräch mit Richard Stengel, Johannesburg, 3. Dezember 1992, CD 2, Nelson Mandela Foundation, Johannesburg.
30 Nelson Mandela im Gespräch mit Richard Stengel, Johannesburg, 16. und 17. April 1993, CD 52, Nelson Mandela Foundation, Johannesburg.
31 Nelson Mandela, Der lange Weg zur Freiheit, a. a. O., S. 469.
32 Ebd.
33 Joel Joffe, Der Staat gegen Mandela, Berlin: Dietz 2006.
34 Ebd., S. 42.
35 Ebd.
36 Sir Bob Hepple, Nachruf, The Guardian, 26. August 2015, https://www.theguardian.com/law/2015/aug/26/sir-bob-hepple.
37 Nelson Mandela, Der lange Weg zur Freiheit, a. a. O., S. 502.
38 Ebd., S. 505.
39 Nelson Mandela im Gespräch mit Richard Stengel, Johannesburg, 3. Dezember 1992, CD 2, Nelson Mandela Foundation, Johannesburg.
40 Christo Brand, Doing Life with Mandela, Johannesburg: Jonathan Ball, 2014, S. 46.
41 Indres Naidoo, in: Albie Sachs, Island in Chains: Ten Years on Robben Island by Prisoner 885/63, Harmondsworth: Penguin Books, 1982, S. 87.
42 Mac Maharaj, «Interview with Mac Maharaj», 1978, in: The Struggle is My Life, a. a. O., S. 208.
43 Ebd.
44 Nelson Mandela, Der lange Weg zur Freiheit, a. a. O., S. 517.
45 Nelson Mandela, a. a. O., S. 226.
46 Nelson Mandela im Gespräch mit Richard Stengel, Johannesburg, ca. März 1993, CD 21, Nelson Mandela Foundation, Johannesburg.
47 Ebd.
48 Mac Maharaj, Telefongespräch mit Sahm Venter am 27. Juni 2017.
49 Winnie Madikizela Mandela (Hrsg. Sahm Venter und Zamaswazi Dlamini-Mandela), 491 Days: Prisoner Number 1323/69, Johannesburg: Picador Africa, 2013, S. 25.
50 Joel Carlson, No Neutral Ground, London: Davis-Poynter Ltd, 1973, S. 291.
51 Nelson Mandela, Der lange Weg zur Freiheit, a. a. O., S. 722.
52 Ebd., S. 148.
53 Ahmed Kathrada und Sahm Venter, Conversations with a Gentle Soul, Johannesburg: Picador Africa, 2017, S. 87.
54 Mandela vs Minister of Prisons [1981] 3 All SA 449 (A) in der Cape of Good Hope Provincial Division.
55 Nelson Mandela, Der lange Weg zur Freiheit, a. a. O., S. 639.
56 Ebd., S. 682.
57 Ebd., S. 701.
58 Ebd.
59 Ebd., S. 703.
60 Nelson Mandela im Gespräch mit Richard Stengel, Johannesburg, 8. Februar 1993, CD 19, Nelson Mandela Foundation, Johannesburg.
61 Nelson Mandela, Der lange Weg zur Freiheit, a. a. O., S. 724.
62 Nelson Mandela im Gespräch mit Richard Stengel, 8. Februar 1993, CD 19, Nelson Mandela Foundation, Johannesburg.
63 Nelson Mandela, Der lange Weg zur Freiheit, a. a. O., S. 725.
64 Nelson Mandela im Gespräch mit Richard Stengel, ca. 2. und 3. Februar 1993, CD 17, Nelson Mandela Foundation, Johannesburg.
65 Jack Swart, Telefongespräch mit Sahm Venter, 7. September 2017.
66 Padraig O'Malley, Shades of Difference: Mac Maharaj and the Struggle for South Africa, New York: Viking 2007, S. 312.
67 Ebd., S. 313.
68 Nelson Mandela, Der lange Weg zur Freiheit, a. a. O., S. 694.

# Briefe und Sammlungen

Die Briefe in unserer Sammlung stammen aus unterschiedlichen Quellen, unter anderem aus den Kladden, in denen Mandela seine Briefabschriften aufbewahrte, und aus der Himan Bernadt Collection. Im Einzelnen:

**Nelson Mandela Prison Archive, National Archives and Records Service of South Africa:**
Commanding Officer, Zentralgefängnis Pretoria – 23. September 1963; Commanding Officer, Zentralgefängnis Pretoria – 8. Oktober 1963; Commanding Officer, Zentralgefängnis Pretoria – 25. Oktober 1963; Frank, Bernadt & Joffe – 15. Juni 1964; Bram Fischer – 2. August 1964; Commanding Officer Robben Island – 30. November 1964; Major Visser – 25. August 1965; Commissioner of Prisons – 10. Oktober 1965; Winnie Mandela – 17. Februar 1966; University of South Africa – 22. August 1966; American Society of International Law – 31. August 1966; Commanding Officer, Robben Island – 8. September 1966; Cecil Eprile – 11. Februar 1967; Commanding Officer – 27. Februar 1967; Frank, Bernadt & Joffe – 21. März 1967; Joel Carlson [1967]; Staatsanwaltschaft am Obersten Gericht – 6. Dezember 1967; Adelaide Tambo – 5. März 1968; Commanding Officer – 29. April 1968; Britische Botschaft – 29. April 1968; Commanding Officer, Robben Island – 16. September 1968; K. D. Matanzima – 14. Oktober 1968; Knowledge Guzana – 14. Oktober 1968; Mangosuthu Buthelezi – 4. November 1968; Commanding Officer, Robben Island – 28. Februar 1969; Justizminister – 22. April 1969; Brigadier Aucamp – 5. August 1969; University of London– 1. Oktober 1969; Commanding Officer, Robben Island – 9. Oktober 1969; University of London – 18. November 1969; Commanding Officer, Robben Island – 2. April 1970; Commanding Officer, Robben Island – 20. April 1970; Commanding Officer, Robben Island – 29. Mai 1970; Commanding Officer, Robben Island – 2. Juni 1970; Nkosikazi Nokukhanya Luthuli – 8. Juni 1970; Winnie Mandela – 20. Juni 1970; Commanding Officer, Robben Island – 24. Dezember 1970; Sanitätsoffizier, Robben Island – 24. Dezember 1970; Commanding Officer – 31. März 1971; Commanding Officer, Robben Island – 4. April 1971; Commanding Officer, Robben Island – 14. Juni 1971; Vanguard Booksellers – 26. September 1971; Commanding Officer, Robben Island – 27. März 1972; Winnie Mandela – 1. Juni 1972; Commanding Officer, Robben Island – 7. März 1973; Commanding Officer, Robben Island – 7. März 1973; Helen Suzman – 1. März 1974; Justizminister – 13. Mai 1974; Justizminister – 25. Mai 1974; West Rand Board – 18. Juni 1974; Commanding Officer, Robben Island – 26. Juni 1974; Commanding Officer, Robben Island – 1. Dezember 1974; Winnie Mandela –

1. Februar 1975; Justizminister – 12. Februar 1975; Yusuf Dadoo – 1. November 1975; Commanding Officer, Robben Island – 15. Dezember 1975; Commissioner of Prisons – 23. Januar 1976; D. B. Alexander – 1. März 1976; Felicity Kentridge – 9. Mai 1976; Commanding Officer, Robben Island – 12. Juli 1976; Commissioner of Prisons – 12. Juli 1976; Commanding Officer, Robben Island – 18. August 1976; Winnie Mandela – 18. August 1976; Winnie Mandela – 19. August 1976; Winnie Mandela – 1. September 1976; Winnie Mandela – 1. Oktober 1976; Commanding Officer, Robben Island – 7. Oktober 1976; Commanding Officer, Robben Island – 12. Oktober 1976; Thorobetsane Tshukudu (Adelaide Tambo) – 1. Januar 1977; Duma Nokwe (Gcwanini Miya) – 1. Januar 1977; Head of Prison – 19. Mai 1977; Nobulile Thulare – 19. Juli 1977; Zenani und Muzi Dlamini – 24. Juli 1977; Zindzi Mandela und Oupa Seakamela – 24. Juli 1977; Head of Prison, Robben Island – 18. September 1977; Winnie Mandela – 4. Dezember 1977; Commissioner of Prisons – 6. Dezember 1977; Head of Prison – 16. Januar 1978; Marie Naicker – 1. Oktober 1978; Mangosuthu Buthelezi – 1. Oktober 1978; Head of Prison – 2. Oktober 1978; Justizminister – 23. Oktober 1978; Zindzi Mandela – 26. November 1978; Ndileka Mandela – 21. Januar 1979; Winnie Mandela – 21. Januar 1979; Makaziwe Mandela – 13. Mai 1979; Head of Prison, Robben Island – 20. Mai 1979; Alan Paton – 29. Juli 1979; Winnie Mandela – 2. September 1979; Minister of Police and Prisons – 4. September 1979; Commanding Officer, Robben Island – 19. November 1979; Zindzi Mandela – 9. Dezember 1979; Head of Prison, Robben Island – 23. Dezember 1979; Denis Healey – 8. Januar 1980; Zindzi Mandela – 27. Januar 1980; Minister of National Education – 1. Februar 1980; Zindzi Mandela – 10. Februar 1980; Dullah Omar – 1. Juni 1980; Winnie Mandela – 30. Juli 1980; Zindzi Mandela – 1. März 1981; Winnie Mandela – 26. April 1981; Petronella Ferus – 3. Mai 1981; Camagwini Madikizela – 15. November 1981; Dr. Ayesha Arnold – 15. November 1981; Major-General Coetzee – 27. November 1981; Head of Prison, Pollsmoor – 20. April 1982; Head of Prison, Pollsmoor – 21. Januar 1983; Head of Prison, Pollsmoor – 25. Februar 1983; Russel Piliso – 29. Juni 1983; Commissioner of Prisons – 6. Oktober 1983; Trevor Tutu – 6. August 1984; Winnie Mandela – 27. Dezember 1984; Ismail Meer – 29. Januar 1985; P. W. Botha – 13. Februar 1985; Sheena Duncan – 1. April 1985; Archie Gumede – 1. Juli 1985 (von 1975); Archie Gumede – 8. Juli 1985; Victoria Mxenge – 8. Juli 1985; Nolinda Mgabela – 8. Juli 1985; Universität von Südafrika – 15. Oktober 1985; Winnie Mandela – 5. Dezember 1985; Dr. Dumisani Mzamane – 17. Dezember 1985; Commissioner of Prisons – 4. Februar 1986; Joy Motsieloa – 17. Februar 1986; Tukwini, Dumani und Kweku – Datum unbekannt; K. D. Matanzima – 19. Mai 1986; Head of Prison, Pollsmoor – 6. Oktober 1986; Mabel Nontancu Timakwe – 18. Februar 1987; Frieda Matthews – 25. Februar 1987; Kepu Mkentane – 25. Februar 1987; Mandla Mandela – 9. Juli 1987; Nandi Mandela – 17. August 1987; Zindzi Mandela – 31. August 1987; Mamphela Ramphele – 1. März 1988; Head of Prison, Pollsmoor – 29. August 1988; Prof. W. J. Hosten – 25. November 1988; Nandi Mandela – 5. Dezember 1988; Zoleka und Zondwa Mandela – 5. Dezember 1988; Zaziwe, Zamaswazi und

Zinhle – 5. Dezember 1988; Head of Prison – 5. Dezember 1988; Prof. W. J. Hosten – 23. Dezember 1988; Archie Gumede – 10. Januar 1989; Erzbischof und Mrs. Tutu – 17. Januar 1989; Rev. Austen Massey – 17. Januar 1989; Mangosuthu Buthelezi – 3. Februar 1989; Elaine Kearns – 14. Februar 1989; Dumani Mandela – 28. Februar 1989; Kwedi Mkalipi – 28. Februar 1989; Eddie Daniels – 28. Februar 1989; Alan Boesak – 28. Februar 1989; Amina Cachalia – 28. Februar 1989; Sipho Sepamla – 4. April 1989; Candie Lawless – 4. April 1989; Sir Robin Renwick – 10. April 1989; Mike Tyson – 10. Mai 1989; Rev. Frank Chikane – 10. Mai 1989; Mrs E. N. Mbekeni – 10. Mai 1989; Helen Suzman – 22. Mai 1989; Richard Maponya – 28. Juni 1989; amtierender Paramount-Chief Mdayelwa Mtirara – 4. Juli 1989; Commissioner of Prisons – 17. Juli 1989; Tim Wilson – 23. Juli 1989; Adelaide Tambo – 14. August 1989; Makhi Dalasile – 14. August 1989; Rev. Abel & Freda Hendricks – 15. August 1989; Desmond und Leah Tutu – 21. August 1989; Adelaide Tambo – 21. August 1989; J. N. und Radhi Singh – 21. August 1989; Mary Benson – 21. August 1989; Helen Joseph – 21. August 1989; Cyril Ramaphosa – 21. August 1989; Sheikh Nazeem Mohamed – 21. August 1989; Amina und Peter Frense – 21. August 1989; Commissioner of Prisons – 11. September 1989; Frieda Matthews – 18. September 1989; Kepu Mkentane – 18. September 1989; Connie Njongwe – 18. September 1989; Mamphela Ramphele – 18. September 1989; Rashid und Ayesha Kola – 25. September 1989; Sekretär der POTWA – 25. September 1989; Fatima Meer – 28. September 1989; Madanjit und Marjorie Kapitan – 28. September 1989; Winnie Mandela – 9. Oktober 1980; Commanding Officer, Victor Verster – 9. Oktober 1989; Commissioner of Prisons – 10. Oktober 1989; Commissioner of Prisons – 16. Oktober 1989; Rev. T. S. N. Gqubule – 23. Oktober 1989; Ntsiki Sisulu – 23. Oktober 1989; Len und Beryl Simelane – 2. November 1989; Chief Zonwabile Sandile Mtirara – 6. November 1989; Fatima Meer – 6. November 1989; Commissioner of Prisons – 22. Januar 1990; Commissioner of Prisons – 2. Februar 1990; Commissioner of Prisons – 11. Februar 1990.

**Kladden, in denen Mandela seine Briefabschriften aufbewahrte (Donald Card Collection in der Nelson Mandela Foundation):**
Zenani und Zindzi Mandela – 4. Februar 1969; Makaziwe Mandela – 16. Februar 1969; Lilian Ngoyi – 3. März 1969; Gibson Kente – 3. März 1969; Chief Mthetho Matanzima – 17. März 1969; Winnie Mandela – 2. April 1969; P. K. Madikizela – 4. Mai 1969; Zenani und Zindzi Mandela – 23. Juni 1969; Winnie Mandela – 23. Juni 1969; Niki Xaba – 15. Juli 1969; Tellie Mtirara – 15. Juli 1969; Winnie Mandela – 16. Juli 1969; Evelyn Mandela – 16. Juli 1969; Col. Van Aarde – 22. Juli 1969; Makgatho Mandela – 28. Juli 1969; Sefton Vutela – 28. Juli 1969; Zenani und Zindzi Mandela – 3. August 1969; Irene Buthelezi – 3. August 1969; Nomfundo Mandela – 8. September 1969; Nolusapho Irene Mkwayi – 29. September 1969; Adelaide Sam Mase – 3. November 1969; Winnie Mandela – 16. November 1969; Paul Mzaidume – 19. November 1969; Thoko Mandela – 29. November 1969; Chief Nkosiyane – 1. Januar 1970; Adelaide Tambo – 31. Januar 1970; Marshall Xaba – 3. Februar 1970;

Tellie Mandela – 6. März 1970; Makgatho Mandela – 31. März 1970; Makaziwe Mandela – 1. Mai 1970; Leabie Piliso – 1. Juni 1970; Winnie Mandela – 20. Juni 1970; Winnie Mandela – 1. August 1970; Senator Douglas Lukhele – 1. August 1970; Winnie Mandela – 31. August 1970; Makgatho Mandela – 31. August 1970; Justizminister – 14. September 1970; Winnie Mandela – 1. Oktober 1970; Justizminister – 19. November 1970; Sanna Teyise – 1. Dezember 1970; Winnie Mandela – 28. Dezember 1970; Joyce Sikhakhane – 1. Januar 1971; Nomabutho Bhala – 1. Januar 1971; Commanding Officer, Robben Island – 2. Januar 1971; Tim Maharaj – 1. Februar 1971; Ishmael und Martha Matlakhu – 1. Februar 1971; Zenani Mandela – 1. März 1971; Christine Scholtz – 1. März 1971; Thoko Mandela – 1. April 1971; ‹Sisi› – 1. April 1971.

**Himan Bernadt Collection in der Nelson Mandela Foundation:**
Zuständiger Beamter im Justizministerium – 23. Oktober 1967; Frank, Bernadt & Joffe – 20. Mai 1969; Frank, Bernadt & Joffe – 21. Januar 1977.

**Privatsammlungen:**
Amnesty International: Sekretär von Amnesty – 6. November 1962; Amina Cachalia: Amina Cachalia – 12. Dezember 1977; Amina Cachalia – 26. Oktober 1980; Nick Carter: Ray Carter – 4. März 1985; Meyer de Waal: Adele de Waal – 29. August 1983; Michael Dingake: Michael Dingake – 24. April 1986; Fatima Meer: Fatima Meer – 1. März 1971, Fatima Meer – 1. November 1974, Fatima Meer – 1. Januar 1976, Fatima Meer – 30. Januar 1984; Morabo Morojele: Lionel Ngakane – 1. April 1985; Coen Stork: Coen Stork – 11. Juni 1964; Emily Wellman: Peter Wellman – 27. Mai 1979.

# Danksagung

Wir danken Zamaswazi Dlamini-Mandela für ihre wertvolle Unterstützung bei der Arbeit an diesem Buch und für ihr schönes Vorwort. Darin heißt es, dass die *Briefe aus dem Gefängnis* von Nelson Mandela uns helfen, zu verstehen, wie Menschen wie ihr Großvater, die «als gefangene Gegner des Apartheidregimes, das ein ganzes Volk unterdrückte, entsetzliche Strafen erduldeten».

Dieses Buch ist weit mehr als die gesammelten Worte eines eingekerkerten Freiheitskämpfers und einer weltberühmten Ikone und auch viel mehr als die Arbeit eines Herausgebers und seines Mitarbeiters. Es ist das Ergebnis jahrelanger, beharrlicher kollektiver Bemühungen.

Der lange Weg bis zu seiner Veröffentlichung begann 2006, als Verne Harris, der Leiter des Nelson Mandela Foundation-Archive, an Nelson Mandela mit der Bitte herantrat, Zugang zu den Briefen zu bekommen, die dieser in seiner siebenundzwanzig Jahre dauernden Haft geschrieben hatte, mit der Aussicht, sie eines Tages zu veröffentlichen. Die Aufgabe, im National Archives and Records Service of South Africa die Bestände in den Schachteln zu katalogisieren, die Mandelas Gefängnisaufzeichnungen enthalten, übertrug er Anthea Josias. In einem nächsten Schritt durchforschte ich die Korrespondenz, um alle seine Briefe an die Familie und an Freunde zu identifizieren. Dabei entdeckte ich eine Reihe fesselnder Briefe an und von Gefängnisbeamten und an verschiedene Einrichtungen; etliche dieser Briefe wurden in diese Sammlung aufgenommen. Gerrit Wagenaar, Natalie Skomolo und Zahira Adam arbeiteten unermüdlich an der Abschrift der Briefe mit.

Der Abgleich und die Transkription der Briefe nahmen Jahre in Anspruch, und im Laufe der Arbeit wurden sowohl in Mandelas persönlichen Unterlagen in der Nelson Mandela Foundation als auch in Privatsammlungen immer neue Briefe zutage gefördert. Unser Dank gilt besonders Nicholas Carter, Meyer de Waal, Michael und Sithembile Dingake sowie Emily Wellman und Morabo Morojele, die uns Briefe zur Verfügung stellten, die wir noch nicht kannten. Amnesty International gab uns die Kopie eines Briefes aus dem Jahr 1962, von dem wir zuvor noch nichts wussten und der im Londoner Archiv von Amnesty aufbewahrt wird. Der leider inzwischen verstorbene Coen Stork stellte uns einen Brief zur Verfügung, den ihm Mandela 1964 geschrieben hatte. Der ebenfalls verstorbene Himan Bernadt, einer von Mandelas Anwälten aus seiner Zeit im Gefängnis, vermachte seine Unterlagen der Nelson Mandela Foundation. 2004 erstattete Donald Card, ein ehemaliger Sicherheitspolizist, Mandela die zwei Kladden mit den Briefabschriften zurück, die er seinerzeit aus Mandelas Gefängniszelle entwendet und jahrzehntelang bei sich behalten hatte. Sie sind jetzt in der Nelson Mandela Foundation untergebracht.

Von besonderem Wert war auch die Unterstützung von Vanessa van Coppenhagen und Madibas Nachlassverwaltern, Erzbischof emeritus Desmond Tutu, Chief Mangosuthu Buthelezi, Rev. Frank Chikane, Dr. Richard Maponya, Tumeka Matanzima, Xoliswa Matanzima Jozana, Nqaba Ngoyi, Vicky Kente, Duma und Thandeka Gqubule, Trevor Tutu, Anant Singh, Shamin Meer, Ihrer Exzellenz Nomvuyo Nokwe, Joyce Sikhakhane Rabkin, Ilse Wilson, Tina Wilson, Nosizwe Macamo, Nina Jones und Sonja Gohre.

Mandela schrieb nicht nur auf Englisch, einige Briefe in dieser Sammlung übersetzten wir aus seiner Muttersprache isiXhosa, einige aus dem Afrikaans. Für diese Arbeit danken wir besonders folgenden Mitarbeitern: Pumeza Gwija, Luzuko Koti, Diketso Mufamadi, Vukile Pokwana, Benjamin Harris, Nosisa Tiso und Jeannie Adams. Unser Dank gilt auch denen, die Begriffe aus anderen Sprachen übersetzten, einzelne Personen ausfindig machten und kulturelle Bräuche und geschichtliche Ereignisse erläuterten: Zanele Riba, Florence Garishe, Razia Saleh, Ramni Dinath, Fred Khumalo, Zubeida Jaffer, Siraj Desai, Jimi Matthews und Zohra Kathrada Areington.

Die Identifizierung einzelner Personen und anderer Details war eine Mammutarbeit, und ohne die Hilfe zahlreicher Mitarbeiter wären die ergänzenden Informationen weit weniger inhaltsreich ausgefallen. Mac Maharaj gab bereitwillig jederzeit Auskunft auf unsere Fragen und lieferte viele Einzelheiten über das Leben im Gefängnis und über einzelne Personen.

Andere, die stets hilfsbereit zur Stelle waren, wenn wir ihrer Unterstützung bedurften, waren John Allen, Edwin Arrison, Christo Brand, Belinda Bozzoli, Laloo Chiba, Tony Eprile, Dali Tambo, Andile und Sino Xaba, die Familie von Dr. Gordon Handelsman, Sharon Gelman, Bobby Heaney, Carmen Heydenreich, Willie Hofmeyr, Stanley Kawalsky, Libby Lloyd, Sam Mabale, Mosie Molla, Saleem Mowzer, Nthabiseng Msomi, Bruce Murray, Prema Naidoo, Shirona Patel, Greta Soggot, Faiza Sujee, Jack Swart, Luli Callinicos und Lyndith Waller. Dank schulden wir auch Zodwa Zwane, Lucia Raadschelders, Claude Colart, Zandile Myeka, Lerato Tshabalala, Khalil Goga, Joe Ditabo, Mongezi Njaju, Sophia Molelekoa, Kerileng Marumo, Tshwarelo Mphatudi, Mark Seftel, Ntsiki Sisulu, Beryl Lockman und Effie Seftel.

Robert Weil vom Verlag W. W. Norton & Company, der als Erster den Wunsch nach einer Veröffentlichung der Briefe geäußert hatte, wartete geduldig lange Jahre und sorgte für großartige Unterstützung. Ruth Hobday und Geoff Blackwell von Blackwell & Ruth wurden Partner für die Publikation dieses Buches und verliehen ihm Flügel. Viel verdanken wir Rachel Clares-exzellenter und sorgfältiger Bearbeitung und ihrem Einsatz für dieses Buch, Cameron Gibb für die schöne Gestaltung und Elizabeth Blackwell für ihre Unterstützung. .

Sello Hatang, der Geschäftsführer der Nelson Mandela Foundation, machte uns von Anfang an Mut, dieses Buch herauszubringen, und wirbt dafür bei jeder Gelegenheit. Nicht versäumen dürfen wir, uns beim Team der Nelson Mandela Foundation zu bedanken, das in vielfacher Weise zu dieser Veröffentlichung beigetragen hat: Ethel Arends, Victoria Collis-Buthelezi, Lee Davies, Maeline Engelbrecht, Fikile Gama, Yase Godlo, Heather Henriques, Sumaya

Hendricks, Lungelo Khanyile, Gregory Katsoras, Lesego Maforah, Ann-Young Maharaj, Aletta Makgaleng, Clive Maluleke, Palesa Manare, Namile Mchunu, Koketso Mdawo, Limpho Monyamane, Kholofelo Monyela, Kealeboga Morembe, Lunga Nene, Eric Nhlengetwa, Patronella Nqaba, Buyi Sishuba, Lindiwe Skhosana, Morongoa Thobakgale, Given Tuck, Noreen Wahome und Louisa Zondo.

Angehörige der Familie Mandelas leisteten großzügig Hilfe bei der Identifizierung der in den Briefen erwähnten Personen. Winnie Madikizela-Mandela war großartig und widmete uns viele Stunden. I. K. H. Prinzessin Zenani Dlamini-Mandela, I. E. Frau Zindzi Mandela und Ndileka Mandela versorgten uns mit entscheidenden Informationen. Auch den anderen Familienmitgliedern der Mandelas möchten wir danken: Nandi Mandela, Makaziwe Mandela, Tukwini Mandela, Kweku Mandela, Dumani Mandela, Zinhle Dlamini, Zaziwe Manaway, Zoleka Mandela, Chief Zwelivelile Mandela und Nolusapho Rayne Rose Mandela.

Nelson Mandelas Qualen, die ihm die Trennung von seiner Familie bereiteten, ziehen sich durch diese wertvolle Chronik, ebenso wie sein Verständnis für das Leid seiner Angehörigen während dieser siebenundzwanzig Jahre. Ihnen allen sind wir zu tiefem Dank verpflichtet.

Sahm Venter
Herausgeberin

# Abdruckgenehmigungen und Bildnachweise

Wir danken für die Abdruckgenehmigung folgender Abbildungen:

Auszug aus dem «Interview mit Mac Maharaj», *Nelson Mandela: The Struggle is My Life* (London: International Defence and Aid Fund for Southern Africa, 1978), mit Genehmigung von Mac Maharaj. Auszug aus «Comrade Madiba», *Nelson Mandela: The Struggle is my Life*, (London: International Defence and Aid Fund for Southern Africa, 1978), mit Gehemigung von Michael Dingake. Auszug aus *Young Man With a Red Tie: A Memoir of Mandela and the Failed Revolution, 1960–1963* von Bob Hepple (Johannesburg, Jacana Media, 2013), mit Genehmigung. Auszüge aus «Shouts, Clenched Fists, Songs, as Mandela is Goaled», *Cape Times*, 8. November 1962, mit Genehmigung. Auszüge aus *The State Vs. Nelson Mandela: The Trial that Changed South Africa* von Joel Joffe (London: One World Publications, 2007), mit Genehmigung. Auszüge aus *Island in Chains: Ten Years on Robben Island by Prisoner 885/63* von Indres Naidoo (Joahnnesburg, Penguin Books, 2012), mit Genehmigung. Auszüge aus *Saving Nelson Mandela: The Rivonia Trial and the Fate of South Africa* von Kenneth S Braun (USA: Oxford University Press, 2012), mit Genehmigung. Auszug aus *Schwarz wie ich bin: Gedichte und Fotos aus Soweto*, Göttingen, Lamuv-Verlag GmbH, 1985 von Zindzi Mandela. Abdruckgenehmigung von Zindzi MandelaWL. Auszüge aus Tonmitschnitten von Nelson Mandela im Gespräch mit Richard Stengel (Johannesburg: Nelson Mandela Foundation, 1992–3), copyright © Nelson R. Mandela, mit Genehmigung der Nelson Mandela Foundation. Auszüge aus *Der lange Weg zur Freiheit* von Nelson Mandela (S. Fischer, Frankfurt am Main, 1994). WLAuszug aus *491 Days: Prisoner Number 1323/69* von Winnie Madikizela-Mandela (Hrsg. Sahm Venter und Zamawazi Dlamini Mandela) (Johannesburg: Picador Africa, 2013), mit Genehmigung von Winnie Madikizela-Mandela.

Vorderer Vorsatz, S. 28 f., 38 f. und hinterer Vorsatz: Matthew Willman; S. 20 f.: Nelson Mandela Prison Archive, National Archives and Records Service of South Africa, S. 538 f.: Mikhael Subotzky, Installation «Die Vier Hoeke», Ausstellung in der Zelle Nelson Mandelas, Pollsmoor-Gefängnis, Südafrika, 2005, mit freundlicher Genehmigung des Künstlers und der Goodman Gallery; S. 624 f.: Getty Images/TSJ MERLYN LICENSING BV/Gallo Images; S. 633 f.: Getty Images/Matthew Willman; S. 700 f.: Nelson Mandela Foundation.

Fotografien der Briefe: S. 109, 146 f., 178–181 und 250: Donald Card Collection in der Nelson Mandela Foundation, Fotos: Ardon Bar-Hama; S. 58 f., 321,

323, 325, 327, 329, 331, 333, 396, 404 f., 494, 508 f., 558 f., 564, 589 f. und 688: Nelson Mandela Prison Archive, National Archives and Records Service of South Africa; S. 127: Himan Bernadt Collection in der Nelson Mandela Foundation, Foto: Ardon Bar-Hama; S. 27: Amnesty International, mit freundlicher Genehmigung der Nelson Mandela Foundation; S. 37: Coen Stork, mit freundlicher Genehmigung der Nelson Mandela Foundation.

Farbtafeln: Tafel 1: Herbert Shore, mit freundlicher Genehmigung der Ahmed Kathrada Foundation (oben); Eli Weinberg, University of Western Cape – Robben Island Museum Mayibuye Archives (unten); Tafel 2: Matthew Willman – Robben Island Museum Mayibuye (oben); Nelson Mandela Prison Archive, National Archives and Records Service of South Africa (unten); Tafel 3: Nelson Mandela Prison Archive, National Archives and Records Service of South Africa; Tafeln 4 und 5: Donald Card Collection in der Nelson Mandela Foundation, Fotos: Ardon Bar-Hama; Tafeln 6 und 7: Nelson Mandela Prison Archive, National Archives and Records Service of South Africa; Tafel 8: Cloete Breytenbach/*Daily Express* (oben), Nelson Mandela Prison Archive, National Archives and Records Service of South Africa (unten).

# Personenregister

Abdula, Mohammed 465
Abdurahman, Abdullah
  275, 277
Ahmed, Ayesha 453
Alberti, Ludwig 315
Alexander, Boy 366
Alexander, Dimbiti Bisho
  366 f.
Alexander, Dorothy 366
Alexander, Janette 366
Alexander, Leo 367
Alexander, Myrtle 366
Alexander, Neville Edward
  62, 366 f., 700
Alexander, Ray 318 f.
Alfie, Tough 201, 423
Alwyn, John 290 f.
Amuah, Isaac 668
Anthony, Frank 431 f.
April, James E. 431 f.
Arnold, Ameen 528–530
Arnold, Ayesha 527–531
Arnold, Myomena 528–
  530
Arnold, Shukri 528–530
Astor, David 62, 201, 203,
  255, 495 f.
Asvat, Zainab 275, 277
Aucamp, Brig. 82 f., 135,
  138, 163 f., 173, 187, 217,
  226, 228, 230, 236,
  241 f., 299, 307 f., 310,
  313 f., 324, 348, 700
Autshumao 274, 276
Ayob, Ismail 417 f., 441,
  469, 497, 499, 514, 516,
  521, 523, 535, 637, 666,
  683, 700

Badenhorst, Col. 299, 306,
  391
Baduza, S. 517
Balfour, Dumani (Enkel,

Sohn Makaziwes) 604,
  644 f.
Balfour, Kweku (Enkel,
  Sohn Makaziwes) 604,
  645
Balfour, Tukwini (Enkel,
  Sohn Makaziwes) 604,
  645
Ballim, Shabir 444
Bam, Fikile «Fiki» 171, 201,
  611
Bam, Nondyebo Jane 171,
  351
Barber, Anthony 668 f.
Barmey, William «Thabo»
  575 f., 578
Baron, Jack 600
Basman, Dr. 34
Beethoven, Ludwig van 289
Benson, Frances 668 f.
Benson, Mary 111, 113, 201,
  203, 666, 668 f., 690,
  700 f.
Bernadt, Hymie 15, 43, 61,
  64, 127 f., 164, 227, 229,
  359, 426 f., 441
Bernstein, Hilda, geb. Watts
  72 f., 75, 99, 101
Bernstein, Lionel «Rusty»
  31 f., 75, 101, 360 f., 701
Bernstein, Toni 360 f.
Bhala, Nomabutho 273–
  277
Bhoola, Ahmed 297, 561,
  563
Bhoola, Ismail 380
Bhoolia, Ramlal 297, 563
Bierenbroodspot, Warrant
  Officer 438, 440
Biggs, Dr. 478
Bikitsha, Doc 271
Biko, Steve 622
Bindman, Geoffrey 680

Birley, Eleanor 62, 237, 240,
  342, 345, 460, 462,
  466 f.
Birley, Robert 62, 240, 345,
  460, 462
Bizos, George 411–413,
  426, 441, 701
Blom-Cooper, Louis 25 f.
Bloomberg, Charles 271
Boesak, Allan Aubrey 647 f.
Boesak, Dorothy 647 f.
Bokwe, John Knox 715
Booth, John Wilkes 676
Bopape, David 240, 360 f.
Bosch, D. J. 24
Botha, Brig. 481, 486
Botha, Louis 224
Botha, Pieter Willem 47,
  116, 512, 552, 556, 563,
  565–572, 601, 659–661,
  687, 694, 698, 701
Brand, Christo 397, 431
Brand, Dr. 598
Breitenbach, Dr. 479
Breytenbach, Cloete 431
Brookes, Edgar 475, 477
Brooks, Allan 118, 123,
  200, 236 f., 314, 588
Bros, Gambu 201
Brown, Henry 61, 64, 128 f.,
  227 f., 232, 235
Brown, Kenneth S. 122
Bull, A. B. 600
Bunting, Brian 271
Buthelezi, Irene «Mndlun-
  kulu» 90, 160–163,
  184 f., 454, 456 f., 642,
  701
Buthelezi, Gatsha Mango-
  suthu «Shenge» 88–90,
  110, 160, 163, 185, 454–
  457, 507, 512, 581, 586,
  640–642, 702

Buthelezi, Mnyamana 88, 456 f.
Buza, Joseph 291

Cachalia, Amina 15, 135, 140, 184 f., 275, 344 f., 359, 447–449, 497, 499, 512–516, 522 f., 560 f., 614–616, 648 f., 702
Cachalia, Ismail «Maulvi» 46, 295, 298, 516, 702
Cachalia, Solly 513
Cachalia, Yusuf 295, 298, 344 f., 447–449, 513, 515, 522 f., 648 f., 702
Caesar, Gaius Iulius 490
Calata, James Arthur 575, 578
Caluza, R. T. 289 f.
Carlson, Joel 64 f., 148, 177, 193, 206, 208, 255 f., 702
Carmichael, Stokely 103, 105
Carter, Gwendolen M. «Gwen» 342, 345, 367, 541–543, 551 f.
Carter, Jimmy 479, 481
Carter, John 574
Carter, Ray 15, 572–574
Carter, Rosalynn 479, 481
Castle, Barbara 495 f.
Cetshwayo kaMpande, König 457
Cetywayo, König 159
Chamberlain, Joseph 255
Chaskalson, Arthur 122
Chiba, Isu Laloo 43, 62, 345, 365, 431 f., 444, 449, 673, 702 f.
Chiepe, Goasitwe 605
Chikane, Frank 653
Chinsamy, Y. S. 551, 553
Chisholm, G. 600
Cholo, Theophilus 376, 431 f.
Choudree, Ashwin 452
Chuene, Maggie 201, 239
Coetsee, Hendrik Jacobus «Kobie» 547, 595, 626 f., 636, 691, 693, 703

Coetzee, Dirk 466, 487
Coetzee, Dr. 530
Coetzee, Gen. Johan 531–536
Collins, Canon «Colin» 201, 203
Corbett, Michael 391, 397
Croaker, John 32
Cungwa 170, 274
Curry, Gwen 351
Cyprian, König Bhekzulu Nyangayezizwe kaSolomon 88, 90, 107, 110, 703

Dabane, Nkomo 158
Dabane, Yuyizana 158
Dadoo, Winnie 361, 514, 516
Dadoo, Yusuf «Mota» «Shireen» 295, 297, 358–361, 450, 452, 514–516, 552 f., 574, 577, 703
Dalasile, Makhi Jomo 663
Dalasile, Zanangqele 674
Dalindyebo, Buyelekhaya 351, 354, 646 f., 659, 703 f.
Dalindyebo, Jongintaba 106, 108, 141 f., 177, 197 f., 221, 264, 267, 304–306, 350, 353, 402, 435, 523, 690, 704
Dalindyebo, Justice (Neffe) 176, 216, 303–306
Dalindyebo, King Sabata Jonguhlanga 85–87, 93, 95, 106–108, 111, 113, 142, 177, 198, 216, 218 f., 305 f., 353 f., 384, 402, 411, 435, 478, 480, 505 f., 545, 560 f., 607, 614, 647, 659, 704
Dalindyebo, Nxeko «Bambilanga» 353, 478, 480, 545, 606 f., 612, 614, 646 f.
Dalton, David 255
Dangala, Johannes 117
Daniels, Edward Joseph «Danie» «Eddie» 11 f.,

62, 118, 123, 431 f., 647, 704
Daniels, Eleanor 647
Daubeny, Peter 423 f.
Daweti, Thomson L. 431 f.
Dawood, Ayesha 291
De Jager, Head Warder 96, 310
De Jager, Molly siehe Mandela, Thoko
De Keller, David «Spike» 118, 123
De Klerk, Frederik Willem 660, 684, 693 f., 697 f., 704
De Kock, Prof. 626, 643
De Kock, Sgt. 532, 534
De Waal, Adele 536, 546 f.
De Waal, Petrus Johannes «Piet» 437, 535 f., 546 f.
De Waal, Schwester 644
De Wet, Christiaan 115–118, 120 f.
De Wet, Quartus 32, 35
Dekenah, C. J. 600
Dinath, Moosa 111, 113, 138 f., 141 f.
Dingake, Edna 286, 605
Dingake, Goseo 605
Dingake, Michael «Mike» Kitso 13–15, 201, 286, 359, 431 f., 604 f., 704
Dingane, König 246
Dingane, Meisie 283
Dlamini, Ezekile 249
Dlamini, Kuzwayo Jacob 571
Dlamini, Thumbumuzi «Muzi» 436, 461 f., 465, 467, 510, 512
D'Oliveira, John 457 f.
Donahue, Patrick 582, 586
Donaldson, James 105
Dotwana, Mafu 163, 351, 656
Du Plessis, Brig. 365, 372, 374 f., 385, 389 f., 400, 489
Du Preez, Gen. 370 f., 413
Du Toit, J. H. 76
Dube, John Langalibalele

«Mafukuzela» 245 f., 275, 277, 585, 587
Duffy, Charles 582, 586
Duncan, Sheena 579 f.
Dyantyi, Benson 271

Edelstein, Dr. 386–388, 479
Egnos Godfrey, Bertha 423 f.
Elizabeth I. von England 479
Eprile, Cecil 56 f., 60, 270– 272, 705
Eprile, Liesl 57, 60
Eprile, Tony 56
Erewe, Ronel 678
Essack, Abdul Karrim 561, 563
Essack, Omar 584, 587
Essop, Salim 431 f.
Euripides 364
Eybers, Elisabeth 317, 319

Fadana, Samson «John» 117, 255, 267–270, 272, 674
Faku, König 185
Fehr, William 315
Ferus, Hennie 523 f.
Ferus, Petronella 523 f.
First, Ruth 271, 359, 361, 575, 578
Fischer, Abram «Bram» 43– 45, 72 f., 75, 356, 615 f., 661 f., 705
Fischer, Molly 44, 615
Fischer, Ruth 615 f., 662
Fonteyn, Margot 422, 424
Foolo, Grace 653
Fourie, Jopie 395, 398
Fourie, Sgt. 262, 277, 299, 313, 375 f., 382, 390
Frense, Amina 671
Frense, Peter 671
Fuzile, Mxolisi Jackson 117, 122, 255, 431 f.

Gabushane, Emily 283
Gaitskell, Hugh 496
Gandhi, Indira 479, 481,

510, 512 f., 515, 551 f., 562 f.
Gandhi, Mahatma 68, 256, 298, 450
Gandhi, Mandeka 562
Gandhi, Rajiv 562 f.
Gandhi, Sanjay 510, 512, 563
Gandhi, Sonia 562 f.
Gcanga, Sodinga 176
Gecelter, L. 599 f.
Gillingham, Brig. 698
Gladys (Tante Winnies) 167 f., 239 f., 585
Glickman, Arthur 550
Glickman, Louise 550
Gogosoa, Chief 274, 276
Goldberg, Denis 14, 31, 40, 43, 636, 705
Good, Lt. 83
Goodspeed, S. 81
Gool, Cissie 275, 277, 317, 319
Gordimer, Nadine 615 f.
Gosani, Bob 271 f.
Gqabi, Joe 117, 122
Gqubule, Duma 686 f.
Gqubule, Thandeka 686 f.
Gqubule, Theokritus Simon Ndziweni 686 f.
Green, Pippa 524
Gumede, Archibald Jacob «Archie» 551–553, 580– 587, 638 f., 705 f.
Gumede, Josiah Tshangana 552
Guy, Tough 79
Guzana, Knowledge «Dambisa» 85–87, 219, 221, 706
Gwala, Harry 646, 654, 656, 672, 692 f., 706

Händel, Georg Friedrich 268
Hall, Coring 478
Handelsman, Gordon 34
Harding, Maj. 457, 492
Harmel, Barbara 455, 457
Harmel, Michael 455, 457, 574, 578

Harrison, George 126, 272
Harrison, Rex 422, 424
Hassim, Kader 431 f.
Hattingh, Chris 437, 458
Hayman, Ruth 52
Healey, Denis 253 f., 256, 372, 397, 494–496
Hemingway, Ernest 311
Hendricks, Abel 664
Hendricks, Andrew 664
Hendricks, Freda 664
Hepple, Bob 24, 31 f., 706
Hepple, Shirley 32
Herbans, Gopal 295, 298
Hesselman, Capt. 470
Hitler, Adolf 122
Hlalelani, Sylvia 692
Hlapane, Euphemia «Nana» 286, 359, 605
Hlapane, Solly 286, 605
Hodgson, Percy John «Jack» 575, 578
Holm, Eric 117 f., 123
Holomisa, Phathekile 674
Homer 498
Hopkins, Anne 477
Hosten, W. J. 629–632, 638
Hough, Prof. 468, 470
Huddlestone, Trevor 249
Huisamen, Maj. 96, 173, 308

Iindlovukazi 436 f.
Ireland, Michael 586
Isabella von Spanien 479

Jabavu, Davidson Don Tengo 277
Jabavu, John Tengo 275– 277
Jackman, Alan Thembi 104
Jansen, J. N. H. 500
Jansen, Oberin 644
Joffe, Joel 32, 43, 45, 61, 64, 122, 127–129, 164, 224, 227, 229, 426 f., 441
John, Motsoala 99
Joseph, Adelaide 376, 397
Joseph, Helen 98, 101, 254, 256, 311, 415, 464, 467–

470, 514, 516, 614–616,
669, 706 f.
Joseph, Navraj 380
Joseph, Paul 111, 113, 397
Joubert, Head Warden 190
Joyana, P. 517
Joyi, Zwelidumile 198, 409,
606, 612, 674
Jozana, Xoliswa 368, 378,
397, 412, 495, 526 f.,
707
Jozi, Long Ruta 201

Kama, König 170
Kantor, James «Jimmy» 31 f.,
359 f., 707
Kapitan, Madanjit 681 f.
Kapitan, Marjorie 681 f.
Kaplan, Dr. 61, 212
Karis, Thomas 551 f.
Kasi, Nomathemba Evelyn
(Nichte) 102–104
Katharina II. die Große von
Russland 479
Kathrada, Ahmed «Kathy»
31, 43, 47, 72 f., 360 f.,
380, 427, 431 f., 443 f.,
540, 547, 571, 672, 684,
689, 693, 707
Katzenellenbogen, Maud
111, 113, 148
Kawalsky, Stanley 425, 441
Kazi, Azis 514 f.
Kazi, Zainub 513–515
Kearns, Elaine 643 f.
Keitsing, Fish 286 f.
Kellerman, Major 82 f., 96,
125, 221
Kemp, Jan Christoffel Grey-
ling 115 f.
Kemp, Stephanie 118, 120,
123
Kente, Gibson «Gibbs»
102–104, 111 f., 135,
138, 140, 290, 423 f., 707
Kente, Vicky 104, 290
Kentridge, Felicity 368 f.,
378 f.
Kentridge, Sydney 368 f.
Kentridge, William 369
Keulder, Brig. 683

Kgaje, Sydney 284
Khama, Seretse 258, 261
Khanyeza, Nomsa 582 f.
Khoza, Ntshingwayo kaMa-
hole 455, 457
Khoza, Rufus 103, 105
Khumalo, Fred 691
Khwane kaLungane, König
170 f.
Kies, Benjamin «Bennie»
504–506
Kies, Helen 504, 506
Kitson, Dave 673
Kleinschmidt, Horst 470
Kleinschmidt, Ilona 468,
470
Kobus, Monica 351, 529
Kodesh, Wolfie 245
Kola, Ayesha 678 f.
Kola, Rashid 678 f.
Kotane, Moses 72, 75, 574,
577
Kruger, James «Jimmy»
320–336, 354–357, 373,
400 f., 441, 482, 531, 707
Kuper, Hilda 475, 477
Kuper, Leo 475, 477
Kuse, Wandile 656

Lakier, Gail 424
Langa, Pius Nkonzo 588,
592
Langenhoven, C. J. 194–197
Laubscher, W. M. 600
Lawless, Candie 650 f.
Le Grange, Louis 42, 481,
485 f., 588, 708
Le Roux, Dr. 530, 654
Le Roux, Peter A. K. 638
Leibbrandt, Sidney Robey
117 f., 120, 122, 483–
485, 570, 572
Lembede, Anton 240
Lentanka, Daniel Simon
585, 587
Letele, Arthur Elias 575,
578
Letele, Dr. 203
Letele, Mary 201, 203
Levin, Mendel 143, 148 f.,
151

Levson, Freda 201, 203
Leyne, Morris 582, 586
Lincoln, Abraham 675
Lipman, Alan 297 f.
Lipman, Beata 297 f.
Lockman, Beryl 190, 193,
213, 688 f.
Lollan, Stanley 239
Loubscher, Dr. 598
Lujabe, Mtutuzeli 613
Lukhele, Douglas «Duggie»
235–241, 255, 314 f.,
465, 467, 708
Lusted, Dorrie Francis 474
Luthuli, Albert 23, 53 f., 77,
80, 90, 99–101, 221–
224, 359, 361, 451 f.,
474, 563, 574, 577, 583,
586 f., 591 f., 708
Luthuli, Nkosikazi Nokhuk-
hanya 53 f., 89 f., 99–
101, 221–224, 452, 455,
457, 563, 583, 586,
591 f., 708
Luthuli, Sibusiso 591
Luthuli, Wilhelmina 591

Mabhida, Moses Mbheki
Mncane 455, 457, 584,
587
Mabitsela, Matthews 534
Mabutho, J. 517, 662
Mabuya, Gordon 113
Mabuya, Nontobeko 113
MacGee, Thomas Darcy
582, 586
Madiba, Mhlekazi 201,
655 f.
Madikizela, Camagwini
85 f., 108, 525, 527
Madikizela, Cameron 157 f.,
183
Madikizela, Columbus Ko-
kani «Bawo» (Winnies
Vater) 52 f., 123–126,
138, 189 f., 326, 350,
353, 461 f., 521, 523, 708
Madikizela, Kha 158
Madikizela, Lungile (Win-
nies Bruder) 510
Madikizela, Msuthu Than-

duxolo (Winnies Bruder) 125 f., 128, 322, 326, 328, 330, 335–338, 340, 346, 354 f., 400, 402 f., 407, 416

Madikizela, Msutu (Winnies Bruder) 125 f.

Madikizela, Nonyaniso «Nyanya» (Winnies Schwester) 53 f., 125, 136, 138 f., 141, 155, 157, 183, 216 f., 232, 247, 263, 265 f., 314 f., 328, 335, 337, 340, 348, 510

Madikizela, Nophikela Hilda (Winnies Stiefmutter) 123–126, 136, 139, 205 f., 233, 236, 263, 267, 351, 353

Madikizela, Prince (Winnies Cousin) 525–527

Madikizela, Silas (Winnies Onkel) 126

Madikizela, Tami 158, 651

Madikizela-Mandela, Winnie «Mhlope» «Ngutyana» «Nobandla» «Zami» (zweite Ehefrau) 7 f., 10, 17, 33, 42, 47, 51–54, 56 f., 77, 80, 84–86, 90 f., 93–95, 102 f., 106, 108–110, 112 f., 123–126, 128–145, 148 f., 151 f., 155, 157–161, 164–168, 170 f., 177–185, 187, 189 f., 192–202, 204–209, 212, 215–220, 224–238, 241–247, 249–257, 263–268, 271 f., 277, 280–285, 287–289, 293, 296 f., 302, 312–315, 319–343, 345–356, 360 f., 364, 375–381, 383, 385, 393 f., 398–412, 415–417, 419 f., 425–427, 433–435, 437, 441–443, 447, 451, 453, 458–466, 469–472, 475, 478–481, 486–488, 490–495, 498–500,

502 f., 506–514, 517–523, 525–528, 530–534, 536, 543, 546 f., 550 f., 556–562, 574–576, 583, 586, 590 f., 595, 597, 599, 609, 613, 616, 620, 626, 633, 640, 647 f., 662, 664, 668, 682 f., 686 f., 708

Magame, Joe 238

Magogo, Mntwana 456 f.

Magubane, Peter 79, 255, 286, 320, 437, 470, 499, 503

Maharaj, Tim 278–282, 351

Maharaj, Mac 41, 43, 104, 113, 278–280, 282, 444, 637, 672, 708 f.

Mahlasela, Gabula 79, 423, 602, 604, 612 f.

Mahlati, Gilimamba 593 f.

Maimane, Arthur 271

Majombozi, Lionel 240

Makawula, Wabana 655

Makeba, Zenzile Miriam 103, 105, 249, 260, 270, 289 f., 359

Makgatho, Sefako Mapogo 94, 245 f.

Makgothi, Henry «Squire» 171 f.

Malefane, Matthews K. 532, 536

Maleka, Esther 259, 261, 351, 354, 615 f.

Maleka, Tito 616

Mampuru, Chief 99, 101

Mandela, Baliwe (Schwester) 219, 221, 545

Mandela, Dumani (Enkel, Sohn Makaziwes) 604

Mandela, Evelyn Ntoko «Mamqwati» (erste Ehefrau) 45, 51, 143, 145 f., 148–150, 163, 174, 176 f., 184 f., 193, 198 f., 204 f., 217, 245, 503, 709

Mandela, Kathazwa «Khathi» 188–190

Mandela, Madiba Thembekile «Thembi» (Sohn) 7, 13, 42, 51, 53, 77 f., 92–95, 100, 105, 143–145, 148–155, 158–161, 164, 168–170, 174, 176, 188, 190–193, 197, 199, 202, 204, 209, 214, 216, 219, 229, 245, 300, 302, 350, 354, 462, 489 f., 502 f., 521, 618, 630, 709

Mandela, Makaziwe 163, 502 f., 709

Mandela, Makaziwe «Maki» (Tochter) 7 f., 51, 53, 90–95, 110, 135, 138–140, 145, 149–152, 154, 163, 167 f., 188, 192, 200, 211, 214–217, 233, 248, 289, 311, 314, 351, 354, 383, 468–470, 478, 481, 497, 503, 552, 604, 644 f., 668, 709

Mandela, Makgatho Lewanika «Kgatho» (Sohn) 7 f., 51, 53, 56 f., 90–95, 110–112, 135, 138, 140 f., 144 f., 149–155, 158 f., 162, 167 f., 184, 187–190, 199, 204 f., 207–212, 214–216, 227 f., 233, 239 f., 245–249, 265, 289, 294, 300, 311, 314 f., 343, 350 f., 354, 407–410, 412, 466, 478 f., 526, 617–619, 645, 653, 669, 682, 709

Mandela, Mandla Zwivelile (Enkel, Sohn Rennies) 584, 617–619, 653, 668 f., 709

Mandela, Matsobiyane 168

Mandela, Mtsobise (Cousine) 142

Mandela, Nandi (Enkelin, Tochter Thokos) 143, 155, 193, 300–302, 351, 354, 462 f., 618 f., 621 f., 630, 677, 709

Mandela, Ndileka «Ndindi» (Enkelin, Tochter Thokos) 143, 155, 193, 300–302, 350 f., 353 f., 462 f., 709

Mandela, Njisana (Cousine) 342

Mandela, Nkosi Mphakany-iswa Gadla Hendry (Vater) 185, 264, 267, 433, 435, 467, 709

Mandela, Nobelungu (Cousine) 99

Mandela, Nosekeni Fanny «Makhulu» (Mutter) 13, 42, 83–86, 95, 100, 108, 123 f., 136, 141, 144 f., 148 f., 151, 153, 155, 157, 160–163, 169–171, 204, 209, 211, 216, 219, 221, 267, 304 f., 350, 353, 362, 433, 518 f., 521, 523, 709

Mandela, Notancu (Schwester) siehe Timakwe, Mabel Notancu

Mandela, Ntombi 302

Mandela, Ntonto (Nichte, Tochter Nomfundos) 654

Mandela, Olive Nomfundo (Nichte, Tochter Nomfundos) 91 f., 94 f., 112 f., 142, 165–168, 170 f., 499, 654

Mandela, Sidumo (Cousin) 135, 220 f.

Mandela, Thembi (Enkel) 499

Mandela, Thoko (Schwiegertochter) 94 f., 143, 155, 190–193, 197–199, 213 f., 229, 245, 255, 270, 300–302, 314, 351, 354, 463, 709 f.

Mandela, Zindziswa «Mantu» «Zindzi» (Tochter) 7 f., 16, 51, 53, 90–94, 110, 128–132, 135, 138, 140, 145, 152, 158–160, 167 f., 189, 197, 200, 204 f., 207, 209, 211, 216, 219 f., 228,

233, 236, 243, 253, 264, 266, 288 f., 295, 302, 315, 322, 335 f., 338, 364, 375, 377 f., 401 f., 406, 408, 410 f., 419, 437, 453, 458–462, 465–467, 469 f., 474, 476, 489–492, 496–504, 507–513, 516–519, 522, 535, 556, 618–620, 631, 682 f., 710

Mandela, Zinhle (Enkel, Sohn Zenanis) 631

Mandela, Zoleka (Enkelin, Tochter Zindzis) 631, 710

Mandela, Zondwa (Enkel, Sohn Zindzis) 602, 604, 631, 710

Mandela, Zukiswa (Nichte, Tochter Nomfundos) 645, 654

Mandela, Zwangendaba (Neffe) 466

Mandela-Dlamini, Zamaswazi (Enkelin, Tochter Zenanis) 7–9, 507, 512, 631

Mandela-Dlamini, Zaziwe (Enkelin, Tochter Zenanis) 7, 436, 507, 512, 631

Mandela-Dlamini, Zenani «Zeni» «Nosizwe» (Tochter) 8, 51, 53, 90–95, 110, 128–132, 135, 138, 140, 145, 152, 158–160, 167 f., 189, 197, 200, 204 f., 207, 209, 211, 216, 219 f., 226, 228, 232 f., 236, 238, 243, 253, 264, 266, 287–290, 295, 302, 315, 322 f., 335 f., 338, 350, 364, 375, 402, 406–408, 410 f., 436 f., 459–462, 465, 467, 469 f., 474, 507, 509 f., 512, 519, 631, 668, 710

Mandela-Perry, Rose Rayne «Rennie» (Schwieger-

tochter) 351, 407–409, 462, 497, 617–619, 653, 669, 709

Mandleni, Winnie 238

Mankahla, Nondwe 256

Manthatisi, Königin 317, 319, 479

Mantombi Dlamini, Königin 454, 456

Manyosi, Ronnie 271

Manzezulu, Chief 85, 108

Maponya, Marina 658, 676, 678

Maponya, Richard John Pelwana 658

Maqubela, N. «Mgabela» 383, 542, 544 siehe auch Mgabela, Nolinda

Maqubela, Patrick 397, 542, 544

Mark Anton 490

Marks, John «Beaver» 72, 75, 575, 578

Marx, Karl 253

Mase, Adelaide 174–177, 184, 216–218

Mase, Evelyn siehe Mandela, Evelyn Ntoko

Mase, Sam (Schwager) 150, 174–176, 216 f.

Mase, Tshezi (Schwägerin) 150

Masekela, Hugh Ramopolo 103, 105, 249, 260

Maselwa, J. N. 102, 104

Masemola, Jafta Kgalabi «Jeff» 429, 431 f., 444, 672 f., 684, 693, 710

Mashaba, Andrew 615 f.

Mashaba, Bertha 614, 616

Mashaba, Caroline 99, 615

Mashabela, Harry 271

Mashifane, Thomas 31

Mashigo, Onica Mashohlane 99, 614–616

Masire, Quett Ketumile Joni 605

Masondo, Andrew 117, 122

Masondo, Vuyo 197

Massey, Austen 640

Matanzima, Florence No-
sango 350, 612, 614
Matanzima, George «Mzim-
vubu» 85 f., 108, 255,
350, 353, 606 f., 613
Matanzima, Kaiser Dali-
wonga «K. D.» «Wonga»
84 f., 106–108, 110, 112,
135, 219, 221, 304, 306,
353, 369, 397, 412, 495,
505 f., 527, 555 f., 560 f.,
605–607, 614, 619, 647,
659, 707, 710
Matanzima, Mthetho 85 f.,
106, 108, 135, 216 f.,
526 f., 710 f.
Matanzima, Ngangomhlaba
606 f., 613, 674
Matanzima, Nosango 526,
612
Matanzima, Themba 646 f.,
676
Matanzima, Tumeka 618 f.
Matji, Robert 386
Matlhaku, Ishmael 283–
287, 385 f., 397, 605
Matlhaku, Martha 255,
283–287, 385 f., 397,
605
Matseke, Dr. 599
Matsha, Grace 645
Matshikiza, Esme 79 f., 201,
203
Matshikiza, Todd 79 f., 203,
249, 271 f.
Mattera, Don 649 f.
Matthews, Bakwe «Joe»
«Mphephethe» 79 f., 201,
203, 315, 423 f., 581, 584,
586, 610, 612, 673, 711
Matthews, Frieda «Bakwes
Ma» «Rakgadi» 80, 201,
203, 315, 455, 457,
604 f., 610–613, 615,
673 f., 711
Matthews, Zachariah Koe-
direlang 80, 201, 203,
315, 359, 361, 457, 574,
577, 605, 610, 612, 673,
711
Matyolos, Rev. 303

Mbandzeni, Ingwenyama
239 f.
Mbanjwa, Solomon 304,
306
Mbekeni, Dumalisile 176 f.
Mbekeni, E. N. 654–656
Mbekeni, Nozipho 141 f.
Mbekeni, Wonga 126,
141 f., 177, 219, 221, 656
Mbeki, Govan 14, 31, 68 f.,
74, 431 f., 636, 711
Mbeki, Thabo 571, 592,
694, 696 f.
Mbobo, Victor 240, 255
Mbuli, Mzwakhe 649 f.
Mbuli, Nomsa 649 f.
Mbuzo, Timothy 84, 86 f.,
123 f., 126, 219–221, 350
McLush, Liz 423
McManus, Thomas 582,
586
Mda, Ashby Peter 240
Mdaka, Nomayeza 176
Mdaka, Temba 103, 176,
201
Mdingi, Jongintaba 94 f.,
197, 216, 409, 497, 499,
517, 519
Mdlalose, Elphas 693 f.
Mdlalose, Zakhele 672 f.,
692 f.
Mdledle, Nathan «Dam-
buza» 103, 105
Mdluli, Joseph Masobiya
692
Meagher, Thomas Franic
582, 586
Meer, A. I. 295, 298
Meer, Farouk 551, 553
Meer, Fatima «Fatu» 15, 88,
113, 236, 294–299, 318,
341–345, 351, 354, 359,
361–365, 407 f., 426 f.,
452, 468, 506, 512 f.,
515, 522 f., 530, 550–
553, 563, 585, 587, 615 f.,
680 f., 690 f., 711 f.
Meer, Iqbal 680 f.
Meer, Ismail 295–298, 341,
343–345, 351, 354, 359,
361, 364 f., 452, 465,

467, 507, 513, 515, 552,
561–563, 588, 592, 712
Meer, Rashid 294, 345,
551
Meer, Shamim 294, 345
Meer, Shehnaz 294, 345
Meiring, Piet 357, 373, 457
Memeth, Annetta 452
Mendel, Gregor Johann
465 f.
Meyiwa, Humphrey 693
Meyiwa, Matthews Makho-
leka 672 f., 692–694
Mfebe, Headman 85, 108
Mgabela, Khayalethu 593 f.
Mgabela, Malcomess 593
Mgabela, Nolinda 593
Mgabela, Nongaye 593 f.
Mgoyo, Elliot Khoza 255,
686
Mgudlwa, Joyce 158
Mgudlwa, Lulama «Lulu»
150, 190, 192 f., 204 f.,
207, 211, 216, 227, 245,
305
Mgudlwa, Msungulwa 198
Mgudlwa, Mxolisi 150, 227,
245
Mgudlwa, Nothuthuzelo
«Mthuthu» 158
Mgudlwa, Sobhini 613
Mgulwa, Alfred «Radebe»
138 f., 141
Mhlaba, Raymond 31, 68 f.,
74, 201, 203, 431 f., 485,
540, 571, 672, 684, 693,
712
Mhlatuzana, Euphemia 351
Mitchel, John 582, 586
Mitchel, John Purroy 586
Mitrara, Judy 350 f.
Mitrara, N. 621 f.
Mitrara, Nombulelo Judith
141 f., 351, 353
Mitrara, Rochelle 351
Mji jun., Dilizantaba «Di-
liza» 424, 591 f., 639
Mji sen., Dilizantaba «Di-
liza» 591 f.
Mkalipi, Kwedi 431 f.,
645–647

Mkentane, Kent 674
Mkentane, Kepu 507, 512, 603 f., 612–614, 674–676
Mkentane, Lincoln 604, 676
Mkhize, Bertha 616
Mkwayi, Nolusapho Irene 151, 168–172, 185, 242, 245, 351
Mkwayi, Wilton Zimasile 168, 171, 185, 245, 431 f., 672 f., 684, 693, 712 f.
Mlangeni, Andrew «Mpandla» 30 f., 201, 239, 431 f., 540, 571, 672, 684, 693, 713
Mlyekisana, G. 385 f.
Mngoma, J. P. 517
Mngoma, Thoko 272
Mngoma, Virginia 99, 101, 517, 519, 614
Mniki, Earl 125 f., 347, 351, 354, 409 f.
Mniki, Nobantu «Bantu» «Beauty» (Schwester Winnies) 54, 125 f., 139, 171, 205 f., 347, 349, 351, 354, 402, 407, 410
Modisane, Bloke 271
Mogapi, Simon 271
Mogotsi, Joe «Kolie» 103, 105
Mohamed, Nazeem 670 f.
Mohapeloa, Joshua Pulumo 102, 104, 289 f.
Moiloa, David 286
Mokotedi, Johannes «Joe» 247, 490
Molefi, Petrus 255
Molema, Silas Modiri 575, 578
Moloi, Jerry 201, 247, 286, 489 f.
Molosi, Johannes 489
Mompati, Ruth 203, 238, 240
Mondlane, Eduardo 258, 261
Moosa, Rahima 298, 504, 506, 614, 616
Morojele, Clifford 577 f.

Morojele, Morabo 15, 578
Moroka, James 615 f.
Mosenyi, Florence 201, 283
Motala, Mahomed «Chota» 364 f., 584, 587
Motala, Rabia «Choti» 364 f., 587
Mothopeng, Zephania 646
Motlana, Mthatho 599 f.
Motlana, Ntatho «Nthato» 350, 353, 407 f., 410 f., 511 f., 599–601, 605, 622, 713
Motlana, Sally 407 f., 599, 621 f.
Motlatsi, James 670
Motsamayi, David 22 f., 284–286
Motsepe, Joe 247
Motsieloa, Joy 601–604, 612 f.
Motsieloa, Thandi 603 f., 612
Motsisi, Casey 271
Motsoaledi, Elias 31, 68 f., 74, 431 f., 585, 672, 684, 693, 713
Mpanza, Justice 401, 431 f.
Mpanza, Nozolile 401
Mpetha, Oscar 553, 661, 673, 684, 693, 713 f.
Mphahlele, Peletsi «Memory» 98, 101
Mphoza, Joseph 291
Mpumelelo, Sibali 125 f., 351
Mrwebi, Gwigwi 105
Msimang, Maindy «Mendi» 79 f., 238, 240
Msimang, Selby 247
Msomi, Welcome 422–424
Mswati II., König 239 f.
Mthembu, Peter 431 f.
Mtirara, Dili 163
Mtirara, Luvuyo 350, 526 f., 612
Mtirara, Mdayelwa (Cousin) 659, 682
Mtirara, Mehthafa 521
Mtirara, Nobatembu 141 f.
Mtirara, NoFrance 521

Mtirara, Nombulelo Judith 141 f., 350 f., 353
Mtirara, Nqonqi (Cousine) 141 f., 521, 523
Mtirara, Samela 142, 521 f.
Mtirara, Tellie «Telia» (Nichte) 135, 138–142, 154 f., 167 f., 174, 184, 190, 204, 206–208, 216 f., 219, 227, 233, 248, 265, 351, 654, 656
Mtirara, Vulindlela 108, 141 f., 197, 199, 207 f., 219, 221
Mtirara, Zondwa 646
Mtirara, Zonwabile Sandile 305, 689 f.
Mtirara, Zwelizolile 521
Mtshali, Oswald 649 f.
Mudingane, Miss 17, 304, 306
Muhammad Ali 528
Muller, Ruth 267
Mungal, S. B. 584, 587
Munro, Brig. F. C. 555, 600
Mvembe, Nozizwe 519
Mxenge, Griffiths 588, 592
Mxenge, Victoria Nonyamezelo 587–589, 591 f., 601
Myeza, Lindi 676, 678
Mzaidume, Nomthamsanqa Gertrude (Winnies Mutter) 85 f., 135, 138, 198, 264, 267
Mzaidume, Paul «Mashumi» 187, 189 f., 207 f., 227–229, 233, 236, 264
Mzaidume, Phyllis 190, 287, 351
Mzamane, Dumisani 597–600
Mzila (Irene Buthelezis Vater) 162 f., 456

Nagel, Jorg 530
Naicker, Gangathura Mohambry «Monty» 282, 295, 297 f., 359, 361, 449–452, 455, 575, 578, 714
Naicker, Krissan 450

Naicker, M.P. 295, 298, 450, 575, 578
Naicker, Marie 449–452, 455
Naicker, Vasugie 450
Naidoo, Ama 254f., 298
Naidoo, G.R. 297f.
Naidoo, Georgina 171, 581, 584f.
Naidoo, Indres 41, 256, 714
Naidoo, Krish 680f.
Naidoo, M.D. «Danapathy» 282, 343, 345, 581, 585–587
Naidoo, Phyllis 282, 587
Naidoo, Prema 444
Naidoo, Sahdham 585
Naidoo, Sha 585
Naidoo, Shanti 254–256, 714
Naidoo, Sukthi 585
Naidoo, Thambi Naransamy «Naran» 254, 256
Nair, Billy 117, 122, 295, 298, 390, 431f., 591, 714
Nakasa, Nat 57, 60, 271
Nandzi Nkambule, König 240
Nathie, Solly 295, 298
Naude, Beyers 593f.
Naude, Capt. 80, 82
Ncokazi, Hector 201
Ndlovu, Curnick 639
Ndzanga, Lawrence 272
Ndzanga, Rita 255, 270, 272
Nehru, Jawaharlal 151, 169, 171
Nehru, Pandit 68, 171
Nel, Gen. 214, 372, 391
Nene, Visumuzi John 693f.
Ngakane, Lindi 234, 575f., 578
Ngakane, Lionel 205, 236, 412, 478, 574–578
Ngakane, Mme 94, 205, 461, 575
Ngakane, Monzondeki 578
Ngakane, Mpho 575f.
Ngakane, Pascal Shaudi 575–578

Ngakane, Seleke 575–578
Ngangelizwe, König 108
Ngidi, Freddie 238, 247, 490
Ngobese, Helen 224
Ngoyi, Annie 98, 101
Ngoyi, Edith 98, 101, 201
Ngoyi, Hlatse 98
Ngoyi, Lilian «Lily» 97, 100f., 110, 112, 135, 138–140, 184f., 314f., 350f., 353, 383, 575, 578, 715
Ngoyi, Oupa 98
Ngoyi, Percy 98
Ngoyi, Sonny 98
Ngubane, Jordan 240
Ngubengcuka, König 185, 560, 607, 659, 686, 690
Nic, Grannie 344
Njongwe, Connie 220f., 407f., 521, 543f., 612, 614, 674–676
Njongwe, James «Jimmy» 220f., 258, 408, 544, 575, 578, 603f., 614, 675f., 715
Njongwe, Patiswa «Phati» 676
Njongwe, Zwelinzima «Zweli» 67
Nkedema 264, 267
Nkomo, Joshua 258, 261
Nkomo, William 240
Nkosi, Lewis 271f.
Nkosi, Phineas 463
Nkosiyane, Ntambozenqanawa 197–199, 207f.
NoEngland, Nkosikazi 141, 219, 401, 521
Nozozile, Queen 690
Nokwe, Duma «Gcwanini Miya» 78–80, 172, 201, 203, 261, 420–424, 575, 578, 604, 715
Nokwe, Nomvuyo Vuyiswa «Tiny» «Vuyo» 171f., 261, 424, 603f.
Nongqawuse 103–105, 434f.

Nongxa, Dorcas 99, 350, 353
Nozuko 85, 108
Ntisa, Edith 283
Ntoeli, Cecil 284
Ntombizodwa, Prinzessin 690
Ntsele, Eric 247, 489f.
Ntu, Zika 275
Nyabela, König 245f.
Nyawuza, Sibali 126, 128, 263, 350f.
Nyisani, Prof. 79f.
Nxumalo, Allen 203
Nxumalo, Henry 270, 272

Obasanjo, Olusegun 661
Odasoa, Häuptling 274, 276
O'Dowds, Michael 677
O'Gorman, Richard 582, 586
Olchers, Warrant Officer 425, 438–440
Omar, Dullah 504–506, 647, 698, 715
Omar, Farida 504, 506
Orphen, Oberin 644

Pahad, Aziz 298
Pahad, Essop 298, 380, 397
Pahad, Goolam 295, 298
Parker, Ida 429
Patel, Zubeida 238
Pato, König 170
Paton, Alan 223f., 351, 415, 474–477, 716
Peake, George Edward 575, 578
Peale, Norman Vincent 8, 110, 112
Pelser, Petrus Cornelius 249, 251, 253, 256f., 307, 322, 324, 339, 400, 481, 531
Perry, Adrian 617f.
Phango, Peggy 103, 105
Phatudi, Cedric 510, 512
Pienaar, Schalk 117f., 547
Piliso, Leabie Makhutshwana (Schwester) 218–221, 351, 353, 545f., 609

Piliso, Phathiswa 545
Piliso, Russel 545 f.
Pintasilgo, Maria 479
Pitje, Godfrey 238, 240
Plata, Layton 271
Pogrund, Anne 351, 353
Pogrund, Benjamin «Benjy»
    270, 272, 351, 353, 415,
    417, 426, 716
Poitier, Sidney 422, 424,
    680 f.
Pokela, John N. 390, 431 f.
Poleksi, Dr. 308
Pollak, Walter 63
Poonen, George 295, 298
Poonen, Vera 295, 298
Poovalingam, Pat 551, 553
Poswa, Ntsikelelo 588, 592
Pretorius, Marjorie 283
Prins, Lt. 373–376, 378,
    380, 383–386, 390, 415,
    418, 425 f., 438
Prinsloo, Sgt. 532–534

Qupe, Dorothy 283

Rajbansi, Amichand 551 f.
Rakale, Leon 227
Rakeepile, Simon 713
Ralei, Pearl 619
Ramaphosa, Cyril 670
Ramolohloane, Sgt. 532,
    534 f.
Ramotse, Benjamin 253,
    255 f.
Ramphele, Mamphela Aletta
    259, 619, 621 f., 676–
    678, 716
Rampol, Prof. 380
Rathebe, Dolly 103, 105,
    575
Reddy, J. N. 551, 553
Renwick, Robin 651 f.
Resha, Robert 271
Rexroth, Kenneth 498 f.
Riebeeck, Jan van 276
Robeson, Paul 289 f.
Roelofse, Col. 345, 370,
    373 f., 382, 387, 398, 413
Roux, Gen. Jannie 430, 432,
    698

Roy, Naransamy 295, 298
Rubusana, Walter 245 f.,
    585, 587
Rumpff, Frans 64 f., 69, 71
Ruta, Piccanin 201
Rydon, John 431

Sachs, Dr. 55
Saleh, Razia 444
Saloojee, Rachid A. M.
    560 f.
Sampson, Antony 201, 203
Sandburg, Maj. 362
Schapera, R. 600
Schlegel, August Wilhelm
    229
Schoeman, Pieter Johannes
    148
Schoeman, Sgt. 386 f.
Scholochow, Michail Alex-
    androwitsch 248 f.
Scholtz, Christine 290
Scholtz, P. 423
Schreiner, Olive 317, 319
Schultz, Effie 78, 80, 448 f.
Seakamela, Oupa 437, 459,
    462, 466 f., 510, 512, 519
Seedat, Dawood 295, 297 f.,
    452
Seedat, Fatima 298 f., 452,
    506
Seedat, Rashid 444
Sefako, Marvin 592
Seftel, Harry 448 f.
Sehume, Arthur Leslie 271
Sejake, Joe 201
Sejake, Joseph 201
Sekhukhune, Godfrey Mog-
    aramedi 99, 101
Sekhukhune, Matsebe «Se-
    kukuni» 99, 101
Sekonyela, König 319
Sekwati, König 99, 101, 434
Seme, Pixley ka Isaak 245 f.
Senghor, Leopold 107
Sepamla, Sipho 649 f.
Sergeant, Harriet 582, 586
Seroke, Lily 99
Serote, Mongane 649 f.
Sewpersadh, George 551 f.,
    639

Shaka, König 456
Shakespeare, William 144,
    224, 229, 422
Shapiro, Norman 598, 600
Sibeko, Archie 291
Sidelsky, Lazer 45, 519, 723
Sigcau, Stella 674
Sihlali, Kini 674 f.
Sihlali, Leo 674 f.
Sijake, Sandi 376, 431 f.
Sikhakhane, Joyce Nomafa
    «Nomvula» 255 f., 265,
    267–272, 717
Simelane, Leonard «Len»
    «Lennard» 193, 301 f.,
    688 f.
Simons, Anthony 626
Sinclair, Jean 580
Sinclair, Upton 310 f.
Singh, Anant 680 f.
Singh, Ansuyah Ratipal
    «Ansu» 452
Singh, J. N. 295, 297 f., 452,
    563, 588, 667
Singh, Radhi 295, 297 f.,
    452, 667
Siqungathi 107 f.
Sisulu, Albertina «Ntsiki»
    99, 101, 553, 614, 616,
    687, 689, 717
Sisulu, Ntsiki 687
Sisulu, Rosabella «Barbie»
    193
Sisulu, Walter «Xamela» 31,
    42, 78, 80, 101, 143, 193,
    200, 203, 213, 240, 283,
    286, 370, 431 f., 443 f.,
    540, 571, 587, 611 f.,
    616, 661, 672, 684, 687,
    689, 691–693, 718
Sisulu, Zwelakhe 646 f.
Sita, Nana 295, 298
Sitimela, Lami 283 f.
Sitimela, Nomvula 283 f.
Sitsheketshe, But 94
Siyothula, Mannert M. 431,
    433
Smith, Lefty 536
Smith, Margaret 271
Smuts, Jan Christiaan 116,
    122 f., 450

Sneddon, Elizabeth 423 f.
Sobhuza, König 436 f., 467, 512
Sobhuza II., König 456
Sobukwe, Robert Mangaliso 25, 718
Sodinda, Muriel 614, 616
Soggot, David 616
Soggot, Greta 614, 616
Sophokles 364
Steenkamp, Sgt. 373, 377, 382, 390
Steinbeck, John 311
Stengel, Richard 62 f., 171, 257, 357, 458, 691
Steyn, Gen. J. C. 96, 249–251, 299, 313, 319, 348, 371, 391, 398
Stienie, Antie 523 f.
Stoch, S. W. 596, 598, 600, 629
Stork, Coen 35–37
Strauss, Dr. 643
Strauss von Moltke, Johannes 117 f., 123
Street, Hans 351
Streets, Leon 57, 60
Streets, Zelda 57, 60
Stuurman, Klaas 274
Suzman, Helen 12, 316–319, 346, 348 f., 626, 641, 657, 719
Swanepoel, Peter 592
Swart, Jack 636, 682, 697 f.
Swart, Marietha 698

Tambo, Adelaide Frances «Matlala» «Thoro-betsane» 13, 23, 77–80, 199–203, 242, 245, 359, 361, 419–421, 423 f., 479, 481, 511 f., 662, 666 f., 719
Tambo, Dalindlela «Dali» 77–80, 200, 202
Tambo, «Dudu» 200, 202
Tambo, Oliver Reginald «Reggie» «(R)OR» 13, 23, 77–80, 111, 113, 199, 202, 236, 240, 258, 297, 359–361, 419–421, 467,

478, 480, 510–513, 515, 577 f., 637, 641 f., 662, 666 f., 707, 712, 720, 719
Tambo, Thembi 77–79, 200, 202, 666 f.
Tanjee, Leslie 490
Tefu, Steve 40
Tema, Sophie 302
Tennyson, Alfred 474
Terblanche, Lt. 346 f., 375
Teyise, Elizabeth «Tukkie» 460
Teyise, Sanna 258–261, 460, 462
Thatcher, Margaret 479, 651 f.
Thema, Selope 275 f.
Themba, Can 271
Thembekile, Chief 85, 108
Thembekile ka Tshunungwa 219
Thlotothlamaje, Cocky 424
Thomas, I. Glyn 46
Thompson, D. C. 72
Thulare, Nobulile 433–435
Timakwe, Coleka 609
Timakwe, Daniel 87, 126, 221, 609
Timakwe, Mabel Notancu (Schwester) 168, 171, 350, 353, 402, 499, 608 f., 689 f., 720
Tloome, Dan 72, 75, 423 f., 605
Trew, Tony 118, 123
Tschaikowski, Pjotr Iljitsch 289
Tshabalala, Simon 247, 249, 255, 489, 676
Tsongas, Paul 550
Turner, P. 600
Tutu, Desmond 553–555, 639, 664 f., 720
Tutu, Leah 553, 555, 639, 664 f., 720
Tutu, Naomi 554, 665
Tutu, Thandeka 554, 665
Tutu, Trevor 553–555, 639, 665
Tutu, Zanele 554 f., 665

Twala, Regina 239, 575
Tweedie, Dominic 719
Tyamzashe, Benjamin 289 f.
Tyson, Mike 652

Ustinov, Peter 422, 424
Uys, Stanley 271

Valentine, Sue 676
Van Aarde, Col. 150 f., 163, 171, 213, 217
Van der Merwe, Stoffel 693
Van Edenburgh, Dr. 600
Van Helsdingen, W. A. 24–26
Van Sittert, Maj. 544, 607, 628
Van Vuuren, Maj. 444
Vanqa, Owen 255, 271 f.
Veil, Simone 479, 481
Venster, Brig. 553
Venter, Sahm 80, 104, 261, 282, 290, 424, 431, 474, 578, 681, 697
Verwoerd, Hendrik Frensch 571, 660, 705
Victoria von England 582
Vilakazi, Herbert 469 f., 619, 677 f.
Vilakazi, Noni 619
Viljoen, Gerrit 691, 693–696
Visser, Maj. 45, 48
Vorster, Balthasar Johannes 457 f., 660
Vusani, Joseph Bransby 390, 431, 433
Vutela, Lwazi 550
Vutela, Nancy «Nali» (Schwester Winnies) 53 f., 110, 125 f., 136, 138–140, 155, 157 f., 205 f., 266 f., 286, 315, 351, 507, 521, 523
Vutela, Sefton «Sef» (Schwager) 53 f., 125 f., 135, 155–158, 286, 315, 605

Wartski, Sheila 423
Waters, Mary 104
Weinberg, Eli 616

Weinberg, Sheila 615 f.
Weinberg, Violet 499, 615 f.
Wellman, Emily 474
Wellman, Peter 15, 471–
474, 478
Wiechers, Prof. 638
Wilberforce, William 665
Wilcox, Robert C. 431, 433
Willemse, Gen. W. H.
348 f., 383 f., 685, 691–
698
Williams, Cecil 23
Williams, Clarence 424
Williams, H. C. N. 102, 104
Williams, Pat 249
Wilson, Frances 677 f.
Wilson, Ilse 662
Wilson, Tim 239 f., 661 f.

Wordsworth, William 455,
457

Xaba, Anton Ndoda
«Mfenendala» 693
Xaba, Marshall «Marsh»
53 f., 125 f., 135 f., 138 f.,
167 f., 189, 198, 204–
207, 211 f., 216–218,
227, 233, 242, 409 f.,
510 f.
Xaba, Niki (Schwester Winnies) 52–54, 125 f.,
134–142, 167 f., 174,
189, 204–206, 212,
216–218, 220, 227 f.,
264, 266, 351, 407, 410,
510, 721

Xuma, Alfred B. 359, 361,
450, 452, 575, 578
Xundu, Daniel 176 f.

Ya Toivo, Andimba Toivo
431 f.
Yengwa, M. B. 583, 586
Yergan, Max 575 f., 578

Zaayman, Cpt. 541, 543
Zama, Linda 656
Zandberg, Maj. 428
Zwelithini kaBhekzulu,
König Goodwill 454,
456, 641 f.